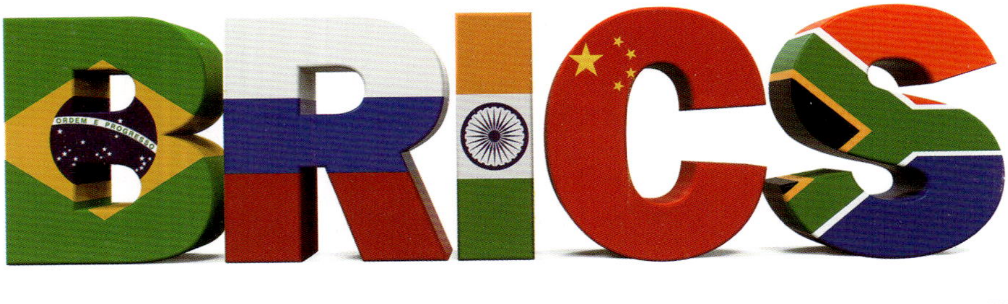
BRICS

国家出版基金项目
NATIONAL PUBLICATION FOUNDATION · 国家"十三五"重点出版图书 ·

金砖国家法律报告

BRICS LAW REPORT

西 南 大 学
西南政法大学　金砖国家法律研究院　主办

Sponsored by
Academe of BRICS Laws
Southwest University

&

Southwest University of Political Science and Law

主编　邓瑞平

ABL

2018年 · 第2卷
VOL.2，2018

厦门大学出版社　国家一级出版社
XIAMEN UNIVERSITY PRESS　全国百佳图书出版单位

图书在版编目(CIP)数据

金砖国家法律报告. 第二卷/邓瑞平主编. —厦门:厦门大学出版社,2018.12
ISBN 978-7-5615-6861-3

Ⅰ. ①金… Ⅱ. ①邓… Ⅲ. ①法律－研究报告－世界 Ⅳ. ①D910.4

中国版本图书馆 CIP 数据核字(2017)第 330206 号

出 版 人	郑文礼
责任编辑	李 宁
封面设计	李嘉彬等
技术编辑	许克华

出版发行 厦门大学出版社

社 址	厦门市软件园二期望海路 39 号
邮政编码	361008
总 编 办	0592-2182177 0592-2181406(传真)
营销中心	0592-2184458 0592-2181365
网 址	http://www.xmupress.com
邮 箱	xmup@xmupress.com
印 刷	厦门集大印刷厂

开本	720 mm×1 000 mm 1/16
印张	40.75
插页	2
字数	712 千字
版次	2018 年 12 月第 1 版
印次	2018 年 12 月第 1 次印刷
定价	168.00 元

本书如有印装质量问题请直接寄承印厂调换

厦门大学出版社
微信二维码

厦门大学出版社
微博二维码

《金砖国家法律报告》
专业顾问委员会

（中国人名以姓氏汉语拼音排序，
外国人名以姓名英文字母先后排序）

一、中国委员

陈　建	陈　敏	陈高山	丁　丁	丁丽柏
冯　果	伏　军	何　力	孔庆江	兰才明
李　钦	李发嘉	刘　颖	刘建民	刘想树
卢代富	慕亚平	屈三才	邵景春	沈四宝
石静霞	孙长永	唐忠民	汪　力	汪　鑫
王　瀚	王　建	王洪涛	王玫黎	谢石松
杨　松	杨　旭	杨国华	岳彩申	张　军
张　怡	张步文	张庆麟	张晓君	张新民
赵　明	赵万一	赵学刚	郑文琳	周余云

二、外国委员

Alexandre Gossn Barreto（Brazil）

Berzin Olga（Russia）

Bordunov V D（Russia）

Evandro Menezes de Carvalho（Brazil）

Ivana Amorim de Coelho Bomfim（Brazil）

Kapustin A Ya（Russia）

Karamkarian R A（Russia）

Kartashkin V A（Russia）

Kumbayava Aigerim（Kazakhstan）

Luca Belli（Brazil）

Reinaldo Guang Ruey Ma（Brazil）

Rodrigo do Val Ferreira（Brazil）

Santosh Pai（India）

Stardubtzev G S（Russia）

Tang Wei（Brazil）

Zhdanov N V（Russia）

BRICS LAW REPORT
Professional Counselor Commission

I.Chinese Members

CHEN Jian	CHEN Min	CHEN Gaoshan
DING Ding	DING Libai	FENG Guo
FU Jun	HE Li	KONG QingJiang
LAN Caiming	LI Qin	LI Fajia
LIU Ying	LIU Jianmin	LIU Xiangshu
LU Daifu	MU Yaping	QU Sancai
SHAO Jingchun	SHEN Sibao	SHI Jingxia
SUN Changyong	TANG Zhongmin	WANG Li
WANG Xin	WANG Han	WANG Jian
WANG Hongtao	WANG Meili	XIE Shisong
YANG Song	YANG Xu	YANG Guohua
YUE Caishen	ZHANG Jun	ZHANG Yi
ZHANG Buwen	ZHANG Qinglin	ZHANG Xiaojun
ZHANG Xinmin	ZHAO Ming	ZHAO Wanyi
ZHAO Xuegang	ZHENG Wenlin	ZHOU Yuyun

II. Foreign Members

Alexandre Gossn Barreto (Brazil)

Berzin Olga (Russia)

Bordunov V D (Russia)

Evandro Menezes de Carvalho (Brazil)

Ivana Amorim de Coelho Bomfim (Brazil)

Kapustin A Ya (Russia)

Karamkarian R A (Russia)

Kartashkin V A (Russia)

Kumbayava Aigerim (Kazakhstan)

Luca Belli (Brazil)

Reinaldo Guang Ruey Ma (Brazil)

Rodrigo do Val Ferreira (Brazil)

Santosh Pai (India)

Stardubtzev G S (Russia)

Tang Wei (Brazil)

Zhdanov N V (Russia)

BRICS LAW REPORT
Editorial Committee

E-Mail: bricslawreport@126.com, bricslegalreport@126.com
Address: No.2, Tiansheng Ave., Beibei District, Chongqing, 400715, China, or
No.301, Baosheng Ave., Yubei District, Chongqing, 401120, China

目录
CONTENTS

✱ 朱茜*

巴西 2015 年《投资合作与便利化协定(范本)》简介

  20 世纪 90 年代,巴西联邦共和国(下文简称"巴西")共签订了 14 份双边投资条约(下文简称 BIT),到目前为止,这些 BIT 还尚未被批准生效。2015 年,巴西与安哥拉、智利、哥伦比亚、马拉维、墨西哥、莫桑比克在新式 BIT 范本的基础上签署了《投资合作与便利化协定》(英文版简称 CFIA,葡语版简称 ACFI)。2015 年巴西 CFIA 范本在内容上较此前的 BIT 有很大的不同。

一、范本的制定过程

  巴西作为南美洲最大的经济体,一直以来都吸引着大量的外国投资,是最受欢迎的资本输入国之一。[1] 但由于反对由世界银行牵头达成的《华盛顿公约》和据此成立的 ICSID(International Center for the Settlement of Investment Disputes,解决投资争端国际中心),因此巴西一直游离在主流趋势之外,成为少数没有签署 BIT 和没有投资条约范本的经济体。[2] 20 世纪 90 年代,巴西政府做出改变,签署了一系列带有投资者与东道国争端仲裁条款的 BIT。

---

  * 朱茜,1991 年生,女,四川达州人,西南政法大学国际法学院国际法学专业 2014 级硕士研究生。

  ① United Nations Conference on Trade and Development. World Investment report 2017:investment and the digital economy[EB/OL].http://unctad.org/en/PublicationsLibrary/wir2017_en.pdf.[2017-06-20]

  ② FABIO MOROSINI,MICHELLE RATTON SANCHEZ BADIN. The Brazilian Agreement on Cooperation and Facilitation of Investments(ACFI):a new formula for international investment agreements?[J].Investment treaty news,2015,6(3):3.

但这些 BIT 没有得到国会的批准,至今尚未生效。2002 年,巴西政府甚至从国会撤回了数个 BIT。直到 10 年之后,2012 年巴西外国商会正式授权国际贸易战略研究技术组起草新的投资条约。据此,由巴西政府和以巴西国家工业联合会和圣保罗州工业联合会为首的私营部门通力合作起草的巴西 CFIA 范本诞生。私营部门在范本起草阶段代表投资者提出了四个最为关注的问题:(1)解决具体的问题;(2)难以获得国外的资讯;(3)主题议程的需求;(4)加强机构的对话。2013 年,外国商会通过了 CFIA 范本。2014 年,工贸发展部部长在世界经济论坛上的正式讲话中指出,巴西 CFIA 的三个核心是实现制度性治理、建立降低风险和预防争端的机制、通过主题议程达到投资便利化。2015 年,巴西与安哥拉、智利、哥伦比亚、马拉维、墨西哥、莫桑比克签署了 CFIA。①

二、范本的主要内容

2015 年 CFIA 范本共 5 部分 26 条,分别从协定的范围和定义、监管措施和风险缓解、制度性治理和争端预防、进一步投资合作和便利化议程、一般修正和最后条款等方面对投资合作和便利化作出规定。

(一)序言

CFIA 范本序言中表达了缔约双方希望通过加强双方之间的友谊、贯彻持续合作的精神,重申自主管理和公共政策空间。缔约双方应当为投资者提供优惠的待遇,便利、透明、友好的投资环境并加强缔约双方私营部门和政府之间的联系,建立技术对话机制,提高政府主动性,促进相互投资。②

(二)协定范围和定义

CFIA 范本的第一部分规定了协定的目的是通过建立进一步投资合作与便利化议程的体制框架、预防争端的机制和其他措施,促进和便利缔约双方之

---

① VIVIAN GABRIEL. The New Brazilian Cooperation and Facilitation Investment. Agreement: an analysis of the conflict resolution mechanism in light of the theory of the shadow of the law[J]. Conflict Resolution Quarterly, 2016, 34(2): 141–161.

② Preamble, Model Cooperation and Investment Facilitation Agreement, Brazil, 2015.

间的相互投资。① 协定适用于在其生效前和生效后作出的所有投资。② 范本还对"投资"等术语进行了解释。例如，"投资"是指缔约一方投资者，根据缔约另一方的法律、法规设立或取得的，在缔约另一方领土内直接或间接控制或影响产品或服务的生产管理的直接投资。对"投资"进行了"包括但不限于"的列举，同时排除了特定的投资类型。③

（三）监管措施和风险缓解

范本明确了缔约一方投资者在缔约另一方领土内应当享有国民待遇和最惠国待遇。④ 缔约一方只能在为了公共目的需要或为了合理的社会利益时，按照非歧视的原则，根据正当法律程序并作出一定的有效补偿时才能对缔约另一方投资者的投资进行征收。⑤ 缔约一方投资者在缔约另一方领土内的投资因战争或其他武装冲突等事件遭受损失时，投资者享有损失补偿的权利。⑥ 关于透明度的规定，每一缔约方应当确保其法律、法规、程序和一般行政决议在涉及本协定涵盖的内容时，特别是有关资质、许可和认证方面，能及时公布，以便缔约另一方利益相关人知晓情况。⑦ 缔约一方应当允许与投资有关的资金自由、无延迟地在其领土内外转移。⑧ 本部分规定了税收措施、审慎措施和安全例外。⑨ 范本还要求投资者对东道国的可持续发展和当地社会做出贡献，严格执行劳工、环境和健康方面的标准，承担起一定的企业社会责任，自觉预防和打击腐败、洗钱和恐怖主义活动。⑩

（四）制度性治理和争端预防

CFIA 范本要求缔约双方成立管理协定的联合委员会（以下简称"联合委员会"），由双方政府代表组成，每年至少举行一次会议，轮值主席，赋予联合

---

① Article 1, Model Cooperation and Investment Facilitation Agreement, Brazil, 2015.
② Article 2, Model Cooperation and Investment Facilitation Agreement, Brazil, 2015.
③ Article 3, Model Cooperation and Investment Facilitation Agreement, Brazil, 2015.
④ Articles 4-6, Model Cooperation and Investment Facilitation Agreement, Brazil, 2015.
⑤ Article 7, Model Cooperation and Investment Facilitation Agreement, Brazil, 2015.
⑥ Article 8, Model Cooperation and Investment Facilitation Agreement, Brazil, 2015.
⑦ Article 9, Model Cooperation and Investment Facilitation Agreement, Brazil, 2015.
⑧ Article 10, Model Cooperation and Investment Facilitation Agreement, Brazil, 2015.
⑨ Articles 11-13, Model Cooperation and Investment Facilitation Agreement, Brazil, 2015.
⑩ Articles 14-16, Model Cooperation and Investment Facilitation Agreement, Brazil, 2015.

委员会职能和责任。① 各缔约方应当任命一个国家中心或"专员",负责向其领土内的缔约另一方投资者提供支持。② 通过上述联合委员会和国家中心或"专员",缔约双方可在适当的时候交换有关相互投资机会、程序和要求的信息。③ 缔约各方还应当尊重受各自国内法律保护的信息,不应当披露这些受保护的信息。④ 上述机构应当相互合作,预防和解决缔约双方之间的争端。在启动仲裁程序之前,缔约双方之间应当就争端进行磋商和谈判,并由联合委员会事先审查。⑤ 在用尽上述程序之后,可将争端提交临时仲裁庭或双方合意同意的常设仲裁机构。⑥

(五)进一步投资合作与便利化的议程

CFIA 范本要求联合委员会就提高和加强双边投资的相关议题制定并讨论进一步投资合作与便利化的议程,并以附件的形式列出了相关议题和目标。⑦

(六)一般性审查和最后条款

CFIA 范本规定了联合委员会、中心或"专员"在任何情况下都不应当取代或削弱其他协定或外交渠道,而且规定 10 年后,联合委员会应当对协定执行情况进行一般性审查并提出建议。协定将于收到第二份表明双方缔结和生效国际协定所有必要的内部程序均已完成的外交照会之日起 90 天后生效,每一缔约方可通过向缔约另一方提交书面终止通知的形式终止本协定。⑧

三、范本的特点与意义

2015 年巴西 CFIA 范本与巴西在 20 世纪 90 年代签署的 BIT 相比,有重大的不同。BIT 中在争端解决问题上,大多数国家采取的是投资者-东道国仲

---

① Article 17,Model Cooperation and Investment Facilitation Agreement,Brazil,2015.
② Article 18,Model Cooperation and Investment Facilitation Agreement,Brazil,2015.
③ Article 19,Model Cooperation and Investment Facilitation Agreement,Brazil,2015.
④ Article 20,Model Cooperation and Investment Facilitation Agreement,Brazil,2015.
⑤ Article 23,Model Cooperation and Investment Facilitation Agreement,Brazil,2015.
⑥ Article 24,Model Cooperation and Investment Facilitation Agreement,Brazil,2015.
⑦ Article 25,Model Cooperation and Investment Facilitation Agreement,Brazil,2015.
⑧ Part Ⅴ,Model Cooperation and Investment Facilitation Agreement,Brazil,2015.

裁(investor-state arbitration)模式,但在巴西 CFIA 范本中采用了投资者母国-东道国仲裁(state-state arbitration)的模式。这也是在 ICSID 成立之初,巴西持反对意见的原因之一。巴西认为,投资者-东道国仲裁模式会使投资者与东道国处于不平等的对抗状态,十分不利于投资者。在新式 CFIA 中采取的投资者母国-东道国仲裁的模式是两个主权国家站在平等的角度来解决争端,相较于前者更有利于投资者。但有学者认为,在投资者-东道国仲裁模式下,投资者知道争端适用的法律,可以以自身利益为基础直接维护自己的权利,更有利于在争端发生初期与东道国进行磋商;而在投资者母国-东道国仲裁模式下,投资者将争端提交到母国负责仲裁事宜的机构时,并不确定该机构经过审查之后是否会将争端提请仲裁,这将直接导致前期磋商的进行。① 无论如何,巴西 CFIA 范本改变了传统的 BIT-ISDS 体系。②

巴西 CFIA 范本中还新增了企业社会责任的规定,要求投资者对东道国社会负责,通过实际行动对东道国的环境、劳工人权和健康问题做出贡献,实现可持续发展。这种做法相对可以减少外国投资在东道国开展投资的阻力,社会认同度更高。

建立联合委员会和中心或"专员"等机构协调相互投资,也是巴西 CFIA 范本的一大特点。这些机构主要负责监督协定的执行,同时为缔约双方的投资者提供更多、更及时的资讯和机会,促进和便利投资。缔约双方还可以成立临时工作组,在联合委员会的授权下,邀请私营部门参与到临时工作组的工作中,这无疑增加了外国投资的透明度,让私营部门为政策制定出谋划策,更好地促进投资。

如果巴西 CFIA 范本可以看作是巴西正式进入国际投资法的象征,研究联合委员会和"专员"机制将会十分有意义。③

① VIVIAN GABRIEL. The New Brazilian Cooperation and Facilitation Investment Agreement: an analysis of the conflict resolution mechanism in light of the theory of the shadow of the law.[J]. Conflict Resolution Quarterly, 2016,34(2):153.

② Martin Brauch. Brazil's Cooperation and Investment Facilitation Agreements with Mozambique, Angola, and Mexico: a comparative overview, *rethinking bilateral investment treaties: critical and policy choices*[M]. Netherlands and India: Both Rnds, Madhyam and Somo, p. 153.

③ Nitish Monebhurrun. Novelty in international investment law: The Brazilian Agreement on Cooperation and Facilitation of Investment as a different international investment agreement model[J]. Journal of International Dispute Settlement, 2017,8(1):22.

巴西联邦共和国
投资合作与便利化协定(范本)*

目　录

---

* 根据巴西 2015 年 BIT 范本英文本译出,可从联合国贸易和发展委员会网站 http://investmentpolicyhub.unctad.org/IIA/CountryIris/27#iiaInnerMenu 获得,2016 年 10 月 25 日访问。

巴西联邦共和国和_____（以下称为"缔约双方"或单独称为"缔约一方"），

序　言

期望加强和提升缔约双方之间友谊的纽带和持续合作的精神；

寻求为缔约一方投资者在缔约另一方领土内的投资创造和保持最优惠的待遇；

旨在刺激、简化和支持双边投资，为缔约双方开创新的一体化机会；

承认投资在促进可持续发展中扮演重要角色；

考虑到缔约双方之间建立投资战略伙伴关系将带来广泛的共同利益；

承认为缔约双方投资者的投资提供透明和友好环境的重要性；

确保缔约双方的管理自主权和政策空间；

希望鼓励和加强缔约双方私营部门和政府之间的联系；和

寻求建立技术对话机制，提高政府主动性，促进相互投资；

本着诚信原则，达成《投资合作与便利化协定》（以下简称本协定），内容如下：

第 Ⅰ 部分　本协定的范围和定义

第 1 条　目标

本协定的目标是，通过建立一种管理进一步投资合作与便利化议程的体制框架，通过降低风险、预防争端的机制，和通过缔约双方相互合意达成的其他文书，促进缔约双方之间的合作，以便利和鼓励相互投资。

第2条 范围

1. 本协定应当适用于在其生效前或生效后作出的所有投资。

2. 本协定不应当限制缔约一方投资者在缔约另一方领土内依据国内法或国际法享有的权利和利益。

3. 为进一步明确,缔约双方重申,本协定的适用不损害由《世界贸易组织协定》衍生的权利和义务。

4. 本协定不应当阻碍对投资者及其投资采用和执行新的法律要求或限制,只要它们符合本协定规定。

第3条 定义

1. 为了本协定的目的,

1.1 "企业",指根据可适用的法律设立或组建的任何实体,不论是否以盈利为目的,也不论是私人拥有或国家拥有,包括任何公司、信托、合伙企业、独资企业、合资企业和无法人资格的实体。

1.2 "东道国",指投资作出地的缔约一方。

1.3 "投资",指缔约一方投资者根据缔约另一方的法律和规章设立或取得的直接投资,即直接或间接允许投资者对缔约另一方领土内的货物生产或服务提供的管理施加控制或重要程度的影响,包括但不限于:

(a)企业;

(b)企业中的股份、股票和其他股权种类;

(c)动产、不动产和诸如抵押权、留置权、典当权、负担或类似权利义务的其他财产权;

(d)东道国授予缔约另一方投资者的特许权、许可或授权;

(e)对公司的贷款和债务工具;

(f)世界贸易组织《与贸易有关的知识产权协定》(TRIPS)中界定或规定的知识产权。

为本协定的目的,进一步明确,"投资"不包括:

(i)因诉讼或行政程序结果所发布的命令或判决;

(ii)缔约一方向缔约另一方发行的债务证券或提供的贷款,按缔约一方立法被认为是公共债务的该缔约一方国有企业的债券、信用债券或其他债务工具;

(iii)有价证券投资,例如不允许投资者对公司管理施加重要程度影响的投资;和

(iv)仅产生于缔约一方领土内的投资者向缔约另一方的国民或企业销

售货物或提供服务的商事合同，或扩大涉及商事交易的信用的金钱请求权，或不涉及上述(a)至(e)分款中规定的那种利益的其他金钱请求权。

1.4 "投资者"，指在缔约另一方领土内已经作出投资的缔约一方的国民、永久性居民或企业。

1.5 "收入"，指投资获得的价值，包括利润、利息、资本收益、股息或特许权使用费。

1.6 "措施"，指缔约一方采用的任何措施，无论以法律、规章、规则、程序、决定、行政命令或其他任何形式。

1.7 "国民"，指根据缔约一方法律、规章具有该缔约一方国籍的自然人。

1.8 "领土"，指领域，包括根据国际法和缔约一方国内立法，在该缔约一方行使其主权权利或管辖权的领陆、领空、专属经济区、领海、海床和底土。

第 II 部分　监管措施和风险缓解

第 4 条　准入和待遇

1. 每一缔约方应当根据各自法律规章，准许和鼓励缔约另一方投资者投资。

2. 每一缔约方应当根据正当法律程序赋予缔约另一方的投资和投资者待遇。

3. 根据本协定的原则，每一缔约方应当确保，根据各自法律规章，以合理、客观和公正的方式管理影响投资的所有措施。

第 5 条　国民待遇

1. 不损害本协定生效日按其立法有效的例外条款，在其领土内投资扩大、管理、经营、营运和出售或其他处置方面，每一缔约方应当给予缔约另一方投资者的待遇，不低于它在相似情形下给予其自己投资者的待遇。

2. 不损害本协定生效日按其立法有效的例外条款，在其领土内投资扩大、管理、经营、运营和出售或其他处置方面，每一缔约方应当给予缔约另一方投资者投资的待遇，不低于它在相似情形下给予其自己投资者在其领土内投资的待遇。

3. 为进一步明确，是否在"相似情形"给予待遇取决于情况的总体性，包括相关待遇是否基于合法公共利益目标在投资者或投资之间进行区分。

4. 为进一步明确，本条不应当解释为要求任何缔约方对投资者或投资因其外国性质导致的任何固有竞争劣势给予补偿。

第 6 条 最惠国待遇

1. 在其领土内投资扩大、管理、经营、运营和出售或其他处置方面,每一缔约方应当给予缔约另一方投资者的待遇,不低于它在相似情形下给予任何非缔约方投资者的待遇。

2. 在其领土内投资扩大、管理、经营、运营和出售或其他处置方面,每一缔约方应当给予缔约另一方投资者投资的待遇,不低于它在相似情形下给予非缔约方投资者在其领土内投资的待遇。

3. 本条不应当解释为要求缔约一方为缔约另一方投资者或其投资给予产生于以下情形的任何待遇、优惠或特权的利益:

(a)投资协定或商事协定投资章中包含的与投资争端解决有关的条款;或

(b)缔约一方为其成员的区域经济一体化、自由贸易区、关税同盟或共同市场的任何协定。

4. 为进一步明确,是否在"相似情形"给予待遇取决于情况的总体性,包括相关待遇是否基于合法公共福利目标在投资者或投资之间进行区分。

第 7 条 征收

1. 每一缔约方不应当直接国有化或征用缔约另一方投资者的投资,但以下例外:

(a)为了公共目的,或必要性或为社会利益是正当的;

(b)以非歧视方式;

(c)根据以下第 2 款至第 3 款,支付有效补偿;和

(d)根据正当法律程序。

2. 补偿应当:

(a)无不适当延迟地支付;

(b)等于被征收投资在征收措施发生前即刻("征收日")的公平市场价值;

(c)不反映征收日前因知晓征收意图的市场价值任何变化;和

(d)根据第 9 条可以完全支付和转移。

3. 根据东道国立法,支付的补偿不应当低于征收日的公平市场价值加上征收日到支付日之间产生的根据市场标准确定的利率的利息。

4. 缔约双方应当合作以改善相互知晓对方有关投资征收的国内立法。

5. 为进一步明确,本条仅规定直接征收,即通过正式转移物权或所有权将投资国有化或其他直接剥夺。

第 8 条　损失补偿

1. 在缔约另一方领土内的投资因战争或其他武装冲突、革命、全国紧急状态、叛乱、暴乱或其他类似事件遭受损失的缔约一方投资者,在恢复原状、赔款或其他形式补偿方面,应当享有的待遇与缔约另一方给予其自己投资者待遇相同或享有给予第三方投资者的待遇,以对受影响的投资者更有利者为准。

2. 投资在其领土内在第 1 款规定情形中由于以下原因遭受损失的,每一缔约方应当根据本协定第 6 条,向投资者提供恢复原状,或补偿,或适当时提供两者:

　(a)该缔约方军队或机构征用投资或其一部分;或

　(b)该缔约方军队或机构破坏投资或其任何部分。

第 9 条　透明度

1. 在涉及本协定涵盖的任何事项特别是有关资质、许可和认证方面,每一缔约方应当确保其法律、规章、程序和一般行政决议及时公布,若可能,以电子格式发布,以允许缔约另一方利益相关人知晓此类信息。

2. 每一缔约方应当竭力为利益相关人提供对提议措施发表意见的合理机会。

3. 无论何时可能,每一缔约方应当向各自负责对缔约另一方领土内投资进行风险技术评估和批准贷款、信用、担保和相关保险的公共或私人金融代理人宣传本协定。

第 10 条　转移

1. 每一缔约方应当允许与投资有关的资金自由和不延迟地在其领土内外转移。这些转移包括:

　(a)与维持和扩大投资有关的原始资本出资或其任何增值;

　(b)直接与投资有关的收益;

　(c)投资的出售收益,或全部或部分清算所得;

　(d)直接与投资有关的任何贷款的偿还,包括利息;

　(e)补偿款额。

2. 不损害第 1 款,每一缔约方可以采取公正、非歧视和善意方式阻止转移,若按其法律,被阻止的转移涉及:

　(a)破产、无力偿债或保护债权人的权利;

　(b)刑事违法行为;

　(c)有必要与执法部门或金融监管机构合作时,金融报告或维持转移登记;或

（d）担保执行司法或行政程序中的判决。

3. 本协定中的任何条款不应当解释为，阻止缔约一方在发生严重收支平衡问题和对外金融问题或出现此等威胁时采取和维持有关经常项目交易支付和转移的临时限制措施。

4. 本协定中的任何条款不应当解释为，阻止缔约一方在以下情形中就与资本流动有关的支付或转移采取和保持临时限制措施：

（a）严重收支平衡困难或对外金融困难或由此产生的威胁；或

（b）在特殊情况下，资本流动的支付或转移产生或威胁产生严重宏观经济管理困难。

5. 存在本条第 3 款和第 4 款中规定的严重收支平衡困难时对转移采取的临时限制措施，必须是非歧视性的，并根据《国际货币基金协定》有关条款进行。

第 11 条　税收措施

1. 本协定的任何规定不应当解释为，缔约一方有义务将其是或成为缔约方的现存或未来任何避免双重征税协定所产生的任何待遇、优惠或特权之利益，涉及投资时，给予缔约另一方投资者。

2. 本协定的任何规定不应当以此种方式解释，即：阻止根据各自法律规章采取或执行旨在确保公平、有效施加或征收税款的任何措施，只要此措施的适用不是作为构成任意、不合理歧视或变相限制的一种手段。

第 12 条　审慎措施

1. 本协定的任何条款不应当解释为，阻止缔约一方采取或维持诸如以下的审慎措施：

（a）保护投资者、储户、金融市场参与者、政策制定者、政策请求人或金融机构对其负有信托责任的人；

（b）维持金融机构的安全、稳健、完整或财务责任；和

（c）确保缔约双方金融体系的完整性和稳定性。

2. 若上述措施与本协定的条款不符，该措施不应当用作规避该缔约方承诺或义务的手段。

第 13 条　安全例外

1. 本协定的任何条款不应当解释为，阻止缔约一方采取或维持旨在保护其国家安全或公共秩序的措施，或适用其刑事法律规定，或遵守其根据《联合国宪章》规定与维护国际和平和安全有关的义务。

2. 缔约一方根据本条第 1 款采取的措施，或基于国家安全法律或公共秩序作出的、在任何时间禁止或限制缔约另一方投资者在其领土内实现投资的

决定,不应当受本协定下争端解决机制的约束。

第 14 条　企业社会责任

1. 投资者及其投资应当基于自愿原则和本条规定的标准,通过采用高度负责的社会实践,力争实现对东道国和当地社会可持续发展做贡献的最高可能水平。

2. 投资者及其投资应当竭力遵守以下对负责商业行为的、与东道国接受投资所采取的法律相符的自愿原则和标准:

(a)对经济、社会和环境发展做贡献,旨在实现可持续发展;

(b)尊重参与公司活动者的国际公认的人权;

(c)与当地社会紧密合作,鼓励当地能力建设;

(d)鼓励创造人力资本,特别是通过创造就业机会和向工人提供职业培训;

(e)避免寻求或接受法律或管理框架中没有设定的有关人权、环境、健康、安全、税收制度、财政激励或其他事项的豁免;

(f)支持和倡导良好的公司治理原则,开发和运用良好的公司治理实践;

(g)发展和执行有效的自律实践和管理体系,增进公司与其从事营运所在地社会之间的相互信任关系;

(h)通过包括职业培训项目在内的适当传播政策,促进工人了解和遵守公司政策;

(i)对向董事会提交重大报告或在任何适当时间向主管公共机构举报违反法律或公司政策实践的雇员,不应当采取歧视性或纪律性行动;

(j)鼓励包括服务提供商和外包在内的商业联合体,在任何可能时,适用与本条规定相符的商业行为原则;

(k)避免对当地政治活动进行不当干涉。

第 15 条　投资措施、反腐败和违法行为

1. 每一缔约方应当根据其法律和规章,在本条涵盖的事项方面,采取措施,努力防止、打击腐败、洗钱和恐怖主义资助活动。

2. 本协定的任何条款不应当要求每一缔约方保护用非法来源的资本或资产构成所作出的投资,或者保护在已证明为非法行为的设立或营运中、国家立法规定予以没收资产的投资。

第 16 条　对投资与环境、劳工事务与健康的规定

1. 本协定中任何条款不应当解释为,阻止缔约方采取、维持或执行其认为合适的确保其领土内投资活动以符合其劳工、环境和健康立法方式进行的任何措施,

但这类措施不应当以构成任意、不合理歧视或变相限制手段的方式予以适用。

2. 缔约双方确认通过降低劳工、环境法律标准或减少健康措施来鼓励投资是不合适的。因此,每一缔约方保证其不应当为鼓励发展、维持或扩张其领土内投资而修改或废除此种立法来降低其劳工、环境和健康标准。若缔约一方认为缔约另一方已提供了这种鼓励,缔约双方将通过磋商解决此问题。

第Ⅲ部分 制度性治理和预防争端

第 17 条 管理本协定的联合委员会

1. 为了本协定的目的,缔约双方兹成立管理本协定的联合委员会(以下简称"联合委员会")。

2. 联合委员会应当由各自政府指派的缔约双方政府代表组成。

3. 联合委员会应当以缔约双方商定的时间、地点和方式举行会议。每年应当至少举行一次会议,并在缔约双方之间轮换主席。

4. 联合委员会应当具有以下职能和职责:

(a)监督本协定的实施和执行;

(b)商讨、披露扩大相互投资的机会;

(c)协调执行相互间已经达成的合作与便利化议程;

(d)在适当时,征求私营部门和民事团体关于联合委员会工作具体事项的意见;

(e)寻求以友好方式解决涉及缔约一方投资者投资的任何问题或争端;

(f)补充缔约双方之间仲裁解决争端的规则。

5. 缔约双方可以成立临时工作组,由联合委员会共同或单独组织。

6. 经联合委员会随时授权,可以邀请私营部门参加临时工作组。

7. 联合委员会应当制定自己的程序规则。

第 18 条 国家中心或"专员"

1. 每一缔约方应当任命一国家中心或"专员",其主要职责是为来自缔约另一方的在本国领土内的投资者提供支持。

2. 在巴西,"专员"或国家中心应当隶属巴西对外贸易商会(CAMEX)①。

3. 在_____,"专员"或国家中心应当是_____。

4. 除其他职责外,国家中心还应当:

---

① 对外贸易商会(CAMEX)是巴西联邦共和国总统政府委员会的一部分。其主要机构是部长理事会,部长理事会是部际机构。

（a）尽力遵循联合委员会的建议,根据本协定与缔约另一方的国家中心相互配合。

（b）与主管机构一起遵循缔约另一方或其投资者的请求和询问,向利益相关人通报其行动的结果;

（c）会商相关政府机构后,评估收到的缔约另一方或其投资者的建议和投诉,并对改善投资环境提出适当的行动建议;

（d）与政府机构和有关私人企业合作,设法避免投资事项中差异;

（e）就普通或特定投资项目的监管问题及时提供有效信息;

（f）在合适时,向联合委员会报告其活动和行为。

5. 每一缔约方应当确定履行每一项职能和职责的时限,并将其告知缔约另一方。

6. 每一缔约方应当指定一单独机构作为其国家中心,对缔约另一方政府或投资者的通报和请求迅速作出回复。

第 19 条　缔约双方之间的信息交换

1. 缔约双方应当在任何可能和涉及相互投资时,交换有关商业机会、程序和投资条件的信息,特别是通过联合委员会和国家中心进行。

2. 为达到此目的,该缔约方应当在被请求时及时提供特别涉及以下事项的赋予保护等级的信息:

（a）对投资的监管条件;

（b）政府计划和可能相关的激励措施;

（c）可能影响投资的公共政策和法律构架;

（d）投资的法律构架,包括设立公司和合营企业的立法;

（e）相关国家条约;

（f）海关程序和税收制度;

（g）货物和服务市场的统计信息;

（h）可用的基础设施和公共服务;

（i）政府采购和公共特许权;

（j）社会和劳工要求;

（k）移民立法;

（l）外汇立法;

（m）关于缔约双方事先确认的特定经济部门的立法信息;和

（n）涉及投资的区域性项目和协定。

3. 缔约双方还应当交换有关公私合作伙伴关系的信息,特别是通过更透

明和快速获取立法信息的措施。

第 20 条　受保护信息的待遇

1. 缔约双方应当尊重提交信息缔约方提供的根据各自对该事务的国内立法受保护的信息的级别。

2. 本协定的任何条款不应当解释为,要求每一缔约方披露受保护的信息,此披露将会危及法律执行,损害公共利益,侵犯隐私或损害合法商业利益。为了本款的目的,受保护的信息包括商业机密信息或按缔约一方可适用法律被认为享有特权或免于披露的信息。

第 21 条　与私营部门的互动

缔约双方再次认可私营部门扮演的重要角色,应当在相关商业部门中公布缔约另一方领土内关于投资、监管框架和商业机会的一般信息。

第 22 条　负责投资促进的机构之间的合作

缔约双方应当促进其投资促使机构之间的合作,目的是使缔约另一方领土内的投资便利化。

第 23 条　争端预防

1. 国家中心或"专员"应当相互联合行动或与联合委员会行动,以预防、管理和解决缔约双方之间的任何争端。

2. 根据本协定第 24 条的规定,在启动仲裁程序前,缔约双方之间的任何争端应当是缔约双方磋商和谈判的事项,并由联合委员会事先审查。

3. 每一缔约方可以根据以下规则向联合委员会提交具体问题和要求召开联合委员会会议:

(a)启动程序,利益相关缔约方必须向缔约另一方提交一份书面请求,详细载明受影响的投资者名称、所涉具体措施、该请求所基于的事实认定和法律。联合委员会应当自提交请求之日起 60 日内召开会议。

(b)联合委员会应当有 60 日、经相互协议可增加 60 日,评估提交案件的相关信息并提交报告。报告应当包括:

(ⅰ)缔约双方身份证明;

(ⅱ)受影响投资者的身份证明;

(ⅲ)磋商措施的说明;和

(ⅳ)缔约双方之间磋商的结果。

(c)为方便缔约双方寻求解决办法,在任何可能时,以下人员应当参与双边会议:

(ⅰ)受影响投资者的代表;

（ⅱ）涉及磋商下的措施或情况的政府或非政府实体的代表。

（d）可以在（b）条款提及的 60 日后达成对话和双边磋商程序。联合委员会应当将报告提交至联合委员会的下次会议，此下次会议应当在缔约一方提交请求达成对话和双边磋商程序之日起不迟于第 15 日举行。

（e）无论何时可能，联合委员会应当召开审查已经提交事项的特别会议。

（f）若缔约一方未出席本条（d）条款规定的联合委员会会议，缔约另一方可以根据本协定第 24 条将争端提交仲裁。

4. 联合委员会会议、所有记录、按本条中设置的机制采取的步骤应当保密，但向联合委员会提交的报告除外。

第 24 条　缔约双方之间争端的解决

1. 一旦用尽第 23 条第 3 款下的程序而争端仍未解决，每一缔约方可以根据本条规定将争端提交临时仲裁庭，或缔约双方经协商同意可以选择将争端提交解决投资争端的常设仲裁机构。除非缔约双方另有决定，该机构应当适用本条规定。

2. 仲裁的目的是确定缔约一方声称的不符合本协定的措施是否与本协定相符。

3. 以下事项可以不受仲裁约束：第 14 条——企业社会责任，第 15 条第 1 款——投资措施、反腐败和违法行为，第 16 条第 2 款——投资与环境、劳工事务与健康的规定。

4. 本条不应当适用于本协定生效前已发生的任何事实，或已采取的任何措施。

5. 本条不应当适用于自知道或应当知道产生争端的事实之日起已超过 5 年的任何争端。

6. 仲裁庭应当由 3 名仲裁员组成。每一缔约方应当在收到"仲裁通知"后 3 个月内任命一名仲裁庭成员。在任命第二名仲裁员的 3 个月内，该 2 名成员应当经缔约双方批准，任命一名与缔约双方保持外交关系的第三国国民担任仲裁庭主席。该主席必须经缔约双方自其提名之日起 1 个月内被批准。

7. 若在本条第 6 款规定的期限内未完成必要的任命，缔约任何一方可以邀请国际法院秘书长作出必要的任命。若国际法院秘书长是缔约一方的国民或被禁止履行上述职能，邀请国际法院成员中职位最高且不是缔约一方国民的人作出必要的任命。

8. 仲裁员必须：

（a）具有在国际公法、国际投资规则、国际贸易领域或解决产生于国际投

资协定的争端的必要经验或专业知识;

（b）直接或间接独立于和不依附于任何缔约方、其他仲裁员，或潜在证人，也不接受缔约双方的指令;和

（c）遵守世界贸易组织的《支配争端解决的规则和程序的谅解的行为规则》（WTO/DSB/RC/1,1996 年 12 月 11 日），或联合委员会制定的其他行为标准。

9. "仲裁通知"和与争端解决有关的其他文件，应当列在各缔约方附件二（缔约一方递交文件）中指定的位置，或缔约双方通知的其他任何位置。

10. 仲裁庭应当根据本条或《联合国国际贸易法委员会仲裁规则》（UNCITRAL 仲裁规则）决定其自身程序。仲裁庭将采取多数票作出其决定，并以本协定规定为基准，依缔约双方承认的可适用原则和国际法规则作出决定。除非另有协议，仲裁庭应当在根据本条第 6 款和第 7 款任命主席后的 6 个月内作出裁决。

11. 仲裁庭作出的裁决具有终局性且对缔约双方具有约束力，缔约双方应当不迟延地遵守。

12. 联合委员会应当核准确定仲裁员费用的一般规则，要考虑相关国际组织的实践。除非另有协议，缔约双方应当平均承担仲裁员费用和其他程序性费用。

13. 尽管存在本条第 2 款，缔约双方可以通过具体的仲裁协议，要求仲裁员审查本协定义务下争议措施造成的损害存在，并通过仲裁裁决确定对该损害的补偿。在此情况下，除了本条前述各款外，还应当遵守以下规定:

（a）审查损害存在的仲裁协议应当在第 6 款规定含义内作为"仲裁通知"被采用。

（b）本款不适用于涉及以前被解决的特定投资者和受既判力保护的争端。若投资者将涉及联合委员会中争议措施的请求，向当地法院或东道国仲裁庭提出，审查损害的仲裁只能在投资者撤回在当地法院或东道国仲裁庭的请求之后才能启动。若在本仲裁建立后，仲裁员或缔约双方知道在当地法院或仲裁庭存在对被控措施的请求，本仲裁将予以中止。

（c）若仲裁裁决规定了金钱补偿，接受该补偿的缔约方应当在扣除根据缔约一方内部程序规定的争端费用后，向争议投资的权利持有人转移该补偿。准许其恢复原状的缔约方可以要求仲裁庭命令将补偿直接转移给受影响的投资者和向仲裁庭认定的任何人支付费用。

第Ⅳ部分　进一步投资合作与便利化的议程

第 25 条　进一步投资合作与便利化的议程

1. 联合委员会应当就促进和提升双边投资的相关主题制定、讨论进一步

合作与便利化的议程。最初提出旳议题和其目标列于附件 I "进一步投资合作与便利化的议程"。

2. 议程应当由缔约双方的政府主管机构之间进行商讨。联合委员会还应当在适当时邀请缔约双方的其他政府官员参与讨论该议程。

3. 此类磋商的结果立当构成本协定的附加议定书或特别法律文书。

4. 联合委员会应当办调讨论进一步投资合作与便利化磋商具体承诺的日程安排。

5. 缔约双方应当向联合委员会提交参与磋商的政府机构和官方代表的名单。

第 V 部分　一般性审查和最后条款

第 26 条　一般性审查和最后条款

1. 联合委员会、国家中心或"专员"不应当以任何方式取代或削弱缔约双方之间既存的其他任何办定或外交渠道。

2. 在不影响常规会议的情况下,本协定生效 10 年后,联合委员会应当着手对协定执行情况进行一般性审查,必要时提出进一步建议。

3. 本协定应当自收到第二份表明缔约双方缔结和生效国际协定所有必要的内部程序已完成的外交照会之日起 90 日后生效。

4. 任何缔约一方在任何时间可以采取向缔约另一方提交书面终止通知的方式终止本协定。协定终止于缔约双方同意终止之日生效,或者若缔约双方不能达成一致,于终止通知发出之日起 365 日后终止。

兹见证双方政府正式授权其各自的代表签署本协定,以昭信守。

本协定于_____在_____签订,用英文和葡萄牙语写成,两种文本具有同等效力。

巴西联邦共和国代表　　　　　　　　　　_____代表

_____　　　　　　　　　　_____

附件 I　进一步投资合作与便利化的议程

下文所列议程代表了促进缔约双方之间投资合作和便利化的初步努力,可以由联合委员会随时扩展和修改。

a. 支付和转移

ⅰ.金融机构的合作应当以便利缔约双方之间资本和货币汇兑为目的。

b. 签证

ⅰ. 每一缔约方应当在可能和方便时便利缔约另一方经济机构、实体、商务和投资者的经营管理人员、行政人员和技术人员自由流动。

ⅱ. 尊重国家立法,每一缔约方的移民和劳工机构应当寻求共同谅解,以缩短为缔约另一方投资者办理适当签证的时间,降低要求和费用。

ⅲ. 缔约双方将磋商一项相互可接受的协定,以便利投资者以延长期限和停留为目的的签证。

c. 技术和环境规章

ⅰ. 受其国内立法约束,缔约双方应当建立迅速、透明和灵活的程序,目的是签发涉及缔约另一方迅速建立和维持投资的文件、许可证和证书。

ⅱ. 源自缔约双方,或其经济机构和投资者的有关商业登记、技术要求和环境标准的任何询问,应当勤勉地接受和得到缔约另一方的及时处理。

d. 监管合作和机构交流

ⅰ. 缔约双方应当促进机构合作,以交流发展和管理监管框架的经验。

ⅱ. 缔约双方兹承诺,将根据彼此利益和发展战略,通过实施行动、方案和项目交流信息和经验,促进技术、科学和文化合作。

ⅲ. 缔约双方同意,在可能时,应当实施准入和最终技术转让,且应当以促进货物、服务有效贸易和相关投资为目标。

ⅳ. 缔约双方应当通过有关国内机构之间的更大互动,从事推动、促进、协调和执行专业资格领域的合作。

ⅴ. 应当创设单个经济体的合作和经验交流的论坛,评估与现在或未来投资有关的合作社、家庭农场和其他单个经济企业的促进机制。

ⅵ. 缔约双方还应当促进机构合作,以更大程度一体化后勤和运输,目的是开辟新航空线路,并在可能和适当时增加双方的连接点和海运船队。

ⅶ. 联合委员会可以甄别其他互利领域,以促进行业立法和机构交流中的合作。

(朱茜、邓瑞平译,邓瑞平审校)

✳ 孙志煜*,陈茜**

巴西 2012 年《世界杯基本法》简介

2012 年 6 月 5 日,巴西正式公布《2012 年世界杯基本法》。该法确定了世界杯赛事期间巴西政府的各项义务和世界杯的相关方案。

一、本法的制定过程

2007 年 5 月,为获得 2014 年世界杯赛事主办权,巴西向 FIFA(国际足联)递交了政府保证文件,承诺巴西将遵从 FIFA 的一切要求。为遵守政府作出的保证,巴西政府将尽早制定、通过和实施相关必要的法律、条例、法令。① 2007 年 7 月,巴西足协向 FIFA 递交申办文件;2007 年 10 月 30 日,FIFA 正式宣布巴西获得 2014 年世界杯主办权。为满足 FIFA 的要求,巴西众议院特别委员会于 2010 年开始草拟《世界杯基本法》(以下简称"本法")。在本法制定过程中,巴西政府与 FIFA 在赛事期间相关损害的民事责任承担主体、世界杯期间场馆内外的饮品销售和优惠门票的分配等问题上争议不断,最终巴西政府作出让步,接受了 FIFA 对巴西主办 2014 年世界杯提出的相关要求。2012 年 5 月,巴西参议院特别委员会投票通过了本法,其以立法形式确定了本国的各项义务和世界杯的相关方案,如门票价格、机场使用、饮料销售、入境签证、

* 孙志煜,1977 年生,男,江西万安人,法学博士,贵州大学法学院教授,研究方向为国际经济法。

** 陈茜,1992 年生,女,贵州桐梓人,贵州大学法学院 2015 级国际法方向硕士研究生。

① JOHN T. WENDT,PETER C. YOUNG, Protecting spectator rights:reflections on the General Law of the Cup[J]. The International Sports Law Journal,2014,14(3-4):179-191.

电视转播、赞助商权益和学校假期等。

二、本法的主要内容

本法正文共 10 章 71 条,分别从本法的序文条款、商业权利的保护和使用、签证和工作许可证、民事责任、门票、进入和逗留正式比赛场地的条件、比赛中的社会活动、刑事条款、永久条款和最后条款等方面对世界杯各相关方案作出规定。

(一) 序文条款

本法规定了调整的赛事,包括 FIFA 2013 年联合会杯足球赛、2013 年世青赛和 FIFA 2014 年世界杯赛。[①] 本法还对"赛事活动""FIFA 服务提供商""FIFA 商业伙伴""广播商"等术语进行了明确界定。例如,将 FIFA 服务提供商界定为获得许可或授权、受合同约束、为项目的组织与实施提供相关服务的私人实体,如 FIFA 膳宿管理、运输服务、旅游运营和赛票分销的协调者;FIFA 接待服务和信息技术处理方案的提供者;经 FIFA 许可或授权,为服务提供或商品供应的其他服务提供者。[②]

(二) 商业权利的保护和使用

本法从与活动有关的工业产权特殊保护,商业限制的领域和准入方式,图像、声音、广播信号的采集和正式比赛场地的进入权,相关违法行为的民事制裁措施等方面,对世界杯期间商业权利的保护和使用作出细致、全面的规定。按本法规定,巴西 INPI(国家工业产权局)应推进对 FIFA 会徽、2013 年 FIFA 联合会杯足球赛和 2014 年世界杯的标志、2013 年 FIFA 联合会杯足球赛和 2014 年世界杯的官方吉祥物及由 FIFA 独资、INPI 予以备案并随时可进行更新的其他官方标志的规定及特殊保护的相关法律解释。[③] 本法明确规定主管机构应根据 FIFA 或 FIFA 指定的第三方的要求在官方比赛场地周边 2 千米内依法建立相关的专属区域边界。[④] FIFA 是图像、声音和其他比赛表现形式的

---

① Article 1, General Law of the World Cup, 2012, Brazil.

② Article 2, X, General Law of the World Cup, 2012, Brazil.

③ Article 3, General Law of the World Cup, 2012, Brazil.

④ Article 11, §1, General Law of the World Cup, 2012, Brazil.

独家版权所有人,包括探讨、协商的权利,授权和禁止播放、重播的权利。① 任何比赛及活动相关图像、声音的采集应由 FIFA 独家授权,包括新闻代表的授权。② 在比赛或活动期间对官方比赛场地的进入的凭证,包括新闻代表的凭证,均由 FIFA 根据其设立的条款和条件给予批准。③ 在相关区域进行营销活动,利用车辆、航空或航海等方式进行营销,开展公开展览活动,通过各种手段使用门票、邀请函等比赛相关的授权凭证以获取利益的行为,皆属不合法行为。④ 实施上述行为的主体应承担损害赔偿责任,违反本法规定的产品,在经过法定程序及 FIFA 听证会后,应被销毁或赠与社会援助机构。⑤

(三)签证和工作许可证

本法对比赛期间签证和工作许可证的发放、效力进行了规定,明确入境许可不应受到任何国籍、种族、信仰的限制。⑥

(四)民事责任

按本法规定,联盟⑦应为其作为或不作为造成的损害对 FIFA、FIFA 的法定代表人、雇员或顾问负责。⑧ 除了 FIFA 或者受害者同意损害发生的行为外,联盟应先于 FIFA、FIFA 法定代表人、雇员或顾问,对因与赛事相关的骚乱或安全事故引起或导致的任何损害承担民事责任。⑨

(五)门票

本法对门票的定价、发售等相关方案进行了规定。按本法规定,门票价格由 FIFA 确定。⑩ 门票分为四类,在销售的各个阶段,应为在巴西居住的学生、年满 50

---

① Article 12, General Law of the World Cup, 2012, Brazil.

② Article 14, General Law of the World Cup, 2012, Brazil.

③ Article 13, General Law of the World Cup, 2012, Brazil.

④ Article 16, General Law of the World Cup, 2012, Brazil.

⑤ Article 18, General Law of the World Cup, 2012, Brazil.

⑥ Article 19, General Law of the World Cup, 2012, Brazil.

⑦ "联盟"类似"中央政府"。巴西是联邦制国家,由联盟、州、联邦地区(首都巴西利亚)和自治市构成。

⑧ Article 22, General Law of the World Cup, 2012, Brazil.

⑨ Article 23, General Law of the World Cup, 2012, Brazil.

⑩ Article 25, General Law of the World Cup, 2012, Brazil.

周岁、联邦收入转移计划的参与者以 50% 的折扣销售第 4 类的门票。①

（六）进入和逗留正式比赛场地的条件

本法列举了进入和逗留正式比赛场地的条件，如：持有 FIFA 或 FIFA 指定的人发放的门票或证书文件，不携带可造成暴力行为的物品，不以任何形式进入或侵犯参赛选手、新闻界代表、有关部门或技术人员的限制区域等；明确不符合其规定者，不能进入官方比赛场地，即使进入，会被立即驱逐。②

（七）比赛中的社会活动

本法要求公共权力机关在比赛期间推广以"共建一个没有武器、毒品、暴力、种族歧视的世界"为主题的社会活动、正式的工作活动和目的地为巴西的旅游活动。FIFA 鼓励将比赛相关收入用于足球运动员训练中心的建设、残疾人体育活动的激励机制和对罕见疾病治疗研究的支持；推广打击足球比赛中种族歧视，促进世界杯带来的种族平等就业机会。③

（八）刑事条款

本法明确规定，官方标志的非法使用、协会隐性营销、隐性营销入侵行为皆为违法行为，应对上述行为采取拘留或罚款的处罚措施。④ 上述处罚的起诉仅能按 FIFA 的陈词进行。⑤

（九）永久条款

本法规定，对 1958 年、1962 年、1970 年男子 FIFA 世界杯冠军巴西队的所有选手支付奖金和对无收入或收入有限的球员发放每月特殊津贴。⑥ 奖金只支付一次，每位球员数额为 R100000（10 万雷亚尔）。⑦

---

① Article 26, General Law of the World Cup, 2012, Brazil.
② Article 28, General Law of the World Cup, 2012, Brazil.
③ Article 29, General Law of the World Cup, 2012, Brazil.
④ Articles 30-33, General Law of the World Cup, 2012, Brazil.
⑤ Article 34, General Law of the World Cup, 2012, Brazil.
⑥ Article 37, General Law of the World Cup, 2012, Brazil.
⑦ Article 38, General Law of the World Cup, 2012, Brazil.

(十)最后条款

本法规定了巴西联盟、志愿服务提供者、航空当局、教育机构、环境部等部门在世界杯赛事期间的义务和责任,以全面支持世界杯赛事,保障世界杯赛事的顺利开展。如:规定教育机构应在 2014 年调整自己的日程安排,使公立学校、私立学校在本年第一学期的休息时间能够包括 2014 年 FIFA 世界杯从开幕式至闭幕式之间的所有时间[①];环境部应按照其自身设立的标准,授予那些提供具有经济、社会、环境等性质的赞助项目支持赛事的企业和实体以赞助奖章。[②]

三、本法的特点与意义

本法的颁行是巴西政府与 FIFA 达成共识的标志。本法是巴西政府向 FIFA 妥协的产物,满足了 FIFA 对巴西主办 2014 年世界杯的主导性要求。其具体规定了巴西政府的各项义务和世界杯的各相关方案,为世界杯赛事的顺利进行提供了制度保障,同时保障了 FIFA 在世界杯赛事中的各项权益。

本法从制定到颁布争议不断。其一波三折的制定过程揭示了 FIFA 与世界杯主办国的利益冲突,体现了诸多国际法的基本问题,值得深入探讨。如本法规定,在世界杯期间所造成的民事责任由巴西政府而非 FIFA 承担,这种规定明显给予 FIFA 及其附属机构、法定代表人、雇员和顾问特权,这是否违背了巴西宪法中规定的纳税人平等原则? FIFA 作为非政府国际组织是否有权通过世界杯赛事暂时性地改变一国法律? 这种改变究竟有利还是有弊? FIFA 所要求的法律条款与国家主权的边界为何?[③] 对上述一系列问题的探讨因本法的颁行显得愈加重要。

---

① Article 64, General Law of the World Cup, 2012, Brazil.
② Article 65, General Law of the World Cup, 2012, Brazil.
③ KATHLEEN TANG,The World Cup: changing country's laws, one tournament at a time [EB/OL].http://berkeleytravaux. com/world-cup-changing-countrys-laws-one-tournament-time/ (2016-10-26)[2017-09-25].

世界杯基本法 *

（巴西 2012 年 6 月 5 日第 12. 663 号法律）

本法建立应当管辖 FIFA 2013 年联合会杯赛、FIFA 2014 年世界杯赛和 2013 年世界青年旅行杯赛的规范，修订 1980 年 8 月 19 日第 6. 815 号法律、2003 年 5 月 15 日第 10. 671 号法律，以及为 1958 年、1962 年和 1970 年冠军队运动员规定奖金和月津贴。

共和国总统：我兹让世人知晓国会制定和我批准了以下法律。

目　录

第 1 章　序文条款

第 1 条　本法建立管辖以下赛事的规范：在巴西举办的 FIFA 2013 年联合会杯足球赛、FIFA 2014 年世界杯以及相关赛事。

---

* 译自本法的英文本，可从 http://www.wipo.int/wipolex/en/text.jsp? file_id = 335085 获得，2017 年 2 月 22 日访问。

第 2 条　为了本法之目的,以下定义应当适用:

Ⅰ.国际足球联合会(简称国际足联或 FIFA),指在瑞士设立的私人联合会、管理联合性足球赛事的世界性实体和其未在巴西注册的附属机构。

Ⅱ.在巴西的 FIFA 附属机构,指在巴西注册的、其资本由 FIFA 全部持有的私人实体。

Ⅲ.2014 年世界杯——当地组委会(LOC),指旨在促进 FIFA 2013 年联合会杯、FIFA 2014 年世界杯和相关赛事,经 FIFA 承认、根据巴西法律设立的私人实体。

Ⅳ.巴西足球联合会(CBF),指为巴西国家足球协会的巴西私人实体。

Ⅴ.比赛,指 FIFA 2013 年联合会杯足球赛和 FIFA 2014 年世界杯。

Ⅵ.赛事活动,指由 FIFA、FIFA 巴西附属机构、LOC 或 CBF 官方组织、认可、赞助或支持的赛事或与赛事有关的以下活动:

(a)FIFA 大会、开幕式、闭幕式、颁奖典礼和初赛、决赛及其他任何赛事,吉祥物的发布会及其他发布会活动;

(b)会议、招待会、研讨会和媒体通气会;

(c)文化活动、音乐会、展览、演讲、表演或与文化有关的其他表现形式,以及足球的希望工程项目和类似的慈善项目;

(d)足球比赛及足球培训项目;和

(e)被认为与比赛的实施、组织、准备、营销、推广或停止有关的其他活动。

Ⅶ.FIFA 的诸联合会,指以下联合会:

(a)亚洲足球联合会(AFC);

(b)非洲足球联合会(CAF);

(c)北美、中美洲及加勒比地区足球联合会(CONCACAF);

(d)南美洲足球联合会(CONMEBOL);

(e)大洋洲足球联合会(OFC);

(f)欧洲足球联合会联盟(UEFA)。

Ⅷ.FIFA 的外国联合会成员,指正式隶属于 FIFA 的全国性足球协会,无论是否为赛事的参与者。

Ⅸ.FIFA 主广播商,指经许可或授权、受合同约束,为巴西境内、外媒体权利持有者传播之目的,提供赛事信号或视听内容的私人实体。

Ⅹ.FIFA 服务提供商,指获得许可或授权、受合同约束,为赛事的组织与实施提供相关服务的私人实体,诸如:

（a）FIFA 在管理膳宿、交通服务、旅游运营者和门票分销者中的协调者；

（b）FIFA 接待服务和信息技术处理方案的提供者；和

（c）经 FIFA 许可或授权、为提供服务或供应商品的其他服务提供者。

Ⅺ．FIFA 商业伙伴，指经许可或授权、受与赛事有关的各项活动的任何合同约束的私人实体，包括分包合同当事人，但不包括上述第Ⅲ、Ⅳ项和第Ⅶ项至 X 项所指的私人实体。

Ⅻ．广播商，指经许可或授权、受合同关系约束、与 FIFA 或 FIFA 的任何被许可方签约、以任何通信方式获得从事传播与任何赛事相关的信号和视听内容的权利、被视为 FIFA 商业伙伴的私人实体。

ⅩⅢ．广播权代理机构，指经许可或授权、受合同关系约束、与 FIFA 或 FIFA 的任何被许可方签约以管理销售代表和广播商任命、视为 FIFA 服务提供商的私人实体。

ⅩⅣ．正式比赛场地，指正式与比赛有关的场地，诸如体育场馆、训练中心、媒体中心、认证中心、停车区域、广播区域、官方指定的球迷休闲活动区域（无论是否位于举办赛事的城市）和仅限于允许门票持有者或 FIFA 发出的证件持有者进入的其他任何区域。

ⅩⅤ．赛事，指作为正式比赛组成部分发生争执的足球比赛。

ⅩⅥ．比赛期间，指第一场比赛前 20 日至最后一场比赛结束后第 5 日的时间段。

ⅩⅦ．媒体代表，指获得官方媒体授权的与比赛相关的个人。

ⅩⅧ．官方标志，指明显与众不同的符号、标签、标志、徽记、吉祥物、唱歌和 FIFA 所有的其他标志。

ⅩⅨ．门票，指 FIFA 发出的允许用于相关赛事的书面文件或产品，包括贵宾套票或类似物。

单独款：上述Ⅸ、Ⅹ、Ⅺ项术语中提到的主广播商、服务提供商和商业合作伙伴，可直接由 FIFA 或以 FIFA 授权或许可的任一当事人予以授权或许可。

第2章　商业权利的保护和使用

第Ⅰ节　与比赛有关的工业产权特殊保护

第3条　巴西工业产权局（INPI）应当按 1996 年 5 月 14 日第 9.279 号法律第 125 条规定和为了该条所确立的特殊保护目的，经其记录，促进对涉及 FIFA 所有的以下官方标志的商标的高度重要性进行解释：

Ⅰ．FIFA 会徽；

Ⅱ. 2013 年 FIFA 联合会杯足球赛和 2014 年世界杯的标志；

Ⅲ. 2013 年 FIFA 联合会杯足球赛和 2014 年世界杯的官方吉祥物；

Ⅳ. FIFA 所有的、由 FIFA 在清单中指定的、由 INPI 备案并随时可以更新的其他官方标志。

单独款：它不应当适用于本条规定的保护、第 9.279 号法律第 124 条第 XIII 项确立的禁止。

第 4 条 INPI 应当按 1996 年 5 月 14 日第 9.279 号法律第 126 条的规定和为了该条确立的特殊保护目的，根据 FIFA 随时提供和更新的清单，经其记录，对确认为 FIFA 所有的驰名商标进行解释。

单独款：它不应当适用于本条规定的保护、第 9.279 号法律第 124 条第 XIII 项确立的禁止。

第 5 条 对 FIFA 所有的商标高度重要性和驰名性认可的解释应当产生效力，直至 2014 年 12 月 31 日，但不损害本法公布前记录的解释。

§1. 在上述提及期限内，第 7 条和第 8 条的规定应当适用，并且：

Ⅰ. INPI 不应当要求 FIFA 证明其商标高度重要性和确认驰名性的状况；和

Ⅱ. 对 FIFA 所有的商标的高度重要性和确认驰名性的解释，应当仅在第 9.279 号法律第 142 条规定的整体放弃的情形下才能排除在 INPI 商标系统之外。

§2. 对高度重要性的商标和认可的驰名商标给予特殊保护，应当遵守在首款提及的期间后在巴西适用的法律和法规。

第 6 条 INPI 应当将高度重要性的商标和认可的驰名商标的清单通知给"巴西信息与协调中心"（NIC.br），目的是依职权拒绝注册与 FIFA 商标完全相同或相似的词汇或术语的域名。

第 7 条 INPI 应当在 2014 年 12 月 31 日之前为 FIFA 或与 FIFA 相关的商标采取特殊的注册申请制度。

§1. FIFA 商标的注册申请公告应当自每项申请提出之日起 60 日内作出，但是第 9.279 号法律第 156 条和第 157 条规定的正式初步申请延长了公告截止日的除外。

§2. INPI 应当在本条首款规定的期限内依职权或 FIFA 申请，驳回第三方提出的部分或全部有明显复制或相同的官方标志，或者可能导致明显混淆或未经 FIFA 联合会或官方标志联合会授权的商标的注册申请。

§3. 对上述商标注册申请的上诉应当自公告起 60 日内提出。

§4. 应当将上诉和相应要求通知给申请人,申请人应当在 30 日内提出答辩。

§5. 在上诉或答辩期后,INPI 应当在 30 日内作出决定且应当在 30 日内公布该决定。

§6. INPI 在决定过程中,仅可以提出在 10 日内作出答复的一次性要求。在此期间,公告期限将予以中止。

第 8 条 自公告之日起 15 日内,可以对第 7 条中提及的驳回申请向 INPI 主席提出上诉。

§1. 应当通知利害关系当事人在 15 日内提出上述理由。

§2. INPI 主席应当自第§1 款提及的截止日结束起 20 日内对上诉作出决定。

§3. 第 7 条第§6 款的规定应当适用于受本条约束的上诉。

第 9 条 第 7 条、第 8 条的规定还应当适用于以下者提出的商标注册申请:

Ⅰ. 待 INPI 审查的 FIFA;和

Ⅱ. 2014 年 12 月 31 日前会引起与 FIIA、官方标志或大赛混淆的第三方或无授权联合会。

单独款:本条规定不应当适用于与大赛无任何关联的和不是 FIFA、FIFA 在巴西的附属机构、LOC 或 CBF 的第三方。

第 10 条 应当免除 FIFA 在 2014 年 12 月 31 日之前向 INPI 缴付的任何费用。

第 Ⅱ 节 商业限制领域和准入方式

第 11 条 联盟应当与比赛举办地的州、联邦地区、城市和其他主管机构合作,以确保 FIFA 和 FIFA 任命的具有专属授权的人员在官方比赛场地及其附近和主要入口公开其商标,分发、出售、宣传或营销产品及服务,以及从事其他推广活动或其他街区商业活动。

§1. 主管机构应当考虑 FIFA 或 FIFA 指定第三方的要求,尊重本法的规定和遵从上述官方比赛场地的周边最大 2 千米范围的标准,设立与正式比赛场地有关的专属区域边界。

§2. 专属官方比赛场地区域的划定不应当影响正常情况下的各种企业活动,但是这些活动不得以任何形式与比赛相关且遵守联邦宪法第 170 条的规定。

第Ⅲ节 图像和声音的录制、广播信号和正式比赛场地的准入

第 12 条 FIFA 是与比赛图像、声音和其他表现形式有关的全部权利的

独家持有人,包括享有开发、协商、授权和禁止播放或转播的权利。

第 13 条 在比赛或活动期间,准入官方比赛场地的凭证,包括新闻代表的凭证,应当由 FIFA 根据其规定的条款和条件颁发。

§1. 在比赛开始前 180 日,FIFA 应当秉承公开和公正的原则,发布授予凭证标准的手册。

§2. 仅授予准入官方比赛场地的凭证,不暗含以任何手段拍摄录制比赛图像或声音的任何权利。

第 14 条 拍摄录制任何比赛及活动图像或声音的授权,包括向新闻代表的授权,应当由 FIFA 专门授予。

第 15 条 以任何通信手段播放、转播、显示活动图像或声音,应当仅按 FIFA 预先明确授权进行。

§1. 不损害第 12 条中提及的专属性,FIFA 有义务制作可用于相关通信工具转播的图像或影像,并遵守以下累积条件:

Ⅰ. 赛事活动,不论其是竞赛、开幕式、闭幕式、每场比赛的初赛或决赛;

Ⅱ. 转播,包括在具有非官方目的的新闻节目中的转播,但禁止将图像与任何形式赞助、促销、发布营销活动连在一起的转播;

Ⅲ. 显示图像或影像期间,应当遵守在公共区域并经 FIFA 控制的准入播放已结束每项活动 30 秒的时限,但各场比赛除外,其时限为该场比赛总时长的 3%;

Ⅳ. 相关通信工具应当在活动前最迟 72 小时将其获取诸活动图像和影像内容的意图以书面形式通知给 FIFA 或 FIFA 指定人员;和

Ⅴ. 转播必须仅限于全国领土内的专门分配的频道。

§2. 为第 §1 款的目的,FIFA 或 FIFA 指定的人员应当在图像和声音编辑后短时间内和该活动结束后 2 小时内,准备和制作该活动重要时刻至少 6 分钟,供相关通信工具使用,和供相关工具在本条规定的限制范围内挑选内容。

§3. 第 §2 款中每项选择的内容应当仅由各自通信工具使用,且不应当在巴西境外使用。

§4. 按第 §2 款获得的内容可以分配给它的其他附属机构,且应当受到本条施加的限制的约束。

§5. 通信工具在任何时刻不应当:

Ⅰ. 组织、准许、实现或赞助与包含在按第 §2 款获取的每项内容中的图像和声音关联的任何和类促销和营销活动;和

Ⅱ. 商业性开发按第 §2 款获取的每项内容,包括娱乐节目、纪录片、互联

网站和其他任何形式的内容。

第Ⅳ节 民事制裁

第16条 为本法的目的和遵从2002年1月10日第10.406号法律的规定,以下行为,特别是其中未经FIFA或其指定人员授权的行为,应当视为非法行为:

Ⅰ. 在正式比赛场地、出入口主要道路、第11条提及的区域或从这些区域明显可见的地方的营销活动,包括食品或饮料的品尝、分发小册子或其他促销材料或类似活动;

Ⅱ. 在正式比赛场地、出入口主要道路和第11条提及的区域或从这些区域明显可见的地方以机动车,或停泊或机动方式的明显营销;

Ⅲ. 在正式比赛场地、出入口主要道路和第11条提及的区域或从这些区域明显可见的地方的航空或航海营销,包括使用气球、航空器或船舶。

Ⅳ. 以任何通信手段在公共区域或有公共入口的私人区域或在收取入场费的区域展览关联产品、品牌或服务的商业推广比赛;

Ⅴ. 以有偿方式和为本人或他人获利意图,出售、提供、运输、隐藏、公开销售、议价出售、涂改或转让门票、邀请函或其他比赛相关授权证书或凭证;和

Ⅵ. 将门票、邀请函或其他比赛相关的授权证书或凭证用于营销、销售或促销目的,或作为比赛活动的奖品或福利,或作为旅游或接待服务的一部分,或为上述目的提供门票。

§1. 损害数额的计算应当涵盖受害方遭受的任何损失,包括收益损失和违法者因此取得的任何收益。

§2. 促使、组织、授权、批准、赞助第Ⅳ项中提及的公开展览的全体人员,应当承担损害赔偿责任。

第17条 若无法确定损害、收益损失或违法所得收益的数额,第23条规定的违法行为赔偿应当相当于违法者本应支付给拥有准许定期开发权利的人的数额,使用的基准为该被违反权利的拥有人习惯使用的合同参数。

第18条 违反本法规定被缴获的产品,遵守正当法律程序和在FIFA听证后,若去除官方标志后可以使用,在经过法定程序及FIFA听证会后,(若适用)在撤除官方标志后,应当销毁或捐赠给社会援助组织。

第3章 签证和工作许可证

第19条 不受国籍、种族和信仰的任何限制,经1980年8月19日第6.815号规定的补充申请,应当向以下人颁发入境签证:

Ⅰ.FIFA 代表团的全体成员,包括:

(a)FIFA 委员会成员;

(b)FIFA 的团队或 FIFA 拥有 99% 表决权股份的、在巴西有或没有注册的各实体团队;

(c)FIFA 的嘉宾;

(d)FIFA 指定为其代表团成员的其他任何个人;

Ⅱ.FIFA 联盟的团队;

Ⅲ. 为 FIFA 成员的外国协会团队;

Ⅳ.FIFA 指定的在比赛中从事工作的裁判和其他专业人员;

Ⅴ. 参与任何比赛的团队成员,包括医护人员和代表团其他成员;

Ⅵ.FIFA 商业合作伙伴的团队;

Ⅶ.FIFA 主广播商、广播商和广播权代理商的团队;

Ⅷ.FIFA 的服务提供商的团队;

Ⅸ.FIFA 商业接待服务的客户;

Ⅹ. 新闻代表;和

Ⅺ. 持有确认获得任何比赛有效门票的观众和以官方身份参与比赛的所有个人,但是需以合理方式出示证据,证明其入境与所涉比赛的任何活动有关系。

§1. 根据第Ⅰ项至第Ⅺ项授予的签证,应当有效至 2014 年 12 月 31 日。

§2. 根据第Ⅰ项至第Ⅺ项授予签证的持有者,可以按主管机构自由裁量权被授权停留至 2014 年 12 月 31 日。

§3. 根据第Ⅺ项授予签证的持有者将被授权逗留最长时间 90 日,不可延长。

§4. 按本条规定,应当考虑获得入境签证或进入国家领土的充分文件,如有效护照或相等的旅游证件和显示与赛事活动有关的任何凭证或与比赛相关的任何证明文件。

§5. 按 1980 年 8 月 19 日第 6.815 号法律第 7 条的前提,本条规定不应当构成阻碍拒绝向个人签证。

§6. 为了本法的目的,若由巴西驻外外交代表机构、领事、副领事授予,或若外交部授权授予本条提及的签证,应优先发放。

§7. 若在发放签证时有可使用的充分技术,应当以行政权力规定的方式以电子手段签发根据第Ⅺ项授予的签证。

第 20 条 截至 2014 年 12 月 31 日,在试用期后,经凭 FIFA 或 FIFA 指定

第三方签发的文件申请,应当向第 19 条第 I 项至第 X 项中提及的、进入本国的目的是实施与赛事有关的活动的人员,发出签证。

§1. 工作签证的有效期不应当超过入境签证的有效期。

§2. 为了本法的目的,可以对赋予工作许可设立特别程序。

第 21 条 第 19 条和第 20 条提及的签证和工作许可应被优先免费发放;诸流程应当集中在唯一的联邦公共行政实体。

第 4 章 (巴西的)民事责任

第 I 节 联盟责任

第 22 条 联盟应当按宪法第 36 条第 §6 款规定对作为或不作为导致 FIFA 及其法定代表人、雇员或顾问的损害承担责任。

第 23 条 FIFA 或者受害者曾同意损害事件除外,联盟应当对与赛事活动有关的任何安全事件或事故引起的任何损害,向 FIFA 及其法定代表人、雇员或顾问承担民事责任。

单独款:联盟应当代位取得针对因作为或不作为导致损害或同意损害的人的、产生于已赔付的权利,受益人有义务为行使上述权利提供必要帮助。

第 24 条 除本章第 I 节规定外,联盟还应当按本章规定,在一项或多项保险单中设置涵盖有关赛事风险的国内或国际担保或私人合同保险。

第 5 章 门票

第 25 条 门票价格由 FIFA 确定。

第 26 条 FIFA 应当对比赛的每场竞赛规定门票价格,并遵守以下规定:

I. 门票应当根据购买者身份个人化,并分为四种类型,按 1 到 4 编号;

II. 四种类型门票应当向比赛的全部场次赛事出售;

III. 各种类别的门票价格应当以依序递减确定,第 1 类门票价格最高。

§1. 为各场赛事发售门票总量:

I. FIFA 应当在所有销售阶段,为 FIFA 2014 年世界杯诸场赛事提供第 4 类门票至少 30 万张;

II. FIFA 应当在所有销售阶段,为 2013 年联合会杯诸场赛事提供第 4 类门票共 5 万张。

§2. 受本条第 §1 款第 I、II 项的约束,FIFA 应当采取一种或多种公共渠道向居住在巴西的个人提供最低数量的第 4 类门票,并优先提供给本条第 §5 款所列人员,但此优先权不适用于:

Ⅰ．采取上述渠道以外的任何手段实现销售的第 4 类门票；

Ⅱ．达到第§1 款第Ⅰ项或本条配备的最低数量后，由 FIFA 发售的第 4 类门票；

§3.（已否决）

§4. 受第§2 款约束的公共渠道应当由联邦主管机构审计，尊重公开和公正原则。

§5. 在销售的所有阶段，应当向居住在巴西的以下个人出售的第 4 类门票价打折 50%：

Ⅰ．学生；

Ⅱ．年满 60 周岁的人；

Ⅲ．联邦收入转移方案的参与者。

§6. 向是巴西居民的任何人销售包含第§5 款在内的未打折第 4 类门票的规程，应当由 FIFA 负责。

§7. 联邦实体（联盟、州和市）可以和 FIFA 签订协议，为残疾人士及其陪同者保留或出售观赛角度好的位置的门票，并保证正式比赛场地内有门票总数至少 1%（陪同者除外）的符合可使用的充足和特殊的装置。

§8. 在特定时期负责组织的实体建立揽购（包括以电子方式）后，第§7 款的规定应当有效。

§9.（已否决）

§10. 2003 年 10 月 1 日第 10.741 号法律（较早的法规）规定的折扣，应当适用于获取所有类别的门票，并尊重本条第§5 款的规定。

§11. 为了本条第§5 款第Ⅰ项之目的，以出示学生身份卡的方式对学生身份识别是强制性的，依全国学生联合会标准化的范本，使用全国研究生联合会（ANPG）、全国学生联合会（UNE）、高级教学机构的中央学生指南（DCEs）、巴西高中生联合会（UBES）、州和市高中联合会或高校学生联合会专门签发的数字证书认证。

§12. 所有者的门票，或附属于比赛的受第 29 条第Ⅰ项约束的武器的所有者和印第安人的门票，应当受公共权力机构与 FIFA 之间的协议的约束。

第 27 条 FIFA 应当界定门票取消、转让、退票和比赛场地座位选定、重选、保留和取消的标准，其有权利处理关于以下事项的可能性：

Ⅰ．更改比赛日期、时间和场地，保证门票价格退款或参加重新安排比赛的权利；

Ⅱ．仅销售门票或与旅游或接待打包捆绑销售门票；

Ⅲ. 若在确认门票购买请求后或在支付门票价款后取消门票,不论请求购买或获取门票的手段或地点,处罚的规定。

第6章 进入和逗留正式比赛场地的条件

第28条 另有规定除外,以下是进入和逗留官方比赛场地的条件:

Ⅰ. 持有FIFA或其指定人员发放的门票或凭证文件;

Ⅱ. 未携带可能造成暴力行为的物品;

Ⅲ. 为了预防和安全目的,同意接受个人检查;

Ⅳ. 未携带或者展示横幅、旗帜、符号或带有其他种族主义或排外特征或其他任何形式的鼓励歧视、含有冒犯性信息的标志;

Ⅴ. 禁止唱颂歧视性、种族主义歌曲或歧视性吟唱;

Ⅵ. 在运动区内不乱扔任何物品;

Ⅶ. 不携带或使用烟火、其他烟火类似物,但是FIFA授权的团队或FIFA指定的人为了艺术目的除外;

Ⅷ. 不实施任何性质的暴力行为;

Ⅸ. 不以任何形式进入或侵入运动员、新闻代表、部门或技术人员的限制区域。

单独款:不符合本条规定的条件,应当默示违反者不可能进入正式比赛场地,或立即驱逐出场地,且不影响其他行政、民事或刑事制裁。

第7章 比赛中的社会活动

第29条 公共权力机构应当采取旨在促成与FIFA达成具有以下目的的协议的措施:

Ⅰ. 在赛事活动期间,推广:

(a)具有"共建无武器、毒品、暴力、种族歧视的世界"社会主题的竞赛;

(b)为正当工作的竞赛;

(c)巴西旅游目的地。

Ⅱ. 鼓励FIFA将比赛收入应用于:

(a)建设1998年3月24日第9.615号法律第29第§2款第Ⅱ项(d)规定的足球运动员训练中心;

(b)激励残疾人体育活动;

(c)支持研究罕见疾病治疗。

Ⅲ. 大力推广与足球比赛中种族歧视做斗争的重要性,促进世界杯在就业中创造的种族平等。

第 8 章　刑事条款

第 I 节　非法利用官方标志

第 30 条　未经授权复制、模仿或擅自伪造 FIFA 所有的任何官方标志的，处以 3 个月至 1 年拘留或罚金的处罚。

第 31 条　FIFA 或其授权的人或媒体为例证赛事活动评论文件的目的使用标志除外，为商业或营销目的进口、出口、出售、提供、分销、公开出售、隐藏或保存官方标志或产品导致对官方标志的复制、伪造或未经授权的修改的，处以 1 至 3 个月拘留或罚金的处罚。

第 II 节　以关联方式隐性营销

第 32 条　未经 FIFA 或其指定的人授权，以获取经济或市场利益为目的，采取直接或间接与比赛或官方标志关联的方式使用商标、产品或服务，诱导第三方相信该商标、产品或服务经由 FIFA 认可、授权或批准的，处以 3 个月至 1 年拘留或罚金的处罚。

单独款：对未经 FIFA 或其指定的人授权，以获取经济利益为目的，捆绑使用门票、邀请函或其他形式的受权证书进入比赛场地从事营销或商业活动的人，处以相同的处罚。

第 III 节　以入侵方式隐性营销

第 33 条　以获取市场或经济利益为目的，未经 FIFA 或其指定的人授权，公开使用商标、企业、机构、产品、服务或进行商业推广活动，在正式比赛场地以任何方式吸引公众注意力的，处以 3 个月至 1 年拘留和罚金的处罚。

第 34 条　对本节规定的刑事犯罪，仅应当按 FIFA 提出的陈词起诉。

第 35 条　为确定本节和 2003 年 5 月 15 日第 10.671 号法律第 41-B 至第 41-G 条规定的罚金，若犯罪行为涉及比赛，1940 年 12 月 7 日第 2.848 号法令第 49 条第 §1 款规定的限制，可以根据犯罪人的经济条件和获利数额，增加至或减少至 10 倍。

第 36 条　本法规定的犯罪，应当在 2014 年 12 月 31 日之前执行。

第 9 章　永久条款

第 37 条　1958 年、1962 年、1970 年 FIFA 男子世界杯冠军巴西队的全体运动员，应当接受：

Ⅰ. 奖金；

Ⅱ. 无收入来源或收入来源有限的运动员的每月特殊津贴。

第38条 应当向每名运动员一次性支付奖金10万雷亚尔。

第39条 若该运动员死亡,由民法确定的、根据利益关系人请求所发布的司法命令中指定的继承人,有资格接受法定份额比例的数额,不考虑遗产名单。

第40条 体育部应当发放奖金。

第41条 奖金免缴所得税或社会保障税。

第42条 应当支付每月特殊津贴补充受益人的月收入,额度可达到由一般社会保障制度支付的最高工资限额。

单独款:为了本条的目的,应考虑月收入额,其等于应纳税所得总额的1/12,受不包括明确税收的约束,其不纳税或免除纳税,并在所得税年度公报中公示。

第43条 还应当向死亡受益人的配偶和21岁以下的子女或丧失劳动能力者支付月特殊津贴,但是丧失劳动能力者追溯日至21岁。

§1. 若有一个以上的受益人,人均津贴最高金额应是本法第42条中的规定额,按有效和正当潜在的受益人数量进行分配,并考虑遵守上述第42条规定限额的情况下亲密核心人员的收入。

§2. 不应当将丧失权利的受益人的份额转让给其他人。

第44条 国家社会保障局(INSS)应当按照要求支付月特殊津贴。

单独款:体育部长应当依据本法第37条将运动员名单通知给国家社会保障局(INSS)。

第45条 月特殊津贴的支付应当追溯至在遵守必要条件下向国家社会保障局提出申请之日。

第46条 每月特殊津贴需缴纳所得税,但不缴纳社会保障税。

第47条 本法所衍生的费用应当由国家财政部承担。

单独款:本法第37条规定的利益资金和各自的费用,应当是涉及奖金的体育部和涉及月特殊津贴的社会保障部的具体预算项目的一部分。

第48条 (已否决)

第49条 (已否决)

第50条 2003年5月15日第10.671号法律第13-A条应当执行,并增加以下第X项:

"第13-A条 ……

X. 不使用除表达节日和友好以外目的的横幅,包括使用竹杆或相似物品的横幅。

……(NR)。"

第 10 章　最后条款

第 51 条　联盟应当有义务将其主题涉及第 29 条和第 30 条规定的假定的质询原因通报给 FIFA、FIFA 在巴西的附属机构、其法定代表人、雇员或顾问，并将是否存在利益通知给争议中的当事人。

第 52 条　联盟与 FIFA、FIFA 在巴西的附属机构、其法定代表人、雇员或顾问之间的与比赛有关的争议，在对联盟或其他当事人方便的情况下，可以由联盟总检察长在行政机构所在地，以调解方式解决。

单独款：涉及支付赔偿的和解条款的有效性需具备以下条件：

Ⅰ．联邦总检察长批准；和

Ⅱ．经事先批准，将其在《官方公报》公布，其发布的完整文本在联盟总检察长网站上至少公示 5 个工作日。

第 53 条　应当免除 FIFA、FIFA 在巴西的附属机构、其法定代表人、雇员或顾问在任何情况下欠联邦司法机构、劳动司法机构、军事司法机构、选举司法机构、联邦地区司法机构和最高法院费用、酬金、保证金和其他费用的支付，且不应当判决支付司法成本和费用，但是经证明的非诚信诉讼案件除外。

第 54 条　联盟应当与举办比赛的联邦地区、州、市和其他主管机构合作，以确保在比赛时间内正式比赛场地（特别是进行赛事的体育场馆）适合 FIFA 独家使用。

第 55 条　除其他事项外，遵守 2000 年 5 月 4 日第 101 号法律的联邦和由特别法规确立的责任，应当为了完成各项赛事活动且不需要组委会任何费用和相关服务，促进以下事项的可适用性：

Ⅰ．安全；

Ⅱ．健康和医疗服务；

Ⅲ．卫生；

Ⅳ．海关和移民。

第 56 条　联盟应当宣布巴西国家队的比赛日为节假日。

单独款：举办比赛的州、联邦地区和市可在其领域内宣布比赛日为节假日或任意工作日。

第 57 条　在组织和实施赛事中，个人提供的与 FIFA、FIFA 附属机构或 LOC 合作的志愿服务应当构成无偿活动，并应当遵守本条的规定。

§1. 首款提到的志愿服务：

Ⅰ．不应当对志愿服务提供者建立雇佣关系、劳动义务和类似性质的社

会保障；

Ⅱ. 应当以在实体与志愿者之间达成协议条款的方式实施，该协议规定志愿工作的事项和条件。

§2. 对执行志愿服务方式的规定，诸如交通、膳食和制服，不改变其实施的报酬。

§3. 若向其提供志愿服务的实体明示授权，志愿工作者可以报销在履行志愿活动期间所产生的费用。

第 58 条 为了本法的目的，个人向任何性质的公共实体或非营利私人实体提供的自愿服务，应当遵守 1998 年 2 月 18 日第 9.608 号法律的规定。

第 59 条 （已否决）

第 60 条 （已否决）

第 61 条 在比赛举行期间，为尊重军事运行的特殊性和限制，在国防部和巴西航空部门其他机构举行听证会后，以合作条款方式，应当授权使用军用机场上下乘客和行李、民用航空器运输与停靠服务，且应当为上述提及的行动区分资金。

第 62 条 航空主管机构应当鼓励利用与即将举办比赛城市接壤的其他城市的机场。

单独款：外国公民在国家领土内使用军用机场入境，受 1980 年 8 月 19 日第 6.815 号法律第 22 条的约束。

第 63 条 本法设立的授予入境签证的程序，还应当按行政权力机构颁布的每项规范适用于 2013 年世界青年旅行杯的组织工作。

单独款：第 57 条设立的关于志愿工作的规定，还应当适用于 2013 年世界青年旅行杯的组织工作。

第 64 条 教育机构应在 2014 年调整其日历，使公立学校、私立学校在该年第一学期的休息时间能够包含 2014 年 FIFA 世界杯从开幕式至闭幕式之间的所有时间。

第 65 条 环境部应当按其设立的每项标准，授予提供具有经济、社会、环境性质活动的费助项目支持各项赛事的企业和实体赞助奖章。

第 66 条 以下法律应与本法一并适用：1998 年 2 月 19 日第 9.609 号法律、1998 年 2 月 19 日第 9.610 号法律和 1996 年第 9.279 号法律。

第 67 条 比赛应当遵守专门适用于巴西个人和公司的 1998 年 3 月 24 日第 9.615 号法律的规定，但是 FIFA 在巴西的附属机构和 LOC 除外。

第 68 条 比赛应当遵守 2003 年 5 月 15 日第 10.671 号法律中可适用条款的规定。

§1. 以下条款被排除于上述规定的补充适用：第 13-A 条至第 17 条、第 19 条、第 24 条、第 31-A 条、第 32 条、第 37 条和 2003 年 5 月 15 日第 10.671 号法律第 Ⅱ 章、第 Ⅲ 章、第 Ⅸ 章和第 Ⅹ 章。

§2. 为了实现比赛的目的，2003 年第 10.671 号法律第 2-A 条、第 39-A 条和第 39-B 条的适用应当仅限于在巴西组建或设立的私人实体，无论其是否正式注册。

第 69 条 FIFA 在巴西的附属机构和 LOC，应当遵守本法规定的适用于 FIFA 的规定。

第 70 条 各赛事中旳私人服务，应当遵守可适用的立法和联邦警察有关授权签约公司营运和其职业能力旳方针。

第 71 条 本法应当自公布之日起施行。

巴西联邦共和国

巴西利亚

2012 年 6 月 5 日

（孙志煜、邓瑞平、陈茜译，邓瑞平、张迪校）

✻ 爱丽姆·库巴耶娃*

白俄罗斯、哈萨克斯坦、俄罗斯 2010 年《关于知识产权保护领域统一管理原则的协定》简介

引　言

2001 年美国高盛公司经济师吉姆·奥尼尔(Jim O'Neil)提出"金砖四国"的新概念。"金砖四国"最初指俄罗斯、中国、巴西和印度四个经济快速发展国家。2010 年,随着南非的加入,"金砖四国"的英文名由原来的 BRIC 变为 BRICS,便有了"金砖五国"概念。[①]

金砖国家是世界经济中主要的新兴力量,其发展前景宽广,在国际经济格局中的分量不断增加,影响力不断提高。高盛公司预言,金砖国家将于 2050年统领世界经济潮流。[②]

俄罗斯是一直非常重视知识产权保护的国家,其知识产权法律相当发达,除了加强联邦特别立法外,还不断加强《俄罗斯联邦民法典》的修订和缔结、参加有关国际知识产权条约。就国际条约而论,俄罗斯不仅加入了世界知识产权组织管辖的国际公约,且不时缔结有关区域性知识产权保护条约,2010

---

* 爱丽姆·库巴耶娃(Aigerim Kumbayeva),1989 年生,女,哈萨克斯坦籍,中国政法大学学士、清华大学法学院法学硕士,中国深圳星辰前海律师事务所"一带一路"研究专员,哈萨克斯坦律师,西南大学—西南政法大学金砖国家法律研究院研究员。

① 互动百科:《金砖国家》,http://www.baike.com/wiki/%E9%87%91%E7%A0%96%E5%9B%BD%E5%AE%B6, 2017 年 4 月 20 日访问。

② 互动百科:《金砖国家》,http://www.baike.com/wiki/%E9%87%91%E7%A0%96%E5%9B%BD%E5%AE%B6, 2017 年 4 月 20 日访问。

年与白俄罗斯、哈萨克斯坦缔结的《关于知识产权保护领域统一管理原则的协定》(以下简称"本协定")即为一例。

在"一带一路"倡议下,为了加强中国与"一带一路"沿线各国的合作与交流,对"一带一路"沿线各国和"金砖国家"的法律做深入研究,以下对本协定做简要介绍。

一、本协定的制定背景

俄罗斯是很多国际知识产权公约的缔约方,包括《专利法条约》《专利合作协定》《与贸易有关的知识产权协定》《国际专利分类斯特拉斯堡协定》。俄罗斯与一些国家有紧密的知识产权保护合作,其中多数国家为苏联加盟共和国。自 1991 年苏联解体后,苏联的大多数国家建立了独联体。10 个独联体国家于 1993 年 9 月 23 日签订了《关于建立经济联盟的协定》。① 该协定的目的之一是建立基于市场关系的统一经济联盟。根据该协定中的条款,在经济联盟上允许货物、服务和劳务的自由流动。1999 年 2 月 26 日,俄罗斯与白俄罗斯、哈萨克斯坦共和国、吉尔吉斯斯坦、塔吉克斯坦签订了《关于建立欧亚海关联盟的协定》。该协定于 2001 年 7 月 2 日生效。根据此协定,缔约国承诺,完成并建立统一联盟领土海关联盟的工作。2000 年 10 月 10 日,俄罗斯与白俄罗斯、哈萨克斯坦共和国、吉尔吉斯斯坦、塔吉克斯坦、乌兹别克斯坦签订了《关于建立中亚经济联盟的办定》。根据该协定,为了有效促进海关联盟和缔约国统一经济联盟成立的进程,成立欧亚经济联盟。该协定于 2007 年 10 月 6 日生效。与此同时,俄罗斯联邦与白俄罗斯、哈萨克斯坦共和国签订了《关于设立统一海关领土以及建立海关联盟的协定》。根据该协定,各国同意建立统一海关领土,该领土包含每国的领土。该协定于 2011 年 6 月 1 日生效。

2010 年 12 月 9 日,俄罗斯联与哈萨克斯坦共和国、白俄罗斯在俄罗斯的首都莫斯科签订了本协定,共 5 章 27 条,于 2012 年 1 月 1 日生效。

二、本协定的主要内容

本协定的基本宗旨是:加强经济、工业、文化和科学技术方面的合作,促进知识产权保护及与国际贸易仿冒行为做斗争,为给欧亚经济联盟的建立创造良好的条件,为在欧亚经济联盟内建立统一的知识产权保护协调机制。

---

① 10 个独联体国家为:阿塞拜疆、亚美尼亚、白俄罗斯、哈萨克斯坦、吉尔吉斯斯坦、摩尔达维亚、俄罗斯、塔吉克斯坦、土库曼斯坦、乌兹别克斯坦。

本协定的亮点如下：

(一) 促进知识产权保护和与国际贸易仿冒行为做斗争

本协定的主要目的是促进知识产权保护及与国际贸易仿冒行为相斗争，为给欧亚经济联盟的建立创造良好的条件，并为在欧亚经济联盟内建立统一的知识产权协调机制。

(二) 各国对知识产权给予一致的法律保护

本协定的主要目的之一，是确立知识产权领域的统一保护规则，建立三国统一、协调的立法，各国在知识产权、工作与服务领域给予一致的法律保护。①

(三) 受法律保护的知识产权客体

按照本协定，以下客体应当受缔约国法律保护：科学、文学与艺术作品，电子计算机(计算机程序)包括的源代码和目标代码，复合作品②，电影作品③，录音录像制品④，商标和服务商标⑤，商品的原产地名称⑥，发明、实用新型、工业品外观设计专利⑦。

(四) 缔约国必须加入新加坡条约与罗马公约

若缔约方签订协定前属《商标法新加坡条约》与《保护表演者、音像制品制作者和广播组织罗马公约》的非参与者，承担加入上述国际协定的责任。⑧

(五) 平等待遇

缔约方承诺，在本国立法中针对其他国家在本协定国际义务框架下，给予自然人、法人知识产权成果的法律保护水平与按国内法律规定提供的水平相同。⑨

---

① Соглашение о единых принципах регулирования в сфере охраны и защиты прав интеллектуальной собственности《关于知识产权保护领域统一管理原则的协定》，第 1 条。
② 《关于知识产权保护领域统一管理原则的协定》，第 4 条第 2、3、4 款。
③ 《关于知识产权保护领域统一管理原则的协定》，第 5 条。
④ 《关于知识产权保护领域统一管理原则的协定》，第 6 条。
⑤ 《关于知识产权保护领域统一管理原则的协定》，第 11 条。
⑥ 《关于知识产权保护领域统一管理原则的协定》，第 15 条。
⑦ 《关于知识产权保护领域统一管理原则的协定》，第 16 条。
⑧ 《关于知识产权保护领域统一管理原则的协定》，第 2 条第 2 款。
⑨ 《关于知识产权保护领域统一管理原则的协定》，第 3 条第 1 款。

（六）明确专利受法律保护的文件

本协定明确了发明、实用新型或工业外观设计专利受法律保护的文件。该文件（以下简称专利）规定了专利权人的著作权与专有权。①

按本协定，发明人、实用新型专利权利人或设计人应当享有专有权和署名权。②

（七）明确专利专有权的时间期限

本协定规定了专利的专有权时间期限。缔约国承诺在时间期限内提供专利专有权的保护。在符合缔约各方立法的情况下，享有发明、实用新型、工业品外观设计专利专有权的有效期从专利申请日期起算，发明权不少于20年，实用新型专利专有权不少于5年，工业品外观设计专利专有权不少于5年。③

（八）明确专利的专有权使用范围

赋予发明、实用新型或工业品外观设计专利的专利所有权人享受任何通过合法手段来使用发明、实用新型或工业品外观设计专利的权利。若专利的客体是商品，专利权人有权禁止第三人进行制作、应用、存储、提出销售建议、为了同样目的进口或者买卖商品。④

三、对本协定的简要评价

本协定中"知识产权"概念不清晰，只明确了其客体，导致某些知识产权在某国受法律保护，而在另一国不受法律保护。

虽然本协定明确了缔约国认可重要国际公约（巴黎公约、伯尔尼公约、TRIPS协定）的意义，但未明确各方应加入以上公约的义务。根据本协定第2条第2款，缔约方只承担加入《商标法新加坡公约》与《保护表演者、音像制品制作者和广播组织罗马公约》的义务。⑤

---

① 《关于知识产权保护领域统一管理原则的协定》，第16条第1款。
② 《关于知识产权保护领域统一管理原则的协定》，第16条第2款。
③ 《关于知识产权保护领域统一管理原则的协定》，第16条。
④ 《关于知识产权保护领域统一管理原则的协定》，第16条。
⑤ http://отрасли-права.рф/article/6653 Патенты на изобретения в странах Таможенного союза в аспекте международного частного права（Гаврилов Э. П.）[EB/OL].[2017-03-22].

关于知识产权保护领域统一管理原则的协定[*]

目 录

白俄罗斯共和国政府、哈萨克斯坦共和国政府和俄罗斯联邦政府(下称缔约方)基于发展和加强经济、工业、文化和科学技术方面的合作需求,参照欧亚经济共同体国家间委员会(海关联盟最高机关)的决定(2007 年 12 月 19 日),各方为促进知识产权保护及与国际贸易仿冒行为做斗争,为给欧亚经济联盟的建立创造良好的条件,以及为在欧亚经济联盟内建立统一的知识产权协调机制,达成如下协定:

第一章　一般规定

第 1 条

本协定旨在知识产权保护、工作与服务的领域统一管理规则,使知识产权在各国受到一致的法律保护。

第 2 条

1. 缔约方遵守知识产权国际保护的法律基础、世界贸易组织关于知识产权保护方面的贸易原则、在签订本协定前适用世界知识产权组织管理下的知识产权领域的协定,以及各方签订的其他国际协定。

　＊ 本协定俄文本可从 http://www.wipo.int/wipolex/en/other_treaties/text.jsp? file_id = 285392 获得,2015 年 10 月 22 日访问。

2. 若缔约方签订本协定前不是《商标法新加坡条约》与《保护表演者、音像制品制作者和广播组织罗马公约》的参与者,承担加入上述国际协定的责任。

3. 缔约方承诺参与世界知识产权组织、有关世界知识产权贸易协定委员会协调知识产权事务。

第 3 条

1. 缔约方承诺,在本国立法中针对其他国家在本协定国际义务框架下给予自然人、法人知识产权成果的法律保护水平与按其国内法律规定提供的水平相同。

2. 缔约方可以在与本协定条款不相冲突的前提下,适用在其国内立法中比本协定的知识产权保护水平更高的规则,以确保知识产权得到更大程度的保护。

第二章　著作权与邻接权

第 4 条

1. 缔约方承诺,依据《1971 年保护文学艺术作品伯尔尼公约》《世界知识产权组织版权条约》与《世界知识产权组织表演和录音制品条约》的规定,保护知识产权。

2. 根据《1971 年保护文学艺术作品伯尔尼公约》,电子计算机(计算机程序)包括的源代码和目标代码应当作为文学作品受法律保护。

3. 复合作品,即表达素材选择或安排的创造性结果的作品,无论其表达形式如何,都受到法律保护。在此情况下,无论这些复合作品所依据的作品是否为著作权保护对象,该复合作品都受著作权保护。

4. 著作权适用于科学、文学与艺术作品。特别是作品的作者具有以下权利:

(1)作者专有权;

(2)署名权;

(3)姓名权;

(4)作品不可侵犯的权利;

(5)发表权;

(6)国家立法规定的其他权利。

5. 缔约方承诺,在本条保护框架内,只在某些与作品正常使用不相矛盾或不侵犯相关权利主体合法权益的情况下,规定知识产权的限制及豁免。

6. 缔约方承诺,确保作者去世后发表的合著作品的作者专有权、作品专有权的保护期不低于《1971年保护文学艺术作品伯尔尼公约》、有关世界知识产权贸易协定组织和《保护表演者、音像制品制作者和广播组织罗马公约》(1961年罗马公约)规定的保护期。各缔约方可以在本国立法中规定比本条规定更长的保护期。

第5条

缔约各方应当授予电影作品的权利所有人允许或禁止对该电影作品之原版或录制品在另一缔约方公开播放的权利。

第6条

在本协定内,知识产权(财产权和非财产的人身权)、执行缔约方立法规定的活动(表演)、录音录像制品和其他权利,是与制作权相关的权利(邻接权)。

第7条

1. 本协定中的表演者(表演的作者)是被公认为通过创造性劳动创作表演的以下人:艺术家,表演者(通过朗诵、唱歌、演奏乐器或以其他方式参与演出文学、艺术或民间艺术作品的演员、歌手、音乐家、舞蹈家或戏剧演员,包括舞台马戏或木偶剧场),表演导演(演员、马戏表演者、木偶或其他戏剧表演者)和导演。

2. 经缔约方协商,应当向表演者赋予以下权利:

(1)表演专有权;

(2)著作权:被认可作品的作者的权利;

(3)署名权:在录音制品复制品上署自己的姓名或笔名的权利,以及其他作品使用情况下有权署表演者组织的名称,除非在作品使用过程中明确排除了署表演者姓名或表演者组织名称的权利;

(4)缔约各方国家立法规定的其他权利。

3. 表演者在演出作品过程中应当遵守作品作者表演的权利。

4. 无论作品的著作权是否存在或被有效执行,该作品的著作权都是被承认的且有效的。

第8条

1. 根据本协定的目的,录音录像制作者指主动承担首次录制演出的声音或其他声音或与这些声音类似的声音的人。在没有其他证明的情况下,录音录像制品署名的人,被视为此录音录像制品的制作者。

2. 根据本协定,缔约各方向录音录像制作者赋予以下权利:

(1)录音录像制品专有权;

(2)缔约各方国家立法规定的其他权利。

3. 缔约各方承诺,确保制作者权利保护的时间期限不低于有关世界知识产权贸易协定组织和《保护表演者、音像制品制作者和广播组织罗马公约》(1961 年罗马公约)的规定。各万可以在其立法中明确规定比本条款更长的保护期。

第 9 条

在缔约各方境内的录音录像制品制作者,有权允许或禁止以下行为:

(1)直接或间接复制其录音录像制品;

(2)未经录音录像制品制作者许可,将录音录像制品的复制品进口到缔约另一方领土内。

第 10 条

1. 本协定中所称的著作权集体管理组织,是指按照国家法律授权,经作者、表演者、录音录像制作者(生产商)和其他著作权或相关权利持有人(以下简称作者和其他权利人)的许可,行使集体管理的有关权利、以确保作者和其他权利人获得交叉权利的报酬等相关权利的组织。

2. 为了在欧亚经济联盟缔约国领土内有效实现作者和其他权利人的财产权利,若其权利的实现受到阻碍,或缔约国法律允许未经持有者许可使用著作权和邻接权的客体但需向其支付报酬,缔约方应当协助著作权集体管理组织的设立和其开展活动。

3. 为了确保合法使用著作权和邻接权的客体而考虑到最全面实现著作和其他持有者的权利,缔约各方应当允许著作权集体管理组织在实现著作持有者和其他授权持有者(包括没有放弃涉及其利益的作者)合法利益(包括自由形声字回放和为个人目的复制音像作品的报酬权)的情形下开展活动。

4. 为了创建统一的著作权和邻接权保护系统,各缔约方应当在本协定生效前签订包括以下内容的国际条约:

(1)明确统一集体管理组织的规则,包括实现自由形声字回放和为个人目的的复制音像作品的报酬权的情形。

(2)缔约方创设关于受保护的著作权与邻接权客体的、包含信息的数据库与交易交换的流程;

(3)欧亚经济联盟缔约国著作权集体管理组织工作安排的协调委员会。

第 11 条

1. 本协定中所称的商标和服务标识(以下简称"商标"),是指根据缔约方立法和缔约方签订的国际条约,用于在参与者商品与服务过程中区分一个

商品提供者与服务者和另外一个商品提供者与服务者的标志。

2. 商标可以通过口头、视觉、其他指标或它们的组合进行注册。根据各缔约方的立法,不同的符号可以被注册为商标。商标可以注册成任何颜色或各种颜色的组合。

第 12 条

1. 商标的持有者对该商标拥有专有权,并对其商标进行使用,有权禁止其他人使用该商标。

2. 商标注册自首次注册之日起,其有效期限可以延长无数次,持有者应当在商标有效期最后一年内提出延期申请,每次延期不得少于 10 年。

第 13 条

缔约各方约定,在本协定生效后,商品的商标权所有人以合法方式销售或转让商标权商品后,该商标所有权人对该特定商品上的商标权终结。合法获得该商标权商品的人,有权在市场上再行销售或直接使用该商品,而不违反商标专有权。

第 14 条

本协定生效前,缔约各方需在自己国家领土内制定统一的商标和商品原产地名称(地理标志)所需要的法律保护程序。缔约各方需在另一单独协定中建立统一的商标和商品原产地名称(地理标志)的注册机制。

第 15 条

1. 本协定中所称的商品原产地名称,是指现代或历史、正式或非正式、全称或缩写的国名、城市或乡村的居民点、地区或其他地理对象的标志,通过使用与原地名称相同的标志使该标志闻名,这些产品特定的质量或特征由该地的地理、环境条件或人为因素所决定。此原产地名称受法律保护。

上述规定适用于可识别其国家来源的标志,虽然不包含本商品对象名称,但通过使用该标志,其特征符合本款的第一项要求。商标中虽然包含地理对象名称,但被公众使用作为与生产地点无关的商品,该商标不是原产地名称。

2. 为了实现本协定,缔约各方就商品原产地名称拟定相关法律标准,在以下情况中有权实施相关法律补救措施:

(1)在对商品进行指定或陈述等展现过程中,使展现商品的原地理地区来源与现在所展现的来源地点有差异,以误导公众对该商品的原产地名称的判断;

(2)《1967 年保护工业产权巴黎公约》第 10 条定义下的"任何使用",构成不正当竞争的使用。

第 16 条

1. 根据缔约各方立法,发明、实用新型、工业品外观设计专利应当受国家法律保护,专利权持有人应当通过保护文件被予以确认优先权、著作权和专有权。

2. 发明、实用新型、工业品外观设计专利的发明人、权利人或设计人应当享有以下权利:

(1)专有权;

(2)署名权。

3. 在缔约各方立法规定的某些情况下,实用新型权利人或者工业品外观设计人还享有其他权利,包括专利获得权、使用实用新型或工业品外观设计过程中获得报酬的权利。

4. 在符合缔约各方立法的情况下,享有发明、实用新型、工业品外观设计专利专有权的有效期从获得专利的申请日期起算:

(1)发明专利:不少于 20 年;

(2)实用新型专利:不少于 5 年;

(3)工业品外观设计专利:不少于 5 年。

第 17 条

发明、实用新型或工业品外观设计专利赋予专利所有权人享受任何通过合法手段使用发明、实用新型或工业品外观设计专利的权利。若专利的客体是商品,专利权人有权禁止第三人制作、应用、存储、销售提议、为了相同目的进口或者买卖商品。

第 18 条

缔约各方有权依据专利和与专利有关的文件的规定,对该文件赋予的权利进行限制。这些限制在正常使用发明过程中不对发明、实用新型、工业品外观设计专利造成不合理的损失,不侵犯专利权人的合法利益,同时需要考虑第三人的合法利益。

第三章 法律适用

第 19 条

缔约各方有责任采取法律措施对知识产权进行有效保护。

第 20 条

缔约各方通过立法,确保在关税同盟区域内有效打击贩卖和运输假冒商品行为,和采取统一措施打击互联网侵犯知识产权的行为。

第 21 条

缔约各方根据海关联盟中的海关法规定,采取相关行动,对知识产权进行保护。

第 22 条

为了建立统一知识产权保护系统,和为了本协定第 20 条规定的目的,缔约各方应当规定其授权机关协调知识产权保护。

为了建立统一知识产权保护系统,根据本协定第 20 条规定,缔约各方的授权机关应当考虑签订关于协调知识产权保护行动的协定。

第四章 透明度

第 23 条

1. 缔约各方发布与本协定主题(实用性、权利范围、权利取得、权利实施及防止权力滥用)相关的有效法律、其他规范性文件、法院终审判决和行政决定时,应当公开发布,并便于各缔约方政府获知。若缔约一方政府与缔约另一方政府签订与本协定有关的协定或实施与本协定相关的行为,该协定或行为应当公开发布。

2. 缔约一方应当根据缔约另一方的书面申请,向其提供本条第 1 款的相关信息。若缔约一方有正当理由相信某特定法院判决、行政决定或与知识产权相关的双边协定影响其在本协定中的权利,该缔约方可以按相关规定通过书面申请方式,获得该法院判决或行政决定或双边协定。

3. 缔约各方承诺,应向其他缔约方告知本国制定与本协定客体相关的法律草案,也有责任告知欧亚经济联盟中的知识产权协调委员会。

4. 本条第 1 款至第 3 款不应当要求缔约方披露涉及法律执行的保密性信息,否则会违反公共利益或者侵害国有企业、私营企业的合法商业利益。

第 24 条

1. 为了实现缔约方政府之间的知识产权保护信息和技术合作的协调功能,缔约各方约定设立一个常设机构性机制——欧亚经济联盟协调委员会(以下简称"协调委员会")。缔约各方制定和通过协调委员会的相关条例。缔约各方应当指定协调委员会的联合主席。

2. 协调委员会的联合主席审批通过协调委员会的专家名单,该名单包含缔约各方的代表人。协调委员会还包括欧亚经济联盟一体化的秘书处的代表人,其负责协调欧亚经济联盟缔约国在知识产权保护领域的政策。缔约各方约定协调委员会需定期召开会议,且每年不少于一次。

第 25 条

缔约各方就本协定的解释或适用发生争端,应当通过磋商与谈判的方式解决。若一方在收到另一方磋商与谈判的书面申请之日起 6 个月内争端无法解决,任何一方应当将该争端提交至欧亚经济联盟法院审议。

第五章 生效

第 26 条

经缔约各方协商,可以对本协定进行修改,本协定的修改需制作成单独的议定书。

第 27 条

本协定于 2012 年 1 月 1 日生效,但不得早于保管人收到最后一缔约方告知其已完成本协定生效所需要的国内程序的书面通知书。

加入或退出本协定的流程需要参照关于加入国际协定的流程的议定书,该议定书(2007 年 10 月 6 日)旨在形成海关联盟协商法律的基础。

缔约各方于 2010 年 12 月 9 日在莫斯科签订本协定,本协定正本官方语言为俄语。本协定正本由欧亚经济联盟委员会保管,欧亚经济联盟委员会是本协定的保管人,由其向本协定缔约各方发送经认证的副本。

(爱丽姆·库巴耶娃译,邓瑞平、张建文审校)

❋ *爱丽姆·库巴耶娃*[*]

俄罗斯联邦 2006 年《关于信息、信息技术和信息保护的联邦法》简介

俄罗斯是一个快速发展的国家,虽然其信息产业发展较快,但是其网络发达水平总体上比较落后,其信息技术产业没有中国发达。为了顺应全球信息化发展潮流,俄罗斯不断完善信息及信息保护方面的立法。

在"一带一路"倡议下,为了加强中国与"一带一路"沿线各国的合作与交流,为了深入了解和研究"一带一路"沿线各国和金砖他国的法律,我们翻译了俄罗斯联邦 2006 年颁布、截至 2017 年 7 月修订的《关于信息、信息技术和信息保护的联邦法》(以下简称本法)。以下简要介绍和评价本法。

一、本法制定的背景与过程

俄罗斯联邦于 1995 年 2 月颁布的《关于信息、信息化与信息保护的联邦法》(以下简称"1995 年法"),为俄罗斯信息安全的基本法。1995 年法于 2006 年 7 月被俄罗斯联邦第 149-FZ 号联邦法即《关于信息、信息技术和信息保护的联邦法》取代。本法是在 1995 年法基础上,为适应信息领域的新变化,更好地维护信息主体尤其是公民的信息权利,促进信息技术在各领域的应用,保障信息安全,于 2006 年制定。[①] 本法成为俄罗斯联邦信息安全立法的新基础。

1997 年 12 月,俄罗斯联邦总统批准了《国家安全学说》(以下简称《学

---

* 爱丽姆·库巴耶娃(Aigerim Kumbayeva,1989 年生),女,哈萨克斯坦籍,中国政法大学学士、清华大学法学院法学硕士,中国深圳星辰前海律师事务所"一带一路"研究专员,哈萨克斯坦律师,西南大学—西南政法大学金砖国家法律研究院研究员。

① 马海群、范莉萍:《俄罗斯联邦信息安全立法体系及对我国的启示》,载《俄罗斯中亚东欧研究》2016(3)。

说》），该《学说》是在完善《俄罗斯联邦宪法》和 1995 年法的过程中所形成的成果。该《学说》是调整信息领域法律关系和行政机关之间管理关系的有效手段，明确了国家机关在信息安全领域承担的主要义务，此主要义务与国内政策和对外政策相一致。①

1998 年俄罗斯联邦《国家信息政策纲要》形成了以建立信息社会为核心的统一的国家信息政策和具体的实施措施。②

1999 年发布《俄罗斯联邦信息安全法律保障完善构想（草案）》，将信息安全提到信息环境下保护国家利益的高度，有利于加强俄罗斯国家安全。该《构想》列出了属于信息安全法律保障的主要情形，确定了信息安全立法保障目标和原则、完善的构想。

2000 年俄罗斯发布《俄罗斯联邦信息安全纲要》，旨在帮助俄罗斯从法律、方法、技术和组织方面为信息安全制订具体计划。该《纲要》讨论了俄罗斯联邦信息安全的现状和改进的目标；阐明了关键信息基础设施保护的法律、组织技术和经济方法；描述了信息安全在经济、国内政策、外交政策、科技、信息和电信系统、国防、执法和紧急情况等诸多方面的特点；阐述了信息安全领域国际合作、确保信息安全的国家政策的主要规定和需要优先执行的措施，强调要为信息安全创建一个法律基础。③

2000 年 6 月俄罗斯联邦总统签署了国家安全委员会提交的《国家信息安全学说》。这是俄罗斯正式颁布的有关国家信息安全方面的第一项重要文件。该学说是继《俄罗斯国家安全构想》之后一项"非常重要的纲领性文件"。该学说表达了国家对信息安全保障的目的、任务、原则和基本内容的看法，首次明确公布了俄罗斯在信息领域的利益、信息安全领域应采取的措施。该学说将国家信息保护作为国家的重要战略任务，为俄罗斯联邦信息安全保护国家政策的形成，为俄罗斯联邦从法律、方法、科学技术和组织上完善信息安全保障体系和制订俄罗斯联邦信息安全保障整体方案，提供了建议和政策导向。④

---

① Современная доктрина национальной безопасности России http://studbooks. net/1057220/pravo/sovremennaya_doktrina_natsionalnoy_bezopasnosti_rossii, last visited on 20 March 2016.

② 马海群、范莉萍：《俄罗斯联邦信息安全立法体系及对我国的启示》，载《俄罗斯中亚东欧研究》2016（3）。

③ 马海群、范莉萍：《俄罗斯联邦信息安全立法体系及对我国的启示》，载《俄罗斯中亚东欧研究》2016（3）。

④ 马海群、范莉萍：《俄罗斯联邦信息安全立法体系及对我国的启示》，载《俄罗斯中亚东欧研究》2016（3）。

在《国家信息安全学说》颁布后,俄罗斯联邦政府公布了《俄罗斯信息和信息化领域立法发展构想》,明确了俄罗斯信息和信息化领域立法工作的优先发展方向。

根据 2010 年 12 月 28 日第 390-FZ 号《俄罗斯联邦安全法》,2015 年颁布了总统令第 683 号《关于俄罗斯联邦国家安全战略》。俄罗斯在不断完善信息安全立法过程中于 2016 年 12 月 5 日批准了《俄罗斯信息安全学说》。该学说明确了现代世界上十分重要的信息威胁,根据这些威胁因素制定了涉及政治、经济、军事、外交、科学与教育的国家战略。①

随着上述国家战略政策的制定和实施,俄罗斯立法部门不断修订本法,使本法处于不断完善和发展中。其中修订本法的主要联邦法有:2010 年第 227-FZ 号,2011 年第 65-FZ 号,2011 年第 252-FZ 号,2012 年第 139-FZ 号,2013 年第 50-FZ 号、第 112-FZ 号、第 396-FZ 号、第 398-FZ 号,2014 年第 97 号、第 222-FZ 号、第 242-FZ 号、第 364-FZ 号、第 531 号,2015 年第 188-FZ 号、第 263-FZ 号,2016 年第 208-FZ 号、第 374-FZ 号、第 442-FZ 号,2017 年第 87-FZ 号、第 109-FZ 号、第 127-FZ 号、第 276-FZ 号。

二、本法的主要内容

本法调整的法律关系为行使搜索、接收、转移、制作和传播信息的权利,适用于调整上述法律关系中的信息技术使用和信息保护②,但不适用于法律保护智力活动结果和其同等个体化措施中产生的关系。③ 其主要内容如下:

(一)国家在建设信息资源和信息技术领域中的责任

本法规定了俄罗斯联邦在建设信息资源、信息技术领域中系统、信息资源法律制度框架的责任,明确了国家在建设信息资源、信息技术领域的政策方向。例如:建立和开发联邦和区域信息系统和网络以保障其在俄罗斯统一信息空间的兼容性和相互作用(第 2 条),在信息化领域制订和实施统一的科学技术与工业政

---

① 马海群、范莉萍:《俄罗斯联邦信息安全立法体系及对我国的启示》,载《俄罗斯中亚东欧研究》2016(3)。

② Section 1, Article 1, Article 3, Federal Law No. 149-FZ, July 27, 2006, On information, informational technologies and the protection of information(Анализ Федеральный закона *Об информации*, *информатизации и защите информации*).

③ Section 2, Article 1, Federal Law No. 149-FZ, July 27, 2006.

策(第 3 条),发展信息流转中的法律(第 4 条),信息技术与通信(第 5 条)。

(二)国家在建设信息资源和信息技术领域中的权利

国家对信息资源享有所有权、使用权、收集权,保护公民个人对非国家限制的信息享有所有权和使用权,保护所有权客体(包括以文件形式表现的纸质版信息、在信息系统上以文件形式表现的信息),通过不同信息访问类型获得信息的所有权和信息所有权的法律保护程序。[1]

自然人和法人对其通过合法途径获取的信息文件或其对所获取的信息进行整合形成的文件,享有所有权。[2] 国家与非国家组织享有同等地开发和创建信息资源、技术的权利。[3]

本法旨在提高解决非法访问信息问题的效率,政府组织负责解决此效率问题的相关责任,相关组织在建设信息资源时必须获得相关许可。[4]

法院、仲裁院保护对信息资源创造、生产、建立、使用和应用信息系统的权利人的合法权利。

(三)公开政务活动的信息

信息资源分为四类:信息、信息技术、信息通信网络和信息系统。本法确立了信息公开制度,公民和法人有权查询所需要的信息资源,包括政府机关、地方自治机关、社会和政治等组织机构开展的活动和经济、其他社会生活领域状况的情况。

国家机关与地方自治机关,在开展活动的方面建设信息资源,并在其权限范围内,就公民权利、义务和自由、安全与其他公众关注问题,提供信息。

俄罗斯联邦总统管理下的委员会组织向公民提供对所有信息资源、信息系统和发布信息的访问权利,并进行登记。[5]

(四)个人信息资源的保护和使用限制

本法明确规定了个人信息资源的保护和使用限制。根据本法,除非根据

---

[1]　Анализ Федеральный закона *Об информации, информатизации и защите информации*, http://works. doklad. ru/view/pSAjtf13OFk/all. html, last visited on 22 March 2017.

[2]　Article 6, Federal Law No. 149-FZ, July 27, 2006.

[3]　Section 3, Article 16, Federal Law No. 149-FZ, July 27, 2006.

[4]　Section 3, Article 16, Federal Law No. 149-FZ, July 27, 2006.

[5]　Section 3, Article 3, Federal Law No. 149-FZ, July 27, 2006.

法院判决,不允许不经本人同意而收集、保存、使用和传播私人生活信息,侵犯个人、家庭、通信隐私的信息,电话、邮件、电报和其他消息报道;不能使用个人信息给公民造成财产和精神上的损害;不能给俄联邦公民权益和自由的实现造成困难;限制使用俄罗斯联邦公民社会、出身、种族、民族、语言、宗教和政党属性的信息。①

在进行个人信息处理中必须经国家组织许可。获得许可的主要目的是实现公民权利、私人生活不可侵犯的权利、保护私人与家庭隐私和自己名誉的权利。许可制度设置了向主管机关提供监督隐私信息和个人信息方面的有效条件。②

(五)信息传播组织者的义务

根据本法,互联网信息传播组织者,指从事信息系统运营业务和(或)电子计算机程序业务的人,该信息系统运营和电子计算机程序设计用于信息接收、传递、送达和(或)电子通信网络用户的"互联网"。

信息传播者应当保护以下方面的信息:(1)数据的接收、传播、送达和(或)声音资料处理过程,书面信息、图像、音频、视频或其他互联网用户信息和上述行为发生后一年内的该类信息;(2)互联网用户的信息、语音信息、图像、声音、视频等电子通信。

传播信息的组织者的主要义务有:(1)保证符合由联邦执行机构会商在电信领域与开展犯罪侦查活动或保证俄罗斯联邦安全的国家授权机构后规定的上述组织者在信息系统中使用的设备和可编程的技术手段的要求;(2)为实现送达任务,依据本联邦法开展活动,和采取措施防止披露有关组织和战略方法的信息。

互联网传播信息的组织者应当在接受、传递、送达信息和(或)处理互联网用户信息、电子通信网络用户的互联网信息、编码电子通信使用时和(或)向互联网用户提供附加互联网信息解码的机会时,向信息安全保障领域中联邦执行机构提供该机构所需要的接受、传递的解码信息。③

(六)搜索引擎营运者的义务

搜索引擎的营运者在互联网传播旨在吸引在俄罗斯境内消费者的广告

---

① Section 7, Article 3, Federal Law No. 149-FZ, July 27, 2006.
② Article 23, Federal Law No. 149-FZ, July 27, 2006.
③ Article 10.1, Federal Law No. 149-FZ, July 27, 2006.

的，在公民（自然人）要求（经申请）下应当停止提供可以获取的不准确、违反俄罗斯联邦法在互联网首页发布的信息。①

若搜索引擎营运者发现申请人提供的信息不完整、不准确或者有错误，有权在收到要求后法定期限内通知并要求申请人提供更正的信息。若申请人发现传播信息中有其个人信息，有权利向引擎营运者申请停止发出该传播信息的链接。申请人认为搜索引擎营运者的拒绝不合理，有权利向法院请求停止提供申请人在申请中明确的信息链接。②

（七）新闻聚合器信息传播的特点、新闻传播的法定要求

修正法中新增了关于新闻聚合器传播新闻的相关规定。根据修订后的本法，在俄罗斯联邦境内用于处理和传播俄罗斯联邦国家语言文字、俄罗斯联邦人民的俄罗斯联邦语言或其他国家语言的网络新闻且每日访问量超过 100 万互联网用户的电子计算机（新闻聚合器拥有者）、网站和（或）互联网网站、新闻传播的所有者，必须遵守俄罗斯联邦法律的具体要求。

为确保新闻聚合器注册表的有序建成，联邦行政主管机构在新闻聚合器领域的权力包括：组织监督信息资源；批准确定信息资源每天用户量的方法；要求新闻聚合器拥有者和其他人提供新闻聚合器登记所需要的信息。③

若发现视听信息系统中传播了违反俄罗斯法的信息，履行控制和监督大众传媒、大众传播、信息技术和通信领域职能的俄罗斯联邦行政主管机构应当向视听服务系统发送采取措施避免违反反垄断法的要求。新闻聚合器拥有者违反本法规定的，应当根据俄罗斯联邦法律承担刑事、行政和其他责任。④

（八）视听服务所有者义务

从本法生效之日起，视听服务的所有者有义务进行视听作品分类。为避免对儿童有害的视听作品出现，本法对视听作品的年龄分类做出了相关规定。⑤

视听服务所有者应当依法对视听作品进行分类，对视听作品添加所属类别的标志或加入关于所属分类的文字警告。

违反本法规定的视听服务要求，依照俄罗斯联邦法律规定，应承当刑事、

---

① Article 10.3, Federal Law No. 149-FZ, July 27, 2006.
② Section 3, Article 10, Federal Law No. 149-FZ, July 27, 2006.
③ Section 4, Article 10, Federal Law No. 149-FZ, July 27, 2006.
④ Article 10.4, Federal Law No. 149-FZ, July 27, 2006.
⑤ Article 10.5, Federal Law No. 149-FZ, July 27, 2006.

行政和民事责任。①

(九)国家机构和地方自治机构行使职能时以电子文件形式交换信息

国家机构、地方自治机构、根据联邦法律运行的组织、以电子文件形式发布信息的组织,应当在其权力范围内向公民(个人)提供选择性的、合格的电子签名和(或)电子文档。②

若调整本领域的联邦法另有规定,联邦政府机构、地方自治政府机构和组织需要对信息保护法下的信息单独授权,可以通过已签名的电子文件形式授权给公司(自然人)和组织。③

(十)电子计算机和数据库方案国家管制的特点

为了扩大计算机使用俄罗斯软件、确认其来自俄罗斯联邦和为了计算机软件的所有者或国家支持数据措施,建立俄罗斯统一软件和数据登记制度。该制度的内容包括俄罗斯软件登记的启动、进行、信息组成、所有权的依据、纳入俄罗斯软件登记的条件、俄罗斯软件纳入信息的程序。④

俄罗斯联邦政府和各联邦主体行政权力机构可以按俄罗斯联邦政府规定的标准,规制在俄罗斯联邦领土内注册的软件组织软件注册表操作的建立和维护。俄罗斯联邦政府、联邦行政权力机构批准电子计算机和数据库的程序分类,以便登记俄罗斯软件。

(十一)禁止传播的信息的网页和有效链接网站的域名

本法规定限制访问俄罗斯境内禁止传播的信息和建立自动化系统"单一域名"、网络,以此能够用于识别包含禁止在俄罗斯境内传播的信息的网站。为了方便识别禁止性信息,建立了登记制度。联邦行政主管机构按俄罗斯联邦政府规定的程序负责上述登记的创建、形成和维护,可以按俄罗斯联邦政府规定的标准,设立和管理在俄罗斯联邦境内注册的管理登记表的组织。⑤

若服务器服务提供者传播禁止的信息,应当向网页所有者发送通知,网页所有者应当在收到此通知后 24 小时内,删除含俄罗斯联邦法禁止传播信息的

---

① Article 10.5, Federal Law No. 149-FZ, July 27, 2006.
② Section 5, Article 10, Federal Law No. 149-FZ, July 27, 2006.
③ Article 10.5, Federal Law No. 149-FZ, July 27, 2006.
④ Section 5, Article 10, Federal Law No. 149-FZ, July 27, 2006.
⑤ Article 15.1, Federal Law No. 149-FZ, July 27, 2006.

网页。若互联网网页的所有者拒绝履行或未履行上述义务,服务器服务提供者应当在 24 小时内限制该网页的访问。

联邦行政主管机构或被指定的联邦机构可以访问营运者根据本法负责清除可通过互联网识别网址的域名、网页标志或网页地址。①

(十二)限制侵犯版权和相关权利的信息的传播方法

本法针对侵犯版权和(或)相关权利的信息传播的方法采取了相应措施。

若发现版权或相关权利的客体(摄影作品或类似照片合成作品除外)或权利人获取信息电信网络的必要信息,未经版权人同意或无其他合法理由,权利人可以申请联邦行政主管机构作出依法采取限制访问、传播该信息资源的措施。②

(十三)限制访问违反法律的信息的方法

若信息电信网络(包括互联网、电话)包含传播大规模骚乱、极端活动、参与扰乱公共秩序活动的信息,经联邦行政主管机构发出请求,俄罗斯联邦检察长或副检察长应当责令联邦政府行政机构、俄罗斯联邦主体权力机构组成的实体、组织或公民采取措施限制信息资源和此类信息的传播。③

(十四)限制获取个人信息领域违反俄罗斯联邦法律的信息

本法限制获取个人信息领域违反俄罗斯联邦法律的信息,并建立了违法者登记制度。本法较详细规定了违法者登记册应当包括的内容。联邦行政主管机构按照俄罗斯联邦政府规定的程序建立和维护违法者名册,并可以按照俄罗斯联邦政府制定的标准,建立和维护联邦境内注册登记的违法营运者登记系统。④

(十五)限制访问互联网网站的方法

为了限制访问包含版权及相关权利客体信息和必要信息的重复和错误的互联网网站,为获取包括互联网在内的信息电信网络,本法作出较详细规定。联邦行政主管机构通过互动系统收到已经生效的莫斯科市法院判决后向服务提供营运者发出通知和要求,该营运者收到上述通知和要求后 24 小时内应当

---

① Article 15. 1, Federal Law No. 149-FZ, July 27, 2006.
② Article 15. 2, Federal Law No. 149-FZ, July 27, 2006.
③ Article 15. 3, Federal Law No. 149-FZ, July 27, 2006.
④ Article 15. 5, Federal Law No. 149-FZ, July 27, 2006.

提供限制接入公共电信网络互联网。

对互联网网站信息的访问限制,可以由莫斯科市法院作出判决,可以由联邦行政主管机构官方网站链接信息电信网络"互联网"。①

(十六)制止侵犯版权和(或)相关权利的信息电信网络

若未经他人许可或无其他正当理由,搜索包括互联网在内的含有版权和相关权利客体的信息或信息电信网络的必要信息,为了获取信息电信网络,可以采取书面或电子形式声明该版权和相关权利。申请人应当向俄罗斯联邦法律授权的人提出申请。本法具体规定了申请所包含的信息。②

三、对本法的简要评价

本法于 2017 年 7 月 29 日进行了最新修订,于 2017 年 11 月 1 日生效。本次修订的重要补充内容包括:信息资源视听服务所有者的主要义务,视听作品的分类以及限制访问俄罗斯境内禁止访问的信息。总体上反映了俄罗斯信息访问的实践。③

为了完善信息保护立法,本法对信息进行了分类,即分为一般可以访问信息、限制访问信息和禁止访问信息,明确了视听服务所有者的义务,不允许传播俄罗斯境内禁止的信息,并对俄罗斯境内禁止传播的信息规定了限制访问的措施。

本法为儿童提供了适当保护,要求视听服务所有者传播视听作品之前应当分类;针对版权和(或)相关权利的信息的传播进行了较详细规定。为了保护版权和(或)相关权利的信息,本法针对侵犯版权和(或)相关权利的信息的传播作出规定。

本法先后进行了多次修订。主要修订时间为:2010 年 7 月,2011 年 4 月 6 日和 7 月 21 日,2012 年 7 月 28 日,2013 年 4 月 5 日、6 月 7 日、7 月 2 日、12 月 28 日,2014 年 5 月 5 日、7 月 21 日、11 月 24 日、12 月 31 日,2015 年 6 月 29 日,2016 年 6 月 23 日、12 月 19 日,2017 年 5 月 1 日、6 月 18 日、7 月 29 日。本法 2017 年 7 月 29 日修订条文于 2017 年 11 月 1 日生效。从之前的版本可

---

① Article 15. 6, Federal Law No. 149-FZ, July 27, 2006.

② Article 15. 7, Federal Law No. 149-FZ, July 27, 2006.

③ http://kak-d.ru/izmeneniya-v-fz-ob-informatsii-informatsionnyh-tehnologiyah-i-o-zashhite-informatsii/, last visited on Oct.22, 2017.

以看出,俄罗斯信息、信息技术和信息保护立法在不断完备中。从最新修订的法律规定可以看出俄罗斯十分重视以下问题:禁止在俄罗斯境内传播信息的措施,信息资源中视听服务的信息分类,版权信息传播的信息保护问题和防止侵犯版权信息传播的措施,信息分类以及多个信息持有者权利保障。

关于信息、信息技术和信息保护的联邦法 *

2006 年 7 月 8 日通过国家杜马审议

2006 年 7 月 14 日通过联邦委员会批准

(俄罗斯联邦 2006 年 7 月 27 日第 149-FZ 号联邦法,

截至 2017 年 7 月 29 日修订)

目 录

---

  * 本法俄文本可从 http://legalacts.ru/doc/FZ-ob-informacii-informacionnyh-tehnologijah-i-o-zawite-informacii/获得,2017 年 9 月 25 日访问。

第 11 条　信息的文件化

第 11.1 条　国家机构和地方自治机构行使职能时以电子文件形式交换信息

第 12 条　信息技术应用领域中的国家规制

第 12.1 条　俄罗斯电子计算机和数据库方案国家管制的特点

第 13 条　信息系统

第 14 条　国家信息系统

第 15 条　信息电信网络的使用

第 15.1 条　包含俄罗斯联邦禁止传播的信息的互联网网页和有效链接至网站的互联网网址域名

第 15.2 条　限制侵犯版权和(或)相关权利的信息的传播方法

第 15.3 条　限制访问违反法律的信息的方法

第 15.4 条　限制访问互联网中服务器信息的方法

第 15.5 条　个人信息领域违反俄罗斯联邦法律的限制访问信息

第 15.6 条　限制访问互联网网站的方法,包含版权及相关权利客体信息和(或)必要信息的反复和错误,为获取包括互联网在内的信息电信网络

第 15.6-1 条　封闭网站副本的限制访问程序

第 15.7 条　制止侵犯版权和(或)相关权利的信息电信网络,包括互联网上版权人的法外措施

第 15.8 条　通过俄罗斯联邦境内旨在阻止利用信息电信网络和信息资源的措施,保障访问俄罗斯联邦境内被限制访问的信息资源和信息电信网络

第 16 条　信息保护

第 17 条　信息、信息技术和信息保护领域违法行为的责任

第 18 条　俄罗斯联邦关于个别立法行为(立法条文)的失效

本文件所含新修订的联邦法出自:

2010 年 7 月 27 日第 227-FZ 号联邦法(《俄罗斯报》2010 年 8 月 2 日《关于 2010 年 7 月 27 日第 227-FZ 号联邦法第 29 条的生效流程》第 169 条);

2011 年 4 月 6 日第 65-FZ 号联邦法(《俄罗斯报》2011 年 4 月 8 日第 75 号);

2011 年 7 月 21 日第 252-FZ 号联邦法(《俄罗斯报》2011 年 7 月 26 日第 161 号,自 2012 年 9 月 1 日生效);

2012 年 7 月 28 日第 139-FZ 号联邦法(《俄罗斯报》2012 年 7 月 30 日第 172-FZ 号联邦法《关于 2012 年 7 月 28 日第 139-FZ 号联邦法第 4 条的生效流程》);

2013 年 4 月 5 日第 50-FZ 号联邦法（法律信息官方网站 www. pravo. gov. ru，2013 年 4 月 8 日）；

2013 年 6 月 7 日第 112-FZ 号联邦法（法律信息官方网站 www. pravo. gov. ru，2013 年 6 月 7 日）；

2013 年 7 月 2 日第 187-FZ 号联邦法（法律信息官方网站 www. pravo. gov. ru，2013 年 7 月 3 日，自 2013 年 8 月 1 日生效）；

2013 年 12 月 28 日第 396-FZ 号联邦法（法律信息官方网站 www. pravo. gov. ru，2013 年 12 月 30 日《关于 2013 年 12 月 28 日第 396-FZ 号联邦法第 48 条的生效流程》）；

2013 年 12 月 28 日第 398-FZ 号联邦法（法律信息官方网站 www. pravo. gov. ru，2013 年 12 月 30 日，自 2014 年 2 月 1 日生效）；

2014 年 5 月 5 日第 97 号联邦法（法律信息官方网站 www. pravo. gov. ru，2014 年 5 月 5 日，自 2014 年 8 月 1 日生效）；

2014 年 7 月 21 日第 222-FZ 号联邦法（法律信息官方网站 www. pravo. gov. ru，2014 年 7 月 22 日）；

2014 年 7 月 21 日第 242-FZ 号联邦法（法律信息官方网站 www. pravo. gov. ru，2014 年 7 月 22 日，自 2014 年 12 月 31 日生效）和 2015 年 12 月 31 日第 526-FZ 号联邦法；

2014 年 11 月 24 日第 364-FZ 号联邦法（0001201411250005 号，法律信息官方网站 www. pravo. gov. ru，2014 年 11 月 25 日，自 2015 年 5 月 1 日生效）；

2012 年 12 月 31 日第 531 号联邦法（0001201412310106 号，法律信息官方网站 www. pravo. gov. ru，2014 年 12 月 31 日，自 2015 年 7 月 1 日生效）；

2015 年 6 月 29 日第 188-FZ 号联邦法（0001201506300082 号，法律信息官方网站 www. pravo. gov. ru，2015 年 5 月 30 日，自 2016 年 1 月 1 日生效）；

2015 年 7 月 13 日第 263-FZ 号联邦法（0001201507130078 号，法律信息官网网站 www. pravo. gov. ru，2015 年 7 月 13 日；第 0001201507140002 号，法律信息官方网站 www. pravo. gov. ru，2015 年 7 月 14 日，自 2016 年 1 月 1 日生效）；

2016 年 6 月 23 日第 208-FZ 号联邦法（0001201606230060 号，法律信息官方网站 www. pravo. gov. ru，2016 年 6 月 23 日，自 2017 年 1 月 1 日生效）；

2016 年 7 月 6 日第 374-FZ 号联邦法（0001201607070016 号，法律信息官方网站 www. pravo. gov. ru，2016 年 7 月 7 日，《关于 2016 年 7 月 6 日联邦法第 374 号第 19 条的生效流程》）；

2016 年 12 月 19 日第 442-FZ 号联邦法（0001201612200033 号，法律信息

官方网站 www. pravo. gov. ru，2016 年 12 月 20 日）；

2017 年 5 月 1 日第 87-FZ 号联邦法（0001201705010016 号，法律信息官方网站 www. pravo. gov. ru，2017 年 5 月 1 日，自 2017 年 7 月 1 日生效）；

2017 年 6 月 7 日第 109-FZ 号联邦法（0001201706070031 号，法律信息官方网站 www. pravo. gov. ru，2017 年 6 月 7 日）；

2017 年 6 月 18 日第 127-FZ 号联邦法（0001201706180008 号，法律信息官方网站 www. pravo. gov. ru，2017 年 6 月 18 日，《2017 年 6 月 18 日第 127-FZ 号联邦法第 14 条的生效流程》）；

2017 年 7 月 29 日第 276-FZ 号联邦法（0001201707300002 号，法律信息官方网站 www. pravo. gov. ru，2017 年 7 月 30 日，《2017 年 7 月 29 日第 276-FZ 号联邦法第 3 条的生效流程》）。

第 1 条　本联邦法的适用范围

1. 本联邦法调整产生于以下中的关系：

（1）行使信息搜索、接收、传送、创制和传播的权利；

（2）应用信息技术；

（3）保证保护信息。

2. 本联邦法的规定不适用于涉及受法律保护的智力活动成果和个性化手段的法律关系，联邦法另有规定的除外。

第 2 条　本联邦法中使用的基本概念

本联邦法使用以下基本概念：

（1）信息，指数据（讯息、数据），不论其表现形式。

（2）信息技术，指信息搜索、收集、存储、加工、提供、传播的过程和方法，和执行这些过程和方法的手段。

（3）信息系统，指包含在数据库中和为其数据加工处理提供的信息技术以及技术设施中的信息整体。

（4）信息电信网络，指旨在通过电信路线向使用计算机技术设施有效实施访问、传输信息的技术系统。

（5）信息持有人，指独立创制信息或基于法律或合同获得允许或限制访问被认定具有某些特性信息的权利的人。

（6）访问信息，指获取和使用信息的可能性。

（7）信息机密，指约束已获得访问某些信息、未经信息持有人同意不得将该信息转移给任何第三人的人的必要条件。

（8）提供信息，指特定人群对获得信息或向特定人群转移信息所采取的行为。

（9）信息传播，指无限人群对获得信息或向无限人群转移信息所采取的行为。

（10）电子讯息，指被电信网络用户传输或接收的信息。

（11）文件化信息，指通过特性化文件制作而记录在有形介质上的信息，该特性化制作是使识别该信息或在俄罗斯联邦法律规定情况下的其有形介质成为可能的根本前提。

（11.1）电子文件，指以电子形式提供的文件信息，其形式被适合使用电子计算机的人感知和信息、电信网络传输或信息系统处理。

（12）信息系统营运人，指从事与信息系统运行有关联的活动的公民或法律实体，包括涉及对包含在数据库中的信息进行加工的活动。

（13）网站，指互联网上的关于电子计算机和其他包含在信息系统中信息的一组程序，通过域名和（或）网络地址访问它所提供的信息电信网络的"互联网"（以下简称"互联网"），从而识别互联网上的网站。

（14）互联网网页（以下简称网页），指互联网的一部分，其访问受网页所有人明确指令控制，由域名和标志组成。

（15）域名，指识别互联网网站的重要标志性象征，其目的是明确和保证获取互联网上的信息。

（16）网络地址，指数据网上的数据链路连接识别，用于在信息系统内提供应用信息或其他通信手段的通信服务用户终端。

（17）网站所有者，指独立的互联网网站所有人，可自行决定使用互联网网站的流程，包括该网站上的信息流程。

（18）服务器服务提供者，指为信息系统中的信息发布提供计算能力并不断连接到互联网上的服务提供商。

（19）统一信息系统的身份认证系统，指使用流程由俄罗斯联邦政府规定的联邦政府信息系统，其明确了在俄罗斯联邦法律规定情况下在信息系统中的信息授权访问。

（20）搜索引擎，指按需搜索互联网信息的内容和对访问请求的信息在网络中基于属于个人网站在互联网网站首页显示用户信息的一种信息系统，但用于现实状态和公共机构、自治市职能的信息系统和按联邦法律设立的其他公共机构除外。

第3条　信息、信息技术和信息保护领域关系的法律调整原则

法律调整产生于信息、信息技术和信息保护领域的关系以以下原则为基础：

(1) 以任何合法手段搜集、接收、传输、创制和传播信息的自由；

(2) 仅由联邦法律对访问信息施加限制；

(3) 公开国家机构和地方自治政府机构活动的信息以便自由访问，但联邦法律规定的情形除外。

(4) 在建立信息系统及其运行中，俄罗斯联邦各民族语言平等；

(5) 确保俄罗斯联邦在信息系统建立、运行和保护所载信息中的安全；

(6) 信息的准确性和信息提供的及时性；

(7) 私人生活神圣不可侵犯，未经允许，不允许搜集、存储、使用和传播有关个人私人生活的信息；

(8) 不允许以法定法律行为就使用特定信息技术设立对他人享有的任何特权，除非有必要使用特定信息技术建立和运行联邦法律规定的国家信息系统。

第4条　俄罗斯联邦信息、信息技术和信息保护法

1. 俄罗斯联邦关于信息、信息技术和信息保护的法律以俄罗斯联邦宪法、俄罗斯联邦国际协定为基础，并由本联邦法和调整信息使用关系的其他联邦法律构成。

2. 对有关大众传媒的组织和运行关系的法律调整，应当根据俄罗斯联邦大众传媒法予以实施。

3. 应当由俄罗斯联邦境内保存档案的法律建立存储和使用包含作为档案资金组成部分的信息文件化的程序。

第5条　信息作为法律关系的客体

1. 信息可以是公共、民事和其他关系的客体。但是，联邦法律对访问信息施加限制或对信息提供或传播的程序施加其他任何条件的除外。

2. 信息应当根据不同访问类型，分为一般可访问的信息和联邦法律限制访问的信息(受限访问的信息)。

3. 信息应当根据其提供或传播的程序，分为：

(1) 自由传播的信息；

(2) 涉及相关关系的人按协议提供的信息；

(3)按联邦法律应当提供或传播的信息；

(4)俄罗斯联邦法律禁止或限制传播的信息。

4. 俄罗斯联邦法律可以根据信息的内容或信息持有人，具体规定信息的类型。

第6条　信息持有人

1. 信息持有人可以是公民(个人)、法律实体、俄罗斯联邦、俄罗斯联邦的国民或自治市的实体。

2. 信息持有人的权力应当由代表俄罗斯联邦、俄罗斯联邦主体或自治市实体的国家机构和地方自治政府机构在按适当法定法律行为设定的各自权力范围内行使。

3. 除非联邦法律另有规定，信息持有人应当具有以下权利：

(1)允许或限制访问信息，决定该访问的程序和条件；

(2)自行决定使用信息，包括传播信息；

(3)根据合同或其他合法成立的理由向他人传输、转移信息；

(4)在信息被他人非法接收或非法使用时，以法律规定的手段保护自己的权利；

(5)采取涉及信息的其他行动，或者允许他人采取这些行动。

4. 信息持有人在履行其义务时，有义务：

(1)尊重他人的权利和合法利益；

(2)采取措施保护信息；

(3)根据联邦法律规定的此类义务，限制信息访问。

第7条　一般可访问的信息

1. 一般可访问的信息应当包含常识性数据和不限制访问的其他信息。

2. 一般可访问的信息可以由任何人依其酌情权自由使用，但受与该信息传播有关的联邦法律确立的限制的约束。

3. 自由决定成为一般可访问信息的信息持有人，有权要求传播信息的人本身标明该信息的来源。

4. 在互联网发布允许为了再利用此信息的目标而未擅自修改处理的信息，应当以公开数据的形式提供。

5. 在互联网上以公开方式发布的信息应当符合俄罗斯联邦关于国家机密信息法律的规定。若在互联网上以公开方式发布的信息构成国家机密信息，根据授权机构的要求，应当停止发布该信息。

6. 若一项信息以公开数据形式发布可能导致违反联邦法律、限制访问信息的人的权利或者侵犯信息主体个人的权利,必须由法院判决终止以公开数据形式发布该信息。若以公开数据形式发布的信息违反了俄罗斯联邦 2006 年 7 月 27 日第 152-FZ 号《关于个人数据的联邦法》的规定,应当根据被授权机构保护个人数据的要求,暂停或终止开放数据库形式的此类信息。

第 8 条 信息访问的权利

1. 公民(个人)和组织(法律实体)(以下简称组织)应当有权利以任何形式、从任何来源实施搜索和接收任何信息,但受本联邦法和其他联邦法律的约束。

2. 公民(个人)应当有权利根据俄罗斯联邦法律规定的程序接收来自国家权力机构、地方自治机构和其官员的直接影响其权利和自由的信息。

3. 组织应当有权利接收来自国家机构、地方自治政府机构的直接影响该组织权利和义务的信息,和该组织从事授权活动时依据与这些机构的互动所要求的信息。

4. 不得对以下信息访问施加任何限制:

(1)影响公民权利、自由和义务的法定法律行为,确立组织的法律地位和国家机构、地方自治政府机构权力的法定法律行为;

(2)环境状况的信息;

(3)国家机构、地方自治政府机构活动的信息,以及使用预算资金的信息(构成国家或官方秘密的数据除外);

(4)在图书馆、博物馆和档案馆的开放资金中积累的信息和在设立的国家、自治市和其他信息系统中积累的信息或意图向公民(个人)和组织提供的此类信息;

(5)联邦法律规定的不允许限制访问的其他信息。

5. 国家机构和地方自治政府机构应当有义务按俄罗斯联邦法律、俄罗斯联邦主体法律和地方自治政府机构法定法律行为的规定,以俄文和一俄罗斯联邦加盟共和国语言,提供访问其活动的信息。希望获得该信息的个人应当无义务证明获得该信息的必要性。

6. 对侵害信息访问权的国家机构、地方自治政府机构、公共团体和官员的决定和行为(不作为),可以向上级机构或上级官员或法院提起上诉。

7. 若非法拒绝访问信息、不及时提供信息、提供明知不准确的信息,或信息与所查询的信息内容不一致造成损失,应当根据民事法律赔偿此等损失。

8. 对提供以下信息不应当征收任何费用:

（1）信息电信网络组织所在地的国家机构和地方自治政府机构的活动；

（2）影响按俄罗斯联邦法律确立的利害关系人的权利和义务；

（3）法律规定的其他信息。

9. 仅应当在联邦法律规定的情形下且按其规定的条件，才能对国家机构或地方自治政府机构提供其活动信息的收费作出规定。

第 9 条　信息访问的限制

1. 信息访问的限制应当由联邦法律设置，目的是保护宪政体系的基本基础，他人的道德、健康、权利和合法利益，和确保国防与国家安全。

2. 遵守按俄罗斯联邦法律限制访问信息机密，应当是强制性的。

3. 保护构成国家秘密的信息应当是按俄罗斯联邦国家机密法规定的此类秘密信息。

4. 联邦法律应当明确规定构成商业秘密、官方秘密和其他秘密的数据之类的信息分类条件，遵守该信息机密的必要性和泄露该信息的责任。

5. 公民（个人）履行专业职责接收的信息或组织从事某类活动接收的信息（专业机密），应当受到保护，若这类人按联邦法律有义务保守此信息的机密。

6. 构成专业秘密的信息可以根据联邦法律和/或按法院判决提供给第三人。

7. 履行遵守构成专业秘密的信息机密义务的期限，只有经提供自身信息的公民（个人）同意才可以进行限制。

8. 禁止要求公民（个人）提供其本人的、包括构成个人或家庭秘密的私人生活信息，并禁止违反公民（个人）意愿获得该信息，但是联邦法律另有规定除外。

9. 访问公民（个人）私人数据的程序应当由《关于个人数据的联邦法》规定。

第 10 条　信息传播或信息提供

1. 在俄罗斯联邦境内，应当自由地有效传播信息，但受按俄罗斯联邦法律规定的条件的约束。

2. 不使用大众媒体所传播的信息，应当包括信息持有人或传播信息的人自己的真实数据，并以充分识别该人的形式和规模进行传播。互联网网站的所有者为了发送本联邦法第 15.7 条中的申请表和有权利考虑在互联网上通过填写电子申请表，应当在自己网站上发布其实际住址、邮箱。

3. 若传播信息的人使用传播信息手段使人能识别收件人信息(包括邮件和电子讯息件数),该人应当有义务向收件人提供信息,收件人可以拒绝该信息。

4. 应当按程序有效提供信息,该程序应当由信息交换中所涉人员之间的协议设立。

5. 义务性传播信息或提供信息的情形和条件,包括提供义务性文件副本,应当依照联邦法律的规定。

6. 禁止传播宣传战争、煽动民族、种族或宗教仇恨及敌对的信息和其他信息,传播此等信息应当承担刑事或行政责任。

第10.1条 组织者在互联网上传播信息的责任

1. 互联网信息传播,指个人从事信息系统运营业务和(或)电子计算机程序业务,该信息系统运营和电子计算机程序设计用于信息接收、传递、交付和(或)电子通信网络用户的"互联网"。

2. 在互联网上传播信息的组织者应当根据俄罗斯联邦政府规定的流程将其开始进行本条第1款规定的活动报告给在大众媒体、信息技术与电信领域行使监控职能的联邦行政主管机构。

3. 互联网信息传播必须按以下规定保留在俄罗斯联邦领土范围内:

(1)数据的接收、传播、送达和(或)声音资料处理过程,书面信息、图像、音频、视频或其他互联网用户信息,和上述行为发生后1年内的该类信息;

(2)互联网用户的信息、语音信息、图像、声音、视频等电子通信,在收发和(或)处理后6个月内。其存储时间和存储量按俄罗斯联邦政府对本项的具体规定。

3.1 本条第3款规定情况下,互联网信息传播者应当向在俄罗斯联邦开展犯罪侦查活动的机构或按俄罗斯联邦规定设置的安全保障授权机构提供信息。

4. 互联网传播信息的组织者应当保证符合由联邦行政主管机构会商电信领域开展犯罪侦查活动或保证俄罗斯联邦安全的国家授权机构后规定的上述组织者在信息系统中使用的、关于设备和可编程的技术手段的要求,应当为实现指派任务依据本联邦法规定开展活动,和采取措施防止披露涉及组织和战略方法的信息。互联网传播信息的组织者、开展犯罪侦查活动或保证俄罗斯联邦安全的国家授权机构的互动流程由俄罗斯联邦政府规定。

4.1 互联网传播信息的组织者在接受、传递、送达信息和(或)处理互联网用户信息、电子通信网络用户的互联网信息、编码电子通讯使用时和(或)

向互联网用户提供附加互联网信息解码的机会时,应当向信息安全保障领域联邦行政主管机构提供该机构所需要的有关接受、传递信息的解码信息。

5. 本条不适用于公共信息系统营运者、自治市信息系统营运者、通信营运者许可或部分许可下提供服务的活动,不适用于本条第 1 款中规定的公民(自然人)个人或家庭需求的活动。俄罗斯联邦政府执行本条第 1 款规定的活动时,应当制定适用本条规定的个人、家庭需求的清单。

6. 本条第 3 款规定的和为授权国家机构侦查犯罪活动或俄罗斯联邦安全的信息存储、控制互联网信息传播的相关方法及其信息存储以及联邦行政主管机构负责实施的此种控制,由俄罗斯联邦政府规定。

第 10.2 条　已失效

(由 2017 年 7 月 29 日第 276-FZ 号联邦法废止)

第 10.3 条　搜索引擎营运者的义务

1. 搜索引擎的营运者在互联网传播旨在吸引俄罗斯境内消费者的广告的,在公民(自然人)要求下(以下简称申请人)应当停止提供不准确的、违反俄罗斯联邦法的、对申请人有意义的、申请人信息违反俄罗斯联邦法、在互联网首页发布的信息(以下简称"网站链接"),除非含刑事责任迹象行为而追究刑事责任的和起诉民事违法行为的时间期限未届满。

2. 申请人的要求应当包含以下事项:

(1)姓名、护照号码、联系方式(电话号码、传真号码、电子邮件地址、邮寄地址);

(2)本条第 1 款所述申请人旳信息,包含该款规定的将终止的信息;

(3)互联网网站,包含本条第 1 款规定的信息;

(4)终止搜索引擎提供的链接的原因;

(5)申请人同意处理其个人信息。

3. 若搜索引擎营运者发现曰请人提供的信息不完整、不准确或有错误,有权利在收到要求后 10 个工作日内通知并要求申请人更正提供的信息。搜索引擎营运者也有权利要求申请人提供身份证。上述更正信息的通知只能向申请人发送一次。

4. 申请人在收到本条第 3 款规定通知后的 10 个工作日内,应当采取必要措施消除缺失数据的错误和误差,并向搜索引擎营运者发送更新的信息和身份证(若需要)。

5. 搜索引擎营运者收到申请人的要求或更正信息后(在发出本条第 3 款

更正信息的通知的情况下），应当在用于搜索包含申请人姓名信息的搜索系统中，停止提供申请人要求中明确的信息链接并通知申请人，或者向申请人发出拒绝通知及理由。

6. 搜索引擎营运者向申请人发出同意本条第 1 款规定的申请人要求符合其收到的要求的形式的通知，或发出拒绝通知及其理由。搜索引擎营运者对本条第 1 款中规定的要求回复的同意或拒绝的理由，应当采用与该要求相同的格式。

7. 若申请人认为搜索引擎营运者的拒绝不合理，有权利向法院请求停止提供申请人在申请中明确的信息链接。

8. 除本联邦法规定的情形外，搜索引擎营运者不得披露申请人向其提供的本条第 1 款规定的要求的信息。

第10.4条　信息传播的特点、新闻传播

1. 在俄罗斯联邦境内用于处理和传播俄罗斯联邦国家语言文字、俄罗斯联邦人民的俄罗斯联邦语言或其他国家语言的网络新闻（包括旨在吸引消费者注意的广告）且每日访问量超过 100 万互联网用户的电子计算机、网站和（或）互联网网页、新闻传播的所有者（以下简称"新闻聚合器所有者"），必须遵守俄罗斯联邦法律的要求，特别是：

（1）避免将在俄罗斯联邦境内用于处理和传播俄罗斯联邦国家语言文字、俄罗斯联邦人民的俄罗斯联邦或其他国家语言的、可以运行引起消费者注意的广告的、每日访问量超过 100 万互联网用户的网络新闻（以下简称"新闻传播"）的电子计算机程序、网站和（或）网页，用于披露构成受法律特别保护的国家秘密信息或其他秘密信息之类的违法犯罪活动，包括呼吁色情、恐怖活动或宣扬恐怖主义、其他极端主义的信息，宣扬崇拜色情、暴力和残酷的信息，公开未经审查的含亵渎的信息；

（2）根据本条第 9 款规定核实公共信息传播的准确性，和立即停止扩散；

（3）不允许隐藏公共信息或不允许使用虚假公共信息的新闻传播，不允许以可靠通信和信息方式违反俄罗斯联邦法律传播虚假新闻信息；

（4）防止传播以性别、年龄、种族、国籍、语言、宗教信仰、职业、居住地、工作场所和政治信仰等为由诽谤公民或某类公民的新闻信息；

（5）防止传播违反民法的有关公民私生活的新闻；

（6）遵守俄罗斯联邦法律关于俄罗斯联邦公民投票和选举的禁止和限制；

（7）遵守俄罗斯联邦法律的规定，管理媒体传播；

(8)尊重公民和组织的权利和合法利益,包括公民的荣誉、尊严或商业信誉和组织的商业信誉;

(9)以法律规定的有意义为目的向新闻聚合器定位电子邮件地址发送信息和自然人的姓氏、姓名缩写或法人的名称;

(10)在6个月内储存广泛传播的新闻、该新闻接受的来源及其传播的时间点;

(11)负责控制和监督大众传媒、信息技术与传播,且可以通过与新闻聚合器拥有者交涉获取本款第(10)项所列信息,获取权限由联邦行政主管机构设定;

(12)设置联邦行政主管机构提出的履行控制和监督大众传媒、大众传播、信息技术和通信领域的职能,旨在确定电子计算机网络过程中信息资源用户数量。

2. 若新闻聚合器拥有者所传播的违反俄罗斯联邦《关于大众媒体的联邦法》的信息,系对已由媒体传播的信息和材料的片段进行复制,其不承担法律责任。

3. 联邦行政主管机构控制和监督大众传媒、大众传播、信息技术和通信领域的职能,包括建立和维护新闻聚合器注册表。为确保新闻聚合器注册表的有序建立,履行控制和监督大众传媒、大众传播、信息技术和通信领域职能的联邦行政主管机构在新闻聚合器相关领域的权力由以下构成:

(1)组织监督信息资源;

(2)批准确定信息资源每天用户量的方法;

(3)有权利要求新闻聚合器拥有者和其他人提供新闻聚合器登记所需要的信息。上述人必须在收到上述行政主管机构的要求之日起10日内提供所要求的信息。

4. 信息和通信网络,包括在俄罗斯联邦境内的互联网、信息资源加工和在互联网上以俄罗斯联邦国家语言、俄罗斯联邦人民的俄罗斯联邦或其他国家的语言发布新闻信息(包括发布旨在吸引消费者注意的广告),且在24小时内超过100万互联网用户,包括国家机构、地方自治机构、公民或组织和具有监督大众传媒、大众通信、信息技术和通信领域职能的联邦行政主管机构的应用,应当:

(1)识别新闻传播信息资源,包括它的新闻媒体传播;

(2)明确服务器服务提供者或其他安全新闻聚合器的互联网人员的位置;

(3)向本款第(2)项规定的服务器服务提供者或其他人发出提供能够识

别新闻聚合器拥有者的英文或俄文电子数据的通知;

(4)在相关信息系统中,规定本款第(3)项或本条第3款第(3)项所述通知的发送时间和日期。

5. 服务器服务提供者应当在收到本条第4款第(3)项或本条第3款第(3)项规定的通知后3个工作日内,提供可以识别新闻聚合器的信息。

6. 履行控制和监督大众传媒、大众传播、信息技术和通信领域职能的行政主管机构在收到本条第3款第(4)项的信息后,应当向新闻聚合器拥有者发送将其纳入信息资源登记的通知,并在其中明确信息资源领域的俄罗斯联邦法的要求。

7. 若新闻聚合器的访问量在3个月每24小时少于100万互联网用户,应当通知新闻聚合器拥有者从新闻聚合器登记册中删除某种新闻聚合器。若新闻聚合器的访问量在6个月每24小时少于100万互联网用户,该新闻聚合器拥有者可以声明不从登记册中删除聚合器。

8. 若在公共信息新闻聚合证伪情形下,在俄罗斯联邦违反法律通过可靠通信和以传播新闻信息为名公开传播虚假新闻信息,公共机构有权利请求履行大众传媒、大众传播、信息技术和通信领域控制与监督职能的联邦行政主管机构以及具有大众传播性能、应用信息技术和通信管理职能的法院或公共当局决定采取措施制止此类信息的传播。上述申请和所附文件的格式、内容由行使控制和监督大众传媒、大众传播、信息技术和通信领域职能的联邦行政主管机构确定。

9. 履行大众传媒、大众传播、信息技术和通信领域控制和监督职能的联邦行政主管机构,应当自收到本条第8款规定的请求和随附文件之时起24小时内,检查所发布的新闻聚合是否符合本条第1款第(1)项的规定,要求通过互动过程立即停止本条第8款规定的信息。

10. 本条中的新闻信息,指由1991年12月27日第2124-1号《俄罗斯联邦关于大众传媒和其他来源的注册新闻媒体的联邦法》规定的新闻信息。

11. 信息资源,指按1991年12月27日第2124-1号联邦法在俄罗斯联邦注册的信息资源,其载体的"媒体"是一种网络出版物而不是新闻传播。

12. 新闻媒体的所有权人可以是唯一的俄罗斯法人或俄罗斯联邦公民。

13. 若发现在视听信息系统中传播了违反俄罗斯法的信息,履行大众传媒、大众传播、信息技术和通信领域控制和监督职能的俄罗斯联邦行政主管机构应当向视听服务系统发送采取措施避免发现的违反反垄断法的要求。

新闻聚合器拥有者违反本法规定的,应当根据俄罗斯联邦法律承担刑事、行政和其他责任。

第10.5条　视听服务义务

1. 在俄罗斯联邦境内用以形成和传播互联网视听作品(包括为了吸引消费者兴趣的第三方广告主题)而收取费用(以下简称"视听服务")且每日访问量超过 10 万互联网用户的本网站、互联网网站、信息系统或电子计算机程序的所有权者,必须遵守俄罗斯联邦法律的要求,特别是:

(1)不允许将俄罗斯联邦境为用以形成和传播互联网视听作品和(或)旨在吸引消费者注意力的广告且在此期间每日访问量超过 10 万互联网用户(以下简称"视听服务")的网站部位、互联网网站、信息系统和电子计算机程序,用于为了披露构成受法律特别保护的国家秘密信息或其他秘密信息的犯罪目的,该信息包含公开呼吁恐怖活动的信息,发布恐怖主义和其他极端主义的信息,宣扬崇拜色情、暴力和残酷的信息,和未经审查的含有亵渎的信息;

(2)根据 2010 年 12 月 29 日第 436-FZ 号《关于对身体和发展有害的信息的联邦法》的要求,对传播前未被传播者或制作者分类的视听作品进行分类,和保证该视听作品的制作类型指标符合相关信息产品指标和(或)符合限制在儿童之间传播对身体和发展有害的信息产品的书面通知,但用户在该视听系统发布的视听作品除外。

对制作者未分类的视听作品,应当根据 2010 年 12 月 29 日 436-FZ 号《关于对身体和发展有害的信息的联邦法》进行分类。视听服务拥有者应当依法对其进行分类,对视听作品添加所属类别的标志或加入所属分类的文字性警告。但前述视听作品仅在视听服务拥有者传播其拥有的视听服务范围内除外。

(3)遵守俄罗斯联邦法律关于俄罗斯联邦公民投票和选举的禁止和限制;

(4)遵守俄罗斯联邦法律的规定,管理媒体的传播;

(5)防止未按 1991 年 12 月 27 日第 2124-1 号联邦法中"关于媒体"的规定注册登记的电视频道或电视节目传播视听服务;

(6)向置于视听设备上的电子邮件地址发送法律规定的重要信息和自然人姓氏、姓名缩写或法人名称;

(7)设立联邦行政主管机构履行大众传媒、大众传播、信息技术和通信领域控制和监督职能,旨在确定电子计算机网络过程的信息资源用户数量。

2. 联邦行政主管机构履行控制和监督大众传媒、信息技术和通信、管理视听设备注册的职能,其具体职责包括:

(1)组织信息资源的监督;

（2）审查批准确定每日信息资源用户的方法；

（3）要求办理视听服务的拥有者和其他人提供登记册所需的信息。这些人必须自收到在大众传媒、大众传播、信息技术和通信领域履行控制和监督职能的联邦行政主管机构的请求之日起 10 日内提供所要求的信息。

3. 若发现互联网信息平台专门用于传播互联网视听作品、该平台用户超过 10 万、该作品需付费或需观看广告才能获得，且该作品的目标消费者包括俄罗斯联邦境内的自治市机构、自治机构、公民和组织，在向负责管理和监督大众传媒、信息技术和通信的联邦行政主管机构提交申请并受理后，该平台应当：

（1）识别信息资源服务，并将其列入视听服务登记册内；

（2）明确互联网服务器服务提供者或其他视听服务人员的安全放置；

（3）向服务器服务提供者或本款第（2）项规定的其他人发送俄文和英文电子形式通知，要求其提供数据以确定视听服务的拥有者；

（4）记录向服务器服务提供者发送本款第（3）项规定通知的日期或时间，或信息系统中本款第（2）项指定的日期和时间。

4. 本条第 3 款第（2）项提到的服务器服务提供者自收到本条第 3 款第（3）项规定的通知之日起 3 个工作日内，必须提供信息以确定视听服务的拥有者。

5. 履行大众传媒、大众传播、信息技术和通信领域控制和监管职能的行政主管机构，收到本条第 3 款第（3）项规定的通知后，应当向新闻聚合器拥有者发送将其纳入信息资源登记的通知，并在其中明确信息资源领域的俄罗斯联邦法的要求。

6. 本条第 5 款规定的视听服务的拥有者自收到通知之日起 2 个月内，应当按通知要求向履行大众传媒、大众传播、信息技术和通信领域控制和监管职能的联邦行政主管机构提交证明材料，证明其行为符合本条第 7 款的要求。

7. 俄罗斯联邦的法人或公民、外国人可以作为视听服务的拥有者。若俄罗斯联邦签订的国际条约中没有明确规定，外国政府、国际组织和他们管辖的组织，持有资本股份超过 20% 的俄罗斯法人、外国法人、外国公民、无国籍人、持有他国国籍的俄罗斯联邦公民及其关联人，单独或共同拥有用于互联网传播视听作品、拥有俄罗斯联邦境内用户占其总用户比例小于 50% 的信息系统，经与政府委员会协商后，有权利直接或间接拥有、管理或控制上述信息系统 20% 的股份。

8. 政府委员会应当对本条第 7 款规定的所有权、管理权或控制权作出决定，只要该拥有、管理或控制的视听服务能促进俄罗斯联邦视听服务市场的发展。

9. 政府委员会及其组成应当按俄罗斯联邦政府通过的决定进行。

10. 本条第 7 款的规定不适用于对国家安全和国防安全具有重要战略意义的经济社会领域、从事 2008 年 4 月 29 日第 57-FZ 号《关于国防和国家安全重要战略性经济实体外国投资程序的联邦法》第 6、11 至 14、34、37 条提及的活动和属于适合群体等经济社会限制所有权人、管理权人或控制权人的视听服务。

11. 证明符合本条第 7 款视听服务所需求的文件清单,和在大众传媒、大众传播、信息技术和通信领域履行控制和监督职能的联邦行政主管机构的形式与秩序,由俄罗斯联邦政府批准。

12. 3 个月内每 24 小时少于 10 万互联网用户的视听服务,因其已经发送通知而将其视为排除在视听服务登记册之外。若视听服务在 6 个月内每 24 小时少于 10 万互联网用户,可以将其在拥有人无声明情况下从视听服务登记册中删除。

13. 若视听服务的信息在俄罗斯联邦境内违反俄罗斯联邦法律,行使大众传媒、大众传播、信息技术和通信领域控制和监督职能的联邦行政主管机构,应当对该视听服务发送请求,要求采取措施处理已发现的违反俄罗斯联邦法的行为。

14. 行使大众传媒、大众传播、信息技术和通信领域控制和监督职能的联邦行政主管机构可以在法庭上呼吁限制使用以下情形的视听服务:

(1)处理已查明的违反俄罗斯联邦法律的行为的法令在违反视听服务业务、重新实施行政处罚情况下生效;

(2)本条第 6 款和第 7 款的视听服务要求默认其拥有者。

15. 在视听服务拥有者根据已经生效的法院判决履行本条第 6 和第 7 款规定的要求之前,提供互联网访问服务的互联网营运者应当限制访问该视听服务。履行大众传媒、大众传播、信息技术和通信领域控制和监督职能的俄罗斯联邦行政主管机构与通信营运者、视听服务拥有者的互动程序,限制访问视听服务或恢复访问互联网的程序,和限制访问通知的程序,由俄罗斯联邦政府规定。

16. 视听服务不包括以下内容:

(1)根据俄罗斯联邦 1991 年 12 月 27 日第 2124-1 号联邦法注册的信息资源,"媒体"为出版物网络;

(2)搜索系统;

(3)信息资源视听作品的主要用户为互联网用户。决定这些信息资源的

程序和标准由履行大众传媒、大众传播、信息技术和通信领域控制和监管职能的联邦行政主管机构批准。

17. 违反本条规定的视听服务要求，依照俄罗斯联邦法律规定，构成刑事、行政和民事责任。

第 11 条　信息的文件化

1. 俄罗斯联邦的法律或当事人间缔结的协议可以规定信息文化件的要求。

2. 国家机构、地方自治政府机构中的信息文件化，应当按照联邦行政主管机构在档案和档案管理领域制定的程序规则进行。

3. 本款已失效。（由 2011 年 4 月 6 日第 65-FZ 号联邦法第 11 条第 4 款废止。）

4. 为了达成民事法律协议或其他法律关系，涉及人、电子信息交换时，按联邦法律、其他法规或当事人协议规定的程序进行的讯息发送人以电子签名或其他类似手写签名的每项电子讯息交换，应当视作为一项文件交换。

5. 应当根据民法确立载有文件信息的物质载体的财产权和其他权利。

第 11.1 条　国家机构和地方自治机构行使职能时以电子文件形式交换信息

1. 国家机构、地方自治机构、根据联邦法律运行的组织、以电子文件形式发布信息的组织，应当在其权力范围内向公民（个人）提供选择性的合格的电子签名和（或）电子文档。除非另有规定，联邦法律或其他规范性法律行为调整本领域的法律关系。

2. 国家机构、地方自治机构、根据联邦法单独公开授权的组织所需要的信息，可以根据联邦法通过已签名的电子文件形式公开授权由公民（自然人）和组织提供，但联邦规章在规定领域另有规定除外。

3. 公民（自然人）与国家机构、地方自治机构和根据联邦法单独公开授权的组织进行电子形式互动的要求，和该要求的程序，由俄罗斯联邦政府根据 2011 年 4 月 6 日第 63-FZ 号《关于电子签名的联邦法》进行规定。

第 12 条　信息技术应用领域中的国家规制

1. 信息技术应用领域中的国家规制为：

（1）与搜索、收集、转移、制作和通过利用信息技术（信息化）有关的关系，应当基于本联邦法规定的原则进行规制。

（2）为向公民（个人）、组织、国家机构和自治机构提供信息，开发各种用途的信息系统并确保这些系统相互作用；

（3）为在俄罗斯联邦有效使用信息电信网络创造条件。

2. 国家机构和地方自治机构应当按照各自的权力，

（1）参与开发和完成信息技术定向程序；

（2）创建信息系统并提供含俄文和俄罗斯联邦相应共和国民族语言的信息访问。

第 12.1 条 俄罗斯电子计算机和数据库方案国家管制的特点

1. 为了扩大计算机使用俄罗斯软件、确认其源自俄罗斯联邦，和为了计算机软件的所有者或国家支持数据措施，建立统一的俄罗斯软件和数据登记（以下简称"俄罗斯软件登记"）。

2. 俄罗斯软件登记的启动、进行、信息组成，包括所有者专有权依据、纳入俄罗斯软件登记的条件、俄罗斯软件纳入信息的信息程序，和将上述信息纳入俄罗斯软件登记的相关规则，由俄罗斯联邦政府规定。

3. 俄罗斯联邦政府和各联邦主体的行政主管机构可以按俄罗斯联邦政府规定的标准，规制俄罗斯联邦领土内注册的软件组织软件注册表操作的形成和维护。

4. 俄罗斯联邦政府、联邦行政主管机构批准电子计算机和数据库的程序分类，以便登记俄罗斯软件。

5. 软件登记册中应当有符合以下要求的电子计算机和数据库方案的信息：

（1）世界各地电子计算机或数据库专有权、专属权期间的专有权属于以下一个或多个人（持有者）：

（a）俄罗斯联邦、俄罗斯联邦成员、城市教育机构；

（b）俄罗斯的非营利组织，直接（或间接）组成俄罗斯联邦、俄罗斯联邦主体、俄罗斯联邦自治市当局的最高管理机构，和（或）俄罗斯联邦公民，外国个人，和与俄罗斯外国非营利组织关联的实体；

（c）本项（a）和（b）项中的俄罗斯联邦、俄罗斯联邦成员、俄罗斯联邦自治市当局、非营利组织、俄罗斯联邦公民直接和（或）间接参与的比例超过50%的俄罗斯商事组织；

（d）俄罗斯联邦的居民。

（2）在俄罗斯境内能够自由生产、交易的以合法形式在俄罗斯境内使用的电子计算机或数据库的程序、用于电子计算机和数据库的该程序的样本或

其使用权,可以在俄罗斯境内自由使用。

(3)特许权使用费用,其他协议提供个性化、知识产权和手段的权利所支付的金额,发展链接服务,以发展电子计算机或数据库为基础的适应性和改革性方案,外国法人和自然人电子计算机或数据库的适用性或修改性程序,应当由俄罗斯控制的商事组织或俄罗斯的非营利组织代理。其代表来自权利人(持有人)电子计算机、数据库或其程序的方案(包括授予使用权,不论历年合同)低于30%收益的外国人士、俄罗斯控制的商事组织和(或)俄罗斯的非营利组织。

(4)与电子计算机或数据库的程序有关的信息不是国家机密,电子计算机或数据库的程序不包含构成国家机密的信息。

6.俄罗斯联邦政府可以对电子计算机和数据库提出额外要求,这些细节应当包括在软件名册中。

7.电子计算机和数据库的程序,包括在软件寄存器中的细节,应当是在俄罗斯联邦形成的结果。

8.在本条范围内,一个组织、参加本组织内的另一个组织或俄罗斯联邦公民的活动,应当依照《俄罗斯联邦税法》第14.1条规定的程序确定。

9.为了本条的目的,由外国人、俄罗斯商事组织或俄罗斯非营利组织认可的决定来控制外人有机会确定主要的、直接影响该组织间接参与协议(协议),是该组织的管理关系,或其他国家个人与组织(或)其他人相互之间的关系的特点。

10.若拒绝将某电子计算或数据库的程序加入到电子计算机或数据库软件程序登记册,该电子计算机或数据库的所有者可以在收到裁决书之日起3个月内向法院提出上诉。

第13条 信息系统

1.信息系统应当包含:

(1)国家信息系统,即基于联邦法创建的联邦信息系统和俄罗斯联邦主体基于国家机构法律行为创建的区域信息系统;

(2)基于自治决策创建的自治市信息系统;

(3)其他信息系统。

2.除非联邦法律另有规定,信息系统营运者应当是为处理数据库而使用信息技术设施并合法使用的人,或与该信息拥有者或信息系统签订营运合同的人。

营运者的信息系统应当按联邦法律规定的情形和程序,保证互联网上的信息是公开数据形式。

2.1 国家机构、自治市机构、地方自治机构、州和企业使用的信息系统技术手段，应当位于俄罗斯联邦境内。

3. 信息系统数据库中的信息拥有者的权利应当受到保护，不论是对该数据库的版权和其他权利。

4. 除非俄罗斯联邦立法对地方自治政府管理另有规定，按本联邦法对国家信息系统的要求应当运用于自治市信息系统。

5. 国家信息系统和自治市信息系统营运的特异性可以根据技术规范、国家机构法定法律行为和决定创建该信息系统的地方自治政府机构法定法律行为设定。

6. 非国家或非自治市信息系统的建立和其运行程序的设立，应当由营运者根据本联邦法或其他联邦法规定的要求进行。

7. 遵守本联邦法第 14 条第 2 款和第 6 款规定要求的监督程序，由俄罗斯联邦政府规定。

第 14 条 国家信息系统

1. 为实现国家机构权力和确保这些机构间的信息交换目的以及根据本联邦法规定的其他目的，应当建立国家信息系统。

2. 国家信息系统的建立和运行应当按 2005 年 7 月 21 日第 94-FZ 号《关于采购国家和自治市需要的货物、工程和服务的联邦法》规定的要求。

3. 国家信息系统的建立与运行应当以公民（个人）、组织、国家机构、地方自治机构提供的统计信息和其他文件化信息为基础。

4. 联邦法另有规定除外，应当由俄罗斯联邦法律规定以强制方式提供信息类型清单的程序，由俄罗斯联邦政府或适当国家机构规定提供此类信息的条件。若政府信息系统的建立或运行旨在发布或处理公开信息，且信息属于 2009 年 2 月 9 日第 8-FZ 号《关于公开联邦机构和地方政府行政活动信息的联邦法》第 14 条规定的信息，联邦信息系统应当确保该互联网信息在网络上以开放数据的形式公开。

4.1 经俄罗斯联邦政府指定，使用接入到互联网的政府信息系统的信息，应当只向用户提供进行识别和统一认证的信息，并使用统一身份认证系统。

5. 拟创建信息系统的决定另有规定除外，信息系统营运者的职能应当由与该信息系统缔结国家合同的客户执行。但注意，国家信息系统的调试应当在客户建立的程序中进行。

6. 包含政府信息系统的建立、运行、停运的内容和日程的清单，数据库信

息未来储存方式的政府信息系统建立、开发、运行和停运,由俄罗斯联邦政府规定。

7. 不允许运行未对受知识产权约束的组件使用权适当合法化的国家信息系统。

8. 国家信息系统中用于处理包含软件技术手段和信息保护手段在内的技术设施,应当符合俄罗斯联邦法律对技术规范的要求。

9. 包含在国家信息系统的信息和按国家机构酌情权可获得的其他数据和文件,应当构成国家信息资源。公共信息系统中包含的信息是官方的。公共机构和运行符合规定的国家信息系统,在获得信息方面和按法律规定方式,应当确保信息系统中信息的准确性和及时性,保护信息免受非法数据访问、销毁、修改、冻结、复制、交付、分发和其他不当行为。

第15条 信息电信网络的使用

1. 在俄罗斯境内信息电信网络的使用应当符合俄罗斯电信领域的立法和法令的要求。

2. 俄罗斯联邦法关于不限制特定群体的人使用信息电信网络的规定,应当适当考虑该领域普遍接受的自律组织活动国际实践。使用信息电信网络的程序,应当由被修改网络的所有者适当考虑本联邦法的要求后确定。

3. 在俄罗斯境内经济和其他活动中使用的信息电信网络,不能视为执行应用网络的额外限制和不遵守联邦法下的网络灵活调节要求。

4. 若个人和组织在从事企业活动过程中使用信息电信网络,联邦法律有权要求提供个人身份证明。但注意,位于俄罗斯联邦境内的电子讯息收件人有权利实施识别讯息发送人的检查,且其按联邦法律和当事人协议应当有义务实施此种检查。

5. 根据俄罗斯联邦保护信息传播和知识产权的法律规定,利用信息电信网络传输信息不应当受任何限制。只有在联邦法律规定的程序和条件下,信息传输才应当受到限制。

6. 国家信息系统和信息通信网络链接的特殊性,可以由俄罗斯总统令或俄罗斯联邦政府令予以规定。

第15.1条 包含俄罗斯联邦禁止传播的信息的互联网网页和有效链接至网站的互联网网址域名

1. 为了限制访问包含禁止在俄罗斯境内传播的信息的网站,实行自动化信息系统中统一的"单一注册域名"和能够识别包含禁止在俄罗斯境内传播的信息的、禁止在俄罗斯境内分布的网站(登记表)。

2. 登记表包含:

(1)域名或网络网页指标,包括其中所含的俄罗斯联邦境内禁止的信息之情况;

(2)能够链接至包含俄罗斯联邦禁止传播的信息的网站的网络地址。

3. 由行使大众传媒、大众传播、信息技术与通信领域控制和监管职能的联邦行政主管机构按俄罗斯联邦政府设立的进程负责上述登记的创建、形成和维护。

4. 行使大众传媒、大众传播、信息技术和通信领域控制和监管职能的联邦行政主管机构,可以按俄罗斯联邦政府规定的标准,设立和管理在俄罗斯联邦境内注册的管理登记表的组织。

5. 列入本条第 2 款所述登记表的理由是:

(1)俄罗斯联邦政府、联邦行政机构根据俄罗斯联邦政府制定的程序决定通过互联网传播的以下事项:

(a)含有未成年人色情图片的材料和(或)未成年人作为艺术家参与的娱乐性色情活动的公告;

(b)麻醉药品、精神药品及其前体、新的潜在危险物质的设计、制造和使用的方法和途径,上述物质的田间采集方式和田间培育方式的信息;

(c)自杀方式和呼吁自杀的信息;

(d)联邦法律禁止传播的关于青少年犯罪的信息;

(e)违反 2006 年 12 月 29 日第 244-FZ 号《关于赌博和整合实施俄罗斯联邦法和联邦立法机关法案修正案的联邦法》和 2003 年 11 月 11 日第 138-FZ 号《关于禁止利用互联网网络通言和其他通信手段组织赌博和抽奖活动的联邦法》的信息;

(2)法院关于通过互联网传播信息的判决和在俄罗斯联邦禁止传播信息的判决已经生效。

6. 对俄罗斯联邦政府就注册域名所服务的互联网网页、包含网站的网址和信息系统作出俄罗斯联邦禁止传播的信息的决定,网站所有者、服务器服务提供者、提供获取电视"互联网"服务信息的电信运营者,可以自作出决定之日起 3 个月内向法院提出上诉。

7. 服务器服务提供者应当在收到登记营运者将网页纳入域名和(或)互联网网页首页登记表的信息后 24 小时内,通知其服务的网页所有者,告知该所有者快速删除含俄罗斯联邦法禁止传播的信息的网页。

8. 网页所有者应当在收到服务器服务提供者发出的关于网页的通知后

24 小时内,删除含俄罗斯联邦法禁止传播信息的网页。若互联网网页的所有者拒绝履行或未履行上述义务,服务器服务提供者应当在 24 小时内限制访问该网页。

9. 若服务器服务提供者和(或)网站所有者未实施本条第 7、8 款规定的措施,能够识别包含俄罗斯联邦禁止传播的信息的网站网址将被记入登记册。

10. 包含俄罗斯境内禁止发布的信息的、用于识别互联网信息的网站网络地址被纳入登记表后,提供访问互联网服务的电信营运者应当在 24 小时内限制访问该互联网网页。

11. 行使大众传媒、大众传播、信息技术和通信领域控制和监督职能的俄罗斯联邦行政机构或指定的联邦机构有权利访问营运者,营运者根据本条负责清除可通过互联网识别网址域名、网页标志或网页地址。清除时间为,经网络所有者申请,服务器服务提供者或提供互联网访问的营运者在收到申请并删除俄罗斯联邦法禁止传播的信息或者法院作出的撤销行使大众传媒、大众传播、信息技术和通信领域控制和监督职能的联邦行政主管机构同意将该信息包含在可通过互联网识别网址的登录域名、互联网页面或工作地址内的决定的判决后 3 日内。

12. 登记营运者与服务器服务提供者之间的互动方式,提供访问互联网服务的电信营运者获取登记表信息的程序,由俄罗斯联邦政府授权的行政主管机构规定。

13. 本条限制访问互联网网站的程序,不适用于本联邦法第 15.3 条限制程序规定的信息。

14. 行使大众传媒、大众传播、信息技术和通信领域控制和监督职能的俄罗斯联邦行政主管机构,或按本条第 4 款其委任的电信营运者,应当在收到本条第 5 款第(1)项第(a)和第(b)所述规定理由后 24 小时内,通过互动系统通知内部联邦行政主管机构。

第 15.2 条　限制侵犯版权和(或)相关权利的信息的传播方法

1. 若发现版权或相关权利的客体(摄影作品或类似照片合成作品除外)或对权利人获取的信息电信网络必要的信息,未得到版权人同意或无其他正当理由,在信息网络和电信网络(包括互联网)传播,可以向履行大众传媒、大众传播、信息技术和通信领域控制和监督职能的联邦行政主管机构提出申请,请求依法采取措施限制访问、传播该信息资源。该申请人的名称由行使大众传媒、大众传播、信息技术和通信领域控制和监督职能的联邦行政主管机构规定。

2. 行使大众传媒、大众传播、信息技术和通讯领域控制和监管职能的联邦行政主管机构,应当根据最终司法行为在 3 个工作日内:

(1)确定服务器服务提供者或者提供信息和包括互联网在内的电信网络的其他人,未经版权人许可或无其他正当理由,向互联网网站所有者的信息资源提供版权和相关权利客体信息(摄影作品和类似照片合成作品除外)或为其获得信息和电信交换网站所必要的信息;

(2)向本款第(1)项规定的服务器服务提供者或其他人发送俄文和英文电子通知,以写明作者姓名、权利人姓名、域名和网址或通过电信网络传播信息所必要的其他信息的方式明确包含侵权信息的网站,告知其未经版权人许可或无其他正当理由在互联网网站上提供版权和相关权利信息(摄影作品和类似照片合成作品除外),侵犯了版权客体和(或)相关权利(摄影作品和类似照片合成作品除外),并写明包含上述信息的网页和采取措施限制访问该信息的要求;

(3)在信息系统中记录通知本款第(1)项中服务器服务提供者或其他人的日期和时间。

3. 本条第 2 款第(1)项规定的服务器服务提供者或其他人自收到本条第 2 款第(2)项规定的通知之日起二个工作日内,必须向受益人通报信息资源,并向其通知需限制访问已发布的非法信息。

4. 信息资源所有者应当在收到本条第 2 款规定的服务器服务提供者或其他任何人关于限制不合法发布信息的通知后,应当删除不合法发布的信息或采取措施限制访问该信息。若信息资源所有者拒绝或未采取相关措施,本条第 2 款规定的服务器服务提供者或其他任何人应当在收到本条第 2 款第(2)项规定的通知后 3 个工作日内采取措施限制访问相关信息资源。

5. 若服务器服务提供者或本条第 1 款或第 2 款规定的其他任何人和(或)信息系统所有者拒绝采取本条第 4 款规定的措施,应当将网络地址的网站域名链接至包含版权和(或)相关权利客体信息(摄影作品和类似照片合成作品除外)、其他必要信息的互联网网页和有关网站的信息和其他相关信息,发送到交互操作系统,以采取措施限制访问涉及侵权的信息(包括互联网网站或其包含的信息内容)。

6. 行使大众传媒、大众传播、信息技术和通信领域控制和监管职能的联邦行政主管机构,应当以最终司法行为为基础在 3 个工作日内,将对未经版权人许可或无其他正当理由获取包含版权和(或)相关权利(摄影作品和类似照片合成作品除外)的信息资源、传播信息电信网络(包括互联网或获取信息的通信网络)进行限制和取消资格的日期,通知本条第 2 款第(1)项规定的人,

同时通知其面临限制访问信息资源或者取消营运者资格的措施。服务器服务提供者或信息资源提供者,应当在收到限制访问信息资源或取消资格的联邦行政措施通知后1个工作日内,通知信息资源所有者并告知其上述措施。

7. 提供电信信息的营运者收到通过互动系统传递的未经版权人许可或无其他正当理由在信息电信网络(包括互联网)传播版权和(或)其他权利客体(摄影作品和类似照片合成作品除外)信息,或者使用电信网络获取信息行为的通知后,应当根据法院生效判决限制访问不合法发布的信息。

8. 信息系统的运行和互动方式由行使大众传媒、大众传播、信息技术和通信领域控制和监督职能的联邦行政主管机构规定。

9. 本条的规定不适用于根据本联邦法第15.1条列入登记表的信息。

第15.3条　限制访问违反法律的信息的方法

1. 若信息电信网络(包括互联网、电话)包含传播大规模骚乱、极端活动、参与违反公共秩序活动的信息(包括在通知情况下传播此类信息),经行使大众传媒、大众传播、信息技术和通信领域控制和监管职能的联邦行政主管机构发出请求,俄罗斯联邦检察长或副检察长应当责令联邦政府行政机构、俄罗斯联邦主体国家权力机构组成的实体、组织或公民采取信息资源措施限制此类信息的传播。

2. 行使大众传媒、大众传播、信息技术和通信领域控制和监管职能的联邦行政主管机构,应当在本条第1款所述处理的基础上迅速:

(1)向交互系统营运者发出要求,采取措施限制访问信息资源,包括向互联网网站或向其提供大规模骚乱、极端活动、参与违反公共秩序活动信息的人发出要求。该要求必须包含网站域名、网络地址、链接识别这类信息的互联网网站页面;

(2)确定服务器服务提供者、或提供信息电信网络(包括互联网)的其他人向信息资源的互联网网站所有者提供了大规模骚乱、极端活动、参与违反公共秩序活动的信息;

(3)以电子形式用俄文和英文告知本款第(2)项规定的服务器服务提供者或其他人其传播信息(包括提供大规模骚乱、极端活动、违反规定程序参与大规模公共活动的信息)的域名和网络地址以识别互联网地址,和互联网网页指标以查明此类信息,并要求其采取措施清除这类信息。

(4)在信息系统中记录通知本款第(2)项服务器服务提供者或其他人的日期和时间。

3. 提供接入公用电信网"互联网"服务的营运者收到行使大众传媒、大众传播、信息技术和通信领域控制和监管职能的联邦行政主管机构的告知其信息(即大规模骚乱、极端活动、参与违反公共秩序活动的信息)和要求的通知后,应当采取接入措施,逐渐限制访问包括互联网网站在内的信息资源。

4. 本条第 2 款第(2)项提及的服务器服务提供者或其他人收到本条第 2款第(3)项规定的通知后 24 小时内,必须通知信息资源的受益人,要求其必须立即删除包含大规模骚乱、极端活动、参与违反公共秩序活动的信息。

5. 若信息资源所有者删除了大规模骚乱、极端活动、参与违反公共秩序活动的信息,应当以电子方式通知行使大众传媒、大众传播、信息技术和通信领域控制和监督职能的联邦行政主管机构。

6. 行使大众传媒、大众传播、信息技术和通信领域控制和监督职能的联邦行政主管机构收到本条第 5 款提及的通知后,应当检查验证,并立即通知通信服务营运者接入包括互联网在内的信息电信网络以重新获得包括互联网网站在内的信息资源。

7. 营运者收到本条第 6 款提及的通知后,应当立即恢复利用包括互联网地址在内的信息资源。

第15.4条 限制访问互联网中服务器信息的方法

1. 对违反本联邦法第 10.1 条规定义务在互联网传播信息的组织者,经联邦行政主管机构批准,作出可执行的处罚决定,将该决定通知到该组织的地址(其办事处或代表处地址),通知中载明履行处罚决定的期限不超过 15 日。

2. 信息系统和用于电子计算机程序的"互联网"的营运者,在因违反本联邦法第 10.1 条规定义务传播互联网信息而受到处罚的通知期间,可以根据可执行的法院判决或联邦行政主管机构的裁决,获取设计或用于接收、传播、交付和(或)电子通信用户的信息系统和(或)电子计算机程序。

3. 联邦授权执行机构与互联网信息传播组织者的互动程序,依本条第 1款规定发出通知的程序,限制和恢复访问本条第 2 款规定的信息系统和(或)软件的程序,向公民(自然人)作出此限制流程的通知程序,由俄罗斯联邦政府规定。

第15.5条 个人信息领域违反俄罗斯联邦法律的限制访问信息

1. 自动信息系统为了限制互联网上的信息,在个人信息领域"侵犯个人数据主体权利",属违反俄罗斯联邦法律(以下称违法者)。

2. 违法者的登记册应当包括:

(1)互联网域名和(或)索引网页,载明在个人信息领域违反俄罗斯联邦

法律的被处理地区的信息；

（2）识别互联网信息场所的网络地址，载明在个人信息领域违反俄罗斯联邦法律的被处理地区；

（3）在本次指令中已经发生法律效力的司法行为；

（4）清除个人信息领域违反俄罗斯联邦法律的信息；

（5）通信营运者的操作日期，载明信息资源数据以限制访问该资源。

3. 建立违法者名册，组建和维护具有大众媒体、大众传播、信息技术和通信领域控制和监督职能的联邦行政主管机构，应当按照俄罗斯联邦政府规定议程进行。

4. 行使大众传媒、大众传播、信息技术和通信领域控制和监督职能的联邦行政主管机构，可以按照俄罗斯联邦政府制定的标准，建立和维护联邦境内注册登记的营运者的违法者登记系统。

5. 列入本条第 2 款规定登记册信息的违法者以前违法情况，应当归档。

6. 个人信息被侵害的人可以依据已生效的法令，向行使大众传媒领、大众传播、信息技术和通信领域控制和监督职能的联邦行政主管机构申请，主张对违反俄罗斯联邦个人信息领域法律的信息采取限制措施。申请表由行使大众传媒、大众传播、信息技术和通信领域控制和监管职能的联邦行政主管机构批准。

7. 自本联邦法生效之日起 3 个工作日内，行使大众传媒、大众传播、信息技术和通信领域控制和监督职能的联邦行政主管机构在法院决定的基础上：

（1）确定个人信息领域违反俄罗斯联邦法律的信息电信网络，包括提供互联网信息处理的服务器服务提供者或其他人；

（2）用俄文和英文以电子方式向本款第（1）项中的服务器服务提供者或其他人发出通知，告知其俄罗斯联邦个人信息领域的法律、违反俄罗斯联邦个人信息领域法律的已生效信息、域名和识别互联网网站的网络地址，和用于识别此类信息的互联网网站网页指标，并要求其采取措施消除法院决定的、违反俄罗斯联邦个人信息领域法律的信息；

（3）将通知本款第（1）项服务器服务提供者或其他人的日期和时间记录在违法者登记册。

8. 本条第 7 款第（2）项规定的服务器服务提供者或其他人收到通知后 1 个工作日内，应当通知信息资源所有者，要求其立即采取措施清除通知中指定的违反俄罗斯联邦法律的信息，或采取措施限制访问违反俄罗斯联邦个人信息领域法律的信息。

9. 信息资源所有者收到本条第 7 款规定的服务器服务提供者或其他人

消除违反俄罗斯联邦私人信息领域法律的信息的通知后 1 个工作日内,应当采取该通知内的措施。若信息资源所有者拒绝或未履行本条第 8 款规定的义务,本条第 7 款规定的服务器服务提供者或其他人应当收到本条第 7 款中的通知后 3 个工作日内,限制访问相关信息资源。

10. 本条第 8 款规定的信息资源所有者或者本条第 7 款规定的服务器服务提供者和(或)其他人没有采取本条第 7、8 款规定的措施,应当将其网络域名、网络地址、用于识别违反俄罗斯联邦个人信息领域法律的信息和该网页的其他信息,发送给电信营运者以便其采取措施限制信息资源,包括限制访问网络地址、域名和网站首页。

11. 行使大众传媒、大众传播、信息技术和通信领域控制和监督职能的联邦行政主管机构,应当在收到网页所有者、服务器服务提供者或营运者的申请后 3 个工作日内采取或依据此前生效判决决定清除违反个人信息领域法律的信息,或者由其根据本条第 4 款委任的营运者从违反者登记中清除用于识别网络网页的域名、网站首页或网络地址。

12. 违反者与服务器服务提供者互动的程序,营运者获取访问该登记中所含信息的程序,由俄罗斯联邦授权的执行机构规定。

第15.6条 限制访问互联网网站的方法,包含版权及相关权利客体信息和(或)必要信息的反复和错误,为获取包括互联网在内的信息电信网络

1. 行使大众传媒、大众传播、信息技术和通信领域控制和监督职能的俄罗斯联邦行政主管机构通过互动系统收到已生效的莫斯科市法院判决后,应当要求互联网网站营运者采取措施限制访问包含版权和相关权利客体的重复和错误信息,或为其获得包括互联网在内的信息电信网络的必要信息。

2. 提供服务的营运者应当在收到本条第 1 款规定要求后 24 小时内,提供限制接入公共电信网络"互联网",以限制在互联网上访问该网站。不允许在互联网上取消对该网站的限制。

3. 莫斯科市法院对限制访问网站信息的判决,应当发布在行使大众传媒、大众传播、信息技术和通信领域控制和监督职能的联邦执行机构官网上。

第15.6-1条 封闭网站副本的限制访问程序

1. 不允许访问在包含互联网的信息电信网络中安置的、能与互联网上相混淆的、包括版权和(或)相关权利客体或者通过包含互联网的信息电信网络获取必要信息的类似网站,其区莫斯科市法院关于多次非法发布信息的判决

受到限制(以下称"封闭网站副本")。

2. 若具有制定、实施国家政策职能和行使大众传媒、大众传播领域监管和法律调整职能的联邦行政主管机构或者权利所有人收到有关包括互联网在内的信息电信网络中发现的具有本条第 1 款所述网站的信息,该机构应当采取以下操作:

(1)按照俄罗斯联邦政府规定的程序,作出将互联网网站认定为封闭网站副本的合理决定;

(2)根据具有制定、实施国家政策职能和行使大众传媒、大众传播领域监管和法律调整职能的联邦行政主管机构规定的程序,对封闭网站副本的所有人以俄文和英文电子形式作出将互联网网站认定为封闭网站副本的合理决定;

(3)将协同系统引入到行使大众传播媒、大众传播、信息技术和通信领域控制和监督职能的联邦行政主管机构中,作出将互联网网站认定为封闭网站副本的合理决定。

3. 行使大众传播媒、大众传播、信息技术和通信领域控制和监督职能的联邦行政主管机构自收到具有制定、实施国家政策职能和行使大众传媒、大众传播领域监管与法律调整职能的联邦行政主管机构作出的将互联网网站认定为封闭网站副本的合理决定起 24 小时内,应当采取以下操作:

(1)确定互联网中的封闭网站副本服务器服务提供者或者其他所支持的配置(对象);

(2)将具有制定、实施国家政策职能和行使大众传播、大众传播媒领域监管和法律调整职能的联邦行政主管机构作出的将互联网网站认定为封闭网站副本的合理决定,以俄文和英文电子版通知形式发送至服务器服务提供者或本条第 1 款规定的相关对象;

(3)确认按照本条第 2 款规定发送至服务器服务提供者的或者按照本条第 1 款规定发送至与信息系统相一致的客体的通知的日期和时间;

(4)向电信营运者发送协同系统,要求其采取措施限制访问封闭网站副本;

(5)根据行使大众传播媒、大众传播、信息技术和通信领域控制和监督职能的联邦行政主管机构的规定,以电子通知形式发送至在互联网发布广告吸引俄罗斯联邦境内消费者关注的搜索引擎的营运者,要求其停止发布有关域名的信息和有关封闭网站副本页面的搜索信息。

4. 提供包括互联网在内的信息电信网络访问权限服务的通信营运者,自收到本条第 3 款第(4)项规定要求起 24 小时内,应当限制访问封闭网站副本。

5. 在互联网发布广告吸引俄罗斯联邦境内消费者关注的搜索引擎营运者自收到本条第 3 款第（5）项规定的要求起 24 小时内，应当要求停止发布有关域名的信息和有关封闭网站副本页面的搜索信息。

6. 封闭网站副本的有关信息应当在行使大众传媒、大众传播、信息技术和通信领域控制和监督职能的联邦行政主管机构官方网站上公布。

第 15.7 条 制止侵犯版权和（或）相关权利的信息电信网络，包括互联网上版权人的法外措施

1. 若未经他人许可或无其他正当理由，搜索包括互联网、网站在内的含有版权和相关权利客体的信息或信息电信网络的必要信息，为了进入信息电信网络，可以采取书面或电子形式，声明该版权和相关权利（以下简称声明）。申请人应当向俄罗斯联邦法律授权的人提出申请。

2. 申请表应当包含

（1）有关权利持有人或所有者的以下信息（如果该申请已转交给本人）（声索人）：

（a）自然人的姓名和父名、护照信息（含签发人、签发日期、号码）、联系信息（电话号码、传真号码、电子邮件地址）；

（b）法人的名称、所在地、地址、联系方式（电话号码、传真号码、电子邮件地址）；

（2）关于版权和相关权利（或客体）的信息，未经版权人许可或无其他正当理由在互联网网站上发布；

（3）域名和（或）网络地址，其中包含未经版权人许可或无其他正当理由的版权和相关权利客体的信息或必要信息，以接收包括互联网在内的信息电信网络方式；

（4）未经版权人许可或无其他正当理由，可以在网站上查阅版权和相关权利和（或）权利人的权利；

（5）未经版权人事先同意，在互联网上放置与版权和相关权利（或）客体有关的信息和必要信息，或接收包括互联网在内的信息电信网络；

（6）申请人同意处理个人信息（申请人是自然人个人）。

3. 若申请书由一人提交该声明，须在其授权下提供一份副本（以书面或电子形式）。

4. 若信息不完整、不准确或错误，互联网网站所有者自收到提交信息的澄清通知起 20 小时内，有权利向申请人提出要求。该要求通知可以寄发给申

请人本人。

5. 申请人应当自收到本条第 4 款规定通知起 20 小时内,采取措施完成遗漏的信息,消除不准确和错误,并将该信息传送到网站。

6. 互联网网站所有者应当自收到声明或更新信息(按本条第 4 款规定的通知)起 24 小时内,删除本条第 1 款指定内容的信息。

7. 若网站所有者可以从互联网获取版权和相关权利客体信息或必要信息,其可以接收包括互联网在内的信息电信网络。若互联网网站所有者不采取包含在本条第 6 款中的措施,可以向其发送证据通知书。

8. 本条的规则同样适用于版权人和被许可人,此为版权和相关权利的唯一许可证明。

第 15.8 条　通过俄罗斯联邦境内旨在阻止利用信息电信网络和信息资源的措施,保障访问俄罗斯联邦境内被限制访问的信息资源和信息电信网络

1. 信息电信网络的所有者通过信息资源[互联网网站和(或)互联网网页、信息系统、电子计算机程序软件]并根据俄罗斯联邦法律,应当保障访问俄罗斯联邦境内限制访问的信息资源和信息电信网络,应当根据联邦法律规定,禁止通过利用在俄罗斯联邦境内限制访问的信息电信网络和信息资源来获取信息资源和访问在俄罗斯联邦境内限制访问的信息电信网络(以下称"限制访问信息资源、信息电信网络的硬件程序所有者")。

2. 为了阻止利用俄罗斯联邦境内的信息资源和信息电信网络访问按俄罗斯联邦法律在俄罗斯联邦境内限制访问的信息资源和信息电信网络,和为了能访问俄罗斯联邦境内限制访问的信息资源、信息电信网络(以下称"访问限制访问的信息资源和信息电信网络的硬件程序"),行使大众传播媒、大众传播、信息技术和通信领域控制和监督职能的联邦行政主管机构,应当根据联邦法律的规定,采取以下操作:

(1) 根据本联邦法的规定,设立和运行联邦国家信息系统(以下称"限制访问信息资源和信息电信网络的联邦国家信息系统"),其中包括俄罗斯联邦境内限制访问的信息资源清单和信息电信网络清单;

(2) 根据俄罗斯联邦政府的规定,为了获取限制访问的信息资源和信息电信网络的硬件程序信息,与从事侦查活动或俄罗斯联邦安全保障的联邦行政主管机构配合行动;

(3) 根据从事侦查活动或者俄罗斯联邦安全保障的联邦行政主管机构的请求,明确服务器服务提供者或者其他相关人,确保在互联网上配置限制访问

信息资源和信息电信网络的硬件程序；

(4)向本款第(3)项指定的服务器服务提供者或其他相关人以俄文和英文电子版形式发送通知,告知其相关数据的必要性,允许其识别访问俄罗斯联邦境内限制访问的信息资源和信息电信网络的硬件程序所有者,或者告知其通知访问俄罗斯联邦境内限制访问的信息资源和信息电信网络的硬件程序所有者的必要性、相关所有者在互联网上配置上述数据的必要性；

(5)确定限制访问信息资源和信息电信网络的联邦国家信息系统发出本款第(4)项中通知的日期和时间。

3. 本条第 2 款第(3)项中的服务器服务提供者或其他相关人应当自收到本条第 2 款第(4)项中的通知起 3 个工作日内,提供完成通知中规定行为的信息。

4. 自收到允许识别方问俄罗斯联邦境内限制访问的信息资源和信息电信网络的硬件程序所有者的数据起 3 个工作日内,或者自收到行使大众传播媒、大众传播、信息技术和通信领域控制和监督职能的联邦行政主管机构对此类数据自我检测的数据起 3 个工作日内,上述联邦行政主管机构应当向上述所有者发送俄文和英文要求,要求上述所有者链接到限制访问信息资源和信息电信网络的联邦国家信息系统。

5. 自发送本条第 4 款中的要求通知之日起 30 个工作日内,访问俄罗斯联邦境内限制访问的信息资源和信息电信网络的硬件程序所有者,应当按行使大众传播媒、大众传播、信息技术和通信领域控制和监督职能的联邦行政主管机构规定的程序,链接到能访问俄罗斯联邦境内限制访问的信息资源和信息电信网络的联邦国家信息系统。

6. 经行使大众传媒、大众传播、信息技术和通信领域控制和监督职能的联邦行政主管机构要求,搜索引擎营运者应当自收到上述要求之日起 30 个工作日内,将在互联网发布广告吸引俄罗斯联邦境内消费者关注的搜索引擎系统,链接到限制访问信息资源的和信息电信网络的联邦国家信息系统。

7. 限制访问信息资源和信息电信网络的硬件所有者,应当:

(1)自向其提供能够访问限制访问的信息资源和信息电信网络的联邦国家信息系统之日起 30 个工作日内,根据联邦法律的规定,为了访问俄罗斯联邦境内限制访问的信息资源和信息电信网络,确保遵守访问俄罗斯联邦境内限制访问的信息资源和信息电信网络硬件的禁令；

(2)遵守行使大众传媒、大众传播、信息技术和通信领域控制和监督职能的联邦行政主管机构规定的限制访问信息资源和信息电信网络联邦国家信息系统中的信息处理与利用的制度。

8. 自能够访问限制访问信息资源和信息电信网络的联邦国家信息系统起 3 个工作日内,在互联网发布广告吸引俄罗斯联邦境内消费者关注的搜索引擎系统,应当根据本联邦法,停止在俄罗斯联邦境内发布用户需要并指定的、在俄罗斯联邦境内限制访问信息资源和信息电信网络的搜索引擎系统的信息。

9. 行使大众传媒、大众传播、信息技术和通信领域控制和监督职能的联邦行政主管机构与本条第 5、6 款规定的相关人在能够访问限制访问信息资源和信息电信网络的联邦国家信息系统条件下的互相配合程序,对上述系统和登载信息的访问程序,此类信息的处理和利用制度,对上述系统利用保障的有关科技、程序、语言、法律和组织方式的要求,均由行使大众传播媒、大众传播、信息技术和通信领域控制和监督职能的联邦行政主管机构作出相应规定。

10. 若限制访问信息资源和信息电信网络的相关硬件所有者未履行相关义务,行使大众传媒、大众传播、信息技术和通信领域控制和监督职能的联邦行政主管机构,应当根据本条第 5、7 款规定,对限制访问信息资源和信息电信网络的硬件所有者的访问限制,作出相应决定。

11. 自作出本条第 10 款规定的决定起 24 小时内,行使大众传媒、大众传播、信息技术和通信领域控制和监督职能的联邦行政主管机构,通过协同系统,将该决定发送给向互联网提供网络接入服务的通信营运者,并提供限制访问相关信息资源和信息电信网络的必要硬件信息。

12. 本条第 11 款规定的向互联网提供网络接入服务的通信营运者,应当自收到通过协同系统的信息时起 24 小时内,根据收到的信息,限制访问俄罗斯境内限制访问的相关信息资源和信息电信网络的硬件。

13. 若限制访问信息资源和信息电信网络的硬件所有者保证履行了本条第 5、7 款规定的义务,其应当将履行义务的通知发送给行使大众传媒、大众传播、信息技术和通信领域控制和监督职能的联邦行政主管机构。此种通知可以通过电子形式发送。

14. 行使大众传媒、大众传播、信息技术和通信领域控制和监督职能的联邦行政主管机构,应当自收到本条第 13 款规定的通知并确认无误之时起 24 小时内,通过协同系统通知向互联网提供网络接入服务的通信营运者,根据本条第 10 款的规定和该机构作出的决定,提出恢复访问限制访问的信息电信网络和信息资源。

15. 向互联网提供网络接入服务的通信营运者自收到通过协同系统的本条第 14 款规定的通知时起 24 小时内,应当根据行使大众传媒、大众传播、信息技术和通信领域控制和监督职能的联邦行政主管机构的决定和本条第 10

款的规定,停止限制访问信息电信网络和信息资源。

16. 保障限制访问祀限制访问的信息资源和信息电信网络的硬件监管程序,在互联网发布广告吸引俄罗斯联邦境内消费者关注的搜索引擎系统停止发布相关信息资源的监管程序,和俄罗斯联邦境内限制访问信息电信网络相关信息的监管程序,由行使大众传媒、大众传播、信息技术和通信领域控制和监督职能的联邦行政主管机构,根据联邦法律的规定作出相应规定。

17. 为了科技目的以保障相关活动的硬件使用,本条规定不适用于国家信息系统营运者,国家机构和地方自治政府机构,利用限制访问信息资源和信息电信网络的硬件程序的条件下事先确定的此类硬件用户所有者。

第 16 条　信息保护

1. 信息保护应当体现法律、组织和技术措施保证朝以下方向发展:

(1)确保信息保护免受非法访问、销毁、修改、阻碍、复制、提供、传播和与信息有关的其他非法活动;

(2)遵守限制访问信息的保密性;

(3)实现访问信息的权利。

2. 应当通过设定信息保护的要求和违反俄罗斯联邦信息、信息技术和信息保护立法的责任,实施国家调整信息保护领域的关系。

公开形式的信息保护要求,应当根据本法第 1 条和第 3 条第 1 款的目标作出规定。

3. 一般可访问信息的保护条件仅可以为了实现本条第 1 款第(1)和(3)项规定的目标才能设立。

4. 信息的持有者和信息系统的营运者应当有义务根据俄罗斯联邦立法特别规定的情形采取以下措施:

(1)防止未经授权的人访问信息和将信息传送给没有访问信息权利的人;

(2)及时发现未经授权的信息访问;

(3)排除违反信息访问程序的不利后果的可能性;

(4)防止技术信息处理设施受到导致不正常运行方式的影响;

(5)及时恢复因未经授权访问而被修改或毁损的信息;

(6)确保监测信息的保护水平;

(7)在俄罗斯联邦境内保存信息数据库,并利用此数据库系统化执行、记录、积累、储存、细化(更新、修改)收集和提取俄罗斯联邦公民的个人数据。

5. 国家信息系统内可获取信息的保护要求,应当由负责保障信息安全的

联邦行政主管机构和在反技术情报与信息技术保护领域正式授权的联邦行政主管机构在各自权力范围内予以规定。在建立和运行国家信息系统中,信息保护所使用的措施和方法应当符合上述要求。

6. 联邦法律在信息保护领域可以限制使用某些信息保护手段和个别类型行为。

第 17 条 信息、信息技术和信息保护领域违法行为的责任

1. 违反本联邦法的要求,应当依照俄罗斯联邦法承担纪律、民事、行政和刑事责任。

2. 权利和合法利益因披露限制访问信息或通过其他任何非法使用信息而遭受侵害的人,应当有权利采取适当司法保护措施以维护其权益,包括提出损害赔偿、精神损害赔偿、荣誉、尊严和商业信誉的诉讼。若没有对遵守保密信息采取措施,或违反俄罗斯联邦信息保护法规定,有义务提供信息的部门可以提出赔偿损失的要求。

3. 按联邦法律限制或禁止传播特定信息,提供关联以下情形之一的服务的人对该信息传播,不应当承担民事法律责任:

(1)传递他人提供的未经修改或更正的信息;

(2)提供信息的存储和访问,其表明信息提供人没有意识到以非法方式传播信息。

4. 互联网的提供者、营运者和所有者对所有者和用户不承担获取信息和(或)按联邦法律要求限制其分布的责任。

第 18 条 俄罗斯联邦关于个别立法行为(立法条文)的失效

以下法律或法律条款自本联邦法生效之日起失效:

(1)1995 年 2 月 20 日第 24-FZ 号《俄罗斯联邦关于信息、信息化和信息保护的联邦法》(《俄罗斯联邦法律汇编》1995 年第 8 号,第 609 条);

(2)1996 年 7 月 4 日第 85-FZ 号《关于参与国际信息交换的联邦法》(《俄罗斯联邦法律汇编》1996 年第 28 号,第 3347 条);

(3)2003 年 1 月 10 日第 15-FZ 号《俄罗斯联邦关于修正俄罗斯联邦通过个别类型活动许可个别立法行为的联邦法》第 16 条(《俄罗斯联邦法律汇编》2003 年第 2 号,第 167 条);

(4)2003 年 6 月 30 日第 86-FZ 号《关于修正俄罗斯联邦法个别立法行为、俄罗斯联邦个别立法行为失效、提供给内部官员个别保障、对麻醉药品和精神药物营业额采取措施的控制机构和联邦税务警察机构采取改善国家行政管理

的联邦法》第 21 条(《俄罗斯联邦法律汇编》2003 年第 27 号, 第 2700 条);

　　(5)2004 年 6 月 29 日第 58-FZ 号《关于修正俄罗斯联邦法的个别立法行为和俄罗斯对改善国家行政管理采取措施的个别立法行为的失效的联邦法》第 39 条(《俄罗斯联邦法汇编》2004 年第 27 号, 第 2711 条)。

俄罗斯联邦总统

普京

于莫斯科克里姆林

(爱丽姆·库巴耶娃、邓瑞平译, 邓瑞平、张建文审校)

✳ *爱丽姆·库巴耶娃**

俄罗斯联邦 2006 年《关于保护竞争的联邦法》简介

引　言

俄罗斯非常重视竞争法、反垄断立法的法治建设,不仅强化国内各领域相应立法,还通过联邦主管部门与他国中央主管部门签署合作备忘录等形式加强实施竞争法或反垄断立法的国际合作。

在中国"一带一路"倡议和金砖国家合作机制下,为深入了解俄罗斯的法律,深化中俄法律交流与合作,以下简要介绍俄罗斯联邦 2006 年《关于保护竞争的联邦法》(以下简称"本法")。

一、本法的制定背景

1990 年,俄罗斯颁布了《关于在商品市场上竞争和禁止垄断的法律》,于1991 年生效。该法实际上是俄罗斯第一部反垄断立法,但该法只涉及生产、流通及劳动市场的反垄断行为。依据该法,俄罗斯在中央成立了历史上第一个竞争主管机构——俄罗斯联邦政府竞争委员会,负责竞争法的实施。

因俄罗斯经济发展的需要,其竞争和反垄断立法处于不断完备中。1992 年,颁布了《消费者权益保护法》,1995 年颁布《国家保护中小企业免受垄断和不正当

---

　　* 爱丽姆·库巴耶娃(Aigerim Kumbayeva),1989 年生,女,哈萨克斯坦籍,中国政法大学学士、清华大学法学院法学硕士,中国深圳星辰前海律师事务所"一带一路"研究专员,哈萨克斯坦律师,西南大学—西南政法大学金砖国家法律研究院研究员。

竞争侵害法》和《自然垄断法》。1996 年颁行《广告法》，对广告行业的不正当竞争进行了限制。随后，于 1999 年颁布了《金融市场保护竞争法》，对保险、金融、社会保障等领域垄断行为进行规制。2001 年，颁布了《关于在对外经贸活动中保护消费者利益的法律》，以保护对外经贸领域中合理竞争。

上述立法基本上属于特定领域的竞争或反垄断立法，1990 年竞争法已经不适应俄罗斯的经济发展变化，需重新制定竞争领域的基本法，遂于 2006 年制定了《关于保护竞争的 2006 年 7 月 26 日第 135-FZ 号联邦法律（RU052）》[1]（即本法）。本法主要经 2010 年 4 月 5 日第 40-FZ 号联邦法律（RU059）[2]、2011 年 12 月 6 日第 401-FZ 号联邦法律（RU077）[3]、2015 年 5 月 10 日第 275-FZ 号联邦法律（RU173）[4]和 10 月 5 日第 275-FZ 号联邦法律（RU131）[5]修订。

二、本法的主要内容

本法是俄罗斯反垄断立法的一部分，涉及所有经济实体参与的领域。其亮点如下：

（一）对相关术语的定义

本法对"商品"、"金融市场"、"竞争"、"垄断高/低价格"等重要术语进行了界定。[6]

（二）禁止缔结限制竞争协议

根据本法第 11 条，俄罗斯禁止市场参与者缔结限制竞争的协议。该条明

---

[1]　Federal Law No. 135-FZ of July 26, 2006 on the Protection of Competition（RU052）.

[2]　Federal Law No.135-FZ of July 26, 2006 on the Protection of Competition（as amended up to Federal Law No.40-FZ of April 5, 2010）（RU059）.

[3]　Federal Law No.135-FZ of July 26, 2006 on the Protection of Competition（as amended up to December 6, 2011）（RU077）；Federal Law No.401-FZ of December 6, 2011 on Amendments to the Federal Law on Protection of Competition and Certain Other Laws of the Russian Federation.

[4]　Federal Law No. 401-FZ of December 6, 2011, on Amendments to the Federal Law on Protection of Competition and Certain Other Laws of the Russian Federation（as amended up to Federal law No.275-FZ of May 10, 2015）（RU173）.

[5]　Federal Law No. 135-FZ of July 26, 2006, on the Protection of Competition（as amended up to Federal Law No.275-FZ of October 5, 2015）（RU131）.

[6]　俄罗斯联邦 2006 年 7 月 26 日第 135-FZ 号《关于保护竞争的联邦法律》，第 4 条。

确了属于此类协议的行为。限制竞争协议是俄罗斯竞争法中的主要内容之一。俄罗斯禁止旨在限制竞争的横向协议和纵向协议。本法第6条规定,共同占有市场份额35%以上且相互竞争的经济实体之间所达成的任何协议或协同行动,若导致或可能导致对竞争的限制,则将被依法禁止。这些协议主要是指:(1)确定或维持价格、折扣和红利的协议(固定价格);(2)提高、降低或维持拍卖价或投标价的协议(串通投标);(3)依据所销售商品的购买者或出售者的类型,按地区划分市场的协议(划分市场范围);(4)限制其他经济实体作为销售者或购买者进入市场,或者将他们排除出市场。①

(三)透明性及其限制

本法规定了获得优惠的程序,明确了需要告知反垄断主管机构以及禁止的竞争类型。此规定的主要目标是建立政府透明制度,监督政府人员的工作并避免腐败。②

(四)明确规定反垄断主管机构的义务

本法明确了反垄断主管机构的义务和责任、反垄断主管机构审理违反垄断立法案件的程序。本法还规定了反垄断诉讼事项。③

(五)适用范围

本法适用于在保护竞争和限制垄断领域已经发生或者会发生的社会关系,包括禁止政府机关未采取措施导致的限制竞争。④

(六)禁止不正当竞争

本法明确限制、禁止导致不正当竞争的行为。不正当竞争,是指经济实体在经济活动中的任何争取利益的行为,违反了俄罗斯联邦法律、商业惯例、经营规范、经营合理性和公正性,并对存在竞争关系的其他经济实体造成或可能造成损害,或对其商业信誉造成或可能造成损害。⑤

---

① 俄罗斯联邦2006年7月26日第135-FZ号《关于保护竞争的联邦法律》,第11条。
② 俄罗斯联邦2006年7月26日第135-FZ号《关于保护竞争的联邦法律》,第11条。
③ 俄罗斯联邦2006年7月26日第135-FZ号《关于保护竞争的联邦法律》,第11条。
④ 俄罗斯联邦2006年7月26日第135-FZ号《关于保护竞争的联邦法律》,第15条。
⑤ 俄罗斯联邦2006年7月26日第135-FZ号《关于保护竞争的联邦法律》,第4条第(9)项。

三、本法对中国的简要启示

俄罗斯不断完善保护竞争的立法体系和法律框架。本法为了避免经济发展的阻碍,禁止各种不正当竞争。从俄罗斯竞争立法过程看,其及时修正有关法律,不断在完备其立法,设立了反垄断主管机构,明确规定了反垄断主管机构的义务和责任。中国 1993 年《反不正当竞争法》主要规定了破坏市场秩序的不正当竞争行为,并对垄断行为有所涉及。中国在竞争立法方面存在以下问题:法律体系不完善(缺乏体系,权威性不够),竞争规制不全面,某些领域存在"法律缺位",反垄断行为规制不够,主要表现为法律不完整和执法机构问题。中国是世界贸易组织缔约方,其金融服务业将逐步对外开放。[①] 中国反垄断立法一直没颁布,但反垄断立法对于金融服务业市场是一部十分重要的法律。中国为了加强反垄断立法,促进竞争市场的发展,需制定反垄断立法和完善保护竞争法,设立反垄断主管机构。在此方面,中国可借鉴俄罗斯的保护竞争和反垄断立法。

关于保护竞争的联邦法[*]

2006 年 7 月 8 日经国家杜马审议通过

2006 年 7 月 14 日经联邦委员会批准

(俄罗斯联邦 2006 年 7 月 25 日第 135-FZ 号联邦法,截至 2015 年修订)

新修订的本联邦法出自于:

2007 年 12 月 1 日第 318-FZ 号联邦法律——《俄罗斯联邦法律汇编》2007 年第 49 号,第 6079 条;

2008 年 4 月 29 日第 58-FZ 号联邦法律——《俄罗斯联邦法律汇编》2008

---

① 黄锡生:"WTO 趋势下中国竞争立法完善",载《重庆工商大学学报(社会科学版)》2003 年第 20 卷第 5 期,http://www.docin.com/p-1006337702.html,2017 年 3 月 22 日访问。

* 本法俄文本可从 http://www.wipo.int/edocs/lexdocs/laws/ru/ru/ru166ru.pdf 获得,2016 年 3 月 12 日访问。

年第 18 号, 第 1941 条;

2008 年 6 月 30 日第 108-FZ 号联邦法律——《俄罗斯联邦法律汇编》 2008 年第 27 号, 第 3126 条;

2008 年 11 月 8 日第 195-FZ 号联邦法律——《俄罗斯联邦法律汇编》, 2008 年第 45 号, 第 5141 条;

2009 年 7 月 17 日第 164-FZ 号联邦法律——《俄罗斯联邦法律汇编》 2009 年第 29 号, 第 3601 条;

2009 年 7 月 17 日第 173-FZ 号联邦法律——《俄罗斯联邦法律汇编》 2009 年第 29 号, 第 3610 条;

2009 年 12 月 27 日第 374-FZ 号联邦法律——《俄罗斯联邦法律汇编》 2009 年第 52 号, 第 6450 条;

2009 年 12 月 27 日第 379-FZ 号联邦法律——《俄罗斯联邦法律汇编》 2009 年第 52 号, 第 6455 条;

2010 年 4 月 5 日第 40-FZ 号联邦法律——《俄罗斯联邦法律汇编》2010 年第 15 号, 第 1736 条;

2010 年 5 月 8 日第 83-FZ 号联邦法律——《俄罗斯联邦法律汇编》2010 年第 19 号, 第 2291 条;

2010 年 11 月 29 日第 313-FZ 号联邦法律——《俄罗斯联邦法律汇编》 2010 年第 49 号, 第 6409 条;

2011 年 3 月 1 日第 22-FZ 号联邦法律——《俄罗斯联邦法律汇编》2011 年第 10 号, 第 1281 条;

2011 年 6 月 27 日第 162-FZ 号联邦法律——《俄罗斯联邦法律汇编》 2011 年第 27 号, 第 3873 条;

2011 年 7 月 1 日第 169-FZ 号联邦法律——《俄罗斯联邦法律汇编》2011 年第 27 号, 第 3880 条;

2011 年 7 月 11 日第 200-FZ 号联邦法律——《俄罗斯联邦法律汇编》 2011 年第 29 号, 第 4291 条;

2011 年 7 月 18 日第 242-FZ 号联邦法律——《俄罗斯联邦法律汇编》, 2011 年第 30 号, 第 4590 条;

2011 年 11 月 21 日第 327-FZ 号联邦法律——《俄罗斯联邦法律汇编》 2011 年第 48 号, 第 6728 条;

2011 年 12 月 6 日第 401-FZ 号联邦法律——《俄罗斯联邦法律汇编》 2011 年第 50 号, 第 7343 条;

2012 年 7 月 28 日第 145-FZ 号联邦法律——《俄罗斯联邦法律汇编》2012 年第 31 号,第 4334 条;

2012 年 12 月 30 日第 318-FZ 号联邦法律——《俄罗斯联邦俄罗斯联邦俄罗斯联邦法律汇编》2012 年第 53 号,第 7643 条;

2013 年 7 月 2 日第 144-FZ 号联邦法律——《俄罗斯联邦法律汇编》2013 年第 27 号,第 3436 条;

2013 年 7 月 2 日第 185-FZ 号联邦法律——《俄罗斯联邦法律汇编》2013 年第 27 号,第 3477 条;

2013 年 7 月 23 日第 251-FZ 号联邦法律——《俄罗斯联邦法律汇编》2013 年第 30 号,第 4084 条;

2013 年 11 月 2 日第 294-FZ 号联邦法律——《俄罗斯联邦法律汇编》2013 年第 44 号,第 5633 条;

2013 年 12 月 21 日第 375-FZ 号联邦法律——《俄罗斯联邦法律汇编》2013 年第 51 号,第 6695 条;

2013 年 12 月 28 日第 396-FZ 号联邦法律——《俄罗斯联邦法律汇编》2013 年第 52 号,第 6961 条;

2013 年 12 月 28 日第 423-FZ 号联邦法律——《俄罗斯联邦法律汇编》2013 年第 52 号,第 6988 条;

2014 年 6 月 4 日第 143-FZ 号联邦法律——《俄罗斯联邦法律汇编》2014 年第 23 号,第 2928 条;

2014 年 7 月 21 日第 265-FZ 号联邦法律——《俄罗斯联邦法律汇编》2014 年第 30 号,第 4266 条;

2015 年 6 月 29 日第 156-FZ 号联邦法律——《俄罗斯联邦法律汇编》2015 年第 27 号,第 3947 条;

2015 年 7 月 13 日第 213-FZ 号联邦法律——《俄罗斯联邦法律汇编》2015 年第 29 号,第 4339 条;

2015 年 7 月 13 日第 216-FZ 号联邦法律——《俄罗斯联邦法律汇编》2015 年第 29 号,第 4342 条;

2015 年 7 月 13 日第 250-FZ 号联邦法律——《俄罗斯联邦法律汇编》2015 年第 29 号,第 4376 条;

2015 年 10 月 5 日第 275-FZ 号联邦法律——《俄罗斯联邦法律汇编》2015 年第 41 号,第 5629 条。

目　录

第 15 条　禁止联邦行政主管机构、俄罗斯联邦主体权力机构、地方自治政府机构、履行上述机构职能的其他机构和组织、预算外公共基金、俄罗斯联邦中央银行限制竞争的法规和行为(不作为)

第 16 条　禁止联邦行政主管机构、俄罗斯联邦主体权力机构、地方自治政府机构、行使上述机构职能的其他机构或组织、预算外公共基金、俄罗斯联邦中央银行限制竞争的协议或协司行为

第28条　反垄断主管机构事先同意的商事组织股份(所有权利益)、资产或权利交易

第29条　反垄断主管机构事先同意的金融组织股票(股份)、资产、权利交易

第30条　已失效

第31条　国家控制群体经济集中的具体事宜

第32条　人员、向反垄断主管机构提交实施国家控制交易和其他行为的合并前后的通知、文件和信息

第33条　反垄断主管机构根据审查结果作出决定、向申请人发出指令

第34条　违反获得反垄断主管机构事先同意实施交易、其他行为的程序和向反垄断主管机构通知实施国家控制交易、其他行为的程序的后果

第35条　国家控制限制经济实体竞争的协议

第8章　违反反垄断立法的责任

第36条　履行反垄断主管机构决定和指令的义务

第37条　违反反垄断立法的责任

第38条　商事组织和非商事组织从事营利活动的强制分解或分离

第9章　审查违反反垄断立法案件

第39条　违反反垄断案的理由、案件审查的地点和后果,在案件审查过程中揭示行政违法迹象

第39-1条　终止含有违反反垄断立法迹象行为(不作为)的通知

第40条　违反反垄断立法案件的审查委员会

第41条　委员会采取的行为

第41-1条　违反反垄断立法案件的时效

第42条　参与违反反垄断立法案件的人员

第42-1条　参与审查违反反垄断立法案件的其他人

第42-2条　委员会成员不能参与审查违反反垄断立法案件

第43条　违反反垄断立法案件参与人的权利

第44条　审查请求书和文件,启动违反反垄断立法案件

第45条　审理违反反垄断立法案件

第45-1条　违反反垄断立法的证据

第45-2条　违反反垄断立法案件当事人获取构成国家秘密信息的程序

第46条　委员会会议休会

第47条　违反反垄断立法案件审查的延期和中断

第47-1条　违反反垄断立法案件的合并或分离

第 1 章　总则

第 1 条　本联邦法的主旨和目标

1. 本联邦法确定包括阻止和限制以下情形在内的保护竞争的组织和法律准则：

（1）垄断活动和不正当竞争；

（2）俄罗斯联邦行政主管机构、俄罗斯联邦主体权力机构、地方自治政府机构、行使上述机构职能的其他机构或组织、预算外公共基金和俄罗斯联邦中央银行实施的阻碍、限制、消除竞争。

2. 本联邦法的目标是，确保俄罗斯联邦境内共同经济领域货物自由流动、保护竞争、经济活动自由和为商品市场有效发挥功能创造条件。

第 2 条　俄罗斯联邦反垄断立法和保护竞争的其他法令

1. 俄罗斯联邦反垄断立法（以下简称反垄断立法）以《俄罗斯联邦宪法》、《俄罗斯联邦民法典》为基础，并由本联邦法和调整本联邦法第 3 条规定关系的其他联邦法律构成。

2. 对本联邦法第 3 条中的关系，可以由俄罗斯联邦政府条例、联邦反垄断主管机构法令在反垄断立法直接规定情形下进行调整。

3. 若俄罗斯联邦国际条约确立的规则与本联邦法中的规定不同，应当适用俄罗斯联邦国际条约中规定的规则。

第 3 条　本联邦法的适用范围

1. 本联邦法适用于与保护竞争有关联的关系,包括防止和限制垄断活动和不正当竞争,其中包括俄罗斯法人、外国法人、组织、俄罗斯联邦行政主管机构、俄罗斯联邦主体权力机构、地方自治政府机构、履行上述机构职能的其他机构和组织、预算外公共基金、俄罗斯联邦中央银行和包括涉及个体经营者在内的自然人的保护竞争关系。①

2. 本联邦法的规定适用于俄罗斯或外国的自然人或组织之间在俄罗斯联邦领土外达成的协议,若此协议涉及俄罗斯联邦境内的固定生产资产和(或)无形资产、经济实体的股票(股份)、俄罗斯联邦境内商事组织的权利、相关协议主体或行为对俄罗斯联邦境内市场竞争产生影响。②

3. 本联邦法的规定不适用于统一跨境市场竞争规则所规定的关系,根据俄罗斯联邦国际条约,其遵守控制权属于欧亚经济委员会的职权范围。将市场归入跨国界的标准由俄罗斯联邦国际条约确立。③

第 4 条　本联邦法中使用的基本定义

本联邦法中使用的基本定义如下:

(1)商品,指旨在出售、交换或其他形式交易的民事权利客体(包括工程、服务和金融服务)。

(2)金融服务,指银行服务、保险服务、证券市场服务、租赁服务以及金融组织提供的和涉及吸引、配置法人、自然人资金的服务。

(3)替代货物,指用其功能目的、应用、质量与技术性能、价格和其他参数,以购买者在消费(包括生产目的的消费)过程中实际或准备用其他商品替代一种商品的方式进行可比较的货物。

(4)商品市场,指一商品(包括外国制造的商品)流通领域,此领域在以经济、技术或其他可能性或购买者获得该商品的方便性为基础的框架(含地域框架)内(且在其框架外不存在这种可能性和方便性)不可能被另外的商品或替代货物所替代(以下简称"特定商品")。

(5)经济实体,指个体经营者、商事组织和从事营利活动的非商事组织。④

---

① 本款由 2009 年 7 月 17 日第 164-FZ 号联邦法修订,《俄罗斯联邦法律汇编》2009 年第 29 号,第 3601 条。

② 本款由 2011 年 12 月 6 日第 401-FZ 号联邦法修订,《俄罗斯联邦法律汇编》2011 年第 50 号,第 7343 条。

③ 本款出自 2015 年 10 月 5 日第 275-FZ 号联邦法,《俄罗斯联邦法律汇编》2015 年第 41 号,第 5629 条自 2016 年 1 月 5 日起生效。

④ 本项由 2011 年 12 月 6 日第 401-FZ 号联邦法修订,《俄罗斯联邦法律汇编》2011 年第 50 号,第 7343 条。

（6）金融组织，指提供金融服务的经济实体，诸如信贷组织、证券市场专业参与者、贸易组织者、清算组织、消费信贷合作社、保险公司、保险经纪人、互保协会、证券交易所、金融交易所、非政府养老基金、投资基金管理公司、单位投资基金管理公司、投资基金专业托管公司、单位投资基金专业托管公司、非国家所有制养老基金专业托管公司、证券公司、典当行（受俄罗斯联邦中央银行管制的金融组织）、租赁公司（不受俄罗斯联邦中央银行管制的金融组织）。①

（7）竞争，指经济实体之间的一种竞争对抗行为，在此行为期间每个实体的独立行为排除或限制每个实体单方面影响相关商品市场中商品流通一般条件的可能性。

（8）歧视性条件，指一个或数个经济实体与另一个或数个经济实体相比较被处于竞争劣势地位时的进入商品市场条件，货物生产、交换、消费、购买、销售或其他转让方式的条件。

（9）不正当竞争，指经济实体（一群体）在从事营业活动期间以获取利益为目的实施违反联邦立法、商业传统以及体面性、合理性、公正性的要求和对其他经济实体（竞争者）造成或可能造成损失，或损害或可能损害其商业信誉的任何行为。

（10）垄断活动，指一经济实本、一群体滥用其支配地位或采取反垄断立法禁止的协议或协同行为的行为，和根据联邦法律被确认为垄断活动的其他行为（不作为）。

（11）系统性实施垄断活动，指根据本联邦法建立的程序，一经济实体在 3 年内被揭露实施超过 2 次的垄断活动。

（12）金融服务的不合理高价或低价，指由居支配地位的金融组织确立的一项或多项金融服务的价格且该价格与一项金融服务的竞争价格存在重大差别、和（或）阻碍其他金融组织进入该商品市场和（或）对竞争有负面影响。

（13）金融服务的竞争价格，指在竞争条件下可以提供的一项金融服务的价格。

（14）经营协调行为，指由不包含在与诸经济实体关联的一群体中的第三人对该诸经济实体经营活动进行的协调。自律组织根据联邦法律实施的对其

---

① 本项经 2013 年 7 月 23 日第 251-FZ 号联邦法修订，《俄罗斯联邦法律汇编》2013 年第 30 号，第 4084 条；经 2013 年 12 月 21 日第 375-FZ 号联邦法修订，《俄罗斯联邦法律汇编》第 51 号，第 6695 条。

成员进入或退出商品市场设置条件的行为不是经营协调行为。①

（15）反垄断主管机构，指联邦反垄断主管机构及其区域性机构。

（16）获取商业合伙的股票（法定资本中的股份），指以信托管理协议、联合协议、代理合同、其他交易或其他理由为根据，购买和获得行使商业合伙股票（法定资本中的股份）赋予的表决权的另一机会。

（17）限制竞争的指标，指属于以下情形：商品市场中不包括在一群体中的经济实体数量减少；不受商品市场交易条件影响的商品价格上涨或下跌；限制不包含在一群体中的经济实体在商品市场中的自主经营；以经济实体之间的协议或采取其他强制力，或不包含在一群体中的诸经济实体之间在商品市场上的协同行为，操纵商品市场的商品交易条件；为一个或数个经济实体提供条件使其能够单方面影响商品市场一般交易条件的其他情形。②

（18）协议，指通过一个或数个文件中的书面或者口头形式达成一致的合意。

（19）纵向协议，指相互之间没有竞争关系的经济实体之间达成的协议，其中一经济实体购买商品或是其潜在购买者、另一经济实体提供商品或是其潜在销售者。③

（20）国家或自治市优惠，指联邦行政主管机构、俄罗斯联邦主体行政主管机构、地方自治政府机构和履行上述机构职能的其他机构或组织，以提供国有或自治市所有的资产、其他民事权利客体或提供资产性质的优惠方式，向某些经济实体提供优先权，使其获得更有利的经营条件。④

（21）经济集中，指其实施对竞争条件产生影响的交易和其他行为。

（22）经济集中人，指根据本联邦法第7章获取股票（股份）、资产、固定生产资产和（或）无形资产的人或向法定资本出资的人。⑤

---

①　本项由2011年12月6日第401-FZ号联邦法修订，《俄罗斯联邦法律汇编》2011年第50号，第7343条。

②　本项由2011年12月6日第401-FZ号联邦法修订，《俄罗斯联邦法律汇编》2011年第50号，第7343条。

③　本项由2011年12月6日第401-FZ号联邦法修订，《俄罗斯联邦法律汇编》2011年第50号，第7343条。

④　本项经2009年7月17日第164-FZ号联邦法修订，《俄罗斯联邦法律汇编》2009年第291号，第3601条；经2011年12月6日第401-FZ号联邦法修订，《俄罗斯联邦法律汇编》2011年第50号，第7343条。

⑤　本项由2011年12月6日第401-FZ号联邦法第22项嵌入，《俄罗斯联邦法律汇编》2011年第50号，第7343条。

（23）消费者，指购买商品的法人或自然人。①

第 5 条 支配地位

1. 支配地位，指一经济实体（一群体）或数个经济实体（诸群体）在某种商品市场中具有的能决定性影响该市场商品流通一般条件、和（或）将其他经济实体排挤出该商品市场、和（或）阻碍其他经济实体进入该商品市场的地位。下述经济实体（金融组织除外）的地位应当认定为支配地位：

（1）经济实体占某种商品市场的份额超过 50%，且在审查违反反垄断立法案件过程中或在对该经济实体可能建立的经济集中实施国家控制过程中，未对其作出不具有商品市场支配地位的认定；

（2）经济实体占某种商品市场的份额低于 50%，若反垄断主管机构根据该经济实体占该商品市场中的份额无变化或极小变化、其他经济实体在该商品市场的份额变化、新竞争者进入该商品市场的可能性和反映该商品市场集中程度的其他指标，认定该经济实体居支配地位。

2. 占某商品市场的份额不超过 35% 的经济实体（金融组织除外）不能认定为支配地位，但本条第 3 款、第 6 款和第 6.1 款中规定的情形除外。②

3. 若以下条件全部适用于数个经济实体（金融组织除外）中的每个实体，该单个实体的地位应当认定为支配地位：

（1）不超过 3 个经济实体的市场总份额超过 50%，其每个实体的份额超过该商品市场中上述 3 个经济实体以外的其他经济实体的份额；或者不超过 5 个经济实体的市场总分额超过 70%，其每个实体的份额超过该商品市场中上述 5 个经济实体以外的其他经济实体的份额（若上述 3 个或 5 个经济实体中任何 1 个实体的市场份额低于 8%，本规定不予适用）；

（2）在较长时期内（在不低于 1 年的时期内或低于 1 年的在相关商品市场存续期间）该经济实体所占相应市场的份额没有变化或极小变化，并阻碍新竞争者进入该相关商品市场；

（3）经济实体销售或购买的商品在消费过程中不能被其他商品替代（含生产目的的消费），且该商品价格上涨不会导致对该商品需求相应下降，只有特定群体可以在该相关商品市场获得该商品的价格、销售或购买信息。

4. 经济实体有权利向法院或者反垄断主管机构提供证据，证明该经济实

---

① 本项出自 2015 年 10 月 5 日第 275-FZ 号联邦法，《俄罗斯联邦法律汇编》2015 年第 41 号，第 5629 条，自 2016 年 1 月 5 日起生效。

② 本款由 2009 年 7 月 17 日第 164-FZ 号联邦法修订，《俄罗斯联邦法律汇编》2009 年第 29 号，第 3601 条。

体在商品市场中的地位不可以被认定为支配地位。

5. 在商品市场中为自然垄断实体、处于自然垄断状态的经济实体的地位应当认定为支配地位。

6. 联邦法律可以规定认定某种商品市场中低于 50% 份额的经济实体的地位为支配地位的情形。

6-1. 根据反垄断主管机构的市场竞争分析报告,经济实体占相应商品市场份额不超过 35% 且不超过相应商品市场其他经济实体的市场份额,但对商品市场的商品交易条件有着决定性影响且同时符合下述条件的,也可以被认定为占市场支配地位:

(1)经济实体有可能单方面决定商品价格,并对相应商品市场的销售条件有决定性影响;

(2)因存在经济的、技术的、行政的或其他限制,新的竞争者很难进入相关商品市场;

(3)经济实体出售或者购买的商品不能代替其他商品(包括工业目的);

(4)商品价格变化不会引起商品需求的下降。①

6-2. 若反垄断主管机构依据本条第 1、3、6 款规定未作出相关经济实体占市场支配地位的认定,本条第 6-1 款中的经济实体不应当被认定为占市场支配地位。②

7. 俄罗斯联邦政府结合本联邦法规定的限制,负责制定认定金融机构(信贷组织除外)市场支配地位的条件。俄罗斯联邦政府会商俄罗斯联邦中央银行后,结合本联邦法规定的限制认定信贷组织市场支配地位的条件。反垄断主管机构按照俄罗斯联邦政府规定的方法认定金融组织(信贷组织除外)市场支配地位。俄罗斯联邦政府会商俄罗斯联邦中央银行后制定对信贷组织市场支配地位的认定方法。金融组织在俄罗斯联邦唯一商品的市场上的市场份额不超过 10% ,或在俄罗斯非唯一商品的市场(同一商品同时在其他商品市场交易)份额不超过 20% 的,不应当被认定为市场支配地位。③

8. 反垄断主管机构在分析本联邦法第 23 条第 2 款第(3)项规定的竞争

① 本款出自 2009 年 7 月 17 日第 164-FZ 号联邦法,《俄罗斯联邦法律汇编》2009 年第 29 号,第 3601 条;经 2015 年 10 月 5 日第 275-FZ 号联邦法修订,《俄罗斯联邦法律汇编》2015 年第 41 号,第 5629 条,于 2015 年 1 月 5 日生效。

② 本款出自 2009 年 7 月 17 日第 164-FZ 号联邦法,《俄罗斯联邦法律汇编》2009 年第 29 号,第 3601 条;经 2015 年 10 月 5 日第 275-FZ 号联邦法修订,《俄罗斯联邦法律汇编》2015 年第 41 号,第 5629 条,于 2015 年 1 月 5 日生效。

③ 本款由 2013 年 7 月 23 日第 251-FZ 号联邦法修订,《俄罗斯联邦法律汇编》2013 年第 30 号,第 4084 条。

状况时,应当评估影响竞争状况的情形,包括商品市场的准入条件、特定产品市场上经济实体的份额、买卖双方所占市场份额之间的关系、和在商品市场上一般交易条件下对货物产生决定性影响后的持续期间。①

9. 分析竞争状态的时间间隔取决于研究目的、商品市场的特点和信息的可用性。为了确定经济实体的支配地位,分析竞争状态的最短时间间隔应当为一年,或者以商品市场不满 1 年的存续期间为准。②

第 6 条　商品垄断性高价③

1. 商品垄断性高价,指由占市场支配地位的经济实体制定的价格,且价格超过生产和销售该商品的必要成本和利润的总和,也超过俄罗斯联邦境内或境外的且在商品采购和销售方、商品流通条件、商品市场进入条件、国家对市场的调节政策(含税收政策、关税政策)方面可比较的市场(以下简称可比较市场)在竞争条件下形成的价格。制定商品垄断性高价的方式可以是:

(1)提高以前制定的商品价格,其在总体上符合以下条件:

(a)用于生产和销售商品的必要支出未改变,或改变的程度与商品价格变化程度不相符;

(b)购买者或销售者的商品不变或者变化不大;

(c)商品市场的商品流通状况,包括政府监管所引起的包括税收和关税管制在内的商品流通情况不变,或其变化与价格变动不相称。

(2)维持或不降低先前固定价格,在其总体上符合以下条件:

(a)生产和销售商品必要支出大幅减少;

(b)商品销售者和购买者(供变化)可能使商品价格降低;

(c)商品市场上商品流通的条件,包括政府监管引起的包括税收和关税管制在内的商品流通,有可能降低商品的价格。

2. 在遵守本联邦法第 13 条第 1 款规定条件的同时,若商品为创新产品,即创新活动创造出了新的不可替代的商品或者创造出了新的可替代的商品,但生产成本降低和(或)提高了质量,不应当认定为垄断性高价。

3. 自然垄断经济实体在按照俄罗斯联邦法律规定的商品价格范围内制

---

① 本款出自 2009 年 7 月 17 日第 164-FZ 号联邦法,《俄罗斯联邦法律汇编》2009 年第 29 号,第 3601 条。

② 本款出自 2011 年 12 月 6 日第 401-FZ 号联邦法,《俄罗斯联邦法律汇编》2011 年第 50 号,第 7343 条。

③ 本条由 2009 年 7 月 17 日第 164-FZ 号联邦法修订,《俄罗斯联邦法律汇编》2009 年第 29 号,第 3601 条。

定的价格,不应当认定为商品垄断性高价。

4. 若商品价格不超过在可比较商品市场竞争条件下形成的价格,不应当认定其为垄断性高价。

5. 若商品价格在交易所同时满足以下条件,该商品价格不认定为排他性垄断:

(1)在相关商品市场占支配地位的经济实体在交易所出售的,其出售的货物量不低于监管和调控相关商品生产所涉活动领域的联邦反垄断主管机构和联邦行政主管机构规定的数量;

(2)在符合联邦反垄断主管机构和联邦行政主管机构对相关生产所涉活动领域的监管和法律规定的要求的交易所交易期间,在相关商品市场占支配地位的经济实体的交易,包括交易期间交易所最低交易参与人数的要求;

(3)在有关商品市场上认可和(或)参与方面占支配地位的经济实体在交易中(包括向经纪人申请投标)以联邦反垄断机构规定的方式向交易所提供附属机构清单;

(4)在相关商品市场上和(或)在其关联企业中占支配地位的经济实体的行为与市场操纵无关;

(5)在一个月内的相关商品市场占支配地位的经济实体定期出售交易货物时,应当平均分配商品交易量。俄罗斯联邦政府有权利规定个别商品市场货物销售的规律性和均匀性标准;

(6)在商品市场上具有支配地位的经济实体应当对在俄罗斯联邦政府规定的供货交易所以外的交易进行注册登记;

(7)交易所的最小规模未妨碍进入相关商品市场;

(8)在相关商品市场占支配地位的经济实体应当根据俄罗斯联邦法律有关招标组织的要求出售商品,包括对投标相关申请人机密信息的监管要求和向经纪人提出申请。①

6. 反垄断主管机构不承认在商品交易所出售时基于产品起始价格形成特征所确定的产品垄断性高价。②

7. 若不符合本条第5款和第6款规定的交易所价格、此交易量下交易的经济(商业)条件、履行义务期限、付款条件、通常交易形式和可能影响价格的

---

① 本款出自2011年12月6日第401-FZ号联邦法,《俄罗斯联邦法律汇编》2011年第50号,第7343条。

② 本款出自2011年12月6日第401-FZ号联邦法,《俄罗斯联邦法律汇编》2011年第50号,第7343条。

其他合理条件,不予承认商品的垄断性高价。①

8. 根据同类产品在世界市场上建立的库存和离岸价格指标以及根据本条第 1 款的规定,确定商品的垄断性高价。②

第 7 条　商品垄断性低价③

1. 商品垄断性低价 指占支配地位的经济实体制定的在俄罗斯联邦境内外可比较市场的竞争条件下形成的、低于生产和销售该商品必要成本和利润的总和的商品价格。其制定方式包括:

(1) 降低商品的以前固定价格,其总体上符合以下条件:

(a) 生产和销售商品的必要费用保持不变,或者必要费用与价格变动程度不相符;

(b) 商品销售者和购买者没有变化,或者变化不明显;

(c) 商品市场的商品流通条件包括国家监管的税收和关税没有发生变化,或者变化方向和程度与商品价格变化程度不相符。

(2) 维持或不提高以前制定的商品价格,并同时符合以下条件:

(a) 生产和销售商品的必要费用明显增加;

(b) 商品销售者和购买者的变化可能导致商品价格增长;

(c) 商品市场的商品流通条件包括政府监管(诸如税收和关税调节)可能导致商品价格的增长。

2. 以下情形,不应当认定为商品垄断性低价:

(1) 自然垄断经济实体根据俄罗斯联邦法律在商品价格表范围内制定价格;

(2) 商品价格不低于可比较市场竞争条件下形成的价格;

(3) 相应商品市场的非销售者或购买者的关联主体减少,商品销售者制定的价格没有或者不会导致限制竞争。

第 8 条　经济实体的协同行为④

1. 经济实体协同行为是指同时符合以下情形的商品市场经济实体行为:

(1) 此种行为的结果符合每个经济实体的利益;

---

① 本款出自 2011 年 12 月 6 日第 401-FZ 号联邦法,《俄罗斯联邦法律汇编》2011 年第 50 号,第 7343 条。

② 本款出自 2011 年 12 月 6 日第 401-FZ 号联邦法,《俄罗斯联邦法律汇编》2011 年第 50 号,第 7343 条。

③ 本条由 2009 年 7 月 17 日第 164-FZ 号联邦法修订,《俄罗斯联邦法律汇编》2009 年第 29 号,第 3601 条。

④ 本条经 2011 年 12 月 6 日第 401-FZ 号联邦法修订,《俄罗斯联邦法律汇编》2011 年第 50 号,第 7343 条。

（2）基于其中经济实体实施相关行为的公开声明，致使参与的每个经济实体事先知晓此种协同行为；

（3）上述每个经济实体行为由其他经济实体的行为引起，且不是相应商品市场中平等影响所有经济实体的因素造成的。此类因素可以包括关税调整的变化、用于商品生产的原材料价格的变化、国际商品市场价格的变化，和在不低于1年期间内或在商品市场低于1年的存续期间内市场需求的显著变化。

2. 经济实体根据协议实施的行为不视为协同行为。

第9条　群体①

1. 群体是符合以下一种或几种特征的自然人和（或）法人的总和：

（1）经济实体（商业合伙）与自然人或法人，若自然人或法人直接参与该经济实体（商业合伙）或依据他人给予的授权持有该经济实体（商业合伙）相当于注册（合股）资本中表决权股票（股份）的50%；

（2）经济实体（商业合伙），若同一自然人或同一法人直接参与该经济实体（商业合伙）或依据他人给予的授权持有该经济实体（商业合伙）相当于注册（合股）资本中表决权股票（股份）的50%；

（3）经济实体与自然人或法人，若该自然人或该法人按照商业合伙协议设立该经济实体或者按照与此类经济实体缔结的协议有权利向该经济实体提出必要事项；

（4）经济实体（商业合伙）与自然人或法人，若同一自然人或同一法人履行该经济实体（商业合伙）的总裁负责制管理机构人员的50%，或超过该经济实体董事会（监事会）成员50%；

（5）经济实体（商业合伙）与自然人或法人，若按照该自然人或该法人的提议，该经济实体（合伙企业）的唯一执行机构通过指定或选举产生；

（6）经济实体（商业合伙）与自然人或法人，若按照该自然人或该法人的提议，选举出超过集体负责制管理机构人员的50%，或超过该经济实体董事会（监事会）成员的50%；

（7）自然人及其配偶、父母（包括养父母）、子女（包括养子女）、同父同母和非完全同父同母的兄弟姐妹；

（8）自然人或者法人，若其中每一个自然人或者法人按照上述第（1）至

① 本条经2011年12月6日第401-FZ号联邦法修订，《俄罗斯联邦法律汇编》2011年第50号，第7343条。

(7)项情形与同一自然人或者法人组成同一群体,或者其他自然人或者法人按照上述第(1)至(7)项情形与任何一自然人或者法人组成同一群体;

(9)经济实体(商业合伙)与自然人和(或)法人,按照上述第(1)至(8)项情形组成群体,且该自然人和法人因共同持有该经济实体(商业合伙)股份,或按照其他自然人或法人的授权,拥有相当于该经济实体(商业合伙)注册资本股票(股份)比例的表决权股票超过 50%。

2. 本联邦法对一经济实体、诸经济实体的行为(不作为)设置的禁止,扩展至群体的行为(不作为)。

第 2 章 垄断行为、不正当竞争

第 10 条 禁止经济实体滥用支配地位

1. 禁止占支配地位的经济实体导致或可能导致阻碍、限制或消除竞争和(或)侵害他人利益的行为(不作为),包括以下行为(不作为):

(1)制定和维护商品垄断性高价或垄断性低价;

(2)从流通中撤回商品导致商品价格上涨;

(3)对相对方施加对其不利或与协议主题无关的合同条款[经济或技术上不合理的和(或)联邦法律、俄罗斯联邦总统法令、俄罗斯联邦政府法令、授权联邦行政主管机构法令或司法令未直接规定的,对转让包括财产权利在内的金融资产、其他财产的要求,以及提出缔结一项包含与相对方无关的商品的合同要求,和其他要求];

(4)若某种商品仍有市场需求或订购交付该商品仍可使该商品生产可能获利,且联邦法律、俄罗斯联邦总统法令、俄罗斯联邦政府法令、授权联邦行政主管机构法令或司法令未直接规定减少或停止该商品生产,在经济上或技术上不合理地减少或停止某商品的生产;

(5)若存在生产或交付相关商品的条件和联邦法律、俄罗斯联邦总统、俄罗斯联邦政府、授权联邦行政主管机构的法令或司法令未直接规定拒绝或回避,在经济或技术上不合理拒绝或回避与部分购买者(客户)缔结合同;

(6)没有经济、技术或其他正当理由且联邦法律未规定的情况下,对同一商品(或服务)设定不同价格(收费);

(7)金融组织设定金融服务的不合理高价或低价;

(8)设置歧视性经营条件;

(9)阻碍其他经济实体进入或退出商品市场;

(10)违反法规设立的定价程序;

(11)操纵电力(功率)市场批发价和(或)零售价①。

2. 经济实体有权利提供证据证明,根据本法第13条第1款的条件或要求,其在本条第1款规定中的行为(不作为)可以被认定是允许的,但本条第1款第(1)、(2)、(3)、(5)、(6)、(7)和(10)项中规定的行为除外。

3. 为防止出现歧视性经营条件,由俄罗斯联邦政府规定无歧视进入商品市场的规则和(或)按照1995年8月17日第147-FZ号《关于自然垄断的联邦法》,制定获得自然垄断企业生产或销售商品的规则。此规则的内容应当包括:

(1)本条第1款所列经济实体提供的商品清单②;

(2)使市场参与者在商品市场中将货物流通条件和(或)进入商品市场的条件进行对比的信息,和市场准入和(或)商品市场流通的其他必要信息;

(3)本款第(2)项中规定信息的披露程序,包括本条第1款所列经济实体的商品生产或销售信息、这些商品的成本、市场准入费、商品的生产或销售的可能范围和提供产品的技术和技术可能性;

(4)本条第1款所列经济实体用于相关商品生产和(或)销售和(或)商品市场准入的合理支出的补偿制度;

(5)若俄罗斯联邦立法未规定商品市场其他准入程序,本条第1款所列经济实体在经济、技术或其他可能的条件下准入商品市场的竞争机制;

(6)提供本条第1款所列经济实体的商品和(或)商品市场准入的合同条款和(或)标准合同;

(7)为保障公民的权利和合法利益、保卫国家安全、保护环境和文化价值,在不能充分满足本条第1款所列经济实体生产和(或)销售商品的需求时,确保建立最低保障制度、市场准入秩序和消费者接受上述必要服务的制度;

(8)对本条第1款所列商品市场和(或)经济实体商品的准入条件,和规定情形下的工艺技术和工艺措施(包括技术接入)的要求;③

---

① 本项出自2011年12月6日第401-FZ号联邦法,《俄罗斯联邦法律汇编》2011年第50号,第7343条。

② 本项经2011年12月6日第401-FZ号联邦法修订,《俄罗斯联邦法律汇编》2011年第50号,第7343条。

③ 本项经2011年12月6日第401-FZ号联邦法修订,《俄罗斯联邦法律汇编》2011年第50号,第7343条;经2012年12月30日第318-FZ号联邦法修订,《俄罗斯联邦法律汇编》2012年第53号,第7643条。

（9）若俄罗斯联邦其他立法没有规定，对有关商品性能的要求。①

4. 本条规定不适用于知识产权成果和专有权的使用行为、与专有权相当的法人个性化资产的生产、工程和服务。

5. 有效实施反垄断主管机构所作决定不得导致出现经济实体滥用市场支配地位的状况。为了防止对非歧视性获取商品建立歧视制度，对占支配地位、生产和（或）销售份额超过相应市场 70%、不属自然垄断的经济实体，由俄罗斯联邦政府法令规定以下规则（俄罗斯联邦中央银行监管的非歧视性获取金融机构服务规则，由联邦反垄断主管机构会商俄罗斯联邦中央银行后批准）：

（1）提供非歧视性准入的商品清单；

（2）确保相关商品市场参与者能够对比商品流通条件、其他必要的商品市场准入信息和（或）商品市场上的商品流通信息清单；

（3）本款第（2）项规定的信息公开制度，包括商品、商品价值或者商品价格和付款原则、此种商品可能的年产量和销售量和此种商品的技术与技术可能性；

（4）提供规定商品准入的合同条款和（或）标准合同；

（5）为保障公民权利和合法利益、保卫国家安全、保护环境和文化价值，在不能充分满足商品需求时，应当保证建立最低保障制度、市场准入秩序和消费者接受上述必要服务的制度。②

6. 本条第 5 款规定的规则包括拍卖中的强制销售规定。③

7. 非歧视性准入规则由国家支付卡系统运营商、国家支付卡系统支付基础设施服务运营商、俄罗斯联邦中央银行支付系统运营商和俄罗斯联邦中央银行支付基础设施运营商根据关于国家支付制度的联邦法予以规定。④

第 11 条 禁止限制经济实体之间竞争的协议或协同行为

1. 若在同一商品市场的经济实体之间的协议或协同行为将导致或可能

---

① 本款经 2009 年 7 月 17 日第 164-FZ 号联邦法修订，《俄罗斯联邦法律汇编》2009 年第 29 号，第 3601 条；经 2011 年 12 月 6 日第 401-FZ 号联邦法修订，《俄罗斯联邦法律汇编》2011 年第 50 号，第 7343 条。

② 本款出自 2015 年 10 月 5 日第 275-FZ 号联邦法，《俄罗斯联邦法律汇编》2015 年第 41 号 5629 条，自 2015 年 1 月 5 日起生效。

③ 本款出自 2015 年 10 月 5 日第 275-FZ 号联邦法，《俄罗斯联邦法律汇编》第 41 号，第 5629 条，自 2016 年 1 月 5 日生效。

④ 本款出自 2015 年 10 月 5 日第 275-FZ 号联邦法，《俄罗斯联邦法律汇编》2015 年第 41 号，第 5629 条，自 2016 年 1 月 5 日起生效。

导致以下后果,应当予以禁止:

(1)制定或维持价格(价格表)、折扣、加价(额外收费)和(或)利润;

(2)提高、降低或维持投标价格;

(3)按照地域原则、销售或购买商品的数量、销售产品的种类、销售者或购买者(订购者)的构成划分商品市场;

(4)减少或者停止商品生产;

(5)拒绝与部分销售者和采购者(订购者)缔结合同。

2. 本联邦法第 12 条规定的纵向协议除外,禁止经济实体之间的以下纵向协议:

(1)将导致或可能导致制定商品的转售价格,除非销售者为购买者制定商品转售的最高价格;

(2)规定商品销售者向购买者提出不得销售存在竞争关系的经济实体商品的要求。此限制不适用于涉及规定购买者根据商品标识或者其他销售者或生产者个性化方式出售商品的协议。

3. 若协议将导致操纵电力(功率)批发市场价和(或)零售市场价,应当禁止与电力(功率)批发市场价和(或)零售市场价的参与者、商业基础设施组织、技术基础设施组织和网络组织有关的经济实体之间的协议活动。

4. 若其他类型协议将导致或者可能导致限制竞争,应当禁止经济实体之间的该其他类型协议,但本联邦法第 12 条规定的纵向协议除外。此其他类型协议包括:

(1)向合同相对方强制施加对其不利或者与合同标的无关的合同条款(有关转让包括财产权利在内的金融资产、其他财产,缔结合同对方不感兴趣、毫无根据的合同协议的不合理要求和其他要求);

(2)经济实体在经济、技术和其他方面毫无根据地制定同一商品的不同价格(价格表);

(3)为其他经济实体进入或退出商品市场设置障碍;

(4)为专业的和其他团体的成员(参与)设置条件。

5. 若协同行为将导致违反本条第 1 款至第 3 款的规定和属于本联邦法第 12 条、第 13 条规定的禁止行为,或者联邦法律未作出规定,禁止个人、商事组织和非商事组织协同经济实体的经营活动。

6. 经济实体有权利提出证据证明,根据本联邦法第 12 条或第 13 条第 1 款和本条第 2 款至第 4 款的规定,其协议可以认定为是允许的。

7. 本条规定不适用于其中一经济实体与另一经济实体有关或者一经济

实体受一方控制的属于同一群体的经济实体之间的协议,但不同经济实体之间的协议除外。按照俄罗斯联邦法律禁止同时执行同一经济实体的协议。

8. 在本条规定下,根据本联邦法第 11-1 条和第 32 条规定,自然人或法人可以直接或间接(通过一个或者数个法人)对以下一项或多项行为作出决定:

(1)处置代表法人资产(股份)表决权股份 50% 以上的股份;

(2)行使法人执行机构的职能。

9. 本条规定不适用于涉及提供和(或)转让使用专利权成果或者法人个性化资产、产品个性化的生产、设计和服务。

10. 本条规定不适用于根据本联邦法第 7 章规定程序获得反垄断主管机构事先同意所缔结的合并活动协议。①

第 11-1 条 禁止经济实体之间限制竞争的协同行为②

1. 应当禁止经济实体之间的将导致以下后果的协同行为:

(1)制定或维持价格(价格表)、折扣、加价(额外收费)和(或)标价;

(2)提高、降低或维持拍卖价格;

(3)按照地域原则、销售或购买商品的数量、销售产品的种类、销售者或购买者(订购者)的构成划分商品市场;

(4)减少或者停止商品生产;

(5)拒绝与部分销售者和购买者(订购者)缔结合同,联邦法律另有规定的除外。

2. 若协同行为将导致操纵批发和(或)零售市场的电能(功率)价格,禁止有关批发和(或)零售电力(功率)市场、商业基础设施组织、技术基础设施组织和网络组织参与者的经济实体的协同行为。

3. 若其他协同行为将导致限制竞争,禁止本条第 1、2 款未规定的经济实体之间的其他协同行为。这种协同一致的行为可以包括:

(1)向合同一方强行施加对其不利或者与合同标的无关的合同条款(有关转让包括财产权利在内的金融资产、其他财产,缔结合同一方无兴趣、毫无根据的合同协议的不合理要求和其他要求);

(2)经济实体在经济、技术和其他方面毫无根据地制定同一商品的不同价格(价格表);

---

① 本款出自 2015 年 10 月 5 日第 275-FZ 号联邦法,《俄罗斯联邦法律汇编》2015 年第 41 号,第 5629 条,自 2016 年 1 月 5 日起生效。

② 本条出自 2011 年 12 月 6 日第 401-FZ 号联邦法,《俄罗斯联邦法律汇编》2011 年第 50 号,第 7343 条。

（3）对其他经济实体进入或退出商品市场设置障碍。

4. 经济实体有权利提供证据证明,根据本联邦法第 13 条第 1 款规定,本条第 1 款至第 3 款规定的协同行为是允许的。

5. 本条规定的禁止不适用于经济实体占商品市场总额不超过 20% 和在此市场份额内每一经济实体的份额不超过 8% 的协同行为。

6. 若一经济实体受另一经济实体控制,或者此经济实体受一其他经济实体控制,本条规定不适用于属于同一群体的经济实体的协同行为。

第 12 条　纵向协议的可准许性

1. 若书面形式的纵向协议是商事特许协议,应当允许此类协议,但金融组织之间的纵向协议除外。

2. 若每个经济实体在任何一商品市场的份额未超过 20%,应当允许诸经济实体之间的纵向协议,但金融组织之间的纵向协议除外。

第 13 条　行为（不作为）、协议、协同行为、交易和其他行为的可准许性

1. 本联邦法第 10 条第 1 款中规定诸经济实体的行为[本联邦法第 10 条第 1 款第（1）、（2）、（3）、（5）、（6）、（7）和（10）项规定的情形除外,但保留制定和维持属于创新产品价格的情形]、第 11 条第 2、3 款规定的协议和协同行为、第 27-30 条规定的交易和其他行为,可以被认定为是被允许的,若这些行为（不作为）、协议和协同行为、交易和其他行为不会导致给部分自然人和经济实体创造机会排除相应商品市场竞争的可能性,不限制参与者或第三人从事实现这些行为（不作为）、协议、协同行为、交易、其他行为的目的相符的行为,且上述行为产生或可能产生以下结果:

（1）完善产品的生产、销售,或促进技术和经济进步,或提高俄罗斯产品在世界商品市场的竞争力;

（2）因上述行为（不作为）、协议、协同行为、交易和其他行为的结果,消费者获得的利益与诸经济实体获得的利益（优势）成比例。①

1-1. 允许可能导致本条第 1 款规定结果的协同行为,除非此类协议导致消除市场竞争的可能性。该结果是或可能是:

（1）改善商品生产和销售,促进技术和经济进步,或其参与者在俄罗斯联邦境内的直接投资（包括新生产能力的引进和现有生产设施的现代化）;

---

① 本款经 2009 年 7 月 17 日第 164-FZ 号联邦法修订,《俄罗斯联邦法律汇编》2009 年第 29 号,第 3601 条;经 2011 年 12 月 6 日第 401-FZ 号联邦法修订,《俄联邦法律汇编》2011 年第 50 号,第 7343 条;经 2013 年 12 月 28 日第 423-FZ 号联邦法修订,《俄联邦法律汇编》2013 年第 52 号,第 6988 条。

（2）因上述行为（不作为）、协同行为和交易,购买者获得与经济实体获得的利益（优势）也成比例。①

2. 俄罗斯联邦政府有权利决定协议和协同行为符合本条第 1 款第（1）、（2）项中规定条件的可准许情形（一般豁免）。俄罗斯联邦政府根据联邦反垄断主管机构提议,制定适用于本联邦法第 11 条第 2 至 5 款规定的协议和协同行为的一般豁免规定、具体期限和以下事项:

（1）协议或协同行为的类型②;

（2）此类协议或协同行为不能被认为可准许的条件③;

（3）应当包含在协议中的保证保护竞争的必要条款;

（4）已失效④。

3. 除本条第 2 款中规定的条件外,一般豁免还可以规定协议和协同行为应当符合的其他条件。⑤

第 14 条　禁止不正当竞争

1. 禁止不正当竞争,包括禁止以下情形的不正当竞争行为:

（1）传播可能造成经济实体损失或者损害其商业信誉的虚假、不准确、歪曲的信息;

（2）涉及商品性能、使用方法、产地、消费者特性、质量和数量的误导或涉及其生产者的误导;

（3）经济实体将其制造或销售的产品与其他经济实体制造或销售的产品进行不适当比较;

（4）若存在非法使用知识产权成果和与专有权相当的法人个性化手段或生产、工程和服务个性化手段,以销售、交换或其他输入方式使商品进入流通领域;

（5）非法获得、使用和披露构成受法律保护的商业、官方或其他秘密的信息。

---

①　本款出自 2011 年 12 月 6 日第 401-FZ 号联邦法,《俄罗斯联邦法律汇编》第 50 号,第 7343 条;经 2015 年 10 月 5 日第 275-FZ 号联邦法,《俄罗斯联邦法律汇编》2015 年第 41 号,第 5629 条,原规定自 2015 年 1 月 5 日失效。

②　本项由 2011 年 12 月 6 日第 401-FZ 号联邦法修订,《俄罗斯联邦法律汇编》2011 年第 50 号,第 7343 条。

③　本项由 2011 年 12 月 6 日第 401-FZ 号联邦法修订,《俄罗斯联邦法律汇编》2011 年第 50 号,第 7343 条。

④　本项由 2011 年 12 月 6 日第 401-FZ 号联邦法废止,《俄罗斯联邦法律汇编》2011 年第 50 号,第 7343 条。

⑤　本款由 2011 年 12 月 6 日第 401-FZ 号联邦法修订,《俄罗斯联邦法律汇编》2011 年第 50 号,第 7343 条。

2.不允许与以法人个性化手段和生产、工程与服务个性化手段获得和使用专有权有关的不正当竞争。

3.联邦反垄断主管机构关于违反本条第2款涉及获得和使用商标专用权规定的认定决定,应当由利害关系方送交给联邦知识产权行政主管机构,以确认赋予该商标的法律保护无效。

第2.1章 不正当竞争①

第14-1条 禁止损害信誉方式的不正当竞争

不容许以可能造成经济实体损失和(或)损害其商业信誉的传播虚假、不准确或歪曲信息的方式的不正当竞争。此种方式包括:

(1)由其他竞争经济实体提供的用于出售的商品质量和商品性能、商品用途、生产和使用的方法和条件、使用此类商品的预期结果和用于某种特定目的的适用性;

(2)由其他竞争经济实体提供的用于出售的商品数量、市场上此类商品的占有率、在特定条件下获得商品的可能性和对此类商品的实际需求量;

(3)由其他竞争经济实体提供的用于商品出售的条件,包括商品价格。

第14-2条 禁止误导方式的不正当竞争

不容许误导方式的不正当竞争。此种误导包括:

(1)用于出售的商品质量和商品性能、商品用途、生产和使用的方法和条件、使用此类商品的预期结果和用于某种特定目的的适用性;

(2)用于出售的商品数量、市场上此类商品的占有率、在特定条件下获得商品的可能性和对此类商品的实际需求量;

(3)用于出售的货物的生产地点、此类货物的制造者和购买者或者生产者的保证义务;

(4)用于商品出售的条件,包括商品价格。

第14-3条 禁止不适当比较方式的不正当竞争

不容许采取对经济实体和(或)其商品与其他竞争者和(或)其商品不适当比较方式导致的不正当竞争。此方式包括:

(1)使用"最佳"、"第一"、"首个"、"最多"、"只有"、"唯一"和能使他人树立商品和(或)经济实体优势印象的其他词汇或符号但未具体表明客观证

---

① 本章出自2015年10月5日第275-FZ号联邦法,《俄联邦法律汇编》2015年第41号,第5629条,自2016年1月5日起生效。

实的具体特征和(或)参数,或者含有虚假、不准确或歪曲的内容;

(2)与其他竞争者和(或)其商品进行比较,其中未具体表明比较特征或参数,或者比较结果不能客观验证;

(3)与其他竞争者和(或)其商品进行比较,仅基于不重要或无法比较的事实,对竞争者的活动和(或)其商品作出负面评价。

第 14-4 条 禁止以获取和使用法人个性化专有权、资产、工程或服务方式导致的不正当竞争

1. 不容许以获取和使用法人个性化专有权、资产、工程或服务方式(以下简称个性化资产)导致的不正当竞争。

2. 反垄断主管机构对违反本条第 1 款规定的获取和使用商标专有权的决定,应当由利害关系人递送给联邦知识产权行政主管机构,用以认定向该商标提供的法律保护无效。

第 14-5 条 禁止以非法使用知识产权成果方式的不正当竞争

不容许在销售、交换和商品其他流转中非法使用知识产权成果导致的不正当竞争,但属于竞争者个人专有资产除外。

第 14-6 条 禁止以造成混淆方式的不正当竞争

禁止经济实体采取可能导致混淆俄罗斯联邦境内民间商品流通中的经营活动或者商品或服务的方式的不正当竞争。此方式包括:

(1)非法使用标志、相同商标、公司名称、商业标识、竞争者的商品产地名称,或者能达到与其类似的商标混淆,将其置于俄罗斯联邦境内以其他方式进入民间商品流通予以出售的与商品、标签、包装或其他方式相关的商品上,或者使用信息和电信网络互联网(包括以域名和其他方式)的上述类似行为;

(2)竞争者复制或模仿此类商品的包装、标签、名称、色彩、整体企业形象(总体包括品牌服装、交易大厅装饰、展示柜)或与竞争者或其商品个性化有关的其他要素。

第 14-7 条 禁止以非法接受、使用、披露商业秘密或受法律保护的其他秘密方式的不正当竞争

不容许以非法接受、使用、披露商业秘密或者受法律保护的其他秘密的方式导致的不正当竞争。此方式包括:

(1)未经处置权持有人的同意,接受和使用其他竞争者所拥有的上述信息;

(2)违反与处置权持有人的合同条款,使用和披露持有人是其他竞争者的上述信息;

(3)使用或披露其他竞争者所拥有的信息,若法律或合同中规定的不公

开期限未到期而由履行公职的义务人员获得此信息。

第 14-8 条　禁止其他形式的不正当竞争

除本联邦法第 14-1 条至第 14-7 条的规定外,还禁止其他形式的不正当竞争。

第 3 章　禁止联邦行政主管机构、俄罗斯联邦主体权力机构、地方自治政府机构、履行上述机构职能的其他机构或组织、预算外公共基金和俄罗斯联邦中央银行限制竞争的法规、行为(不作为)、协议和协同行为①

第 15 条　禁止联邦行政主管机构、俄罗斯联邦主体权力机构、地方自治政府机构、履行上述机构职能的其他机构和组织、预算外公共基金、俄罗斯联邦中央银行限制竞争的法规和行为(不作为)

1. 联邦法律另有规定的除外,禁止联邦行政主管机构、俄罗斯联邦主体权力机构、地方自治政府机构、履行上述机构职能的其他机构和组织、预算外公共基金、俄罗斯联邦中央银行制定或实施导致或可能导致阻碍、限制、排除竞争的法规和行为(不作为)。特别禁止以下情形:

(1)对任何活动领域的经济实体设置限制性规定,对有关经济实体的设立采取限制,和对部分经营活动和部分产品的生产设置禁止或限制性规定;

(2)不合理阻碍经济实体开展经营活动,特别是对俄罗斯联邦立法未规定的商品或经济实体设置要求;②

(3)对俄罗斯联邦境内的商品自由流动施加阻碍或采取限制,对经济实体的商品销售、购买、其他获取、交换和其他权利施加限制;

(4)经济实体向特定购买者(订购者)优先供货或优先缔结合同;

(5)对经济实体选择商品供货者施加限制;

(6)经济实体具有优先获取信息的机会;③

(7)违反本联邦法第 5 章规定,赋予国家和自治市优惠;④

---

① 本章经 2011 年 12 月 6 日第 401-FZ 号联邦法修订,《俄联邦法律汇编》2011 年第 50 号,第 7343 条。

② 本项出自 2009 年 7 月 17 日第 164-FZ 号联邦法,《俄罗斯联邦法律汇编》2009 年第 29 号,第 3601 条。

③ 本项出自 2009 年 7 月 17 日第 164-FZ 号联邦法,《俄罗斯联邦法律汇编》2009 年第 29 号,第 3601 条。

④ 本项出自 2009 年 7 月 17 日第 164-FZ 号联邦法,《俄罗斯联邦法律汇编》2009 年第 29 号,第 3601 条;经 2011 年 12 月 6 日第 401-FZ 号联邦法修订,《俄联邦法律汇编》2011 年第 50 号,第 7343 条。

(8)制定歧视性条款;①

(9)制定和(或)获取俄罗斯联邦立法未规定的有关国家或自治市服务的支出款项,包括国家或自治市所必需的服务;②

(10)关于经济实体采购商品的指示,但俄罗斯联邦立法规定的除外③。

2. 禁止赋予俄罗斯联邦主体权力机构、地方自治政府机构行使导致或可能导致阻碍、限制或消除竞争的权力,但联邦法律另规定的除外。

3. 联邦法律、俄罗斯联邦总统法令、俄罗斯联邦政府条例另有规定的情形除外,禁止将联邦行政主管机构、俄罗斯联邦主体权力机构、地方自治政府机构或其他权力机构的职能与经济实体的职能合并。2007 年 10 月 30 日第 238-FZ 号《关于国家所有制企业奥林匹克项目建设和索契山地疗养区发展的联邦法》、2007 年 12 月 1 日第 317-FZ 号《关于国家所有制企业原子能的联邦法》和关于国家所有制企业宇宙太空活动的联邦法另有规定除外,禁止将上述机构的职能和权利赋予经济实体,包括国家监管机构的职能和权利。

第 16 条 禁止联邦行政主管机构、俄罗斯联邦主体权力机构、地方自治政府机构、行使上述机构职能的其他机构或组织、预算外公共基金、俄罗斯联邦中央银行限制竞争的协议或协同行为

禁止联邦行政主管机构、俄罗斯联邦主体权力机构、地方自治政府机构、行使上述机构职能的其他机构或组织、预算外公共基金、俄罗斯联邦中央银行之间和上述机构与经济实体之间的导致或可能导致阻碍、限制或消除竞争的协议或协同行为,特别是导致以下后果者:

(1)提高、降低或维持价格(价格表),但是联邦法律、俄罗斯联邦总统法令或俄罗斯联邦政府法令另外规定除外;

(2)经济上、技术上或以其他任何方式对一种和同一商品不合理设置不同的价格(价格表);

(3)根据地域原则、购销商品的数量、销售商品的范围、销售者或购买者(订购者)的构成,划分商品市场;

(4)限制进入和退出商品市场或将经济实体排挤出该市场。

---

① 本项出自 2011 年 12 月 6 日第 401-FZ 号联邦法,《俄联邦法律汇编》2011 年第 50 号,第 7343 条。

② 本项出自 2011 年 12 月 6 日第 401-FZ 号联邦法,《俄联邦法律汇编》2011 年第 50 号,第 7343 条。

③ 本项出自 2011 年 12 月 6 日第 401-FZ 号联邦法,《俄联邦法律汇编》2011 年第 50 号,第 7343 条。

第4章 招投标活动、商品牌价、报价、与金融组织缔结合同、缔结有关国家和自治市财产合同的反垄断要求[①]

第17条 招投标的反垄断要求

1. 禁止在招投标过程中导致或可能导致阻碍、限制或消除竞争的行为，包括：

（1）招投标的组织者协调招投标活动参与人的行为；

（2）向一个或数个招标参与者创造参与招投标优惠条件，包括优先获取信息的手段和联邦法律未规定的其他手段；

（3）违反投标人或中标人评估程序的顺序；

（4）参与招投标的组织者或委托机构和（或）招标组织机构雇员或委托机构雇员参与投标。

2. 除本条第1款对招投标设立的禁止性规定外，若招标的组织者是联邦行政主管机构、俄罗斯联邦主体行政机构、地方自治政府机构、预算外公共基金，且在订购国家和自治市需求的货物、工程和服务的招投标程序期间内，还禁止限制参与联邦法律或其他法令未规定的招投标。

3. 除本条第1、2款设立的禁止订购国家和自治市需求的货物、工程和服务的招投标外，还禁止采取将在招投标批次中的、在技术和功能上与本次招投标的货物、工程、服务之供应、施工或提供无关联的货物、工程、服务相结合的方式的招投标。

4. 违反本条设定的规则是法院确认相关招投标和该投标结果所达成的交易无效的理由，包括在反垄断主管机构的诉讼案件。

5. 本条第1款适用于根据2011年7月18日第223-FZ号《关于法人采购商品和服务的联邦法》采购的所有货物、工程和服务。[②]

第17-1条 缔结国家和自治市财产协议的具体程序[③]

1. 属于国家或自治市财产的且不得用于营利性管理用途的租赁合同、无偿使用合同、委托管理合同、占有资产的转让合同和其他合同，只能通过公开举行的合

---

① 本章经2013年12月28日第396-FZ号联邦法修订，《俄罗斯联邦法律汇编》2013年第52号，第6961条。

② 本款经2013年12月28日第396-FZ号联邦法修订，《俄罗斯联邦法律汇编》2013年第52号，第6961条。

③ 本条出自2009年7月17日第164-FZ号联邦法，《俄罗斯联邦法律汇编》2009年第29号，第3601条。

同缔结权竞标或拍卖才能缔结,但向以下者提供上述资产权利的除外:

(1)根据建立该财产处理等程序的俄罗斯联邦国际条约(包括政府间的协定)、联邦法律、俄罗斯联邦总统令、俄罗斯联邦政府规范性文件和法院已生效判决的规定;

(2)向俄罗斯联邦行政主管机构、地方自治政府机构、预算外公共基金和俄罗斯联邦中央银行转移;

(3)向国家和自治市的机构转移;①

(4)向诸如协会、联合会、宗教和社会组织(社团)[包括政党、社会运动、公共基金、社会机构、社区自治机构、工会组织、工会联合组织(工会联合会)、基层工会组织]、企业家联合组织、所有权人协会、社会公益组织之类的非商事组织转移,用于开展帮助解决社会问题、发展俄罗斯联邦公民社会和 1996 年 1 月 12 日第 7 号《关于非商事组织的联邦法》规定的其他活动;②

(5)向律师事务所、公证机构和工商会转移;

(6)向教育机构和医疗机构转移;③

(7)向设立的有关邮政机构转移;④

(8)若转移的资产属于工程技术保障的一部分,且根据城市建设的有关法律,该保障网络和网段在技术上相互关联,向对工业技术保障网拥有所有权和使用权的自然人或法人转移;

(9)根据本联邦法第 5 章规定程序的转移;

(10)根据 2005 年 7 月 21 日第 94-FZ 号《关于国家和自治市采购货物、工程和服务的联邦法》规定举行招投标和拍卖的结果,且招投标文件规定了权利,向与国家和自治市缔结合同的经济实体或自然人转移,但该资产的使用权年限不得超过国家或自治市合同的有效期;⑤

(11)在连续 6 个日历月内且资产权利转移不超过 30 个日历日。在连续

---

① 本项由 2011 年 12 月 6 日第 401-FZ 号联邦法修订,《俄联邦法律汇编》2011 年第 50 号,第 7343 条。

② 本项由 2010 年 4 月 5 日第 40-FZ 号联邦法修订,《俄联邦法律汇编》2010 年第 15 号,第 1736 条。

③ 本项由 2013 年 7 月 2 日第 185-FZ 号联邦法修订,《俄罗斯联邦法律汇编》2013 年第 27 号,第 3477 条。

④ 本项由 2011 年 12 月 6 日第 401-FZ 号联邦法修订,《俄罗斯联邦法律汇编》2011 年第 50 号,第 7343 条。

⑤ 本项由 2011 年 12 月 6 日第 401-FZ 号联邦法修订,《俄罗斯联邦法律汇编》2011 年第 50 号,第 7343 条。

6个日历月内资产权利转移时间总计超过30个日历日,向一自然人或法人提供此类资产权利的,禁止采取未经竞争或招标的形式提供资产权利。

(12)代替不动产,若对房屋、楼层、建筑或者建筑物拆除或改建,或其中一部分属于此不动产的部分,或因授予国家或市级教育机构、医疗机构等相关的权利被减少。不动产的权利应当符合以前按照俄罗斯联邦法律规定进行评估的相应不动产的位置、空间和价值。由联邦反垄断主管机构规定确认不动产为以前不动产的条件;①

(13)向私有化的单一制企业合法继承人转移,若该财产不包含在资产私有化和单一制企业私有化之内,但在功能、技术上与私有化财产和联邦法律规定的公民权利有关,应当禁止其作为民事权利客体的流通,只能在国家或自治市的财产中转移;

(14)作为房屋、楼层、建筑或者建筑物的一部分,若所转移财产的总面积不超过20平方米且不超过所占相应房屋、楼层、建筑或者建筑物的10%,该建筑的财产权利应当属于该资产的转让人;

(15)向被认定唯一参与招标或拍卖的申请人转移,若申请符合招标和拍卖文件对复核的要求和条件,应当根据申请中明确的条件、价格和根据拍卖或招标通知中关于不低于协议最初价格(最低价格),且根据本联邦法的规定,投标组织者缔结合同是强制性规定;

(16)向转租人或者无偿使用人转移,若国家或自治市资产相关的所有权和(或)使用权与投标结果有关,或者若上述权利按照国家或自治市协议的规定,或者根据本款第(1)项的规定。

2. 本条第1款所列缔结协议的程序不适用于《俄罗斯联邦土地管理法》、《俄罗斯联邦水法典》、《俄罗斯联邦林业法典》、《俄罗斯联邦矿产资源法》、《俄罗斯联邦租让协议法》下的资产转移。

3. 应当根据本条第1款规定的程序缔结涉及以下事项的资产占有和使用权租赁合同、无偿使用合同和其他合同:

(1)属于国家所有制或地方自治市所有制的不动产转移,且此部分不动产的经营性使用和管理权属于国家或地方自治市的单一制企业;

(2)属于国家所有制或地方自治市所有制的不动产,且此部分不动产的管理权属于国家或地方自治机构;

(3)国家所有制或地方自治市所有制的资产转让,且管理权属于国家或

---

① 本项由2011年12月6日第401-FZ号联邦法修订,《俄罗斯联邦法律汇编》2011年第50号,第7343条;经2013年7月2日第185-FZ号联邦法修订,《俄罗斯联邦法律汇编》2013年第27号,第3477条。

地方自治市的事业机构。①

3-1. 在缔结涉及国家或自治市教育机构所有的国家或自治市资产的租赁合同时，若缔结者一方为预算组织、自治机构、预算和学术自治机构，不需参与招标或拍卖，其程序和条件由俄罗斯联邦政府规定，并同时符合以下要求：

（1）由本条第 1 款规定的机构所设立的经济实体是承租人；

（2）承租人的活动包括知识严权的实践应用（计算机软件、数据库、发明、模型、工业样品、培育成果、集成微型电路、生产技术秘密）和根据其投资资本比例的使用权；

（3）租赁协议禁止转租此项资产，经济实体根据此租赁合同规定将自己的权利和义务转让给其他自然人或法人，且无偿使用该资产、保障相关租赁权。②

3-2. 若与以下组织缔结相关合同，当缔结有关教育活动的无偿使用国家或自治市机构资产的租赁合同时，不需要参与招标或拍卖：

（1）在教育活动中为了保护有关机构学员和工作人员健康的医疗组织；

（2）在教育活动中为学员和工作人员创造所需条件的社会营养组织；

（3）为学员学习体育和运动创造条件的体育运动组织。③

4. 已失效。④

5. 联邦反垄断主管机构制定本条第 1、3 款规定的、合同缔结权招标活动的组织办法，和需经竞标程序缔结合同的标的资产清单。

5-1. 根据本条第 6 款规定，招标通知应当在提交参与拍卖的申请结束前 30 个工作日前公布。⑤

6. 自 2011 年 1 月 1 日起，俄罗斯联邦政府应当在俄罗斯联邦官方网站上发布关于本条第 1、3 款规定的合同缔结权的招投标或拍卖活动的信息。⑥

---

① 本款由 2011 年 12 月 6 日第 401-FZ 号联邦法修订，《俄罗斯联邦法律汇编》2011 年第 50 号，第 7343 条；经 2013 年 7 月 2 日第 185-FZ 号联邦法修订，《俄罗斯联邦法律汇编》2013 年第 27 号，第 3477 条。

② 本款出自 2011 年 12 月 6 日第 401-FZ 号联邦法，《俄罗斯联邦法律汇编》2011 年第 50 号，第 7343 条。

③ 本款出自 2011 年 12 月 6 日第 401-FZ 号联邦法，《俄罗斯联邦法律汇编》2011 年第 50 号，第 7343 条。

④ 本款由 2011 年 12 月 6 日第 401-FZ 号联邦法废止，《俄罗斯联邦法律汇编》2011 年第 50 号，第 7343 条。

⑤ 本款出自 2011 年 12 月 6 日第 401-FZ 号联邦法，《俄罗斯联邦法律汇编》2011 年第 50 号，第 7343 条。

⑥ 本款经 2011 年 12 月 6 日第 401-FZ 号联邦法修订，《俄罗斯联邦法律汇编》2011 年第 50 号，第 7343 条；经 2013 年 7 月 2 日第 185-FZ 号联邦法修订，《俄罗斯联邦法律汇编》2013 年第 27 号，第 3477 条。

7. 根据本条第 1、3 款规定,禁止自竞标和拍卖结果信息在招投标官网上发布之日起以前 10 日缔结合同。

8. 根据本条第 1、3 款规定,在缔结和实施合同时,可以根据双方协议提高价格。

9. 根据本条第 1、3 款规定,若租赁合同期满、不需要重新参与招投标和拍卖,应当重新与承租人缔结合同,但合同已经载明期限且俄罗斯联邦法律不作限制规定的除外。同时应当符合以下条件:

(1)租金由市场价格决定,但若俄罗斯联邦其他法律未作规定,应当由俄罗斯联邦调控价格;

(2)合同缔结的期限不能少于 3 年;租赁期限只能根据承租人的申请予以缩短。

10. 根据本条第 9 款规定的程序和条件,出租人无权拒绝与承租人缔结新协议,但以下情况除外:

(1)在决定中承认的支配此类资产的其他程序;

(2)承租人拖欠的租金加上违约金,超过合同规定期限内的租金额。

11. 根据本条第 1、3 款规定,若承租人拒绝缔结新租赁合同、且其理由不符合本条第 10 款规定而与其他出租人缔结新租赁合同,已履行义务的出租人有权利要求根据已缔结的合同向其转让权利和义务,并有权利根据俄罗斯联邦法律拒绝赔偿新签租赁合同的损失。

第 18 条 选择金融组织的特殊性

1. 联邦行政主管机构、俄罗斯联邦主体权力机构、地方自治政府机构、预算外国家基金、自然垄断实体,应当根据 2013 年 4 月 5 日第 44-FZ 号《关于采购保障国家和自治市所需货物、工程、服务的合同制度的联邦法》的要求,采取举行公开招标或公开拍卖方式,选择提供以下金融服务的金融组织:

(1)吸收法人存款;

(2)开立和维护法人账户,和通过此账户结算;

(3)提供有价证券持有人清单;①

(4)有价证券信托管理;

(5)非国营养老保险。②

---

① 本项原规定于 2015 年 1 月 5 日失效;本项经 2015 年 10 月 5 日第 275-FZ 号联邦法修订,《俄联邦法律汇编》2015 年第 41 号,第 5629 条,自 2016 年 1 月 1 日生效。

② 本款由 2013 年 12 月 28 日第 396-FZ 号联邦法修订,《俄罗斯联邦法律汇编》2013 年第 52 号,第 6961 条。

2. 根据本联邦法规定举行公开招标或公开竞价时,联邦行政主管机构、俄罗斯联邦主体权力机构、地方自治政府机构、预算外国家基金有权利建立关于金融机构和金融组织财务稳定性和偿付能力的评估机制,但以下情形除外:

(1)一定数量的注册资本、固有资本、资产,和具有与金融组织其他特征相一致的和(或)其绝对指标的活动的要求,若俄罗斯联邦法律未作出与之相关的法律规定;

(2)俄罗斯的或者国际的评级机构的评级;

(3)分公司、代表处、提供金融服务区域之外的其他部门。

2-1. 根据本联邦法的规定举行公开招标或者公开竞价时,联邦行政主管机构、俄罗斯联邦主体权力机构、地方自治政府机构、预算外国家基金有权利建立更高要求的金融机构和金融组织财务稳定性和偿付能力的评估机制。根据俄罗斯联邦法律,以金融机构和其他金融组织为基础的规定,应当提交给俄罗斯联邦中央银行。当金融组织的更高评估要求与财务稳定性和偿付能力不相符时,联邦行政主管机构、俄罗斯联邦主体权力机构、地方自治政府机构、预算外国家基金有权利制定评级机构的评级要求。①

3. 修改和终止由联邦行政主管机构、俄罗斯联邦主体权力机构、地方自治政府机构、预算外国家基金缔结的、提供金融服务的合同,应当根据 2013 年 4 月 5 日第 44-FZ 号《关于采购保障自治市所需货物、工程和服务的合同制度的联邦法》的规定。

4. 根据本条第 1 款规定确定的提供金融服务的合同有效期(非国有养老保险合同除外)不得超过 5 年,但其他联邦法律另有规定除外。

5. 违反本条的规定,是法院确认与招标相关的交易或者招标结果缔结行为无效的理由,包括在反垄断主管机构的诉讼。

第 18-1 条　反垄断主管机构审查违反招投标的投诉和合同缔结程序的程序②

1. 若招投标按俄罗斯联邦法律规定进行,且采购的组织与进行由 2011 年 7 月 18 日第 223-FZ 号《关于法人采购货物、工程、服务的联邦法》规定,由反垄断主管机构根据本联邦法规定,审查法人行为(不作为)、招标组织者、电子会场操作员、评选委员会或招标拍卖委员会的招投标组织、进行和合同缔

---

① 本款由 2013 年 12 月 28 日第 396-FZ 号联邦法修订,《俄罗斯联邦法律汇编》2013 年第 52 号,第 6961 条。

② 本条出自 2012 年 7 月 28 日第 145-FZ 号联邦法,《俄罗斯联邦法律汇编》2012 年第 31 号,第 4334 条。

结,但《关于采购保障国家和自治市所需货物、工程和服务的合同制度的联邦法》规定的投诉除外。

2. 参与招投标的申请人和因违反招投标程序和组织导致其权利受到侵害的其他申请人(以下简称申请人),可以以违反发布信息程序和招投标申请程序为由,向反垄断主管机构投诉相关招标的组织者、电子会场操作员、评选委员会或拍卖委员会的行为(不作为)。

3. 向反垄断主管机构提出的对招标组织者、电子会场操作员、评选委员会或拍卖委员会的行为(不作为)的投诉,不影响法院诉讼程序。

4. 应当在招投标结果发布后的 10 个工作日内或者在官网上发布投标结果后,向反垄断主管机构对招标组织者、电子会场操作员、评选委员会或拍卖委员会的行为(不作为)提出投诉,但本联邦法另有规定者除外。

5. 若招投标结果产生后未缔结协议,或者因对招标组织者、电子会场操作员、评选委员会或拍卖委员会的行为(不作为)投诉导致无法投标,或者在互联网上发布结果以后,可以在 3 个月内向反垄断主管机构提交投诉。

5-1. 对授权机构或组织的法令和(或)行为(不作为)的投诉,应当根据本联邦法规定采取网络形式自授权机构或组织的法令作出和(或)行为(不作为)完成之日起 3 个月内提出。①

6. 对招标组织者、电子会场操作员、评选委员会或拍卖委员会的行为(不作为)的投诉,应当以书面形式向反垄断主管机构提出,其中应当包含:

(1)招标组织者和电子会场操作员的名称、住所地、邮件地址、电话号码;

(2)申请人的名称、地址信息(法人),姓、名、父称、住所地信息(自然人),邮件地址、电子邮箱、电话号码、传真号码;

(3)根据俄罗斯联邦法律在互联网上被投诉的招标信息、发布信息的网址;

(4)被投诉的招标组织者、电子会场操作员、评选委员会或拍卖委员会的行为(不作为)和相关依据;

(5)投诉文件的清单。

7. 投诉可以通过邮政、传真、电子邮箱或其他任何方式向反垄断主管机构提出。

8. 投诉应当由申请人或其代表人签名。投诉申请应当有申请人的委托

---

① 本款出自 2014 年 7 月 21 日第 265-FZ 号联邦法,《俄罗斯联邦法律汇编》2014 年第 30 号,第 4266 条。

书或其他证明申请人的代表人被受权的文件。

9. 应当在以下情况下退回申请人的投诉：

（1）投诉未含有本条第 6 款规定的内容；

（2）投诉申请未签名或者由无证明授权文件的授权人签名；

（3）具有已经或者未被投诉旳招标组织者、电子会场操作员、评选委员会或拍卖委员会行为（不作为）的法院生效判决；

（4）反垄断主管机构针对招标组织者、电子会场操作员、评选委员会或拍卖委员会的行为（不作为）已经作出决定；

（5）对授权机构的行为（不作为），应当根据 2010 年 7 月 27 日第 210-FZ 号《关于提供国家和自治市服务旳组织的联邦法》的规定投诉。

10. 反垄断主管机构可以在收到申请后 3 个工作日内作出退回投诉申请的决定，应当以书面形式通知申请人，并说明退回投诉申请的理由。

11. 若反垄断主管机构受理投诉申请，应当在受理投诉申请后的 3 个工作日内在招标官网上或者反垄断主管机构网站上发布受理投诉申请的内容，并向申请人、招标组织者、电子会场操作员、评选委员会或拍卖委员会发出受理投诉申请的通知和因审查投诉而暂缓招投标的通知。在通知中应当载明简要的投诉内容、发布受理投诉信息的招标官网网址，或者载明受理投诉申请的地点和时间的反垄断主管机构网址。应当以邮政、传真或者电子邮箱方式发送通知。若以电子邮箱发送通知，应当将载明招标进行的通知发送给招标组织者、评选委员会或拍卖委员会，立当将在电子会场网站上发布的信息发送给电子会场操作员，应当将投诉内容发送给申请人。

12. 被投诉的招标组织者、电子会场操作员、评选委员会或拍卖委员会应当自收到通知后的 1 个工作日内将收到投诉申请的内容、地点和受理时间通知招标参与人。

13. 招标组织者、电子会场操作员、评选委员会或拍卖委员会、申请人和申请参与招投标的人，有权利向反垄断主管机构提出对申请的反对意见或补充意见，并由自己或其代表人参与审理投诉申请。反对意见应当包括本条第 6 款规定的内容。向反垄断主管机构提出的反对意见，应当自受理投诉后 2 个工作日内提出。

14. 反垄断主管机构应当在受理投诉申请后 7 个工作日内审查投诉申请。

14-1. 若反垄断主管机构的委员会在审查投诉申请时需要获取其他信

息,可以根据本条第 14 款规定将投诉申请的审查时间延期一次。①

15. 被投诉的招标组织者、电子会场操作员、评选委员会或拍卖委员会应当提供关于招标的文件、修订的招标文件、拍卖文件、参与竞争的申请、参与拍卖的申请、参与竞争申请的开始记录、参与竞争申请的审查记录、参与拍卖申请的审查记录、参与竞争申请的评估和对比记录、拍卖记录、音频、视频和在招标组织、进行中制作的其他文件和信息。

15-1. 管理网络运行的授权机构和(或)组织,应当提供在审查投诉中书面形式的法令实施和(或)行为完成(不作为)的法律依据,并明确在上述规定范围内的法令实施和(或)行为完成(不作为)的相关程序。②

15-2. 反垄断主管机构若需要向招标组织者、电子会场操作员、评选委员会或拍卖委员、管理网络运行的授权机构和(或)组织、申请人提供有关投诉审查的其他信息和文件,其他信息和文件的发送程序应当根据本条第 11 款的规定进行。

申请的文件应当在审查投诉申请前发送至反垄断主管机构。

16. 投诉申请由反垄断主管机构的委员会审查。若被通知人缺席(已收到反垄断主管机构根据本条第 11 款发送的通知),有关审查投诉申请的时间和地点不影响审查申请的程序。

17. 反垄断主管机构在审查招标组织者、电子会场操作员、评选委员会或拍卖委员会的行为(不作为)时,若反垄断主管机构的委员会在审查投诉申请中发现招标组织者、电子会场操作员、评选委员会或拍卖委员会的其他违反行为(不作为),该委员会应当根据所有的违法行为作出裁决。

18. 根据本条第 11 款发出通知后,对招标组织者、电子会场操作员、评选委员会或拍卖委员会行为(不作为)之前的招标审查,应当延期。

19. 若已受理对招标组织者的审查投诉申请,应当根据本条第 11 款的规定,在反垄断主管机构作出投诉申请裁决前无权缔结合同。若缔结合同的内容违反本款的规定,该合同应当无效。

20. 若本次投诉申请被认定为合理且不存在其他投诉的情形(违反招标组织或过程的程序,未根据招标结果缔结合同,或者在招标不被承认的条件下缔结合同),应当根据本联邦法第 23 条第 1 款第(3-1)项规定作出相关指令。

21. 委员会根据本条第 9 款第(3)、(4)项规定终止审查投诉申请。

----

① 本款出自 2014 年 7 月 21 日第 265-FZ 号联邦法,《俄罗斯联邦法律汇编》2014 年第 30 号,第 4266 条。

② 本款出自 2014 年 7 月 21 日第 265-FZ 号联邦法,《俄罗斯联邦法律汇编》2014 年第 30 号,第 4266 条。

22. 反垄断机构将在作出决定后 3 个工作日内,向申请人、招标组织者、电子会场操作员、评选委员会或拍卖委员会发出被投诉的裁决书副本和在投诉审查中依据的法令,并在招标官网或反垄断主管机构网站上发布有关裁决的通知和指令。

23. 自裁决作出或者指令公布之日起 3 个月内,可以按照法院诉讼程序对反垄断主管机构委员会的裁决或指令提出申诉。

24. 申请人有权在投诉申请作出裁决前撤回投诉申请。若申请人已经撤回申请,不可再次提交有关招标组织者、电子会场操作员、评选委员会或拍卖委员会的同一行为(不作为)的投诉申请。

25. 反垄断主管机构应当以电子方式审查对国家或自治市的行为(不作为)的投诉申请或者对国家或自治市资产拍卖组织者行为(不作为)的投诉申请(以下根据本联邦法第 23 条第 1 款第(3-1)项有关"拍卖组织者"的规定),根据 2001 年 12 月 21 日第 178-FZ 号《关于国家和自治市资产私有化的联邦法》规定进行的拍卖,应按照以下规定:

(1)对国家和自治市资产拍卖者和(或)拍卖组织者的行为(不作为)的投诉申请,应当在官方网站发布后 5 个工作日内,根据 2001 年 12 月 21 日第 178-FZ 号《关于国家和自治市资产私有化的联邦法》规定,向反垄断主管机构提出;或者若未在网站上发布,应当自招投标认定参与者得到承认的签字记录之日起 5 个工作日内提出(通过公开申请或无明确价格拍卖的方式申请参与国家或自治市资产拍卖招标认定参与者的记录);或者自网站上发布之日起五个工作日内提出;或者若未规定在网站上发布,自资产私有化拍卖结果记录签字之日起 5 个工作日内提出;

(2)反垄断主管机构应当自收到对国家或者自治市资产拍卖方的行为(不作为)和(或)拍卖组织者的投诉申请之日起 5 个工作日内审查投诉申请;

(3)若反垄断主管机构的委员会在参与拍卖申请截止日期前审查对国家或自治市资产拍卖方的行为(不作为)和(或者)拍卖组织者的投诉(通过公开申请或无明确价格拍卖的方式申请参与国家或自治市资产拍卖),应当无权利作出裁决、指令;

(4)对与招标认定参与者相关的国家或自治市资产拍卖者的行为(不作为)和(或)拍卖组织者的投诉,或者拒绝承认的投诉,自发布在本款第(1)项规定的官网上之日起 5 日内提出;或者若未在网站上发布,应当自招标认定参与者得到承认的签字记录之日起 5 个工作日内提出(通过公开申请或无明确价格拍卖的方式申请参与国家或自治市资产拍卖招标认定参与者的记录)。

第5章 授予国家或自治市优惠①

第19条 国家或自治市优惠②

1. 为了以下目的,可以基于联邦行政主管机构法律行为,将国家或地方政府的优惠授予给俄罗斯联邦行政主管机构、地方自治政府机构、行使上述机构职能的其他机构或组织:

(1)保障居住在极北地区和相似地区的人口的重要功能;

(2)推进教育科学;

(3)进行研究项目;

(4)保护环境;

(5)俄罗斯联邦人民保护、使用、普及国家保护的文化遗产(古迹的历史和文化);

(6)发展艺术文化,保护文化价值;

(7)发展体育文化;

(8)保障国防和国家安全;

(9)农产品生产;

(10)提供社会保障;

(11)提供劳动保护;

(12)保护公民健康;

(13)支持中小企业;

(13-1)根据1996年1月12日第7-FZ号《关于非商事组织的联邦法》支持非商事社团协调;③

(14)联邦法律、俄罗斯联邦总统和俄罗斯联邦政府的法令决定的其他目的。④

2. 禁止将国家或自治市优惠赋予非国家或自治市优惠的申请。

3. 就本条第1款所列目的,经反垄断主管机构事先书面同意后授予国家或自治市优惠,但按以下规定授予优惠者除外:

---

① 本章经2009年7月17日第164-FZ号联邦法修订,《俄罗斯联邦法律汇编》2009年第29号,第3601条。

② 本条由2009年7月17日第164-FZ号联邦法修订,《俄罗斯联邦法律汇编》2009年第29号,第3601条.

③ 本项出自2010年4月5日第40-FZ号联邦法,《俄罗斯联邦法律汇编》2010年第15号,第1736条。

④ 本项经2011年12月6日第401-FZ号联邦法修订,《俄罗斯联邦法律汇编》2011年第50号,第7343条。

（1）以联邦法律为基础,按照俄罗斯联邦领土主体的预算法、地方自治政府机构预算规范的法律行为,包括建立程序确定国家或自治市优惠的范围及其受益人;①

（2）根据《俄罗斯联邦预算法》,为储备基金的意外事项支出财政;

（3）在俄罗斯联邦领土内单一交易中的法人优惠范围不得超过中央银行确定的现金结算最低标准,若该优惠通常每年一次授予给不超过一人;

（4）根据俄罗斯联邦方案,俄罗斯联邦和自治市实体的方案,包含旨在发展中小型企业的方案。②

4. 国家或自治市优惠不包括:

（1）按《关于国家和自治市采购货物、工程和服务的联邦法》,在俄罗斯联邦法律规定情形下组织的招标程序和其他程序结果中,提供财产和(或)民事权利;③

（2）转让、分配、分布私人财产以清偿自治市突发事件、军事行动和反恐怖行动的后果;

（3）具有正式经济控制权或经营管理权的国家或自治市性质经济实体;

（4）根据联邦法律或生效的司法判决授予财产和(或)其他民事权利客体;

（5）向商品市场参与者提供财产和(或)其他民事权利客体;④

（6）根据 2005 年 7 月 21 日第 115-FZ 号《关于特许权协议的联邦法》第12 条第 4-1 款和第 4-12 款规定,授予者向获得者提供国家或自治市保证,和根据该联邦法缔结的特许权协议提供特许权的财产权。⑤

第 20 条　授予国家或自治市优惠的程序

1. 拟授予国家和自治市优惠的联邦行政主管机构、俄罗斯联邦主体行政权

---

①　本项经 2011 年 12 月 6 日第 401-FZ 号联邦法修订,《俄罗斯联邦法律汇编》2011年第 50 号,第 7343 条。

②　本项经 2011 年 12 月 6 日第 401-FZ 号联邦法修订,《俄罗斯联邦法律汇编》2011年第 50 号,第 7343 条;经 2015 年 6 月 29 日第 156-FZ 号联邦法修订,《俄罗斯联邦法律汇编》2015 年第 27 号,第 3947 条。

③　本项经 2011 年 12 月 6 日第 401-FZ 号联邦法修订,《俄罗斯联邦法律汇编》2011年第 50 号,第 7343 条;经 2013 年 12 月 28 日第 396-FZ 号联邦法修订,《俄罗斯联邦法律汇编》2013 年第 52 号,第 6961 条。

④　本项由 2011 年 12 月 6 日第 401-FZ 号联邦法修订,《俄罗斯联邦法律汇编》2011年第 50 号,第 7343 条。

⑤　本项出自 2014 年 7 月 21 日第 265-FZ 号联邦法,《俄罗斯联邦法律汇编》2014 年第 30 号,第 4266 条。

力机构、地方自治政府机构、其他机构或组织,应当以联邦反垄断主管机构确定的形式向反垄断主管机构提出批准授予申请。以下文件应当附于申请表:

(1)若授予转让财产,指明转让目的和范围的授予国家和自治市优惠草案;

(2)申请前近2年内计划提供国家和自治市优惠的接受对象的经济实体现在和(或)以前经营内容清单。若经济实体存在不到2年,应当提供其全部经营活动清单。按照俄罗斯联邦法律规定,经济实体的经营活动需特别批准的,应当随附相应经营权许可文件的副本;

(3)若不超过2年,在适用的经济领域内、在规定的申请日期或活动期内,国家或自治市优先考虑的货物种类和生产量,或由经济实体分配的指定产品编码范围;

(4)计划向经济实体提供国家和自治市优惠的,应当随附申请前2年该经济实体的资产负债表。若该经济实体属于不需要向税务机构提供资产负债表,应当随附俄罗斯联邦税法规定的该经济实体应向税务机构提交的文件;

(5)计划向经济实体提供国家和自治市优惠的,应当随附该经济实体群体清单,并注明关联关系基础;

(6)经公证的经济实体章程副本。

2. 反垄断主管机构审议上述相关机构提交的关于提供国家和自治市优惠的申请文件,并在受理申请文件的1个月内作出本条第3款规定的决定。若提交的文件不符合本条第1款的规定,反垄断主管机构在收到申请文件后10日内,按照联邦反垄断主管机构规定的程序,对提交的申请文件作出不符合规定的决定,并将申请书以挂号邮件退回申请机构,并要求其签署收件回执。在申请人收到反垄断主管机构以挂号邮件退回的申请书后的14日内,反垄断主管机构负责保留申请文件。申请人在此期间有权修改申请文件。若反垄断主管机构在审议过程中认定申请批准的事项不属于国家和自治市优惠范畴,应当在收到申请后10日内,按照联邦反垄断主管机构规定的程序作出决议,认定所申请事项不需获得反垄断主管机构批准,并于决议当日以挂号邮件通知申请人,并要求其签署收件回执。

3. 反垄断主管机构在处理批准授予国家和自治市优惠的申请时,应当按联邦反垄断主管机构设置的程序,对以下事项作出合理决定,并在决定日以挂号邮件向申请人发出通知,通知内随附本决定所根据的经认证的既定程序:

(1)若适用本联邦法第19条第1款规定的给予优惠的目的的国家和自治市优惠不会导致消除或阻止竞争,批准给予国家和自治市优惠;

(2)若反垄断主管机构认定其处理的申请给予的优惠可能消除或阻碍竞争,或者优惠可能不符合本联邦法第19条第1款规定的目的,并需要本条第

1 款或本款第(3)、(4)项下的进一步信息才能通过决定,应当延期决定该申请。此种延期决定的延长期限不应当超过 2 个月;

(3)若国家或自治市优惠不符合本联邦法第 1 条、第 19 条规定的目的,或给予优惠可能导致消除或阻止竞争,拒绝给予国家和自治市优惠;

(4)批准给予国家或自治市优惠,但对该优惠予以限制。应当由反垄断主管机构根据适当理由对申请作出合理限制的决定,以确保国家或自治市优惠符合本联邦法第 1、19 条规定的目的,并减少对竞争的不利影响。此类限制包括:

(a)国家或自治市授予优惠的最后期限;

(b)可授予国家和自治市优惠的一系列人;

(c)国家或自治市的范围;

(d)国家授予优惠的目标;

(e)影响国家竞争的其他限制。

4. 若反垄断主管机构按照本条第 3 款第(4)项规定,作出同意给予国家和自治市优惠的决定,申请人须自提供优惠开始日起 1 个月内向反垄断主管机构提交遵守反垄断主管机构限制性规定的保证函。

5. 已失效。[①]

第 21 条　授予和使用国家或自治市优惠期间违反本联邦法要求的后果[②]

若反垄断主管机构按照联邦反垄断主管机构规定的方法,在监督给予国家或自治市优惠过程中发现违反本联邦法第 20 条规定的授予优惠的程序或不符合申请的目标,应当向接受优惠的经济实体、联邦行政主管机构及其实体、地方自治政府机构和履行上述职能的政府机构或提供优惠的其他机构,或在提供其他形式的国家或自治市优惠的情形下,发出指令,对已获得的国家或自治市优惠采取终止使用资产的措施。

第 6 章　反垄断主管机构的职能和权限

第 22 条　反垄断主管机构的职能

反垄断主管机构履行以下主要职能:

---

① 本款由 2011 年 12 月 6 日第 401-FZ 号联邦法废止,《俄罗斯联邦法律汇编》2011 年第 50 号,第 7343 条。

② 本条名称由 2011 年 12 月 6 日第 401-FZ 号联邦法修订,《俄罗斯联邦法律汇编》2011 年第 50 号,第 7343 条。本条经 2009 年 7 月 17 日第 164-FZ 号联邦法修订,《俄罗斯联邦法律汇编》2009 年第 29 号,第 3601 条;经 2011 年 12 月 6 日第 401-FZ 号联邦法修订,《俄罗斯联邦法律汇编》2011 年第 50 号,第 7343 条。

（1）确保联邦行政主管机构、俄罗斯联邦主体权力机构、地方自治政府机构、行使上述机构职能的其他机构或组织、预算外公共基金、经济实体、自然人，遵守反垄断立法的国家控制，包括利用土地、矿产资源、水和其他自然资源；[1]

（2）揭示违反反垄断立法的行为，采取措施阻止违反反垄断立法的行为，要求解释此类违法行为；

（3）防止联邦行政主管机构、俄罗斯联邦主体权力机构、地方自治政府机构、行使上述机构职能的其他机构或组织、预算外公共基金、经济实体、自然人的垄断活动、不正当竞争和其他违反反垄断立法的行为；

（4）在使用土地、矿产资源、水和其他自然资源领域，对经济集中实施国家控制，包括联邦法律规定情况下招标过程的控制。[2]

第23条 反垄断主管机构的职权

1. 反垄断主管机构行使以下职权：

（1）发起和审查违反反垄断法的案件；

（2）在本联邦法规定情形下，对经济实体发出以下事项的约束性指令：

（a）终止限制竞争的协同行为和（或）协议，和履行旨在确保竞争的行为；

（b）终止经济实体滥用支配地位和履行旨在确保竞争的行为；

（c）终止违反非歧视性获取产品的规则；

（d）终止不正当竞争；

（e）防止阻碍竞争激励和（或）妨碍、限制或消除竞争的行为和违反反垄断立法的行为；

（f）排除违反反垄断立法的后果；

（g）终止其他违反反垄断立法的行为；

（h）恢复到违反反垄断立法前存在的状况；

（i）若在反垄断主管机构审查违反反垄断立法案件过程中，其权利已经或可能被侵害的人已经提出相关申请，或若反垄断主管机构对经济集中行使国家控制，关于缔结合同、变更合同条款或废除合同；

（j）将因违反反垄断立法所获得的利益转移至联邦财政；

（k）若反垄断主管机构在审查违反反垄断立法案件中，其权利已经或可能被侵害的人提出相关申请，或若反垄断主管机构对经济集中行使国家控制，

---

① 本项由 2009 年 7 月 17 日第 164-FZ 号联邦法修订，《俄罗斯联邦法律汇编》2009 年第 29 号，第 3601 条。

② 本项由 2009 年 7 月 17 日第 164-FZ 号联邦法修订，《俄罗斯联邦法律汇编》2009 年第 29 号，第 3601 条。

关于变更或限制使用品牌名称；

(1)实施消除歧视性条件和防止其设置的经济、技术、信息要求；

（m）实施旨在确保竞争的行为，包括确保按联邦法律或其他法令确立的秩序获取生产设施或信息，按联邦法律或其他法令确立的秩序授予知识产权保护设施的权利，转让财产权或禁止转让财产权，向反垄断主管机构事先告知意图实施审查规定的行为，通过商品交易所出售特定量的产品，按俄罗斯联邦政府制定的程序确定起始价格及反垄断初步协议细节，通过商品交易所销售产品；①

(3)向联邦行政主管机构、俄罗斯联邦主体权力机构、地方自治政府机构、行使上述机构职能的其他机构或组织、预算外公共基金，以及其官员发出以下事项的约束性指令，但本款第(4)项规定的情形除外：

（a）撤销或修改违反反垄断立法的法令；

（b）撤销或修改违反反垄断立法的合同；

（c）终止违反反垄断立法的其他行为，特别是采取返还财产措施或者采取转让属国家和自治市优惠的民事权利的其他措施；②

（d）实施旨在确保竞争的行动；

(3-1)向招标组织者、组织委员会、国家或自治市财产的销售者发出约束性指令，旨在排除违反招投标程序、订立出售国家或自治市财产(以下简称招标)合同的规定或交易不成功，包括撤销交易中的合同、修订有关招标文件、撤销招标；③

(3-2)发出停止本联邦法规定的含有违反迹象的行为(不作为)的指令；④

(4)向联邦证券市场主管机构、俄罗斯联邦中央银行发送提议，其制定的法规需与反垄断立法保持一致和(或)豁免其行为，若此法规和(或)行为违反了反垄断立法；⑤

(4-1)寻求反垄断主管机构正职或副职领导签署和发出制止违反反垄断

---

① 本目经 2009 年 7 月 17 日第 164-FZ 号联邦法修订，《俄罗斯联邦法律汇编》2009 年第 29 号，第 3601 条；经 2011 年 12 月 21 日第 327-FZ 号联邦法修订，《俄罗斯联邦法律汇编》2011 年第 48 号，第 6728 条。

② 本目由 2009 年 7 月 17 日第 164-FZ 号联邦法修订，《俄罗斯联邦法律汇编》2009 年第 29 号，第 3601 条。

③ 本项出自 2011 年 12 月 6 日第 401-FZ 号联邦法，《俄罗斯联邦法律汇编》2011 年第 50 号，第 7343 条。

④ 本项出自 2011 年 12 月 6 日第 401-FZ 号联邦法，《俄罗斯联邦法律汇编》2011 年第 50 号，第 7343 条。

⑤ 本项由 2013 年 7 月 23 日 251-FZ 号联邦法修订，《俄罗斯联邦法律汇编》2013 年第 30 号，第 4804 条。

立法的警告,若经济实体负责人公开声明其在商品市场上的计划的表现会导致违反反垄断立法;①

(4-2)审查违反自治市财产招投标程序的投诉;②

(5)按俄罗斯联邦立法确立的程序,对违反反垄断立法的商事组织、非商事组织及其官员、联邦行政主管机构官员、俄罗斯联邦主体权力机构官员、地方自治政府机构官员、行使上述机构职能的其他机构或组织的官员、预算外公共基金行政官员、包括个体经营者在内的自然人,追究违反反垄断立法的责任;

(5-1)对联邦行政主管机构、俄罗斯联邦主体权力机构、地方自治政府机构、行使上述机构职能的其他机构或组织、俄罗斯联邦中央银行、预算外公共基金之间冲突的法规法令,向法院提起诉讼;③

(6)向仲裁院提出涉及违反反垄断立法的主张和申请,包括关于以下事项的主张和申请:

(a)确认联邦行政主管机构、俄罗斯联邦主体权力机构、地方自治政府机构、行使上述机构职能的其他机构或组织、预算外公共基金和俄罗斯联邦中央银行违反反垄断立法(特别是对创业活动设置不合理障碍)、或违反法律行为的法令或非规范性行为全部或部分无效;④

(b)确认未遵从反垄断立法的合同全部或部分无效或失效;

(c)强制缔结合同;

(d)变更或解除合同;

(e)清算反垄断立法规定情形的法人;

(f)将因违反反垄断立法所获得的收益归还至联邦财政;

(g)对准许违反反垄断立法的人追究违反反垄断法的责任;

(h)确认招标无效;

(i)强制执行反垄断主管机构的决定和指令;

(j)反垄断立法规定的其他情形;

---

① 本项出自 2011 年 12 月 6 日第 401-FZ 号联邦法,《俄罗斯联邦法律汇编》2011 年第 50 号,第 7343 条。

② 本项出自 2011 年 12 月 6 日第 401-FZ 号联邦法,《俄罗斯联邦法律汇编》2011 年第 50 号,第 7343 条。

③ 本项出自 2014 年 6 月 4 日第 143-FZ 号联邦法,《俄罗斯联邦法律汇编》2014 年第 23 号,第 2928 条。

④ 本目经 2009 年 7 月 17 日第 164-FZ 号联邦法修订,《俄罗斯联邦法律汇编》2009 年第 29 号,第 3601 条;经 2014 年 6 月 4 日第 143-FZ 号联邦法修订,《罗斯俄联邦法律汇编》2014 年第 23 号,第 2928 条。

(7)参加法院或仲裁院审理涉及反垄断立法适用和(或)违法的案件;

(8)从事

(a)保持在某商品市场中持有超过 35% 份额的经济业务(金融组织除外)的登记册。登记册的设立和保存秩序由俄罗斯联邦政府规定;

(b)保持违反反垄断立法被追究责任的人员名单登记册。该登记册中的数据不得在大众媒体或互联网上发布。登记册的设立和保存由俄罗斯联邦政府规定;①

(9)在反垄断主管机构互联网网站上公布涉及不确定人员范围的利益的决定和指令;②

(10)在审查违反反垄断立法案件过程中和行使控制经济集中期间,确立经济业务的支配地位;

(11)控制遵守反垄断立法的商事组织、非商事组织、联邦行政主管机构、俄罗斯联邦主体权力机构、地方自治政府机构、行使上述机构职能的其他机构或组织、预算外公共基金和自然人,从上述机构和人员获得必要的文件、信息、书面和口头形式的解释,和按照俄罗斯联邦法律规定的程序请求行使有效调查活动的部门按要求开展有效调查;

(12)根据俄罗斯联邦政府设立的程序,行使控制经济业务活动以保证某些产品市场如电能(量)市场的贸易组织处于国家调控该产品价格(价格表)的条件下;③

(12-1)监督提供和使用国家或自治市优惠;④

(13)行使本联邦法、其他联邦法律、俄罗斯联邦总统法令和俄罗斯联邦政府条例规定的其他职权。

2. 除本条第 1 款中规定的职权外,联邦反垄断主管机构还行使以下职权:

(1)批准在本联邦法第 32 条规定的交易和(或)行动结束时向反垄断主管机构提交数据的形式;

(2)批准确定信贷组织服务不合理高价和低价的方法,和会商俄罗斯联

---

① 本项经 2011 年 12 月 6 日第 401-FZ 号联邦法修订,《俄罗斯联邦法律汇编》2011 年第 50 号,第 7343 条。

② 本项经 2011 年 7 月 11 日第 200-FZ 号联邦法修订,《俄罗斯联邦法律汇编》2011 年第 29 号,第 4291 条。

③ 本项由 2009 年 7 月 17 日第 164-FZ 号联邦法修订,《俄罗斯联邦法律汇编》2009 年第 29 号,第 3601 条;经 2011 年 12 月 6 日 401-FZ 号联邦法修订,《俄罗斯联邦法律汇编》2011 年第 50 号,第 7343 条。

④ 本项出自 2015 年 10 月 5 日第 275-FZ 号联邦法,《俄罗斯联邦法律汇编》2015 年第 41 号,第 5629 条,自 2016 年 1 月 5 日生效。

邦中央银行后,确定支配地位信贷组织对其他金融组织不提供的服务确立的合理价格的方法;

(3)批准分析竞争条件的程序,以确立经济业务占支配地位和揭示阻止、限制或消除竞争的其他情形(联邦反垄断主管机构会商俄罗斯联邦中央银行后批准目的是确立金融组织支配地位的竞争条件分析程序);①

(4)行使本联邦法规定的法定法律行为;

(5)解释与其适用反垄断立法有关的问题;

(6)根据已建立的程序,就实施、变更或终止现行海关关税期间和实施特殊保护、反倾销和补贴措施期间存在或不存在限制竞争的征兆,作出结论;②

(7)向许可机构提议取消、撤销违反反垄断立法的从事某类经济业务活动的许可证或暂停该许可证;

(8)与国际组织和外国国家机构合作,参与发展、执行俄罗斯联邦国际条约和协调俄罗斯联邦国际合作政府间或部际委员会的工作,执行关于保护竞争问题的国际计划和项目;

(9)总结和分析反垄断立法适用的实践,提出反垄断立法适用的建议;

(10)每年向俄罗斯联邦政府提交有关俄罗斯联邦境内竞争条件的报告,并将其公布在反垄断主管机构互联网官方网站上。③

3. 为解决本条第 4 款明确的事项,联邦机构组建专门委员会,其成员配备由联邦反垄断主管机构规定。④

4. 专门委员会的职能如下:

(1)审查反垄断主管机构适用反垄断立法所获取的调查资料,并解释适用反垄断立法的问题;

(2)审查领土机构违反反垄断立法的决定(以下简称领土反垄断机构),若此决定违反了适用反垄断立法的统一性。⑤

---

① 本项由 2013 年 7 月 23 日第 251-FZ 号联邦法修订,《俄罗斯联邦法律汇编》2013 年第 30 号,第 4084 条。

② 本项由 2009 年 7 月 17 日第 164-FZ 号联邦法修订,《俄罗斯联邦法律汇编》2009 年第 29 号,第 3601 条。

③ 本项出自 2011 年 7 月 11 日第 200-FZ 号联邦法,《俄罗斯联邦法律汇编》2011 年第 29 号,第 4291 条。

④ 本款出自 2015 年 10 月 5 日第 275-FZ 号联邦法,《俄罗斯联邦法律汇编》2015 年第 41 号,第 5629 条,自 2016 年 1 月 5 日生效。

⑤ 本款出自 2015 年 10 月 5 日第 275-FZ 号联邦法,《俄罗斯联邦法律汇编》2015 年第 41 号,第 5629 条,自 2016 年 1 月 5 日生效。

5. 应当审查领土反垄断机构违反反垄断立法的规定。有关经营者支付系统和营运者提供支付基础设施服务,应当依照俄罗斯联邦法律"国家支付系统"进行。受俄罗斯联邦中央银行监管的金融组织的专门委员会应当包含一半俄罗斯联邦中央银行的代表。①

6. 参与违反反垄断立法案件的人员应当自领土反垄断机构对本案作出决定后 1 个月内对反垄断的决定或指令向专门委员会提起诉讼或提交投诉申请。②

7. 专门委员会应当自收到参与违反反垄断法案件人员对领土反垄断机构的决定或指令的起诉或投诉申请后,监督其审查进度,以互联网网站发布信息的方式予以通知。③

8. 专门委员会自收到起诉或投诉申请之日起 2 个月内对该起诉或投诉申请作出决定。若需进一步调查,可以延长期限,但不能超过 1 个月。④

9. 违反反垄断立法的当事人、领土反垄断机构有权利参与专门委员会的复议决定和(或)反垄断主管机构的决定。违反反垄断立法的当事人、领土反垄断机构可以参与专门委员会关于复议决定和(或)领土反垄断机构决定的视频会议。⑤

10. 专门委员会根据审查投诉反垄断机构的结果,有权利:

(1)驳回起诉和投诉申请;

(2)废除领土反垄断机构的决定或指令的约束力;

(3)变更领土反垄断机构决定或指令的约束力。⑥

11. 专门委员会变更或撤销的理由应当是违反反垄断法的统一适用性。⑦

12. 专门委员会有权利在其一半成员出席情况下作出决定。⑧

---

① 本款出自 2015 年 10 月 5 日第 275-FZ 号联邦法,《俄罗斯联邦法律汇编》2015 年第 41 号,第 5629 条,自 2016 年 1 月 5 日生效。

② 本款出自 2015 年 10 月 5 日第 275-FZ 号联邦法,《俄罗斯联邦法律汇编》2015 年第 41 号,第 5629 条,自 2016 年 1 月 5 日生效。

③ 本款出自 2015 年 10 月 5 日第 275-FZ 号联邦法,《俄罗斯联邦法律汇编》2015 年第 41 号,第 5629 条,自 2016 年 1 月 5 日生效。

④ 本款出自 2015 年 10 月 5 日第 275-FZ 号联邦法,《俄罗斯联邦法律汇编》2015 年第 41 号,第 5629 条,自 2016 年 1 月 5 日生效。

⑤ 本款出自 2015 年 10 月 5 日第 275-FZ 号联邦法,《俄罗斯联邦法律汇编》2015 年第 41 号,第 5629 条,自 2016 年 1 月 5 日生效。

⑥ 本款出自 2015 年 10 月 5 日第 275-FZ 号联邦法,《俄罗斯联邦法律汇编》2015 年第 41 号,第 5629 条,自 2016 年 1 月 5 日生效。

⑦ 本款出自 2015 年 10 月 5 日第 275-FZ 号联邦法嵌入,《俄罗斯联邦法律汇编》2015 年第 41 号,第 5629 条,自 2016 年 1 月 5 日生效。

⑧ 本款出自 2015 年 10 月 5 日第 275-FZ 号联邦法,《俄罗斯联邦法律汇编》2015 年第 41 号,第 5629 条,自 2016 年 1 月 5 日生效。

13. 专门委员会的决定必须有动机。①

14. 专门委员会根据调查领土反垄断机构的决定或约束力指令,应当在作出公开宣布决议后 5 个工作日制作本决定,并在反垄断主管机构互联网官网上发布。②

15. 对反垄断主管机构所作决定的审查结果,应当在其官网上发布后有效。③

16. 专门委员会的工作程序由领土反垄断机构规定。④

第 24 条　反垄断主管机构雇员在检查遵守反垄断立法期间的权利

反垄断主管机构的官员有权利在审查违反反垄断立法的申请、调查违反反垄断立法案件、控制经济集中和界定竞争条件过程中,根据其职权、出示其反垄断主管机构总部(分总部)的证件和检查决定,不受阻碍地进入联邦行政主管机构、俄罗斯联邦主体权力机构、地方自治政府机构、行使上述机构职能的其他机构或组织、预算外公共基金、商事或非商事组织获取反垄断主管机构必要的文件和信息。实施检查遵守反垄断立法的程序由联邦反垄断主管机构规定。

第 25 条　向反垄断主管机构提供信息的义务

1. 商事组织和非商事组织(其管理机构)、俄罗斯联邦行政主管机构(其官员)、俄罗斯联邦主体权力机构(其官员)、地方自治政府机构(其官员)、行使上述机构职能的其他机构或组织和预算外公共基金(其官员),包括个体经营者在内的自然人,经反垄断主管机构根据其职权主动要求,有义务在规定期限内以口头或书面形式向反垄断主管机构提供其审查违反反垄断立法的申请、调查违反反垄断立法案件、控制经济集中和界定竞争条件所必需的文件、解释和信息(含构成商事、官方和其他受法律保护的秘密信息),包括办公室特殊的电子信件。⑤

---

① 本款出自 2015 年 10 月 5 日第 275-FZ 号联邦法嵌入,《俄罗斯联邦法律汇编》2015 年第 41 号,第 5629 条,自 2016 年 1 月 5 日生效。

② 本款出自 2015 年 10 月 5 日第 275-FZ 号联邦法嵌入,《俄罗斯联邦法律汇编》2015 年第 41 号,第 5629 条,自 2016 年 1 月 5 日生效。

③ 本款出自 2015 年 10 月 5 日第 275-FZ 号联邦法嵌入,《俄罗斯联邦法律汇编》2015 年第 41 号,第 5629 条,自 2016 年 1 月 5 日生效。

④ 本款出自 2015 年 10 月 5 日第 275-FZ 号联邦法嵌入,《俄罗斯联邦法律汇编》2015 年第 41 号,第 5629 条,自 2016 年 1 月 5 日生效。

⑤ 本款经 2009 年 7 月 17 日第 164-FZ 号联邦法修订,《俄罗斯联邦法律汇编》2009 年第 29 号,第 3601 条;经 2011 年 12 月 6 日第 401-FZ 号联邦法修订,《俄罗斯联邦发法律汇编》2011 年第 50 号,第 7343 条。

2. 俄罗斯联邦中央银行有义务按联邦反垄断主管机构的调查函提供分析信贷组织服务市场竞争条件和对该条件实施控制所必需的标准行为规范、其他信息,但构成银行业秘密的信息除外。①

3. 构成商事、官方或者其他受法律保护的秘密信息应当依照联邦法律规定的条件向反垄断主管机构提交。

第 25-1 条　反垄断主管机构的检查②

1. 对控制与反垄断立法的合规性,反垄断主管机构可以对联邦行政主管机构、俄罗斯联邦主体权力机构、地方自治政府机构、行使上述机构职能的其他机构或组织、预算外公共基金、商事和非商事组织、包括个体经营者在内的自然人(以下简称被检查人),开展有计划的不定期检查。若非商事组织参与创业活动或协调其他经济实体的经济活动,只能检查其本联邦法第 10、11、14、15、16、17、19、21 条规定的事项。本联邦法不规定检查非商事组织符合其章程规定的活动目的。不定期的安排和检查应当以现场检查的组织形式进行。③

2. 预定检查的理由自以下时间的 3 年后到期:

(1)按俄罗斯联邦法律建立的程序,成立或正式注册为法人、组织或个体经营者;

(2)反垄断主管机构完成被检查人的最后一次定期检查。

3. 可以不经常进行定期检查,可以每三年一次。定期检查的主题为被检查人与反垄断立法在经济活动中的一致性。

4. 不定期检查的理由可以源自以下情形:

(1)收到的执法机构、其他政府机构、地方自治政府机构、志愿协会的资料表明违反反垄断立法的因素;④

(2)来自自然人和法人的报告和声明、媒体中的信息表明违反反垄断立法的要素;

(3)执行违反反垄断立法案件决定的期限届满⑤。

---

① 本款由 2013 年 7 月 23 日第 251-FZ 号联邦法修订,《俄罗斯联邦法律汇编》2013 年第 30 号,第 4084 条。

② 本条出自 2009 年 7 月 17 日第 164-FZ 号联邦法,《俄罗斯联邦法律汇编》2009 年第 29 号,第 3601 条。

③ 本款由 2011 年 12 月 6 日第 401-FZ 号联邦法修订,《俄罗斯联邦法律汇编》2011 年第 50 号,第 7343 条。

④ 本项由 2013 年 11 月 2 日第 294-FZ 号联邦法修订,《俄罗斯联邦法律汇编》2013 年第 44 号,第 5633 条。

⑤ 本项由 2011 年 12 月 6 日第 401-FZ 号联邦法修订,《俄罗斯联邦法律汇编》2011 年第 50 号,第 7343 条。

5. 若检查的理由涉及本条第 3、4 款，未经检验的标的物应当遵从检查人员和经济活动中的反垄断立法，或执行以前公布的决定。①

6. 按照反垄断主管机构负责人的命令组织检查。

7. 反垄断主管机构负责组织检查的命令必须包括以下信息：

(1) 反垄断主管机构的名称；

(2) 官方授权进行检查的专家和纳入检查专家组的代表的姓氏、名字、父名；

(3) 进行检查的企业法人名称或个体经营者的姓氏、名字、父名；②

(4) 检查的目的、目标和期限；

(5) 检查的法律依据；

(6) 实现检查目的和目标所需的控制措施清单及其期间；

(7) 与检查有关的行政法规清单；

(8) 检查开始和结束的日期。

8. 组织检查的命令的标准形式应当由联邦反垄断主管机构批准。

9. 检查期限为，自检查开始之日起 1 个月以上，至检查结果递交或邮寄给被检查人之日止。反垄断主管机构负责人还可以根据官员的合理建议，将检查期限延长 2 个月。

10. 延长检查期限的理由包括专家审查、研究、试验的需要，将被检查人提交的外语文件翻译成俄语和其他必要的行动，没有这些行为无法确定评估对象是否遵守了反垄断立法。延长检查期限的程序由联邦反垄断主管机构规定。

11. 作为检查的一部分，反垄断主管机构可以检查被检查人业务单位的工作，包括子公司和代表处。

12. 应当让被检查人知晓，反垄断主管机构应当不迟于开始定期检查前 3 个工作日向被检查人以挂号邮件或其他可用方式递交有反垄断主管机构名称抬头的检查通知。应当以任何可用手段在 204 小时内向被检查人通知不定期检查。本规定不应当适用于不符合本联邦法第 11 条规定的不定期检查。③

---

① 本款由 2011 年 12 月 6 日第 401-FZ 号联邦法修订，《俄罗斯联邦法律汇编》2011 年第 50 号，第 7343 条。

② 本项由 2011 年 12 月 6 日第 401-FZ 号联邦法修订，《俄罗斯联邦法律汇编》2011 年第 50 号，第 7343 条。

③ 本款出自 2011 年 7 月 18 日第 242-FZ 号联邦法，《俄罗斯联邦法律汇编》2011 年第 30 号，第 4590 条。

13. 被检查人应当在 24 小时内收到非计划检查的通知。[1]

14. 若已经履行本法第 11 和第 16 条规定的义务,不允许进行非计划检查。[2]

第 25-2 条 反垄断主管机构雇员为检查目的进入领地或处所[3]

1. 反垄断主管机构的官员在检查时应当出示工作证和反垄断主管机构负责人组织检查的命令,进入被检查人的领地或者处所。执行检查的官员不得进入被检查人的住所。

2 若反垄断主管机构的官员进入被检查人领地或处所检查妨碍了被检查人的进入,该官员必须按照联邦反垄断主管机构制定的程序编制报告。被检查人拒绝在该报告上签字的,应当在报告中注明。

3. 报告形式由联邦反垄断三管机构批准。

第 25-3 条 检查[4]

1. 为澄清检查的重要情况,实施检查的反垄断主管机构官员可以检查被检查人的领地、处所(被检查人的住所除外)、文件和客体。

2. 被检查人、其代表和被反垄断主管机构带入检查的其他人员可以参加检查。检查应当在至少 2 名见证人面前进行。与案件结果无利害关系的任何自然人可以担任见证人。反垄断主管机构人员不能担任见证人。行使检查需要特殊知识的,反垄断主管机构可以邀请专业专家和(或)专家的参与。

3. 必要时,应当进行拍照、扫摄、录像或复制文件。

4. 检查结果应当制作协议。该协议须由联邦反垄断主管机构批准。

第 25-4 条 检查过程中要求的文件和信息[5]

1. 进行检查的反垄断主管机构官员,可以向被检查人或者其代表提出合理要求,并将所提供的文件和信息反馈给被检查人。申请文件和信息的形式

---

① 本款出自 2011 年 7 月 18 日第 242-FZ 号联邦法,《俄罗斯联邦法律汇编》2011 年第 30 号,第 4590 条。

② 本款出自 2011 年 7 月 18 日第 242-FZ 号联邦法,《俄罗斯联邦法律汇编》2011 年第 30 号,第 4590 条。

③ 本条出自 2009 年 7 月 17 日第 164-FZ 号联邦法,《俄罗斯联邦法律汇编》2009 年第 29 号,第 3601 条。

④ 本条出自 2009 年 7 月 17 日第 164-FZ 号联邦法,《俄罗斯联邦法律汇编》2009 年第 29 号,第 3601 条。

⑤ 本条出自 2009 年 7 月 17 日第 164-FZ 号联邦法,《俄罗斯联邦法律汇编》2009 年第 29 号,第 3601 条。

应当经联邦反垄断主管机构批准。①

2. 所要求的文件应当呈交按照俄罗斯联邦法律规定程序予以认证的副本。必要时,进行检查的反垄断主管机构官员有权利检查原始文件。

3. 检查过程中要求的文件和信息应当在送达要求之日起 3 个工作日内提交。若被检查人不可能在 3 个工作日内提交,应当在此后的下一个工作日提交,并以书面形式通知反垄断主管机构官员其不可能在检查官员指定期限内提供的理由。反垄断主管机构官员在收到该通知后 2 个工作日内按联邦反垄断主管机构规定程序作出合理决定,对要求提供的文件和信息规定一个新的最后期限,或拒绝给予延期并说明拒绝的理由。按既定程序认证的决定副本应当以任何可用方式传递给被查检人。

4. 若被检查人拒绝提供或在规定期限内未提供检查过程中要求的文件和信息,该人应当承担联邦立法规定的责任。

第 25-5 条 制定反垄断执法行为的一般要求②

1. 反垄断主管机构按本联邦法规定情形下执行反垄断立法(以下简称执法行为)时,必须制定协议。该协议应当以俄文本为准。

2. 该协议应当载明:

(1)执法行为的内容;

(2)执法行为的日期和地点;

(3)执法行为开始和终止的时间;

(4)协议起草人的地址、姓氏、名字、父名;

(5)若地址、国籍和信息在俄罗斯是必要的,参与执法行为或发生执法行为时的每位人的姓氏、名字、父名;

(6)执法行为的后果;

(7)执法行为过程中揭示的基本事实和情节。

3. 该协议应当由所有参与执法行为的人员签署,并在行动发生时在场。这些人可以提出的意见应包括在该协议中。

4. 该协议应当由反垄断主管机构的官员签署,该协议的起草人和参与执法行为的所有人员在行动发生时均在场。该协议的副本必须以挂号邮件递交或转交给被检查人。

---

① 本款由 2011 年 12 月 6 日第 401-FZ 号联邦法修订,《俄罗斯联邦法律汇编》2011 年第 50 号,第 7343 条。

② 本条出自 2009 年 7 月 17 日第 164-FZ 号联邦法,《俄罗斯联邦法律汇编》2009 年第 29 号,第 3601 条。

5. 在执法行为过程中所拍摄的照片和底片、卷筒胶片、录像和其他材料应当附在该协议中。

第 25-6 条　记录检查结果①

1. 应当提交检查结果的报告,其副本应当以挂号邮件形式递交给被检查人或其代表,并向其提交通知。②

2. 报告的形式由联邦反垄断主管机构批准。

3. 检查结果,包括构成国家、官方或者其他受法律保护的秘密信息,应当按照俄罗斯联邦法律进行登记。

第 25-7 条　禁止违反反垄断法的警告③

1. 为了防止违反反垄断立法,反垄断主管机构应当向经济实体负责人发出禁止从事导致违反反垄断立法的行为的警告。

2. 发出警告的理由是经济实体已公开声明其在商品市场上的计划的表现,若此表现会导致违反反垄断立法且没有可以提起诉讼的证据。

2-1. 若联邦行政主管机构、俄罗斯联邦主体权力机构、地方自治政府机构、预算外公共基金的计划行为可能导致违反反垄断立法,且缺乏违反反垄断立法相关证据、无法提起诉讼,可以向上述机构发出警告理由。④

3. 反垄断主管机构负责人决定发出警告的理由,反垄断主管机构在不少于 10 个工作日内将警告理由通知给公开声明商品市场计划的经济实体负责人。

4. 警告应当包含:

(1)发出警告理由的结论;

(2)经济实体可能违反的反垄断法律法规。

5. 发出警告的形式和程序由联邦反垄断主管机构规定。

第 26 条　反垄断主管机构遵守商事、官方和其他受法律保护的秘密的义务

1. 反垄断主管机构在行使其职权过程中获得的构成商事、官方和其他受法律保护的秘密的信息,一律不得公开,但联邦法律规定的情形除外。

---

① 本条出自 2009 年 7 月 17 日第 164-FZ 号联邦法,《俄罗斯联邦法律汇编》2009 年第 29 号,第 3601 条。

② 本款由 2011 年 12 月 6 日第 401-FZ 号联邦法修订,《俄罗斯联邦法律汇编》2011 年第 50 号,第 7343 条。

③ 本条出自 2011 年 12 月 6 日第 401-FZ 号联邦法,《俄罗斯联邦法律汇编》2011 年第 50 号,第 7343 条。

④ 本款出自 2011 年 12 月 6 日第 401-FZ 号联邦法,《俄罗斯联邦法律汇编》2011 年第 50 号,第 7343 条。

2. 反垄断主管机构雇员对泄露构成商事、官方或者其他受法律保护的秘密的信息,承担民事、行政、刑事责任。

3. 反垄断主管机构及其官员因披露构成商事、官方和其他受法律保护的秘密信息导致自然人、法人损害的,该反垄断主管机构或者其官员必须根据俄罗斯联邦财政部的规定予以赔偿。

第 26-1 条　交易和其他行为的国家控制①

1. 交易,针对俄罗斯金融资产、非物权资产的其他行为,商事组织、非商事组织以外的外国法人和外国组织在俄罗斯境内商品销售总收入超过 100 万卢布,交易后进行的其他行为,应当根据本章规定进行国家控制。

2. 本条不适用于俄罗斯中央银行根据 2002 年第 86-FZ 号《关于俄罗斯联邦中央银行的联邦法》缔结的协定。②

3. 俄罗斯联邦中央银行根据回购协议收购商事组织股份,应当在金融组织股份交易完成后 45 日内,按联邦反垄断主管机构会商俄罗斯联邦中央银行后规定的程序,向联邦反垄断主管机构提交该交易的报告。③

第 7 章　经济集中的国家控制

第 27 条　未经反垄断主管机构事先同意的商事组织设立和重组

1. 以下行为应当经反垄断主管机构事先同意才能实施:

(1)诸商事组织的合并(诸金融组织除外),若根据请求书提交日以前其在最近报告日的会计资产负债表(以下简称最近资产负债表,在提交通知的情形下,应当视为提交通知日以前最近报告日会计资产负债表),其总资产价值(其群体资产)超过 7 亿卢布,或者这些组织(及其群体)在合并前日历年商品销售总收入超过 10 亿卢布,或者该诸商事组织之一被纳入诸经济实体登记册(以下简称登记册);④

---

①　本条出自 2011 年 12 月 6 日第 401-FZ 号联邦法,《俄罗斯联邦法律汇编》2011 年第 50 号,第 7343 条。

②　本款由 2012 年 7 月 28 日 145-FZ 号联邦法修订,《俄罗斯联邦法律汇编》2012 年第 31 号,第 4334 条。

③　本款经 2012 年 7 月 28 日 145-FZ 号联邦法修订,《俄罗斯联邦法律汇编》2012 年第 31 号,第 4334 条;依据 2015 年 1 月 5 日第 275-FZ 号联邦法,原规定于 2015 年 10 月 5 日失效,《俄罗斯联邦法律汇编》2015 年第 41 号,第 5629 条。

④　本项经 2008 年 4 月 29 日第 58-FZ 号联邦法修订,《俄罗斯联邦法律汇编》2008 年第 18 号,第 1941 条;经 2009 年 7 月 17 日第 164-FZ 号联邦法修订,《俄罗斯联邦法律汇编》2009 年第 29 号,第 3601 条;经 2011 年 12 月 6 日第 401-FZ 号联邦法修订,《俄罗斯联邦法律汇编》2011 年第 50 号,第 7343 条。

（2）一个或多个商事组织（金融组织除外）加入到另一商事组织，若根据其最近资产负债表，总资产价值（他们的诸群体资产）超过 30 亿卢布，或者这些组织（及其一群体资产）在合并年的上一个日历年商品销售总收入超过 60 亿卢布，或者其中一个组织已纳入登记册；①

（3）诸金融组织的合并，或一金融组织加入到另一金融组织，若根据他们的最近资产负债表，总资产价值超过俄罗斯联邦政府确立的数额（对信贷机构的合并或整合，该数额应当由俄罗斯联邦政府会商俄罗斯联邦中央银行后设定）；②

（4）一商事组织的设立，若以提交或划分资产负债表为基础，由另一商事组织（金融组织除外）支付其法定资本的股票（股份）和（或）资产（货币资金除外）、其获得本联邦法第 28 条规定的此等股票（股份）、资产（货币资金除外）的权利，按法定资本的股票（股份）和资产（货币资金除外）的该组织发起人（一群体）和其他人（诸群体）最近资产负债表，总资产价值超过 70 亿卢布，或该法定资本的股票（股份）和（或）资产（货币资金除外）的该商事组织发起人（一群体）和其他人（诸群体）的上一个日历年销售总收入超过 100 亿卢布，或该组织法定资本的股票（股份）和（或）资产（货币资金除外）已经包含在登记册中；③

（5）一商事组织的设立，若一金融组织支付其法定资本的股票（股份）或资产已纳入该商事组织、并就该股票（股份）或资产获取本联邦法第 29 条规定的权利，且根据其股票（股份）或资产被认缴法定资本的该金融组织的最近资产负债表，总资产价值超过俄罗斯联邦政府规定的数额[对金融组织的股票（股份）或资产缴付法定资本的数额，由俄罗斯联邦政府会商俄罗斯联邦中央银行后确立]；

（6）金融组织合并商业组织（金融组织除外），若金融资产价格超过俄罗斯联邦政府规定的标准，该标准由俄罗斯联邦政府会商俄罗斯联邦中央银行后确定；④

---

① 本项经 2008 年 4 月 29 日第 58-FZ 号联邦法修订，《俄罗斯联邦法律汇编》2008 年第 18 号，第 1941 条；经 2009 年 7 月 17 日第 164-FZ 号联邦法修订，《俄罗斯联邦法律汇编》2009 年第 29 号，第 3601 条；经 2011 年 12 月 6 日第 401-FZ 号联邦法修订，《俄罗斯联邦法律汇编》2011 年第 50 号，第 7343 条。

② 本项由 2013 年 7 月 23 日第 251-FZ 号联邦法修订，《俄罗斯联邦法律汇编》2013 年第 30 号，第 4084 条。

③ 本项由 2011 年 12 月 6 日第 401-FZ 号联邦法修订，《俄罗斯联邦法律汇编》2011 年第 50 号，第 7343 条。

④ 本项出自 2011 年 12 月 6 日第 401-FZ 号联邦法，《俄罗斯联邦法律汇编》2011 年第 50 号，第 7343 条；经 2013 年 7 月 23 日第 251-FZ 号联邦法修订，《俄罗斯联邦法律汇编》2013 年第 30 号，第 4084 条。

（7）金融组织在俄罗斯境内合并商事组织（金融组织除外），若金融资产价值超过俄罗斯联邦政府规定的标准，该标准由俄罗斯联邦政府会商俄罗斯联邦中央银行后确定；①

（8）经济实体对手缔结联合协议的情形，若他们的资产、年产品销售总收入超过 1000 万卢布。②

2. 若本条第 1 款规定的行为由本联邦法第 9 条第 1 款第（1）项规定的同一群体实施，或者本条第 1 款规定的交易是遵守本联邦法第 31 条规定完成的，或者实施的行为由俄罗斯联邦总统令或俄罗斯联邦政府法令规定的，获得反垄断主管机构事先同意实施本条第 1 款规定的行为的要求不应当适用。③

第 28 条　反垄断主管机构事先同意的商事组织股份（所有权利益）、财产或权利交易

1. 若按最近资产负债表，以收购方式获取人员群体、个人或相关权利人的股票（股份）、权利和（或）资产的人总资产价值超过 70 亿卢布，或者上述人员群体、个人和相关权利人上一个日历年货物销售总收入超过 100 亿卢布，且按最近资产负债表，收购上述人员群体、个人和相关人股票（股份）、资产和（或）权利的总资产价值超过 2.5 亿卢布；或上述人已包括在登记册中，以下股票（股份）、权利和（或）资产的交易，应当得到反垄断主管机构事先同意：④

（1）一人（一群体）获取一家联合股份公司表决权股票，若在此获取前没有管理该联合股份公司表决权股票或管理低于该联合股份公司表决权股票 25% 的此人（此群体）获得管理该公司超过 25% 表决权股票的权利。本项要求不应当适用于该联合股份公司设立期间的设立人；⑤

（2）一人（一群体）获取一家有限责任公司法定资本股份，若此人（此群

---

① 本项出自 2011 年 12 月 6 日第 401-FZ 号联邦法，《俄罗斯联邦法律汇编》2011 年第 50 号，第 7343 条；经 2013 年 7 月 23 日第 251-FZ 号联邦法修订，《俄罗斯联邦法律汇编》2013 年第 30 号，第 4084 条。

② 本项出自 2015 年 10 月 5 日第 275-FZ 号联邦法，《俄罗斯联邦法律汇编》2015 年第 41 号，第 5629 条，自 2016 年 1 月 5 日生效。

③ 本款出自 2009 年 7 月 17 日第 164-FZ 号联邦法，《俄罗斯联邦法律汇编》2009 年第 29 号，第 3601 条。

④ 本处由 2011 年 12 月 6 日第 401-FZ 号联邦法修订，《俄罗斯联邦法律汇编》2011 年第 50 号，第 7343 条。

⑤ 本项出自 2009 年 7 月 17 日第 164-FZ 号联邦法，《俄罗斯联邦法律汇编》2009 年第 29 号，第 3601 条；经 2011 年 12 月 6 日第 401-FZ 号联邦法修订，《俄罗斯联邦法律汇编》2011 年第 50 号，第 7343 条。

体)获得管理超过该公司法定资本股份三分之一的权利,条件是在此获取前此人(此群体)未管理该公司任何股票或管理低于该公司法定资本股份三分之一。本项要求不应当适用于该有限责任公司设立期间的设立人;①

(3)管理一家有限责任公司法定资本股份不低于三分之一、不超过 50% 的一人(一群体)获取该公司法定资本的股份,若此人(此群体)获取管理超过此股份 50% 的权利;②

(4)管理一家联合股份公司表决权股票不低于 25%、不超过 50% 的一人(一群体)获取该公司表决权股票,若此人(此群体)获得管理超过此表决权股票 50% 的权利;③

(5)管理一家有限责任公司法定资本股份不低于 50%、不超过三分之二的一人(一群体)获取该公司法定资本股份,若此人(此群体)获得管理超过此股份三分之二的权利;④

(6)管理一家联合股份公司表决权股票不低于 50%、不超过 75% 的一人(一群体)获取该公司表决权股票,若此人(一群体)获得管理超过此表决权股票 75% 的权利;⑤

(7)一经济实体(诸经济实体的一群体)获得另一经济实体(金融组织除外)占有、使用或所有权中的固定生产资产(土地和非工业建筑、结构、设备、厂房和部分处所、不完整建筑设施图除外)和(或)非物质资产,若构成交易主题或相互关联交易的资产负债表价值超过让与或转让该财产的经济实体固定生产资产和非物质资产的资产账面价值的 20%;⑥

---

① 本项出自 2009 年 7 月 17 日第 164-FZ 号联邦法,《俄罗斯联邦法律汇编》2009 年第 29 号,第 3601 条;经 2011 年 12 月 6 日第 401-FZ 号联邦法修订,《俄罗斯联邦法律汇编》2011 年第 50 号,第 7343 条。

② 本项出自 2011 年 12 月 6 日第 401-FZ 号联邦法,《俄罗斯联邦法律汇编》2011 年第 50 号,第 7343 条。

③ 本项出自 2011 年 12 月 6 日第 401-FZ 号联邦法,《俄罗斯联邦法律汇编》2011 年第 50 号,第 7343 条。

④ 本项出自 2011 年 12 月 6 日第 401-FZ 号联邦法,《俄罗斯联邦法律汇编》2011 年第 50 号,第 7343 条。

⑤ 本项出自 2011 年 12 月 6 日第 401-FZ 号联邦法,《俄罗斯联邦法律汇编》2011 年第 50 号,第 7343 条。

⑥ 本项出自 2009 年 7 月 17 日第 164-FZ 号联邦法,《俄罗斯联邦法律汇编》2009 年第 29 号,第 3601 条;经 2011 年 12 月 6 日第 401-FZ 号联邦法修订,《俄罗斯联邦法律汇编》2011 年第 50 号,第 7343 条。

（8）一人（一群体）因一项或几项交易（包括基于信托管理协议、联合合同或代理合同的交易）结果，获取能够决定实施在俄罗斯联邦境内注册的经济实体（金融组织除外）的业务活动条件或行使该实体行政机构功能的权利；①

（9）一人（一群体）获取一法人表决权股份超过50%，或获得决定该法人创业活动条件或履行其执行机构职权的其他权利②。

2. 若根据本联邦法第31条中确立的条件实施本条第1款规定的行为，或其实施由俄罗斯联邦总统令或俄罗斯联邦政府令予以规定，或实施金融组织股票（股份）的交易，本条第1款中规定的关于实施行为需得到反垄断主管机构事先同意的要求不予适用。③

3. 若交易中的购买者（群体）在经营活动中不具备规定的经济实体经营条件和权利，在本条第1款规定的经济实体中一人（一群体）资产和财产总价值额情况下，该群体不包括出售资产股份的人，该一人应当作为经营活动中的实体。④

第29条　反垄断主管机构事先同意的金融组织股票（股份）、资产、权利交易

1. 若根据金融组织最近资产负债表，资产价值超过俄罗斯联邦政府确定的数额（对信贷机构股票（股份）、资产或涉及信贷机构权利的交易的数额应当由俄罗斯联邦政府会商俄罗斯联邦中央银行后确定），涉及金融组织股票（股份）、资产或权利的以下交易，应当获得反垄断主管机构事先同意后实施⑤：

（1）一人（一群体）获取一家联合股份公司表决权股票，若此人（一群体）获取管理该公司表决权股份超过25%的权利，条件是此人（一群体）以前未管理该公司表决权股票。此项要求不应当适用于该金融组织设立期间的设立人；⑥

（2）一人（一群体）获取一家有限责任公司法定资本股份，若此人（一群体）获得管理该公司法定资本股份超过三分之一的权利，条件是在此获取之

---

① 本项出自2011年12月6日第401-FZ号联邦法，《俄罗斯联邦法律汇编》2011年第50号，第7343条。

② 本项出自2011年12月6日第401-FZ号联邦法，《俄罗斯联邦法律汇编》2011年第50号，第7343条。

③ 本款经2009年7月17日164-FZ号联邦法修订，《俄罗斯联邦法律汇编》2009年第29号，第3601条。

④ 本款出自2011年12月6日第401-FZ号联邦法，《俄罗斯联邦法律汇编》2011年第50号，第7343条。

⑤ 本处由2013年7月23日第251-FZ号联邦法修订，《俄罗斯联邦法律汇编》2013年第30号，第4084条。

⑥ 本项出自2009年7月17日第164-FZ号联邦法，《俄罗斯联邦法律汇编》2009年第29号，第3601条。

前此人（一群体）未管理该公司股份或者管理该公司法定资本股份低于三分之一。本项要求不适用于该金融组织设立期间的发起人；

（3）管理一家有限责任公司法定资本股份不低于三分之一、不超过 50% 的一人（一群体）获取该公司的法定资本股份，若此人（一群体）获得管理超过上述股份 50% 的权利；

（4）管理一家联合股份公司表决权股票不低于三分之一、不超过 50% 的一人（一群体）获取该公司表决权股票，若此人（一群体）获得管理该表决权股票超过 50% 的权利；

（5）管理一家有限责任公司法定资本股份不低于 50%、不超过三分之二的一人（一群体）获取该公司法定资本股份，若此人（一群体）获得管理此股份超过三分之二的权利；

（6）管理一家联合股份公司表决权股票不低于 50%、不超过 75% 的一人（一群体）获取该公司表决权股票，若此人（一群体）获得管理该表决权股票超过 75% 的权利；

（7）一人（一群体）因一金融组织资产的一项或几项交易结果所获取的数额超过俄罗斯联邦政府规定的数额；①

（8）一人（一群体）因一项或几项交易（包括基于信托管理协议、联合合同或代理合同的交易）结果，获取足够决定实施经济实体（金融组织除外）业务活动条件或行使该实体行政机构功能的权利。

2. 若根据本联邦法第 31 条中确立的条件实施本条第 1 款规定的行为，或其实施由俄罗斯联邦总统令或俄罗斯联邦政府令予以规定，本条第 1 款中规定的关于实施行为需得到反垄断主管机构事先同意的要求不予适用。②

第 30 条　已失效③

第 31 条　国家控制群体经济集中的具体事宜

1. 在最大程度遵守以下条件的情形下，实施本联邦法第 27 条至第 29 条中规定的交易、其他行为不需经反垄断主管机构事先同意，但需根据本联邦法第 32 条确立的程序，对其执行作进一步通知：

---

① 本项出自 2011 年 12 月 6 日第 401-FZ 号联邦法，《俄罗斯联邦法律汇编》2011 年第 50 号，第 7343 条。

② 本款出自 2009 年 7 月 17 日第 164-FZ 号联邦法，《俄罗斯联邦法律汇编》2009 年第 29 号，第 3601 条。

③ 本条由 2013 年 12 月 28 日第 423-FZ 号联邦法废止，《俄罗斯联邦法律汇编》2013 年第 52 号，第 6988 条。

（1）由包含在一群体中的诸人实施本联邦法第 27 条至第 29 条规定的交易或其他行为；

（2）纳入一群体中并指明将其纳入本群体的理由的人员名单，由包含在该群体中的任何人（申请人）在实施该交易或其他行为前不迟于 1 个月以规定形式向联邦反垄断主管机构提交；

（3）列入该群体中的是实施交易或其他行为的人员名单，与提交给联邦反垄断主管机构的人员名单比较，没有变化。

2. 联邦反垄断主管机构自收到列入一群体中的人员名单和说明这些人员列入该群体的理由之日起 14 日内，向申请人发送关于以下事项之一的通知：

（1）收到该名单且其显示在联邦反垄断主管机构互联网官方网站上，若该名单以反垄断主管机构批准的形式提交；

（2）该名单违反规定的提交形式和不符合本条第 1 款规定的条件。

3. 与实施本联邦法第 28 条、第 29 条规定交易、其他行为有利害关系的人，或实施本联邦法第 27 条规定交易、其他行为对其产生后果的人，必须自交易、其他行为实施之日起 45 日内，依据本条规定的条件，将实施的交易、其他行为通知给反垄断主管机构。

4. 联邦反垄断主管机构批准提交将人员列入一群体并指明将其纳入该群体的原因的名单形式。

5. 若反垄断主管机构查明同一群体中的成员陈述的信息不可靠，应当删除其公布的相关信息。①

第 32 条 人员、向反垄断主管机构提交实施国家控制交易和其他行为的合并前后的通知、文件和信息

1. 符合本联邦法第 27 条至第 29 条规定情形下获得反垄断主管机构事先同意的目的或者符合本联邦法第 30 条至 31 条规定情形下通知反垄断主管机构的目的的以下人员，应当作为申请人向反垄断主管机构提出申请：②

（1）实施本联邦法第 27 条第 1 款第（1）至第（3）项规定行为的诸人员

---

① 本款出自 2009 年 7 月 17 日第 164-FZ 号联邦法，《俄罗斯联邦法律汇编》2009 年第 29 号，第 3601 条；经 2011 年 7 月 11 日第 200-FZ 号联邦法修订，《俄罗斯联邦法律汇编》2011 年第 29 号，第 4291 条。

② 本处由 2013 年 12 月 28 日第 423-FZ 号联邦法修订，《俄罗斯联邦法律汇编》2013 年第 52 号，第 6988 条。

之一；①

（2）本联邦法第 27 条第 1 款第（4）、（5）项和第 30 条、第 31 条规定的情形下，决定设立商事组织、应向反垄断主管机构通知实施交易或其他行为的人员或其之一；

（3）根据本联邦法第 28 条和第 29 条规定的交易，取得股票（股份）、资产和（或）权利的诸经济实体；

（4）根据本联邦法规定，有义务将其完成交易、其他行为通知给反垄断主管机构的诸人员②。③

2. 本条第 1 款第（1）至第（3）项所列人员应当向反垄断主管机构申请批准交易或其他行为。④

3. 有义务按本联邦法第 30 条、第 31 条规定将实施交易、其他行为通知给反垄断主管机构的诸人员，应当向反垄断主管机构提交关于实施交易、其他行为的合并前通知。⑤

3-1. 申请或通知可以通过电子形式向反垄断主管机构提交，提供电子申请和通知的程序由反垄断主管机构规定。⑥

4. 可以由申请人的代表向反垄断主管机构提交实施交易、其他行为的合并前或者合并后通知。

4-1. 决定进行需政府监督的交易、其他行为，应当支付国家税收。国家税收的具体金额和程序由俄罗斯联邦政府规定。⑦

5.⑧ 应当向反垄断主管机构提交以下文件，并随同实施国家控制的交易、其他行为的合并前或合并后通知：

---

① 本项出自 2011 年 12 月 6 日第 50-FZ 号联邦法，《俄罗斯联邦法律汇编》2011 年第 50 号，第 7343 条。

② 本项出自 2013 年 12 月 28 日第 423-FZ 号联邦法，《俄罗斯联邦法律汇编》2013 年第 52 号，第 6988 条。

③ 本款出自 2009 年 7 月 17 日第 164-FZ 号联邦法，《俄罗斯联邦法律汇编》2009 年第 29 号，第 3601 条。

④ 本款出自 2009 年 7 月 17 日第 164-FZ 号联邦法，《俄罗斯联邦法律汇编》2009 年第 29 号，第 3601 条。

⑤ 本款出自 2013 年 12 月 28 日第 423-FZ 号联邦法，《俄罗斯联邦法律汇编》2013 年第 52 号，第 6988 条。

⑥ 本款出自 2015 年 10 月 5 日第 275-FZ 号联邦法，《俄罗斯联邦法律汇编》2015 年第 41 号，第 5629 条，自 2016 年 1 月 5 日生效。

⑦ 本款出自 2009 年 7 月 17 日第 164-FZ 号联邦法，《俄罗斯联邦法律汇编》2009 年第 29 号，第 3601 条。

⑧ 本款由 2011 年 12 月 6 日第 401-FZ 号联邦法修订，《俄罗斯联邦法律汇编》2011 年第 50 号，第 7343 条。

（1）申请人组成文件的公证副本，包括法人申请人的名称或自然人申请人的姓氏、名字、父名，反映其提交合并前或合并后通知之日地位的身份信息［文件系列和（或）编号、其签发的日期和地点、签发文件的机构］，和递交一份申请书；

（2）界定受国家控制的交易、其他行为的主题和内容的文件；

（3）申请人在提交合并前或合并后通知之日前最近 2 年内或低于 2 年的实施活动期限内从事活动类型的信息，和确认可能根据俄罗斯联邦特别许可立法仅经特别准许才能实施此类活动的权利的文件副本；

（4）申请人在提交合并前或合并后通知之日前最近 2 年或低于 2 年的实施活动期间内的产品种类、生产和销售数量的描述，并附产品命名代码的说明；

（5）申请人关于本联邦法第 27 条至第 30 条中规定的诸人的主要活动类型信息，上述人在提交合并前或合并后通知之日前最近 2 年或低于 2 年的实施活动期间的产品类型、生产和销售数量的描述，并附产品命名代码说明或确认申请人没有这些信息的书面申请；

（6）申请人在提交合并前申请或合并后通知之日前提交的最近资产负债表；①

（7）申请人及其组合的资产负债表总资产价值信息；

（8）申请人资产负债表总资产价值信息，它和其组合的股票（股份）、财产或资产和（或）其获得的权利，或书面陈述申请人没有该等信息；

（9）若申请人为金融组织，由其向俄罗斯联邦中央银行和监管金融服务市场的联邦行政主管机构提交的金融、经济和其他报告；

（10）若申请人收购金融组织的股票（股份）、财产或资产和（或）权利，就其获得的股票（股份）、财产或资产和（或）权利，向俄罗斯联邦中央银行和监管金融服务市场的联邦行政主管机构提交的金融、经济和其他报告；

（11）一商事组织的名单，其中申请人以任何理由管理超过 5% 的股票（股份），或书面声明申请人未管理该商事组织的股票（股份）；

（12）以任何理由管理申请人股票（股份）超过 5% 的商事组织；

（13）一群体、属同一群体的人与申请人因指明理由是本群体的成员；

（14）本联邦法第 27 条至第 30 条规定的同一群体的其他人员的成员名单，说明该人员是本群体成员的理由，或书面说明申请人不具有该等信息；

（15）持有超过经济实体股票（股份）5%，提交申请或通知之日需获得持

---

① 本项出自 2013 年 12 月 28 日第 423-FZ 号联邦法，《俄罗斯联邦法律汇编》2011 年第 52 号，第 6988 条。

有超过经济实体 5% 股票(股份)的人员名单,应当以书面形式提交申请或通知,拟获得此信息的人应当在书面申请中证明其没有此信息;

(16)联邦反垄断主管机构审批的申请表中群体人员名单(包括申请人),其口表明该申请群体的要求(提交申请时应当明确提出这些要求)。群体名单中包括被监管的申请人,在同一商品市场从事相同销售活动、参与资产重组并购和(或)经营活动的经济实体和其他受监管的人。该名单不包含个体经营者自然人和(或)本联邦法第 9 条第 1 款第(1)至(3)、(5)、(8)和(9)项规定情形的人;

(17)提交申请之日包含本联邦法第 27 条至第 29 条规定的人员(群体)的名单,其可以采取不同方式申请或书面陈述。本联邦法第 27 条至第 29 条规定的人员(群体)包括参与企业合并的人员(群体)、从事经营活动客体和在经营活动中受监管的人员(群体)、在大宗商品交易市场中受监管的人员(群体),不包括个体经营者。本款第(1)至(3)项、第(5)至(6)项和本联邦法第 9 条第 1 款第(9)项所指的人员,应当不属于同一群体。[①]

(18)申请人相关利益的信息,掌控超过经济实体股份 5% 的声明人或名义持有人的信息,包括税收优惠攻策和政府扶持的受益人的信息,和本联邦法未明确要求提供或披露的离岸法人信息;

(19)经济集中的经济实体根据 2008 年 4 月 29 日第 57-FZ 号《关于俄罗斯国防和国家安全战略重要性经济实体外国投资程序的联邦法》第 6 条许可活动的清单,或申请人应当提交书面申请并在申请表中证明其没有此类信息;

(20)支付国家税收、作出进行交易的决定,联邦政府控制的其他行为的证明文件。

5-1. 除非视为没有提交本条第 5-2 款、第 5-4 款规定的申请表,若上述人提交本条第 5 款规定的文件不齐全,反垄断主管机构应当自收到之日起 10 日内通知申请人。[②]

5-2. 若本条第 5 款第(3)项规定的文件副本要求从事某类经营活动需要经营许可证(即根据俄罗斯联邦法律从事某些活动需要特殊经营许可)但申请人没有此类许可证,反垄断主管机构应当向授权机构提交请求,授权机构根

[①] 本项出自 2013 年 12 月 28 日第 423-FZ 号联邦法,《俄罗斯联邦法律汇编》2013 年第 52 号,第 6988 条。

[②] 本款出自 2009 年 7 月 17 日第 164-FZ 号联邦法,《俄罗斯联邦法律汇编》2009 年第 29 号,第 3601 条;经 2011 年 7 月 1 日第 169-FZ 号联邦法修订,《俄罗斯联邦法律汇编》2011 年第 27 号,第 3880 条。

据收到的反垄断主管机构请求提供此种许可的信息。①

5-3. 已失效。②

5-4. 若申请人没有提供本条第5款第(10)至(11)项规定的文件,俄罗斯联邦中央银行和监管金融市场金融服务的联邦行政主管机构在收到联邦反垄断主管机构的请求后,应当提供金融、经济报告和其他报告,其包含申请人的信息、股份、财产和(或)资产收购、股份转让信息。③

6. 关于获得诸商事组织之间合并、一个或数个商事组织加入到一商事组织、设立一商事组织的申请,或者关于一商事组织合并、加入或设立的通知,应当由申请人或参与合并、加入或创立商事组织的其他人签字。申请人根据本条第5款规定的清单,连同申请或通知书,向反垄断主管机构提交关于参与商事组织合并、加入或设立的其他人的文件和信息。④

7. 联邦反垄断主管机构批准本条第5款规定的提交信息的形式。

8. 若根据本联邦法第27条至第31条规定,要求实施交易或其他行为需获得反垄断主管机构事先同意或者给予事先通知,根据协议,该交易或者其他行为应当作为一项单独申请或者随后单独通知的一部分。⑤

9. 反垄断主管机构应当自收到交易通知后在其官方网站发布信息。利害关系人有权利向反垄断主管机构提供该交易竞争状态的信息。⑥

10. 本条第1款所列的人员有权利向反垄断主管机构申请获得提交申请前近期计划交易或其他行为的信息。利害关系人有权利向反垄断主管机构提

---

① 本款出自2011年7月1日第169-FZ号联邦法,《俄罗斯联邦法律汇编》2011年第27号,第3880条;经2011年12月6日第401-FZ号联邦法修订,《俄罗斯联邦法律汇编》2011年第50号,第7343条。

② 本款原规定按2011年7月1日第169-FZ号联邦法有效,《俄罗斯联邦法律汇编》2011年第27号,第3880条;由2011年12月6日第401-FZ号联邦法废止,《俄罗斯联邦法律汇编》2011年第50号,第7343条。

③ 本款出自2011年7月1日第269-FZ号联邦法,《俄罗斯联邦法律汇编》2011年第27号,第3880条;经2011年12月6日第401-FZ号联邦法修订,《俄罗斯联邦法律汇编》2011年第50号,第7343条。

④ 本款出自2011年12月6日第50-FZ号联邦法,《俄罗斯联邦法律汇编》2011年第50号,第7343条。

⑤ 本款出自2009年7月17日第164-FZ号联邦法,《俄罗斯联邦法律汇编》2009年第29号,第3601条;经2013年12月28日第423-FZ号联邦法修订,《俄罗斯联邦法律汇编》2013年第52号,第6988条。

⑥ 本款出自2015年10月5日第275-FZ号联邦法,《俄罗斯联邦法律汇编》2015年第41号,第5629条,自2016年1月5日生效。

供保证竞争所需要的文件和条件。反垄断主管机构在控制经济集中过程中应当参考其收到的文件和信息。①

第 33 条　反垄断主管机构根据审查结果作出决定、向申请人发出指令

1. 反垄断主管机构有义务自收到本联邦法第 32 条规定的申请之日起 30 日内审查该申请、以书面形式将作出的决定通知给申请人，并说明其理由。

2. 反垄断主管机构根据审查获得实施国家控制交易或其他行为的申请的结果，作出以下决定之一：

（1）若申请中宣布的交易或其他行为不导致限制竞争，批准该申请；

（2）审查申请后有必要获得作出本款第（1）、（3）、（4）和（5）项规定决定的补充信息以对其作进一步审查，和若确定申请中宣布的交易、其他行为可能导致限制竞争，包括导致合并或加强此人（一群体）的支配地位，延长审查申请的期限；

（3）若按本联邦法第 27 条规定审查商事组织合并非商事组织，或从事本联邦法第 28 条、第 29 条规定交易的申请人需履行使反垄断主管机构满意的属于其决定延长审理期限重要部分的重组和合并条件，延长审查申请的期限；②

（3-1）若申请中的交易、其他行为需根据 2008 年 4 月 29 日《关于俄罗斯国防和国家安全战略重要性经济实体外国投资程序的联邦法》在对交易作出同意决定前进行前期协调，延长审查期限；③

（4）批准同意实施本联邦法第 28 条、第 29 条规定交易、其他行为的申请，并向申请人发出本联邦法第 23 条第 1 款第（2）项规定的指令，要求其在实施申请中的交易或其他行为过程中履行旨在确保竞争的行为；④

（5）若实施申请中宣布的交易或其他行为导致限制竞争（包括导致出现或加强申请人支配地位），或者若反垄断主管机构在审查提交的文件过程中认定包含在文件中的信息和对其作出决定的重要信息是不可信的，驳回申请；

（6）按 2008 年 11 月 8 日第 195-FZ 号《关于俄罗斯国防和国家安全战略重要性经济实体外国投资程序的联邦法》第 6 条，决定是否批准事先同意申

---

①　本款出自 2015 年 10 月 5 日第 275-FZ 号联邦法，《俄罗斯联邦法律汇编》2015 年第 41 号，第 5629 条，自 2016 年 1 月 5 日生效。

②　本项由 2011 年 12 月 6 日第 401-FZ 号联邦法修订，《俄罗斯联邦法律汇编》2011 年第 50 号，第 7343 条。

③　本项出自 2008 年 11 月 8 日第 195-FX 号联邦法，《俄罗斯联邦法律汇编》2008 年第 45 号，第 5141 条。

④　本项由 2011 年 12 月 6 日第 401-FZ 号联邦法修订，《俄罗斯联邦法律汇编》2011 年第 50 号，第 7343 条。

请中的交易或其他行为。

3. 本条第 1 款规定的期限可以经本条第 2 款第(2)项规定的决定延长不超过 2 个月的期限。若反垄断主管机构作出该决定,应当在其互联网官方网站上发布获得同意实施交易或其他行为的申请中宣布的预期交易、其他行为的信息。利害关系人有权利向反垄断主管机构提交关于本次交易、其他行为对竞争条件影响的信息。①

4. 若诸商事组织之间的合并、一个或数个商事组织加入到另一商事组织、一商事组织的设立导致或可能导致限制竞争,包括导致诸如出现或加强因实施上述行为所设立的人(群体)的支配地位,反垄断主管机构应当决定延长本条第 2 款第(3)项规定的审查申请期限。

5. 本条第 2 款第(3)项规定的条件可以包含具有确保竞争目标的以下内容:

(1)获取申请人和参与诸商事组织之间合并、一个或数个商事组织加入到另一商事组织、设立一商事组织的其他人管理的基础设施、其他生产设施或信息的程序;

(2)向其他人授予申请者和参与诸商事组织之间合并、一个或数个商事组织加入到另一商事组织、一商事组织设立的其他人管理的工业产权保护设施的权利的程序;

(3)对申请人和(或)参与诸商事组织之间合并、一个或数个商事组织加入到另一商事组织、一商事组织设立的其他人关于将财产转让给未包含在有该申请人和(或)其他人的群体内的其他人的要求,关于将上述申请人和(或)其他人的行动选择权利和(或)义务让与给未包含在有上述申请人和(或)其他人的一群体内的其他人的要求。

(4)组成包含申请人和参与诸商事组织之间合并、一个或数个商事组织加入到另一商事组织、一商事组织设立的其他人的一群体的要求。

6. 申请人在遵守本条第 2 款第 3 项规定条件后,应当向反垄断主管机构提交确认其已实施的文件。反垄断主管机构自收到文件之日起 30 日内,对诸商事组织之间合并、一个或数个商事组织加入到另一商事组织、一商事组织设立的申请作出决定。若及时提交确认履行条件的文件,批准该申请,否则拒绝批准该申请。②

---

① 本款出自 2011 年 7 月 11 日第 200-FZ 号联邦法,《俄罗斯联邦法律汇编》2011 年第 29 号,第 4291 条。

② 本款由 2011 年 12 月 6 日第 401-FZ 号联邦法修订,《俄罗斯联邦法律汇编》2011 年第 50 号,第 7343 条。

7. 若申请中宣布的交易、其他行为导致限制竞争,反垄断主管机构应当作出批准申请的决定并同时发出本条第 2 款第(4)项规定的指令。[1]

8. 若自决定批准之日起 1 年为未实施交易或其他行为,反垄断主管机构应当终止批准同意该交易或其他行为的决定的效力。

9. 本联邦法第 30 条规定的有义务向反垄断主管机构通知实施国家控制的交易或其他行为的人,有权利在实施该交易或其他行为之前请求反垄断主管机构同意其实施,反垄断主管机构有义务根据本条确立的程序审查该申请。[2]

9-1. 意图缔结联合协议的经济实体,若其总金额不超过本联邦法第 27 条第 8 款第(1)项的规定,该经济实体有权利要求反垄断机构提供已同意缔结的相关协议,反垄断机构应当根据本条规定的程序审查申请。[3]

10. 若本联邦法第 30 条规定的交易、其他行为导致或可能导致限制竞争,包括导致出现或加强经济实体市场支配地位,向反垄断主管机构提交相关通知的申请人或包含申请人的群体有义务根据反垄断主管机构按本联邦法第 23 条第 1 款第(2)项发布的指令实施行为,旨在确保竞争。[4]

11. 若发生重大情况,反垄断主管机构经其自身提议和申请人申请,应当根据依本联邦法发布的规定,重新审查其决定、指令的内容和执行程序,提出免予执行全部或部分行为合理性内容的可能性。重大情况包括商品市场的商品或经营地域范围的变化、销售者与购买者构成的变化、居支配地位经济实体的地位丧失。对重新审查行为的申请,应当由反垄断主管机构自实施后 1 个月内审查。复议指令的程序由反垄断主管机构规定。指令的变更不应当降低申请人的地位。[5]

第 34 条 违反获得反垄断三管机构事先同意实施交易、其他行为的程序和向反垄断主管机构通知实施国家控制交易、其他行为的程序的后果

1. 未经反垄断主管机构事先同意设立商事组织,包括本联邦法第 27 条

---

[1] 本款出自 2009 年 7 月 17 日第 164-FZ 号联邦法,《俄罗斯联邦法律汇编》2009 年第 29 号,第 3601 条。

[2] 本款出自 2013 年 12 月 28 日第 423-FZ 号联邦法,《俄罗斯联邦法律汇编》2013 年第 52 号,第 6988 条。

[3] 本款出自 2015 年 10 月 5 日第 275-FZ 号联邦法,《俄罗斯联邦法律汇编》2015 年 41 号,第 5629 条,自 2016 年 1 月 5 日生效。

[4] 本款由 2011 年 12 月 6 日第 401-FZ 号联邦法修订,《俄罗斯联邦法律汇编》2011 年第 50 号,第 7343 条;经 2013 年 12 月 28 日第 423-FZ 号联邦法修订,《俄罗斯联邦法律汇编》2013 年第 52 号,第 6938 条。

[5] 本款出自 2011 年 12 月 6 日第 401-FZ 号联邦法,《俄罗斯联邦法律汇编》2011 年第 50 号,第 7343 条。

规定情形下因诸商事组织合并或加入出现的商事组织,若其设立导致或可能导致限制竞争,包括诸如导致出现或加强支配地位,经反垄断主管机构请求,法院应当在法律上以分离或拆分方式进行清算或重组。

2. 未经反垄断主管机构事先同意实施本联邦法第 28 条和第 29 条规定的交易或其他行为,若这些交易或其他行为导致或可能导致限制竞争,包括诸如导致出现或加强支配地位,经反垄断主管机构请求,法院应当在法律上确认无效。

3. 已失效。①

4. 若违反本联邦法第 31 条规定,未向反垄断主管机构通知而实施交易、其他行为且这些交易或其他行为导致或可能导致限制竞争,包括诸如导致出现或加强支配地位,经反垄断主管机构请求,法院应当在法律上确认这些交易或其他行为无效。②

5. 不遵守反垄断主管机构依据本联邦法第 33 条第 2 款第(4)项规定程序发出的指令,是法院经反垄断主管机构请求确认这些交易在法律上无效的理由。

6. 不遵守反垄断主管机构依据本联邦法第 33 条规定作出的决定,违反本联邦法第 27 条至第 32 条要求的其他行为和本条规定的后果是,应当承担俄罗斯联邦行政违法行为立法规定情形下的行政责任。③

第 35 条　国家控制限制经济实体竞争的协议

1. 意图根据本联邦法缔结被确认可准许的协议的经济实体,有权利以书面形式向反垄断主管机构申请验证本协议草案符合反垄断立法要求。

2. 意图缔结协议的经济实体应当按照反垄断主管机构批准的清单向反垄断主管机构提交文件和信息,并与申请书一起提交。

3. 反垄断主管机构应当自提交审查申请所必要的全部要求信息之日起 30 日内,以书面形式决定该协议草案是否符合反垄断立法。

3-1. 若根据本条第 2 款规定提交的文件不齐全,申请人应当提交反垄断主管机构指定的文件。反垄断主管机构应当在 10 个工作日内通知申请人。反垄断主管机构保管文件的时间为 14 个工作日,申请人有权利在该期间内撤

---

① 本款由 2013 年 12 月 28 日第 423-FZ 号联邦法废止,《俄罗斯联邦法律汇编》2013 年第 52 号,第 6988 条。

② 本款原规定由 2011 年 1 月 6 日第 401-FZ 号联邦法废止,《俄罗斯联邦法律汇编》2011 年第 50 号,第 7343 条;本款现规定出自 2013 年 12 月 28 日第 423-FZ 号联邦法,《俄罗斯联邦法律汇编》2013 年第 52 号,第 6988 条。

③ 本款出自 2013 年 12 月 28 日第 423-FZ 号联邦法,《俄罗斯联邦法律汇编》2013 年第 52 号,第 6988 条。

回其提交的文件。①

4. 以下事项是协议草案不遵守反垄断立法的书面决定的依据:

(1)本联邦法第 11 条第 1 款和第 3 款规定的条件;②

(2)经济实体提供的文件中包含不可靠的信息和未包含其他重要决策信息;

(3)已失效。③

5. 反垄断主管机构在必要时可以延长本条第 3 款规定的审查申请期限,但不得超过 20 日。反垄断主管机构应当书面通知申请人延长审查申请期限,并说明延期的理由。

6. 若自通过相应决定之日起 1 年内未缔结书面协议,反垄断主管机构关于该协议草案遵从或未遵从反垄断立法的决定应当失效。

7. 反垄断主管机构有权利向协议参与人发出旨在确保竞争的指令,并随同有关书面协议草案遵从反垄断立法的决定。

8. 具有以下情形之一的,反垄断主管机构有权利撤销其关于书面协议草案符合反垄断法的决定:

(1)已经作出决定后确认,意图缔结协议的经济实体提交审查的信息不可靠;

(2)意图缔结协议的经济实体未履行反垄断主管机构发出的本条第 7 款规定的指令;

(3)根据本联邦法第 12、13 条改变对协议草案的认定。

9. 执行反垄断主管机构作出协议符合反垄断立法决定的经济实体,应当在 1 个月内根据反垄断主管机构依据本条第 8 款第(3)项作出的决定,终止该协议。

10. 已失效。④

11. 已失效。⑤

---

① 本款出自 2011 年 1 月 6 日第 401-FZ 号联邦法,《俄罗斯联邦法律汇编》2011 年第 50 号,第 7343 条。

② 本项由 2011 年 1 月 6 日第 401-FZ 号联邦法修订,《俄罗斯联邦法律汇编》2011 年第 50 号,第 7343 条。

③ 本项由 2011 年 1 月 6 日第 401-FZ 号联邦法废止,《俄罗斯联邦法律汇编》2011 年第 50 号,第 7343 条。

④ 本款由 2011 年 1 月 6 日第 401-FZ 号联邦法废止,《俄罗斯联邦法律汇编》2011 年第 50 号,第 7343 条。

⑤ 本款由 2011 年 1 月 6 日第 401-FZ 号联邦法废止,《俄罗斯联邦法律汇编》2011 年第 50 号,第 7343 条。

12. 已失效。①

第8章 违反反垄断立法的责任

第36条 履行反垄断主管机构决定和指令的义务

商事组织和非商事组织(其官员)、俄罗斯联邦行政主管机构(其官员)、俄罗斯联邦主体权力机构(其官员)、地方自治政府机构(其官员)、行使上述机构职能的其他机构或组织(官员)、预算外公共基金(官员)、自然人(包括个体经营者),有义务在决定和指令规定的期限内履行反垄断主管机构的决定和指令。

第37条 违反反垄断立法的责任

1. 联邦行政主管机构、俄罗斯联邦主体权力机构、地方自治政府机构、履行上述机构职能的其他机构或组织、预算外公共基金的官员,商事和非商事组织及其官员,自然人(包括个体经营者),承担俄罗斯联邦立法规定的责任。②

2. 对本条第1款中规定的人员施加责任,不应当免除其履行反垄断主管机构的决定和指令、向反垄断主管机构提交审查的申请或通知,或实施反垄断立法规定的其他行为的义务。

3. 其权利在违反反垄断立法过程中遭受侵害的人,有权利向法院、仲裁院提起侵权诉讼并有权向法庭请求赔偿其财产和利益损失。③

第38条 商事组织和非商事组织从事营利活动的强制分解或分离

1. 若占支配地位的商事组织从事系统性垄断活动和非商事组织从事营利活动,法院根据反垄断主管机构的请求(若涉及信贷组织,反垄断主管机构会商俄罗斯联邦中央银行后的请求)有权利作出强制分解这些组织的判决或从他们中分离出一个或数个组织的判决。因强制分离所设立的诸组织不得包括在一群体中。

2. 若总体上符合以下条件,法院作出的强制分解商事组织或从其分离出一个或数个商事组织的判决,应当具有发展竞争的目的:

(1)存在分离商事组织结构单元的可能性;

(2)该商事组织结构单元之间缺乏技术上条件性互连(特别是,该商事组织

---

① 本款由2011年1月6日第401-FZ号联邦法废止,《俄罗斯联邦法律汇编》2011年第50号,第7343条。

② 本款出自2013年7月23日第251-FZ号联邦法,《俄罗斯联邦法律汇编》2013年第30号,第4084条。

③ 本款出自2011年12月6日第401-FZ号联邦法,《俄罗斯联邦法律汇编》2011年第50号,第7343条。

结构单元生产的产品、工程、服务总量的30%或以下被其他结构单元所消耗);

(3)对因该重组结果设立的法人在相关商品市场存在独立营运的可能性。

3. 法院关于强制分解商事组织或从其中分离出一个或数个商事组织和分解或分离从事营利活动的非商事组织的判决,应当由所有权人或非商事组织的授权代表机构在考虑所述判决规定的要求后并在其确定的不低于6个月的期限内执行。

第9章 审查违反反垄断立法案件

第39条 违反反垄断案的理由、案件审查的地点和后果,在案件审查过程中揭示行政违法迹象

1. 反垄断主管机构启动和审查违反反垄断立法案件,对这些案件作出决定和在其职权范围内基于决定发出指令。

2. 反垄断主管机构启动和审查违反反垄断立法案件(以下简称本案)的依据是:

(1)收到国家机构或地方自治政府机构指明违反反垄断立法迹象的文件(以下简称文件);

(2)法人或自然人的申请(以下简称申请);[①]

(3)反垄断主管机构监测到的违反反垄断立法迹象;

(4)指出违反反垄断立法迹象的大众媒体报道、自然人和法人的报告;

(5)联邦行政主管机构、俄罗斯联邦主体权力机构、地方自治政府机构、行使上述机构职能的其他机构或组织和预算外公共基金的检查结果,发现商事组织、非商事组织违反反垄断立法的事实[②]。

3. 违反反垄断立法的案件可以由所犯违法行为所在地或者违反反垄断立法投诉针对的人的所在地(住所)的反垄断主管机构审查。联邦反垄断主管机构可以处理上述案件,不论违法行为地或提出投诉或提交材料所针对的人所在地或居住地。[③]

---

① 本项由 2011 年 1 月 6 日第 401-FZ 号联邦法修订,《俄罗斯联邦法律汇编》2011 年第 50 号,第 7343 条。

② 本项出自 2009 年 7 月 17 日第 164-FZ 号联邦法,《俄罗斯联邦法律汇编》2009 年第 29 号,第 3601 条;经 2011 年 12 月 6 日第 401-FZ 号联邦法修订,《俄罗斯联邦法律汇编》2011 年第 50 号,第 7343 条。

③ 本款出自 2009 年 7 月 17 日第 164-FZ 号联邦法,《俄罗斯联邦法律汇编》2009 年第 29 号,第 3601 条。

4. 反垄断主管机构将违反反垄断立法的申请、文件和案件移交给另一反垄断主管机构的规则由联邦反垄断主管机构制定。

5. 若反垄断主管机构在审查违反反垄断立法案件过程中揭示存在行政违法迹象的情形,应当依据俄罗斯联邦行政违法法确立的程序启动行政违法案件。若反垄断主管机构在检查中发现存在违反反垄断立法情形,应当根据俄罗斯行政程序法启动行政违法案件。

第 39-1 条　终止含有违反反垄断立法迹象行为(不作为)的通知①

1. 为了防止导致或可能导致限制、阻碍、消除竞争,反垄断主管机构应当向经济实体发出终止导致限制、阻碍、消除竞争和含有违反反垄断立法迹象的行为的通知。

2. 若反垄断主管机构发现有违反本联邦法第 10 条第 1、3 和 5 款的迹象,应当向负主要责任的经济实体发出警告通知。

3. 若反垄断主管机构在审查过程中发现违反本联邦法第 10 条第 1、3 和 5 款,但在立案调查取证过程中未发现有明确的违反迹象,违反反垄断立法案件应当由反垄断主管机构案件审查委员会审理。

4. 通知应当包含:

(1)对所提出的理由作出的结论;

(2)违反反垄断法律法规;

(3)旨在终止违反反垄断立法的行为清单,免除导致违反反垄断立法后果的条件和要求。

5. 申请人在发布警告指定期限内应当接受必要的审查。发出警告后的执行期限不少于 10 日。若鉴于申请人的请求和动机,申请时有充分理由说明其无法按时履行反垄断主管机构的要求,可以延长时限。

6. 被通知人应当在履行完通知要求后 3 个工作日内通知反垄断主管机构。

7. 若被通知人履行通知要求且在履行过程中排除违反反垄断立法行为,不应当承担行政责任,也不受理对其的违反反垄断立法案件。

8. 若无法按时履行通知要求且已违反反垄断立法,反垄断主管机构应当作出违反反垄断法立案的决定。

9. 提交通知及其形式由反垄断主管机构规定。

第 40 条　违反反垄断立法案件的审查委员会

1. 反垄断主管机构应当依照本联邦法确立的程序对每件违反反垄断立

---

① 本条出自 2011 年 1 月 6 日第 401-FZ 号联邦法,《俄罗斯联邦法律汇编》2011 年第 50 号,第 7343 条。

沄案件的审查,成立违反反垄断立法案件审查委员会(以下简称委员会)。委员会的成员和主席由反垄断主管机构批准。

2. 委员会由反垄断主管机构的雇员组成。反垄断主管机构负责人或者其副职可以担任委员会主席。委员会成员人数不得少于 3 人。委员会成员可以根据反垄断主管机构的主动决定予以替换。[1]

3. 为审查银行业服务市场中信贷组织违反反垄断立法的案件,俄罗斯联邦中央银行的代表应当永久纳入委员会,且委员会的半数成员为该类代表。[2]

4. 已失效。[3]

5. 本条第 3 款和第 4 款规定的违反反垄断立法案件审查委员会的成员人数(包括主席)应当为偶数。

6. 若不少于全体委员会 50% 的成员且不少于委员会 3 名成员出席会议,委员会有资格审查违反反垄断立法案件。

6-1. 若审查违反反垄断立法案件的委员不足法定人数,出席审理的委员会成员可以决定延期审理该案件并确定新的审理日期,该决定以裁定方式作出。[4]

7. 反垄断立法案件审查过程中出现的问题应当以多数票予以解决。若赞成票和反对票相等,委员会主席有权投决定性一票。委员会成员没有放弃投票的权利,委员会主席有决定性投票权。

第 41 条 委员会采取的行为

1. 委员会应当通过命令、决议和指令。[5]

2. 委员会在审查完违反反垄断立法案件后,应当在会议期间通过决议。委员会的决议应当作为一个单独文件提出,并由会议期间通过决议的全体与会成员签署。不同意委员会决议的成员有义务签署委员会通过的决议案,并

---

① 本款出自 2011 年 1 月 6 日第 401-FZ 号联邦法,《俄罗斯联邦法律汇编》2011 年第 50 号,第 7343 条。

② 本款出自 2011 年 6 月 27 日第 162-FZ 号联邦法,《俄罗斯联邦法律汇编》2011 年第 27 号,第 3873 条;经 2011 年 12 月 6 日第 401-FZ 号联邦法修订,《俄罗斯联邦法律汇编》2011 年第 50 号,第 7343 条;经 2013 年 7 月 23 日第 251-FZ 号联邦法修订,《俄罗斯联邦法律汇编》2013 年第 30 号,第 4084 条。

③ 本款由 2013 年 7 月 23 日第 251-FZ 号联邦法废止,《俄罗斯联邦法律汇编》2013 年第 30 号,第 4084 条。

④ 本款出自 2011 年 1 月 6 日第 401-FZ 号联邦法,《俄罗斯联邦法律汇编》2011 年第 50 号,第 7343 条。

⑤ 本款出自 2011 年 1 月 6 日第 401-FZ 号联邦法,《俄罗斯联邦法律汇编》2011 年第 50 号,第 7343 条。

以书面形式提交其特别意见,且将该意见加入到该案件文件中。委员会的决议应当制作一份副本加入到该案件文件中。①

3. 违反反垄断立法案件的决议应当包括:

(1)关于驳回该案件有或没有理由的结论;

(2)关于被告行为(不作为)中有或没有违反反垄断立法的结论;

(3)关于有或没有发出指令和强制行为清单(包含在指令中)的理由的结论;

(4)关于有或没有采取其他措施(包括诸如向法院上诉、将文件移交至法律机制、反垄断主管机构提交给联邦主管机构和地方自治政府机构的旨在发展和确保竞争条件的建议之类的措施)停止违反反垄断立法行为和(或)恢复其后果、保证竞争的理由的结论;

(5)反垄断主管机构在分析竞争状况基础上对违反反垄断立法案件作出的结论,但该分析不是强制性程序案件除外②。

3-1. 违反反垄断立法案件裁决的前言部分,应当包含审理违反反垄断案件反垄断机构的名称、委员会成员、案件号、宣布案件决定的决议日期、当事人的名称、参与审理案件的人(员)姓名(包括其职务)。③

3-2. 违反反垄断立法案件裁决的叙述部分,应当包含简短描述请求(若审查完请求状后立案)、反驳的意见、陈述、声明、案件参与人的申请。④

3-3. 违反反垄断立法案件裁决的推理部分,应当明确:

(1)委员会审理过程中明确的案情和理由,包括反垄断主管机构的竞争分析和对遵守反垄断立法的调查情况;

(2)委员会作出决定时援引的证据,包括涉及已作出决定的证据、委员会驳回理由的证据、委员会接受或驳回的对涉案当事人要求和拒绝的理由的证据;

(3)委员会作出裁决时援引的其他法律法规。⑤

---

① 本款出自 2011 年 1 月 6 日第 401-FZ 号联邦法,《俄罗斯联邦法律汇编》2011 年第 50 号,第 7343 条。

② 本项出自 2015 年 10 月 5 日第 275-FZ 号联邦法,《俄罗斯联邦法律汇编》2015 年第 41 号,第 5629 条,自 2016 年 1 月 5 日生效。

③ 本款出自 2015 年 10 月 5 日第 275-FZ 号联邦法,《俄罗斯联邦法律汇编》2015 年第 41 号,第 5629 条,自 2016 年 1 月 5 日生效。

④ 本款出自 2015 年 10 月 5 日第 275-FZ 号联邦法,《俄罗斯联邦法律汇编》2015 年第 41 号,第 5629 条,自 2016 年 1 月 5 日生效。

⑤ 本款出自 2015 年 10 月 5 日第 275-FZ 号联邦法,《俄罗斯联邦法律汇编》2015 年第 41 号,第 5629 条,自 2016 年 1 月 5 日生效。

3-4. 违反反垄断立法案件的裁决部分,应当包括:

(1)审查案件的理由的结论;

(2)违反反垄断立法有无理由、根据的结论;

(3)列明应当执行的行为,包括有无提供处理办法的理由的结论;

(4)反垄断主管机构对违反反垄断立法的后果采取防范和制止措施(包括向法院提起诉讼、向执行机构提交文件、向政府与自治机构提交保证竞争建议的文件)。①

4. 委员会以决议为基础发出指令。作出的指令应当作为对每位当事人的独立文件,该当事人有义务在指令规定的时间内完成决议中确定的行为。该指令由委员会主席和出席会议的委员会成员签署。

5. 委员会主席或委员会应当在本条规定的案件中发布命令。该命令作为一个单独文件提出,由委员会主席和成员签署,并发送给参与本案的人员和本条规定的其他人。

6. 委员会通过的决议案范本应当由联邦反垄断主管机构批准。

7. 本条所列行为应当由有资格的委员会主席和成员电子签名。②

第 41-1 条 违反反垄断立法案件的时效③

违反反垄断立法案件的时效为 3 年。对违反反垄断立法超过 3 年的案件,尚未启动的不能再启动,已经启动的案件应当审结。对持续违反反垄断立法的案件,应当在该违法行为停止或该违法行为被发现之日起计算时效。

第 42 条 参与违反反垄断立法案件的人员

1. 参与违反反垄断立法案件的人员有:

(1)申请人,指提交申请书的人、寄送文件的国家机构或地方自治政府机构;

(2)被告人,指提交的申请和寄送的文件所针对的人,或者反垄断主管机构发现其作为(不作为)违反反垄断立法的人。自程序启动之日起,以上提及的人员被认定为违反反垄断立法案件的被告人。

(3)利害关系人,指其权利和合法利益受审查违反反垄断立法案件影响的人。

2. 参与违反反垄断立法案件审查的人员有权利自行或者由其代理人行

---

① 本款出自 2015 年 10 月 5 日第 275-FZ 号联邦法,《俄罗斯联邦法律汇编》2015 年第 41 号,第 5629 条,自 2016 年 1 月 5 日生效。

② 本款出自 2015 年 10 月 5 日第 275-FZ 号联邦法,《俄罗斯联邦法律汇编》2015 年第 41 号,第 5629 条,自 2016 年 1 月 5 日生效。

③ 本条出自 2015 年 10 月 5 日第 275-FZ 号联邦法,《俄罗斯联邦法律汇编》2015 年第 41 号,第 5629 条,自 2016 年 1 月 5 日生效。

使其权利和义务。

3. 委员会若在审查违反反垄断立法案件过程中确定除被告人以外的人的行为(不作为)含有违反反垄断立法的要素,应当有权利将该人列为本案的被告或第二被告施加责任。若委员会未发现诸被告人之一的行为中有违反反垄断立法的事实,应当发布命令终止该人参与本案审查。终止该人参与本案审理的命令副本应当立即送达给参与本案的诸人。

4. 委员会在审查违反反垄断立法案件过程中,有权利聘请专家、翻译人员和知悉关于本委员会审查情况的信息但不是本案参与人的人员。委员会应当发出聘请专家、翻译人员和知悉本委员会审查情况的信息的人员参与审查本案的命令,并自签发命令之日起 3 日内向他们发送命令副本。①

第 42-1 条　参与审查违反反垄断立法案件的其他人②

1. 委员会在审查违反反垄断立法案件中,有权利根据当事人的要求聘请专家、翻译人员和掌握本案信息的其他人。专家、翻译人员和掌握本案信息的其他人不应当作为本案的当事人。

2. 委员会聘请参与审查违反反垄断立法案件的专家,系指具备审查本案所涉问题相关知识的人。

3. 专家的候选人和案件的所有问题由委员会决定。在选取候选人时,当事人有权利提出关于候选人和本案应讨论的问题的建议。

4. 若专家、翻译人员的服务费从政府预算支付,其入选程序应当按照 2013 年 4 月 5 日第 44-FZ 号《关于保证政府和自治市需求领域政府采购商品和服务的联邦法》进行。

5. 专家经委员会批准后有权利了解案件的事实和根据,参加委员会的会议,提交获取案件更多信息的申请。

6. 若某些问题超越了专家知识范围或所提供的信息不全面,专家有权利拒绝作出结论。

7. 若专家的结论有错误,该专家应当根据联邦法律承担相应法律责任。

8. 委员会在作出聘请专家和翻译人员的决定后 3 日内向专家和翻译人员发出决定的副本。

9. 若违反反垄断立法案件的当事人认为专家所作决定不公正,当事人有

---

① 本款经 2015 年 10 月 5 日第 275-FZ 号联邦法修订,《俄罗斯联邦法律汇编》2015 年第 41 号,第 5629 条。

② 本条出自 2015 年 10 月 5 日第 275-FZ 号联邦法,《俄罗斯联邦法律汇编》2015 年第 41 号,第 5629 条,自 2016 年 1 月 5 日生效。

权利直接拒绝专家的服务。其决定由委员会作出。若委员会在以前已经解决过专家服务问题,不应当审查第二次提交的拒绝专家服务申请。

第 42-2 条　委员会成员不能参与审查违反反垄断立法案件①

1. 若委员会成员在履行其义务过程中导致利益冲突,或者成员在履行其职责中涉及个人利益,不应当允许该成员参与审查违反反垄断立法案件。

2. 可以由案件当事人提交此类申请。

3. 由委员会对上述申请作出决定。若已经有相同的申请,委员会应当拒绝审查第二次申请。

第 43 条　违反反垄断立法案件参与人的权利②

1. 自启动违反反垄断立法案件时起,参与本案的人员有权利自行熟悉案件材料、做摘要、提供证据和熟悉证据、向其他参与人提出问题、提出请愿书,向委员会提供书面和口头解释,对案件审查过程中出现的所有问题提出自己的观点,熟悉由其他人提起的请愿,反对其他参与人提出的请愿、争论和观点。③

2. 当事人在审查违反反垄断立法案件中有权利以书面形式作记录。若在案件审查过程中传播涉及受法律保护的秘密信息,委员会主席有权利阻止当事人记录。④

3. 案件审查过程中的录像和录音应当由委员会主席批准。⑤

4. 当事人在行使其权利和义务时应当保持公正。⑥

第 44 条　审查请求书和文件,启动违反反垄断立法案件⑦

1. 应当审查违反反垄断立法案件的申请和材料。申请应当以书面形式

---

① 本条出自 2015 年 10 月 5 日第 275-FZ 号联邦法,《俄罗斯联邦法律汇编》2015 年第 41 号,第 5629 条,自 2016 年 1 月 5 日生效。

② 本条标题名称出自 2011 年 1 月 6 日第 401-FZ 号联邦法,《俄罗斯联邦法律汇编》2011 年第 50 号,第 7343 条。

③ 本款出自 2011 年 1 月 6 日第 401-FZ 号联邦法,《俄罗斯联邦法律汇编》2011 年第 50 号,第 7343 条。

④ 本款出自 2011 年 1 月 6 日第 401-FZ 号联邦法,《俄罗斯联邦法律汇编》2011 年第 50 号,第 7343 条。

⑤ 本款出自 2011 年 1 月 6 日第 401-FZ 号联邦法,《俄罗斯联邦法律汇编》2011 年第 50 号,第 7343 条。

⑥ 本款出自 2011 年 1 月 6 日第 401-FZ 号联邦法,《俄罗斯联邦法律汇编》2011 年第 50 号,第 7343 条。

⑦ 本条由 2011 年 1 月 6 日第 401-FZ 号联邦法修订,《俄罗斯联邦法律汇编》2011 年第 50 号,第 7343 条。

提出,其中包括:

(1)申请人的信息(自然人的姓名和住址、法人的名称和地址);

(2)申请人掌握的被告人信息;

(3)违反反垄断立法的描述;

(4)申请人的具体要求;

(5)附件文件。

2. 申请应当列出违反反垄断立法事实的附件文件(以下简称文件)。若无法提供文件,应当明确无法提供的具体原因和可能拥有此类文件的人或机构。

3. 若缺乏本条第1、2款明确规定的申请和文件,反垄断主管机构有权利拒绝审查申请并在收到申请后10日内书面通知申请人。

4. 反垄断主管机构自收到文件后1个月内审查文件。若缺乏信息或信息不全面导致无法作出违反反垄断立法的裁决,且没有发现违反反垄断立法的具体事实,反垄断主管机构可以延长不超过2个月的审查期限,并书面通知申请人。

5. 反垄断主管机构应当在审查申请或文件中:

(1)明确是否有资格审查申请;

(2)确认违反反垄断立法的事实和应适用的法律法规。

6. 反垄断主管机构在审查申请中有权利向商事组织、非商事组织、联邦机构、自治机构、政府机构、自然人进行询问,并遵照俄罗斯联邦关于构成政府、银行、商业秘密的法律收集书面或口头形式的资料、文件和信息。

7. 反垄断主管机构在审理指控违反本联邦法第10条规定资料中,应当针对被投诉经济实体的文件、资料,并明确经济实体的支配地位,除非反垄断主管机构依据本条第9款理由决定驳回申请。

8. 反垄断主管机构应当根据审查申请的结果作出以下决定:

(1)审理违反反垄断立法案件;

(2)拒绝审查违反反垄断法案件;

(3)根据本联邦法第39-1条发出警告①。

9. 反垄断主管机构应当审理以下情形的违反反垄断立法案件:

(1)申请中明确的问题与反垄断主管机构资格无关;

(2)没有违反反垄断立法迹象;

(3)申请的理由与以前审理的案件有关;

---

① 本项出自2015年10月5日第275-FZ号联邦法,《俄罗斯联邦法律汇编》2015年第41号,第5629条,自2016年1月5日生效。

(4)申请理由已被反垄断主管机构作出裁决。除非有拒绝审查违反反垄断立法案件的决定,申请人向反垄断主管机构提供的其按本联邦法第 48 条第 1 款第(2)项作出反垄断立法决定时未知的证明;

(5)申请理由的时效已经届满;

(6)法院或仲裁院认定被告行为有违反反垄断立法的迹象;

(7)根据本法第 39-1 条规定已经消除违反反垄断立法的迹象。

10. 反垄断主管机构应当根据本条第 3 款规定的时间向申请人发出拒绝审理违反反垄断法案件的通知。

11. 若反垄断机构、仲裁院、法院在审理中发现对决定有重大意义的相关文件和资料,可以延长案件的审理期限。若决定延长,应当书面通知申请人。

12. 由反垄断主管机构作出审查违反反垄断立法案件的裁决和组织委员会的命令。应当在该裁决发布后 3 个工作日内向案件当事人发送裁决副本。

13. 作出裁决后,委员会主席发布审理违反反垄断立法案件的决定和组织委员会的裁定,并向当事人发出该裁定的副本。

14. 组织违反反垄断立法案件审理委员会的裁定应当包含:

(1)当事人的信息;

(2)案件的事实和根据;

(3)违反反垄断立法的证据、迹象和事实的描述;

(4)委员会会议的地点、日期和时间。①

15. 违反反垄断立法案件的裁定应当包括当事人提供的审查所需要的文件和资料。②

第 45 条 审理违反反垄断立法案件

1. 委员会应当自签发启动审理程序之日起 3 个月内审理违反反垄断立法案件。在涉及反垄断主管机构需要获得更多信息的案件和本条规定的案件中,委员会可以延长上述规定的期限,但最长不超过 6 个月。委员会应当签发延长案件审理期限的命令,并将该命令副本递交给参与案件的人。

2. 违反反垄断立法案件的审理应当在委员会会议上进行。应当向参与案件的人员通知审理的时间和地点。若已及时向参与案件的人员通知案件审理的时间和地点,但其未出席会议,委员会有权利在其缺席情况下审理案件。

---

① 本款出自 2015 年 10 月 5 日第 275-FZ 号联邦法,《俄罗斯联邦法律汇编》2015 年第 41 号,第 5629 条,自 2016 年 1 月 5 日生效。

② 本款出自 2015 年 10 月 5 日第 275-FZ 号联邦法,《俄罗斯联邦法律汇编》2015 年第 41 号,第 5629 条,自 2016 年 1 月 5 日生效。

在案件审理期间,应当保存委员会主席签署的会议纪要。委员会有权利将会议的速记或录音记录纳入会议纪要。

2-1. 委员会收到当事人申请后可以作出审理违反反垄断立法案件的决定。若有使用科技设备的条件,委员会批准进行视频会议。使用视频设备的程序由反垄断主管机构规定。①

3. 委员会主席应当:

(1)公开委员会会议;

(2)宣布委员会成员名单;

(3)宣布审理的案件,检查本案参与人出席委员会会议情况,审查其资格,确认未出席会议的人员是否已经正式通知和已获得不出席的原因的信息;

(4)确定审理案件的可能性;

(5)向参与本案的人员解释其程序权利和责任,建立主持程序性议程的顺序;

(6)指导委员会会议,确保全面和完整审理本案证据和情况的条件,确保审理案件参与人的申请和陈述;

(7)采取措施确保委员会会议的正当秩序;

(8)告知案件情况②。

3-1. 审理违反反垄断立法案件应当以公开会议形式进行,但公开会议形式不适用于审理可能导致泄露国家秘密,或者必要时涉及受法律保护的商事、官方或其他秘密(包括申请参与审理违反反垄断立法案件)。对以非公开会议形式审理包含国家秘密信息的违反反垄断立法案件的具体事宜,由联邦反垄断主管机构会商授权负责安全保障领域的联邦行政主管机构后作出规定。对此类违反反垄断立法案件的审理,应当以委员会非公开会议形式作出裁决。③

3-2. 非公开审理违反反垄断立法案件中的当事人、其法定代表人、委员会,可以根据需要聘请专家、翻译人员和掌握本案信息的人。④

---

① 本款出自 2015 年 10 月 5 日第 275-FZ 号联邦法,《俄罗斯联邦法律汇编》2015 年第 41 号,第 5629 条,自 2016 年 1 月 5 日生效。

② 本项出自 2015 年 10 月 5 日第 275-FZ 号联邦法,《俄罗斯联邦法律汇编》2015 年第 41 号,第 5629 条,自 2016 年 1 月 5 日生效。

③ 本款出自 2015 年 10 月 5 日第 275-FZ 号联邦法,《俄罗斯联邦法律汇编》2015 年第 41 号,第 5629 条,自 2016 年 1 月 5 日生效。

④ 本款出自 2015 年 10 月 5 日第 275-FZ 号联邦法,《俄罗斯联邦法律汇编》2015 年第 41 号,第 5629 条,自 2016 年 1 月 5 日生效。

3-3. 若违反反垄断立法案件材料中含有受法律保护的国家、商事、政府或其他秘密信息，应当按照俄罗斯联邦法律的要求对该案件单独立档和存档。①

3-4. 若案件当事人、专家、翻译人员和有本案信息的相关人员，非法传播国家、商业和其他机密信息，应当承担法律责任。②

4. 在委员会会议上，各委员立当：

（1）听取本案参与人的发言；

（2）听取和讨论请求，对反映在会议纪要中的请求作出决定；

（3）查验证据；

（4）听取本案参与人有关其提交的证据的意见和解释；

（5）听取和讨论具有作出结论目的的专家立场；

（6）听取处理与本案审理情节有关的信息；

（7）讨论本案参与人员的申请、委员会提出的休会、暂停或停止某行动的必要性问题。

5. 委员会在审理违反反垄断立法案件期间，有权利要求参与案件的人员提供吸纳其他人参与本案的文件和信息、审理过程产生的问题的书面和口头解释。

5-1. 在审理违反反垄断立法案件中，反垄断主管机构应当进行竞争状态分析，并根据所做分析作出有无违反反垄断立法的结论。③

6. 经审查案件证据、本案参与人立场性陈述、专家结论，质证处理委员会审查情节的实质证据的人员，委员会主席宣布本案审理结束，要求本案参与人和协助审理本案的其他人员离席以便委员会作出决定。

第45-1条　违反反垄断立法的证据④

1. 违反反垄断立法的证据.指委员会根据本联邦法获得的用于证明有或没有违反反垄断立法的、对案件作出决定有重要意义的证据。

2. 当事人应当在委员会规定的期间内依据所提供的证据提出自己的主张。

---

① 本款出自 2015 年 10 月 5 日第 275-FZ 号联邦法，《俄罗斯联邦法律汇编》2015 年第 41 号，第 5629 条，自 2016 年 1 月 5 日生效。

② 本款出自 2015 年 10 月 5 日第 275-FZ 号联邦法，《俄罗斯联邦法律汇编》2015 年第 41 号，第 5629 条，自 2016 年 1 月 5 日生效。

③ 本款出自 2015 年 10 月 5 日第 275-FZ 号联邦法，《俄罗斯联邦法律汇编》2015 年第 41 号，第 5629 条，自 2016 年 1 月 5 日生效。

④ 本条出自 2015 年 10 月 5 日第 275-FZ 号联邦法，《俄罗斯联邦法律汇编》2015 年第 41 号，第 5629 条，自 2016 年 1 月 5 日生效。

3. 证据包括书面证据、当事人的解释、专家结论、视频录音记录和其他文件和资料。

4. 违反反垄断立法的书面证据包括对审理案件有意义的事实、判决、协议、证明、交换记录,包括邮箱、以电子或其他电子数码形式获取的文件和资料、制作电子信息的副本或以其他可确认文件准确性的手段。书面证据包括由联邦机构规定的竞争分析结果。

5. 违反反垄断的证据材料,应当按其属性、法理、地点和其他特点作为构成案件要素的证据链。

第45-2条　违反反垄断立法案件当事人获取构成国家秘密信息的程序①

1. 违反反垄断立法案件的当事人有权利提出申请异议、解释、申辩和提交材料,用以证明有或没有违反反垄断立法行为。可以按《俄罗斯联邦免除刑事责任法典》第14.32条第1款和第3款规定的行政管理责任、行政违法行为,和按《俄罗斯联邦刑事法典》第178条,免除本案中的刑事责任。

2. 在审理反垄断立法案件过程中,涉案当事人以书面或者口头形式提出的异议和申诉材料,不得作为商事秘密加以利用。

3. 反垄断主管机构可以要求或申请不提供含有商事秘密的信息,若此信息可以通过所有者签字方式获取。

4. 若构成商事秘密信息的所有者同意向当事人提供信息,应向反垄断主管机构以书面形式提供。

5. 若在提供违反反垄断立法信息前,当事人在参与审理违反反垄断立法案件过程中获得构成商事秘密的信息,应当缔结保密协议。

第46条　委员会会议休会

1. 经参与违反反垄断立法案件的人员申请或委员会自身动议,委员会有权利宣布本次会议休会,休会期限不得超过7日。

2. 委员会应当在休会后自中断结束之时起继续审理违反反垄断立法案件。对休会前委员会会议已审查的证据不再审查。

第47条　违反反垄断立法案件审查的延期和中断

1. 委员会有权利依据以下情形延期审查违反反垄断立法案件:

(1)经相关文件证明,其本人或其代表有正当理由不出席委员会会议的

---

① 本条出自2015年10月5日第275-FZ号联邦法,《俄罗斯联邦法律汇编》2015年第41号,第5629条,自2016年1月5日生效。

案件一方当事人恳请；

（2）有必要获得补充证据；

（3）为吸纳协助审理本案的人员参与本案和委员会认为其他人员有必要参与本案；

（4）在案件审理过程中，确定被告的行为（不作为）中有正在审查的违法行为以外的其他违反反垄断立法的要素；

（5）联邦法律规定的其他情形。

1-1. 若以前以不同身份违法的当事人（有案底的人）为本案的被告，委员会应当推迟反垄断立法案件的审理。[1]

1-2. 若在按本条第 1 款和第 1-1 款案件审理过程中发现有证据、实例和其他事实可以构成证据链证明违反反垄断立法，应当延期审理此案。[2]

2. 若延期审理反垄断立法案件，案件审理期限不应当中断。委员会应当在休会后的新会议中从中断之时起继续审理案件。

3. 具有以下情形且在以下期限内，委员会可以暂停审查违反反垄断立法案件：

（1）其他案件反垄断主管机构、法院、侦查机关的审理结论对审理本违反反垄断立法案件具有重要意义；

（2）作出专家鉴定。

4. 违反反垄断立法案件的审理期限可以中断，期限为本案的暂停期限，并自本案恢复之时起恢复审理。

5. 委员会应当发出延期、中止或恢复审理违反反垄断立法案件和进行专家鉴定的命令，其副本应当自其签发之日起 3 日内送达给参与本案的人员。专家鉴定命令副本也应当自其签发之日起 3 日内送交给专家。

第 47-1 条　违反反垄断立法案件的合并或分离[3]

1. 反垄断主管机构为了充分、全面、客观审理案件，可以根据反垄断主管机构程序，主动或按涉案人员请求，对二宗及以上违反反垄断立法案件进行合

---

① 本款出自 2011 年 1 月 6 日第 401-FZ 号联邦法，《俄罗斯联邦法律汇编》2011 年第 50 号，第 7343 条。

② 本款出自 2015 年 10 月 5 日第 275-FZ 号联邦法，《俄罗斯联邦法律汇编》2015 年第 41 号，第 5629 条，自 2016 年 1 月 5 日生效。

③ 本条出自 2009 年 7 月 17 日第 164-FZ 号联邦法，《俄罗斯联邦法律汇编》2009 年第 29 号，第 3601 条；本条标题名称由 2011 年 12 月 6 日第 401-FZ 号联邦法修订，《俄罗斯联邦法律汇编》2011 年第 50 号，第 7343 条。

并,或者将一宗案件分离成数宗案件进行单独审理。

2. 反垄断主管机构应当对合并案件或者分离案件作出正式决定文件。

3. 对按反垄断主管机构命令决定合并或分离后的案件应当组成由新成员构成的委员会。

第 48 条　违反反垄断立法案件的驳回

1. 具有以下情形之一的,委员会应当终止违反反垄断立法案件的法律程序:

(1)犯违法行为的人员自愿消除违反反垄断立法行为及其后果;

(2)在委员会审理的行为(不作为)中没有违反反垄断立法;

(3)本案中唯一被告人的法人被清算;

(4)本案中唯一被告人的自然人死亡;

(5)若有一项法律行为生效,在本案审查主题的行为(不行为)中有存在或不存在违反反垄断立法的结论;

(6)对委员会审查行为(不作为)过程中,已有反垄断主管机构生效的认定违反反垄断立法的决定。

2. 委员会应当按照本联邦法第 41 条规定的要求作出停止审理本案件的决定。若按照本条第 1 款第(1)项规定终止审查案件,决定的结论部分应包含确认被告存在违反反垄断立法的事实。①

第 48-1 条　审理结论②

1. 在审理反垄断立法案件结案前,委员会应当依法对被告人的行为作出有违法行为或无违法行为的审理结案说明。

2. 包含以下内容的审理结案说明,必须由委员会主席和成员共同签署,以单独的法律文书告知:

(1)委员会认定的实际情况和其他理由,包括在反垄断主管机构竞争状态分析过程中发现的和在检查遵循反垄断立法要求过程中发现的事实;

(2)委员会驳回的证据和其理由、采纳案件当事人提出的合理诉求和反驳依据。

3. 对已作出结案的案件,若其违反反垄断立法,应当延期审理。

---

① 本款出自 2009 年 7 月 17 日第 164-FZ 号联邦法,《俄罗斯联邦法律汇编》2009 年第 29 号,第 3601 条;经 2011 年 12 月 6 日第 401-FZ 号联邦法修订,《俄罗斯联邦法律汇编》2011 年第 50 号,第 7343 条。

② 本条出自 2015 年 10 月 5 日第 275-FZ 号联邦法,《俄罗斯联邦法律汇编》2015 年第 41 号,第 5629 条,自 2016 年 1 月 5 日生效。

4. 对已确定违反反垄断立法的案件,应当自宣布裁决之日起 5 个工作日内,向案件当事人送达裁决书。若案件当事人提起申诉,应当自收到该裁决书之日起 5 个工作日之后提出。

5. 对违反反垄断立法案件,在委员会作出宣布裁决和延迟审理决定之前,当事人有权利以书面形式向委员会提交证据和案件陈词。

6. 若案件当事人提供的证据和书面材料能够证实被告违反反垄断立法,且这些新证据材料是委员会宣布裁决书中没有的,委员会应当依据本联邦法第 47 条第 1 款第(2)项宣查,案件应当依据本条规定重新审理。

7. 若违反反垄断立法案件的当事人提交的证据和书面材料,能够在委员会审查中证明被告人的行为无违反反垄断立法,委员会应当依据本联邦法第 48 条规定终止审理本案。

第 49 条　委员会对违反反垄断立法案件作出决定

1. 委员会在作出决定过程中,应当:

(1)评估本案参与人提交的证据和论点;

(2)评估专家和处理本委员会审查情况的事实证据的人员的结论和解释;

(3)确定本委员会审查的行为(不作为)已违反俄罗斯联邦反垄断立法或其他立法的规范;

(4)确立本案参与人的权利和义务;

(5)对以下问题作出决定:发布指令及其内容;实施旨在消除和(或)防止违反反垄断立法的其他行动的必要性,包括向执法机构送交材料,向法院提起诉讼和向国家主管机构或地方自治政府机构发出建议。

2. 委员会作出的决定应当在案件审理结束后宣布。在宣布中可仅宣布结论部分。应当自宣布决定之结论部分之日起 10 个工作日内,制作决定的全部内容并递交给本案参与人员。决定最终文本的制作日期应当为决定实际作出的日期。[①]

第 50 条　违反反垄断立法案件的指令

1. 委员会根据违反反垄断立法案件的审理结果和以决定为基础,向案件的被告人发出指令。

2. 违反反垄断立法案件的指令应当与决定同时作出。指令的副本应当立即送交给或提交给规定履行决定中确定行为的人。

---

① 本款由 2011 年 12 月 6 日第 401-FZ 号联邦法修订,《俄罗斯联邦法律汇编》2011 年第 50 号,第 7343 条。

第 51 条　履行违反反垄断立法案件的指令,不履行将垄断活动或不公正竞争收入转移至联邦财政的指令的后果

1. 违反反垄断立法案件的指令应当在该指令规定的期限内履行。反垄断主管机构行使对履行其指令的控制权。

2. 未及时履行违反反垄断立法案件的指令的,应承担行政责任。

3. 根据本联邦法确定的程序被确认为垄断活动或不正当竞争行为的人和根据反垄断立法被确认为不准许行为的人,有义务根据反垄断主管机构的指令,将从这些行为(不作为)中获得的收入转移至联邦财政。若未履行该指令,应当以反垄断主管机构提起诉讼的方式,将上述收入收缴至联邦财政。

4. 在规定期限内部分履行该指令、背离或延期履行该指令,应当包含在未及时履行违反反垄断立法案件指令之内。①

5. 若申请人在请愿书中提出的理由被认定为有效,委员会可以在被告人合理请求下,将违反反垄断立法案件的指令期限延长 6 个月以上。延长指令期限的申请书必须在指令履行期限届满前不低于 20 个工作日向反垄断主管机构提交。②

6. 同意或拒绝延长指令期限的决定须在收到申请书后 10 个工作日内由委员会主席和成员签字,在被告人指定情况下以通知方式将决定书及回执送交给或交付给他们的代表。③

7. 若被告人认为在后 5 个工作日内通过的行政裁决不符合行政责任规定的案件审理期限,委员会应当尽快发布作出界定新期限的决定。该界定决定应当由委员会主席和成员签名,以邮件方式通知被告人或其代表,并随附提交或移交的收到回执。④

第 51-1 条　违反反垄断立法决定和(或)裁决的解释,修正笔误、错别字和算术错误⑤

1. 作出违反反垄断立法的决定和(或)裁决的委员会,有权利通过申请人

---

①　本款出自 2009 年 7 月 17 日第 164-FZ 号联邦法,《俄罗斯联邦法律汇编》2009 年第 29 号,第 3601 条。

②　本款出自 2009 年 7 月 17 日第 164-FZ 号联邦法,《俄罗斯联邦法律汇编》2009 年第 29 号,第 3601 条。

③　本款出自 2009 年 7 月 17 日第 164-FZ 号联邦法,《俄罗斯联邦法律汇编》2009 年第 29 号,第 3601 条。

④　本款出自 2009 年 7 月 17 日第 164-FZ 号联邦法,《俄罗斯联邦法律汇编》2009 年第 29 号,第 3601 条。

⑤　本条出自 2011 年 12 月 6 日第 401-FZ 号联邦法,《俄罗斯联邦法律汇编》2011 年第 50 号,第 7343 条。

或自己主动提供不修改本决定和(或)裁决内容的笔误、错别字和算术错误的解释、更正。

2. 委员会应当发出解释、更正决定和(或)裁决中笔误、错别字和算术错误的决定。

3. 委员会应当在作出上述决定后 3 个工作日内、不超过收到申请后 15 个工作日向当事人发出解释、更正决定和(或)裁决中笔误、错别字和算术错误的决定。

第 51-2 条　因新理由和证据决定复审违反反垄断立法案件①

1. 若委员会可以根据收到当事人提供补充的新理由和新证据作出复审决定,应当根据本条规定的理由作出该复审决定。

2. 决定复审违反反垄断立法案件的理由:

(1)出现在作出案件决定执行部分的公告时不知或未发现的、对案件正确决定具有重要意义的新信息;

(2)虚假证据、案件信息人的虚假证词、不准确的专家结论、不准确的翻译导致作出不合法或不合理的解决方案和(或)依据上述信息作出的决定;

(3)若反垄断主管机构依据反垄断立法规定发现案件有新证据,其应当自当事人明确知晓该案件出现新情况之日起 3 个月内,向本案当事人发出案件复审决定,委员会应当按照掌握的新证据审理本案。

4. 若案件当事人未在规定期限内提交复审申请导致申请时效届满,但当事人在反垄断主管机构确定重新复审的 6 个月内提交申请,反垄断主管机构认为期限届满后提交申请的理由正当,可以延长提交申请的期限。

5. 复审决定的形式由俄罗斯联邦反垄断主管机构规定。

6. 若反垄断主管机构发现以下问题,应当向申请人退回复审申请:

(1)没有遵守申请的形式和内容的要求;

(2)提交申请的期限届满。

7. 委员会应当在收到复审指令后 1 个月内审理。

8. 委员会根据审理复审申请的结果作出以下决定:

(1)同意复审申请;

(2)驳回复审申请。

9. 委员会应当向申请人发出驳回复审申请的裁定。

10. 委员会依据反垄断立运向当事人做出复审决定,应当在发布该决定

---

① 本条出自 2011 年 12 月 6 日第 401-FZ 号联邦法,《俄罗斯联邦法律汇编》2011 年第 50 号,第 7343 条。

之日起 3 个工作日内,将复审决定副本送达给当事人。

11. 若委员会依据反垄断立法作出复审决定,该复审决定或者经修订的复审决定应当依照本章规定的程序实施。

第 52 条　对反垄断主管机构决定和指令的上诉程序

1. 可以对反垄断主管机构的决定或指令自决定作出或指令签发之日起 3 个月内提出上诉。向法院或仲裁院的上诉在法院审理期间暂停执行反垄断主管机构的指令,直至该法院的判决生效。

1-1. 若对反垄断主管机构的决定已经向反垄断主管机构专门委员会提出过诉讼和申请,可以在 1 个月内就反垄断主管机构的决定和(或)指令,向仲裁院提出上诉和(或)抗诉。①

2. 若仲裁院受理对反垄断主管机构决定的上诉,反垄断主管机构的决定在仲裁院裁决生效前应当暂停执行。②

第 10 章　本联邦法的最后条款和生效

第 53 条　本联邦法的最后条款

1. 自本联邦法生效之日起,确认以下法律或条款无效:

(1)1991 年 3 月 22 日第 948-1 号《苏联苏维埃社会主义共和国联盟关于在商品市场中竞争和限制垄断活动的法律》第 1-3 条、第 4 条第 1 款第(1)至(25)项、第 Ⅱ 至 Ⅶ 部分(《苏联苏维埃社会主义共和国联盟人民代表大会和苏联苏维埃社会主义共和国联盟最高苏维埃公报》第 16 号,第 499 条);

(2)1999 年 6 月 23 日第 117-FZ 号《关于保护金融服务市场中竞争的联邦法》(《俄罗斯联邦法律汇编》1999 年第 26 号,第 3147 条);

(3)1995 年 5 月 25 日第 83-FZ 号《关于变更和补充苏联苏维埃社会主义共和国联盟"关于在商品市场中竞争和限制垄断活动"的联邦法》第 1 条第 1 至 4、6 至 26、30 至 34 款(《俄罗斯联邦法律汇编》1995 年第 22 号,第 1977 条);

(4)1998 年 5 月 6 日第 70-FZ 号《关于变更和补充苏联苏维埃社会主义共和国联盟"关于在商品市场中的竞争和限制垄断行为"的联邦法》(《俄罗斯联邦法律汇编》1998 年第 19 号,第 2066 条;

(5)2000 年 1 月 2 日第 3-FZ 号《关于变更和补充苏联苏维埃社会主义共

---

① 本款出自 2015 年 10 月 5 日第 275-FZ 号联邦法,《俄罗斯联邦法律汇编》2015 年第 41 号,第 5629 条,自 2016 年 1 月 5 日生效。

② 本款出自 2011 年 12 月 6 日第 401-FZ 号联邦法,《俄罗斯联邦法律汇编》2011 年第 50 号,第 7343 条。

和国联盟"关于商品市场中竞争和限制垄断活动"的联邦法》(《俄罗斯联邦法律汇编》2000 年第 2 号,第 124 条);

(6)2001 年 12 月 30 日第 196-FZ 号《关于〈俄罗斯联邦行政违法法典〉生效的联邦法》第 3 条第 2 至 5、38-42 项(《俄罗斯联邦法律汇编》2002 年第 1 号,第 2 条);

(7)2002 年 3 月 21 日第 31-FZ 号《关于根据"关于法人国家登记"的联邦法进行法定登记的联邦法》第 2 条第 2 项(《俄罗斯联邦法律汇编》2002 年第 12 号,第 1093 条);

(8)2002 年 10 月 9 日第 122-FZ 号《关于变更和补充苏联苏维埃社会主义共和国联盟"关于商品市场中竞争和限制垄断活动"的联邦法》第 1 至 4 项、第 6 至 33 项(《俄罗斯联邦法律汇编》第 2002 年第 41 号,第 3969 条);

(9)2005 年 3 月 7 日的第 13-FZ 号《关于变更和补充苏联苏维埃社会主义共和国联盟"关于商品市场中竞争和限制垄断活动"的联邦法第 17 条和第 18 条的联邦法》(《俄罗斯联邦法律汇编》2005 年第 10 号,第 761 条);

(10)2006 年 2 月 2 日第 19-FZ 号《关于变更俄罗斯联邦某些法定行为和确认俄罗斯联邦在制定"采购国家和自治市需要的货物、工程和服务"的联邦法律中某些单独法定行为条款无效的联邦法》第 20、21 条(《俄罗斯联邦法律汇编》2006 年第 6 号,第 636 条)。

2. 自本联邦法生效之日起,直至俄罗斯联邦调整俄罗斯联邦境内与保护竞争有关的关系的其他法律和法令符合本联邦法,与本联邦法不冲突的部分适用于上述其他法律和法令规定的防止和限制垄断活动和不正当竞争。

3. 本联邦法第 17-1 条第 1 款规定的关于组织招投标,或为了在组织拍卖前取得协议获取权的投标,应当根据 2005 年 7 月 21 日第 115-FZ 号《关于特许权协议的联邦法》规定的程序进行;获取协议的拍卖应当根据 2001 年 12 月 21 日第 178-FZ 号《俄罗斯联邦关于国家和自治市财产私有化的联邦法》规定的程序进行。

4. 已失效。①

4-1. 本联邦法不适用于在克里米亚共和国和有联邦意义的塞瓦斯托波尔市于 2014 年 3 月 18 日缔结的国家和自治市财产权利转移协议,和 2014 年 3 月 18 日至 2015 年 7 月 1 日与中小型企业缔结的国家和自治市财产转移协

---

① 本款原规定出自 2008 年 11 月 8 日第 195-FZ 号联邦法,《俄罗斯联邦法律汇编》2008 年第 45 号,第 5141 条;由 2013 年 7 月 2 日第 144-FZ 号联邦法废止,《俄罗斯联邦法律汇编》2013 年第 27 号,第 3436 条。

议。合法履行了自身义务的此类中小型企业应当根据本联邦法第17-1条第9至11款的程序进行。在克里米亚共和国和有联邦意义的塞瓦斯托波尔市的租金,应当按照《俄罗斯联邦宪法》第12-1条第1款关于克里米亚共和国和塞瓦斯托波尔市加入俄罗斯联邦的规定进行。①

5. 2011年1月1日前关于举办涉及本联邦法第17-1条第1、3款规定的合同缔结权招投标或拍卖活动的信息,应当刊登在经俄罗斯联邦政府授权的、由俄罗斯联邦行政主管机构规定的用于刊登招投标信息的俄罗斯联邦政府互联网官方网站、俄罗斯联邦主体权力机构互联网官方网站和地方自治政府教育互联网官方网站。关于招投标或拍卖活动举行、变更和停止的信息,还应当刊登在经俄罗斯联邦政府授权的联邦行政主管机构、俄罗斯联邦主体权力机构和地方自治政府机构以竞争程序选定的官方正式出版物上。②

6. 不允许豁免以拍卖方式缔结联邦法律规定的关于提供金融服务的协议。③

第54条　本联邦法的生效

本联邦法自正式发布之日起满90日后生效。

俄罗斯联邦总统

弗拉基米尔·普京

于莫斯科克里姆林

2006年7月26日

(爱丽姆·库巴耶娃、邓瑞平译,邓瑞平、张建文审校)

---

① 本款出自2015年7月13日第213-FZ号联邦法,《俄罗斯联邦法律汇编》2015年第29号,第4339条。

② 本款出自2009年7月17日第173-FZ号联邦法,《俄罗斯联邦法律汇编》2009年第29号,第3610条;经2011年7月11日第200-FZ号联邦法修订,《俄罗斯联邦法律汇编》2011年第29号,第4291条。

③ 本款出自2011年12月6日第401-FZ号联邦法,《俄罗斯联邦法律汇编》2011年第50号,第7343条。

❋ 严楚凡*

《1992 年印度证券交易委员会法》
(2014 年修正)简介

一、印度证券市场及其监管机构发展简况

印度证券市场最早可以追溯到 18 世纪末东印度公司的可转换债券的交易。② 1887 年,孟买证券交易所的前身、印度第一家证券经纪人组织——印度股票和债券经纪人协会正式成立,印度首次出现了有价证券交易场所。③ 20 世纪中后期,随着印度经济的长足发展、证券交易场所数量和交易资金总量有大幅度提高,印度证券交易委员会(以下简称"委员会")应运而生并成为印度法定的国家证券监督机构。④

委员会于 1988 年 4 月 12 日由印度政府设立,其法定职权来源于 1992 年《印度证券交易委员会法》(以下简称"本法"),⑤总部设在孟买国际展览中心商务区,并在新德里、加尔各答、金耐和艾哈迈德巴德设有地区办事处。⑥ 在

---

* 严楚凡,1994 年生,男,广东广州人,西南政法大学国际法学院国家卓越涉外法律人才教育培养基地 2013 级本科实验班学生,美国范德堡大学(Vanclerbiltuniversity)法学院法律专业 2017 级硕士生。

② 杨文武:《印度证券市场》,载《南亚研究季刊》2000 年第 2 期。

③ Securities and Exchange Board of India,维基百科,https://en.wikipedia.org/wiki/Securities_and_Exchange_Board_of_India,2015 年 11 月 23 日访问。

④ Securities and Exchange Board of India,维基百科,https://en.wikipedia.org/wiki/Securities_and_Exchange_Board_of_India,2015 年 11 月 24 日访问。

⑤ Securities and Exchange Board of India,维基百科,https://en.wikipedia.org/wiki/Securities_and_Exchange_Board_of_India,2015 年 11 月 24 日访问。

⑥ Securities and Exchange Board of India,维基百科,https://en.wikipedia.org/wiki/Securities_and_Exchange_Board_of_India,2015 年 11 月 24 日访问。

委员会成立以前,相关权力由资本事务管理局(Controller of Capital Issues)行使。[1] 委员会最初是一个非中央立法成立的组织,仅根据政府的决议成立,直至 1992 年本法颁布,才成为具有立法授权的国家机构。

委员会的组成人员包括:(1)主席 1 人,由印度联合政府任命;(2)来自中央处理经济事务部门或《公司法》(1956 年)中规定的管理部门 2 人;(3)来自印度储蓄银行 1 人;(4)其他人员 5 人,由印度联合政府任命,其中 3 人须是全职成员。[2]

委员会的职能是"保护证券投资者的权益,促进、规范证券市场及有关事项"。[3] 委员会融一定立法职能、行政职能和司法职能于一体。在立法职能方面,其可以制定相关规章;在行政职能方面,其可以对特定问题展开调查并予以执行;在司法方面,其可以作出裁决和命令。[4] 尽管这些职能使委员会似乎权力无边,但法律规定了规制和处罚其不当行为的诉讼机制,包括由三名法官组成的证券上诉庭和更高一级的上诉机关——印度最高法院(Supreme Court)。[5] 委员会还力促印度证券市场的公开程度达到国际标准,具有长远的眼光。

二、2014 年修正的背景

印度是世界上第二大人口大国,是金砖国家之一,也是世界上经济发展最快的国家之一,其经济产业多元化,涵盖农业、手工艺、纺织以至服务业。虽然印度三分之二的人口仍然直接或间接依靠农业维生,但近年来服务业增长迅速,日益重要,已成为全球软件、金融等服务业重要出口国。但印度同时面临着农业生产低速、服务业和工业增幅下降、财政赤字额度巨大的困境,这些成为制约印度经济发展的不利因素。印度的经济基础决定了其必须迅速构建有利于其经济发展的上层建筑,于是印度政府公布了一系列经济改革政策,主要

---

① Securities and Exchange Board of India,维基百科,https://en.wikipedia.org/wiki/Securities_and_Exchange_Board_of_India,2015 年 11 月 24 日访问。

② Section 4(1), Securities and Exchange Board of India Act, 1992 [As amended by the Securities Laws(Amendment)Act, 2014].

③ Securities and Exchange Board of India,维基百科,https://en.wikipedia.org/wiki/Securities_and_Exchange_Board_of_India,2015 年 11 月 25 日访问。

④ Securities and Exchange Board of India, 维基百科,https://en.wikipedia.org/wiki/Securities_and_Exchange_Board_of_India,2015 年 11 月 25 日访问。

⑤ Securities and Exchange Board of India,维基百科, https://en.wikipedia.org/wiki/Securities_and_Exchange_Board_of_India,2015 年 11 月 26 日访问。

包括放松政府对经济发展的干预、继续进行财政金融改革、进一步放松对外国投资的限制等。印度还需要从海外获取更多的资源来发展国内经济,包括海外资本。要使海外资本持续不断涌入印度市场,必须为海外资本持有者提供一个有盈利保障的证券体系,而在这个证券体系中,证券法律和证券监管机构占据着举足轻重的作用。

因委员会是一个通过政府决议所产生的证券监督机构,不具有立法的法定性,其权力有限。印度议会为了规范并促进印度证券市场的发展,打击投机主义,防止委员会滥用职权,在 1992 年颁布了本法。但此法过于简单、不够全面,内容过于抽象、不易实际操作。随着 20 世纪末、21 世纪初印度投资环境的急剧变化和证券市场的飞速发展,该法已经不能适应印度证券市场的需要,印度议会分别以不同方式于 1995 年、1999 年、2002 年进行了三次修正。

2014 年修正是以《2014 年证券法律(修正)法》方式进行的,属于本法的第四次修正。修订的原因在于新世纪第一个十年中动荡不安的世界经济环境,尤其是以美国为首的 2008 年世界金融危机打击了全球投资者的信心。印度作为一个新兴经济体,需要外国投资来促进本国的经济发展,因此印度政府为了让投资者重拾信心,吸引更多投资者到印度投资,不断完善委员会的组成和加强对投资者的保护力度。本法修订的目的在于"弥补该法条款的漏洞,以使印度成为全世界最好的证券市场之一,并使 SEBI 成为世界上最受称赞的证券监管组织"。①

三、2014 年修正后本法的结构与特点

本法经 2014 年修订后有 10 章,即:序言,SEBI 的设立,现存证券交易委员会财产、责任转向新委员会的移交,委员会的权力和职能,注册证书,禁止操纵性欺诈性手段、内幕交易和大量获取证券或控制,经费、账本和审计,处罚和裁决,上诉庭的设立、管辖、权力、程序和杂项。

本法 2014 年修正后,结构完整、清晰简洁,涵盖范围较广,规定详细,更具有可操作性,更有利于保护印度投资者的权益。

本法 2014 年修正后有以下主要特点:

---

① Securities and Exchange Board of India Act, 1992 explained, https://www.baidu.com/link? url = Wlanbi8DohzF7IjRZC0fHVF9_n1yFGCFVOnCZQFAYYG1rFjdzNufiHr9njEpPuX_-4kGYxxhiNPwsPyizkHv6_&wd = &eqid = cbf34374000170bb00000005566d9fa8,2015 年 11 月 26 日访问。

(一)与其他法律之间的联系更加紧密

2014 年修正的本法总结了以往立法经验,在综合各项有关法律的前提下,吸收了大量其他法律的条文,如《印度证券法》①、《托管人法》等,不仅使各部法之间的逻辑结构更加严谨,且使整个法律体系更加系统,实现各部法之间分工配合、相互补充。

(二)上诉庭制度更加完善

2014 年修正的本法第 6B 章对印度证券上诉庭作出较详细规定,内容涵盖证券上诉庭的设立、组成、权力、管辖和程序,规定内容之细致乃前所未有。如:规定上诉庭组成人员为 3 人;②当事人针对证券上诉庭作出的判决、裁定不服的,可以向最高法院(Supreme Court)上诉。③ 其对上诉庭的事项作出比以前更细致的规定,使当事人在当委员会或证券上诉庭实施不当行为时得到救济有法可依,加强了对证券投资人的保护力度。

(三)具有更强的可操作性

2014 年修正的本法在各个方面加强了可操作性。如:在"SEBI 的设立"章④中,为了配合现实工作的需要,完善了委员会的设立、组成的规定,使委员会的设立和组成不再流于形式,而是更加注重实质、更加利于操作。

(四)对证券投资人的处罚更加合理

2014 年修正的本法第 6A 章规定了委员会对证券投资人不当行为的处罚,更加注重保护证券投资人的利益,使处罚措施更加人性化,更加符合比例原则、合理原则。

(五)更有利于保护证券投资人的利益

本法本质上是规定证券投资人权利的法律。新修正的本法的立法宗旨和

---

① Clause(1a), Sub-section(2), Section 11, Chapter Ⅳ, Securities and Exchange Board Act of India,1992(as amended in 2014).

② Section 15L, Chapter Ⅶ B, Securities and Exchange Board Act of India,1992(as amended in 2014).

③ Section 15Z, Chapter Ⅶ B, Securities and Exchange Board Act of India,1992(as amended in 2014).

④ Chapter Ⅱ, Securities and Exchange Board Act of India,1992(as amended in 2014).

立法目的均从保护证券投资人的角度出发,意味着印度法律在保护证券投资人利益上更进一步。

四、对 2014 年修订的简要评价

2014 年修正是对本法的重要修改,修正的重点在于如何能够更有力地保护证券投资者的利益。本次修正不仅使本法在结构上更加完善,而且使本法愈发注重法律规定的实质内容。众所周知,投资者是证券市场的参与者,也是主导者,如果缺少投资者,一个证券市场将失去其活力,没有存在的价值,因此如何保护投资者利益永远是所有国家证券法律所关注的焦点。

2014 年修正虽不是对本法的第一次重大修改,但属印度证券领域立法的重大突破,可谓印度在证券交易法律领域的又一个里程碑。借此修正,印度证券领域将更加有法可依,所依之法更加合理,印度证券交易市场将不断根据本法规范自我,让国际投资人士更加放心地将自己的资金投入到印度这个世界上有活力的新兴经济体中,从而最终达到促进印度证券市场和经济社会可持续性发展目的。

1992 年印度证券交易委员会法 *

1992 年第 15 号

1992 年 4 月 4 日

［截至经《2014 年证券法律（修正）法》修正］

目 录

---

* 本法英文本可从 http://lawmin.nic.in/ld/P-ACT/1992/The%20Securities%20and%20Exchange%20Board%20of%20India%20Act,%201992.pdf 获得。

11B. 发布指令的权力

11C. 调查

11D. 终止和停止违反行为

第 V 章　登记证书

12. 股票经纪商、二级经纪商、股份转让代理人等的登记

第 VA 章　禁止操纵性和欺诈性手段、内幕交易和实质性获取证券或控制

12A. 禁止操纵性和欺诈性手段、内幕交易和实质性获取证券或控制

第 VI 章　经费、账簿和审计

13. 中央政府拨款

14. 基金

15. 账簿和审计

第 VIA 章　处罚与裁判

15A. 未提供信息、反馈等的处罚

15B. 未与客户达成协议的处罚

15C. 未对投资者投诉提供救济的处罚

15D. 共同基金特定不履行的处罚

15E. 资产管理公司不遵守规则规章的处罚

15F. 股票经纪商不履行的处罚

15G. 内幕交易的处罚

15H. 不披露获取股份和接管的处罚

15HA. 欺诈性和不公平贸易做法的处罚

15HB. 对未单独规定处罚的违反行为的处罚

15I. 裁判的权力

15J. 裁判官考虑的因素

15JA 罚没款项贷记入印度统一基金

15JB. 行政和民事和解程序

第 VIB 章　上诉庭的设立、管辖权、授权和程序

15K. 证券上诉庭的设立

15L. 证券上诉庭的组成

15M. 证券上诉庭首席官和其他成员的任职资格

15N. 证券上诉庭首席官和其他成员的任期

15O. 首席官的薪酬、津贴和其他任职条款条件

15P. 填补空缺

15Q. 辞职与免职

15R. 设立上诉庭命令的最终性和不使程序无效

15S. 证券上诉庭的职员

15T. 向证券上诉庭上诉

15U. 证券上诉庭的程序和权力

15V. 法律代表的权利

15W. 时限

15X. 证券上诉庭首席官、成员和雇员是公职人员

15Y. 无管辖权的民事法院

15Z. 向最高法院上诉

第VII章　杂项

16. 中央政府发布指令的权力

17. 中央政府取代委员会的权力

18. 反馈与报告

19. 委派

20. 上诉

20A. 管辖权的限制

21. 保留

22. 委员会成员、官员和雇员是公职人员

23. 保护善意行为

24. 违法行为

24A. 特定违法行为的合并

24B. 赋予豁免的权力

25. 免除财产税和所得税

26. 诸法院对违法行为的管辖权

26A. 特别法院的设立

26B. 特别法院管辖的违法行为

26C. 上诉与改判

26D. 法典适用于特别法院程序

26E. 过渡条款

27. 公司的违法行为

28. 赋予豁免的权力[已废止]

28A. 追偿额

为规定设立一个委员会以保护证券投资者权益、促进证券市场发展和规范证券市场,为规定相关或附属事项,制定一项法律。

议会于印度共和国第 43 年制定本法,内容如下:

第 I 章　序言

1. 短标题、适用范围与生效

(1) 本法可称为《1992 年印度证券交易委员会法》。

(2) 本法适用于印度全境。

(3) 本法应当视为已于 1992 年 1 月 30 日生效。

2. 定义

(1) 除非上下文另有要求,本法中,

(a)"委员会",指按第 3 节设立的印度证券交易委员会;

(b)"主席",指委员会的主席;

①[(ba)"集体投资计划",指符合第 11AA 节要求的任何计划或安排;]

(c)"现存证券交易委员会",指按 1988 年 4 月 12 日经济事务部 No. 1 (44)SE/86 中印度政府决议设立的证券交易委员会;

(d)"基金",指按第 14 节建立的基金;

(e)"成员",指委员会的成员,包括主席;

(f)"公告",指在《官方公报》中发布的公告;

(g)"规定的",指按本法制定的规章所规定的;

---

①　被《1999 年证券法律(修正)法》嵌入,自 2000 年 2 月 22 日生效。

（h）"规章"，指委员会按本法制定的规章；

［（ha）"储备银行"，指按《1934 年印度储备银行法》（1934 年第 2 号法①）第 3 节设立的印度储备银行；］②

（i）"证券"，具有《1956 年证券合同（管理）法》（1956 年第 42 号法）第 2 节中对其指定的含义。

｜（2）在本法中使用但未定义、在《1956 年证券合同（管理）法》（1956 年第 42 号法）［或《1996 年托管人法》（1996 年第 22 号法）］中定义的词汇或词组，应当具有该法中分别对其指定的含义。｜③

第 Ⅱ 章　设立印度证券交易委员会

3. 委员会的设立与组成

（1）为本法目的，应当设立一个名为"印度证券交易委员会"的委员会，自中央政府经公告指定之日起生效。

（2）委员会应当是以上述名称的法人团体，拥有永久持续性和公章，具有受本法约束的取得、持有和处置包括动产和不动产在内的财产、缔结合同的权力，并应当以上述名义起诉或应诉。

（3）委员会的总部设在孟买。

（4）委员会可以在印度其他地方设立分支机构。

4. 委员会的管理

（1）委员会应当由以下成员组成，即：

（a）主席 1 名；

（b）来自中央政府处理金融［和管理《1956 年公司法》（1956 年第 1 号法）］④的［部］⑤的官员 2 名；

（c）来自［储备银行］⑥的官员 1 名；

---

① 被《1996 年托管人法》嵌入，追溯自 1995 年 9 月 20 日生效。

② 被《2002 年证券法律（修正）法》嵌入，自 2002 年 10 月 29 日生效。

③ 被《1995 年证券法律（修正）法》替代，自 1995 年 1 月 25 日生效。其替代前，第（2）分节规定如下："本法中使用但未定义的词汇和词组，在《1947 年资本事务（控制）法》或《1956 年证券合同（管理）法》中有定义的，应当具有这些法中分别对其指定的相同含义。"

④ 被《2002 年印度证券交易委员会（修正）法》替代"和法律"，自 2002 年 10 月 29 日生效。

⑤ 被《2002 年印度证券交易委员会（修正）法》替代"诸部"，自 2002 年 10 月 29 日生效。

⑥ 被《2002 年印度证券交易委员会（修正）法》替代"按《1934 年印度储备银行法》（1934 年第 2 号）第 3 节设立的印度储备银行"，自 2002 年 10 月 29 日生效。

(d)中央政府任命的[其他成员 5 名,其中至少 3 名必须是全职成员]①。

(2)委员会事务的总监督、指挥和管理应当赋予由各成员组成的一个专门委员会,其可以行使委员会可行使的一切权力、为委员会可以为的一切行为和委员会可以做的一切事务。

(3)规章另有决定的予以保留,主席还应当拥有总监督和指挥委员会事务的权力,也可以行使委员会可行使的一切权力、为委员会可以为的一切行为和委员会可以做的一切事务。

(4)第(1)分节第(a)和(d)条款中提及的主席和成员应当由中央政府任命,该分节(b)和(c)条款中提及的成员应当由中央政府和[储备银行]②分别提名。

(5)第(1)分节第(a)和(d)条款中提及的主席和其他成员应当是具有以下才能、诚实和地位的人员:已显示出处理有关证券市场问题的能力,或拥有法律、经济学、会计学、管理的特殊知识或经验,或在其他任何学科领域中央政府认为应当对委员会有用的特殊知识或经验。

5. 委员会主席和成员的任期与任职条件

(1)第 4 节第(1)分节第(d)条款规定的主席和成员的任期、其他任职条件应当符合规定。

(2)尽管第(1)分节中包含任何规定,中央政府可以在第(1)分节下规定的期限届满前的任何时间终止按第 4 节第(1)分节第(d)条款任命的主席或成员的任职,方式是向其发出不少于 3 个月的书面通知,或依此 3 个月薪酬和津贴。主席或成员(视情况而定)可以在第(1)分节下规定的期限届满前任何时间以向中央政府不低于 3 个月的书面通知方式辞职。

6. 成员的免职

[＊＊＊]③一成员具有以下情形者,中央政府应当免去其职务:

(a)被或曾被宣告破产;

(b)被适格法庭宣告失去健全理智;

(c)已犯有中央政府认为涉及违反公德的违法行为;

(d)[＊＊＊]④;

---

① 被《2002 年印度证券交易委员会(修正)法》替代,自 2002 年 10 月 29 日生效。其替代前,第(d)条款规定为:"(d)2 名其他成员"。

② 被《2002 年印度证券交易委员会(修正)法》替代"印度储备银行",自 2002 年 10 月 29 日生效。

③ 被《1995 年证券法律(修正)法》删除,删除前为"(1)",自 1995 年 1 月 25 日生效。

④ 被《1995 年证券法律(修正)法》删除,自 1995 年 1 月 25 日生效。删除前为"被任命为公司董事"。

(e)中央政府认为,已滥用其地位,继续任职将有害于公共利益:

但是,除非已给成员在该事项上听证的合理机会,任何成员不应当按本条款被免职。

7. 会议

(1)委员会应当按规章规定的时间、地点召开会议,并应当在其会议上遵守规章规定的涉及业务交易的程序规则(包括会议的法定人数)。

(2)若主席因任何原因不能出席委员会会议,由出席会议的其他成员在该会议上选出的一名成员主持委员会会议。

(3)委员会会议上提出的所有议题必须由出席和投票成员的多数票决定,若票数相等,主席或主席缺席时会议主持人应当进行第二轮投票或直接由其投出决定票。

7A. 成员不参与特定会议①

是一公司董事和作为该董事在提交委员会会议审议的任何事项中有任何直接或间接金钱利益的任何成员,应当尽快在知道相关情况后,在该会议上披露其利益的性质,该披露应当记录在委员会议程中,该委员不应当参与涉及该事项的任何审议或决定。

8. 缺席等不使委员会议程无效

1. 委员会的任何行为或议程不应当仅因以下情形而无效:

(a)委员会组建中的任何空缺或任何瑕疵;或

(b)任命担任委员会成员中的任何瑕疵;或

(c)委员会程序中不影响事件实质的任何违规行为。

9. 委员会的官员和雇员

(1)委员会可以任命其认为对高效履行其本法下职能必要的其他官员和雇员。

(2)按第(1)分节任命的委员会官员和职员的任期和其他任职条件应当由规章确定。

第Ⅲ章　现存证券交易委员会的资产、责任等移交本委员会

10. 现存证券交易委员会的资产、责任等移交本委员会

(1)在本委员会成立之日或之后,

(a)本法以外其他任何法律或任何合同或其他文书中对现存证券交易委员会的提及视为对本委员会的提及;

(b)现存证券交易委员会的或所属的一切财产和资产,包括动产与不动

---

① 本节被《1995 年证券法律(修正)法》嵌入,自 1995 年 1 月 25 日生效。

产,应当赋予本委员会;

(c)现存证券交易委员会的一切权利和责任应当转移给本委员会且是本委员会的权利和责任;

(d)不损害第(c)条款的规定,为了或有关上述现存证券交易委员会的目的,在该日前由、与或为现存证券交易委员会产生的一切债务、义务和责任,缔结的全部合同和所从事的已做全部事务和事项,应当视为已由、已与或已为本委员会发生、缔结或所做;

(e)在该日前欠现存证券交易委员会的全部金钱额应当视为对本委员会的欠债;

(f)在该日前由或针对现存证券交易委员会提起或可能提起的全部诉讼或其他程序,可以继续,或者可以由或针对本委员会提起;

(g)在该日前按现存证券交易委员会持有任何职位的每位雇员,应当以相同的任期和按相同的诸如报酬、休假、公积金、退休和本委员会未设立时其本应拥有的其他停职利益的任职条款条件持有本委员会中的职位,和应当继续做本委员会职员所做之事,或若雇员在规定期限内选择不成为本委员会雇员,直至该日起满 6 个月。

(2)尽管《1947 年工业争端解决法》(1947 年第 14 号法)或其他现行有效法律中有任何规定,本委员会在其正常运行中按本节聘用任何雇员,不应当按该法或其他法律给予该雇员补偿,任何法院、法庭或其他机构不应当受理此类诉请。

第 IV 章　委员会的权力和职能

11. 委员会的职能

(1)受本法规定的约束,委员会的职责应当是,采取其认为适当的措施保护证券投资者权益、促进证券市场发展、规范证券市场。

(2)不损害上述条款,上述条款中提及的措施可以规定:

(a)规范股票交易市场和其他证券市场的经营业务;

(b)登记、规范股票经纪商、二级经纪商、股份转让代理人、证券发行的银行、信托契据的受托人、证券发行的登记员、商业银行、担保人、组合基金经理、投资顾问和以任何方式与证券市场有关联的其他中介机构的运作;

{(ba)登记、规范证券受托人、[证券参与人]①、证券管理人、外国机构投资者、信用评级机构和委员会以公告方式在此方面具体规定的其他中介机构

---

① 被《1996 年托管人法》嵌入,追溯自 1995 年 9 月 20 日生效。

的运作;]①

（c）登记、规范［风险资本基金和集体投资计划］②的运营，包括共同基金；

（d）促进、规范自律组织；

（e）禁止与证券市场有关的欺骗性和不公平的交易做法；

（f）促进投资者的教育和证券市场中介机构的培训；

（g）禁止证券内幕交易；

（h）规范实质性获取股份和接管公司；

（i）向证券市场中的［证券交易所、共同基金和其他与证券市场关联的人］③、中介机构、自律组织收集信息、开展调查、提出质询和进行审计；

［（ia）在委员会认为应当与调查或质询有关时，要求包括由或按中央或邦法律设立的银行、其他权力机构、委员会或公司在内的任何人提供与证券交易有关的信息和记录；］④

［（ib）向印度境内、外具有与委员会相似职能的机构收集或提供有关防止或调查违反证券法律的信息，需受此方面其他任何现行有效法律约束：

但是，为了向印度境外机构提供信息之目的，委员会可以经中央政府事先批准与该等机构缔结安排、协议或谅解；］⑤

（j）履行和行使中央政府按《1956 年证券合同（管理）法》（1956 年第 42 号法）［＊＊＊］⑥规定授权给它的职能和权力；

（k）为履行本节目的征收费用或其他收费；

（l）为以上目的开展研究；

［（la）向委员会具体规定的任何机构收集或提供委员会认为对高效履行其职能所必要的信息；］⑦

---

① 被《1995 年证券法律（修正）法》嵌入，追溯自 1995 年 1 月 25 日生效。

② 被《1995 年证券法律（修正）法》替代"集体投资计划"，自 1995 年 1 月 25 日生效。

③ 被《1995 年证券法律（修正）法》替代"股票交易所和"，自 1995 年 1 月 25 日生效。

④ 被《2014 年证券法律（修正）法》替代"要求由或按中央、邦、省任何法立或组建的任何银行，或其他机构、委员会或企业提供与委员会调查或询问证券交易有关的信息和记录"，追溯自 2013 年 7 月 18 日生效。较早，第 11 节第（2）分节（ia）条款被《2002 年印度证券交易委员会（修正）法》嵌入，自 2002 年 10 月 29 日生效。

⑤ 被《2014 年证券法律（修正）法》嵌入，追溯自 1998 年 3 月 6 日生效。

⑥ 被《1995 年证券法律（修正）法》删除"《1947 年资本事务（控制）法》和"，自 1995 年 1 月 25 日生效。

⑦ 被《1995 年证券法律（修正）法》嵌入，自 1995 年 1 月 25 日生效。

(m) 履行规定的其他职能。

[(2A) 不损害第 (2) 分节包含的规定,若委员会有充分理由认为任何上市公众公司或意图在任何认可证券交易所使其证券上市的公众公司 (不是第 12 节规定的中介机构) 从事内幕交易或与证券市场关联的欺骗性和不公平的交易做法,可以采取措施调查此等公司的任何簿册、登记、其他文件或记录。]①

{(3) 尽管其他任何现行有效法律中包含任何规定,委员会在行使 [第 (2) 分节 (i) 或 (ia) 条款或第 (2A) 分节]② 下的权力时,就裁判与以下事项有关的诉案,具有《1908 年民事诉讼法典》(1908 年第 5 号法) 授予民事法院相同的权力,即:

(i) 在委员会规定的时间、地点,提供账户和其他文件;

(ii) 传唤或强制有关人员到案和鉴定其宣誓;

(iii) 在任何地点检查第 12 节中规定的任何人的簿册、登记簿和其他文件;}③

[(iv) 检查第 (2A) 分节提及的公司的簿册、登记簿和其他文件和记录;

(v) 授权鉴定证人或文件。]④

[(4) 不损害第 (1)、(2)、(2A)、(3) 分节和第 11B 节中包含的规定,委员会可以采取命令方式、为了书面记录的原因,在投资者利益和证券市场中,在调查或询问之前或完成后,采取以下任何措施,即:

(a) 暂停在认可证券交易所的任何证券交易;

(b) 限制人员进入证券市场和禁止与证券市场关联的人买入、卖出或处理证券;

(c) 暂停任何股票交易所或自律组织的官员拥有的职务;

(d) 没收、扣押与被调查交易有关的收益或证券;

(e) 在向第一级有管辖权的司法长官申请批准而发布的命令后,在不超过 1 个月的期限内,冻结以任何方式与证券市场关联的、违反本法或据此所定规则或规章的任何规定的任何中介机构或任何个人的一个或数个银行账户:

但是,应当仅允许冻结涉及实际从事违反本法或据此所定规则或规章的任何规定的银行账户或进入账户的任何交易;

(f) 指令与证券市场关联的任何中介机构或任何个人不得以任何方式处置或转移处于调查中的构成任何交易组成部分的资产:

---

① 被《2002 年证券交易委员会 (修正) 法》嵌入,自 2002 年 10 月 29 日生效。

② 被《2002 年印度证券交易委员会 (修正) 法》替代"第 (2) 分节 (i) 条款",自 2002 年 10 月 29 日生效。

③ 被《1995 年证券法律 (修正) 法》嵌入,自 1995 年 1 月 25 日生效。

④ 被《2002 年印度证券交易委员会 (修正) 法》嵌入,自 2002 年 10 月 29 日生效。

但是,不损害第(2)或(2A)分节,关于任何上市公众公司或意图将其证券在认可证券交易所上市的公众公司(不是第12节提及的中介机构),若委员会有合理理由相信该公司已经从事与证券市场关联的内幕交易或欺骗性和不公平性交易做法,可以采取(d)条款或(e)条款或(f)条款中特别规定的任何措施:

但是,委员会应当在发出此命令之前或之后给予相关中介机构或个人听证的合理机会。]①

[(5)依据按本法第11B节、《1956年证券合同(管理)法》第12A节或《1996年托管人法》第19节(视情况而定)发布的指令交出的资金额,应当贷记入委员会设立的投资者保护与教育基金,且该款项应当由委员会根据本法制定的规章动用。]②

11A. 委员会规范或禁止以发行证券吸纳金钱而发布招股说明书、报价书或广告③

(1)不损害《1956年公司法》(1956年第1号法),委员会为了保护投资者,可以——

(a)通过规章规定:

(ⅰ)与资本发行、证券转让有关的事项或其他附带事项;和

(ⅱ)公司应当披露上述事项的方式;

(b)通过一般命令或特殊命令:

(ⅰ)禁止公司以发行证券吸纳公众金钱而发布招股说明书、报价书或广告;

(ⅱ)若不禁止,规定约束可以发布招股说明书、报价书或广告的条件。

(2)不损害《1956年证券合同(管理)法》(1956年第42号法)第21节,委员会可以规定证券上市、转让的要求和其他附带事项。

11AA. 集体投资计划④

(1)符合第(2)分节[或第(2A)分节]⑤规定条件的任何计划或安排,应当是一项集体投资计划:

---

① 被《2002年印度证券交易委员会(修正)法》嵌入,自2002年10月29日生效。

② 被《2014年证券法律(修正)法》嵌入,追溯自2013年7月18日生效。

③ 本节被《2002年印度证券交易委员会(修正)法》替代,自2002年10月29日生效。较早的第11A节被《1995年证券法律(修正)法》嵌入,自2002年10月29日生效。替代前,第11A节的内容如下:"11A. 公司披露的事项不损害《1956年公司法》,委员会为保护投资者,可以通过规章规定,公司应当披露以下事项:——(a)与资本发行、证券转让有关的事项和其他相关事项;和(b)上述事项的程序。"

④ 本节被《1999年印度证券委员会(修正)法》嵌入,自2000年2月22日生效。

⑤ 被《2014年证券法律(修正)法》嵌入,追溯自2013年7月18日生效。

[但是,未在委员会注册登记或不在第(3)分节范围内的、涉及本金 10 亿卢比或以上的任何计划或安排下的任何资金集合,应当视为一项集体投资计划。]①

(2)按任何[人]②作出或提供的任何计划或安排,

(i)投资者不论以何种名称作出的出资或付款被集合,和为该计划或安排的目的被利用;

(ii)投资者向该计划或安排作出出资或付款,企图从该计划或安排中获得利润、收入、产品或财产,无论动产或不动产;

(iii)构成计划或安排组成部分的财产、出资或投资,代表投资者被管理,无论是否可识别;

(iv)投资者对该计划或安排的管理和营运没有日常控制。

[(2A)]任何计划或安排应当由符合根据本法所订规章规定的条件的任何人作出或提供。③

(3)尽管第(2)分节[或第(2A)分节]④中包含任何规定,具有以下情形之一的任何计划或安排,不应当是一项集体投资计划,即:

(i)由按《1912 年合作社法》(1912 年第 2 号法)注册登记的合作社、或按有关合作社的任何现行有效法律在任何邦注册登记或视为注册登记为社团的社团作出或提供;

(ii)《1934 年印度储备银行法》(1934 年第 2 号法)第 45-I 节(f)条款中界定的非银行业金融公司按此接收存款;

(iii)是适用《1938 年保险法》(1938 年第 4 号法)的保险合同;

(iv)提供《1952 年职工公积金和杂项条款法》(1952 年第 19 号法)下构架的任何计划、退休金计划或保险计划;

(v)按《1956 年公司法》(1956 年第 1 号法)第 58A 节接受存款;

(vi)按《1956 年公司法》(1956 年第 1 号)第 620A 节宣布为一家互利社或互利社的公司依此接收存款;

(vii)属于《1982 年银会法》(1982 年第 4 号法)第 2 节(b)条款界定的小额业务含义内;

(viii)所作的出资是具有向共同基金认缴的性质;

⑤(ix)中央政府会商委员会后公告的其他计划或安排。

---

① 被《2014 年证券法律(修正)法》嵌入,追溯自 2013 年 7 月 18 日生效。

② 被《2014 年证券法律(修正)法》替代"公司",追溯自 2013 年 7 月 18 日生效。

③ 被《2014 年证券法律(修正)法》嵌入,追溯自 2013 年 7 月 18 日生效。

④ 被《2014 年证券法律(修正)法》嵌入,追溯自 2013 年 7 月 18 日生效。

⑤ 被《2014 年证券法律(修正)法》嵌入,追溯自 2013 年 7 月 18 日生效。

11B. 发布指令的权力①

第 11 节另有规定予以保留,委员会调查或导致调查后认为有必要,

(ⅰ) 为了投资者的利益或证券市场的有序发展;或

(ⅱ) 防止第 12 节规定的中介机构和其他人实施损害投资者利益和证券市场行为;或

(ⅲ) 保证对上述中介机构或个人的有序管理,

委员会可以向以下人员发布指令:

(a) 第 12 节规定的或与证券市场关联的任何人和任何种类的人;或

(b) 若对证券投资者利益和证券市场是适当的,与第 11A 节规定事项有关的任何公司。

[解释:为了避免误解,兹声明,根据本节规定发布指令的权力应当包含并始终包含对通过实施违反本法规定或违反本法下规章的规定而获得利益或避免损失的任何人发布指令的权力,还包括对上述人员处以没收违法所得或要求其缴纳与弥补损失相同数额的罚款的权力。]②

11C. 调查③

(1) 若委员会有合理理由认为——

(a) 证券交易正在以有害于投资者或证券市场的方式处理;或

(b) 与证券市场关联的任何中介机构或个人违反了本法或依据本法所定规则或规章的规定或据此发布的指令,

它可以在任何时间以书面命令方式,指示指令中规定的任何人(本节中简称"调查机构")调查与证券市场关联的中介机构或个人的事务,并就此向委员会报告。

(2) 不损害《1956 年公司法》(1956 年第 1 号法)第 235 节至第 241 节,公司的每位经理、常务董事、官员和其他雇员,第 12 节提及的每个中介机构,和与证券关联的每位个人,其职责应当是,向调查机构或其在此方面授权的任何个人保管和提交公司、中介机构或个人的或与此等公司、中介机构或个人有关的、在其保管或权力下的全部簿册、登记簿、其他文件和记录。

(3) 调查机构可以以任何方式要求与证券市场关联的任何中介机构或个人向它或它在此方面认为有必要的授权个人提供和提交上述簿册、登记簿、其他文件和记录,若提供此等信息或提交此等簿册、登记簿、其他文件和记录与其调查目的相关或有必要。

---

① 本节被《1995 年证券法律(修正)法》嵌入,自 1995 年 1 月 25 日生效。

② 被《2014 年证券法律(修正)法》嵌入,追溯自 2013 年 7 月 18 日生效。

③ 本节被《2002 年印度证券交易委员会(修正)法》嵌入,自 2002 年 10 月 29 日生效。

(4)调查机构可以自己保管按第(2)或(3)分节提交的任何簿册、登记簿、其他文件和记录 6 个月,此后应当将上述物品返还给与证券市场关联的提交或代表其提交此等物品的任何中介机构或个人:

但是,若有再次需要,调查机构可以再次要求提供任何簿册、登记簿、其他文件和记录:

但是,若代表其提供上述簿册、登记簿、其他文件和记录的人向调查机构要求提供此等物品的认证复制件,它应当将该簿册、登记簿、其他文件和记录的认证复制件返还给该人或其代表。

(5)被指令进行第(1)分节下调查的人,应当以任何方式按宣誓鉴定与证券市场关联的、有关经营事务的任何中介机构或人的经理、常务董事、官员和其他雇员,并可以据此管理宣誓和为此目的要求任何此类人员亲自到案。

(6)若任何人无合理理由未做或拒绝做以下事项:

(a)向调查机构或其在此方面授权的人员提供按第(2)或(3)分节是其责任的任何簿册、登记簿、其他文件和记录;或

(b)提供按第(3)分节是其责任的信息;

(c)出现第(5)分节下要求其亲自到调查机构回答调查机构按该分节向其提出的任何问题;

(d)在第(7)分节下的鉴定笔录上签字,

他应被处以最高 1 年监禁,或最高 1000 万卢比的罚金,或两者并处,以及进一步罚金,即不履行或拒绝履行持续期间第 1 阶段后每日最高 50 万卢比。

(7)第(5)分节下的鉴定笔录应当采取书面形式记载,并应当经被鉴定人阅读和签字,之后可用于对被鉴定人的证据。

(8)若调查机构在调查过程中有合理理由相信,与证券市场关联的中介机构或个人的簿册、登记簿、其他文件和记录可能以任何方式被破坏、毁损、篡改、伪造、隐匿,可以向[中央政府公告在孟买的指定法院的司法长官或法官]①提出强制令申请,查封该簿册、登记簿、其他文件和记录。

(8A)为了第(8)分节中规定的全部或任何目的,被授权的官员可以请求任何警官或中央政府任何官员提供协助服务,服从该请求应当是每位警官或官员的职责。②

(9)[指定法院的司法长官或法官]③审查申请和听审调查机构后认为必

---

① 被《2014 年证券法律(修正)法》嵌入,追溯自 2013 年 7 月 18 日生效。
② 被《2014 年证券法律(修正)法》嵌入,追溯自 2014 年 3 月 28 日生效。
③ 被《2014 年证券法律(修正)法》嵌入,追溯自 2013 年 7 月 18 日生效。

要,可以通过命令方式,授权调查机构——

（a）在被请求者的协助下,进入保存簿册、登记簿、其他文件和记录的一个或数个地点;

（b）以命令中规定方式搜查一个或数个地点;和

（c）他认为对调查目的有必要,查封簿册、登记簿、其他文件和记录:

但是,[指定法院的司法长官或法官]①不应当授权查封任何上市公众公司或意图将其证券在认可证券交易所上市的任何公众公司(不是第12节规定的中介机构)的簿册、登记簿、其他文件和记录,除非该公司从事内幕交易或市场操纵。

（10）调查机构应当亲自保管按本节查封的簿册、登记簿、其他文件和记录,期限为其认为必要的不迟于调查结束,此后应当将上述物品返还给该公司或其他法人团体,或视情况,返还给从其保管或权力下被查封的常务董事、经理或其他人,并将此返还告知[指定法院的司法长官或法官]②:

但是,调查机构在返还上述簿册、登记簿、其他文件和记录之前,可以在其上或其部分作出辨别标记。

（11）本节中另有规定予以保留,本节下的每项搜查或查封应当根据《1973年刑事诉讼法典》(1974年第2号法)有关搜查或查封的规定予以实施。

11D. 终止和停止违反行为

若委员会在开展调查后认定,任何人违反了或可能违反了本法,或按本法所定规则或规章的任何规定,可以发布命令,要求上述人员终止和停止所犯或所致该违反行为:

但是,委员会不应当就任何上市公众公司或意图在认可证券交易所使其证券上市的公众公司(不是第12节规定的中介机构)发布上述命令,除非委员会有合理根据相信该公司已经从事内幕交易或市场操纵。

第V章 登记证书

12. 股票经纪商、二级经纪商、股份转让代理人等的登记

（1）任何股票经纪商、二级经纪商、股份转让代理人、发行的银行、信托契据的受托人、发行的登记员、商业银行、担保人、组合基金经理、投资顾问和与

---

① 被《2014年证券法律(修正)法》嵌入,追溯自2013年7月18日生效。

② 被《2014年证券法律(修正)法》嵌入,追溯自2013年7月18日生效。

证券市场关联的其他中介机构,不应当买入、卖出或交易证券,但按照或根据取得委员会依本法下制定的[规章]①颁发的登记证书的条件进行者除外:

但是,在本委员会成立前不需登记证书,作为股票经纪商、二级经纪商、股份转让代理人、发行的银行、信托契据的受托人、发行的登记员、商业银行、担保人、组合基金经理、投资顾问、和与证券市场关联的其他中介机构在本委员会成立前不久买入、卖出证券或其他处理证券市场行为的人,自其成立之日起3个月内,可以继续从事上述交易,或者若它在上述3个月期限内已经申请该登记,继续从事上述交易至该申请处置完毕:

{但是,在《1995年证券法律(修正)法》生效前不久取得的任何登记证书,应当视为已经根据规定该登记的规章从委员会处取得。

(1A)证券的任何托管人、[参与人]②、保管人、外国机构投资者、信用评级机构,和委员会以公告方式具体规定的与证券市场关联的其他中介机构,不应当买入、卖出或交易证券,但按照或根据取得委员会依本法下制定的规章颁发的登记证书的条件进行者除外:

但是,在《1995年证券法律(修正)法》生效日前无须登记证书,作为证券的托管人、[参与人]③、保管人,或外国机构投资者、信用评级机构在该法生效前不久买入、卖出证券或其他处理证券市场行为的人,可以继续买入、卖出证券或从事处理证券市场的活动,直至按第30节第(2)分节第(d)条款制定出规章之时。

(1B)任何人不应当发起或导致被发起、实施或导致被实施包括共同基金在内的风险资本基金和集体投资计划,除非他取得了委员会根据规章颁发的登记证书:

但是,在《1995年证券法律(修正)法》生效前不需要登记证书,在该法实施前不久发起或导致被发起、实施或导致被实施包括共同基金在内的风险资本基金和集体投资计划的任何人,可以继续营运,直至按第30节第(2)分节第(d)条款制定出规章之时。}④

[解释:为消除疑虑,兹声明,为了本节的目的,集体投资计划或共同基金不应当包括保险人发出的提供组合投资加组合保险的任何单元连理保险单或

---

① 被《1995年证券法律(修正)法》替代"规则",自1995年9月20日生效。
② 被《1996年托管人法》嵌入,追溯自1995年9月20日生效。
③ 被《1996年托管人法》嵌入,追溯自1995年9月20日生效。
④ 被《1995年证券法律(修正)法》嵌入,自1995年1月25日生效。

凭证、或任何此种文书或单元,不论其名称为何。]①

(2)每项登记申请应当是规章确定的形式,并支付规章确定的费用。

(3)委员会可以采取命令方式,以规章确定的形式暂停或者吊销登记证书:

但是,除非已经给予关联人听证的合理机会,委员会不应当发出本分节下的任何命令。

第VA章 禁止操纵性和欺诈性手段、内幕交易和实质性获取证券或控制②

12A. 禁止操纵性和欺诈性手段、内幕交易和实质性获取证券或控制

任何人不应当直接或间接——

(a)就上市的或意图在认可证券交易所上市的任何证券发行、买入或卖出,以违反本法或本法下所定规则或规章规定的方式,使用或利用操纵性或欺诈性手段;

(b)就上市或意图在认可证券交易所上市的证券发行或交易,使用任何手段、计划或诡计进行欺诈;

---

① 本章被《2010 年证券与保险法律(修正和有效性)法》嵌入,追溯自 2010 年 4 月 9 日生效。《2010 年证券与保险法律(修正和有效性)法》第Ⅵ章的内容为:
“第Ⅵ章 杂项
6. 有效性
尽管任何法院、法庭或其他机构的任何判决、决定或命令中有任何规定,为了所有目的,经本法修正的《1958 年保险法》(1958 年第 4 号)第 2 节、《1956 年证券合同(管理)法》(1956 年第 42 号)第 2 节,或《1992 年印度证券交易委员会法》第 12 节的规定,应当具有效力且应当视为一直具有效力,如同经本法修正的上述法规定在所有重要时间是有效的,据此在 2010 年 4 月 9 日前任何时间发出的或声称已经发出的任何单元连理保险单或凭证,或其他此种文书或单元,不论名称为何,应当视为且一直视为已经有效发出;不应当仅以保险人或其他任何人按任何现行有效法律没有登记证书或未遵守任何现行有效法律下的程序而发出为由,在任何法院提出质疑。
7. 废止和保留
(1)兹废止《2010 年证券与保险法律(修正和有效性)条例》(2010 年第 3 号条例)。
(2)尽管有上述废止,按《1934 年印度储备银行法》(1934 年第 2 号法)、《1934 年保险法》(1934 年第 2 号法)、《1956 年证券合同(管理)法》(1956 年第 42 号法)或《1992 年印度证券交易委员会法》(1992 年第 15 号法)所做的任何事情或采取的任何行动,应当视为已经按经本法修正的上述条例的相应规定做了或采取了。”
② 《2002 年印度证券交易委员会(修正)法》嵌入第 VA 章,自 2002 年 10 月 29 日生效。

（c）就上市的或意图在认可证券交易所上市的证券发行、交易，以违反本法或本法下所定规则或规章规定的方式，从事欺诈或欺骗任何人的营运或即将营运的业务行为、做法和过程；

（d）从事内幕交易；

（e）以违反本法或本法下所定规则或规章规定的方式，在占有重要或非公开信息期间交易证券，或将此重要或非公开信息传递给其他任何人；

（f）以违反本法下所订规章规定的方式，获取控制任何公司或获取超过该公司上市或意图在认可证券交易所上市的证券的权益股份资本百分比。

第Ⅵ章　经费、账簿和审计

13. 中央政府拨款

议会在此方面以法律方式作出适当拨款后，中央政府可以向委员会划拨其认为对利用拨款实现本法的目的是适当的款额。

14. 基金

（1）应当设立一个名为"印度证券交易委员会一般基金"的基金，并应当贷记入以下各项款项——

（a）委员会按本法收到的全部拨款、费用和收费；［＊＊＊］①；

（aa）［＊＊＊］②；

（b）中央政府决定由委员会接受的其他来源款项。

（2）基金应当支付以下各项：

（a）委员会成员、官员和其他雇员的薪酬、津贴和其他报酬；

（b）委员会履行第11节下职能的费用；

（c）办公用品和为本法授权的目的的费用。

15. 账簿和审计

（1）委员会应当保持适当账目和其他相关记录，并按中央政府会商印度审计总长后规定的形式准备年度账目报表。

（2）委员会的账目应当按印度审计总长规定的间隙期接受其审计，因审计而产生的任何费用应当由委员会向印度审计总长支付。

（3）印度审计总长和其指定的其他人员审计委员会账目，应当拥有印度

---

①　被《证券法律（修正）法》（1995）删除"和"文字，自1995年1月25日生效。

②　被《2002年印度证券交易委员会（修正）法》删除"（aa）条款"，自2002年10月29日生效。它被《1995年证券法律（修正）法》嵌入，自1995年1月25日生效。删除前，（aa）条款的内容为："（aa）按本法以处罚方式实现的所有款项；和"。

审计总长审计中央政府账目相同的权利、特权和权威,特别应当具有要求委员会提供簿册、账目、相应凭证和其他文件、检查委员会任何办公场所的权利。

(4)经印度审计总长或其在此方面指定的其他人员证明后的账目连同审计报告,应当每年呈报中央政府,中央政府应当将该账目和报告呈递议会各院。

第ⅥA 章 处罚与裁判[①]

15A. 未提供信息、反馈等的处罚

按本法或据此所定规则、规章被要求的任何人,

(a)向委员会提供任何文件、反馈或报告,未提供此等者,应当被处以[最低 10 万卢比][②]、但可以提高至[不履行持续期间每日 10 万卢比、最高限额 1000 万卢][③]的罚款;

(b)在规章规定的时间内向委员会提交任何反馈或提供任何信息、簿册或其他文件,未按期提交或提供此等者,应当被处以[最低 10 万卢比][④]、但可以提高至[未履行持续期间每日 10 万卢比、最高限额 1000 万卢比][⑤]的罚款;

(c)保持账簿或记录,未保持此等者,应当被处以[最低 10 万卢比][⑥]、但可以提高至[未履行持续期间每日 10 万卢比、最高限额 1000 万卢比][⑦]的罚款。

15B. 未与客户达成协议的处罚

任何人登记为中介机构、按本法或据此所定规则或规章要求与其客户达成协议但未达成此等协议的任何人,应当被处以[最低 10 万卢比的罚款][⑧],但可

---

① 被《2002 年印度证券交易委员会(修正)法》分别嵌入包括第 15A 至 15J 节的第ⅥA 章、包括第 15K 至 15Z 节的第ⅥB 章,自 1995 年 1 月 25 日生效。

② 被《2002 年印度证券交易委员会(修正)法》替代"每项不履行最高 15 万卢比的罚款",自 2002 年 10 月 29 日生效。

③ 被《2014 年证券法律(修正)法》替代"不履行持续期间每日 10 万卢比或一次性1000 万卢比,以较低者为准",自 2014 年 9 月 8 日生效。

④ 被《2002 年印度证券交易委员会(修正)法》替代"不履行持续期间最高每日 5000卢比的罚款",自 2002 年 10 月 29 日生效。

⑤ 被《2014 年证券法律(修正)法》替代"不履行持续期间每日 10 万卢比或一次性1000 万卢比,以较低者为准",自 2014 年 9 月 8 日生效。

⑥ 被《2002 年印度证券委员会(修正)法》替代"不履行持续期间每日最高 1 万卢比的罚款",自 2002 年 10 月 29 日生效。

⑦ 被《2014 年证券法律(修正)法》替代"不履行持续期间每日 10 万卢比或一次性1000 万,以较低者为准",自 2002 年 10 月 29 日生效。

⑧ 被《2002 年印度证券交易委员会(修正)法》替代"每项不履行最高 50 万卢比的罚款",自 2002 年 10 月 29 日生效。

以提高至[未履行持续期间每日 10 万卢比、最高限额 1000 万卢比]①。

15C. 未对投资者投诉提供救济的处罚②

任何上市公众公司或登记为中介机构的任何人,在委员会书面要求其对投资者的投诉提供救济,未在委员会规定的时间内对该投诉提供救济的,应当被处以[最高 10 万卢比的罚款,但可以提高至不履行持续期间每日 10 万卢比、最高限额 1000 万卢比]③。

15D. 共同基金特定不履行的处罚

属于以下的任何人,

(a)被要求按本法或据此所定规则或规章为发起或实施包括共同基金在内的任何集体投资计划获得委员会颁发的登记证书、但未获得此等证书的,应当被处以[最低 10 万卢比的罚款]④,[但可以提高至他发起或实施包括共同基金在内的任何集体投资计划期间每日 10 万卢比、最高限额 1000 万卢比]⑤;

(b)在委员会登记为包括共同计划在内的集体投资计划以发起或实施任何投资计划,未遵守登记证书规定的条款和条件者,应当被处以[最低 10 万卢比的罚款]⑥,[但可以提高至未履行持续期间每日 10 万卢比、最高限额 1000 万卢比]⑦;

(c)在委员会登记为包括共同基金在内的集体投资计划,未申请统辖此

---

① 被《2014 年证券法律(修正)法》替代"不履行期间每日 10 万卢比或一次性 1000 万卢比,以较低者为准",自 2014 年 9 月 8 日生效。

② 被《2002 年印度证券交易委员会(修正)法》替代"注册登记为中介机构的、委员会书面要求其对投资者投诉提供救济后未提供的任何人,应当被处以每项不履行最高 1 万卢比的罚款",自 2002 年 10 月 29 日生效。

③ 被《2014 年证券法律(修正)法》替代"不履行持续期间每日 10 万卢比或一次性 1000 万卢比,以较低者为准",自 2014 年 9 月 8 日生效。

④ 被《2002 年印度证券交易委员会(修正)法》替代"其实施包括共同基金在内的任何集体投资计划每日最高 1 万卢比或一次性 100 万卢比,以较高者为准",自 2002 年 10 月 29 日生效。

⑤ 被《2014 年证券法律(修正)法》替代"该赞助人或实施包括共同基金在内的任何集体投资计划期间每日 10 万卢比或一次性 1000 万卢比,以较低者为准",自 2014 年 9 月 8 日生效。

⑥ 被《2002 年印度证券交易委员会(修正)法》替代"不履行持续期间每日最高 1 万卢比或一次性 100 万卢比的罚款,以较高者为准",自 2002 年 10 月 29 日生效。

⑦ 被《2014 年证券法律(修正)法》替代"不履行持续期间每日 10 万卢比或一次性 1000 万卢比,以较低者为准",自 2014 年 9 月 8 日生效。

种上市的规章所规定的上市者,应当处以[最低10万卢比的罚款]①,[但可以提高至未履行持续期间每日10万卢比、最高限额1000万卢比]②;

(d) 在委员会登记为包括共同基金在内的集体投资计划,未以统辖派发的规章规定方式派发任何单位份额证书者,应当被处以[最低10万卢比的罚款]③,[但可以提高至未履行期间持续期间每日10万卢比、最高限额1000万卢比]④;

(e) 在委员会登记为包括共同基金在内的集体投资计划,未在规章规定的期限内向投资者退还申请费用者,应当被处以[最低10万卢比的罚款]⑤,[但可以提高至不履行持续期间每日10万卢比、最高限额1000万卢比]⑥;

(f) 在委员会登记为包括共同基金在内的集体投资计划,未在规章规定期限内将投资者已支付的可适用的金钱予以退还者,应当被处以[最低10万卢比的罚款]⑦,[但可以提高至不履行持续期间每日10万卢比、最高限额1000万卢比]⑧。

15E. 资产管理公司不遵守规则规章的处罚

按本法登记的共同基金资产管理公司,未遵守限制资产管理公司活动的任何规章者,应当被处以[最低10万卢比的罚款]⑨,[但可以提高至未遵守持续期间每日10万卢比、最高限额1000万卢比]⑩。

---

① 被《2002年印度证券交易委员会(修正)法》替代"不履行持续期间每日最高5000卢比或一次性50万卢比的罚款,以较高者为准",自2002年10月29日生效。

② 被《2014年证券法律(修正)法》替代"不履行持续期间每日10万卢比或一次性1000万卢比,以较低者为准",自2014年9月8日生效。

③ 被《2002年印度证券交易委员会(修正)法》"不履行持续期间每日最高5000卢比的罚款",自2002年10月29日生效。

④ 被《2014年证券法律(修正)法》替代"不履行持续期间每日10万卢比或一次性1000万卢比,以较低者为准",自2014年9月8日生效。

⑤ 被《2002年印度证券交易委员会(修正)法》替代"不履行期间每日最高1000卢比的罚款",自2002年10月29日生效。

⑥ 被《2014年证券法律(修正)法》替代"不履行持续期间每日10万卢比或一次性1000万卢比,以较低者为准",自2014年9月8日生效。

⑦ 被《2002年印度证券交易委员会(修正)法》替代"每项不履行最高50万卢比的罚款",自2002年10月29日生效。

⑧ 被《2014年证券法律(修正)法》替代"不履行持续期间每日10万卢比或一次性1000万卢比,以较低者为准",自2014年9月8日生效。

⑨ 被《2002年印度证券交易委员会(修正)法》替代"每项不履行最高50万卢比的罚款",自2002年10月29日生效。

⑩ 被《2014年证券法律(修正)法》替代"不履行持续期间每日10万卢比或一次性1000万卢比,以较低者为准",自2014年9月8日生效。

15F. 股票经纪商不履行的处罚

若按本法登记为股票经纪商的任何人,

(a)未以其为成员的股票交易所规定的形式和方式发出证券买卖通知书,应当被处以[最低 10 卢比的罚款,但可以提高至要求该经纪商签发的证券买卖通知书所达到的金额]①;

(b)未在规章规定的期限内和以规章规定的方式交付任何证券,或未支付欠投资者的款额,应当被处以[最低 10 万卢比的罚款]②,[但可提高至其赞助或实施包括共同基金在内的任何集体投资计划期间每日 10 万卢比、最高限额 1000 万卢比]③;

(c)收取佣金额超过规章规定的佣金,应当被处以[最低 10 万卢比的罚款]④,[但可以提高至超出规定的收取佣金额的五倍]⑤,以较高者为准。

15G. 内幕交易的处罚

具有以下情形的内部人士,

(i)以自己或他人的名义基于未披露的价格敏感信息交易在任何证券交易所上市的法人团体的股票;或

(ii)在他人要求或没有要求下,向其提供未公开的价格敏感信息,但日常经营过程中或按任何法律被要求者除外;或

(iii)基于未披露的价格敏感信息,建议或介绍其他任何人交易任何法人团体的任何证券,

应当被处以[最低 10 万卢比的罚款,但可以提高至 2.5 亿卢比或内幕交易产生的利润额的 3 倍,以较高者为准]⑥。

---

① 被《2014 年证券法律(修正)法》替代"不超过该数额 5 倍的罚款",自 2014 年 9 月 8 日生效。

② 被《2002 年印度证券交易委员会(修正)法》替代"不履行持续期间每日最高 5000 卢比的罚款",自 2002 年 10 月 29 日生效。

③ 被《2014 年证券法律(修正)法》替代"不履行持续期间每日 10 万卢比或一次性 1000 万卢比,以较低者为准",自 2014 年 9 月 8 日生效。

④ 被《2002 年印度证券交易委员会(修正)法》替代"最高 5000 卢比的罚款",自 2002 年 10 月 29 日生效。

⑤ 被《2014 年证券法律(修正)法》替代"10 万卢比或佣金额的 5 倍",自 2014 年 9 月 8 日生效。

⑥ 被《2014 年证券法律(修正)法》替代"2.5 亿卢比或未遵守行为所生利润额的 3 倍,以较高者为准",自 2014 年 9 月 8 日生效。替代前,经《2002 年印度证券交易委员会(修正)法》替代,自 2002 年 10 月 29 日生效,其内容为"最高 5000 万卢比"。

15H. 不披露获取股份和接管的处罚

若按本法或据此所定规则或规章被要求的任何人，

（ⅰ）在获取一法人团体的任何股份前，未公开其在该法人团体中的持股总额；或

（ⅱ）未公开宣告其以最低价格买入股份；或

[（ⅲ）未以发出报价函方式向相关公司的持股人作出公开报价；或

（ⅳ）未向依据报价函卖出其股份的持股人支付对价，]①

应当被处以[最低100万卢比的罚款，但可以提高至2.5亿卢比或违反行为所获利润额的3倍，以较高者为准]②。

15HA. 欺诈性和不公平贸易做法的处罚③

参与与证券有关的欺诈性和不公平交易做法的任何人，应当被处以[最低50万卢比的罚款，但可以提高至2.5亿卢比或该做法所获利润额的3倍，以较高者为准。]④

15HB. 对未单独规定处罚的违反行为的处罚

无论何人未遵守本法，或本法下所定规则或规章，或委员会据此发布的指令，对此等不遵守行为未规定单独处罚者，应当[被处以最低10万卢比、最高1000万卢比的罚款。]⑤

15-I. 裁判的权力

（1）为了按第15A节、第15B节、第15C节、第15D节、第15E节、第15F节、第15G节、[第15H节、第15HA节、第15HB节]⑥进行裁判的目的，委员会应当任命级别不低于分支机构首脑的任何官员担任裁判官。他为了施加处罚目的在给予相关人员听证的合理机会后以规定方式主持调查。

---

① 被《2002年印度证券交易委员会（修正）法》嵌入，自2002年10月29日生效。

② 被《2014年证券法律（修正）法》替代"2.5亿卢比或未遵守所生利润额3倍，以较高者为准"，自2014年9月8日生效。替代前，经《2002年印度证券交易委员会（修正）法》替代，自2002年10月29日生效，其内容为"最高5000万卢比"。

③ 本节和第15HB节被《2002年印度证券交易委员会（修正）法》嵌入，自2002年10月29日生效。

④ 被《2014年证券法律（修正）法》替代"2.5亿卢比或该违反所生利润额的3倍，以较高者为准"，自2014年9月8日生效。

⑤ 被《2014年证券法律（修正）法》替代"2.5亿卢比或该违反所生利润额3倍，以较高者为准"，自2014年9月8日生效。

⑥ 被《2002年印度证券交易委员会（修正）法》替代"和第15H节"，自2002年10月29日生效。

（2）裁判官在主持调查中，应当有权力传唤和强制知悉案件事实和情况的任何人，到案提供证据、提交其认为可能对调查主题有用或相关的任何文件；若裁判官在调查中认为该人未遵从第（1）分节所列各节的规定，可以根据这些节的任何规定，施加其认为适当的处罚。

［（3）委员会可以要求提供并检查本节下的任何程序的记录，若认为裁判官发布的命令在其不是证券市场利益的范围内是错误的，可以在进行其认为必要的调查后，发布命令提高罚款额，若案件情况表明这样做是公正合理的：

但是，除非已经给予相关人员就该事项举行听证的合理机会，不应当发布此种命令：

但是，自裁判官发布命令之日起届满 3 个月，或者按第 15T 节发布处理上诉命令，以较早者为准，本分节中包含的任何规定不应当适用。］①

15J. 裁判官考虑的因素

裁判官按第 15-I 节裁判处罚数额时，应当充分考虑以下因素，即：

（a）因违反行为产生的不成比例收益或不公平获利的数额，不论其是否可量化；

（b）因违反行为给投资者或投资者群体造成的损失额；

（c）违反行为的重复性。

15JA. 罚没款项贷记入印度统一基金②

按本法以处罚方式实现的全部款额应当贷记入印度统一基金。

15JB. 行政与民事和解程序③

（1）尽管其他任何现行有效法律中包含任何规定，按第 11、11B、11D 节、第 12 节第（3）分节或 15-I 节对其已经或将启动任何程序的任何人，可以向委员会递交书面申请，对被指控的违反行为提议启动或将启动和解程序。

（2）委员会在考虑被控违反行为的性质、严重性和影响后，可以根据本法制定的规章，就违反者支付数额，或委员会确定的其他条款，同意和解提议。

（3）本节下的和解程序应当根据本法下所订规章中规定的程序进行。

（4）不应当对委员会或裁判官（视情况而定）按本节发布的任何命令依第 15T 节提出任何上诉。

---

① 被《2014 年证券法律（修正）法》嵌入，追溯自 2014 年 3 月 28 日生效。

② 本节被《2002 年印度证券交易委员会（修正）法》第 19 节嵌入，自 2002 年 10 月 29 日生效。

③ 本节被《2014 年证券法律（修正）法》嵌入，追溯自 2007 年 4 月 2 日生效。

第ⅥB章　上诉庭的设立、管辖权、授权和程序

15K. 证券上诉庭的设立

（1）中央政府应当以公告方式设立一个或多个称为证券上诉庭的上诉庭，行使由或按本法［或其他任何现行有效法律］①赋予该法庭的管辖权、权力和授权。

（2）中央政府还应当在第（1）分节提及的公告中列明与证券上诉庭行使管辖权有关的事项和地点。

15L. 证券上诉庭的组成②

证券上诉庭应当由中央政府经公告任命的1名首席官和2名其他成员组成：

但是，《2002年印度证券交易委员会（修正）法》实施前已经设立的仅由1人组成的证券上诉庭，应当继续行使由或按本法，或其他现行有效法律赋予的管辖权、权力和授权，直至其他2名成员按本法被任命。

15M. 证券上诉庭首席官和其他成员的任职资格

［（1）一个人无资格被任命为证券上诉庭的首席官，除非他——

（a）是最高法院的现任或退休法官，或一高等法院的现任或退休首席法官；

（b）是一高等法院的担任一高等法院法官职务至少7年的现任或退休法官。

（1A）证券上诉庭首席官应当由中央政府会商印度首席大法官或其指定人后任命。］③

---

① 被《2002年印度证券交易委员会（修正）法》嵌入，自1999年12月16日生效。

② 被《2002年印度证券交易委员会（修正）法》替代第15L、15M节，自2002年10月29日生效。替代前，第15L节和第15M节的内容为：

"15L. 证券上诉庭的组成一证券上诉庭应当由中央政府以公告方式任命的仅1人（以下简称上诉庭首席官）组成。

15M. 任命证券上诉庭首席官的资格条件一个人应当无资格任命为上诉庭首席官，除非他（a）是、已是或有资格担任一高等法院法官；或（b）已经是印度法律服务委员会成员并拥有该服务第1级职位至少3年；或（c）已经担任一法庭首席官至少3年。"

③ 被《2013年印度证券交易委员会（修正）法》（2013年第22号法）替代第15M节第（1）分节，追溯自2013年1月21日生效。替代前，其内容为："（1）一个人应当无资格任命为一证券上诉庭首席官，除非他是最高法院现任或退休法官，或一高等法院现任或退休法官；但是，证券上诉庭首席官应当由中央政府会商印度首席大法官或其指定的人后任命。"

（2）一个人应当无资格被任命为一证券上诉庭的成员，除非他是具有以下才能、诚实与声誉的人：已显示出处理有关证券市场问题的能力，和拥有公司法、证券法、经济学、金融、会计的从业资格和经验：

但是，委员会成员、拥有相当于委员会中执行董事的资深管理级别职位的任何人，在其为委员会服务期间、任职期内，或自其在委员会停止任职之日起 2 年内，不应当被任命为证券上诉庭首席官或成员。

15N. 证券上诉庭首席官和其他成员的任期①

证券上诉庭的首席官和其他成员的任期为 5 年，自其任职之日起算，且应当有资格连任：

但是，年满 68 岁的任何人不应当担任证券上诉庭的首席官：

但是，年满 62 岁的任何人不应当担任证券上诉庭的成员。

15O. 首席官的薪酬、津贴和其他任职条款条件

证券上诉庭[首席官和其他成员]②的薪酬、津贴和其他任职条款条件，包括退休金、退职金和其他退休福利等，应当按规定：

但是，证券上诉庭[首席官和其他成员]③的薪酬、津贴和其他任职条款条件不应当随其任命后的缺陷而变化。

15P. 填补空缺

若因暂时离职以外的原因，证券上诉庭[首席官或其他任何成员的职位]④出现空缺，中央政府应当根据本法规定任命其他人填补空缺，各种程序可以自空缺填补阶段在证券上诉庭继续进行。

15Q. 辞职与免职

（1）证券上诉庭[首席官或其他任何成员]⑤可以采取向中央政府递交其亲笔签署的书面通知后辞去其职位：

---

① 被《2002 年印度证券交易委员会（修正）法》替代第 15N 节，自 2002 年 10 月 29 日生效。替代前，第 15N 节的内容为："15N. 任期一证券上诉庭首席官应当自其任职之日起任期 5 年，或直至年满 65 岁，以较早为准。"

② 被《2002 年印度证券交易委员会（修正）法》替代"一证券上诉庭的首席官"，自 2002 年 10 月 29 日生效。

③ 被《2002 年印度证券交易委员会（修正）法》替代"首席官"。

④ 被《2002 年印度证券交易委员会（修正）法》替代"所述首席官"，自 2002 年 10 月 29 日生效。

⑤ 被《2002 年印度证券交易委员会（修正）法》替代"首席官"，自 2002 年 10 月 29 日生效。

但是,除非中央政府批准证券上诉庭[首席官或其他任何成员]①立即离职,他应当继续持有其职位,直至自收到辞职通知之日届满 3 个月,或直至适当任命为其继任者的人接任其职位,或直至其任期届满,以最早者为准。

(2)不应当免除证券上诉庭[首席官或其他任何成员]②的职务,但在最高法院法官开展调查后、中央政府以被证明的行为不当或失职为由命令免职者除外,在此情形下,已将对相关[首席官或其他任何成员]③的指控通知给他,并就这些指控已给予他被听证的合理机会。

(3)中央政府可以采取规则方式规范调查[首席官或其他任何成员]④行为不当或失职的程序。

15R. 设立上诉庭命令的最终性和不使程序无效

不应当以任何方式质疑中央政府任命任何人担任证券上诉庭[首席官或成员]⑤的命令,不应当仅以证券上诉庭组建中的任何瑕疵为由以任何方式质疑证券上诉庭的任何行为或程序。

15S. 证券上诉庭的职员

(1)中央政府应当向证券上诉庭提供其认为合适的官员和雇员。

(2)证券上诉庭的官员和雇员应当在首席官总监管下履行其职能。

(3)证券上诉庭官员和雇员的薪酬、津贴和其他任职条款条件应当按规定。

15T. 向证券上诉庭上诉

(1)保留第(2)分节的规定,因以下情形遭受侵害的任何人可以向对此事项有管辖权的证券上诉庭提起上诉:

(a)委员会在《1999 年证券法律(第二修正)法》实施日和之后,按本法,或依本法制定的规则或规章作出的命令;或

(b)裁判官按本法作出的命令。

---

① 被《2002 年印度证券交易委员会(修正)法》替代"所述首席官",自 2002 年 10 月 29 日生效。

② 被《2002 年印度证券交易委员会(修正)法》替代"首席官",自 2002 年 10 月 29 日生效。

③ 被《2002 年印度证券交易委员会(修正)法》替代"首席官",自 2002 年 10 月 29 日生效。

④ 被《2002 年印度证券交易委员会(修正)法》替代"上述首席官",自 2002 年 10 月 29 日生效。

⑤ 被《2002 年印度证券交易委员会(修正)法》替代"首席官",自 2002 年 10 月 29 日生效。

[(2) ＊ ＊ ＊]①②

(3)第(1)分节下的每项上诉,应当自他收到[视情况而定的委员会或裁判官]③作出的命令副本之日起 45 日期限内提出,并应当以规定方式、随附规定的费用:

但是,证券上诉庭认为有充分理由未在 45 日期限内提起上诉,可以受理在上述期限届满后的上诉。

(4)证券上诉庭收到第(1)分节下的上诉、给予上诉各方当事人听审的合理机会后,可以发布其认为适当的命令,维持、变更或撤销上诉所针对的命令。

(5)证券上诉庭应当将其发布的每项命令副本递送给[委员会]④、上诉各方当事人和相关裁判官。

(6)证券上诉庭应当尽快处理按第(1)分节向其提起的上诉,并应当尽力在收到上诉之日起 6 个月期限内处置完毕。

15U. 证券上诉庭的程序和权力

(1)证券上诉庭不应当受《1908 年民事诉讼法典》(1908 年第 5 号法)规定的程序的约束,但应当受自然公正原则的引导,应当受本法和任何规则的其他规定的约束;证券上诉庭应当有权力规范包括应当开庭的地点在内的自身程序。

(2)为履行其本法下的职能的目的,证券上诉庭在审理涉及以下事项的诉讼案件中拥有与《1908 年民事诉讼法典》(1908 年第 5 号法)赋予民事法院相同的权力,即:

(a)传唤和强制任何人到庭并鉴定其宣誓;

(b)要求出示或提供文件;

(c)接受宣誓书证据;

---

① 被《2014 年证券法律(修正)法》删除,追溯自 2013 年 7 月 18 日生效。删除前,第(2)分节的内容为:"(2)不应当对以下人员经双方当事人同意作出的命令向证券上诉庭上诉,(a)委员在《1999 年证券法律(第二修正)法》生效日或之后;(b)裁判官。"

② 被《1999 年印度证券交易委员会(修正)法》替代第(1)和(2)分节,自 1999 年 12 月 16 日生效。替代前,第(1)和(2)分节的内容为:

"(1)保留第(2)分节中的规定,因裁判官按本节作出的任何命令遭受侵害的任何人,可以向对此事项有管辖权的证券上诉庭提起上诉。(2)不应当对裁判官经双方当事人同意发布的命令向证券上诉庭提出任何上诉。"

③ 被《1999 年印度证券交易委员会(修正)法》替代"由裁判官作出的命令",自 1999 年 12 月 16 日生效。

④ 被《1999 年印度证券交易委员会(修正)法》替代"各方当事人",自 1999 年 12 月 16 日生效。

(d)为鉴定证人或文件发出委托;

(e)复审其决定;

(f)驳回缺席申请或对申请作出单方决定;

(g)撤销任何驳回缺席申请的命令或其发出的任何单方命令;

(h)规定的其他任何事项。

(3)证券上诉庭进行的每项程序应当视为《1860年印度刑事法典》(1860年第45号法)第193、228节含义内的司法程序,和为了该法典第196节的目的;证券上诉庭应当视为是为了《1974年刑事诉讼法典》(1974年2号法)第195节和第ⅩⅩⅥ章所有目的的一民事法院。

15V. 法律代表的权利①

上诉人可以亲自出庭,或授权一名或多名特许会计师、公司秘书、成本会计师、法律执业者,或其任何官员出庭,向证券上诉庭陈述其案件。

[解释]为了本节的目的,

(a)"特许会计师",指《1949年特许会计师法》(1949年第38号法)第2节第(1)分节第(b)条款中定义的且获得该法第6节第(1)分节下执业证书的特许会计师;

(b)"公司秘书",指《1980年公司秘书法》(1980年第56号法)第2节第(1)分节第(c)条款中定义的且获得该法第6节第(1)分节下执业证书的公司秘书;

(c)"成本会计师",指《1959年成本与工厂会计师法》(1959年第23号法)第2节第(1)分节第(b)条款中定义的且已获得该法第6节第(1)分节下执业证书的成本会计师;

(d)"法律执业者",指顾问律师、诉讼律师或任何高等法院的任何出庭律师,包括事实上的辩护人。

15W. 时效

《1963年时效法》(1963年第36号法)的规定在其可以适用的范围内,应当适用于向证券上诉庭提出的上诉。

15X. 证券上诉庭首席官、成员和雇员是公职人员②

证券上诉庭的首席官、成员和雇员应当视为是《1860年印度刑事法典》

---

① 被《1999年印度证券交易委员会(修正)法》替代第15V节,自1999年12月16日生效。替代前,第15V节的内容为:"15V. 上诉人可以亲自出庭,或授权1名或多名法律执业者或其任何官员出庭向上诉庭陈述其案件。"

② 被《2002年印度证券交易委员会(修正)法》替代第15X节,自2002年10月29日生效。替代前,其内容为:"15X. 证券上诉庭的首席官、其他官员和雇员应当视为《1860年印度刑法典》(1860年第45号)第21节含义内的公职人员。"

(1860 年第 45 号法)第 21 节含义内的公职人员。

15Y. 无管辖权的民事法院

涉及由本法,或按本法赋予本法下任命的裁判官或设立的证券上诉庭决定的任何事项,任何民事法院对受理任何诉讼或程序,无管辖权;涉及依据由或按本法赋予的任何权力采取的或将采取的任何行动,任何法院或其他机构不应当发布任何禁令。

15Z. 向最高法院上诉①

因证券上诉庭任何决定或命令遭受侵害的任何人,可以自将上诉庭决定或命令传递给他之日起 60 日内,就产生于该命令的任何法律问题,向最高法院提起上诉:

但是,最高法院认为因充分理由阻碍上述人在上述期限内提出上诉,可以允许其在不超过 60 日的宽限期内提出上诉。

第Ⅶ章　杂项

16. 中央政府发布指令的权力

(1)不损害本法前述各条款和[《1996 年托管人法》]②的前提下,委员会在行使本法下的权力或履行其职能过程中,应当受中央政府不时以书面形式向其发出的政策问题指令的约束:

但是,在发出本分节下的任何指令前,在实际可行的范围内,应当给予委员会表达其意见的机会。

(2)中央政府的决定,不论是否是政策问题,应当是最终的。

17. 中央政府取代委员会的权力

(1)中央政府在任何时间认为:

(a)因严重紧急情况,委员会未能履行由或按本法规定施加给他的职能或职责;或

(b)委员会在遵守中央政府按本法发布的任何命令中,或在履行由或按本法施加给他的职能或责职中,已经持续性违反,且作为该违反的结果,委员

---

①　被《2002 年印度证券交易委员会(修正)法》替代第 15Z 节,自 2002 年 10 月 29 日生效。替代前,其内容为:"15Z. 向高等法院上诉因证券上诉庭任何判决或命令遭受侵害的任何人,可以自该上诉庭的判决或命令传递给他之日起 60 日内,就产生于该命令的任何事实或法律问题,向高等法院提出上诉:但是,高等法院认为有充分理由阻碍该人在上述期限内提出上诉,可以允许他在不超过 60 日的宽限期内提出上诉。"

②　被《1996 年托管人法》替代"本法",自 2002 年 10 月 29 日生效。

会的财政地位或行政管理已经恶化;或

(c)存在致使其为了公共利益有必要如此做的情形,

可以经公告在公告规定的最长6个月期间取代委员会。

(2)发布第(1)分节下取代委员会的公告后,

(a)自取代之日起,委员会全体成员应当空缺其职位;

(b)由或按本法赋予的可以由或代表委员会行使或履行的全部权力、职能和职责,在按第(3)分节重建委员会之前,由中央政府指定的人员行使和履行;

(c)委员会拥有或控制的全部财产,在按第(3)分节重建委员会之前,应当归属中央政府。

(3)按第(1)分节发布的公告中规定的取代期限届满时,中央政府可以采取新任命方式重建委员会,在此情形下,第(2)分节第(a)条款下职位空缺的任何人员应当视为无资格被任命:

但是,中央政府可以在取代期限届满前任何时间采取本分节下的行动。

(4)中央政府应当在第一时间将发布第(1)分节下的公告、按本节采取任何行动和导致此行动的情况的完整报告,呈递议会每院。

18. 反馈与报告

(1)委员会应当在中央政府不时要求下,以中央政府指示的时间、形式、方式,将涉及促进和发展证券市场的任何提案或现存方案的反馈、说明和详细情况,提交给中央政府。

(2)不损害第(1)分节规定,委员会应当在每个财务年度结束后[90]①日内,以规定形式向中央政府提交描述其上一个财务年度真实、全面活动、政策和项目的报告。

(3)中央政府在收到第(2)分节下的报告后,应当尽快将该报告副本呈递议会各院。

19. 委派

委员会可以采取书面形式的一般或特别命令,将其认为必要的本法下的权力和职能(第29节下的权力除外),委派给它的任何成员、官员或者受命令中规定条件约束的其他任何人。

20. 上诉

(1)因委员会[在《1999年《证券法律(修正)法》实施前]②按本法,或本

---

① 被《1995年证券法律(修正)法》替代"60日",自1995年1月25日生效。

② 被《1999年证券法律(第二修正)法》替代"委员会作出的命令",自1999年12月16日生效。

法下所定规则或规章作出的命令遭受侵害的任何人,可以在规定的期限内向中央政府提出上诉。

（2）在规定期限届满后提出的任何上诉,不应当准许:

但是,上诉人使中央政府认为他有充分理由未在规定期限内提起上诉,可以准许在规定期限届满后提出上诉。

（3）按本节提出的任何上诉,应当以规定形式作出,并应当随附上诉针对的命令副本和规定的费用。

（4）上诉的处理程序应当按规定:

但是,在处理上诉前,应当给予上诉人听证的合理机会。

20A. 管辖权的限制①

[第 15T 节或]②第 20 节中的规定除外,委员会[或裁判官]③按本法发布的任何命令应当是不可上诉的。涉及由或按本法赋予委员会[或裁判官]④发布任何命令的事项,任何民事法院不应当有管辖权。涉及依据委员会[或裁判官]⑤由或按本法发布的任何命令所采取或将采取的任何行动,任何法院或其他机构不应当发布任何禁令。

21. 保留

本法中的任何规定,不应当免除本法以外可能对任何人提起的任何诉讼或其他程序。

22. 委员会成员、官员和雇员是公职人员

委员会的全体成员、官员和其他雇员,在根据本法任何规定行为或准备行为时,应当视为《1860 年印度刑事法典》（1860 年第 45 号法）第 21 节含义内的公职人员。

23. 保护善意行为

不应当针对中央政府、[委员会]⑥、中央政府的任何官员、委员会的任何

---

① 本节被《1995 年证券法律（修正）法》嵌入,自 1995 年 1 月 25 日生效。

② 被《1999 年印度证券交易委员会（修正）法》替代"第 20 节",自 1999 年 12 月 16 日生效。

③ 被《1999 年印度证券交易委员会（修正）法》替代"委员会",自 1999 年 12 月 16 日生效。

④ 被《1999 年印度证券交易委员会（修正）法》替代"委员会",自 1999 年 12 月 16 日生效。

⑤ 被《1999 年印度证券交易委员会（修正）法》替代"委员会",自 1999 年 12 月 16 日生效。

⑥ 被《1995 年证券法律（修正）法》嵌入,自 1995 年 1 月 25 日生效。

成员或官员或其他雇员按本法,或本法下所订规则或规章善意做或将做的任何事情,提起任何诉讼、起诉或其他法律程序。

24. 违法行为①

(1)不损害裁判官按本法作出的任何处罚裁决,违反、意图违反或教唆违反本法,或本法下所定规则或规章的规定的任何人,应当被处以[最高10年监禁,或最高2.5亿卢比罚金,或两者并处]②。

(2)未支付裁判官施加的罚款,或未遵守其任何指令或命令的任何人,应当被处以监禁最低1个月、最高[10年,或最高罚金2.5亿卢比,或两者并处]。③

24A. 特定违法行为的合并④

尽管《1973年刑事诉讼法典》(1974年第2号法)中包含任何规定,本法下可处罚的任何违法行为(不是仅应处以监禁,或监禁和罚金的违法行为),在提起任何程序之前或之后,可以由一证券上诉庭或法院在该程序待决之前进行合并。

24B. 赋予豁免的权力

(1)若中央政府认为,被指控违反本法,或本法下所定规则或规章任何规定的任何人已经就所涉被控违反行为作了全部、真实的披露,经委员会建议,可以在受其认为适合的施加条件约束下,就被指控的违反行为,对该人豁免依本法,或本法下所定规则或规章对任何违法行为的起诉,或依本法施加的任何处罚:

但是,若在收到赋予豁免申请之日前,起诉该违法行为的程序已经启动,中央政府不应当赋予上述豁免;

但是,本分节下的委员会建议对中央政府不应当有约束力。

(2)若中央政府认为,被赋予豁免的人在程序过程中未遵守赋予豁免的条件或提供了虚假证据,可以在任何时间撤销按第(1)分节赋予该人的豁免;此后,可以审理与赋予豁免有关的违法行为,或与违反行为相关的他明显已实施的其他任何违法行为,还应当承担按本法施加的此人未被赋予豁免本应承担的任何处罚。

---

① 被《1995年证券法律(修正)法》替代第24节,自1995年1月25日生效。替代前,第24节的内容为:"24.惩罚无论何人违反、意图违反或教唆违反本法,或本法下所定规则或规章的规定,应当被处以最高1年的监禁,或罚金,或并处。"

② 被《2002年印度证券交易委员会(修正)法》替代"1年监禁,或罚金,或并处",自2002年10月29日生效。

③ 被《2002年印度证券交易委员会(修正)法》替代"3年监禁,或最低2000卢比最高1万卢比的罚金,或并处",自2002年10月29日生效。

④ 被《2002年印度证券交易委员会(修正)法》嵌入第24A、24B节,自2002年10月29日生效。

25. 免除财产税和所得税

尽管《1957 年财产税法》(1957 年第 27 号法)、《1961 年所得税法》(1961 年第 43 号法)或与财产、所得、利润或增值税有关的其他任何现行有效法律中包含任何规定,(a)本委员会;(b)自其设立日至本委员会设立日的现存证券交易委员会,不应当负责支付与其财产、收入、利润或经营所得有关的财产税、所得税或其他任何税。

26. 诸法院对违法行为的管辖权

(1)任何法院对本法下,或依本法制定的规则或规章下的任何应处罚的违法行为,不应当有管辖权,但对委员会作出的[***]①诉请予以保留。

[(2)*****]②

26A. 特别法院的设立③

(1)为了规定快速审理本法下违法行为的目的,中央政府可以经公告设立或指定必要数量的特别法院。

(2)一特别法院应当由中央政府经被任命法官工作地管辖区域内高等法院首席法官同意后任命的 1 名独任法官组成。

(3)任何人应当无资格担任特别法院法官,除非他在此任命前不久拥有民事大法官或民事增补大法官职位,视情况而定。

26B. 特别法院管辖的违法行为

尽管《1973 年刑事诉讼法典》中包含任何规定,在《2014 年证券法律(修正)法》实施日或其前后犯有本法下的全部违法行为,应当由违法行为实施地的所在区域设立的特别法院管辖和审理,或若该区域有多个特别法院,由相关高等法院在此方面规定的其中一特别法院管辖和审理。

26C. 上诉与改判

高等法院可以在可操作范围内,行使《1973 年刑事诉讼法典》第XXIX章和第XXX章授予给一高等法院的全部权力。该高等法院管辖区域内的一特别法院是审理该高等法院管辖区域内案件的高等民事法院。

---

① 被《1995 年证券法律(修正)法》删除"与中央政府先前的制裁"文字,自 1995 年 1 月 25 日生效。

② 被《2014 年证券法律(修正)法》删除,追溯自 2013 年 7 月 18 日生效。删除前,第(2)分节的内容为:"(2)高等民事法院的任何下级法院不应当审理本法下的任何应惩罚的违法行为。"

③ 被《2014 年证券法律(修正)法》嵌入,第 26A 节至 26E 节追溯自 2013 年 7 月 18 日生效。

26D. 法典适用于特别法院程序

（1）本法中另有规定予以保留，《1973 年刑事诉讼法典》应当适用于特别法院进行的程序。为了上述规定的目的，特别法院应当视为一高等民事法院，向一特别法院提起公诉的人应当视为《1973 年刑事诉讼法典》第 2 节第（u）条款规定含义内的公诉人。

（2）第（1）分节中提及的向特别法院起诉的人，应当实际担任律师至少 7 年，或拥有联盟或邦级职位至少 7 年且具有法律专业知识。

26E. 过渡条款

尽管《1973 年刑事诉讼法典》中包含任何规定，在特别法院设立前，犯有本法下的由一特别法院审理的任何违法行为，应当由在该区域行使管辖权的一高等民事法院管辖和审理：

但是，本节中的任何规定不应当影响高等法院按《1973 年刑事诉讼法典》第 407 节将任何案件或任何类型案件移交至本节下一高等民事法院管辖的权力。

27. 公司的违法行为

（1）若公司实施了本法下的违法行为，在违法行为实施时主管和负责公司经营行为和对公司负责的每位人，应当视为犯有违法行为，并应当对被起诉和据此被处罚负责：

但是，本分节中包含的任何规定不应当导致上述任何人对本法中规定的惩罚负责，若他证明他不知道所犯违法行为，或他已履行了全部审慎义务以阻止犯此违法行为。

（2）尽管第（1）分节中包含任何规定，公司已犯有本法下的违法行为，经证明，所犯该违法行为是经公司任何董事、经理、秘书或其他官员同意、默许或上述人员过失导致的，该董事、经理、秘书或其他官员也应当视为犯下该违法行为，并应当对被起诉和据此被处罚负责。

解释：为了本节的目的，

（1）"公司"是指任何法人团体，包括企业或其他个人团体；

（2）"董事"与企业有关时，是指该企业的合伙人。

28. 赋予豁免的权力[已废止]

[＊＊＊]①

---

① 被《1995 年证券法律（修正）法》删除，自 1995 年 1 月 25 日生效。删除前，第 28 节的内容为："28. 豁免的权力——若中央政府认为这样做对公共利益是必要的或有益的，它可以采取在《官方公报》中发布命令的方式，使买入、卖出证券或处理证券市场的其他行为免于实施第 12 节第（1）分节。"

28A. 追偿额[1]

(1)若有人未支付裁判官施加的罚款,或未遵从按第 19 节发出的交出令中的指示,或未支付所欠委员会的任何费用,追偿官可以按规定格式出具其签名的声明,载明此人所欠数额(在本章中,以下将此声明简称为"证书"),并应当着手采取以下一种或多种模式,向此人追偿证书规定的数额,即:

(a)扣押和变卖此人的动产;

(b)扣押此人的银行账户;

(c)扣押和变卖此人的不动产;

(d)逮捕此人并将其入监拘留;

(e)指定接受人管理此人的动产和不动产,

和为本目的,《1961 年所得税法》(1961 年第 43 号法)第 220 至 227 节、第 228A 节、第 229 节、第 232 节、第 2 表和第 3 表,不时修订后有效的《1962 年所得税(证书程序)规则》,在其可以的范围内,经必要修改后适用,如同上述规定、规则是本法的规定和本法下提及的数额而不是《1961 年所得税法》下提及的所得税额。

解释 1:为本分节的目的,此人的动产或不动产或银行账户中持有的金钱应当包括以下任何资产或银行账户中持有的金钱:在证书中载明的数额已变成欠款之日或之后,由该人已经直接或间接转让给配偶、未成年子女、儿子的妻子或儿子的未成年子女(未充分考虑其他情况),和由上述任何人持有或处于上述任何人名下。至于已经转让给他的未成年子女或儿子的未成年子女的动产或不动产或银行账户中的金钱,甚至在此未成年子女或儿子的未成年子女(视情况而定)获得多数之日后,它应当继续包括在该人的动产或不动产中或银行账户中持有的金钱,以便按本法向该人追偿所欠任何金额。

解释 2:《1961 年所得税法》(1961 年第 43 号法)第 2 表、第 3 表和《1962 年所得税(证书程序)规则》规定下对资产被评估者的任何提及,应当解释为对证书中规定的人的提及。

解释 3:《1961 年所得税法》(1961 年第 43 号法)第 XⅦD 章和第 2 表中对上诉的提及,应当解释为向本法第 23A 节下证券上诉庭上诉的提及。

(2)应当赋予追偿官在其行使第(1)分节下的权力期间寻求当地地区行政协助的权力。

(3)尽管其他任何现行有效法律中包含任何规定,依据未遵从委员会按第 19 节发布的任何指令,第(1)分节下追偿官的追偿数额应当优先于针对该

---

① 被《2014 年证券法律(修正)法》嵌入本节,追溯自 2013 年 7 月 18 日生效。

人的其他任何索偿请求。

(4)为了第(1)、(2)和(3)分节的目的,"追偿官"一词指,经一般或特别书面授权命令行使追偿官权力的委员会任何官员。

29. 制定规则的权力

(1)中央政府经公告可以制定为实施本法目的的规则。

(2)特别是且不损害前述权力的普遍性,上述规则可以规定以下全部或任何事项,即:

(a)第5节第(1)分节下主席和成员的任期、其他任职条款条件;

(b)第11节下委员会可以实施的补充职能;

(c)[＊＊＊]①;

(d)第15节下委员会维持账户的方式;

{(da)第15-I节第(1)分节下的调查方式;

(db)第15-O节和第15S节下,证券上诉庭[首席官、其他成员]②、其他官员和雇员的薪酬、津贴、其他任职条款条件;

(dc)第15Q节第(3)分节下,对证券上诉庭[首席官或其他成员]③行为不当或失职的调查程序;

(dd)第15T节下,向证券上诉庭提起的上诉形式和上诉应当缴纳的费用;}④

(e)第18节下,向中央政府提交反馈与报告的格式和方式;

(f)由规则制定或规定的,或与规则规定的条款相关的其他事项。

30. 制定规章的权力

(1)委员会可以经公告[＊＊＊]⑤制定与本法和本法下所定规则相符的、为实施本法目的的规章。

(2)特别是且不损害前述权力的普遍性,上述规章可以对以下全部或部分事项进行规定,即:

(a)第7节第(1)分节下,委员会会议的召开时间、地点和会议遵循的程

---

① 被《1995年证券法律(修正)法》删除(c)条款,自1995年1月25日生效。删除前,(c)条款的内容为:"(c)受按第12节第(1)分节颁发注册证书的条件约束"。

② 被《2002年印度证券交易委员会(修正)法》替代"诸首席官",自2002年10月29日生效。

③ 被《2002年印度证券交易委员会(修正)法》替代"诸首席官",自2002年10月29日生效。

④ 被《1995年证券法律(修正)法》嵌入,自1995年1月25日生效。

⑤ 被《1995年证券法律(修正)法》删除"中央政府以前的许可"文字,自1995年1月25日生效。

序,包括为商业交易所必要的法定人数;

(b)第 9 节第 2 分节下,委员会官员、雇员的任职条款和其他条件;

[(c)第 11A 节下,与资本发行、证券转让有关的事项和其他相关事项,以及公司应当披露此等事项的方式;]①

[(ca)第 11 节第(5)分节下,贷记金额的利用;

(cb)第 11AA 节第(2A)分节下,履行与集体投资计划相关的其他条件;]②

(d)第 12 节下,约束颁发登记证书的条件、支付登记证书的费用额和暂停或注销登记证书的方式;

[(da)第 15JB 节第(2)分节下委员会确定的和解程序条款,该节(3)分节下进行和解议程的程序;

(db)规章要求规定或可以规定的,或与规章规定条款有关的其他任何事项。]③

31. 规则和规章呈递议会

根据本法制定的所有规则和规章,应当在制定后尽快呈递议会各院。若在会期,总期限为 30 日,其由一次会议或后续两次或多次会议和在会期届满前立即进行会议或所述后续会议构成。若两院均同意对规则或规章作出任何修改,或均同意不应当制定此规则或规章,此规则或规章应当自此仅以修改的形式有效或者无任何效力,视情况而定。但是,任何此种修改或无效应当不损害以前按该规则或规章所做任何事情的有效性。

32. 不禁止适用其他法律

本法的规定应当补充且不减损其他现行有效法律的规定。

33. 某些法的修正[已废止]

已被《2001 年废止和修正法》废止。

34. 消除障碍的权力

(1)若在赋予本法规定以效力中出现任何障碍,中央政府可以采取在《官方公报》中发布命令的方式,制定与本法规定不冲突的为清除该障碍所必要的条款:

---

① 被《1995 年证券法律(修正)法》替代现行(c)条款,自 1995 年 1 月 25 日生效。替代前,(c)条款的内容为:"(c)支付登记证书的费用额和第 12 节第(2)、(3)分节下暂停、注销登记证书的方式"。

② 被《2014 年证券法律(修正)法》嵌入,追溯自 2013 年 7 月 18 日生效。

③ 被《2014 年证券法律(修正)法》嵌入,追溯自 2013 年 7 月 18 日生效。

但是,自本法实施起届满5年后,不应当发布本节下的任何命令。

(2)本节下发布的每项命令应当在其发布后尽快呈递议会各院。

34A. 某些行为的有效性①

按本法已做或宣称已做的任何行为或事情,在涉及要求印度境内外的具有委员会相似职能的其他机构提供,或向该其他机构提供任何信息,和涉及行政和民事和解程序时,为了所有目的,应当视为有效和具有效力,如同对本法作出的修正在所有重要时间具有效力。

35. 废止和保留

(1)兹废止《1992年印度证券交易委员会条例》(1992年第5号条例)。

(2)尽管有上述废止,按上述条例所做的任何事情或采取的任何行动,应当视为已按本法相应规定已经做了或采取了。

附表

(见第33节)

某些法律的修正法

(已被《2001年废止与修正法》废止)

(邓瑞平、严楚凡译,邓瑞平审校)

---

① 本节被《2014年证券法律(修正)法》嵌入,追溯自2013年7月18日生效。

附 1：

2014 年证券法律(修正)法

法律与司法部

(立法部门)

2014 年 8 月 25 日,新德里

收到总统于 2014 年 8 月 22 日批准的议会以下法,兹公布基本信息：

2014 年证券法律(修正)法

2014 年第 27 号

2014 年 8 月 22 日

为进一步修正《1992 年印度证券交易委员会法》、《1956 年证券合同(管理)法》和《1996 年托管人法》,制定一项法律。

由议会于印度共和国第 56 年制定本法,内容如下：

目　录

14. 修正第 15HA 节

15. 修正第 15HB 节

16. 修正第 15-I 节

17. 修正第 15JA 节

18. 修正第 15T 节

19. 修正第 26 节

20. 嵌入新节第 26A、26B、26C、26D 和 26E 节

21. 嵌入新节第 28A 节

22. 修正第 30 节

23. 嵌入新节第 34A 节

第Ⅲ章　修正《1956 年证券合同（管理）法》

24. 修正第 12A 节

25. 修正第 23A 节

26. 修正第 23B 节

27. 修正第 23C 节

28. 修正第 23D 节

29. 修正第 23E 节

30. 修正第 23F 节

31. 修正第 23G 节

32. 修正第 23H 节

33. 修正第 23-I 节

34. 嵌入新节第 23JA 节

35. 嵌入新节第 23JB 节

36. 修正第 23L 节

37. 修正第 26 节

38. 嵌入新节第 26A、26B、26C、26D 和 26E 节

39. 修正第 31 节

40. 嵌入新节第 32 节

第Ⅳ章　修正《1996 年托管人法》

41. 修正第 19 节

42. 修正第 19A 节

43. 修正第 19B 节

44. 修正第 19C 节

45. 修正第 19D 节

46. 修正第 19E 节

47. 修正第 19F 节

48. 修正第 19G 节

49. 修正第 19H 节

50. 嵌入新节第 19-IA 节

51. 嵌入新节第 19-IB 节

52. 修正第 22 节

53. 嵌入新节第 22C、22D、22E、22F 和 22G 节

54. 修正第 23A 节

55. 修正第 25 节

56. 嵌入新节第 30A 节

57. 废止与保留

第 I 章　序言

1. 短标题、生效

(1)本法可称为《2014 年证券法律(修正)法》。

(2)保留另行规定,本法的规定应当视为已于 2013 年 7 月 18 日生效,但第 5 节第(ii)条款、第 6 节至第 16 节、第 25 节至第 33 节、第 36 节、第 41 节至第 48 节除外。

(3)本法第 5 节第(ii)条款、第 16 节、第 33 节、第 36 节和第 48 节,应当视为已于 2014 年 3 月 28 日生效。

(4)本法第 6 节至第 15 节、第 25 节至第 32 节和第 41 节至第 47 节,应当于中央政府以公告方式在《官方公报》中指定的日期生效。

第 II 章　修正《1992 年印度证券与交易委员会法》

2. 修正第 11 节

《1992 年印度证券交易委员会法》(1992 年第 25 号法)(在本章中以下简称"主法")第 11 节中,

(i)在第(2)分节中:

(a)应当用以下条款替代(ia)条款,即:

"(ia)在委员会认为应当与调查或质询有关时,要求包括由或按中央或邦法律设立的银行、其他权力机构、委员会或公司在内的任何人提供与证券交

易有关的信息和记录;"

(b)在(ia)条款之后嵌入以下条款作为(ib)条款,并应当视为已经嵌入并于 1998 年 3 月 6 日生效,即:

"(ib)向印度境内外具有与委员会相似职能的机构收集或提供有关防止或调查违反证券法律的信息,需受此方面其他任何现行有效法律的约束:

但是,为了向印度境外机构提供信息之目的,委员会可以经中央政府事先批准与该等机构缔结安排、协议或谅解;"

(ii)在第(4)分节之后嵌入以下分节作为第(5)分节,即:

"(5)依据按主法第 11B 节,或《1956 年证券合同(管理)法》第 12A 节或《1996 年托管人法》第 19 节(视情况而定)发布的指令交出的资金额,应当贷记入委员会设立的投资者保护与教育基金,且该款项应当由委员会根据本法下制定的规章动用。"

3. 修正第 11AA 节

在主法第 11AA 节中,

(i)在第(1)分节中:

(a)在"第(2)分节"文字后应当嵌入"或第 2A 节"文字;

(b)应当嵌入以下但书条款,即:

"但是,未在委员会注册登记或不在第(3)分节范围内的、涉及本金额 10 亿卢比或以上的任何计划或安排下的任何资金集合,应当视为一项集体投资计划。"

(ii)在第(2)分节中,应当将"公司"文字替换为"人";

(iii)应当在第(2)分节之后嵌入第(2A)分节,即:

"(2A)任何计划或安排应当由符合根据本法所订规章规定的条件的任何人作出或提供。"

(iv)在第(3)分节中:

(a)应当在"第(2)分节"文字之后嵌入"或第 2A 节"文字;

(b)应当在第(viii)条款之后嵌入第(ix)条款,即:

"(ix)中央政府会商委员会后公告的其他计划或安排。"

4. 修正第 11B 节

在主法第 11B 节,应当嵌入以下解释,即:

"[解释]为了避免疑问,兹声明,根据本节规定发布指令的权力应当包含并始终包含对通过实施违反本法规定或违反本法下所订规章的规定而获得利益或避免损失的任何人进行指令的权力,还包括对上述人处以没收违法所得

《1992年印度证券交易委员会法》(2014年修正)简介

或要求其缴纳与弥补的损失相同数额的罚款的权力。"

5. 修正第 11C 节

在主法第 11C 节中,

(ⅰ)在第(8)节中,应当用"中央政府公告在孟买的指定法院的司法长官或法官"替代"具有第一级管辖权的司法长官";

(ⅱ)应当在第(8)分节之后嵌入以下条款,即:

"(8A)为了第(8)分节中规定的全部或任何目的,被授权的官员可以请求任何警官或中央政府任何官员提供协助服务,服从该请求应当是每位警官或官员的职责。"

(ⅲ)在第(9)分节中,应当用"指定法院的司法长官或法官"文字替代"司法长官"文字;

(ⅳ)在第(10)分节中,应当用"指定法院的司法长官或法官"文字替代"司法长官"文字。

6. 修正第 15A 节

在主法第 15A 节(a)、(b)和(c)条款中,应当用"最低 10 万卢比,但可以提高至不履行持续期间每日 10 万卢比、最高限额 1000 万卢比"文字,替代"不履行持续期间每日 10 万卢比或一次性 1000 万卢比,以较低者为准"文字。

7. 修正第 15B 节

在主法第 15B 节中,应当用"最低 10 万卢比,但可以提高至不履行持续期间每日 10 万卢比、最高限额 1000 万卢比"文字,替代"不履行持续期间每日 10 万卢比或一次性 1000 万卢比,以较低者为准"文字。

8. 修正第 15C 节

在主法第 15C 节中,应当用"最低 10 万卢比,但可以提高至不履行持续期间每日 10 万卢比、最高限额 1000 万卢比"文字,替代"不履行持续期间每日 10 万卢比或一次性 1000 万卢比,以较低者为准"文字。

9. 修正第 15D 节

在主法第 15D 节中,

(ⅰ)在(a)条款中,应当用"最低 10 万卢比,但可以提高至他赞助或实施包括共同基金在内的任何集体投资计划期间每日 10 万卢比、最高限额 1000 万卢比"文字,替代"该赞助人或实施包括共同基金在内的任何集体投资计划期间每日 10 万卢比或一次性 1000 万卢比,以较低者为准"文字;

(ⅱ)在(b)、(c)、(d)、(e)和(f)条款中,应当用"最低 10 万卢比,但可以

第 2 卷 | **241**

提高至此不履行行为持续期间每日 10 万卢比、最高限额 1000 万卢比"文字,替代"此不履行持续期间每日 10 万卢比或一次性 1000 万卢比,以较低者为准"。

10. 修正第 15E 节

在主法第 15E 节中,应当用"最低 10 万卢比,但可以提高至此不履行持续期间每日 10 万卢比、最高限额 1000 万卢比"文字,替代"不履行持续期间每日 10 万卢比或一次性 1000 万卢比,以较低者为准"文字。

11. 修正第 15F 节

在主法第 15F 节中,

(ⅰ)在(a)条款中,应当用"罚款最低 10 万卢比,但可以提高至"文字,替代"不超过该数额 5 倍的罚款"文字;

(ⅱ)在(b)条款中,应当用"最低 10 万卢比,但可以提高至他赞助或实施包括共同基金在内的任何集体投资计划期间每日 10 万卢比、最高限额 1000 万卢比"文字,替代"不履行持续期间每日 10 万卢比或一次性 1000 万卢比,以较低者为准"文字;

(ⅲ)在(c)条款中,应当用"最低 10 万卢比,但可以提高至佣金额的 5 倍"文字,替代"10 万卢比或佣金额的 5 倍"文字。

12. 修正第 15G 节

在主法第 15G 节中,应当用"最低 10 万卢比,但可以提高至 2.5 亿卢比或内幕交易所获利润额的 3 倍,以较高者为准"文字,替代"2.5 亿卢比或内幕交易所获利润额的 3 倍,以较高者为准"文字。

13. 修正第 15H 节

在主法第 15H 节中,应当用"最低 100 万卢比,但可以提高至 2.5 亿卢比或此违反行为所获利润额的 3 倍,以较高者为准"文字,替代"2.5 亿卢比或未遵守所获利润额的 3 倍,以较高者为准"文字。

14. 修正第 15HA 节

在主法第 15HA 节中,应当用"最低 50 万卢比,但可以提高至 2.5 亿卢比或该做法所获利润额的 3 倍,以较高者为准"文字,替代""2.5 亿卢比或该违反所生利润额的 3 倍,以较高者为准"文字。

15. 修正第 15HB 节

在主法第 15HB 节中,应当用"处以最低 10 万卢比、最高 1000 万卢比的罚款"文字,替代"处以最高 1000 万卢比的罚款"文字。

16. 修正第 15-I 节

应当在主法第 15-I 节第(2)分节之后嵌入第(3)分节,即:

"(3) 委员会可以要求提供并检查本节下的任何程序的记录,若认为裁判官发布的命令在不是证券市场利益的范围内是错误的,可以在进行其认为必要的调查后,发布命令提高罚款额,若案件情况表明这样做是公正合理的:

但是,除非已经给予相关人员就该事项举行听证的合理机会,不应当发布此种命令:

但是,自裁判官发布命令之日起,或者按第 15T 节发布处理上诉命令之日起届满 3 个月,以较早者为准,本分节中包含的任何规定不应当适用。"

17. 修正第 15JA 节

应当在主法第 15JA 节之后嵌入以下节,并应当视为已嵌入且自 2007 年 4 月 20 日生效,即:

"15JB. 行政和民事和解程序

(1) 尽管其他任何现行有效法律中包含任何规定,按第 11、11B、11D、12(3) 或 15-I 节对其已经或将启动任何程序的任何人,可以向委员会递交书面申请,对被指控的违反行为启动或将启动的程序提议和解。

(2) 委员会在考虑被空违反行为的性质、严重性和影响后,可以根据本法制定的规章,就违反者支付数额,或委员会确定的其他条款,同意和解提议。

(3) 本节下的和解程序应当根据本法下所订规章中规定的程序进行。

(4) 不应当对委员会或裁判官(视情况而定)按本节发布的任何命令依第 15T 节提出任何上诉。"

18. 修正第 15T 节

应当删除主法第 15T 节第(2)分节。

19. 修正第 26 节

应当删除主法第 26 节第(2)分节。

20. 嵌入新节第 26A、26B、26C、26D 和 26E 节

在主法第 26 节之后,应当嵌入以下诸节,即:

"26A. 特别法院的设立

(1) 为了规定快速审理本法下违法行为的目的,中央政府可以经公告设立或指定必要数量的特别法院。

(2) 一特别法院应当曰中央政府经被任命法官工作地管辖区域内高等法院首席法官同意后任命的 1 名独仁法官组成。

(3) 任何人应当无资格担任特别法院法官,除非他在此任命前不久拥有民事大法官或民事增补大法官职位,视情况而定。

26B. 特别法院管辖的违法行为

尽管《1973 年刑事诉讼法典》(1974 年第 2 号法)中包含任何规定,在《2014 年证券法律(修正)法》实施日或其前后犯有本法下的全部违法行为,应当由违法行为实施地的所在区域设立的特别法院管辖和审理,或若该区域有数个特别法院,由相关高等法院在此方面规定的其中一特别法院管辖和审理。

26C. 上诉与改判

高等法院可以在可操作范围内,行使《1973 年刑事诉讼法典》(1974 年第 2 号法)第ⅩⅩⅨ章和第ⅩⅩⅩ章授予给一高等法院的全部权力。该高等法院管辖区域内的一特别法院是审理该高等法院管辖区域内案件的高等民事法院。

26D. 法典适用于特别法院程序

(1)本法中另有规定予以保留,《1973 年刑事诉讼法典》(1974 年第 2 号法)应当适用于特别法院进行的程序。为了上述规定的目的,特别法院应当视为一高等民事法院,向一特别法院提起公诉的人应当视为《1973 年刑事诉讼法典》(1974 年第 2 号)第 2 节(u)条款规定含义内的公诉人。

(2)第(1)分节中提及的向特别法院起诉的人,应当实际担任律师至少 7 年,或拥有联盟或邦级职位至少 7 年且具有法律专业知识。

26E. 过渡条款

尽管《1973 年刑事诉讼法典》(1974 年第 2 号法)中包含任何规定,在特别法院设立前,犯有本法下的由一特别法院审理的任何违法行为,应当由在该区域行使管辖权的一高等民事法院管辖和审理:

但是,本节中的任何规定不应当影响高等法院按《1973 年刑事诉讼法典》(1974 年第 2 号法)第 407 节将任何案件或任何类型案件移交至本节下一高等民事法院管辖的权力。"

21. 嵌入新节第 28A 节

在主法第 28 节之后,应当嵌入以下节,即:

"28A. 追偿额

(1)若任何人未支付裁判官施加的罚款,或未遵从按第 11B 节发出的交出令中的指示,或未支付所欠委员会的任何费用,追偿官可以按规定格式出具其签名的声明,载明此人所欠数额(在本章中,以下将此声明简称为证书),并应当着手采取以下一种或多种模式,向此人追偿证书规定的数额,即:

(a)扣押和变卖此人的动产;

(b)扣押此人的银行账户;

(c)扣押和变卖此人的不动产;

(d)逮捕此人并将其入监拘管;

(e)指定接受人管理此人的动产和不动产,

和为本目的,《1961 年所得税法》(1961 年第 43 号法)第 220 节至第 227 节、第 228A 节、第 229 节、第 232 节、第 2 表和第 3 表,不时修订有效的《1962 年所得税(证书程序)规则》,在其可以的范围内,经必要修改后适用,如同上述规定、规则是本法的规定和本法下提及的数额而不是《1961 年所得税法》(1961 年第 43 号)下提及的所得税额。

[解释 1]为本分节的目的,此人的动产、不动产或银行账户中持有的金钱应当包括以下任何资产或银行账户中持有的金钱:在证书中载明的数额已变成欠款之日或之后,由该人已经直接或间接转让给配偶、未成年子女、儿子的妻子或儿子的未成年子女,未充分考虑其他情况,和由上述任何人持有或处于上述任何人名下。至于已经转让给他的未成年子女或儿子的未成年子女的动产或不动产或银行账户中的金钱,甚至在此未成年子女或儿子的未成年子女(视情况而定)获得多数之日后,它应当继续包括在该人的动产或不动产中或银行账户中持有的金钱,以便按本法向该人追偿所欠任何金额。

[解释 2]《1961 年所得税法》(1961 年第 43 号法)第 2 表、第 3 表和《1962 年所得税(证书程序)规则》的规定下对资产被评估者的任何提及,应当解释为对证书中规定的人的提及。

[解释 3]《1961 年所得税法》(1961 年第 43 号法)第 XⅧD 章和第 2 表中对上诉的提及,应当解释为向本法第 23A 节下证券上诉庭上诉的提及。

(2)应当赋予追偿官在其行使第(1)分节下的权力期间寻求当地区域行政办助的权力。

(3)尽管其他任何现行有效法律中含任何规定,依据未遵从委员会按第 11B 节发布的任何指令,第(1)分节下追偿官的追偿数额应当优先于针对该人的其他任何索偿请求。

(4)为了第(1)、(2)和(3)分节的目的,'追偿官'一词指,经一般或特别书面授权命令行使追偿官权力的委员会任何官员。"

22. 修正第 30 节

在主法第 30 节第(2)分节中,

(ⅰ)应当在(c)条款之后嵌入以下条款,即:

"(ca)第 11 节第(5)分节下,贷记金额的利用;

（cb）第 11AA 节第（2A）分节下，履行与集体投资计划相关的其他条件。"

（ⅱ）应当在（d）条款之后，嵌入以下条款，即：

"（da）第 15JB 节第（2）分节下委员会确定的和解程序条款，该节第（3）分节下进行和解议程的程序；

（db）由规章要求规定或可以规定的，或与规章作出规定的条款有关的其他任何事项。"

23. 嵌入新节第 34A 节

在主法第 34 节之后，应当嵌入以下第 34A 节，即：

"34A. 某些行为的有效性

按主法已做或宣称已做的任何行为或事情，在涉及要求印度境内外的具有委员会相似职能的其他机构提供，或向该其他机构提供任何信息，和涉及行政和民事和解程序时，为了所有目的，应当视为有效和具有效力，如同对主法作出的修正在所有重要时间具有效力。"

第Ⅲ章　修正《1956 年证券合同（管理）法》

24. 修正第 12A 节

在《1956 年证券合同（管理）法》（1956 年第 42 号法）（在本章中，以下简称"主法"）第 12A 节中，应当嵌入以下解释，即：

"解释：为消除疑问，兹声明，根据本节发布指令的权力，应当包括且一直视为已经包括向从事违反本法或本法下所订规章规定的任何交易或活动而获利或避免损失的人发出指令、要求其交出等于此违反行为的不法所得额或避免损失额的权力。"

25. 修正第 23A 节

在主法第 23A 节（a）和（b）条款中，应当用"最低 10 万卢比，但可以提高至此不履行持续期间每日 10 万卢比、最高限额 1000 万卢比"文字，替代"不履行期间每日 10 万卢比或一次性 1000 万卢比，以较低者为准"文字。

26. 修正第 23B 节

在主法第 23B 节中，应当用"最低 10 万卢比，但可以提高至此不履行持续期间每日 10 万卢比、最高限额 1000 万卢比"文字，替代"不履行期间每日 10 万卢比或一次性 1000 万卢比，以较低者为准"文字。

27. 修正第 23C 节

在主法第 23C 节中，应当用"最低 10 万卢比，但可以提高至此不履行持续期间每日 10 万卢比、最高限额 1000 万卢比"文字，替代"不履行期间每日

10 万卢比或一次性 1000 万卢比,以较低者为准"文字。

28. 修正第 23D 节

在主法第 23D 节中,将"被处以最低 10 万卢比、但可以提高至 1000 万卢比的罚款"文字,替代"被处以最高 1000 万卢比的罚款"文字。

29. 修正第 23E 节

在主法第 23E 节中,应当用"被处以最低 50 万卢比、最高 2.5 亿卢比的罚款"文字,替代"被处以最高 2.5 亿卢比的罚款"文字。

30. 修正第 23F 节

在主法第 23F 节中,应当用"被处以最低 50 万卢比、最高 2.5 亿卢比的罚款"文字,替代"被处以最高 2.5 亿卢比的罚款"文字。

31. 修正第 23G 节

在主法第 23G 节中,应当用"被处以最低 50 万卢比、最高 2.5 亿卢比的罚款"文字,替代"被处以最高 2.5 亿卢比的罚款"文字。

32. 修正第 23H 节

在主法第 23H 节中,应当用"被处以最低 10 万卢比、最高 1000 万卢比的罚款"文字,替代"被处以最高 1000 万卢比的罚款"文字。

33. 修正第 23-I 节

在主法第 23-I 节第(2)分节之后,应当嵌入以下分节,即:

"(3)委员会可以传召、检查裁判官按本节进行的任何程序记录,若其认为裁判官发布的命令在其不是证券市场利益范围内是错误的,它可以在作出或导致作出其认为必要的调查后,发布命令提高罚款额度,若案件情况表明这样做是公正合理的:

但是,除非已给予相关人员听证所涉事项的合理机会,不应当发布上述任何命令;

但是,自裁判官作出命令之日起届满 3 个月后,或按第 23L 节处置上诉后,以较早者为准,本分节中包含的任何规定不应当适用。"

34. 嵌入新节第 23JA 节

在主法第 23J 节之后,应当嵌入以下节,并视为已嵌入且自 2007 年 4 月 20 日起生效,即:

"23JA. 行政和民事和解程序

(1)尽管其他任何现行有效法律中包含任何规定,对其已经启动或可能启动第 12A 或 23-I 节下的任何程序的任何人员,可以向委员会递交书面申请,对被指控的启动或将启动程序的违反行为提议和解。

（2）委员会在考虑被控违反行为的性质、严重性和影响后，可以根据《1992年印度证券委员会法》（1992年第15号法）下制定的规章，就违反者支付数额，或基于委员会确定的其他条款，同意和解提议。

（3）为本节下的和解目的，《1992年印度证券交易委员会法》（1992年第15号法）中关于本节下的程序应当适用。

（4）不应当对委员会或裁判官（视情况而定）按本节发布的任何命令依第23L节提出任何上诉。"

35. 嵌入新节第23JB节

在主法第23JA节之后，应当嵌入以下节，即：

"23JB. 追偿额

（1）若任何人未支付裁判官施加的罚款，或未遵从按第12A节发出的交出令中的指示，或未支付所欠委员会的任何费用，追偿官可以按规定格式出具其签名的声明，载明此人所欠数额（在本章中，以下将此声明简称为"证书"），并应当着手采取以下一种或多种模式，向此人追偿证书规定的数额，即：

（a）扣押和变卖此人的动产；

（b）扣押此人的银行账户；

（c）扣押和变卖此人的不动产；

（d）逮捕此人并将其入监拘留；

（e）指定接受人管理此人的动产和不动产，

和为本目的，《1961年所得税法》（1961年第43号法）第220节至第227节、第228A节、第229节、第232节、第2表和第3表，不时修订有效的《1962年所得税（证书程序）规则》，在其可以的范围内，经必要修改后适用，如同上述规定、规则是本法的规定和本法下提及的数额而不是《1961年所得税法》（1961年第43号法）下提及的所得税额。

［解释1］为本分节的目的，此人的动产或不动产或银行账户中持有的金钱应当包括以下任何资产或银行账户中持有的金钱：在证书中载明的数额已变成欠款之日或之后，由该人已经直接或间接转让给配偶、未成年子女、儿子的妻子或儿子的未成年子女，未充分考虑其他情况，和由上述任何人持有或处于上述任何人名下。至于已经转让给他的未成年子女或儿子的未成年子女的动产或不动产或银行账户中的金钱，甚至在此未成年子女或儿子的未成年子女（视情况而定）获得多数份额之日后，它应当继续包括在该人的动产或不动产中或银行账户中持有的金钱，以便按本法向该人追偿所欠任何金额。

[解释 2]《1961 年所得税法》（1961 年第 43 号法）第 2 表、第 3 表和《1962 年所得税（证书程序）规则》的规定下对资产被评估者的任何提及，应当解释为对证书中规定的人的提及。

[解释 3]《1961 年所得税法》（1961 年第 43 号法）第 XⅧD 章和第 2 表中对上诉的提及，应当解释为向本法第 23A 节下证券上诉庭上诉的提及。

（2）应当赋予追偿官在其行使第（1）分节下的权力期间寻求当地区域行政协助的权力。

（3）尽管任何其他现行有效法律中包含任何规定，依据未遵从委员会按第 19 节发布的任何指令，第（1）分节下追偿官的追偿数额应当优先于针对该人的其他任何索偿请求。

（4）为了第（1）、（2）和（3）分节的目的，'追偿官'一词指，经一般或特别书面授权命令行使追偿官权力的委员会任何官员。"

36. 修正第 23L 节

在主法第 23L 节第（1）分节中，在文字"第 4B 节"之后嵌入文字"或第 23-I 节第（3）分节"。

37. 修正第 26 节

删去主法第 26 节第（2）分节。

38. 嵌入新节第 26A、26B、26C、26D 和 26E 节

在主法第 26 节之后，应当嵌入以下诸节，即：

"26A. 特别法院的设立

（1）为了规定快速审理本法下违法行为的目的，中央政府可以经公告设立或指定必要数量的特别法院。

（2）一特别法院应当由中央政府经被任命法官工作地管辖区域内高等法院首席法官同意后任命的 1 名独任法官组成。

（3）任何人应当无资格担任特别法院法官，除非他在此任命前不久拥有民事大法官或民事增补大法官职位，视情况而定。

26B. 特别法院管辖的违法行为

尽管《1973 年刑事诉讼法典》（1974 年第 2 号法）中包含任何规定，在《2014 年证券法律（修正）法》实施日或其前后犯有本法下的全部违法行为，应当由违法行为实施地的所在区域设立的特别法院管辖和审理，或若该区域有数个特别法院，由相关高等法院在此方面规定的其中一特别法院管辖和审理。

26C. 上诉与改判

高等法院可以在可操作范围内，行使《1973 年刑事诉讼法典》（1974 年第 2 号

法)第ＸＸⅨ章和第ＸＸＸ章授予一高等法院的全部权力,如同该高等法院管辖区域内的一特别法院是审理该高等法院管辖区域内案件的高等民事法院。

26D. 法典适用于特别法院进行的程序

(1)本法中另有规定予以保留,《1973 年刑事诉讼法典》(1974 年第 2 号法)应当适用于特别法院进行的程序。为了上述规定的目的,特别法院应当视为一高等民事法院,向一特别法院提起公诉的人应当视为《1973 年刑事诉讼法典》(1974 年第 2 号法)第 2 节(u)条款规定含义内的公诉人。

(2)第(1)分节中提及的向特别法院起诉的人,应当实际担任律师至少 7 年,或拥有联盟或邦级职位至少 7 年且具有法律专业知识。

26E. 过渡条款

尽管《1973 年刑事诉讼法典》(1974 年第 2 号法)中包含任何规定,在特别法院设立前,犯有本法下的由一特别法院审理的任何违法行为,应当由在该区域行使管辖权的一高等民事法院管辖和审理:

但是,本节中的任何规定不应当影响高等法院按《1973 年刑事诉讼法典》(1974 年第 2 号法)第 407 节将任何案件或任何类型案件移交至本节下一高等民事法院管辖的权力。"

39. 修正第 31 节

在主法第 31 节第(2)分节(b)条款之后,应当嵌入以下条款,即:

"(c)委员会对第 23JA 节第(2)分节下和解程序确定的条件;

(d)由规章要求规定或可以规定的,或与规章作出的规定有关的其他任何事项。"

40. 嵌入新节第 32 节

在主法第 31 节之后,应当嵌入以下节,即:

"32. 某些行为的有效性

按主法已经或宣称已经作出的任何行为或事情,就行政或民事程序和解,为了所有目的,应当视为有效和具有效力,如同对主法作出的修正在所有重要时间已经有效。"

第Ⅳ章　修正《1996 年托管人法》

41. 修正第 19 节

在《1996 年托管人法》(1996 年第 22 号法,本章以下简称"主法")第 19 节中,应当嵌入以下解释,即:

"[解释]为消除疑问,兹声明,按本节发布指令的权力,应当包括且一直视为已经包括指令违反本法或依此所订规章的规定从事交易或活动获得利益或避免损失的任何人交出等于此违反行为产生的不法所得额或避免损失额的权力。"

42. 修正第 19A 节

在主法第 19A 节(a)、(b)和(c)条款中,应当用"最低 10 万卢比,但可以提高至此不履行持续期间每日 10 万卢比、最高限额 1000 万卢比"文字,替代"此不履行持续期间每日 10 万卢比或一次性 1000 万卢比,以较少者为准"文字。

43. 修正第 19B 节

在主法第 19B 节中,应当用"最低 10 万卢比,但可以提高至此不履行持续期间每日 10 万卢比、最高限额 1000 万卢比"文字,替代"此不履行持续期间每日 10 万卢比或一次性 1000 万卢比,以较少者为准"文字。

44. 修正第 19C 节

在主法第 19C 节中,应当用"最低 10 万卢比,但可以提高至此不履行持续期间每日 10 万卢比、最高限额 1000 万卢比"文字,替代"此不履行持续期间每日 10 万卢比或一次性 1000 万卢比,以较少者为准"文字。

45. 修正第 19D 节

在主法第 19D 节中,应当用"最低 10 万卢比,但可以提高至此不履行持续期间每日 10 万卢比、最高限额 1000 万卢比"文字,替代"此不履行持续期间每日 10 万卢比或一次性 1000 万卢比,以较少者为准"文字。

46. 修正第 19E 节

在主法 19E 节中,应当用"最低 10 万卢比,但可以提高至此不履行持续期间每日 10 万卢比、最高限额 1000 万卢比"文字,替代"此不履行持续期间每日 10 万卢比或一次性 1000 万卢比,以较少者为准"文字。

47. 修正第 19F 节

在主法第 19F 节中,应当用"最低 10 万卢比,但可以提高至此不履行持续期间每日 10 万卢比、最高限额 1000 万卢比"文字,替代"此不履行持续期间每日 10 万卢比或一次性 1000 万卢比,以较少者为准"文字。

48. 修正第 19G 节

在主法第 19G 节中,应当用"被处以最低 10 万卢比、最高 1000 万卢比的罚款"文字,替代"被处以最高 1000 万卢比的罚款"文字。

49. 修正第 19H 节

在主法第 19 节第(2)分节之后,应当嵌入以下分节,即:

"(3)委员会可以传召和检查本节下任何程序的记录。若其认为裁判官发出的命令在它不是证券市场利益范围内是错误的,在进行或导致进行其认为必要的调查后可以发布命令,提高罚款额度,若案件情况证明这样做是正当的:

但是,除非已给予相关人员听证此事项的机会,不应当发布此类命令;

但是,自裁判官发布命令之日起届满3个月期限后,或依第23A节处置上诉后,以较早者为准,本分节中包含的任何规定不应当适用。"

50. 嵌入新节第19-IA节

在主法第19-I节之后,应当嵌入以下节,并应当视为已经嵌入且自2007年4月20日生效,即:

"19-IA. 行政和民事和解程序

(1)尽管其他任何现行有效法律中包含任何规定,按第19节或第19H节针对其已经或将要启动程序(视情况而定)的任何人,可以向委员会递交书面申请,对被指控的已经或将要启动程序的不履行提议和解。

(2)委员会在考虑不履行的性质、严重程度和影响后,可以同意该和解提议,根据《1992年印度证券交易委员会法》(1992年第15号法)下制定的规章,确定不履行者支付总额或其他条款。

(3)为本节下和解问题的目的,委员会应当适用《1992年印度证券交易委员会法》(1992年第15号法)下规定的程序。

(4)不应当按第23A节针对委员会或裁判官发布本节下的命令进行任何上诉。"

51. 嵌入新节第19-IB节

在主法嵌入的上述第19-IA节之后,应当嵌入以下节,即:

"19-IB. 追偿额

(1)若有人未支付裁判官施加的罚款,或未遵从按第19节发出的交出令中的指示,或未支付所欠委员会的任何费用,追偿官可以按规定格式出具其签名的声明,载明此人所欠数额(在本章中,以下将此声明简称为"证书"),并应当着手采取以下一种或多种模式,向此人追偿证书规定的数额,即:

(a)扣押和变卖此人的动产;

(b)扣押此人的银行账户;

(c)扣押和变卖此人的不动产;

(d)逮捕此人并将其入监拘留;

(e)指定接受人管理此人的动产和不动产,

和为本目的,《1961年所得税法》(1961年第43号法)第220至227节、第228A节、第229节、第232节、第2表和第3表,不时修订有效的《1962年所得税(证书程序)规则》,在其可以的范围内,经必要修改后适用,如同上述规定、规则是本法的规定和本法下提及的数额而不是《1961年所得税法》(1961年第43号法)下提及的所得税额。

[解释1]为本分节的目的,此人的动产或不动产或银行账户中持有的金钱应当包括以下任何资产或银行账户中持有的金钱:在证书中载明的数额已变成欠款之日或之后,由该人已经直接或间接转让给配偶、未成年子女、儿子的妻子或儿子的未成年子女,未充分考虑其他情况,和由上述任何人持有或处于上述任何人名下。至于已经转让给他的未成年子女或儿子的未成年子女的动产或不动产或银行账户中的金钱,甚至在此未成年子女或儿子的未成年子女(视情况而定)获得多数之日后,它应当继续包括在该人的动产或不动产中或银行账户中持有的金钱,以便按本法向该人追偿所欠任何金额。

[解释2]《1961年所得税法》(1961年第43号法)(1961年第43号法)第2表、第3表和《1962年所得税(证书程序)规则》的规定下对资产被评估者的任何提及,应当解释为对证书中规定的人的提及。

[解释3]《1961年所得税法》(1961年第43号法)第XⅧD章和第2表中对上诉的提及,应当解释为向本法第23A节下证券上诉庭上诉的提及。

(2)应当赋予追偿官在其行使第(1)分节下的权力期间寻求当地区域行政协助的权力。

(3)尽管其他任何现行有效法律中包含任何规定,依据未遵从委员会按第19节发布的任何指令,第(1)分节下追偿官的追偿数额应当优先于针对该人的其他任何索偿请求。

(4)为了第(1)、(2)和(3)分节的目的,"追偿官"一词指,经一般或特别书面授权命令行使追偿官权力的委员会任何官员。"

52. 修正第22节

应当删除主法第22节第(2)分节。

53. 嵌入新节第22C、22D、22E、22F和22G节

在主法第22B节之后,应当嵌入以下诸节,即:

"22C. 特别法院的设立

(1)为提供快速审理本法下违法行为的目的,中央政府经公告可以设立或指定必要数量的特别法院。

(2)一特别法院应当由中央政府任命的独任法官组成,该法官的任命需经其工作所在地管辖区域内高等法院首席法官同意。

（3）一个人应当无资格被任命为一特别法院法官，除非他在此种任命前不久拥有高等民事大法官或高等民事增补大法官职位，视情况而定。

22D. 特别法院管辖的违法行为

尽管《1973 年刑事诉讼法典》（1974 年第 2 号法）中包含任何规定，在《2014 年证券法律（修正）法》生效日之前，或之日或之后所犯本法下的全部违法行为，应当由在所犯违法行为地区设立的特别法院管辖和审理；若该地区有数家特别法院，由相关高等法院在此方面规定的一特别法院管辖和审理。

22E. 上诉与改判

高等法院可以在可操作范围内行使《1973 年刑事诉讼法典》（1974 年第 2 号法）第 XXIX 和 XXX 章授予给一高等法院的全部权力。该高等法院管辖地区范围内的一特别法院是审理该高等法院管辖地区范围内案件的一高等民事法院。

22F. 法典适用于特别法院进行的程序

（1）本法中另有规定予以保留，《1973 年刑事诉讼法典》（1974 年第 2 号法）的规定适用于特别法院进行的程序；为了上述规定的目的，该特别法院应当视为高等民事法院，向特别法院起诉的人应当视为《1973 年刑事诉讼法典》第 2 节（u）条款含义内的公诉人。

（2）第（1）分节中提及的公诉人应当是实际担任律师至少 7 年，或拥有联盟或邦级职位至少 7 年且是有法律专业知识。

22G. 过渡条款

尽管《1973 年刑事诉讼法典》（1974 年第 2 号法）中包含任何规定，由特别法院审理的本法下所犯任何违法行为，在特别法院设立前，应当由在该地区行使管辖权的高等民事法院管辖和审理：

但是，本节中的任何规定不应当影响该法典第 407 节下高等法院将任何案件或类别案件移交至由本节下一高等民事法院管辖的权力。"

54. 修正第 23A 节

应当删除主法第 23A 节第（2）分节。

55. 修正第 25 节

在主法第 25 节第（2）分节（g）条款之后，应当嵌入以下条款，即：

"（h）第 19-IA 节第（2）分节下，委员会决定和解程序的条款；

（i）规章要求或规定的，或与由规章制定的条款有关的其他任何事项。"

56. 嵌入新节第 30A 节

在主法第 30 节之后,应当嵌入以下节,即:

"30A. 某些行为的有效性

在行政和民事和解程序方面,按主法已做或宣称已做的任何行为或事情,为了所有目的,应当视为有效,如司对主法作出的修正在所有重要时间上已经是有效的。"

57. 废止与保留

尽管《2014 年证券法律(修正)条例》(2014 年第 2 号条例)已停止实施的事实,按该条例规定已采取或声称已采取的任何行动,应当视为已按本法相应规定做了或采取了,如同这些规定在所有重要时间已经有效。

印度政府秘书

Dr. Sanjay Singh

(邓瑞平、严楚凡译,邓瑞平审校)

附 2：

1996 年托管人法

1996 年第 22 号

1996 年 8 月 10 日

（截至经 2016 年第 44 号法 修正）

目　录

19A. 未提供信息、反馈等的处罚

19B. 未缔结协议的处罚

19C. 未解决投资者投诉的处罚

19D. 证券证书迟延非物质化或发出的处罚

19E. 未使记录保持一致的处罚

19F. 未遵从委员会按本法第 19 节发出指令的处罚

19G. 未单独规定处罚的违反行为的处罚

19H. 裁判的权力

19I. 裁判官考虑的因素

19-IA. 行政和民事和解程序

19-IB. 追偿额

19J. 罚款收入贷记入印度统一基金

第 V 章　惩罚

20. 违法行为

21. 公司的违法行为

第 VI 章　杂项

22. 法院审理的违法行为

22A. 某些违法行为的合并

22B. 赋予豁免的权力

22C. 特别法院的设立

22D. 特别法院可审理的违法行为

22E. 上诉与改判

22F. 法典适用于特别法院进行的程序

22G. 过渡条款

23. 上诉

23A. 向证券上诉庭上诉

23B. 证券上诉庭的程序和权力

23C. 法律代表的权利

23D. 时效

23E. 无管辖权的民事法院

23F. 向最高法院上诉

24. 中央政府制定规则的权力

25. 委员会制定规章的权力

26. 托管人制定章程的权力

27. 规则和规章呈递议会

28. 不阻碍其他法律的适用

29. 清除障碍

30. 修正某些制定法

30A. 某些行为的有效性

31. 废止和保留

附　表(已废止)

为对规制证券中的托管人进行规定,并对其相关或附属事项进行规定,制定一项法律。

议会于印度共和国第 47 年颁布本法,内容如下:

第 I 章　序文

1. 短标题、范围和生效

(1)本法可称为《1996 年托管人法》。

(2)本法扩展至整个印度。

(3)本法应当视为已于 1995 年 9 月 20 日生效。

2. 定义

(1)在本法中,除非上下文另有要求,

(a)"受益所有人",指其姓名在托管人处被记录为此种人的人;

(b)"委员会",指依据《1992 年印度证券交易委员会法》(1992 年第 15 号法)第 3 节设立的印度证券交易委员会;

(c)"章程",指受托人依据第 26 节制定的章程;

(d)"公司法委员会",指依据《1956 年公司法》(1956 年第 1 号法)第 10E 节设立的公司法律管理委员会;

(e)"托管人",指依据《1956 年公司法》(1956 年第 1 号法)设立和注册的、按《1992 年印度证券交易委员会法》(1992 年第 15 号法)被赋予登记证书的公司;

(f)"发行人",指发行证券的任何人;

(g)"参与人",指依据《1992 年印度证券交易委员会法》(1992 年第 15 号法)第 12 节第(1A)分节登记为此种人的人;

(h)"规定的",指依据本法制定的规则规定的;

(i)"记录",指以簿册形式保存、在计算机中贮存、或以规章确定的其他类似形式保存的记录;

(j)"注册所有人",指其名称在发行人登记册中记载为此种人的托管人;

(k)"规章",指委员会制定的规章;

[(ka)"证券上诉庭",指依据《1992 年印度证券与交易委员会法》(1992 年第 15 号法)第 15K 节第(1)分节设立的证券上诉庭;]①

(l)"证券",指委员会具体规定的证券;

(m)"服务",指与证券配售记录或在托管人记录中记入证券所有权转移有关的任何服务。

(2)本法中使用而未定义但在《1956 年公司法》(1956 年第 1 号法)或《1956 年证券合同(管理)法》(1956 年第 42 号法)和《1992 年印度证券交易委员会法》(1992 年第 15 号法)中定义的词汇或词组,应当分别具有这些法中对其指定的含义。

第Ⅱ章　开业证书

3. 托管人持有开业证书

(1)除非托管人获得委员会颁发的开业证书,任何人不应当担任托管人。

(2)按第(1)分节颁发的证书应当具有规章具体规定的格式。

(3)除非委员会认为托管人有充足的系统和安全装置防止操纵记录和交易,委员会不应当向托管人颁布证书:

但是,除非已给予相关托管人进行听证的合理机会,不应当拒绝本节下的证书。

第Ⅲ章　托管人、参与人、发行人和受益所有人的权利义务

4. 托管人和参与人之间的协议

(1)托管人应当与作为其代理人的一个或多个参与人缔结协议。

(2)第(1)分节下的每项协议应当是章程具体规定的格式。

5. 托管人的服务

经过参与人的任何人可以与任何托管人缔结协议以有助于其服务,协议格式由章程具体规定。

---

① 由 1999 年第 32 号法第 13 节嵌入(自 1999 年 12 月 16 日生效)。

6. 退回证券证书

（1）已经缔结第 5 节下协议的任何人应当以规章规定的方式，将他凭此寻求有助于托管人服务的证券证书退回给发行人。

（2）发行人收到第（1）分节下的证券证书后，应当注销证券证书，在其记录中就该证券将托管的名称替换为一位已登记所有人，并据此通知托管人。

（3）托管人收到第（2）分节下的信息后将其记录中的第（1）分节提及的人的名称记录为受益所有人。

7. 在托管人处登记证券转让

（1）每位托管人收到参与人的通报后以受让人名义登记证券转让。

｛（1A）每位托管人收到参与人通报后，应当登记注册任何担保转让，以有利于《2002 年金融资产证券化与重组和执行担保权益法》（2002 年第 54 号法）第 2 节第（1）分节（ba）条款中定义的资产重组公司，随同或后续登记注册该法第 5 节第（1）分节下任何银行或金融机构资产的转移或转让。

（1B）每位托管人收到参与人通报后，应当注册登记任何新股发行，以有利于任何银行或金融机构、资产重组公司、或此银行或金融机构、资产重组公司的其他任何受让人（视情况而定）按该资产重组公司与该银行或金融机构之间协商同意的该公司债务重组，将它们的部分债务转换为股份。

［解释］为了本节的目的，"资产重组公司"、"银行"和"金融机构"术语应当具有《2002 年金融资产证券化与重组和执行担保权益法》（2002 年第 54 号法）第 2 节第（1）分节（ba）、（c）和（m）条款下分别对它们指定的含义。｝①

（2）若受益所有人或证券受让人寻求保管此证券，托管人应当据此通知发行人。

8. 接受证券证书或在托管人处持有证券的选择权

（1）认购发行人提供的证券的每位人员应当对接受证券证书或在托管人处持有证券具有选择权。

（2）若选择在托管人处持有证券，发行人应当将证券配售详情通告给托管人。托管人收到此通告后，应当在其记录中将受配人的名称记录为受益所有人。

9. 托管人处的证券是替换形式

（1）托管人持有的所有证券应当是非物质化的，且应当是替换形式的。

［（2）在托管人代表受益所有人持有证券方面，《1956 年公司法》（1956 年

---

① 由 2016 年第 44 号法第 44 节和第 2 表嵌入（自 2016 年 9 月 1 日生效）。

第 1 号法)第 153、153A、153B、187B、187C 和 372 节包含的任何规定,不应当适用于托管人。]①

10. 托管人和受益所有人的权利

(1)为了受益所有人、使证券所有权转让有效的目的,尽管其他任何现行有效法律中包含任何规定,托管人应当被视为已登记的所有人。

(2)第(1)分中另有规定予以保留,作为已登记所有人的托管人在其持有的证券方式,不应当拥有任何投票权或其他任何权利。

(3)受益所有人在托管人持有其证券方面,应当享有全部权利和利益,并应当承担全部责任。

11. 受益所有人的登记册

每位托管人应当按《1956 年公司法》(1956 年第 1 号法)第 150、151 和152 节规定的方式维持受益所有人的登记册和索引。

12. 抵押或质押托管人处持有的证券

(1)受此方面制定的规章和章程约束,受益所有人经托管人事先同意,可以对涉及其通过托管人持有的证券设置抵押或质押。

(2)每位受益所有人应当将该抵押或质押通告给托管人,托管人应当据此记入其记录中。

(3)第(2)分节下托管人记录中的任何登记应当是抵押或质押的证据。

13. 托管人和发行人提供信息和记录

(1)每位托管人应当以章程具体规定的时间间隔和方式、以受益所有人的名义,向发行人提供关于证券转让的信息。

(2)在托管人持有证券方面,每位发行人应当向托管人提供相关记录的副本。

14. 退出证券的选择权

(1)若受益所有人在任何证券方面选择退出托管人,他应当据此通告托管人。

(2)托管人收到第(1)分节下的通告后,应当在其记录中作出适当记载,并应当通知发行人。

(3)每位发行人应当在收到托管人的通告 30 日内完成规章规定的条件和费用支付,向受益所有人或受让人签发证券证书,视情况而定。

---

① 由 1997 年第 8 号法第 22 节替代第(2)分节(自 1997 年 1 月 15 日生效)。

15. 1891 年第 18 号法适用于托管人

《1891 年银行簿册证据法》(1891 年第 18 号法)应当适用于相关托管人，如同其是该法第 2 节定义的银行。

16. 某些情形下托管人赔偿损失

(1)不损害其他任何现行有效法律的规定，因托管人、参与人的疏忽导致受益所有人任何损失，托管人应当向此受益所有人赔偿。

(2)若托管人赔偿了第(1)分节下因参与人疏忽造成的损失，该托管人应当有权向该参与人索偿相同数额。

17. 托管人等的权利义务

(1)受本法规定的约束，托管人、参与人和由托管人处理其证券的发行人的权利和义务，应当由规章具体规定。

(2)证券准入托管人的合格标准应当由规章具体规定。

第Ⅳ章　询问和调查

18. 委员会收集信息和询问的权力

(1)委员会认为为了公共利益或投资者利益有必要如此行事，可以用书面命令，

(a)要求任何发行人、托管人、参与人或受益所有人书面提供涉及托管人处持有的委员会要求的证券信息；或

(b)授权任何人开展询问或调查与发行人、受益所有人、托管人或参与人有关的事务，上述人员应当在命令规定的期限内向其提交该询问或调查的报告。

(2)托管人、发行人、参与人或受益所有人的每位董事、经理、合伙人、秘书、官员或雇员，应当按要求向开展询问或调查的人提供全部信息或其负责保管的与询问或调查主题有关的记录和其他文件。

19. 委员会在某些情形下发布指令的权力

本法中的规定予以保留，委员会在开展或导致开展询问或调查后认为在以下方面是必需的，

（ⅰ）投资者利益，或有序发展证券市场；或

（ⅱ）防止导致托管人或参与人以危害投资者利益或证券市场的方式行事，

可以向以下人员发出在投资利益或证券市场方面是适当的指令，

(a)任何托管人、参与人或与证券市场关联的任何人；或

(b)任何发行人。

[解释:为消除疑问,兹声明,按本节发布指令的权力,应当包括且一直视为已经包括指令违反本法或依此所订规章的规定从事交易或活动获得利益或避免损失的任何人交出等于该违反行为产生的不法所得额或避免损失额的权力。][①]

19A. 未提供信息、反馈等的处罚[②]

按本法或据此所订任何规则、规章或章程要求任何人,

(a)向委员会提供任何信息、文件、簿册、反馈或报告,未在规定时间内提供所要求者,应当对每项不履行行为处以[最高 10 万卢比的罚款,但可以提高至该不履行行为持续期间每日 10 万卢比,最高限额 1000 万卢比][③];

(b)在规章或章程中规定的时间内提交任何反馈或提供任何信息、簿册或其他文件,未在此规定的时间内提供所要求者,应当对每项不履行行为处以[最高 10 万卢比的罚款,但可以提高至该不履行行为持续期间每日 10 万卢比,最高限额 1000 万卢比][④];

(c)维持账簿或记录,未维持者,应当对每项不履行行为处以[最高 10 万卢比的罚款,但可以提高至该不履行行为持续期间每日 10 万卢比,最高限额 1000 万卢比][⑤]。

19B. 未缔结协议的处罚

若托管人、参与人、任何发行人或其代理人,或按《1991 年印度证券交易委员会法》(1992 年第 15 号法)第 12 节登记为中介机构的人和按本法或据此所定规则或规章被要求的任何人,应缔结协议而未缔结此协议,该托管人、参与人、发行人或其代理人,或中介机构的每项不履行行为应当被处以[最高 10 万卢比的罚款,但可以提高至该不履行行为持续期间每日 10 万卢比,最高限额 1000 万卢比][⑥]。

19C. 未解决投资者投诉的处罚

若任何托管人、参与人、任何发行人或其代理人,或按《1991 年印度证券交易委员会法》(1992 年第 15 号法)第 12 节登记为中介机构的任何人,经委

---

① 由 2014 年第 27 号法第 41 节嵌入(自 2014 年 9 月 8 日生效)。

② 由 2005 年第 1 号法第 17 节嵌入第 19A 至 19J 节(自 2004 年 10 月 20 日生效)。

③ 由 2014 年第 27 号法第 42 节替代某些文字(自 2014 年 9 月 8 日生效)。

④ 由 2014 年第 27 号法第 42 节替代某些文字(自 2014 年 9 月 8 日生效)。

⑤ 由 2014 年第 27 号法第 42 节替代某些文字(自 2014 年 9 月 8 日生效)。

⑥ 由 2014 年第 27 号法第 43 节替代某些文字(自 2014 年 9 月 8 日生效)。

员会书面要求解决投资者投诉后,未在委员会规定的时间内解决此投诉,该托管人、参与人、发行人或其代理人,或中介机构的每项不履行行为应当处以[最高 10 万卢比的罚款,但可以提高至该不履行行为持续期间每日 10 万卢比,最高限额 1000 万卢比]①。

19D. 证券证书迟延非物质化或发出的处罚

若任何发行人或其代理人,或按《1992 年印度证券交易委员会法》(1992 年第 15 号法)第 12 节登记为中介机构的任何人,在按本法或据此所订规章或章程规定的时间内,未对投资者退出托管人的证券证书非物质化或发出,或在退出证券托管人上从事迟延证券证书非物质化或发出的程序,该发行人或其代理人,或中介机构应当处以[最高 10 万卢比的罚款,但可以提高至该不履行行为持续期间每日 10 万卢比,最高限额 1000 万卢比]②。

19E. 未使记录保持一致的处罚

若托管人、参与人、参与人或其代理人,或按《1992 年印度证券交易委员会法》(1992 年第 15 号法)第 12 节登记为中介机构的任何人,未使非物质化证券的记录与规章规定的发行人所发行的全部证券保持一致,该托管人、参与人、发行人或其代理人,或中介机构应当处以[最高 10 万卢比的罚款,但可以提高至该不履行行为持续期间每日 10 万卢比,最高限额 1000 万卢比]③。

19F. 未遵从委员会依本法第 19 节发出指令的处罚

若任何人未在委员会规定的时间内遵从委员会按第 19 节发出的指令,应当处以[最高 10 万卢比的罚款,但可以提高至该不履行行为持续期间的每日 10 万卢比,最高限额 1000 万卢比]④。

19G. 未单独规定处罚的违反行为的处罚

无论何人未遵从本法或据此所定规则、规章、章程或委员会据此发出的指令,对此未遵从未规定单独处罚的,应当[处以最高 10 万卢比的罚款,但可以提高至 1000 万卢比]⑤。

19H. 裁判的权力

(1)为按第 19A、19B、19C、19D、19E、19F 和 19G 节裁判的目的,委员会应当任命级别不低于印度证券交易委员会分会主席的任何官员担任裁判官,其在为

---

① 由 2014 年第 27 号法第 44 节替代某些文字(自 2014 年 9 月 8 日生效)。
② 由 2014 年第 27 号法第 45 节替代某些文字(自 2014 年 9 月 8 日生效)。
③ 由 2014 年第 27 号法第 46 节替代某些文字(自 2014 年 9 月 8 日生效)。
④ 由 2014 年第 27 号法第 47 节替代某些文字(自 2014 年 9 月 8 日生效)。
⑤ 由 2014 年第 27 号法第 48 节替代某些文字(自 2014 年 3 月 28 日生效)。

施加任何处罚目的、给予相关人员听证的合理机会后,以规定方式主持调查。

(2)裁判官在主持调查期间应当有权力传唤和强制要求熟悉事实和案件情况的任何人到案提供其认为有利于或与调查主题有关的证据或提交任何文件,且若他在此调查中认为该人未遵从第(1)分节中所述各节的规定,可以根据这些节的规定施加其认为合适的处罚。

[(3)委员会可以传召和检查本节下任何程序的记录。若其认为裁判官发出的命令在它不是证券市场利益范围内是错误的,在进行或导致进行其认为必要的调查后可以发布命令,提高罚款额度,若案件情况证明这样做是正当的:

但是,除非已给予相关人员听证此事项的机会,不应当发布此类命令;

但是,自裁判官发布命令之日起届满 3 个月期限后,或依第 23A 节处置上诉,以较早者为准,本分节中包含的任何规定不应当适用。]①

19I. 裁判官考虑的因素

裁判官在裁判第 19H 节下处罚额度时应当适当考虑以下因素,即:

(a)无论何处可量化,因不履行导致的不成比例所得或不公平获利的数额;

(b)因不履行导致投资者或投资者群体的损失额;

(c)不履行的重复性。

19-IA. 行政和民事和解程序②

(1)尽管其他任何现行有效法律中包含任何规定,按第 19 节或第 19H 节针对其已经或将要启动程序(视情况而定)的任何人,可以向委员会递交书面申请,对被指控的已启动或将启动程序的不履行提议和解。

(2)委员会在考虑不履行的性质、严重程度和影响后,可以同意该和解提议,和根据《1992 年印度证券交易委员会法》(1992 年第 15 号法)下制定的规章确定不履行者支付数额或其他条件。

(3)为本节下和解事项的目的,委员会应当适用《1992 年印度证券交易委员会法》(1992 年第 15 号法)下规定的程序。

(4)不应当按第 23A 节针对委员会或裁判官发布本节下的命令进行任何上诉。

19-IB. 追偿额③

(1)若未支付裁判官施加的罚款,或未遵从按第 19 节发出的交出令中的

---

① 由 2014 年第 27 号法第 49 节嵌入(自 2013 年 7 月 18 日生效)。
② 本节由 2014 年第 27 号法第 50 节嵌入(自 2007 年 4 月 20 日生效)。
③ 本节由 2014 年第 27 号法第 51 节嵌入(自 2013 年 7 月 18 日生效)。

指示,或未支付所欠委员会的任何费用,追偿官可以按规定格式出具其签名的声明,载明此人所欠数额(以下将此声明简称为"证书"),并应当着手采取以下一种或多种模式,向此人追偿证书规定的数额,即:

(a)扣押和变卖此人的动产;

(b)扣押此人的银行账户;

(c)扣押和变卖此人的不动产;

(d)逮捕此人并将其入监拘留;

(e)指定接受人管理此人的动产和不动产,

和为本目的,《1961年所得税法》(1961年第43号法)第220至227节、第228A节、第229节、第232节、第2表和第3表,不时修订有效的《1962年所得税(证书程序)规则》,在其可以的范围内,经必要修改后适用,如同上述规定、规则是本法的规定和本法下提及的数额而不是《1961年所得税法》下提及的所得税额。

[解释1]为本分节的目的,此人的动产或不动产或银行账户中持有的金钱应当包括以下任何资产或银行账户中持有的金钱:在证书中载明的数额已变成欠款之日或之后,由该人已经直接或间接转让给配偶、未成年子女、儿子的妻子或儿子的未成年子女,未充分考虑其他情况,和由上述任何人持有或处于上述任何人名下。至于已经转让给他的未成年子女或儿子的未成年子女的动产或不动产或银行账户中的金钱,甚至在此未成年子女或儿子的未成年子女(视情况而定)获得多数之日后,它应当继续包括在该人的动产或不动产中或银行账户中持有的金钱,以便按本法向该人追偿所欠任何金额。

[解释2]《1961年所得税法》(1961年第43号法)第2表、第3表和《1962年所得税(证书程序)规则》的规定下对资产被评估者的任何提及,应当解释为对证书中规定的人的提及。

[解释3]《1961年所得税法》(1961年第43号法)第ⅩⅧD章和第2表中对上诉的提及,应当解释为向本法第23A节下证券上诉庭上诉的提及。

(2)应当赋予追偿官在其行使第(1)分节下的权力期间寻求当地地区行政协助的权力。

(3)尽管其他任何现行有效法律中包含任何规定,依据未遵从委员会按第19节发布的任何指令,第(1)分节下追偿官的追偿数额应当优先于针对该人的其他任何索偿请求。

(4)为了第(1)、(2)和(3)分节的目的,"追偿官"一词指,经一般或特别书面授权命令行使追偿官权力的委员会任何官员。

19J. 罚款收入贷记入印度统一基金

本法下以罚款方式实现的全部款额应当贷记入印度统一基金。

第 V 章　惩罚

20. 违法行为①

(1) 不损害裁判官按本法作出的任何处罚裁决,若任何人违反、试图违反或教唆违反本法或据此制定的任何规则、规章或章程的规定,他应当被处以最高 10 年的监禁,或最高 2.5 亿卢比的罚金,或两者并处。

(2) 若任何人未支付裁判官施加的罚款或未遵从其任何指令或命令,他应当被处以最低 1 个月、最高 10 年的监禁,或最高 2.5 亿卢比的罚金,或两者并处。

21. 公司违法行为

(1) 若一公司已犯本法下的违法行为,在犯违法行为时负责公司经营的任何人和该公司应当被认为犯有该违法行为,并应当对被起诉和据此受惩罚承担责任:

但是,若任何人证明他不知晓已犯违法行为或他已尽全部适当谨慎义务以防止犯该违法行为,本分节中包括的任何规定不应当使此人承担本法规定的任何惩罚责任。

(2) 尽管第(1)分节中有任何规定,若一公司已犯本法下的违法行为且证明所犯违法行为是公司任何董事、经理、秘书或其他官员同意、默许的或因其任何疏忽导致的,该董事、经理、秘书或其他官员也应当被认为犯有此违法行为,并应当对被起诉和据此被惩罚承担责任。

解释:为本节目的,

(a)"公司",指法人团体和包括自然人的企业或其他团体;和

(b)"董事",与企业有关时,指企业中的合伙人。

第 IV 章　杂项

22. 法院审理的违法行为②

(1) 任何法院不应当审理本法下或据此制定的任何规则、规章或章程下的应惩罚的违法行为,但保留中央政府、邦政府、印度证券交易委员会或任何个人提出的控告。

---

① 由 2005 年第 1 号法第 18 节替代第 20 节(自 2004 年 10 月 12 日生效)。
② 由 2005 年第 1 号法第 19 节替代第 22 节(自 2004 年 10 月 12 日生效)。

[（2）＊＊＊＊]①

22A. 某些违法行为的合并②

尽管《1973年刑事诉讼法典》（1974年第2号法）中包含任何规定，按本法应惩罚的任何违法行为，不是仅可判处监禁，或监禁和罚金的违法行为，在启动任何程序之前或之后，可以在此类程序待定之前由证券上诉庭或一法院进行合并处理。

22B. 赋予豁免的权力

（1）若中央政府根据委员会建议，认为被控已违反本法，或据此所定规则或规章的规定的任何人，对被控违反行为作了全部和真实披露，可以对此人在受其认为适合的施加条件的约束下，豁免起诉本法下或据本法所定规则、规章下的违法行为，或对所涉被指控违犯行为免除本法下的任何处罚：

但是，若在收到赋予豁免申请之日前已经对起诉此种违法行为启动了程序，中央政府不应当赋予该豁免。

但是，本分节下委员会的建议对中央政府应当不具有约束力。

（2）中央政府认为第（1）分节下被赋予豁免的人没有遵守赋予豁免的条件或者提供了虚假证据，可以在任何时间撤回豁免，自此该人可以就被豁免的违法行为或与该违犯有关的所犯其他任何违法行为接受审判，并应当对本法下的任何罚款负责，承担其未被赋予豁免时本应承担的责任。

22C. 特别法院的设立

（1）为提供快速审理本法下违法行为的目的，中央政府经公告可以设立或指定必要数量的特别法院。

（2）一特别法院应当由中央政府任命的独任法官组成，该法官的任命需经工作所在地管辖区域内高等法院首席法官同意。

（3）一个人应当无资格被任命为一特别法院法官，除非他在此种任命前不久拥有高等民事大法官或高等民事增补大法官职位，视情况而定。

22D. 特别法院可审理的违法行为

尽管《1973年刑事诉讼法典》（1974年第2号法）中包含任何规定，在《2014年证券法律（修正）法》生效日之前，或之日或之后所犯本法下的全部违法行为，应当由所犯违法行为所在地区设立的特别法院管辖和审理；若该地区有数家特别法院，由相关高等法院在此方面规定的一特别法院管辖和审理。

---

① 由2014年第27号法第52节删除第（2）分节（自2013年7月18日生效）。

② 由2014年第27号法第53节嵌入第22A至22G节（自2013年7月18日生效）。

22E. 上诉与改判

高等法院可以在可操作范围内行使《1973 年刑事诉讼法典》(1974 年第 2 号法)第 XXIX 和 XXX 章授予给一高等法院的全部权力。该高等法院管辖地区范围内的一特别法院是审理该高等法院管辖地区范围内案件的一高等民事法院。

22F. 法典适用于特别法院进行的程序

(1)本法中另有规定予以保留,《1973 年刑事诉讼法典》(1974 年第 2 号法)的规定适用于特别法院进行的程序;为了上述规定的目的,该特别法院应当视为高等民事法院,向特别法院起诉的人应当视为《1973 年刑事诉讼法典》第 2 节(u)条款含义内的公诉人。

(2)第(1)分节中提及的公诉人应当是实际担任律师至少 7 年,或拥有联盟或邦级职位至少 7 年且具有法律专业知识。

22G. 过渡条款

尽管《1973 年刑事诉讼法典》(1974 年第 2 号法)中包含任何规定,由特别法院审理的本法下所犯任何违法行为,在特别法院设立前,应当由在该地区行使管辖权的高等民事法院管辖和审理:

但是,本节中的任何规定不应当影响该法典第 407 节下高等法院将任何案件或类别案件移交给本节下一高等民事法院管辖的权力。

23. 上诉

(1)本法下或依据本法所订规章下,[因《1999 年证券法律(第二修正)法》(1999 年第 32 号法)生效前委员会作出的命令]①遭受侵害的任何人,可以在规定时间内向中央政府提出上诉。

(2)在规定期限届满后提出的任何上诉不应当准许:

但是,若上诉人认为有充分理由未在规定期限内向中央政府提出上诉,应当准许其上诉。

(3)按本节提出的每项上诉应当以规定形式作出,并应当随附上诉针对的命令副本和规定的费用。

(4)处理上诉的程序应当是规定的程序:

但是,在处理上诉前,应当给予上诉人听审的合理机会。

23A. 向证券上诉庭上诉②

(1)第(2)分节中的规定予以保留,因委员会作出的命令遭受侵害的任何

---

① 由 1999 年第 32 号法第 14 节替代"委员会作出的命令"文字(自 1999 年 12 月 16 日生效)。

② 由 1999 年第 32 号法第 15 节嵌入第 23A 至 23F 节(自 1999 年 12 月 16 日生效)。

人,在《1999 年证券法律(第二修正)法》(1999 年第 32 号法)生效之日和之后,按本法或据此制定的规章[或凭裁判官按本法作出的命令]①,可以向在此事务方面有管辖权的证券上诉庭提出上诉。

[(2)经双方当事人同意,不应当对委员会作出的命令向证券上诉庭提出任何上诉。]②

(3)第(1)分节下的每项上诉应当在自第(1)分节提及的人收到委员会作出命令的副本之日起 45 日期限内提出,并应当是规定的形式和随附规定的费用:

但是,若证券上诉庭认为有充分理由未在上述 45 日期限内提出上诉,其可以受理该期限届满后的上诉。

(4)证券上诉庭收到第(1)分节下的上诉、给予上诉当事人听审的合理机会后,可以发布其认为合适的命令,确认、修改或撤销上诉针对的命令。

(5)证券上诉庭应当将其作出的每项命令的副本送交给委员会和上诉当事人。

(6)按第(1)分节向证券上诉庭提交的上诉,应当由该庭尽可能加速处理,该庭应当尽力在收到上诉之日起 6 个月内最终处理该上诉。

23B. 证券上诉庭的程序和权力

(1)证券上诉庭不应当受《1908 年民事诉讼法典》(1908 年第 5 号法)规定程序的约束,但应当受自然正义原则的指引,受本法和任何规则规定的约束。证券上诉庭应当有权力调整其包括应当开庭的地点在内的自身程序。

(2)为完成本法下证券上诉庭的职能的目的,该庭在审理有关以下事项的诉讼时,应当具有《1908 年民事诉讼法典》(1908 年第 5 号法)下赋予民事法院相同的权力,即:

(a)传唤和强制任何人出庭和检验其宣誓;

(b)要求出示和提交文件;

(c)接受宣誓证据;

(d)发出检验证人或文件的委任状;

(e)复审其决定;

(f)驳回缺席申请或基于单方面对申请作出决定;

(g)对驳回缺席申请的任何命令或其基于单方面作出的任何命令予以撤

---

① 由 2005 年第 1 号法第 20 节嵌入(自 2004 年 10 月 12 日生效)。

② 由 2014 年第 27 号法第 54 节删除(自 2013 年 7 月 18 日生效)。

销;和

（h）规定的其他任何事项。

（3）证券上诉庭的每项程序应当视为《1860 年印度刑法典》（1860 年第 45 号法）第 193 节和第 228 节含义内的司法程序,和为了上述法典第 196 节的目的。为了《1973 年刑事诉讼法典》（1974 年第 2 号法）第 195 节和第 XXVI 章的所有目的,证券上诉庭应当视为一民事法院。

23C. 法律代表的权利

上诉人可以亲自出庭,或者授权一名或多名特许会计师、公司秘书、成本会计师、法律执业者,或其任何官员出庭,向证券上诉庭陈述其案件。

解释:为了本节的目的,

（a）"特许会计师",指《1949 年特许会计师法》（1949 年第 38 号法）第 2 节第（1）分节（b）条款中定义的且获得该法第 6 节第（1）分节下从业证书的特许会计师;

（b）"公司秘书",指《1980 年公司秘书法》（1980 年第 56 号法）第 2 节第（1）分节（c）条款中定义的且已获得该法第 6 节第（1）分节下从业证书的公司秘书。

（c）"成本会计师",指《1959 年成本和工厂会计师法》（1959 年第 23 号法）第 2 节第（1）分节（b）条款中定义的且已获得该法第 6 节第（1）分节下从业证书的成本会计师;

（d）"法律执业者",指顾问律师、诉讼律师或任何高等法院的任何出庭律师,包括事实上的辩护人。

23D. 时效

《1963 年时效法》（1963 年第 36 号法）在其可以的范围内应当适用于向证券上诉庭提出的上诉。

23E. 无管辖权的民事法院

涉及由本法或按本法授权证券上诉庭决定的任何事项,任何民事法院不应当对受理任何诉讼或程序享有管辖权。涉及依据由本法或按本法赋予的任何权力采取或将采取的任何行动,任何法院或其他机构不应当发布任何禁止令。

23F. 向最高法院上诉①

因证券上诉庭任何决定或命令遭受侵害的任何人,自向其送交证券上诉

---

① 由 2005 年第 1 号法第 21 节替代第 23F 节（自 2004 年 10 月 12 日生效）。

庭决定或命令之日起 60 日内,可以就产生于此命令的任何法律问题,向最高法院提起上诉:

但是,最高法院认为上诉人因充分理由阻碍其在上述规定期限内提出上诉,可以允许在不超过 60 日的宽限期内提交上诉。

24. 中央政府制定规则的权力

(1)中央政府可以采取《官方公报》中公告方式制定实施本法条款的规则。

(2)特别是且不损害上述权力的普遍性,此规则可以对以下全部或任何事项进行规定,即:

[(a)第 19H 节第(1)分节下调查的方式;

(aa)按第 23 节第(1)分节可以提出上诉的时间期限;]①

(b)按第 23 节第(3)分节可以提出上诉的形式,和对此上诉应支付的费用;

(c)按第 23 节第(4)分节处理上诉的程序;

[(d)按第 23A 节可以向证券上诉庭提起上诉的形式,和有关此上诉应支付的费用。]②

25. 委员会制定规章的权力

(1)不损害《1992 年印度证券交易委员会法》(1992 年第 15 号法)第 30 节中包含的规定,委员会可以采取《官方公报》中公告方式制定符合本法规定的规章和据此制定实施本法目的的规则。

(2)特别是且不损害上述权力的普遍性,此规则可以规定——

(a)按第 2 节第(1)分节(i)条款维持记录的形式;

(b)按第 3 节第(2)分节应当签发开业证书的形式;

(c)按第 6 节第(1)分节应当退回证券证书的方式;

(d)对受益所有人持有证券按第 12 节第(1)分节创设抵押或质押的方式;

(e)按第 14 节有关签发证券证书的条件和应支付的费用;

(f)第 17 节第(1)分节下托管人、参与人和发行人的权利义务;

(g)按第 17 节第(2)分节允许证券准入托管人的合格标准;

[(h)按第 19-IA 节第(2)分节委员会决定和解程序的条款;

(i)规章要求或规定的,或与由规章制定条款有关的其他任何事项。]③

---

① 由 2005 年第 1 号法第 22 节替代(a)条款(自 2004 年 10 月 12 日生效)。

② 由 1999 年第 32 号法第 16 节嵌入(自 1999 年 12 月 16 日生效)。

③ 由 2014 年第 27 号法第 55 节嵌入(自 2013 年 7 月 18 日生效)。

26. 托管人制定章程的权力

(1)经委员会事先批准,托管人应当制定与本法和规章相符的章程。

(2)特别是且不损害上述权力的普遍性,章程应当规定——

(a)证券准入和退出托管人的合格标准;

(b)约束应当处理证券的条件;

(c)准许任何人成为参与人的合格标准;

(d)证券非物质化的方式和程序;

(e)托管人内部进行交易的程序;

(f)与托管人处理证券或从托管人处撤回证券的方式;

(g)确保保护参与人和受益所有人利益安全的程序;

(h)受益所有人同意进入和退出参与人的条件;

(i)向参与人和受益所有人传递股息公告、股东会议和受益所有人利益其他事项的程序;

(j)在受益所有人之间分配收到公司股息、利润和货币利益的方式;

(k)对托管人处持有证券创设抵押或质押的方式;

(l)托管人、发行人、参与人和受益所有人彼此间的权利和义务;

(m)向委员会、发行人和其他人提供信息的方式和周期;

(n)解决涉及托管人、发行人、公司或受益所有人的争端的程序;

(o)针对犯有违反规章和规定的参与人,采取暂停、停止在托管人处和取消与托管人缔结的协议的程序;

(p)内部控制标准,包括审计、复审和监控。

(3)若委员会认为这样做是有利的,其可以采取书面命令方式,指令托管人在规定期限内制定任何章程,或修正或废除已制定的任何章程。

(4)若托管人在规定期限内未遵从或疏于遵从此命令,委员会可以以命令规定的形式制定章程,或修正或废除已制定的章程,或按委员会认为适合的进行修改。

27. 规则和规章呈递议会

按本法制定的每项规则和规章,应当在其制定后尽快呈递议会每院。若在会期,总期限为 30 日,由一次会议或后续两次或多次会议和在会期届满前立即进行下次会议或后续会议组成。若两院均同意对规则或规章作出任何修改,或均同意不应当制定此规则或规章,此规则或规章应当自此仅以修改的形式有效或者无任何效力,视情况而定。但是,任何此种修改或无效应当不损害以前按该规则或规章所做任何事情的有效性。

28. 不阻碍其他法律的适用

本法的规定应当补充且不减损与持有和转让证券有关的其他任何现行有效法律。

29. 清除障碍

(1)若在赋予本法条款的效力中出现任何障碍,中央政府可以采取在《官方公报》中发布命令的方式,制定明显对清除障碍必要和有益的、与本法规定不冲突的规定:

但是,自本法生效届满 2 年后,不应当按本节发布任何命令。

(2)本节下发布的任何命令,应当在其发布后尽快呈递议会各院。

30. 修正某些制定法

被《2001 年废止和修正法》(2001 年第 30 号法)第 2 节和第 1 表废止(自 2000 年 9 月 3 日生效)。

30A. 某些行为的有效性①

在行政和民事和解程序方面,按本法已做或声称已做的任何行为或事情,为了所有目的,应当视为有效,如同对本法作出的修正在所有重要时间已经是有效的。

31. 废止和保留

(1)兹废止《1996 年托管人(第三)条例》(1996 年第 28 号条例)。

(2)尽管有上述废止,按上述条例已经做了的任何事或采取了的任何行动,应当视为已经按本法相应条款做了或采取了。

附表

由《2001 年废止与修正法》(2001 年第 30 号法)第 2 节和第 1 表废止(自 2001 年 9 月 3 日生效)。

(邓瑞平译)

---

① 本节由 2014 年第 27 号法第 56 节嵌入(自 2013 年 7 月 18 日生效)。

缪昕夙*

印度《1956 年证券合同(管理)法》(2014 年修正)简介

近年来,印度作为新兴市场国家之一,经济发展取得了巨大成就,使其成为世界经济中一股势不可挡的新兴力量,其发达的证券金融业不仅在亚洲广受赞誉,且备受世界瞩目。截至 2015 年年底,印度国家证券交易所(NSE)的证券交易总量排名全球第四。[①] 中国作为重要的金砖国家成员和世界重要的新兴经济体,且与印度互为邻国,宜对印度证券法律应加以研究和借鉴,以促进我国证券业及其法律制度的完善。

一、印度证券业及其法律发展史概览

印度证券市场的起源可以追溯到 19 世纪 30 年代孟买的非正式股票交易。1875 年,22 名股票经纪人成立了孟买证券交易所(BSE)。这是亚洲资格最老的证券交易所。[②] 1887 年,第一家证券经纪人组织即印度股票和债券经纪人协会正式成立。[③] 1908 年加尔各答证券交易所成立。[④] 印度证券市场伴

---

* 缪昕夙,1994 年生,女,广东惠州人,西南政法大学国际法学院国家卓越涉外法律人才教育培养基地 2013 级本科实验班毕业,西南政法大学民商法学院民商法学专业 2017 级硕士研究生。

① 印度国家证券交易所网站:https://www.nse-india.com/global/content/about_us/about_us.htm,2017 年 4 月 6 日访问。

② 尚福林:《证券市场监管体制比较研究》,中国金融出版社 2006 年版,第 184 页。

③ 尚福林:《证券市场监管体制比较研究》,中国金融出版社 2006 年版,第 8 页。

④ 尚福林:《证券市场监管体制比较研究》,中国金融出版社 2006 年版,第 8 页。

随着印度独立后步入正轨,于 1956 年颁布《证券合同(管理)法》(以下简称本法)并成立证券监管机构。[①] 20 世纪 70 年代,印度证券市场得到较大发展。1992 年印度成立"印度证券交易委员会"(SEBI),并随着国际化,印度证券市场发展速度惊人,其规模和结构成为世界新兴证券市场的代表。目前印度的证券市场已处在世界前列。

印度证券法起源于《1850 年公司法》,该法提出了"有限责任"的概念。随后,印度政府颁布《1947 年股票发行法》、本法、《1973 年外汇管制法》等法律规范证券市场的发展。目前印度证券法体系包括两个层次:一是中央制定的法律;二是通过中央立法和政府授权,由证券交易所制定的准则、规章、条例。议会制定的《1956 年公司法》、本法、《1992 年印度证券交易委员会法》、《1996 年托管人法》形成了印度证券市场的基本法律制度。

二、本法 2014 年修正的主要内容

本法最初于 1956 年 9 月 4 日颁布,在随后的发展中,其内容不断被与证券有关的其他法律修改。如本法第 2 节第(ac)条款中对衍生品的规定被《1999 年证券法律(修正)法》修改;第 2 节第(aa)条款对公司化的定义被《2004 年证券法律(修正)法》修改;第 2 节第(i)条款规定的当场交易被《1996 年托管人法》修改。

本法的立法目的是监管证券交易行为和与证券交易有关的其他行为,为证券行业的发展营造良好的法律环境。在本法序言中规定了立法宗旨——规范证券交易业务和与证券交易业务相关的其他事项,防止证券交易中的不良行为。可见,本法在本质上是一部证券交易监管法,与《1992 年印度证券交易委员会法》《1956 年公司法》《1996 年托管人法》共同构成印度证券监管法律体系。但是,上述四部法律所规范的具体领域不同。《1956 年公司法》确立了公司报告、披露与公开发行股票有关的信息标准;《1992 年印度证券交易委员会法》赋予了印度证券交易委员会规制证券交易所、管理证券交易当事人有关事项的权力;《1996 年托管人法》建立了证券交易所的托管法律制度;本法赋予印度中央政府对证券交易的管制权和持续监管权。[②]

从本法具体规定看,印度对证券业的监管比较严厉,而不是证券交易高

---

① 尚福林:《证券市场监管体制比较研究》,中国金融出版社 2006 年版,第 8 页。
② 李蒲贤:《印度证券市场的国际化及其启示》,载《南亚研究》2007 年第 1 期。

度自治。证券交易受到的约束主要来自印度中央政府和主管部门——印度证券交易委员会。中央政府有权同意证券交易所的设立,也有权取缔任何一家证券交易所,还对证券交易所的日常事务进行监管。例如:在章程制定方面,证券交易所的章程应当经中央政府审核,不满足规定条件的,中央政府可以要求证券交易所修改,或者发布指令要求证券交易所在其指导下制定章程,甚至中央政府可以自行制定章程,证券交易所必须遵从;在组织结构上,中央政府可以委派管理者管理证券交易所日常事务,在为了公共利益和证券市场的情形下,还可以中止证券交易所原管理机构的人员的权利,并重新建立管理机构。① 印度证券交易委员会在证券交易所实行公司化、股份化过程中发挥重要的监督管理作用。总之,本法严格规范了印度证券交易的各种事项,赋予法定监管机构严格监管的权力,保证印度证券行业可控发展。

对与证券交易有关的违法犯罪和相应处罚的规定,也是本法的一大特色。本法对责任承担的规定较全面、具体。例如:证券交易所应当保存其账簿、信息、报告和相关文件,否则,应当承担不少于 10 万卢比的罚款,对持续性违法行为提高处罚力度;②证券交易所应当区分客户之间、客户与证券交易所之间的财产,未区分的,承担 10 万以上、1000 万以下卢比的罚款;③证券交易所应当依照本法或章程的规定与客户签订协议,否则,承担不少于 10 万卢比的罚款,违法行为持续的,可以提高罚款额度。④ 本法还明确规定了违法行为人应当承担的责任和处罚,最大程度上预防违法行为的发生。

设立特别法院也是本法的突出特色。与其他一般法律不同,本法具体规定了与证券交易有关的违法行为及其诉讼程序。为了尽快审理案件且认为有必要,可以设立特别法院。特别法院的法官经所在地区高等法院首席法官同意,由中央政府任命,审理有关证券交易违法案件。特别法院的诉讼程序适用《1973 年刑事诉讼法典》的规定。⑤ 特别法院的设立无疑可以减轻其他法院的压力、提高诉讼效率,于法院、当事人都有益。

---

① See the sections 10,11,12 and 12A of the Securities Contracts(Regulation) Act, 1956 [As amended by the Securities Laws(Amendment) Act,2014].

② Section 23A, The Securities Contracts (Regulation) Act, 1956, India.

③ Section 23D, The Securities Contracts (Regulation) Act, 1956, India.

④ Section 23B, The Securities Contracts (Regulation) Act, 1956, India.

⑤ Section 26A, The Securities Contracts (Regulation) Act, 1956, India.

三、本法的意义

本法是印度规范证券市场的重要法律之一。它规定了直接或间接证券交易的各个方面,包括对证券交易所的管理、对中央政府部门管辖权的界定,以及对违规的证券交易行为进行规范。这些规定体现了印度中央政府对证券市场监管的重视,有利于打击证券市场违法行为,营造公平、透明的竞争环境。本法的修订顺应了印度证券业高速发展的时代,体现了与时俱进的特点,必然推动印度证券业走向一个更高的平台。中国与印度有许多相似的地方,中国可以借鉴印度的许多经验,以期实现本国证券业的长远发展。

1956 年证券合同(管理)法 *

1956 年第 42 号

1956 年 9 月 4 日

[截至经 2014 年《证券法律(修正)法》修正]

目 录

---

* 本法英文本可从 http://lawmin.nic.in/ld/P-ACT/1956/A1956-42.pdf 获得,2015 年 3 月 15 日访问。

6. 中央政府要求定期反馈和指令调查的权力

7. 证券交易所向中央政府提交年度报告

7A. 认可证券交易所制定限制投票权等规则的权力

8. 中央政府制定或指令制定规则的权力

8A. 清算公司

9. 认可证券交易所制定章程的权力

10. 印度证券交易委员会制定或修正认可证券交易所章程的权力

11. 中央政府取代认可证券交易所管理机构的权力

12. 暂停认可证券交易所业务的权力

12A. 发布指令的权力

合同和证券期权

13. 特定情形下公告地区的合同非法

13A. 增设交易场所

14. 特定情形下公告地区的合同无效

15. 特定情形下成员不得担任委托人

16. 特定情形下禁止订立合同的权力

17. 特定区域认可证券经销商

17A. 公开发行和上市第 2 节(h)条款(ie)分条款规定的证券

18. 当场交付合同排除第 13、14、15、17 节

18A. 衍生品合同

19. 禁止认可证券交易所以外的证券交易所

20. 禁止证券期权

证券上市

21. 上市条件

21A. 证券退市

22. 对证券交易所拒绝公众公司上市证券的上诉权利

22A. 对证券交易所拒绝公众公司上市证券向证券上诉庭上诉的权利

22B. 证券上诉庭的程序和权力

22C. 法律代表的权利

22D. 时效

22E. 无管辖权的民事法院

22F. 向最高法院上诉

处罚和程序

23. 处罚

23A. 未提供信息和反馈等的处罚

23B. 未与客户签订协议的处罚

23C. 未解决投资者投诉的处罚

23D. 未区分客户或诸客户证券或钱款的处罚

23E. 未遵守上市条件或退市条件或理由的处罚

23F. 超出非实物化或交付未上市证券的处罚

23G. 未提供定期反馈的处罚

23H. 违反未单独规定处罚的处罚

23-I. 裁判的权力

23J. 裁判官考虑的因素

23JA. 行政和民事和解程序

23JB. 追偿额

23K. 罚款贷记入印度统一基金

23L. 向证券上诉庭上诉

23M. 违法行为

23N. 某些违法行为的合并

23-O. 赋予豁免的权力

24. 公司违法行为

25. 可审理的某些违法行为

26. 法院可审理的违法行为

26A. 特别法院的设立

26B. 特别法院审理的违法行为

26C. 上诉和改判

26D. 法典适用于特别法院进行的程序

26E. 过渡条款

杂项

27. 物权股息

27A. 从集体投资计划获取收入的权利

27B. 从共同基金获取收入的权利

28. 本法不适用于某些情形

29. 保护善意采取的行动

为通过规范证券交易业务、防止证券交易中的不良行为,[* * *]①规定其他相关事项,制定一项法律。

议会于印度共和国第 7 年制定本法,内容如下:

前　言

1. 短标题、范围和生效

(1)本法称为《1956 年证券合同(管理)法》。

(2)本法扩展至印度全境。

(3)本法应自中央政府以公告方式在《官方公报》中指定的日期②生效。

2. 定义

除非上下文另有规定,本法中——

(a)"合同",指证券买卖或与其有关的合同。

[(aa)"公司化",指由为协助、管理或控制自然人或社团实施证券买卖或交易业务的目的而设立的另一家公司,承继按《1860 年社团注册法》(1860 年第 21 号法)注册为自然人组织或社团的一家认可证券交易所。

(ab)"股份化",指根据印度证券交易委员会批准的方案,认可证券交易所成员的所有权和经营权从交易权中分离。]③

[(ac)④"衍生品",包括——

(A)产生于无论是否有担保的债务工具、股份、贷款,风险凭证或差异性合同或其他形式的证券;

---

① 由《1995 年证券法律修正法》删除"通过禁止期权和"文字,自 1995 年 1 月 25 日生效。

② 1957 年 2 月 20 日,参见 1957 年 2 月 16 日发布的 SRO 528,其公布在 1957 年 2 月 16 日《印度公报》特别号第 II 部分第 3 节,第 549 页。

③ 由《2004 年证券法律(修正)法》第 2 节嵌入,追溯自 2004 年 10 月 12 日生效。

④ 由《2004 年证券法律(修正)法》第 2 节将(aa)条款重编序号为(ac)条款,追溯自 2004 年 10 月 12 日生效。

（B）从指定证券的价格或价格指数衍生出其价值的合同。]①

（b）"政府证券"，指中央政府或者邦政府为了提高公共贷款并具有《1994年公共债务法》(1944年第18号法)第2节第(2)分节规定形式之一的、不论在本法生效前或生效后创设和发行的证券。

（c）"成员"，指一认可证券交易所的成员。

（d）"证券期权"，指为了买入或卖出未来证券的购买或出售的权利，或购买和出售的权利的合同，包括证券的卖方期权、买方期权，或买方和卖方期权。

（e）"规定的"，指按本法制定的规章所规定的。

（f）"认可证券交易所"，指中央政府按第4节目前认可的一证券交易所。

（g）"规则"，一般与一证券交易所设立和管理有关的规则，包括证券交易所为法人团体情况下，其备忘录和章程。

[（ga）"方案"，指可以规定以下事项的对认可证券交易所公司化或者股份化的方案——

（ⅰ）以合法对价和提供交易权利而发行股份，以替代一认可证券交易所成员资格卡；

（ⅱ）限制选举权；

（ⅲ）以法律程序，由或针对证券交易所转让该证券交易所的财产、业务、资产、权利、责任、认可、合同，不论以该认可证券交易所、任何受托人或其他人的名义，并经该证券交易所准许或赋予该证券交易所准许；

（ⅳ）将一证券交易所的雇员转移至另一证券交易所；

（ⅴ）为了该认可证券交易所公司化或股份化(视情况而定)目的或与该证券交易所有关的被要求的其他事项。]②

[（gb）③"证券上诉庭"，指根据《1992年印度证券与交易委员会法》(1992年15号法)第15K节第(1)分节设立的证券上诉庭。]④

（h）"证券"，包括——

（ⅰ）股票、临时股票、股份、公债、公司债券、债券股或任何股份公司或其他法人团体的类似性质的其他适销证券；

[（ia）衍生品；

---

① 由《1999年证券法律(修正)法》第2节嵌入，自2000年2月22日生效。

② 由《2004年证券法律修正法》第2节嵌入，追溯自2004年10月12日生效。

③ 由《2004年证券法律(修正)法》第2节将(ga)条款重编序号为(gb)条款，追溯自2004年10月12日生效。

④ 由《1999年证券法律(第二修正)法》第2节嵌入，自1999年12月16日生效。

(ib)由任何集体投资计划在此类方案中向投资者发出的单位或任何其他凭证;]①

[(ic)《2002 年金融资产证券化与重组和执行担保权益法》第 2 节第(zg)条款中界定的证券收据;]②

[(id)按任何共同基金方案向投资者发行的单位或其他任何凭证;]③

[解释: 为消除疑义,兹声明,"证券"不应当包括与保险单或凭证或任何此种文书有关的、无论其名称为何的任何单位,其为人们的人寿或投资承担综合利益风险、并由《1938 年保险法》(1938 年第 4 号法)第 2 节第(9)分节中规定的保险人签发;]④

[(ie)特殊目的明显、持有向其转让的任何债或应收账款(包括抵押债)且知道在该等债或应收账款(包括抵押债)(视情况而定)中投资者受益的发行人向投资者发出的任何证书或凭证,不论其称呼为何;]⑤

[(ii)政府证券;

---

① 由《1999 年证券法律(修正)法》第 2 节嵌入,自 2000 年 2 月 22 日生效。

② 由《2002 年金融资产证券化与重构和执行担保权益法》第 41 节和附表嵌入,追溯自 2002 年 6 月 21 日生效。

③ 由《2004 年证券法律(修正)法》第 2 节嵌入,自 2004 年 10 月 12 日生效。

④ 由《2010 年证券与保险法律(修正和有效性)法》第 4 节嵌入,追溯自 2010 年 4 月 9 日生效。《2010 年证券与保险法律(修正和有效性)法》第 Ⅵ 章的内容为:

"第 Ⅵ 章 杂项

6. 有效性

尽管任何法院、法庭或其他机构的任何判决、决定或命令中有任何规定,经本法修正的《1958 年保险法》(1958 年第 4 号法)第 2 节、《1956 年证券合同(管理)法》(1956 年第 42 号法)第 2 节,或《1992 年印度证券与交易委员会法》(1992 年第 15 号法)第 12 节的规定,为了所有目的,应当具有效力且应当视为一直具有效力,如同经本法修正的上述法规定在所有重要时间是有效的,据此在 2010 年 4 月 9 日前任何时间发出的或声称已经发出的任何单位连理保险单或凭证,或其他此种文书或单位,不论名称为何,应当视为且一直视为已经有效发出;不应当仅以保险人或其他任何人按任何现行有效法律没有登记证书或未遵守任何现行有效法律下的程序而发出为由,在任何法院提出质疑。

7. 废止和保留

(1)兹废止《2010 年证券与保险法律(修正和有效性)条例》(2010 年第 3 号条例)。

(2)尽管有上述废止,按《1934 年印度储备银行法》(1934 年第 2 号法)、《1934 年保险法》(1934 年第 2 号法)、《1956 年证券合同(管理)法》(1956 年第 42 号法)或《1992 年印度证券与交易委员会法》(1992 年第 15 号法)所做的任何事情或采取的任何行动,应当视为已经按经本法修正的上述条例的相立规定做了或采取了。"

⑤ 由《2007 年证券合同(管理)修正法》第 2 节嵌入,自 2007 年 5 月 28 日生效。

(iia) 中央政府声明为证券的其他凭证;和]①

(ⅲ) 证券的权利或利益。

[(ⅰ)"当场交付合同",指规定以下事项的合同,

(a) 在合同订立日的同日或下一日实际交付证券和支付证券价款;若合同当事人不居住在同一城镇或地区,通过邮政发送证券或支付证券价款的实际时间不应当计算在上述期限内;

(b) 若托管人处理证券,其从一证券受益人账户将证券转移到其他受益人账户。]②

[(j)"证券交易所",指为了协助、管理或控制证券买、卖或交易目的,——

(a) 在按第 4A 和 4B 节进行公司化和股份化之前设立的任何自然人团体,不论是否组成股份公司,或者

(b) 按《1956 年公司法》(1956 年第 1 号法)组成的法人团体,不论其按公司化和股份化方案或其他方案。]③

2A. 特定词汇和词组的解释④

本法使用了但未定义而在《1956 年公司法》(1956 年第 1 号法)、《1992 印度证券交易委员会法》(1992 年第 15 号法)或《1996 年托管人法》(1996 年第 22 号法)中定义了的词汇和词组,应当具有这些法中对其分别指定的相同含义。

认可证券交易所

3. 申请认可证券交易所

(1) 期望为了本法目的得到承认的证券交易所,可以按规定方式向中央政府提出申请。⑤

---

① 由《1992 年印度证券交易委员会法》第 33 节和附表替代第(ⅱ)分条款,追溯自 1992 年 1 月 30 日生效。

② 由《1996 年托管人法》第 30 节和附表替代,追溯自 1995 年 9 月 20 日生效。替代前,第(ⅰ)条款的内容为:(ⅰ)"当场交付合同",指规定在合同订立的同日或次日实际交付证券和支付价款的合同,若合同当事人不居住在同一城镇或地区,计算前述期限应当排除通过邮政派送证券或汇款的实际期限。

③ 由《2004 年证券法律(修正)法》第 2 节替代,追溯自 2004 年 10 月 12 日生效。替代前,第(j)条款内容如下:(j)"证券交易所",指为协助、管理或控制证券买、卖或交易的目的组建的任何自然人团体,不论是否组成为股份有限公司。

④ 由《1999 年证券法律(第二修正)法》第 3 节嵌入第 2A 节,自 1999 年 12 月 16 日生效。

⑤ 印度证券交易委员会可行使的权力还参见 1994 年 9 月 13 日 S.O.672(E),发布在 1994 年 9 月 13 日《印度公报》特别号第 Ⅱ 部分第 3(ⅱ)节。

（2）第（1）分节下的每项申请应当包括规定的详情，应当随附为管理和控制合同的证券交易所之章程副本、通常与证券交易所设立有关的规则副本，特别有关——

（a）证券交易所管理机构及其组成、管理权力和办理业务的方式；

（b）证券交易所官员的权力和义务；

（c）准许不同级别成员进入证券交易所、成员资格，和排除、中止、取消和再接纳成员；

（d）若规则规定成员关系，将证券交易所伙伴关系登记为成员的程序；授权代表和职员的提名和任命。

4. 向证券交易所颁发认可

（1）若中央政府①在此方面作出必要调查和其可以要求的以下各项进一步信息后满意，它可以向证券交易所颁发认可，但受施加给它的以下条件和规定方式的约束：

（a）证券交易所申请登记的规则和章程符合规定的有关确保公平交易和保护投资者的条件；

（b）证券交易所自愿遵守中央政府会商证券交易所主管部门、考虑证券交易所服务地域、其地位和由其交易的证券性质后，为了实施本法目标，可以施加的其他任何条件（包括成员数量条件）；

（c）向证券交易所颁发认可是基于交易利益和公共利益。

（2）［中央政府］②按第（1）分节（a）条款规定向证券交易所颁发认可的条件，在其他事项中，可以包括涉及以下事项的条件：

（ⅰ）证券交易所的成员资格；

（ⅱ）成员之间订立和执行合同的方式；

（ⅲ）中央政府在此方面可以提名在各证券交易所的不超过3名人员的中央政府代表；和

（ⅳ）维持成员账户和由特许会计师在中央政府随时要求对其审计时进行审计。

（3）按本节向证券交易所的每项认可颁发，应当发布在《印度公报》和证券交易所总部所在邦的《官方公报》，且该认可应当自在《印度公报》上发布之

---

① 印度证券交易委员会可行使的权力还参见1994年9月13日S.O.672（E），发布在1994年9月13日《印度公报》特别号第Ⅱ部分第3（ⅱ）节。

② 印度证券交易委员会可行使的权力还参见1994年9月13日S.O.672（E），发布在1994年9月13日《印度公报》特别号第Ⅱ部分第3（ⅱ）节。

日起生效。①

（4）不应当拒绝颁发认可的申请，但是给予相关证券交易所就此事项进行听证的合理机会且应当将拒绝理由书面递送给证券交易所除外。②

（5）经中央政府批准除外，不应当修正证券交易所的涉及第3节第（2）分节下任何事项的规则。③

4A. 证券交易所的公司化和股份化④

自指定之日起，指定日之前非公司制、非股份化的所有证券交易所应当根据第4B节中包含的规定进行公司化和股份化：

但是，印度证券交易委员会认为，有充分理由阻碍任何认可证券交易所在指定日或之后公司化和股份化，可以就该认可证券交易所规定另一指定日，该认可证券交易所可以在该指定日之前存续。

解释：为了本节的目的，"指定日"指印度证券交易委员会可以采取公告方式在《官方公报》上指定的日期，对不同的证券交易所可以指定不同的指定日。

4B. 公司化和股份化的程序⑤

（1）第4A节中提及的所有认可证券交易所，应当在印度证券交易委员会规定的时间内向其提交公司化和股份化方案以获得其批准：

但是，印度证券交易委员会可以采取《官方公报》中公告方式，列明已经公司化和股份化的认可证券交易所，且不应当要求此类证券交易所提交本节下的方案。

（2）印度证券交易委员会收到第（1）分节中规定的方案后，在做出此方面的必要调查和获得其要求的进一步信息后，认为符合交易利益和公共利益，可以批准修改或不修改的该方案。

（3）若以合法对价或提供交易权利替代认可证券交易所成员的成员资格卡而发行股份，或已经提议向成员支付股息超出了该证券交易所的储备金或

---

① 印度证券交易委员会可行使的权力还参见1994年9月13日S. O. 672（E），发布在1994年9月13日《印度公报》特别号第Ⅱ部分第3（ⅱ）节。

② 印度证券交易委员会可行使的权力还参见1994年9月13日S. O. 672（E），发布在1994年9月13日《印度公报》特别号第Ⅱ部分第3（ⅱ）节。

③ 印度证券交易委员会可行使的权力还参见1992年7月30日S. O. 573（E），发布在1992年7月30日《印度公报》特别号第Ⅱ部分第3（ⅱ）节。

④ 本节由《2004年证券法律（修正）法》第2节嵌入，追溯自2004年10月22日生效。

⑤ 本节由《2004年证券法律（修正）法》第3节嵌入，追溯自2004年10月22日生效。

资产,印度证券交易委员会不应当批准第(2)分节下的任何方案。

(4)若第(2)分节下的方案被批准,以下机构应当按以下方式立即公布该批准的方案:

(a)印度证券交易委员会在《官方公报》中;

(b)证券交易所在印度证券交易委员会指定的印度国内发行的 2 家日报上,且一经公布,尽管本法、其他任何现行有效法律或任何现行有效协议、判决、法令或指令中包含任何相反规定,该方案应当具有效力且约束所有人员和机构,包括该证券交易所的全体成员、债权人、托管人和雇员,和与、对、向或涉及该证券交易所或其成员有任何合同、权利、权力或责任的任何人员。

(5)若印度证券交易委员会认为批准第(2)分节下的方案不符合交易利益和公共利益,可以采取命令方式,拒绝该方案,此种拒绝命令应当由其在《官方公报》上公布:

但是,印度证券交易委员会在发布拒绝该方案的命令之前,应当给予全体相关人员和相关认可证券交易听证的合理机会。

(6)印度证券交易委员会在审批第(2)分节下的方案时,可以以书面命令方式限制——

(a)是认可证券交易所证券经纪人的股东的投票权;

(b)认可证券交易所股东或证券经纪人向该认可证券交易所管理机构指派代表的权利;

(c)认可证券交易所证券经纪人向该认可证券交易所管理机构指派代表的最高人数,即不应当超过该管理机构总人数的四分之一。

(7)按第(6)分节作出的命令应当在《官方公报》上公布。一经公布,该命令应当具有全部效力,尽管《1956 年公司法》(1956 年第 1 号法)或者其他任何现行有效法律包含有任何相反的规定。

(8)每家认可证券交易所在按第(2)分节已批准的公司化或股份化方案方面,应当通过向公众增发普通权益股或者以印度证券交易委员会所订规章规定的其他任何方式,①保证自第(7)分节下命令公布之日起 12 个月内,拥有交易权股东以外的公众持有其普通权益股不低于 50%:

但是,印度证券交易委员会根据向其显示的充分理由和为了公共利益,可以将上述期限再延长 12 个月。

----

① 见《2012 年证券合同(管理)(股票交易和清算公司)规章》,公告规定自 2012 年 6 月 20 日生效,参见 2012 年 6 月 20 日特别号第Ⅲ部分第 4 节《公报公告第 LAD-NRO/GN/2012-13/07/13546 号》。

5. 撤销认可

[（1）]①若中央政府②认为，按本法规定授予给证券交易所的认可，为了交易利益或公共利益应当撤销，中央政府可以向该证券交易所管理机构送达书面通知，告知中央政府为了通知中规定的事实和理由正考虑撤销认可。在给予听取管理机构陈述的合理机会后，中央政府可以采取在《官方公报》中公告的方式，撤销授予给该证券交易所的认可：

但是，该撤销不应当影响公告日之前已订立的任何合同的有效性，中央政府与证券交易所协商后，可以在该公告或后续发布的任何类似公告中对在该日未完成的任何合同的未履行部分作出其认为适当的规定。

[（2）若认可证券交易所未完成公司化或者股份化，或未在规定期限内提交第4B节第（1）分节中提及的方案，或者印度证券交易委员会按第4B节第（5）分节拒绝了该方案，尽管本法中有任何相反规定，按第4节授予给证券交易所的认可应当处于撤销状态，中央政府应当以《官方公报》中的公告方式发布撤销认可：

但是，上述撤销不应当影响在公告日之前已经订立的任何合同的有效性；印度证券交易委员会与证券交易所协商后，可以在拒绝该方案的命令中作出其认为适合的规定，该命令应当按第4B节第（5）分节发布在《官方公报》上。]③

6. 中央政府要求定期反馈和指令调查的权力

（1）每家证券交易所应当按规定向[印度证券交易委员会]④提供有关其事务的定期反馈报告。

（2）每家证券交易所和其成员应当维持和保存中央政府与其协商后为了交易利益或公共利益而规定的账簿和其他文件5年，上述账簿和其他文件应当接受[印度证券交易委员会]⑤在任何合理时间进行的检查。

---

① 由《2004年证券法律（修正）法》第4节将第5节重编序号为第（1）分节，追溯自2004年10月12日生效。

② 印度证券交易委员会可以行使的权力还参见1994年9月13日S.O.672（E），发布在1994年9月13日《印度公报》特别号第Ⅱ部分第3（ⅱ）节。

③ 由《2004年证券法律（修正）法》第4节嵌入，追溯自2004年10月22日生效。

④ 由《1992年印度证券交易委员会法》第33节和附表替代"中央政府"，追溯自1992年1月30日生效。

⑤ 由《1992年印度证券交易委员会法》第33节和附表替代"由中央政府"，追溯自1992年1月30日生效。

（3）不损害第（1）、（2）分节，若［印度证券交易委员会］①认为为了交易利益或公共利益有必要这样做，可以采取书面命令，

（a）要求证券交易所或其任何成员提交［印度证券交易委员会］②要求的、有关证券交易事务的，或有关其成员事务的信息或解释；

（b）指派一名或多名人员以规定方式调查涉及证券交易所管理机构的事务或涉及该证券交易所任何成员的事务，并在命令规定的期限内向［印度证券交易委员会］③提交调查结果的报告，或者在调查涉及证券交易所任何成员的事务时指令其管理机构进行调查并向［印度证券交易委员会］④提交报告。

（4）若已经按第（3）分节调查涉及证券交易所事务或其任何成员的事务，

（a）该证券交易所的全体董事、经理、秘书或者其他官员；

（b）该证券交易所的每位成员；

（c）若证券交易所的成员是企业，该企业的每位合伙人、经理、秘书或其他官员；

（d）在业务过程中与第（a）、（b）、（c）条款规定的任何人有直接或间接交易的其他每位个人或个人团体，

应当有义务向调查机构提交其保管的或与调查主题事项有关的或有权力管理的账簿和其他文件，还应当在规定期限内向调查机构提交对其要求的与上述有关的任何陈述或信息。

7. 证券交易所向中央政府提交年度报告⑤

每家证券交易所应当向中央政府提供年度报告副本，该报告应当包括规定的具体事项。

7A. 认可证券交易所制定限制投票权等规则的权力⑥

（1）认可证券交易所可以制定或修正其制定的规定以下全部或任何事项

---

① 由《1992 年印度证券交易委员会法》第 33 节和附表替代"中央政府"，追溯自 1992 年 1 月 30 日生效。

② 由《1992 年印度证券交易委员会法》第 33 节和附表替代"中央政府"，追溯自 1992 年 1 月 30 日生效。

③ 由《1992 年印度证券交易委员会法》第 33 节和附表替代"中央政府"，追溯自 1992 年 1 月 30 日生效。

④ 由《1992 年印度证券交易委员会法》第 33 节和附表替代"中央政府"，追溯自 1992 年 1 月 30 日生效。

⑤ 印度证券交易委员会可以行使的权力还参见 1992 年 7 月 30 日 S. O. 573（E），发布在 1992 年 7 月 30 日《印度公报》特别号第 Ⅱ 部分第 3（ⅱ）节。

⑥ 本节由《1959 年证券合同（管理）修正法》（1959 年第 49 号法）第 2 节嵌入，自 1959 年 12 月 8 日生效。

的规则,即:

(a)仅就在任何会议上提交给证券交易所的任何事项,限制成员的投票权;

(b)就在任何会议上提交给证券交易所的任何事项,规制投票权,以使每位成员只享有一票投票权,不考虑该成员已向该证券交易所支付的权益资本股份;

(c)限制成员委派他人作为其代理人出席证券交易所会议和在该会议上投票的权利;

(d)赋予上述(a)、(b)和(c)条款中规定的任何事项以效力所必要的附带、间接和补充事项。

(2)认可证券交易所制定或修正的有关第(1)分节(a)至(d)条款中规定事项的任何规则,在经中央政府①批准且由其在《官方公报》公布之前,不应当有效。中央政府在批准上述制定或修正的规则时可以按其认为合适的进行变更,并予以公布。尽管《1956年公司法》(1956年第1号)中有任何相反的规定,经中央政府批准的规则应当视为已经有效制定。

8. 中央政府②制定或指令制定规则的权力

(1)中央政府一般地与诸证券交易所的管理机构,或特别地与任何证券交易所的管理机构协商后,认为这样做是必要的或有益的,可以采取书面命令并规定理由的方式,一般地指令诸认可证券交易所,或特别地指令任何认可证券交易所,视情况而定,自指令之日起[2个月]③内,就第3节第(2)分节中规定的全部或任何事项,制定任何规则或修正已制定的任何规则。

(2)任何认可证券交易所在规定期间内不遵守或疏于遵守按第(1)分节发布的任何命令,中央政府可以采取命令中提出的方式或中央政府与认可证券交易所之间达成的修改,为该证券交易所制定或修正规则。

(3)若根据本节已经制定或修正任何规则,该制定或修正的规则应当在《印度公报》上公布,还应当在认可证券交易所总部所在邦的《官方公报》中公布。一经在《印度公报》中公布,尽管《1956年公司法》(1956年第1号法)或其他任何现行有效法律中有任何相反的规定,此等制定或修正的规则应当具有效力,如同其由该或诸认可证券交易所制定或修正,视情况而定。

---

① 印度证券交易委员会可以行使的权力还参见1994年9月13日S.O.672(E),发布在1994年9月13日《印度公报》特别号第Ⅱ部分第3(ⅱ)节。

② 印度证券交易委员会可以行使的权力还参见1992年7月30日S.O.573(E),发布在1992年7月30日《印度公报》特别号第Ⅱ部分第3(ⅱ)节。

③ 由《1995年证券法律(修正)法》第19节替代"6个月",自1995年1月25日生效。

8A. 清算公司①

(1)经印度证券交易委员会事先批准,认可证券交易所为了以下目的,可以将一清算机构的职责和职能转移给按《1956 年公司法》(1956 年第 1 号法)设立为公司的一清算公司:

(a)合同的定期结算及其差额;

(b)证券的交付和支付;

(c)该转移附带的或与其有关的任何其他事项。

(2)为了第(1)分节中提及的将一清算机构的职责和职能转移至一清算公司的目的,每家清算公司应当制定章程,并将该章程呈报印度证券交易委员会批准。

(3)印度证券交易委员会认为将一清算机构的职责和职能转移给一清算公司是为了交易利益和公共利益,可以批准按第(2)分节向其呈报的章程,和批准第(1)分节规定的将清算机构的职责和职能转移给清算公司。

(4)第 4 至 12 节的规定,在其可能的范围内,对有关认可证券交易所的适用,应当适用于第(1)分节提及的清算公司。

9. 认可证券交易所制定章程的权力

(1)任何认可证券交易所受[印度证券交易委员会]②事先批准的约束,可以制定管理和控制合同的章程。

(2)特别地且不损害上述权力的普遍性,该章程可以规定:

(a)开市、闭市和调整交易时间;

(b)清算机构的定期合同及其差额的结算、证券的交付和支付、指令的传达、该清算机构的管理和维持;

(c)清算机构在[印度证券交易委员会]③不时要求的以下全部或任何具体事项的每项结算后,尽快向[印度证券交易委员会]④呈报,即:

(i)从一结算期到另一结算期所实施的各类别证券的总量;

(ii)与每一结算期过程期间相一致的各类别证券、合同的总量;

---

① 本节由《2004 年证券法律(修正)法》第 5 节嵌入,追溯自 2004 年 10 月 12 日生效。

② 由《1992 年印度证券交易委员会法》第 33 节和附表替代"中央政府",追溯自 1992 年 1 月 30 日生效。

③ 由《1992 年印度证券交易委员会法》第 33 节和附表替代"中央政府",追溯自 1992 年 1 月 30 日生效。

④ 由《1992 年印度证券交易委员会法》第 33 节和附表替代"中央政府",追溯自 1992 年 1 月 30 日生效。

(ⅲ)在每次清算中实际交付各类别证券的总量;

(d)清算机构发布的按(c)条款呈报给[印度证券交易委员会]①的全部或任何详情,但受[印度证券交易委员会]②在此方面发布的指令的约束。

(e)监管或禁止空头转移;

(f)通过清算机构进行定期结算和支付差额方面,合同的数量和级别;

(g)管理或禁止融资融券或结转设施;

(h)结算日数的确定、变更或迟延;

(i)决定和宣布市场价格率,包括证券开市率、闭市的最高或最低率;

(j)合同的条款、条件和意外事件,包括规定(若有)法定保证金和与此相关的条件、合同的书面形式;

(k)规制合同的订立、制作、解除、终止,包括成员之间、成员与其代理人之间、成员和非成员之间的合同,和买方、卖方或中间人不履行或无力履行的后果,买方、卖方故意或疏忽违约的后果,以及不是合同当事方的成员的责任;

(l)管理做市商业务,包括限制其放置;

(m)在证券交易所的证券上市,包括用于交易目的的任何证券、此任何证券的暂停和撤销、特定证券的暂停或禁止交易;

(n)解决申索或争端的方法和程序,包括仲裁解决;

(o)征收和追偿费用、罚金和罚款;

(p)监管合同当事人间的业务过程;

(q)确定经纪费或者其他费用的范围;

(r)交易的制定、比较、达成和结束;

(s)不论因集中或联合操作结果或相关或其他情形而产生的交易中的紧急事件,和在此紧急事件中行使权力,包括规定证券最高和最低价格的权力;

(t)监管成员为自己进行的交易;

(u)区分批发商和经纪人的功能;

(v)在特殊情况下限制自然人成员的交易量;

(w)成员提供或提交管理机构要求的信息或解释和与业务有关的文件的义务。

(3)按本法制定的章程可以规定——

---

① 由《1992年印度证券交易委员会法》第33节和附表替代"中央政府",追溯自1992年1月30日生效。

② 由《1992年印度证券交易委员会法》第33节和附表替代"中央政府",追溯自1992年1月30日生效。

(a)根据章程除外,章程应当使违反章程订立的第14节第(1)分节下的合同无效;

(b)对章程的任何违反应当使相关成员承担以下一项或多项惩罚,即:

(ⅰ)罚款;

(ⅱ)开除成员资格;

(ⅲ)暂停成员资格一定期限;

(ⅳ)不涉及支付金钱的类似性质的其他处罚。

(4)按本节制定的任何章程应当受以前公布的规定条件的约束,并经[印度证券交易委员会]①批准后,应当在《印度公报》和认可证券交易所总部所在邦的《官方公报》上发布,且应当自其在《印度公报》上发布之日起具有效力:

但是,若[印度证券交易委员会]②认为,为了交易利益或者公共利益,应当立即制定章程,它可以采取规定理由的书面命令方式,排除以前发布的条件。

10.[印度证券交易委员会]③制定或修正认可证券交易所章程的权力

(1)[印度证券交易委员会]④基于收到认可证券交易所管理机构在此方面的书面请求或其自身动议,经与该证券交易所管理机构协商后认为这样做是必要或有益的,在记录其这样做的理由后,可以对第9节下全部或任何事项制定章程,或按该节修正该证券交易所制定的章程。

(2)若按本节已经制定或修正任何章程,此制定或修正的章程应当发布在《印度公报》和该认可证券交易所总部所在邦的《官方公报》。制定或修正的章程一经发布在《印度公报》上,应当具有效力,如同其由相关认可证券交易所已经制定或修正。

(3)尽管本节中含有任何规定,若认可证券交易所的管理机构拒绝[印度证券交易委员会]⑤基于其自身动议按本节制定或修正的任何章程,它可以自

---

① 由《1992年印度证券交易委员会法》第33节和附表替代"中央政府",追溯自1992年1月30日生效。

② 由《1992年印度证券交易委员会法》第33节和附表替代"中央政府",追溯自1992年1月30日生效。

③ 由《1992年印度证券交易委员会法》第33节和附表替代"中央政府",追溯自1992年1月30日生效。

④ 由《1992年印度证券交易委员会法》第33节和附表替代"中央政府",追溯自1992年1月30日生效。

⑤ 由《1992年印度证券交易委员会法》第33节和附表替代"中央政府",追溯自1992年1月30日生效。

按第(2)分节在《印度公报》上发布之日起[2个月]①内,向[印度证券交易委员会]②申请修订。[印度证券交易委员会]③在给予认可证券交易所管理机构听证该事项的合理机会后,可以修订已制定或者修正的章程。已经制定或修正的章程因按本分节采取任何行动的结果而被修订,被修订的章程应当按第(2)分节的规定予以公布并应当开始生效。

(4)按本节制定、修正或者修订的任何章程,应当在所有情况下受以前公布的条件的约束:

但是,若[印度证券交易委员会]④在任何情况下认为,为了交易利益或公共利益,应当立即制定、修正或修订章程,它可以采取规定理由的书面命令,排除以前发布的条件。

11. 中央政府⑤取代认可证券交易所管理机构的权力

(1)不损害按本法授予中央政府的任何其他权力,若中央政府认为应当取代任何认可证券交易所的管理机构,尽管其他任何现行有效法律中包含任何规定,中央政府可以向该管理机构送达书面通知,告知其中央政府基于通知中规定的理由正在考虑取代该管理机构,并在给予该管理机构听证此事项的合理机会后,可以采取《官方公报》中公告的方式,宣告取代该认可证券交易所的管理机构,并可以任命任何1名或多名人员行使该管理机构的权力和职责;在委派多名人员时,可以任命其中一人为主席,另一人为副主席。

(2)按第(1)分节在《官方公报》上发布公告后,应当产生以下后果,即:

(a)被取代的管理机构成员应当自取代公告之日起,停止担任该成员职务;

(b)按第(1)分节任命的1名或多名人员可以行使和履行被取代管理机构的全部权力和职责;

(c)第(1)分节下任命的1名或多名人员,为能使其实施该认可证券交

---

① 由《1995年证券法律(修正)法》第20节替代"6个月",自1995年1月25日生效。
② 由《1992年印度证券交易委员会法》第33节和附表替代"中央政府",追溯自1992年1月30日生效。
③ 由《1992年印度证券交易委员会法》第33节和附表替代"中央政府",追溯自1992年1月30日生效。
④ 由《1992年印度证券交易委员会法》第33节和附表替代"中央政府",追溯自1992年1月30日生效。
⑤ 印度证券交易委员会可行使的权力还参见1992年7月30日的S.O.573(E),发布在1992年7月30日《印度公报》特别号第Ⅱ部分第3(ⅱ)节。

所业务目的所必要,可以采取书面命令方式在此方面规定,该认可证券交易所的全部财产应当赋予给此等人员。

(3)尽管任何法律、规则中或者管理机构被取代的认可证券交易所章程口包含任何相反规定,按该分节任命的人员持有该职务,期限为按该分节发布的公告中的规定;中央政府可以不时以相同公告方式变更该期限。

(4)中央政府在决定本节下被任命人员任期之前的任何时间,可以要求该认可证券交易所根据其规则重组管理机构。基于该重组,已经赋予按第(1)分节任命的人员或已由其占有的该认可证券交易所的全部资产,应当赋予或重新赋予(视情况而定)给重组的管理机构:

但是,在管理机构重组之前,按第(1)分节任命的人员应当行使和履行其权力和职责。

12. 暂停认可证券交易所业务的权力①

若中央政府认为,已经发生紧急事件,且为了应对该紧急事件中央政府认可这样做是有益的,它可以采取在《官方公报》中公告的方式,基于该公告中规定的理由,指令认可证券交易所暂停其业务不超过 7 日并受公告中规定条件的约束;若中央政府认为,交易利益或公共利益要求应当延长该期限,可以不时采取相同公告方式延长上述期限:

但是,若暂停期限将延长至超过首期,不应当发布延长暂停期限的公告,除非已给予[该认可证券交易所]②管理机构听证该事项的合理机会。

12A. 发布指令的权力③

印度证券交易委员会在作出或导致作出调查后认为,以下是有必要的:

(a)为了投资者利益或证券市场有序发展;或

(b)防止任何认可证券交易所、清算公司或其他提供证券交易、清算或结算设施的代理机构或人员以危害投资者利益或证券市场方式从事业务;或

(c)确保(b)条款中提及的此类任何认可证券交易所、清算公司、代理机构或人员正常管理,

它可以向以下者发布对证券投资者利益和证券市场是适当的指令:

(i)(b)条款提及的任何认可证券交易所、清算公司、代理机构或个人,

---

① 印度证券交易委员会可行使的权力还参见 1992 年 7 月 30 日 S.O.573(E),发布在 1992 年 7 月 30 日《印度公报》特别号第 Ⅱ 部分第 3(ⅱ)节。

② 由《1974 年废止与修正法》(1974 年第 56 号法)第 3 节和附表 2 替代"认可的协会",自 1974 年 12 月 20 日生效。

③ 本节由《2004 年证券法律(修正)法》第 6 节嵌入,追溯自 2004 年 10 月 12 日生效。

或与证券市场关联的任何人员或人员级别;

(ⅱ)其证券在一认可证券交易所已上市或提出上市的任何公司。

[解释:为消除疑问,兹声明,根据本节发布指令的权力,应当包括且一直视为已经包括向从事违反本法或本法下所订规章规定的任何交易或活动而获利或避免损失的人发出指令、要求其交出等于此违反行为的不法所得额或避免损失额的权力。]①

合同和证券期权

13. 特定情形下公告地区的合同非法

若中央政府②考虑任何[邦、诸邦或地区]③证券交易的性质或者数量后认为有必要这样做,可以采取在《官方公报》上发布公告的方式,宣布本节适用于该[邦、诸邦或地区]④。此公告发布后,在此[邦、诸邦或地区]⑤的[一家或诸家认可证券交易所成员之间]⑥或通过,或与其成员以外者签订的在此[邦、诸邦或地区]⑦内的合同,应当是非法的:

[但是,此邦、诸邦或地区内两个或更多认可证券交易所之成员间订立的任何合同,应当——

(ⅰ)受印度证券交易委员会事先批准的各自认可证券交易所规定的条款条件的约束;

(ⅱ)要求各证券交易所事先准许,若诸证券交易所的上述规定经印度证券交易委员会事先批准。]⑧

---

① 由《2014 年证券法律(修正)法》第 24 节嵌入,追溯自 2013 年 7 月 18 日生效。

② 印度证券交易委员会可行使的权力还参见 1994 年 9 月 13 日的 S.O.672(E),发布在 1994 年 9 月 13 日《印度公报》特别号第Ⅱ部分第 3(ⅱ)节。

③ 由《2004 年证券法律(修正)法》第 7 节替代"邦或地区",追溯自 2004 年 10 月 12 日生效。

④ 由《2004 年证券法律(修正)法》第 7 节替代"邦或地区",追溯自 2004 年 10 月 12 日生效。

⑤ 由《2004 年证券法律(修正)法》第 7 节替代"邦或地区",追溯自 2004 年 10 月 12 日生效。

⑥ 由《2004 年证券法律(修正)法》第 7 节替代"一认可股票交易的成员之间",追溯自 2004 年 10 月 12 日生效。

⑦ 由《2004 年证券法律(修正)法》第 7 节替代"邦或地区",追溯自 2004 年 10 月 12 日生效。

⑧ 由《2004 年证券法律(修正)法》第 7 节嵌入,追溯自 2004 年 10 月 12 日生效。

13A. 增设交易场所①

经印度证券交易委员会根据其规定的条款条件事先批准,证券交易所可以设立增加的交易场所。

解释:为了本节的目的,"增设交易场所"指认可证券交易所在其营运地区以外提供的交易环节或交易设施,以能使投资者通过该交易场所在该证券交易所监管框架下买进或卖出证券。

14. 特定情形下公告地区的合同无效

(1)在第 13 节下公告规定的任何邦或地区签订的、违反第 9 节第(3)分节(a)条款在此方面规定的任何章程的任何合同,在以下方面,应当无效:

(i)该认可证券交易所的、签订违反章程的合同的任何成员的权利;和

(ii)已经知晓参与交易必然导致该违反的其他任何人员的权利。

(2)第(1)分节中的任何规定,不应当理解为影响该认可证券交易所成员以外的其他任何人员执行此种任何合同或追偿该合同下或与该合同有关的任何金钱款项,若该人员不知晓此交易违反第 9 节第(3)分节(a)条款中规定的任何章程。

15. 特定情形下成员不得担任委托人

认可证券交易所的任何成员在证券方面不应当作为委托人与认可证券交易所成员以外的任何人员签订任何合同,除非他已获得该人员的同意或授权,并在出售或购买的单据、备忘录或协议中披露他担任委托人:

但是,若该成员已获得该人员的非书面同意或授权,他应当自合同订立之日起 3 日内获得该人员对同意或授权的书面确认。

但是,若该成员在清算方面在出售或购买单据、备忘录或协议中披露他正在担任委托人,为清算该人员根据章程签订的未履行合同,没必要获得上述书面同意或授权。

16. 特定情形下禁止订立合同的权力②

(1)若中央政府认为有必要阻止对任何邦或地区的规定证券的不良投机,可以采取在《官方公报》中公告的方式宣布,该邦或地区的任何人未经中央政府准许,不应当签订公告中规定的任何证券的出售或购买合同,但(若

---

① 由《1995 年证券法律(修正)法》第 21 节嵌入,自 1995 年 1 月 25 日生效。

② 印度证券交易委员会可行使的权力还参见 1992 年 7 月 30 日的 S. O. 573(E),发布在 1992 年 7 月 30 日《印度公报》特别号第 II 部分第 3(ii)节。RBI 可行使的权力还参见 2000 年 3 月 1 日《印度政府公告第 183(E)号》,涉及政府证券、货币市场证券等。

有)在规定范围以规定方式进行者除外。

(2)公告日期以后签订的违反第(1)分节规定的合同,应当是非法的。

17. 特定地区认可证券经销商

(1)受第(3)分节和本法其他规定的约束,在未宣布第13节适用的,或中央政府以《官方公报》中公告方式宣布本节适用的任何邦或地区,任何人不应当以自身名义或任何他人名义从事或意图从事证券交易业务,但是按照[印度证券交易委员会]①在此方面颁发的许可证的授权进行者除外。

(2)不应当发布第(1)分节下的涉及任何邦或地区的任何公告,除非中央政府在考虑该邦或地区内处理证券的方式后认为,为了公共利益或者交易利益上述交易受许可制度规制是合适的、有益的。

(3)第(1)分节施加的与证券交易有关的限制,不应当适用于由任何认可证券交易所的成员所做或为该成员所做的任何事情。

17A. 公开发行和上市第2节(h)条款(ie)分条款规定的证券②

(1)不损害本法或其他任何现行有效法律中的规定,不应当向公众报价和在任何认可证券交易所上市第2节(h)条款(ie)分条款中规定性质的证券,除非发行人达到印度证券交易委员会所订规章规定的合格标准和遵从其规定的其他条件。

(2)第2节(h)条款(ie)分条款中规定的、意图向公众提供该条款规定的证书或凭证的每位发行人,在向公众发出公开报价之前,应当向一家或多家认可证券交易所申请准许将该证书或凭证在此证券交易所或各证券交易所上市。

(3)若按第(2)分节申请上市的准许未被该认可证券交易所或任何一家证券交易所同意,或者被拒绝,发行人应当返还收到申购人按报价文件支付的全部款项(若有)。若该任何款项未在发行人变得有义务返还后8日内返还,不履行的该发行人、每位董事或受托人自第8日届满当日和之后,应当对该款项和年利率15%的利息连带和分别承担责任。

解释:在计算第8日时,按《1881年流通票据法》(1881年第26号法)是公共节假日的任何中间日应当排除,第8日本身为节假日的,为了所述目的,应当顺延一日。

---

① 由《1992年印度证券交易委员会法》第33节和附表替代"由中央政府颁发的许可",追溯自1992年1月30日生效。

② 本节由《2007年证券合同(管理)修正法》第3节嵌入,自2007年5月28日生效。

(4)本法关于公众公司在认可证券交易所上市的全部规定,在细节上作必要变更后,应当适用于发行人是特殊目的明显的实体上市第 2 节(h)条款(ie)分条款规定性质的证券。

18. 当场交付合同排除第 13、14、15、17 节

(1)第 13、14、15、17 节的规定不应当适用于当场交付合同。

(2)尽管有第(1)分节的规定,若中央政府①认为,为了交易利益或者公共利益,规范和控制任何邦或地区(无论是否已经宣布第 13 节适用于该邦或地区)内当场交易合同中的交易业务是必要的、有益的,可以采取《官方公报》中公告方式宣布,第 17 节的规定也应当普遍适用于该邦或地区的当场交付合同、或公告中规定的证券卖出或买入当场交易合同,还可以规定应当如此适用的方式和范围。

18A. 衍生品合同②

尽管其他任何现行有效法律中包含任何规定,若衍生品合同根据认可证券交易的规则和章程属以下情形,该衍生品合同应当是合法、有效的:

(a)在认可证券交易所进行交易;

(b)在该认可证券交易所清算机构进行结算。

19. 禁止认可证券交易所以外的证券交易所

(1)除经中央政府准许外,任何人不应当为了协助、缔结或履行任何证券合同的目的而设立、协助设立证券交易所(认可证券交易所除外)或成为其成员。

(2)本节应当自中央政府以《官方公报》中公告方式指定的日期起在任何邦或地区生效。

20. 禁止证券期权

[* * *]③

---

① 印度证券交易委员会可行使的权力还参见 1994 年 9 月 13 日的 S. O. 672(E),发布在 1994 年 9 月 13 日《印度公报》特别号第 II 部分第 3(ii)节。

② 本节由《1999 年证券法律(修正)法》第 3 节嵌入,自 2000 年 2 月 22 日生效。

③ 由《1995 年证券法律(修正)法》第 22 节删除,自 1995 年 1 月 25 日生效。删除前,第 20 节的内容为:

"20. 禁止证券期权(1)尽管本法和其他任何现行有效法律中包含任何规定,本法开始实施后缔结的所有证券期权应当是非法的。(2)在上述实施之前已经缔结的和仍然履行的证券期权,无论全部或部分,在上述实施后应当在该范围内变得无效。"

证券上市①

21. 上市条件②

若任何人申请在任何认可证券交易所上市证券,该人应当遵守与该证券交易所达成的上市协议的条件。

21A. 证券退市③

(1)证券交易所在记录退市的理由后,可以根据本法规定的任何或诸理由将证券从任何认可证券交易所退市:

但是,公司证券不应当退市,除非已给予相关公司听证的合理机会。

(2)上市公司或受侵害的投资者可以自认可证券交易所作出退市决定之日起15日内,针对该认可证券交易所的决定,向证券上诉庭提出上诉,本法第22B节至第22E节的规定在其可以的范围内应当适用于此种上诉:

但是,证券上诉庭认为有充分理由阻碍了公司在上述期限内提出上诉,可以准许该公司在不超过1个月的延长期限内提出上诉。

22. 对证券交易所拒绝公众公司上市证券的上诉权利④

若依据章程赋予其任何权力而行事的认可证券交易所拒绝任何公众公司或[集体投资计划方案]⑤的证券上市,该公司或[方案]⑥应当有权获知被拒绝的理由,且可以——

---

① 由《1999年证券法律(修正)法》第4节删除"由公众公司"文字,自2000年2月22日生效。

② 由《1995年证券法律(修正)法》第33节替代,自1995年1月25日生效。替代前,第21节的内容为:

"21. 强迫公众公司上市证券的权力

尽管其他任何现行有效法律中包含任何规定,若印度证券交易委员会考虑《1956年公司法》(1956年第1号法)中定义的任何公众公司发行的证券的性质或他们中的交易后认为,为了交易利益或公共利益是必要的或有益的,它可以在给予该公司听证此事项的合理机会后,要求该公司就其在任何认可证券交易所上市证券服从规定的条件。"

③ 本节由《2004年证券法律(修正)法》第8节嵌入,追溯自2004年10月12日生效。

④ 本节由《1974年公司(修正)法》(1974年第41号法)第42节替代,自1975年2月1日生效。

⑤ 由《1999年证券法律(修正)法》第5节嵌入,自2000年2月22日生效;由《1974年废止和修正法》(1974年第56号法)第3节和附表2替代"认可的协会",自1974年12月20日生效。

⑥ 由《1999年证券法律(修正)法》第5节嵌入,自2000年2月22日生效。

（a）自向其提供拒绝理由之日起 15 日内,或

（b）若证券交易所在《1956 年公司法》(1956 年第 1 号法)第 73 节第(1)分节规定的期限内(在本节中以下简称"规定期限")遗漏或未处置申请准许在该证券交易所处理股票或债券,在规定期限届满之日起 15 日内或中央政府①基于显示的充分理由准许不超过 1 个月的延长期内,

针对该拒绝、遗漏或未处置向中央政府上诉,视情况而定;中央政府在给予该证券交易所听证的合理机会后,可以——

（ⅰ）变更或撤销该证券交易所的决定,或

（ⅱ）若证券交易所在规定期限内遗漏或未处置申请,给予或拒绝准许,

且若中央政府撤销认可证券交易所的决定或者给予准许,该证券交易所应当按照中央政府的命令行事:

[但是,自《1999 年证券法律(第二次修正)法》实施日和之后,不应当对本节下的拒绝、遗漏或未处置(视情况而定)提出上诉。]②

22A. 对证券交易所拒绝公众公司上市证券向证券上诉庭上诉的权利③

（1）若依据章程赋予其权力行事的认可证券交易所拒绝任何公司上市证券,该公司应当有权获悉拒绝的理由,并可以——

（a）自向其提供拒绝理由之日起 15 日内,或

（b）若证券交易所在《1956 年公司法》(1956 年第 1 号法)第 73 节第(1A)分节规定的期限内(在本节中以下简称"规定期限")遗漏或未处置申请准许在该证券交易所处理股票或债券,在规定期限届满之日起 15 日内或证券上诉庭基于显示的充分理由准许不超过 1 个月的延长期内,

针对该拒绝、遗漏或未处置同对该事务有管辖权的证券上诉庭提出上诉,视情况而定;证券上诉庭在给予该证券交易所听审的合理机会后,可以——

（ⅰ）变更或撤销该证券交易所的决定,或

（ⅱ）若证券交易所在规定期限内遗漏或未处置申请,给予或拒绝准许,

---

① 印度证券交易委员会可行使的权力还参见 1994 年的 S. O. 672(E),发布在 1994 年 9 月 13 日《印度公报》特别号第Ⅱ部分第 3(ⅱ)节。

② 由《1999 年证券法律(第二修正)法》第 4 节嵌入,自 1999 年 12 月 16 日生效。

③ 由《1999 年证券法律(第二修正)法》第 5 节嵌入第 22A、22B、22C、22D、22E 和 22F 节,自 1999 年 12 月 16 日生效。较早的第 22A 节由《1985 年证券合同(管理)修正法》(1985 年第 40 号法)第 2 节嵌入,自 1986 年 1 月 17 日生效;并由《1996 年托管人法》第 30 节和附表删除,追溯自 1995 年 9 月 20 日生效。

且若证券上诉庭撤销认可证券交易所的决定或者给予准许,该证券交易所应当遵守证券上诉庭的命令行事。

(2)第(1)分节下的每项上诉应当是规定的形式,并随附规定的费用。

(3)证券上诉庭应当将其作出的每项命令副本送达给委员会和上诉的当事人。

(4)按第(1)分节向证券上诉庭提出的上诉应当由其尽快处理,并应当尽力自收到上诉状之日起 6 个月内处置完毕。

22B. 证券上诉庭的程序和权力①

(1)证券上诉庭不应当受《1908 年民事诉讼法典》(1908 年第 5 号法)规定程序的约束,但应当受自然正义原则指引,且受本法和任何规则的其他规定的约束;证券上诉庭应当有权力规范其自身程序,包括其庭审的地点。

(2)为了履行本法规定职能的目的,证券上诉庭在审理以下事项的案件时,应当具有按《1908 年民事诉讼法典》(1908 年第 5 号法)赋予民事法院相同的权力,即:

(a)传唤、强制任何人到庭和检验其宣誓;

(b)要求出示和提供文件;

(c)接收宣誓证据;

(d)发出委托以检验证人和文件;

(e)复审其决定;

(f)驳回缺席的申请或基于单方面作出的决定;

(g)撤销任何驳回缺席申请的命令或基于单方面由其发出的任何命令;

(h)规定的其他任何事项。

(3)证券上诉庭的每项程序应当视为《1860 年印度刑法典》(1860 年第 45 号法)第 193、228 节含义内的司法程序且为了该法典第 196 节的目的;为了《1973 年刑事诉讼法典》(1974 年第 2 号法)第 195 节和第 XXVI 章的全部目的,该证券上诉庭应当视为一民事法院。

22C. 法律代表的权利②

上诉人可以亲自出庭,或者授权 1 名或多名特许会计师、公司秘书、成本会计师、法律职业者或其任何官员代表其出席上诉庭,陈述其案件。

---

① 本节由《1999 年证券法律(第二修正)法》第 5 节嵌入,自 1999 年 12 月 16 日生效。
② 本节由《1999 年证券法律(第二修正)法》第 5 节嵌入,自 1999 年 12 月 16 日生效。

解释:为了本节的目的,——

(a)"特许会计师",指《1949 年特许会计师法》(1949 年第 38 号法)第 2 节第(1)分节(b)条款定义的且获得该法第 6 节第(1)分节下执业资格证的特许会计师;

(b)"公司秘书",指《1980 年公司秘书法》(1980 年第 56 号法)第 2 节第(1)分节(c)条款定义的且获得该法第 6 节第(1)分节下执业资格证的公司秘书;

(c)"成本会计师",指《1956 年成本会计师法》(1959 年第 23 号法)第 2 节第(1)分节(b)条款定义的且获得该法第 6 节下执业资格证的成本会计师;

(d)"法律职业者",指诉讼律师、律师或高级法院的出庭律师,包括事实上的辩护人。

22D. 时效①

《1963 年时效法》(1963 年第 36 号法)的规定,在其可以的范围内,应当适用于向证券上诉庭提出的上诉。

22E. 无管辖权的民事法院②

涉及由本法或按本法赋予证券上诉庭决定的任何事项的诉讼案件或程序,任何民事法院对受理该案件或程序应当无管辖权;就根据由本法或按本法赋予的任何权力所采取的或将采取的任何行动,任何法院或其他机构不应当发布禁止令。

22F. 向最高法院上诉③

因证券上诉庭的任何决定或命令遭受侵害的任何人员,可以自证券上诉庭向其递交决定或命令之日起 60 日内,就产生于该命令的任何法律问题,向最高法院提起上诉:

但是,最高法院认为有充分理由阻碍上诉人未在上述期限内提起上诉,可

---

① 本节由《1999 年证券法律(第二修正)法》第 5 节嵌入,自 1999 年 12 月 16 日生效。

② 本节由《1999 年证券法律(第二修正)法》第 5 节嵌入,自 1999 年 12 月 16 日生效。

③ 本节由《2004 年证券法律(修正)法》第 9 节替代,追溯自 2004 年 10 月 12 日生效。较早的第 22F 节由《1999 年证券法律(第二修正)法》第 5 节嵌入,内容为:

"**22F. 向高等法院上诉**

因证券上诉庭任何判决或命令遭受损害的任何人,可以自该证券上诉庭判决或命令传递给他之日起 60 日内就产生于该命令的任何事实或法律问题,向高等法院提出上诉:

但是,若高等法院认为有充分理由阻碍上诉人在上述期限内提出上诉,可以准许其在不超过 60 日的延展期内提出上诉。"

以准许其在不超过 60 日的延长期内提出上诉。

处罚和程序

23. 处罚

(1) 任何人——

(a) 无正当理由(证明责任由他承担),未遵守按第 6 节第(4)分节作出的任何要求;或

(b) 违反第 13 节或第 16 节规定签订任何合同;或

(c) 违反[第 17、17A]①或 19 节中包含的任何规定;或

[(d) 违反第 18A 节或按 30 节制定的规则,签订任何衍生品合同;或]②

(e) 拥有或保持认可证券交易所场所以外的场所,用于签订或履行违反本法任何规定的任何合同的目的和故意允许将该场所用于此目的;或

(f) 管理、控制或协助保持认可证券交易所场所以外的场所,用于签订或履行违反本法任何规定的任何合同的目的,或在该场所以任何方式记录或安排合同,或安排、管理或执行产生于合同的权利或义务;或

(g) 不是认可证券交易所的成员、不是按该证券交易所规则或章程授权的代理人、不是按第 17 节许可的证券经销商,任意地代表或教唆任何人相信,通过他按本法可以签订或履行合同;或

(h) 不是认可证券交易所的成员、不是按该证券交易所规则或章程授权的代理人、不是按第 17 节许可的证券经销商,以任何方式代表自己或其他任何人,游说、宣传、兜售违反本法任何规定的、与合同有关的任何业务;或

(ⅰ) 在认可证券交易所营业地场所以外的场所,参与、召集或协助召集任何人或群体,违反本法任何规定,作出要价、报价或签订或履行任何合同;

[在不损害裁判官按本法作出任何处罚裁决的前提下,一经定罪,应当被处以最高 10 年监禁,或最高 2.5 亿卢比罚金,或两者并处。]③

---

① 由《2007 年证券合同(管理)修正法》第 4 节嵌入"第 17 节",自 2007 年 5 月 28 日生效。

② 由《2000 年证券法律(修正)法》第 6 节嵌入,自 2000 年 2 月 22 日生效。较早的第(d)条款由《1995 年证券法律(修正)法》第 24 节删除,自 1995 年 1 月 25 日生效。

③ 由《2004 年证券法律(修正)法》第 10 节替代"经定罪,应当处以最高 1 年监禁,或罚金,或两者并处",追溯自 2004 年 10 月 12 日生效。

(2)违反第 15 节规定签订任何合同、[或未遵守[第 21 节、21A 节]①规定或第 22 节命令]②或[证券上诉庭命令]③的任何人,[在不损害裁判官按本法作出任何处罚裁决的前提下,一经定罪,应当被处以最高 10 年监禁,或最高 2.5 亿卢比罚金,或两者并处]④。

23A. 未提供信息和反馈等的处罚⑤

任何人按本法或据此所定规则被要求——

(a)向证券交易所提供信息、文件、账簿、反馈或报告,但未在上市协议、上市条件或认可证券交易所章程规定的同一期限内提供,应当被处以每项不履行行为[最低 10 万卢比、最高至不履行行为持续期间每日 10 万卢比、但最高限额 1000 万卢比]⑥的罚款;

(b)按每项上市协议、上市条件或认可证券交易所章程维持账簿或记录,但未维持,应当被处以[最低 10 万卢比、最高至不履行行为持续期间每日 10 万卢比、但最高限额 1 千万卢比]⑦的罚款。

23B. 未与客户签订协议的处罚⑧

若按本法或按本法制定的认可证券交易所章程,要求其与客户签订协议的任何人未签订此种协议,应当被处以每项不履行行为[最低 10 万卢比、最高至不履行行为持续期间每日 10 万卢比、但最高限额 1000 万卢比]⑨的罚款。

---

① 由《2004 年证券法律(修正)法》第 10 节嵌入,追溯自 2004 年 10 月 12 日生效。

② 由《1995 年证券法律(修正)法》第 24 节替代"或其未遵从印度证券交易委员会按第 21 节发布的命令",自 1995 年 1 月 25 日生效。1995 年以前,用"印度证券交易委员会按第 21 节或中央政府按第 22 节"替代"中央政府按第 21 节或第 22 节",参见《1992 年印度证券交易委员会法》第 II 部分附表,自 1992 年 1 月 30 日生效。

③ 由《1999 年证券法律(第二修正)法》第 6 节嵌入,自 1999 年 12 月 16 日生效。

④ 由《2004 年证券法律(修正)法》第 10 节替代"经定罪,应当被处以最高 1 年监禁,或罚金,或两者并处",追溯自 2004 年 10 月 12 日生效。

⑤ 本节由《2004 年证券法律(修正)法》第 11 节嵌入,追溯自 2004 年 10 月 12 日生效。

⑥ 由《2014 年证券法律(修正)法》第 25 节替代"未履行行为持续期间每日 10 万卢比或一次性 1000 万卢比,以较低者为准"文字,自 2014 年 9 月 8 日生效。

⑦ 由《2014 年证券法律(修正)法》第 25 节替代"未履行行为持续期间每日 10 万卢比或一次性 1000 万卢比,以较低者为准"文字,自 2014 年 9 月 8 日生效。

⑧ 本节由《2004 年证券法律(修正)法》嵌入,追溯自 2004 年 10 月 12 日生效。

⑨ 由《2014 年证券法律(修正)法》第 26 节替代"不履行行为持续期间每日 10 万卢比或一次性 1000 万卢比,以较低者为准"文字,自 2014 年 9 月 8 日生效。

23C. 未解决投资者投诉的处罚①

若任何证券经纪人、二级经纪人、或证券已在认可证券交易所上市或拟上市的公司,在印度证券交易委员会或者证券交易所书面要求解决投资者投诉后,未在印度证券交易委员会或认可证券交易所规定的期限解决该投诉,应当被处以[最低 10 万卢比、最高至不履行行为持续期间每日 10 万卢比、但最高限额 1000 万卢比]②的罚款。

23D. 未区分客户或诸客户证券或钱款的处罚③

按《1992 年印度证券交易委员会法》(1992 年第 15 号法)第 12 节注册为证券经纪人或二级经纪人的任何人,未区分一客户或诸客户的证券或钱款,或将一客户或诸客户的钱款用于自己或其他任何客户,应当[被处以最低 10 万卢比、最高 1000 万卢比的罚款]④。

23E. 未遵守上市条件或退市条件或理由的处罚⑤

若管理集体投资计划或共同基金的公司或任何人员未遵守上市条件或退市条件或退市理由,或违反了此等规定,应当[被处以最低 50 万卢比、最高 2.5 亿卢比的罚款]⑥。

23F. 超出非实物化或交付未上市证券的处罚⑦

若任何发行人非实物化超出了公司已发行的证券,或在证券交易所交付未在认可证券交易所上市的证券,或交付认可证券交易所未准许交易的证券,应当[被处以最低 50 万卢比、最高 2.5 亿卢比的罚款]⑧。

23G. 未提供定期反馈的处罚⑨

若认可证券交易所未向或疏于向印度证券交易委员会提供定期反馈,或

---

① 本节由《2004 年证券法律(修正)法》嵌入,追溯自 2004 年 10 月 12 日生效。

② 本节由《2014 年证券法律(修正)法》第 27 节替代"不履行行为持续期间每日 10 万卢比或一次性 1000 万卢比,以较低者为准"文字,自 2014 年 9 月 8 日生效。

③ 本节由《2004 年证券法律(修正)法》嵌入,追溯自 2004 年 10 月 12 日生效。

④ 由《2014 年证券法律(修正)法》第 28 节替代"处以最高 1000 万卢比的罚款"文字,自 2014 年 9 月 8 日生效。

⑤ 本节由《2004 年证券法律(修正)法》嵌入,追溯自 2004 年 10 月 12 日生效。

⑥ 由《2014 年证券法律(修正)法》第 29 节替代"处以最高 2.5 亿卢比的罚款",自 2014 年 9 月 8 日生效。

⑦ 本节由《2004 年证券法律(修正)法》嵌入,追溯自 2004 年 10 月 12 日生效。

⑧ 由《2014 年证券法律(修正)法》第 30 节替代"处以最高 2.5 亿卢比的罚款",自 2014 年 9 月 8 日生效。

⑨ 本节由《2004 年证券法律(修正)法》嵌入,追溯自 2004 年 10 月 12 日生效。

未按或疏于按印度证券交易委员会的指令制定或修正其规则、章程,或未遵守印度证券交易委员会发布的指令,该认可证券交易所应当[被处以最低 50 万卢比、最高 2.5 亿卢比的罚款]①。

23H. 违反未单独规定处罚的处罚②

无论何人不遵守本法任何规定,认可证券交易所之规则、章程、规章,或印度证券交易委员会发布的指令对此没有单独规定处罚,应当[被处以最低 10 万卢比、最高 1000 万卢比的罚款]③。

23-I. 裁判的权力④

(1)为了第 23A、23B、23C、23D、23E、23F、23G 和 23H 节下裁判的目的,印度证券交易委员会应当委派级别不低于印度证券交易委员会分会主席的任何官员担任裁判官,在为了施加处罚目的给予相关人员听证的合理机会后,以规定方式主持调查。

(2)裁判官在主持调查中应当有权力传唤或强制知悉案件事实和情况的任何人出席,提供裁判官认为对调查主题有用或有关的证据或文件。裁判官经调查后认定该人员未遵守第(1)分节中规定的任何各节的规定,可以根据上述各节规定,施以其认为合适的处罚。

[(3)委员会可以传召、检查本节下的任何程序记录,若其认为裁判官发布的命令在不是证券市场利益范围内是错误的,可以在作出或导致作出必要的调查后,发布命令提高处罚额度,若案件情况表明这样做是公正合理的:

但是,除非给予相关人员听证此事项的合理机会,不应当发布上述任何命令;

但是,自裁判官发布该命令之日起届满 3 个月后,或按第 23L 节处置上诉后,以较早者为准,本分节中包含的任何规定不应当适用。]⑤

23J. 裁判官考虑的因素⑥

裁判官在裁判第 23-I 节下处罚额度时,应当充分考虑以下因素,即:

---

① 由《2014 年证券法律(修正)法》第 31 节替代"处以最高 2.5 亿卢比的罚款",自 2014 年 9 月 8 日生效。

② 本节由《2004 年证券法律(修正)法》嵌入,追溯自 2004 年 10 月 12 日生效。

③ 由《2014 年证券法律(修正)法》第 32 节替代"处以最高 1000 万卢比的罚款",自 2014 年 9 月 8 日生效。

④ 本节由《2004 年证券法律(修正)法》嵌入,追溯自 2004 年 10 月 12 日生效。

⑤ 由《2014 年证券法律(修正)法》第 33 节嵌入,追溯自 2014 年 3 月 28 日生效。

⑥ 本节由《2004 年证券法律(修正)法》第 11 节嵌入,追溯自 2004 年 10 月 12 日生效。

(a)因违反行为产生的不成比例收益或不公平获利的数额,无论其是否可量化;

(b)因违反行为给投资者或投资者群体造成的损失额;

(c)违反行为的重复性。

23JA. 行政和民事和解程序①

(1)尽管其他任何现行有效法律中包含任何规定,对其已经启动或可能启动第12A或23-I节下的任何程序的任何人员,可以向委员会递交书面申请,对被指控的启动或将启动程序的违反行为提议和解。

(2)委员会在考虑被控违反行为的性质、严重性和影响后,可以根据《1992年印度证券交易委员会法》(1992年第15号法)下制定的规章,就违反者支付数额,或基于委员会确定的其他条款,同意和解提议。

(3)为了本节下的和解目的,委员会应当适用《1992年印度证券交易委员会法》(1992年第15号法)规定的程序。

(4)不应当对委员会或裁判官(视情况而定)按本节发布的任何命令依据第23L节提出任何上诉。

23JB. 追偿额②

(1)若任何人未支付裁判官施加的罚款,或未遵从按第12A节发出的交出令中的指示,或未支付所欠委员会的任何费用,追偿官可以按规定格式出具其签名的声明,载明此人所欠数额(以下将此声明简称为"证书"),并应当着手采取以下一种或多种模式,向此人追偿证书规定的数额,即:

(a)扣押和变卖此人的动产;

(b)扣押此人的银行账户;

(c)扣押和变卖此人的不动产;

(d)逮捕此人并将其入监拘留;

(e)指定接受人管理此人的动产和不动产,

和为本目的,《1961年所得税法》(1961年第43号法)第220至227节、第228A节、第229节、第232节、第2表和第3表,不时修订有效的《1962年所得税(证书程序)规则》,在其可以的范围内,经必要修改后适用,如同上述规定、规则是本法的规定和本法下提及的数额而不是《1961年所得税法》

---

① 本节由《2014年证券法律(修正)法》第34节嵌入,追溯自2007年4月20日生效。

② 本节由《2014年证券法律(修正)法》第35节嵌入,追溯自2013年7月18日生效。

(1961 年第 43 号法)下提及的所得税额。

解释 1:为本分节的目的,此人的动产或不动产或银行账户中持有的金钱应当包括以下任何资产或银行账户中持有的金钱:在证书中载明的数额已变成欠款之日或之后,由该人已经直接或间接转让给配偶、未成年子女、儿子的妻子或儿子的未成年子女,未充分考虑其他情况,和由上述任何人持有或处于上述任何人名下。至于已经转让给他的未成年子女或儿子的未成年子女的动产或不动产或银行账户中的金钱,甚至在此未成年子女或儿子的未成年子女(视情况而定)获得多数份额之日后,它应当继续包括在该人的动产或不动产中或银行账户中持有的金钱,以便按本法向该人追偿所欠任何金额。

解释 2:《1961 年所得税法》(1961 年第 43 号法)第 2 表、第 3 表和《1962 年所得税(证书程序)规则》的规定下对资产被评估者的任何提及,应当解释为对证书中规定的人的提及。

解释 3:《1961 年所得税法》(1961 年第 43 号法)第 XⅧD 章和第 2 表中对上诉的提及,应当解释为向本法第 23A 节下证券上诉庭上诉的提及。

(2)应当赋予追偿官在其行使第(1)分节下的权力期间寻求当地区域行政协助的权力。

(3)尽管任何其他现行有效法律中含有任何规定,依据未遵从委员会按第 19 节发布的任何指令,第(1)分节下追偿官的追偿数额应当优先于针对该人的其他任何索偿请求。

(4)为了第(1)、(2)和(3)分节的目的,"追偿官"一词指,经一般或特别书面授权命令行使追偿官权力的委员会任何官员。

23K. 罚款贷记入印度统一基金①

按本法以罚款方式实现的全部款额应当贷记入印度统一基金。

23L. 向证券上诉庭上诉②

(1)因认可证券交易所、裁判官的命令或决定,或印度证券交易委员会按第 4B 节[或第 23-I 节第(3)分节]③发布的任何命令遭受侵害的任何人,可以向证券上诉庭提出上诉,第 22B、22C、22D、22E 节的规定在其可以的范围内应当适用于该上诉。

(2)第(1)分节下的每项上诉应当自上诉人收到决定或命令副本之日起

---

① 本节由《2004 年证券法律(修三)法》第 11 节嵌入,追溯自 2004 年 10 月 12 日生效。
② 本节由《2004 年证券法律(修三)法》第 11 节嵌入,追溯自 2004 年 10 月 12 日生效。
③ 由《2014 年证券法律(修正)法》第 36 节嵌入,追溯自 2014 年 3 月 28 日生效。

45 日内提出,并且应当是规定形式和随附规定的费用:

但是,证券上诉庭认为有充分理由未在上述 45 日内提出上诉,可以受理该期限届满后的上诉。

(3)证券上诉庭收到第(1)分节下的上诉后,可以在给予上诉当事人听审的合理机会后,就此发布其认为合适的命令,维持、变更、撤销上诉针对的命令。

(4)证券上诉庭应当将其作出的每项命令副本送达给上诉当事人和相关裁判官。

(5)第(1)分节下向证券上诉庭提起的上诉,应当由其尽快处理,并应当由其自收到上诉之日起 6 个月内尽力处置完毕。

23M. 违法行为①

(1)不损害裁判官按本法作出的任何处罚裁决,任何人违反、试图违反或教唆违反本法、或据本法所订任何规则、规章或章程的规定,对此本法其他地方没有规定处罚的,他应当被处以最高 10 年监禁,或最高 2.5 亿卢比的罚金,或两者并处。

(2)若任何人未缴付裁判官施加的罚款,或未遵守其任何命令或指令,应当被处以最低 1 个月、最高 10 年的监禁,或最高 2.5 亿卢比的罚金,或两者并处。

23N. 某些违法行为的合并②

尽管《1973 年刑事诉讼法典》(1974 年第 2 号法)中包含任何规定,按本法应受惩罚的、不是仅处以监禁或者监禁和罚金并处的犯罪行为,可以在提起任何程序之前或之后,由证券上诉庭或法院在该程序待决之前予以合并。

23-O. 赋予豁免的权力③

(1)若中央政府认为,被指控违反本法,或本法下所定规则或规章任何规定的任何人已经就所涉被控违反行为作了全部、真实的披露,经委员会建议,可以在受其认为适合的施加条件约束下,就被指控的违反行为,对该人豁免依本法,或本法下所定规则或规章对任何违法行为的起诉,或依本法施加的任何处罚:

但是,若在收到赋予豁免申请之日前,起诉该违法行为的程序已经启动,中央政府不应当赋予上述豁免;

---

① 本节由《2004 年证券法律(修正)法》第 11 节嵌入,追溯自 2004 年 10 月 12 日生效。
② 本节由《2004 年证券法律(修正)法》第 11 节嵌入,追溯自 2004 年 10 月 12 日生效。
③ 本节由《2004 年证券法律(修正)法》第 11 节嵌入,追溯自 2004 年 10 月 12 日生效

但是,本分节下的委员会建议对中央政府不应当有约束力。

(2)若中央政府认为,被赋予豁免的人在程序过程中未遵守赋予豁免的条件或提供了虚假证据,可以在任何时间撤销按第(1)分节赋予该人的豁免;此后,可以审理他与赋予豁免有关的违法行为,或与违反行为相关的已实施的其他任何违法行为,他还应当承担按本法施加的未被赋予豁免本应承担的任何处罚。

24. 公司违法行为

(1)若公司实施了本法下的违法行为,在违法行为实施时主管和负责公司经营行为和对公司负责的每位人,应当视为犯有违法行为,并应当对被起诉和据此受惩罚承担责任:

但是,本分节中包含的任何规定不应当导致上述任何人对本法中规定的惩罚负责,若他证明他不知道所犯违法行为,或他已履行了全部审慎义务以阻止犯此违法行为。

(2)尽管第(1)分节中包含任何规定,公司已犯有本法下的违法行为,经证明,所犯该违法行为是经公司任何董事、经理、秘书或其他官员同意、默许或上述人员疏忽导致的,该董事、经理、秘书或其他官员也应当视为犯下该违法行为,并应当对被起诉和据此被惩罚负责。

解释:为了本节的目的,

(a)"公司",是指任何法人团体,并包括企业或其他个人团体;

[(b)"董事",涉及——

(ⅰ)企业,指该企业中的合伙人;

(ⅱ)任何法人团体或者个人团体,指控制其事务的任何成员。]①

[(3)本节的规定应当是补充而不是减损第 22A 节的规定。]②

25. 可审理的某些违法行为

尽管《1898 年刑事诉讼法典》(1898 年第 5 号法)③包含任何规定,[＊＊＊]④第 23 节下可惩罚的任何违法行为应当视为是该法典含义内的可审理的

---

① 由《1999 年证券法律(修正)法》第 7 节替代,自 2000 年 2 月 22 日生效。其替代前,(b)分条款内容为:'(b)"董事",涉及企业时,指该企业中的合伙人。

② 由《1985 年证券合同(管理)修正法》(1985 年第 40 号法)第 3 节嵌入,自 1986 年 1 月 17 日生效。

③ 见现行的《1972 年刑事诉讼法典》(1974 年第 2 号法)。

④ 由《2000 年证券法律(修正)法》删除"第(1)分节"文字,自 2004 年 10 月 12 日生效。

违法行为。

26. 法院可审理的违法行为①

（1）任何法院不应当审理本法下或根据本法所订任何规则、规章或章程下的任何违法行为，但对中央政府、印度证券交易委员会、认可证券交易所或任何个人提出的控告予以保留。

（2）［＊＊＊］②

26A. 特别法院的设立③

（1）为了规定快速审理本法下违法行为的目的，中央政府可以经公告设立或指定必要数量的特别法院。

（2）一特别法院应当由中央政府经被任命法官工作地管辖区域内高等法院首席法官同意后任命的1名独任法官组成。

（3）任何人应当无资格担任特别法院法官，除非他在此任命前不久拥有民事大法官或民事增补大法官职位，视情况而定。

26B. 特别法院审理的违法行为

尽管《1973年刑事诉讼法典》中包含任何规定，在《2014年证券法律（修正）法》实施日或其前后犯有本法下的全部违法行为，应当由违法行为实施地的所在区域设立的特别法院管辖和审理，或若该区域有数家特别法院，由相关高等法院在此方面规定的其中一特别法院管辖和审理。

26C. 上诉和改判

高等法院可以在可操作范围内，行使《1973年刑事诉讼法典》（1974年第2号法）第XXIX章和第XXX章授予给一高等法院的全部权力。该高等法院管辖区域内的一特别法院是审理该高等法院管辖区域内案件的高等民事法院。

26D. 法典适用于特别法院进行的程序

（1）本法中另有规定予以保留，《1973年刑事诉讼法典》（1974年第2号

---

① 由《2004年证券法律（修正）法》第13节替代，追溯自2004年10月12日生效。其被替代前，第26节的内容为：

26. 审理本法下违法行为的管辖权

首席司法长官或第一级司法长官的任何下级法院不应当管辖或审理本法下的任何可处罚的违法行为。

② 由《2014年证券法律（修正）法》第37节删除，追溯自2013年7月18日生效。删除前，第（2）分节的内容为：

"高等民事法院的任何下级法院不应当审理本法下的任何可处罚违法行为。"

③ 由《2014年证券法律（修正）法》第38节嵌入第26A节至第26E节，追溯自2013年7月18日生效。

法)应当适用于特别法院进行的程序。为了上述规定的目的,特别法院应当视为一高等民事法院,向一特别法院提起公诉的人应当视为《1973 年刑事诉讼法典》(1974 年第 2 号)第 2 节(u)条款含义内的公诉人。

(2)第(1)分节中提及的向特别法院公诉的人,应当实际担任律师至少 7 年,或拥有联盟或邦级职位至少 7 年且具有法律专业知识。

26E. 过渡条款

尽管《1973 年刑事诉讼法典》(1974 年第 2 号法)中包含任何规定,在特别法院设立前,犯有本法下的由一特别法院审理的任何违法行为,应当由在该区域行使管辖权的一高等民事法院管辖和审理:

但是,本节中的任何规定不应当影响高等法院按《1973 年刑事诉讼法典》(1974 年第 2 号法)第 407 节将任何案件或任何类型案件移交至本节下一高等民事法院管辖的权力。

杂 项

27. 物权股息

(1)名字出现在发行证券的公司的簿册中的证券持有人,收取和保留该公司宣布的任何年度股息应当是合法的,尽管上述证券已被他以对价转让;除非主张从出让人处获取股息的受让人已经提供证券、公司要求的与转让有关的其他全部文件,并自股息到期日起 15 日内以他自己的名义在公司登记。

解释:本节中规定的期限应当由以下原因予以延长——

(ⅰ)受让人死亡的,由其法定代表人确立其股息主张所用的实际时间;

(ⅱ)因盗窃或超出受让人控制的其他任何原因致转让契据灭失的,由替代该契据所用的实际时间;和

(ⅲ)延迟提交任何证券和与转让有关的其他文件是邮政原因造成的,由该迟延的实际时间。

(2)第(1)分节中包含的任何规定不应当影响:

(a)公司将已到期股息支付给其名称在公司簿册中现行登记为证券持有人的任何人的权利;或

(b)若公司已拒绝以受让人名义登记该证券转让,证券受让人针对出让人或其他任何人强制执行其与转让有关的权利。

27A. 从集体投资计划获取收入的权利①

（1）由集体投资计划发行的是单位或其他凭证的、其名称出现在发行该证券的集体投资计划簿册中的证券持有人，收取和保留集体投资计划宣布的与该计划发行的单位或其他凭证有关的涉及其年度收入的任何收入，是合法的，尽管属该计划发行的单位、其他凭证的上述证券已被他以对价转让；除非受让人主张从出让人处获取与该计划发行的单位或其他凭证有关的该收入，或已经提供证券和该计划要求的、涉及转让的其他全部文件，并自关于该计划发行的单位或其他凭证的收入到期日起 15 日内以他自己的名义在该计划中登记。

解释：本节中规定的期限应当由以下原因予以延长——

（ⅰ）受让人死亡的，由其法定代表人确立其有关集体投资计划发行的单位或其他凭证的股息的主张所用的实际时间；

（ⅱ）因盗窃或超出受让人控制的其他任何原因导致转让契据灭失的，由替代该契据所用的实际时间；和

（ⅲ）延迟提交属集体投资计划发行的单位或其他凭证的任何证券和与转让有关的其他文件是邮政原因造成的，由该迟延的实际时间。

（2）第（1）分节中包含的规定不应当影响以下权利：

（a）集体投资计划的此种权利，即：就该计划发行的单位或其他凭证有关到期收入，将产生于该单位或其他凭证的任何到期收入，支付给其名称在该计划簿册中现行登记为该计划发行的单位或其他凭证的证券持有人的任何人；或

（b）证券受让人的此种权利，即：若公司已拒绝将属于集体投资计划发行的单位、其他凭证的任何证券的受让人以受让人名义登记，该受让人针对出让人或其他任何人强制执行其与转让有关的权利。

27B. 从共同基金获取收入的权利②

（1）由共同基金发行的是单位或其他凭证的、其名称出现在发行该证券的共同基金簿册中的证券持有人，收取和保留该基金宣布的与该基金发行的单位或其他凭证有关的涉及其年度收入的任何收入，是合法的，尽管属该基金发行的单位、其他凭证的上述证券已被他以对价转让；除非受让人主张从出让人处获取与该基金发行的单位或其他凭证有关的该收入，或已经提供证券和该基金要求的、涉及转让的其他全部文件，并自关于该基金发行的单位或其他

---

① 本节由《1999 年证券法律（修正）法》第 8 节嵌入，自 2000 年 2 月 22 日生效。由《1995 年证券法律（修正）法》删除较早的（d）条款，自 1995 年 1 月 25 日生效。

② 本节由《2004 年证券法律（修正）法》第 14 节嵌入，追溯自 2004 年 10 月 12 日生效。

凭证的收入到期日起 15 日内以他自己的名义在该基金登记。

解释:本节中规定的期限应当由以下原因予以延长——

(ⅰ)受让人死亡的,由其法定代表人确立其有关该基金发行的单位或其他凭证的收入的主张所用的实际时间;

(ⅱ)因盗窃或超出受让人控制的其他任何原因导致转让契据灭失的,由替代该契据所用的实际时间;和

(ⅲ)延迟提交是共同基金发行的单位或其他凭证的任何证券和与转让有关的其他文件是邮政原因造成的,由该迟延的实际时间。

(2)第(1)分节中包含的任何规定不应当影响以下权利:

(a)共同基金的此种权利,即:就该基金发行的或其他凭证有关到期收入,将产生于该单位或其他凭证的任何到期收入,支付给其名称在该基金簿册中现行登记为该基金发行的单位或其他凭证的证券持有人的任何人;或

(b)证券受让人的此种权利,即:若共同基金已拒绝将属于该基金发行的单位、其他凭证的任何证券的受让人以受让人名义登记,该受让人针对出让人或其他任何人强制执行其与转让有关的权利。

28. 本法不适用于某些情形①

(1)本法的规定不应当适用于——

(a)政府、印度储备银行、任何地方当局、按特别法设立的任何公司、或与或通过本条款规定的任何机构的代理人已经影响交易的任何人。

(b)任何可转换债券或认股权、任何期权或与此相关的权利,就以下范围而论:它赋予对自己有利的他人以酌情权,以发行同一证券时协商的价格为基准,从已发行上述证券的公司、其他法人团体、或该公司或法人团体的任何股东或正式指定代理人的股份中获得上述任何证券,无论该债券、权证或其他是否转换。

(2)不损害第(1)分节中包含的规定,若中央政府②认为,为了交易和商事利益或国家经济发展,这样做是必要的或有益的,可以采取《官方公报》中公告的方式,规定本法或其包含的任何规定不应当适用的合同种类,和不应当如此适用的条件、限度或限制。

29. 保护善意采取的行为

不应当在任何法院针对认可证券交易所的管理机构、任何成员、官员或雇

---

① 本节由《1959 年证券合同(管理)修正法》(1959 年第 49 号法)第 3 节替代,自1959 年 12 月 8 日生效。

② 印度证券交易委员会可行使的权力还参见 1994 年 9 月 13 日的 S.O.672(E),发布在 1994 年 9 月 13 日《印度公报》特别号第Ⅱ部分第 3(ⅱ)节。

员,或针对按第 11 节第(1)分节任命的、根据本法或据此所订任何规则或章程善意地做或意图做任何事情的任何个人或诸个人,提起任何诉讼、起诉或其他法律程序。

29A. 委派权力①

中央政府可以采取在《官方公报》中发布命令的方式指令,其按本法任何规定应行使的权力(第 30 节下的权力除外),涉及该命令中规定的事项和受其规定条件的约束,还应当由印度证券交易委员会或按《1934 年印度储备银行法》(1934 年第 2 号法)第 3 节设立的印度储备银行行使。

30. 制定规则的权力

(1)为了有效实施本法目标的目的,中央政府可以采取《官方公报》中公告的方式制定规则。

(2)特别地且不损害前述权力的普遍性,此规则可以规定以下事项:

(a)提出申请的方式,申请书应当包含的具体事宜和与该申请有关的收费;

(b)为认可证券交易所的目的开展调查的方式,为授予认可所施加的条件,包括该相关证券交易所是该地区唯一认可证券交易所时其成员准入的条件,以及应当授予认可的形式;

(c)提交给中央政府的定期反馈和年度报告应当包含的具体细节;

(d)按第 6 节应当维持和保存的文件及其应当保存的期限;

(e)证券交易所管理机构应当按第 6 节开展调查的方式;

(f)在按本法制定或修正章程之前应当公开征求公众意见的方式;

(g)证券经销商申请第 17 节许可证的方式,申请许可证应支付的费用和许可证有效期限,约束授予许可证的条件(包括涉及用于订立合同的形式的条件),被许可经销商维护的文件和向规定机构提交的定期信息,撤销违反条件的许可证;

[(h)以下者应当遵守的要求:

---

① 本节由《1992 年印度证券交易委员会法》第 33 节和附表嵌入,追溯自 1992 年 1 月 30 日生效,并由《1999 年证券法律(修正)法》第 9 节替代,自 2000 年 2 月 22 日生效。替代前,第 29A 节的内容为:

"29A. 指派的权力

中央政府可以采取在《官方公报》中发布命令的方式指令,其可行使的本法任何条款下的权力,涉及上述事项且受(若有)命令中规定条件的约束,也应当由印度证券交易委员会行使。"

(A)为使其证券在任何证券交易所上市目的的公众公司;

(B)为使其单位凭证在任何证券交易所上市的集体投资计划;]①[* * *]②

[(ha)公司证券按第 21A 节第(1)分节退出任何认可证券交易所的理由;

(hb)按第 21A 节第(2)分节向证券上诉庭上诉的形式和该上诉应支付的费用;

(hc)按第 22A 节向证券上诉庭上诉的形式和该上诉应支付的费用;

(hd)第 23-I 节第(1)分节下调查的方式;

(he)按第 23L 节向证券上诉庭上诉的形式和该上诉应支付的费用;]③

(i)将或可以规定的其他任何事项。

[[(3)按本法制定的每项规则应当在其制定后尽快呈递议会两院。在会期,总期限为 30 日,包括一次或两次或多次后续会议和本次会期届满前立即召开的所述后续会议。若两院均同意对该规则进行任何修改,或均同意不应当制定该规则,该规则应当仅以修改的形式有效,或没有效力,视情况而定;但是,此等任何修改或无效不应当损害以前按该规则所做任何事情的有效性。]④

31. 印度证券交易委员会制定规章的权力⑤

(1)不损害《1992 年印度证券交易委员会法》(1992 年第 15 号法)第 30

---

① 由《1999 年证券法律(修正)法》第 10 节替代,自 2000 年 2 月 22 日生效。替代前,(h)条款的内容为:

"(h)公众公司为获得其证券在任何证券交易所上市的目的而应当遵守的条件;"

② 由《1985 年证券合同(管理)修正法》第 4 节删除"和"文字,自 1986 年 1 月 17 日生效。

③ 由《2004 年证券法律(修正)法》第 15 节替代,追溯自 2004 年 10 月 12 日生效。经《1999 年证券法律(修正)法》修正的较早(ha)条款的内容为:

"(ha)按第 22A 节向证券上诉庭提起上诉的形式和与该上诉有关的应付费用;和"

④ 由《2004 年证券法律(修正)法》第 15 节替代,追溯自 2004 年 10 月 12 日生效。替代前,经《1995 年证券法律(修正)法》修正的第(3)分节(自 1995 年 1 月 25 日生效)内容为:

"(3)按本节制定的每项规则应当在《官方公报》发布后尽快呈递议会两院。在会期间,总期限为 30 日,可以包括 1 次或 2 次或多次后续会议和在会期届满前立即进行下次会议或上述后续会议。若两院均同意对规则作出任何变更,或均不同意制定该规则,该规则应当仅以变更的形式有效,或无效,视情况而定,但是任何此等变更或无效不应当损害以前按该规则已做的任何事情。"

⑤ 本节由《2004 年证券法律(修正)法》第 6 节嵌入,追溯 8 自 2004 年 10 月 12 日生效。较早些,其由《1960 年废止和修正法》第 2 节和第 1 表废止,自 1960 年 12 月 28 日生效。

节包含的规定,印度证券交易委员会可以经《官方公报》中公告方式,制定与本法和按本法制定的规则相符的规章,以实施本法的目的。

[(2)特别地且不损害上述权力的普遍性,该规章可以规定以下全部或任何事项,即:

(a)自发布第4B节第(7)分节下的命令之日起12个月内,拥有该节第(8)分节下交易权的股东以外的公众持有一认可证券交易所最低51%权益股份资本的方式;

(b)第17A节下的合格标准和其他要求;]①

[(c)委员会对第23JA节第(2)分节下和解程序确定的条件;

(d)由规章要求规定或可以规定的,或与规章作出的规定有关的其他任何事项。]②

(3)按本法制定的每项规章应当在其制定后尽快呈递议会两院。在会期,总期限为30日,包括一次或两次或多次后续会议和本次会期届满前立即召开的所述后续会议。若两院均同意对该规章进行任何修改,或均同意不应当制定该规章,该规章应当仅以修改的形式有效,或没有效力,视情况而定;但是,此等任何修改或无效不应当损害以前按该规章所做任何事情的有效性。

32. 某些行为的有效性③

按本法已经或宣称已经作出的任何行为或事情,就行政或民事程序和解,为了所有目的,应当视为有效和具有效力,如同对本法作出的修正在所有重要时间已经有效。

（邓瑞平、缪昕夙译,邓瑞平审校）

---

① 由《2007年证券合同(管理)修正法》第5节替代,自2007年5月28日生效。替代前,其内容为:"(2)特别地且不损害前述权力的普遍性,此规章可以规定,拥有第4B节第(8)分节下交易权的股东以外的公众自发布该节第(7)分节下的命令之日起12个月内拥有一认可证券交易所至少51%股份的方式。"

② 由《2014年证券法律(修正)法》第39节嵌入,追溯自2013年7月18日生效。

③ 本节由《2014年证券法律(修正)法》第40节嵌入,追溯自2013年7月18日生效。

附 1:

2016 年执行担保权益与追偿债务法律
和杂项条款(修正)法[*]

法律与司法部

(立法部门)

2016 年 8 月 16 日,新德里

兹收到总统 2016 年 8 月 12 日批准的议会以下法律,兹公布基本信息:

2016 年执行担保权益与追偿债务法律和杂项条款(修正)法

(2016 年第 44 号)

2016 年 8 月 12 日

为进一步修正《2002 年金融资产证券化与重组和执行担保权益法》、《1993 年追偿银行和金融机构债务法》、《1899 年印度印花税法》和《1996 年托管人法》,对与其相关或附属事项进行规定,制定一项法律。

议会于印度共和国第 67 年制定本法,内容如下:

<h1 style="text-align:center">目 录</h1>

---

* 根据《印度公报》2016 年 8 月 16 日特别号第 II 部分第 1 节第 51 号本法英文本译出。目录系译者所加。

9. 修正第 12 节

10. 嵌入新节第 12B 节

11. 修正第 13 节

12. 修正第 14 节

13. 修正第 15 条

14. 修正第 17 节

15. 修正第 19 节

16. 嵌入新节第 20A、20B 节

17. 修正第 23 节

18. 嵌入新章第ⅣA 章

19. 修正第 27 节

20. 删除第 28 节

21. 嵌入新节第 30A、30B、30C 和 30D 节

22. 修正第 31 节

23. 修正第 31A 节

24. 修正第 32 节

25. 修正第 38 节

第Ⅲ章　修正《1993 年追偿银行和金融机构债务法》

26. 修正第 2 节

27. 修正第 4 节

28. 修正第 6 节

29. 修正第 8 节

30. 修正第 11 条

31. 修正第 17A 节

32. 修正第 19 节

33. 嵌入新节第 19A 节

34. 修正第 20 节

35. 修正第 21 节

36. 修正第 22 节

37. 嵌入新节第 22A 节

38. 修正第 25 节

39. 修正第 27 节

40. 嵌入新节第 30A 节

41. 嵌入新节第 31B 节
42. 修正第 36 节
43. 修正 1899 年第 2 号法
44. 修正 1996 年第 2 号法

第 1 表

第 2 表

第 I 章　序言

1. 短标题和生效

(1)本法可称为《2016 年执行担保权益与追偿债务法律和杂项条款(修正)法》。

(2)它应当于中央政府在《官方公报》中以公告方式指定的日期生效:

但是,可以对本法不同条款指定不同生效日期,本法在任何条款中的任何提及应当视为对该条款乞效的提及。

第 II 章　修正《2002 年金融资产证券化与重组和执行担保权益法》

2. 长标题的修正

在《2002 年金融资产证券化与重组和执行担保权益法》(2002 年第 54 号法,以下在本章中简称"三法")中,用以下内容替代长标题,即:

"为规制金融资产证券化与亘组和执行担保权益、对在资产权利上创设担保权益的中央数据库和相关或附属事项进行规定,制定一项法律。"

3. 用其他词组替代某些词组

整个主法中,

(ⅰ)应当用"资产重组公司"文字,替代"证券化公司"、"重组公司"、"证券化或重组公司"、"证券化公司或该重组公司"或"证券化公司或一重组公司"文字,无论它们在何处出现。

(ⅱ)应当用"诸资产重组公司"文字,替代"诸证券化公司或诸重组公司"文字,无论它们在何处出现。

(ⅲ)应当用"合格购买人"文字代替"合格机构购买人"文字,无论它们在何处出现。

(ⅳ)应当用"诸合格购买人"文字替代"诸合格机构购买人",无论它们在何处出现。

4. 修正第 2 节

在主法第 2 节第(1)分节中,

(i)在(b)条款之后,应当嵌入以下条款,即:

"(ba)'资产重组公司',是指为从事经营资产重组或证券化或两者的目的按第 3 节在储备银行注册的一公司;"

(ii)在(f)条款中,在"涉及此金融资助的金融机构"文字之后应当嵌入"或其通过发行债务证券已经提高了资金"文字。

(iii)在(g)条款之后,应当嵌入以下条款,即:

"(ga)'公司',指《2013 年公司法》(2013 年第 18 号法)第 2 节第(20)条款中定义的一公司;"

(iv)应当用以下条款替代(ha)条款,即:

"(ha)'债务',指《1993 年追偿银行和金融机构债务法》(1993 年第 35、51 号法)第 2 节(g)条款中对其指定的含义,且包括:

(i)因租用、金融租赁、有条件销售或按其他任何合同给予任何有形资产的购买价款中的未支付部分;

(ii)任何无形资产上的任何权利、物权或利益,或此无形资产的许可或转让,其担保支付此无形资产购买价款中未支付部分的负债,或承付款项或其他情况下扩大到能使任何借款人获得无形资产或获得此资产许可的贷款;"

(v)在(i)条款之后,应当嵌入以下条款,即:

"(ia)'债务证券',指委员会按《1992 年印度证券交易委员会法》(1992年第 15 号法)制定的规章列明的债务证券;"

(vi)应当用以下条款替代(j)条款,即:

"(j)'不履行',指:

(i)借款人未支付应支付给任何担保债权人的负债或其他任何金额,借款人的此金额随后在担保债权人账簿中被分类为未履行资产;或

(ii)债券受托人或其他任何机构为债务证券持有人利益创设的担保权益而向借款人送达要求支付欠款的通知 90 日后,该借款人未支付应支付的与债务证券有关的负债或其他任何金额;"

(vii)在(k)条款中,在"任何银行或金融机构"文字之后,应当嵌入以下文字,即:

"包括因租用、金融租赁、有条件销售或按其他任何合同为了获取任何有形资产,或获得任何无形资产转让或许可,或购买债务证券的目的而提供的资金;"

(viii)在(l)条款中,在(v)分条款之后,应当嵌入以下分条款,即:

"(va)因租用、金融租赁、有条件销售,或按担保支付有形资产购买价款中未支付部分的负债、承付款项,或其他情况下提供能使借款人获取有形资产的贷款的其他任何合同,在该有形资产上给予的任何受益权利、物权或利益;或

(vb)在任何无形资产上的任何权利、物权或利益,或此无形资产的许可或转让,其担保该无形资产购买资款中未支付部分的负债、承付款项或其他情况下扩大能使借款人获取该无形资产或获得该无形资产许可的贷款;"

(ix)在(m)条款(iii)分条款之后,应当嵌入以下分条款,即:

"(iiia)在委员会注册和为担保债务证券而指定的债券受托人;

(iiib)资产重组公司,不论其作为此种公司还是管理为证券化或资产重组(视情况而定)的目的而创设的信托;"

(x)在(m)条款之后,应当衰入以下条款,即:

"(ma)'金融租赁',指以下的一种租赁:按任何有形资产租赁协议,或可转让票据或可转让文件以外的其他协议,出租人在一定时期内将其权利转让给承租人,承租人以定期支付协商一致的金额为对价并在租赁期限届满时支付协商一致的剩余金额时(视情况而定)成为该资产的所有权人;"

(xi)在(n)条款之后,应当嵌入以下条款,即:

"(na)'可转让文件',指体现交付有形资产的权利和按其他任何现行有效法律符合可流通性条件的一种文件,包括仓单和提单;"

(xii)在(t)条款(v)分条款中,在"相似性质的权利"文字之后,应当嵌入"中央政府会商储备银行后可以规定的"文字。

(xiii)在(u)条款中,在"据此制定的规章"文字之后,应当嵌入"储备银行按第 7 节第(1)分节可以规定任何种类的非机构投资者"文字。

(xiv)应当删除(v)条款。

(xv)应当删除(za)条款。

(xvi)应当用以下条款替代(zd)条款,即:

"(zd)'担保债权人',指:

(i)任何银行或金融机构,或持有第(1)分节规定的任何有形、无形资产上的任何权利、物权或利益的诸银行或诸金融机构的任何财团或集团;

(ii)任何银行或金融机构指定的债券受托人;或

(iii)一资产重组公司,不论其是此公司还是管理为证券化或重组而由此资产重组公司设立的信托,视情况而定;或

(iv)在委员会注册的、由为担保债务证券的任何公司指定的债券受托

人;或

（ⅴ）代表银行或金融机构持有证券的其他任何受托人,借款人为到期偿还金融资助而设立的对其有利的担保权益;"

（ⅹⅶ）应当用以下条款替代(zf)条款,即:

"(zf)'担保权益',指第31节规定以外的、在财产上设立的、支持任何担保债权人的任何种类的权利、物权和利益,并包括:

（ⅰ）担保债权人作为财产所有权人保留有形资产的,在租用、金融租赁、有条件销售时或按担保该有形资产购买价款中未支付部分的负债、承付款项或提供贷款能使借款人获取该有形资产的其他任何合同给予的、该有形资产上的任何抵押、负担、质押、转让,或任何权利、任何种类的物权或利益;或

（ⅱ）在任何无形资产中的此种权利、物权或利益,或此无形资产的转让或许可,其担保该无形资产购买价款中未支付部分的负债、承付款项或提供能使借款人获取该无形资产或无形资产许可的任何贷款;"

5. 修正第 3 节

在主法第 3 节中,

（ⅰ）应当用以下条款替代第(1)分节(b)条款,即:

"(b)具有净所有资金不低2000万卢比或储备银行通过公告规定的其他更高数额;"

（ⅱ）第(3)分节中,

(a)应当用以下条款替代(f)条款,即:

"(f)根据储备银行对这些人发布的指南中规定的标准,资产重组公司的一主办人是适当和合适的人;"

(b)应当删除(d)条款。

（ⅲ）在第(6)分节中,

(a)在"在其管理中的任何实质变化"文字之后,应当嵌入"包括该资产重组公司董事会上对任何董事、常务董事或首席执行官的任命"文字。

(b)在解释中,在"经由转让股份或"文字之后,应当嵌入"经由转让股份影响到该公司中发起人身份的变化,或"文字。

6. 修正第 5 节

在主法第 5 节中,

（ⅰ）在第(1)分节之后,应当嵌入以下分节,即:

"(1A)任何银行或金融机构按第(1)分节支持资产重组公司为资产重组

或证券化目的获取金融资产而执行的任何文件,应当根据《1899年印度印花税法》(1899年第2号法)第8F节规定,免除印花税:

但是,若资产重组公司获取金融资产的目的不是资产重组或证券化,本分节的规定不应当适用。"

(ⅱ)在第(2)分节之后,应当嵌入以下分节,即:

"(2A)若该银行或金融机构正持有任何有形或无形资产上的、担保该资产购买价款未支付部分的负债、承付款项或其他情况下提供能使借款人获取有形资产或无形资产转让或许可的贷款的任何权利、物权或利益,此种权利、物权或利益应当授予给获取第(1)分节下资产的资产重组公司。"

7. 修正第7节

在主法第7节第(1)分节中,应当用"或储备银行会商委员会后不时规定的包括非机构投资者在内的投资者其他类型"文字,替代"(非提供给公众)"的括号和文字。

8. 用新节替代第9节

在主法中,用以下分节替代第9节,即:

"9. 资产重组的措施

(1)不损害其他任何现行有效法律中包含的规定,资产重组公司为了资产重组的目的,可以提供以下一种或多种措施,即:

(a)借款人经营的适当管理,通过改变或接管借款人的经营管理;

(b)出售或出租借款人的部分或全部经营业务;

(c)重新安排支付借款人应支付的债务;

(d)根据本法的规定执行担保权益;

(e)和解借款人应支付的到期欠款;

(f)根据本法的规定占有担保资产;

(g)将任何部分债务转换为借款人公司的股份:

但是,将任何部分债务转换为借款人公司股份应当视为一直有效,如同本条款的规定在所有重要时间是有效的。

(2)为了第(1)分节的目的,储备银行应当决定政策和发布必要的指令,包括规制借款人经营管理和收取费用的指令。

(3)资产重组公司应当根据储备银行按第(2)分节决定的政策和发布的指令采取第(1)分节下的措施。"

9. 修正第12节

在主法第12节第(2)分节中,在(b)条款之后应当嵌入以下条款,即:

"(c)为管理任何资产重组公司获取的金融资产可以收取的或所发生的费用或其他收费；

(d)转让签发给合格购买人的担保收据。"

10. 嵌入新节第12B节

在主法第12A节之后,应当嵌入以下节,即:

"12B. 储备银行实施审计和检查的权力

(1)为本法的目的,储备银行可以不时实施或导致实施审计和检查资产重组公司。

(2)向依第(1)分节实施审计或检查的储备银行提供协助和合作,应当是资产重组公司及其官员的责任。

(3)储备银行在审计或检查或其他情况下认为,资产重组公司的经营正在以损害公共利益或该资产重组公司签发担保契据中投资者利益的方式进行,为了保证资产重组公司的正当管理,储备银行可以采取命令方式,

(a)在该资产重组公司董事会上解除主席、任何董事或任命增补董事;或

(b)任命其任何官员担任监督员监督该公司董事会运行:

但是,不应当作出(a)条款下解除主席或董事的命令,但在给他听证的合理机会后作出者除外。

(4)资产重组公司每位董事、其他官员或雇员的责任应当是,向按第(1)分节从事审计或检查的人提供他监管和控制下的全部簿册、账户和其他文件,并在其规定时间内向其提供所要求的、有关该资产重组公司事务的说明和信息。"

11. 修正第13节

在主法第13节中,

(i)在第(2)分节中,应当嵌入以下但书条款,即:

"但是,

(i)将担保债务分类为本分节下不履行资产的要求不应当适用于通过发行债券已经提高资金的借款人;和

(ii)在不履行的情况下,债券受托人应当根据担保文件的条款和条件、按经必要修改的本节下规定的相同方式执行担保权益。"

(ii)应当用以下分节替代第(8)分节,即:

"(8)若担保债权人的到期债款连同他发生的全部成本、费用和支出的数额在发布公开拍卖或邀请报价通告之前任何时间偿还给担保债权人,或以租赁、转让或出售担保资产方式从公私协议的转让中偿还,

(ⅰ)担保债权人不应当以租赁转让方式或出售方式转让担保资产;和

(ⅱ)若担保债权人在偿还本分节下数额之前已经采取步骤以租赁、转让或销售担保资产方式转让,该担保债权人不应当采取进一步措施以租赁、转让或销售担保资产方式转让。"

12. 修正第 14 节

在主法第 14 节第(1)分节中,

(ⅰ)在第二项但书条款中,在"担保资产"文字之后,应当嵌入"自申请之日起 30 日的期限内"文字。

(ⅱ)在第二项但书条款之后,应当嵌入以下但书条款,即:

"但是,若都市司法长官或地区司法官在上述 30 日期限内因超出其控制的原因未发出命令,他可以为同一事项在书面记录后、在不超过 60 日的宽限期内发布命令。"

13. 修正第 15 条

在主法第 15 节第(ㄥ)分节中,应当嵌入以下但书条款,即:

"但是,若任何担保债权人与其他担保债权人、资产重组公司、金融机构或其他任何受让人已共同将其债转换为借款人公司的股份,并因此获得了借款人公司的控制性利益,该担保债权人不应当向该借款人负责归还经营管理。"

14. 修正第 17 节

在主法第 17 节中,

(ⅰ)应当用"申请恢复担保债务的措施"文字,替代边标题"上诉的权利"文字。

(ⅱ)在第(1)分节之后,应当嵌入以下分节,即:

"(1A)第(1)分节下的申请应当提交给当地范围内对以下有管辖权的债务追偿庭:

(a)全部或部分产生的诉因;

(b)担保资产的所在地;或

(c)银行或金融机构的分支机构或其他任何办事处正在维持的、被请求债务目前未清偿的账户。"

(ⅲ)应当用以下分节替代第(3)分节,即:

"(3)若债务追偿庭在审查案件事实、情况和双方当事人提供的证据后得出结论,即担保债权人未根据本法和依本法所订规章的规定采取第 13 节第(4)分节规定的任何措施,并要求将担保资产的管理或占有返还给借款人或

其他受害人,它可以采取命令:

(a)宣布担保债权人采取的诉诸第(4)分节下的任何一项或多项措施无效;和

(b)按作出第(1)分节下的申请,将担保资产的占有或管理归还给借款人或类似其他受害人,视情况而定;和

(c)涉及担保债权人采取第 13 节第(4)分节下的任何求助时,发布其认为适当和必要的其他指令。"

(ⅳ)在第(4)分节后,应当嵌入以下分节,即:

"(4A)若——

(ⅰ)任何人在第(1)分节下的申请中对担保资产主张任何租用权或租赁权,债务追偿庭在审查相关主张的案件事实和当事人提供的证据后,为了执行担保权益的目的,应当对审查租赁或租用是否具有以下情形拥有管辖权,

(a)已经满期或处于待决状态;或

(b)与《1882 年财产转让法》(1882 年第 4 号法)第 65A 节相抵触;或

(c)与抵押条款相抵触;或

(d)在银行按上述法第 13 节第(2)分节发出不履行通知和提出要求之后创设;和

(ⅱ)债务追偿庭认为对担保资产主张的租用权或租赁权属于(ⅰ)条款(a)、(b)、(c)或(d)分条款范围,尽管其他任何现行有效法律中的规定与之冲突,它可以根据本法规定发布其认为适当的命令。"

15. 修正第 19 节

在主法第 19 节中,应当用"诸相关借款人或其他任何受害人,其已经提交了第 17 节或第 17A 节下的申请,或第 18 节或第 18A 节下的上诉,视情况而定,该借款人或该其他人"文字,替代"诸相关借款人,该诸借款人"文字。

16. 嵌入新节第 20A、20B 节

在主法第 20 节之后,应当嵌入以下节,即:

"20A. 中央注册局注册系统一体化

(1)为了提供中央数据库目的,中央政府会商邦政府或营运记录财产上权利或在财产上创设、变更或实现担保权益的注册系统的其他机构后,可以将该注册系统的注册记录与按第 20 节建立的中央注册局的记录以规定方式一体化。

[解释]为本分节的目的,注册记录包括《2013 年公司法》(2013 年第 18 号法)、《1908 年注册法》(1908 年第 16 号法)、《1958 年商船航运法》(1958

年第 44 号法)、《1988 年机动车辆法》(1988 年第 59 号法)、《1970 年专利法》(1970 年第 39 号法)、《2000 年外观设计法》(2000 年第 16 号法)下的注册记录和其他任何现行有效法律下的其他此类记录。

20B. 权力的委派

中央政府可以采取公告方式将其本章下的涉及设立、营运和规制中央注册局的权力和职能委派给储备银行,但受规定的条款和条件约束。"

17. 修正第 23 节

在主法中,

(i)第 23 节应当编序号第(1)分节,并在重编的第(1)分节中,

(a)应当删除"由证券化公司或重组公司或担保债权人,视情况而定,自交易日或创设担保日后 30 日内"。

(b)应当删除第一项但书。

(c)应当删除第二项但书中的"进一步"文字。

(ii)在第 23 节重编序号第(1)分节之后,应当嵌入以下诸分节,即:

"(2)中央政府可以采取公告方式,要求涉及不同种类财产创设不同种类担保权益的交易注册在中央注册局进行。

(3)中央政府可以采取规则方式,规定本节下不同种类担保权益的注册形式和对此注册的收费。"

18. 嵌入新章第IVA 章

在主法第 26A 节之后,应当嵌入以下章,即:

"第IVA 章　担保债权人和其他债权人注册登记

26B. 担保债权人和其他债权人注册登记

(1)为了保证偿还债权人给予借款人金融资助的欠款的目的,以在借款人任何财产上创设、变更或实现任何担保权益,中央政府经公告可以将涉及中央注册局的第IV 章规定扩展至第 2 节第(1)分节(zd)条款中定义的担保债权人以外的所有债权人。

(2)自第(1)分节下的公告日起,包括担保债权人在内的任何债权人,可以以规定形式和方式将设定、变更或实现任何担保权益的交易详情提交给中央注册局。

(3)提交在有利自身设立的财产上创设、变更和实现担保权益交易详情的担保债权人之外的债权人,不应当享有行使本法下执行担保权益的任何权利。

(4)中央政府、邦政府或地方当局的每个机构或官员,受托行使追偿税款

或政府其他到期债务职能和对负责支付税款或政府欠款的人发布命令扣押财产,应当自中央政府公告之日起,按规定形式和方式,将该扣押令和资产被评估人的详情、税款或欠政府款的细节提交给中央注册局。

(5)若对借款人有请求权的人从法院或授权发布扣押令的其他机构获得财产扣押令,此人可以以规定支付费用的形式和方式将该扣押令的详情提交给中央注册局。

26C. 交易注册的效力等

(1)不损害其他任何现行有效法律中的任何规定,担保债权人或其他债权人进行的创设、变更或实现担保权益的交易注册,或提交本章下的扣押命令,应当视为自向中央注册局提交此交易详情之日和之时起构成对设立、变更或实现该担保权益,或扣押令的公共信息公告,视情况而定。

(2)若为了第Ⅳ章和本章规定下注册目的,提交了支持担保债权人或其他债权人的财产担保权益或扣押令,持有扣押令的担保债权人或其他债权人的请求权应当优先于在该财产上创设的任何后续担保权益,在该注册之后以销售、租赁、转让或许可该财产的方式进行的转让或扣押令应当服从于该请求权:

但是,本分节中包含的任何规定不应当适用于借款人在日常经营过程中从事的交易。

26D. 强制执行担保的权力

尽管其他任何现行有效法律中有任何规定,自本章规定生效之日起,任何担保债权人不应当享有行使第Ⅲ章下强制执行担保的权利,除非借款人创设对其有利的担保权益已经在中央注册局登记注册。

26E. 担保债权人的优先权

尽管其他任何现行有效法律中有任何规定,在担保权益注册后,欠任何担保债权人的债务应当优先于其他所有债务和所有税收、税款、地方税和其他应支付给中央政府、邦政府或地方当局的费用的支付。

[解释]为本节目的,兹澄清,在或自《2016年倒闭和破产法典》(2016年第31号法)生效日,若涉及借款人担保资产的倒闭或破产程序待决定,支付债务中的担保债权人优先权应当服从于该法典的规定。"

19. 修正第27节

在第27节中,应当嵌入以下但书条款,即:

"但是,本节的规定应当视为已自本章和经《2016年执行担保权益与追偿债务法律和杂项条款(修正)法》(2016年第31号法)修正的第23节规定的生效日被删除。"

20. 删除第 28 节

在主法中,应当删除第 28 节。

21. 嵌入新节第 30A、30B、30C 和 30D 节

在主法第 30 节后,应当嵌入以下诸节,即:

"30A. 裁判机构施加处罚的权力

(1)若任何资产重组公司或任何个人未遵从储备银行依本法发布的任何指令,裁判机构可以采取命令方式对不履行的该公司或个人处以罚款,数额为最高 1000 卢比或不履行所涉及的可量化数额的 2 倍,以较高者为准;若不遵从是持续行为,在不遵从行为持续期间的第一阶段后予以进一步罚款,数额为最高每日 10 万卢比。

(2)为了施加第(1)分节下处罚的目的,裁判机构应当向不履行的资产重组公司或个人送达通知,要求该公司或个人出示不应当处罚通知中规定数额的理由,并应当给予该人听证的合理机会。

(3)按本节施加的任何处罚应当自发出第(2)分节下通知之日起 30 日期限内支付。

(4)若资产重组公司未在第(3)分节规定期限内支付罚款,裁判机构应当以命令方式注销其注册:

但是,在注销注册之前,应当给予该资产重组公司听证的合理机会。

(5)涉及第(1)分节下的不履行行为,有关已经施加的罚款由储备银行按本节追偿,不应当向任何法院起诉不履行人。

(6)若已经向有管辖权的法院起诉了不履行人,不应当按本节对该人采取施加罚款的程序。

[解释]为了本节和第 30B、30C 和 30D 节的目的,

(ⅰ)'裁判机构',指由中央储备银行董事会以公告方式不时指定的储备银行官员或官员委员会;

(ⅱ)'不履行人',指已犯有本法下未履行、违反或不履行的资产重组公司或任何个人。对该公司或其他个人负责(视情况而定)的任何个人应当对该公司或其他个人所犯未履行、违反或不履行的被起诉负责,并按第 33 节受处罚。

30B. 对处罚的上诉

因按第 30A 节第(4)分节发布的命令遭受侵害的不履行人,可以自该命令发布之日起 30 日期限内向上诉机构提起上诉:

但是,若认为有充分理由未在上述 30 日期限内提出上诉,上诉机构可以受理期限届满后的上诉。

30C. 上诉机构

（1）中央储备银行董事会可以指定其认为合适的官员或官员委员会行使上诉机构的权力。

（2）上诉机构在向不履行人提供听证的合理机会后，有权力发布其认为合适的命令。

（3）上诉机构可以采取命令方式停止执行裁判机构按第30A节发布的命令，但受其认为合适的条款和条件的约束。

（4）若不履行人无正当理由未服从按（3）分节以命令方式施加的条款和条件，上诉机构可以驳回上诉。

30D. 追偿罚款

（1）按第30A节施加的任何罚款应当作为'应缴额'予以收缴，并应当自要求支付应缴额的通知送达不履行人之日起30日期限内支付。若该人未在上述期限内支付，储备银行为了追偿目的，可以

（a）借记入不履行人在储备银行开立的经常账户（若有），或采取清算该人所持证券（若有）方式贷记入储备银行账户；

（b）向欠不履行人任何金额的人发出通知，要求该人从他向不履行人应支付数额中扣减，此数额相当于应收缴总额并向储备银行支付该数额。

（2）第（4）分节中另有规定予以保留，按第（1）分节（b）条款发出的通知应当约束其发给的每位人，若该通知发给邮局、银行或保险公司，尽管有相反的规则、惯例和要求，在作出支付前，应当没有必要提供任何存折、存单、保险单或为了进入或准许目的的其他任何文件。

（3）在按第（1）分节发出通知之后产生的有关任何数额的请求权，针对该通知中包含的要求应当是无效的。

（4）按第（1）分节发给其通知的任何人对该通知提出反对意见，宣誓声明他没有欠不履行人的通知所要求的数额或其部分，或者他未曾为或代不履行人持有任何金钱，本节中包含的任何规定不应当视为要求此人支付该数额或其部分，视情况而定。

（5）若判定第（4）分节下的人所作声明在实质详情上是不真实的，该人应当在通知日就其对不履行人的义务范围内向储备银行，或在不履行人应向储备银行支付的应缴额范围内，承担个人责任，以较少者为准。

（6）储备银行可在任何时间修正或撤回按第（1）分节发出的通知，或依据该通知延长作出支付的时间。

（7）储备银行应当对遵从按本节发出的通知向其已支付的任何金额出具

收据,应当在已支付金额范围内解除支付人对不履行人的义务。

(8)在收到本节下的通知后解除对不履行人的义务的任何人,应当向储备银行承担以下个人责任,

(a)在其对不履行人的义务范围内被解除;或

(b)在不履行人向储备银行应支付的应缴额范围内,

以较少者为准。

(9)若按本节向其发出通知的人未根据该通知向储备银行作出支付,他在通知规定的数额方面应当被视为不履行人,为实现该数额,可以按本节规定的方式对该人采取行动或起诉。

(10)储备银行可以通过不履行人注册办公地、总部所在地、主营业地或惯常居所地有管辖权的主要民事法院实施强制追偿应缴额,如同储备银行发出的通知是该法院的判决。

(11)不应当强制实施第(10)分节下的追偿,但经此方面被授权证明不履行人未支付应缴额的储备银行官员向主要民事法院提出申请除外。"

22. 修正第 31 节

应当删除主法第 31 节(e)条款。

23. 修正第 31A 节

在主法第 31A 节中,应当用以下分节替代第(2)分节,即:

"(2)提议按第(1)分节发出的每份公告的副本,应当以草案呈递议会每院。在会期,总期限为 30 日。若两院不同意发布公告,或者两院同意对公告内容进行任何变更,不应当发布该公告,或应当仅以两院同意的变更形式发布,视情况而定。

(3)在计算第(2)分节中规定的 30 日期限时,不应当考虑第(2)分节中提及的各院休会或延期连续 4 日以上。

(4)按本节发布的每项公告副本应当尽快在其发布后呈递议会两院。"

24. 修正第 32 节

在主法第 32 节中,应当用"储备银行、中央注册局、任何担保债权人或其任何官员"文字,替代"行使担保债权人或借款人任何权利的任何担保债权人或其任何官员或经理"文字。

25. 修正第 38 节

在主法第 38 节第(2)分节中,

(ⅰ)应当将(a)条款编号为(aa)条款,并在重编的(aa)条款之前嵌入以下条款,即:

"(a)第 2 节(t)条款下类似性质的其他经营或商业权利;"

(ⅱ)在(bc)条款之后,应当嵌入以下诸条款,即:

"(bca)第 20A 节第(1)分节下各种注册系统的记录与中央注册局记录一体化的方式;

(bcb)第 20B 节下中央政府向储备银行指派权力的条款和条件;"

(ⅲ)在(d)条款之后,应当嵌入以下条款,即:

"(da)第 23 节第(3)分节下担保权益不同种类的注册形式及其费用;"

(ⅳ)在(f)条款之后,应当嵌入以下条款,即:

"(fa)第 26B 节第(2)分节下提交交易详情的形式和方式;

(fb)第 26B 节第(4)分节下向中央注册局提交扣押令的形式、方式和日期;

(fc)第 26B 节第(5)分节下向中央注册局提交扣押令详情的形式、方式和费用。"

第Ⅲ章 修正《1993 年追偿银行和金融机构债务法》

26. 修正第 2 节

在《1993 年追偿银行和金融机构债务法》(1993 年第 51 号法)(在本章中以下简称主法)第 2 节中,

(ⅰ)在(g)条款中,在"申请日"文字之后,应当嵌入以下文字,即:

"并包括债券受托人或为债务证券持有人利益创设对其有利的担保权益的其他任何机构向借款人送达通知 90 日后仍未全部或部分支付的对债务证券的任何负债,或"

(ⅱ)在(g)条款之后,应当嵌入以下条款,即:

"(ga)'债务证券',指根据由印度证券交易委员会按《1992 年印度证券与交易委员会法》(1992 年第 15 号法)制定的规章列明的债务证券;"

(ⅲ)在(h)条款(ia)分条款之后,应当嵌入以下分条款,即:

"(ib)在委员会注册的、为担保债务证券指定的一债券受托人;"

(ⅳ)在(h)条款之后,应当嵌入以下条款,即:

"(ha)'金融租赁',指以下的一种租赁:按任何有形资产租赁协议,或可转让票据或可转让文件以外的其他协议,出租人在一定时期内将其权利转让给承租人,承租人以定期支付协商一致的金额为对价并在租赁期限届满时或支付协商一致的剩余金额时(视情况而定)成为该资产的所有权人;"

(ⅴ)在(ja)条款之后,应当嵌入以下条款,即:

"(jb)'财产',指

(a)不动产;

(b)动产;

(c)接受金钱支付的任何债务或任何权利,不论担保与否;

(d)应收账款,不论现在或未来;

(e)无形资产、专有技术、专利、版权、商标、许可证、特许经营或中央政府会商储备银行后规定的其他任何类似性质的经营或商事权利;"

(vi)在(l)条款之后,应当嵌入以下诸条款,即:

"(la)'担保债权人',指《2002 年金融资产证券化与重组和执行担保权益法》(2002 年第 54 号法)第 2 节第(1)分节(zd)条款中对其指定的含义;

(lb)'担保权益',指有利于任何银行或金融机构、在任何财产上创设的抵押、负担、质押、转让或其他任何种类权利、物权和利益,且包括:

(a)由作为财产所有权人的银行或金融机构保留的有形资产上的此权利、物权或利益,其在租用、融资租赁、有条件销售上给予的,担保支付财产购买价款未支付部分的负债或能使借款人获取有形资产所发生的负债或提供的贷款;

(b)任何无形资产中的此权利、物权或利益,或任何无形资产的许可,其担保支付该无形资产购买价款未支付部分的负债、或扩大到能使借款人获取该无形资产或无形资产许可所发生的负债或提供的贷款;"

27. 修正第 4 节

主法第 4 节中,应当用以下分节替代第(2)分节,即:

"(2)尽管第(1)分节中有任何规定,中央政府可以:

(a)授权按其他任何现行有效法律设立的法庭的首席官履行本法下追偿债务庭首席官的职能,并担任该庭首席官;或

(b)授权按其他任何现行有效法律设立的其他任何法庭的任职司法成员,履行本法下债务追偿庭首席官职能,并担任该庭司法成员。"

28. 修正第 6 节

用以下节替代第 6 节,即:

"6. 首席官的任期

一法庭首席官应当任期 5 年,自其进入任职之日起算,并应当有资格连任:

但是,年满 65 岁的任何人不应当担任一法庭首席官。"

29. 修正第 8 节

在主法第 8 节第(二)分节中,应当嵌入以下但书条款,即:

"但是,中央政府可以授权按其他任何现行有效法律设立的其他任何上诉庭的主席履行本法下债务追偿上诉庭主席的职能,并担任该上诉庭主席。"

30. 修正第 11 条

在主法中,应当用以下节替代第 11 节,即:

"11. 上诉庭主席的任期

一上诉庭的主席应当任期 5 年,自其进入任职之日起算:

但是,年满 70 岁的任何人不应当担任一上诉庭主席。"

31. 修正第 17A 节

在主法第 17A 节第(1)分节之后,应当嵌入以下分节,即:

"(1A)为了行使第(1)分节下指挥控制诸法庭的总权力,主席可以:

(ⅰ)指令诸法庭以规定的形式、间隙期限和时间提供有关本法和《2002 年金融资产证券化与担保权益法》(2002 年第 54 号法)或其他任何现行有效法律下未决案件的信息、已处理的案件数量、登记的新案件数量和该主席认为必要的其他信息;

(ⅱ)定期召集诸法庭首席官会议审查其履职情况。

(1B)在评估每位法庭首席官履职情况时,主席认为要求对不当行为或失职的首席官启动调查,应当向中央政府提交针对第 15 节下该首席官(若有)建议采取行动的报告,和为同一目的书面记载理由。"

32. 修正第 19 节

在主法第 19 节中,

(ⅰ)第(1)分节中,(a)条款重新编号为(aa),并应当在重编号的(aa)条款之前嵌入以下条款,即:

"(a)该银行或金融机构的分支机构或其他任何办事机构正在维持的、目前未偿还被请求债务的账户;或"

(ⅱ)应当用以下分节替代第(3)分节,即:

"(3)第(1)或(2)分节下的每项申请应当是规定形式,应当随附据此支付该请求的全部文件真实副本和规定的费用。"

(ⅲ)在第(3)分节第二项但书条款之后,应当嵌入以下解释,即:

"[解释]为了本节目的,文件包括账户和按《1891 年银行账簿法》(1891 年第 18 号法)正确证明的任何准入银行账簿文件。"

(ⅳ)在第(3)分节之后,应当将第(3A)分节重编序号为第(3B)分节,并应当在重编序号第(3B)分节之前嵌入以下分节,即:

"(3A)按第(1)或(2)分节提交追偿债务申请的每位原告,应当:

（a）陈述在属于任何被告财产上担保权益担保的债务具体情况和此诸担保的估计价值；

（b）若估计价值不足以满足所请求的债务，陈述被告拥有的其他任何财产或资产（若有）的具体情况；和

（c）若上述其他资产的估计价值不足以清偿债务，寻求命令指令被告向法庭披露被告拥有的其他财产或资产。"

（v）应当用以下分节替代第（4）分节，即：

"（4）收到第（1）或（2）分节下的申请后，法庭应当向被告发出有以下指令的传票：

（i）在传票送达 30 日内显示不应当赋予所请求的救济措施的理由；

（ii）指令被告披露申请人按第（3A）节（a）和（b）条款列明的财产或资产以外的财产或资产详细情况；

（iii）限制被告处理或处置第（3A）分节下披露的等待听审和处理扣押财产申请的财产或资产。"

（vi）在第（4）分节之后，应当嵌入以下分节，即：

"（4A）尽管《1882 年财产转让法》（1882 年第 4 号法）第 65A 节中有任何规定，传票送达的被告未经法庭事先批准，不应当以出售、出租或其他方式转让，但在其日常经营过程中创设了担保权益的资产和按第（3A）节披露或列明的财产或资产除外：

但是，法庭未通知申请人银行或金融机构显示不应当批准请求的理由，不应当给予批准；

但是，被告应当负责以出售日常经营过程中的担保资产方式实现出售收入数额，并负责将出售收入存入在该资产上持有担保权益的银行或金融机构正在维持的账户。"

（vii）应当用以下条款替代第（5）分节，即：

"（5）（i）被告应当自送达传票之日起 30 日期限内提交其书面答辩状，包括第（6）分节下的抵销请求或第（8）分节下的反诉（若有），此书面状应当随附被告在答辩中依赖的原始文件或其留存法庭的真实副本：

但是，若被告未在上述 30 日期限内提交书面声明，首席官可以在书面记录的例外情形或特殊情况下，以延长期限的方式扩展上述期限不超过 15 日以提交答辩书面声明。

（ii）若被告依据法庭发布的命令披露任何财产或资产，第（4A）分节的规定应当适用于此财产或资产。

（ⅲ）若未遵从按第（4）分节（ⅱ）条款发布的命令,首席官可以采取命令方式,责令扣押该不履行人或官员在民事监狱不超过3个月,除非首席官指令释放:

但是,首席官未给予该人或官员听审的合理机会,不应当发布本条款下的命令。

[解释]为了本节的目的,'不履行官员'一词指《2013年公司法》（2013年第18号法）第2节第（60）条款中界定的官员。"

（ⅷ）应当用以下分节替代第（5A）分节,即:

"（5A）在收到被告书面声明时或在法庭赋予提交书面声明届满日,法庭应当确定听审准许或否定双方当事人提交的文件的日期和听审继续或停止按第（4）分节发布的临时令的日期。

（5B）若被告承诺对银行或金融机构债务的全部或部分数额,法庭应当命令该被告自该命令日起30日内在承认的范围内支付该数额。若未遵从该命令,法庭可以根据第（22）分节的规定,在被告已经承诺所欠债务额范围内签发证书。"

（ⅸ）在第（6）分节"寻求抵销的债务"文字之后,应当用"寻求抵销的债务,随附对原告的、与任何确定数额有关的、依此支持抵销主张的原始文件和其他证据"文字替代。

（ⅹ）在第（10）分节中,应当用"规定的"文字替代"法庭确定的"文字。

（ⅺ）在第（10）分节之后,应当嵌入以下分节,即:

"（10A）第（3）分节下的每项申请、第（5）分节的被告每项书面声明、第（8）分节下被告每项反诉,或第（10）分节下申请人回复反诉的书面声明,或其他任何诉状,应当由验证所有事实和诉请的原告或被告以宣誓书方式予以支持,声明诉请文件或其他文件证据应当作为申请书、书面声明、抵销或反诉答复状（视情况而定）的附件:

但是,若存在一方当事人提供的任何证人证据,该证人的宣誓书应当由该方当事人与第（10A）节下提交的申请书、书面声明或回复同时提交。

（10B）若申请书或书面声明中的任何事实或诉请未按第（10A）分节规定方式验证,不应当允许程序的一方当事人将该事实或诉请作为证据或作为此处所列任何事项。"

（ⅻ）应当用以下分节替代第（11）分节,即:

"（11）若被告在书面声明中提起反诉,和在对该请求的回复中原告认为在此提出的请求不应当以反诉方式处理而是独立诉讼中的请求,法庭应当对该争议问题与申请人追偿债务请求一起决定。"

（ⅹⅲ）应当删除第（12）分节。

（ⅹⅳ）在第（13）分节中，应当用"法庭基于申请人作出的申请和随附的扣押财产详细情况、其估计价值，或者其他情况，认为"文字，替代"由宣誓书或其他满足法庭"文字。

（ⅹⅴ）应当删除第（14）分节。

（ⅹⅵ）在第（15）分节中，应当用第"第（13）分节"文字替代"第（14）分节"文字。

（ⅹⅶ）应当用以下分节替代第 19 分节，即：

"（19）若向《2013 年公司法》（2013 年第 18 号法）下定义的一公司发出追偿证书，且该公司处于清算中，法庭可以采取命令方式指令，该公司担保资产的销售收入按《2013 年公司法》（2013 年第 18 号法）第 326 节或其他任何现行有效法律规定的方式进行分配。"

（ⅹⅷ）应当用以下分节替代第（20）分节，即：

"（20）法庭在涉及所有请求、抵销或反诉（若有）和此等请求上的利益时，给予原告、被告听审机会后，自听审结束之日起 30 日内，可以发出其认为合适的临时或最终命令，此命令可以包含命令支付自认定支付所欠数额之日起至支付实现或实际支付之日的利息。"

（ⅹⅸ）在第（20A）分节之后，应当嵌入以下诸分节，即：

"（20AA）法庭在发出第（20）分节下的最终命令时，应当清楚具体规定在其上创设的有利于银行或金融机构的担保权益的借款人资产，指令追偿官按第（20AB）分节中的规定分配该资产的销售收入。

（20AB）尽管任何现行有效法律中有任何相反规定，担保资产的销售收入应当在以下优先权顺序口分配，即：——

（ⅰ）应当全额支付为保存和保护担保资产所发生的费用、估价费用、占有和拍卖公告或销售资产的其他支出；

（ⅱ）欠银行或金融机构的债务。

［解释］为本分节的目的，兹澄清，《2016 年倒闭和破产法典》（2016 年第 31 号法）生效之日或之后，若涉及借款人担保资产的倒闭和破产程序待决，担保资产销售收入的分配应当服从于该法典中规定的优先权顺序。"

（ⅹⅹ）应当用以下分节替代第（21）分节，即：

"（21）（ⅰ）法庭应当向原告和被告送发其最终命令的副本和追偿证书。

（ⅱ）原告和被告在支付规定费用后可以获得法庭发布的任何命令副本。"

（ⅹⅹⅰ）应当用以下分节替代第（22）分节，即：

"（22）首席官应当按第（20）分节向追偿官发布其签字的支付债务和利息的追偿证书和最终命令，以追偿该证书中规定的债务额。"

（ⅹⅹⅱ）在第（22）分节之后，应当嵌入以下分节，即：

"（22A）为启动针对按《2013年公司法》（2013年第18号法）注册的一公司或按《2008年有限责任合伙法》（2008年第9号法）注册的有限责任合伙的清算程序，或针对任何现行有效法律下的任何自然人或合伙企业的倒闭程序的目的，视情况而定，首席官按第（22）分节发出的任何追偿证书应当视为法院的判决和命令。"

（ⅹⅹⅱⅰ）在第（24）分节中，应当用"它应当尽各种努力完成2-2听审中的程序，和"文字，替代"它应当竭力"文字。

33. 嵌入新节第19A节

在主法第19节之后，嵌入以下诸分节，即：

"19A. 以电子形式提交追偿申请、文件和书面声明

（1）尽管本法中包含任何相反规定，不损害《2000年信息技术法》（2002年第21号法），中央政府可以通过规则规定，通告规定向法庭和上诉庭提交以下事项的起始日期，

（a）申请、书面声明或其他任何诉状和要求提交的随附文件，应当以电子形式并经原告、被告或任何其他请愿人以规定形式和方式数字签名认证后提交；

（b）按本法要求送达或递交的任何传票、通知、通讯或通告，可以以电子形式并经规定方式认证、采取传递诉状和文件的手段予以送达或递交。

（2）法庭或上诉庭发出的、在其网站上显示的任何临时或最终命令，应当视为该命令的公告。以电子邮件将该命令传递给程序各当事人的登记地址，应当视为送达给了该当事人。

（3）中央政府可以采取规则方式规定，为了本节中规定的目的，电子形式对此方面的物理形式是排他性的、选择性的或补充的。

（4）为了采用电子提交的目的，按第（1）分节进行通告的法庭或上诉庭，应当维护其自身网站，或与其他法庭和上诉庭的共同网站，或其他此种电子信息统一访问数据库，并确保该法庭或上诉庭发布的全部命令或指令以规定方式显示在该法庭或上诉的网站上。

［解释］为了本节的目的，

（a）'电子签名'，指《2000年信息技术法》（2000年第21号法）第2节（p）条款下定义的电子签名；

(b)'电子形式',指《2000 年信息技术法》(2000 年第 21 号法)第 2 节(r)条款下定义的电子形式。"

34. 修正第 20 节

在主法第 20 节第(3)分节中,应当用"30 日"文字替代两处出现的"45 日"文字。

35. 修正第 21 节

在主法第 21 节中,

(i)应当用"50%"文字替代"75%"文字。

(ii)在但书条款中,应当用"减少至不应当少于所欠债务额 25% 的保证额"文字,替代"放弃或减少该数额"文字。

36. 修正第 22 节

在主法第 22 节第(3)分节之后,应当嵌入以下分节,即:

"(4)为了证明任何进入'银行账簿'目的,《1891 年银行账簿证据法》(1891 年第 18 号法)的规定应当适用于法庭或上诉庭进行的全部程序。"

37. 嵌入新节第 22A 节

在主法第 22 节之后,应当嵌入以下节,即:

"22A. 对程序行为统一程序

为本法目的,中央政府可以采取规则方式,制定与本法规定相符的统一程序以引导诸法庭或诸上诉庭进行的程序。"

38. 修正第 25 节

在主法第 25 节中,

(i)在(a)条款之后,应当嵌入以下条款,即:

"(aa)采取占有被告创设担保权益的财产或其他任何财产,并为该财产指定接受人和销售同一财产;"

(ii)在(e)条款之后,应当嵌入以下条款,即:

"(d)中央政府规定的其他任何追偿模式;"

39. 修正第 27 节

在主法第 27 节中,应当用以下分节替代第(1)分节,即:

"(1)尽管追偿官为追偿任何金额的目的已经发出了证书,首席官可以采取命令方式,对支付该金额规定时间,要求被告首付不低于追偿证书规定金额的 25%、在持有追偿证书的原告银行或金融机构可接受的合理期限内无条件承诺支付余额。

(1A)追偿官收到第(1)分节下发布的命令后,应当停止进程直至给予的

期限届满。

（1B）若被告同意支付追偿证书规定的金额，且追偿官停止了进程，被告应当丧失针对该法庭命令提起上诉的权利。

（1C）若被告在支付第（1）分节下金额中犯有任何不履行行为，应当撤销停止追偿进程，追偿官应当采取步骤追偿所欠和应付的余额。"

40. 嵌入新节第30A节

在主法第30节之后，应当嵌入以下节，即：

"30A. 对追偿官命令提起上诉的欠债额保证

若欠银行或金融机构，或诸银行或诸金融机构之集团债务金额的任何人，按第30节针对追偿官的任何命令提起上诉，法庭不应当受理该上诉，除非该人向该法庭已经交存了其决定的欠债额50%的保证金。"

41. 嵌入新节第31B节

在主法第31A节之后，应当嵌入以下节，即：

"31B. 担保债权人的优先权

尽管其他任何现行有效法律中有任何规定，担保债权人通过销售创设担保权益的资产以实现对其所欠和应支付的担保债务的权利，应当具有优先性，且其支付应当优先于其他全部债务和欠政府的到期款项，政府到期款项包括欠中央政府、邦政府或地方当局的税务、税收、地方税或费用。

［解释］为本节目的，兹澄清，在《2016年倒闭和破产法典》（2016年第31号法）生效日或之后，若涉及借款人担保资产的倒闭或破产程序待决，对担保债权人支付债务的优先权应当服从该法典的规定。"

42. 修正第36节

在主法第36节第（2）分节中，

（ⅰ）（a）条款应当编号为（aa）条款，并在重新编号的（aa）条款之前，应当嵌入以下条款，即：

"（a）第2节（jb）条款下类似性质的其他经营或商事权利；"

（ⅱ）在（c）条款之后，应当嵌入以下条款，即：

"（ca）第19节下申请的形式和提交申请的费用；"

（ⅲ）在（cc）条款中，应当用"（3B）"文字替代"（3A）"文字。

（ⅳ）在（cc）条款之后，应当嵌入以下诸条款，即：

"（cca）第19节第（10）分节下提交书面声明的期限；

（ccb）第19节第（21）分节下获得法庭命令副本的费用；

（ccc）第19A节第（1）分节（a）条款下认证数字签名的形式和方式，和第

19A 节第(1)分节(b)条款下认证诉状和文件送达或递交的方式;

(ccd)第 19 节第(1)分节下以电子形式提交申请和其他文件的形式和方式,和第 19 节第(4)分节下显示法庭和上诉庭命令的方式;"

(v)在(d)条款之后,应当嵌入以下诸条款,即:

"(da)第 22A 节下引导法庭和上诉庭进行程序的统一程序规则;

(db)第 25 节(d)条款下其他追偿模式。"

43. 修正 1899 年第 2 号法

应当以第 1 表中规定方式修正《1899 年印度印花税法》。

44. 修正 1996 年第 2 号法

应当以第 2 表规定方式修正《1996 年托管人法》。

第 1 表

(见第 43 节)

修正《1899 年印度印花税法》(1899 年第 2 号法)

在第 8E 节之后,应当嵌入以下节,即:

"8F. 转移或转让金融资产中权利或利益的协议或文件不承担印花税

尽管本法或其他任何现行有效法律中有任何规定,为有利于《2002 年金融资产证券化与重组和执行担保权益法》(2002 年第 54 号法)第 2 节第(1)分节(ba)条款中界定的任何资产重组公司,转移或转让该法第 5 节下银行或金融机构金融资产中的权利或利益的任何协议或其他文件,不应当承担本法下的义务。"

第 2 表

(见第 44 节)

修正《1996 年托管人法》(1996 年第 22 号法)

在第 7 节第(1)分节之后,应当嵌入以下诸分节,即:

"(1A)每位托管人收到参与人通报后,应当登记注册任何担保转让,以有利于《2002 年金融资产证券化与重组和执行担保权益法》(2002 年第 54 号法)第 2 节第(1)分节(ba)条款中定义的资产重组公司,随同或后续登记注册该法第 5 节第(1)分节下任何银行或金融机构资产的转移或转让。

(1B)每位托管人收到参与人通报后,应当注册登记任何新股发行,以有利于任何银行或金融机构、资产重组公司,或此银行或金融机构、资产重组公司的任何其他受让人(视情况而定)按该资产重组公司与该银行或金融机构

之间协商同意的该公司债务重组,将它们的部分债务转换为股份。

[解释]为了本节的目的,'资产重组公司''银行'和'金融机构'术语应当具有《2002年金融资产证券化与重组和执行担保权益法》(2002年第54号法)第2节第(1)分节(ba)、(c)和(m)条款下分别对它们指定的含义。"

印度政府秘书

G. NARAYANA RAJU 博士

(邓瑞平译)

附2:
2002年金融资产证券化与重组和执行担保权益法[*]

2002年第54号法

2002年12月17日

(截至经2016年第44号法修正)

目 录

---

[*] 本法英文本可从 http://lawmin.nic.in/ld/P-ACT/2002/The%20Securitisation%20and%20Reconstruction%20of%20Financial%20Assets%20and%20Enforcement%20of%20Security%20Interest%20Act,%202002.pdf 获得,2017年2月20日访问。

8. 豁免担保收据的注册

9. 资产重组的措施

10. 资产重组公司的其他功能

11. 争端解决

12. 储备银行决定政策和发布指令的权力

12A. 储备银行传召陈述和信息的权力

12B. 储备银行实施审计和检查的权力

第Ⅲ章　执行担保权益

13. 执行担保权益

14. 都市司法长官或地区司法官协助担保债权人占有担保资产

15. 接收管理的方式和效力

16. 不补偿董事的履职损失

17. 针对追偿担保债务措施的申请

17A. 某些情形下向地区法院法官提出申请

18. 向上诉庭上诉

18A. 已收费用的有效性

18B. 某些情形下向高等法院上诉

18C. 提出告诫的权利

19. 某些情形下借款人接受补偿和费用的权利

第Ⅳ章　中央注册局

20. 中央注册局

20A. 中央注册局注册系统一体化

20B. 权力的委派

21. 中央注册官

22. 证券化、重组和担保权益交易的注册簿

23. 提交证券化、重组和担保权益交易

24. 变更本法下注册的担保权益

25. 资产重组公司或担保债权人报告担保权益的实现

26. 查阅证券化、重组和担保权益交易详情的权利

26A. 中央政府更正注册、变更和实现等事项

第ⅣA章　担保债权人和其他债权人注册

26B. 担保债权人和其他债权人的注册

26C. 交易等注册的效力

26D. 强制执行担保的权力

26E. 担保债权人的优先权

第 V 章　违法行为和处罚

27. 处罚

28. [不遵守储备银行的指令]

29. 违法行为

30. 违法行为的审理

30A. 裁判机构施加处罚的权力

30B. 对处罚的上诉

30C. 上诉机构

30D. 追偿罚款

第 VI 章　杂项

31. 本法规定不适用于某些情形

31A. 豁免一类或几类银行或金融机构的权力

32. 保护善意采取的行动

33. 公司的违法行为

34. 无管辖权的民事法院.

35. 本法的规定优先于其他法律

36. 时效

37. 不阻碍其他法律的适用

38. 中央政府制定规则的权力

39. 设立或导致设立中央注册局后适用本法的某些规定

40. 清除障碍的权力

41. 修正某些制定法

42. 废止和保留

附　表

　　为规制金融资产证券化与重组和执行担保权益,对在资产权利上创设担保权益的中央数据库和相关或附属事项进行规定,制定一项法律。①

　　议会于印度共和国第 53 年颁布本法,内容如下:

---

① 由 2016 年第 44 号法第 2 节替代长标题(自 2016 年 9 月 1 日生效)。

第 I 章　序文

1. 短标题、适用范围和生效

(1)本法可称为《2002 年金融资产证券化与重组和执行担保权益法》。

(2)它扩展至整个印度。

(3)它应当视为已于 2002 年 6 月 21 日生效。

2. 定义

(1)除非上下文另有要求,本法中,

(a)"上诉庭",指按《1993 年追偿银行和金融机构债务法》(1993 年第 51 号法)第 8 节第(1)分节设立的追债上诉庭。

(b)"资产重组",指任何[资产重组公司]①在任何金融资助中为实现该金融资助目的,获取任何银行或金融机构的任何权利或利益。

[(ba)"资产重组公司",指关从事经营资产重组或证券化或两者的目的,按第 3 节在储备银行注册的一公司。]②

(c)"银行",指——

(ⅰ)一银行业公司;或

(ⅱ)一关联新银行;或

(ⅲ)印度国家银行;或

(ⅳ)一附属银行;或

[(iva)一多邦合作银行;或]③

(v)中央政府为本法目的以公告方式规定的其他银行。

(d)"银行业公司",应当具有《1949 年银行业管理法》(1949 年第 10 号法)第 5 节(c)条款对其指定的含义。

(e)"委员会",指按《1992 年印度证券交易委员会法》(1992 年第 15 号法)第 3 节设立的印度证券交易委员会。

(f)"借款人",指任何银行或金融机构赋予其金融资助、或其对任何银行或金融机构赋予的金融资助已给予任何保证或设立任何抵押、质押作为担保的任何人,包括成为嗣后由其在上述金融资助方面获取任何银行或金融机构

---

①　由 2016 年第 44 号法第 3 节替代"证券化公司或重组公司"(自 2016 年 9 月 1 日生效)。

②　由 2016 年第 44 号法第 4 节嵌入(自 2016 年 9 月 1 日生效)。

③　由 2013 年第 1 号法第 2 节嵌入(自 2013 年 1 月 15 日生效)。

任何权利或利益的一[资产重组公司]①的借款人、[或通过发行债务证券已提高资金]②的人。

(g)"中央注册局",指按第 20 节第(1)分节设立或导致设立的注册局。

[(ga)"公司",指《2013 年公司法》(2013 年第 18 号法)第 2 节第(20)条款中定义的一公司。]③

(h)"关联新银行",应当具有《1949 年银行业管理法》(1949 年第 10 号法)第 5 节(da)条款中对其指定的含义。

[(ha)"债务",应当具有《1993 年追偿银行和金融机构债务法》(1993 年第 51 号法)第 2 节(g)条款中对其指定的含义,且包括——

(ⅰ)因租用、金融租赁、有条件销售或按其他任何合同给予任何有形资产的购买价款中的未支付部分;

(ⅱ)任何无形资产上的任何权利、物权或利益,或此无形资产的许可或转让,其担保支付此无形资产购买价款中未支付部分的负债,或承付款项或其他情况下扩大到能使任何借款人获得无形资产或获得此资产许可的贷款。]④

(i)"债务追偿庭",指按《1993 年追偿银行和金融机构债务法》(1993 年第 51 号法)第 3 节第(1)分节设立的法庭。

[(ia)"债务证券",指根据委员会按《1992 年印度证券交易委员会法》(1992 年第 15 号法)制定的规章列明的债务证券。]⑤

[(j)"不履行",指——

(ⅰ)借款人未支付应当支付给任何担保债权人的负债或其他任何金额,借款人的此金额随后在担保债权人簿册中被分类为未履行资产;或

(ⅱ)债券受托人或其他任何机构为债务证券持有人利益创设的担保权益而向借款人送达要求支付欠款的通知 90 日后,该借款人未支付应当支付的与债务证券有关的负债或其他任何金额。]⑥

(k)"金融资助",指任何银行或金融机构赋予的任何贷款或预付款、认购的任何信用债券或债券、给予的任何保证、开立的信用证或扩大的其他信贷业

---

① 由 2016 年第 44 号法第 3 节替代"证券化公司或重组公司"(自 2016 年 9 月 1 日生效)。

② 由 2016 年第 44 号法第 4 节嵌入(自 2016 年 9 月 1 日生效)。

③ 由 2016 年第 44 号法第 4 节嵌入(自 2016 年 9 月 1 日生效)。

④ 由 2016 年第 44 号法第 4 节替代(ha)条款(自 2016 年 9 月 1 日生效)。

⑤ 由 2016 年第 44 号法第 4 节嵌入(自 2016 年 9 月 1 日生效)。

⑥ 由 2016 年第 44 号法第 4 节替代(j)条款(自 2016 年 9 月 1 日生效)。

务,[包括因租用、金融租赁、有条件销售或按其他任何合同为了获取任何有形资产,或获得任何无形资产转让或许可,或购买债务证券的目的而提供的资金。]①

(l)"金融资产",指债或应收账款,包括——

(i)对债或应收账款或其部分的请求权,不论担保与否;或

(ii)以抵押或设置不动产负担方式担保的任何债或应收账款;或

(iii)动产的抵押、负担、质押或典押;或

(iv)任何担保权利或利益,无论全部或部分以该债或应收账款为基础;

(v)不论动产或不动产的任何财产受益权,或该债或应收账款的受益权,不论该权益是现存的、未来的、自然增殖、附条件的或偶然的;或

[(va)因租用、金融租赁、有条件销售,或按担保支付有形资产购买价款中未支付部分的负债、承付款项,或其他情况下提供能使借款人获取有形资产的贷款的其他任何合同,在该有形资产上给予的任何受益权利、物权或利益;或

(vb)在任何无形资产上的任何权利、物权或利益,或此无形资产的许可或转让,其担保该无形资产购买价款中未支付部分的负债、承付款项或其他情况下扩大能使借款人获取该无形资产或获得该无形资产许可的贷款;]②

(vi)任何金融资助。

(m)"金融机构",指——

(i)《1956 年公司法》(1956 年第 1 号法)第 4A 节含义内的公共金融机构;

(ii)中央政府按《1993 年迫偿银行和金融机构债务法》(1993 年 51 号法)第 2 节第(h)条款(ii)分条款规定的任何机构;

(iii)按《1958 年国际金融公司(地位、豁免和特权)法》(1958 年第 42 号法)设立的国际金融公司;

[(iiia)在委员会注册和指定为债务证券担保的债券受托人;

(iiib)资产重组公司,不论其作为此种公司还是管理为证券化或资产重组(视情况而定)的目的而创设的信托;]③

(iv)《1934 年印度储备银行法》(1934 年第 2 号法)第 45-I 节(f)条款中定义的其他任何机构或非银行业金融公司,其由中央政府为本法目的以公告方式规定为金融机构。

[(ma)"金融租赁",指以下的一种租赁:按任何有形资产租赁协议,或可

---

① 由 2016 年第 44 号法第 4 节插入(自 2016 年 9 月 1 日生效)。
② 由 2016 年第 44 号法第 4 节嵌入(自 2016 年 9 月 1 日生效)。
③ 由 2016 年第 44 号法第 4 节嵌入(自 2016 年 9 月 1 日生效)。

转让票据或可转让文件以外的其他协议,出租人在一定时期内将其权利转让给承租人,承租人以定期支付协商一致的金额为对价并在租赁期限届满时或支付协商一致的剩余金额时(视情况而定)成为该资产的所有权人。]①

(n)"抵押",指借款人为了债权人利益在不将任何动产占有权交付给债权人的情况下在该动产上设置的、作为金融资助的担保的负担,包括浮动负担和将该负担具体化为该动产上的固定费用。

[(na)"可转让文件",指体现交付有形资产的权利和按任何现行有效法律符合可流通性条件的文件,包括仓单和提单。]②

(o)"未履行资产",指在以下情形下,被银行或金融机构分类为不标准、[有疑问或损失的]③资产:

(a)在由任何现行有效法律设立、组建或指定的任何机构或机关管理或规制的银行或金融机构的情况下,根据该机构或机关发布的与资产分级有关的指令或指南;

(b)在其他任何情况下,根据储备银行发布的与资产分级有关的指令或指南。

(p)"公告",指在《官方公报》上发布的公告;

(q)"债务人",指不论按合同或其他有责任支付金融资产或解除与金融资产有关的任何义务的人,不论现存的、未来的、附条件的或偶然的,包括借款人。

(r)"发起人",指一[资产重组公司]④为证券化或资产重组目的而获得的金融资产的所有权人。

(s)"规定的",指按本法制定的规则规定的。

(t)"财产",指——

(ⅰ)不动产;

(ⅱ)动产;

(ⅲ)任何债或接受金钱支付的任何权利,不论担保与否;

(ⅳ)应收账款,不论现存的或未来的;

(ⅴ)无形资产、专有技术、专利、版权、商标、许可证、特许权或[中央政府

---

① 由2016年第44号法第4节嵌入(自2016年9月1日生效)。
② 由2016年第44号法第4节嵌入(自2016年9月1日生效)。
③ 由2004年第30号法第2节替代某些文字(自2004年11月11日生效)。
④ 由2016年第44号法第3节替代"证券化公司或重组公司"(自2016年9月1日生效)。

会商储备银行规定的]①相似性质的其他任何经营或商事权利。

（u）"[合格购买人]"②，指金融机构、保险公司、银行、国家金融公司、国家工业发展公司、受托人、按第 3 节第（4）分节已赋予注册证书的[资产重组公司]③、代表共同基金作出投资的资产管理公司④，或按《1992 年印度证券交易委员会法》（1992 年第 15 号法）或按该法制定的规章注册的外国机构投资者，[储备银行按第 7 节第（1）分节规定的任何种类的非机构投资者]⑤或委员会规定的其他任何法人团体。

［＊＊＊]⑥

（w）"公司注册官"，指《1956 年公司法》（1956 年第 1 号法）第 2 节第（40）条款中定义的注册官。

（x）"储备银行"，指按《1934 年印度储备银行法》（1934 年第 2 号法）第 3 节设立的印度储备银行。

（y）"方案"，指邀请认购由一[资产重组公司]⑦提议按其发行的担保收据的方案。

（z）"证券化"，指任何[资产重组公司]⑧从任何发起人处获取金融资产，不论采取由该[资产重组公司]⑨通过发行代表该金融资产中不可分割权益的担保收据从[合格购买人]⑩处提高资金的方式或其他。

［＊＊＊]⑪

（zb）"担保协议"，指为了担保债权人利益而设置担保权益的协议、文书

---

① 由 2016 年第 44 号法第 4 节嵌入（自 2016 年 9 月 1 日生效）。

② 由 2016 年第 44 号法第 3 节替代"合格机构购买人"（自 2016 年 9 月 1 日生效）。

③ 由 2016 年第 44 号法第 3 节替代"证券化公司或重组公司"（自 2016 年 9 月 1 日生效）。

④ 由 2004 年第 30 号法第 2 节替代某些文字（自 2004 年 11 月 11 日生效）。

⑤ 由 2016 年第 44 号法第 4 节嵌入（自 2016 年 9 月 1 日生效）。

⑥ 由 2016 年第 44 号法第 4 节删除（自 2016 年 9 月 1 日生效）。

⑦ 由 2016 年第 44 号法第 3 节替代"证券化公司或重组公司"（自 2016 年 9 月 1 日生效）。

⑧ 由 2016 年第 44 号法第 3 节替代"证券化公司或重组公司"（自 2016 年 9 月 1 日生效）。

⑨ 由 2016 年第 44 号法第 3 节替代"证券化公司或重组公司"（自 2016 年 9 月 1 日生效）。

⑩ 由 2016 年第 44 号法第 3 节替代"诸合格机构购买人"（自 2016 年 9 月 1 日生效）。

⑪ 由 2016 年第 44 号法第 4 节删除（自 2016 年 9 月 1 日生效）。

或其他任何文件或安排,包括采取将物权权利契据留存担保债权人处的方式设置抵押。

(zc)"担保资产",指在其上设置担保权益的财产。

[(zd)"担保债权人",指——

(ⅰ)任何银行或金融机构,或持有(l)条款规定的任何有形、无形资产上的任何权利、物权或利益的诸银行或诸金融机构的任何财团或集团;

(ⅱ)任何银行或金融机构指定的债券受托人;或

(ⅲ)一资产重组公司,不论其是该公司还是管理为证券化或重组而由该资产重组公司设立的信托,视情况而定;或

(ⅳ)在委员会注册的、由为担保债务证券的任何公司指定的债券受托人;或

(ⅴ)代表银行或金融机构持有证券的其他任何受托人,

借款人为到期偿还金融资助而设立的对其有利的担保权益。]①

(ze)"担保债务",指由任何担保权益所担保的债务。

[(zf)"担保权益",指第31节规定以外的、在财产上设立的、有利于任何担保债权人的任何种类的权利、物权和利益,并包括——

(ⅰ)担保债权人作为财产所有权人保留有形资产的,在租用、金融租赁、有条件销售时或按担保该有形资产购买价款中未支付部分的负债、承付款项或提供贷款能使借款人获取该有形资产的其他任何合同给予的、该有形资产上的任何抵押、负担、质押、转让,或任何权利、任何种类的物权或利益;或

(ⅱ)在任何无形资产中的此种权利、物权或利益,或此无形资产的转让或许可,其担保该无形资产购买价款中未支付部分的负债、承付款项或提供能借款人获取该无形资产或无形资产许可的任何贷款。]②

(zg)"担保收据",指一[资产重组公司]③按方案向任何[合格购买人]④发行的证明持有者购买或获取证券化金融资产中的不可分割权利、物权或利益的收据或其他证券。

---

① 由2016年第44号法第4节替代(zd)条款(自2016年9月1日生效)。
② 由2016年第44号法第4节替代(zf)条款(自2016年9月1日生效)。
③ 由2016年第44号法第3节替代"证券化公司或重组公司"(自2016年9月1日生效)。
④ 由2016年第44号法第3节替代"合格机构购买人"(自2016年9月1日生效)。

(zh)"主办人",指持有一[资产重组公司]①实收权益资本至少 10%的任何人。

(zi)"印度国家银行",指按《1955 年印度国家银行法》(1955 年第 23 号法)第 3 节设立的印度国家银行。

(zj)"附属银行",应当具有《1959 年印度国家银行(附属银行)法》第 2 节(k)条款中对其指定的含义。

(2)本法中使用而未定义但在《1872 年印度合同法》(1872 年第 9 号法)、《1882 年财产转让法》(1882 年算 4 号法)、《1956 年公司法》(1956 年第 1 号法)或《1992 年印度证券交易委员会法》(1992 年第 15 号法)中定义的词汇或词组,应当具有这些法中分别对其指定的相同含义。

第 Ⅱ 章　规制银行和金融机构金融资产证券化与重组

3.[资产重组公司]②的注册

(1)不具备以下条件的任何[资产重组公司]③不应当从事或实施证券化业务或资产重组业务:

(a)获得按本法赋予的注册证书;和

[(b)具有净所有资金不低于 2000 万卢比或储备银行以公告方式规定的其他更高数额:]④

但是,储备银行可以采取公告方式对不同类别或多类别的[诸资产重组公司]⑤规定不同数额的所有资金;

但是,本法实施日存在的一[资产重组公司]⑥应当自该实施日起 6 个月届满前向储备银行申请注册,且尽管本分节中包含任何规定,可以继续从事证券化或资产重组业务,直至向其授予注册证书,或视情况向其递送拒绝注册

---

① 由 2016 年第 44 号法第 3 节替代"证券化公司或重组公司"(自 2016 年 9 月 1 日生效)。

② 由 2016 年第 44 号法第 3 节替代"证券化公司或重组公司"(自 2016 年 9 月 1 日生效)。

③ 由 2016 年第 44 号法第 3 节替代"证券化公司或重组公司"(自 2016 年 9 月 1 日生效)。

④ 由 2016 年第 44 号法第 5 节替代(b)条款(自 2016 年 9 月 1 日生效)。

⑤ 由 2016 年第 44 号法第 3 节替代"证券化公司或重组公司"(自 2016 年 9 月 1 日生效)。

⑥ 由 2016 年第 44 号法第 3 节替代"证券化公司或重组公司"(自 2016 年 9 月 1 日生效)。

申请。

（2）每家[资产重组公司]①应当按储备银行规定的形式和方式向其申请注册。

（3）储备银行为审议申请注册一家[资产重组公司]②以从事或实施证券化或资产重组(视情况而定)的目的,可以通过检查该[资产重组公司]③记录或簿册或其他,要求达到以下条件,即:

（a）该[资产重组公司]④在过去三个财政年中任何一年未出现亏损;

（b）该[资产重组公司]⑤对实现为证券化或资产重组目的所获得的金融资产已经作出充分安排,且应当能够在各到期日对[合格购买人]⑥或其他人在公司中的投资支付定期收益和赎回;

（c）[资产重组公司]⑦的董事在金融、证券化和重组方面具有充分的专业经验;

[＊＊＊]⑧

（e）任何董事未曾犯下涉及道德败坏的任何违法行为;

[（f）根据储备银行对这些人发布的指南中规定的标准,资产重组公司的一主办人是适当和合适的人;]⑨

（g）[资产重组公司]⑩已遵从或处于遵从储备银行规定的谨慎规范;

---

① 由 2016 年第 44 号法第 3 节替代"证券化公司或重组公司"(自 2016 年 9 月 1 日生效)。

② 由 2016 年第 44 号法第 3 节替代"证券化公司或重组公司"(自 2016 年 9 月 1 日生效)。

③ 由 2016 年第 44 号法第 3 节替代"证券化公司或重组公司"(自 2016 年 9 月 1 日生效)。

④ 由 2016 年第 44 号法第 3 节替代"证券化公司或重组公司"(自 2016 年 9 月 1 日生效)。

⑤ 由 2016 年第 44 号法第 3 节替代"证券化公司或重组公司"(自 2016 年 9 月 1 日生效)。

⑥ 由 2016 年第 44 号法第 3 节替代"合格机构购买人"(自 2016 年 9 月 1 日生效)。

⑦ 由 2016 年第 44 号法由第 3 节替代"证券化公司或重组公司"(自 2016 年 9 月 1 日生效)。

⑧ 由 2016 年第 44 号法第 5 节删除.(自 2016 年 9 月 1 日生效)。

⑨ 由 2016 年第 44 号法第 5 节替代(f)条款(自 2016 年 9 月 1 日生效)。

⑩ 由 2016 年第 44 号法第 3 节替代"证券化公司或重组公司"(自 2016 年 9 月 1 日生效)。

{(h)[资产重组公司]①已遵从储备银行为上述目的发布的指南中规定的一项或多项条件。}②

(4)储备银行认为已经达到第(3)分节规定的条件后,可以向该[资产重组公司]③颁发注册证书从事或实施证券化或资产重组业务,但受其认为适当施加的条件的约束。

(5)若储备银行认为没有达到第(3)分节规定的条件,可以拒绝按第(2)分节作出的申请:

但是,在作出拒绝之前,应当给予申请人听证的合理机会。

(6)每家[资产重组公司]④对其管理中的任何实质性改变应当事先获得储备银行批准,实质性改变[包括任命该资产重组公司董事会任何董事、常务董事或首席执行官]⑤,或变更其注册办公地址、变更其名称:

但是,不论一[资产重组公司]⑥管理中的变更是否是实质性变更,储备银行的决定应当是最终的。

解释:为本节的目的,"管理中的实质性变更"词组系指通过转让股份的管理中变更、[通过转让股份影响该公司中主办关系的变更或]⑦合并或转让该公司的业务。

4. 撤销注册证书

(1)储备银行可以撤销颁发给[资产重组公司]⑧的注册证书,若该公司——

(a)停止实施证券化或资产重组业务;或

(b)停止接收或持有一[合格购买人]⑨的任何投资;或

---

① 由 2016 年第 44 号法第 3 节替代"证券化公司或重组公司"(自 2016 年 9 月 1 日生效)。

② 由 2004 年第 30 号法第 3 节嵌入(自 2004 年 11 月 11 日生效)。

③ 由 2016 年第 44 号法第 3 节替代"证券化公司或重组公司"(自 2016 年 9 月 1 日生效)。

④ 由 2016 年第 44 号法第 3 节替代"证券化公司或重组公司"(自 2016 年 9 月 1 日生效)。

⑤ 由 2016 年第 44 号法第 5 节嵌入(自 2016 年 9 月 1 日生效)。

⑥ 由 2016 年第 44 号法第 3 节替代"证券化公司或重组公司"(自 2016 年 9 月 1 日生效)。

⑦ 由 2016 年第 44 号法第 5 节嵌入(自 2016 年 9 月 1 日生效)。

⑧ 由 2016 年第 44 号法第 3 节替代"证券化公司或重组公司"(自 2016 年 9 月 1 日生效)。

⑨ 由 2016 年第 44 号法第 3 节替代"合格机构购买人"(自 2016 年 9 月 1 日生效)。

(c)未遵从已向其颁发注册证书时约束它的任何条件;或

(d)在任何时间未达到第3节第(3)分节(a)至(g)条款中规定的任何条件;或

(e)未——

(i)遵从储备银行按本法发布的任何指令;或

(ii)根据任何法律或储备银行按本法规定发布的任何指令或命令中的要求,维持账目;或

(iii)按储备银行的要求为检查目的提供其账簿或其他相关文件;或

(iv)按第3节第(6)分节要求获得储备银行的事先批准:

但是,储备银行在以该[资产重组公司]①未遵守(c)条款的规定,或未达到(d)条款或(e)条款(iv)分条款规定的任何条件为由撤销注册证书之前,应当给予该公司按储备银行规定的对采取必要步骤遵从或达到该条件的期限的机会,除非它认为延迟撤销按第3节第(4)分节赋予的注册证书应当有害于公共利益、投资者或该[资产重组公司]②的利益。

(2)因[* * *]③撤销注册证书命令遭受侵害的一[资产重组公司]④可以自向其递送[该撤销命令]⑤之日起30日内向中央政府提出上诉:

但是,在驳回上诉之前,应当给予该公司听证的合理机会。

(3)持有[合格购买人]⑥投资、申请赋予注册证书已被拒绝或注册证书已被撤销的一[资产重组公司]⑦,尽管存在该拒绝或撤销,应当视为是一[资产重组公司]⑧,直至它在储备银行指令的期限内偿还其持有的全部投资。

---

① 由2016年第44号法第3节替代"证券化公司或重组公司"(自2016年9月1日生效)。

② 由2016年第44号法第3节替代"证券化公司或重组公司"(自2016年9月1日生效)。

③ 由2004年第30号法第4节删除"拒绝注册申请或"文字(自2004年11月11日生效)。

④ 由2016年第44号法第3节替代"证券化公司或重组公司"(自2016年9月1日生效)。

⑤ 由2004年第30号法第4节删除"拒绝注册申请或"文字(自2004年11月11日生效)。

⑥ 由2016年第44号法第3节替代"合格机构购买人"(自2016年9月1日生效)。

⑦ 由2016年第44号法第3节替代"证券化公司或重组公司"(自2016年9月1日生效)。

⑧ 由2016年第44号法第3节替代"证券化公司或重组公司"(自2016年9月1日生效)。

5. 获得金融资产的权利和利益

(1)尽管任何协议或其他任何现行有效法律中包含任何规定,任何[资产重组公司]①可以采取以下方式获得任何银行或金融机构的金融资产:——

(a)以该公司和银行或金融机构协商一致的对价,合并它们之间达成的条款和件,发行具有债券性质的信用债券、公司债券或其他任何证券;或

(b)为向该公司按其与该银行或金融机构之间达成的条款和条件转让该金融资产,与该银行或金融机构缔结协议。

[(1A)任何银行或金融机构按第(1)分节支持资产重组公司为资产重组或证券化目的获取金融资产而执行的任何文件,应当根据《1899年印度印花税法》(1899年第2号法)第8F节规定,免除印花税:

但是,若资产重组公司获取金融资产的目的不是资产重组或证券化,本分节的规定不应当适用。]②

(2)若该银行或金融机构是与该[资产重组公司]③按第(1)分节获得的任何资产有关的贷款人,该[资产重组公司]④应当在获得后视为是贷款人,该银行或金融机构有关金融资产的全部权利应当赋予该公司。

[(2A)若该银行或金融机构正持有任何有形或无形资产上的、担保该资产购买价款未支付部分的负债、承付款项或其他情况下提供能使借款人获取有形资产或无形资产转让或许可的贷款的任何权利、物权或利益,此种权利、物权或利益应当授予给获取第(1)分节下资产的资产重组公司。]⑤

(3)除非本法另有明确规定,任何法律或其他情况下的全部合同、契据、债券、授权委托书、授权法律代表、准许、批准、同意或无异议,和与上述金融资产有关的、获得第(1)分节下金融资产前即刻存在或具有效力的、相关银行或金融机构为其一方当事人或对该银行或金融机构有利的任何性质的其他文书,在获得金融资产后,针对或有利于该[资产重组公司]⑥,视情况而定,应当

----

① 由2016年第44号法第3节替代"证券化公司或重组公司"(自2016年9月1日生效)。

② 由2016年第44号法第6节嵌入(自2016年9月1日生效)。

③ 由2016年第44号法第3节替代"证券化公司或该重组公司"(自2016年9月1日生效)。

④ 由2016年第44号法第3节替代"证券化公司或重组公司"(自2016年9月1日生效)。

⑤ 由2016年第44号法第6节嵌入(自2016年9月1日生效)。

⑥ 由2016年第44号法第3节替代"证券化公司或重组公司"(自2016年9月1日生效)。

具有全部效力,且可以全部和有效执行或实施,如同以上述银行或金融机构、[资产重组公司]①立场,视情况而定,是其一方当事人,或如同(视情况而定)为了[资产重组公司]②的利益已经发行了它们。

(4)若在获得第(1)分节下金融资产之日,由或针对该银行或金融机构提起的与上述金融资产有关的任何性质的任何诉讼、上诉或其他法律程序待决,保留《1985年弱势行业公司(特别条款)法》(1986年第1号法)第15节第(1)分节第三项但书条款中的规定,该相同者不应当失效、停止或因该[资产重组公司]③获得金融资产而以任何方式受到不利影响(视情况而定),但是由或针对该[资产重组公司]④的诉讼、上诉或其他程序可以继续、提起或强制执行,视情况而定。

{(5)该[资产重组公司]⑤按第(1)分节获得金融资产后,经发起人同意,为了替换其在任何未决诉讼、上诉或其他程序中的名称,可以向债务追偿庭、上诉庭、任何法院或其他机构提出申请。此等债务追偿庭、上诉庭、法院或机构收到申请后,应当发布命令,替换该未决诉讼、上诉或其他程序中的该[资产重组公司]⑥。}⑦

5A. 某些情况下将未决申请移交债务追偿庭⑧

(1)若一[资产重组公司]⑨获得借款人的任何金融资产由多家银行或金融机构的担保债务组成,该多家银行或金融机构为追偿该担保债务已向多家

---

① 由2016年第44号法第3节替代"证券化公司或重组公司"(自2016年9月1日生效)。

② 由2016年第44号法第3节替代"证券化公司或重组公司"(自2016年9月1日生效)。

③ 由2016年第44号法第3节替代"证券化公司或重组公司"(自2016年9月1日生效)。

④ 由2016年第44号法第3节替代"证券化公司或重组公司"(自2016年9月1日生效)。

⑤ 由2016年第44号法第3节替代"证券化公司或重组公司"(自2016年9月1日生效)。

⑥ 由2016年第44号法第3节替代"证券化公司或重组公司"(自2016年9月1日生效)。

⑦ 由2013年第1号法第3节嵌入(自2013年1月15日生效)。

⑧ 本节由2004年第30号法第5节嵌入(自2004年11月11日生效)。

⑨ 由2016年第44号法第3节替代"证券化公司或重组公司"(自2016年9月1日生效)。

债务追偿庭提交申请,该[资产重组公司]①可以向对前述申请待决的上述诸法庭之一拥有管辖权的上诉庭提出申请,将全部待决申请移交至其认为适合的任何一债务追偿庭。

（2）该上诉庭收到第（1）分节下的移转全部未决申请后,给予申请当事人听审的合理机会后,可以发布命令,将未决申请移交至任何一债务追偿庭。

（3）尽管《1993 年追尝银行和金融机构债务法》（1993 年第 51 号法）中包含任何规定,上诉庭按第（2）分节发布的任何命令应当约束第（1）分节中提及的全部债务追偿庭,如同对每家此等债务追偿庭有管辖权的上诉庭发布的命令。

（4）按第（2）分节向其移交全部未决申请的债务追偿庭发布的任何追偿证书,应当根据《1993 年追偿银行和金融机构债务法》第 19 节第（23）分节和其他规定予以执行,这些规定据此应当适用于该执行。

6. 通知债务人和债务人履行义务

（1）银行或金融机构认为适当,可以将任何[资产重组公司]②获得金融资产的通知发送给相关债务人、其他任何相关人员和对在已注册金融资产上设置抵押、负担、质押、转让或其他权益有管辖权的相关注册机构（包括公司注册官）。

（2）若银行或金融机构发出第（1）分节下的金融资产获得通知,债务人在收到该通知后应当向相关[资产重组公司]③作出支付;向该公司作出的履行通知中规定的与金融资产有关的任何债务的支付,应当是全部履行支付的债务人在该支付方面的所有责任。

（3）若任何银行或金融机构未按第（1）分节发出获得金融资产的通知,该银行或金融机构后续收到的任何金钱或其他财产应当构成代表和为了该[资产重组公司]④持有的信托金钱或财产,视情况而定;该银行或金融机构应当持有该支付或财产,并立即向[资产重组公司]⑤或代表其经正式授权的代理

---

① 由 2016 年第 44 号法第 3 节替代"证券化公司或重组公司"（自 2016 年 9 月 1 日生效）。

② 由 2016 年第 44 号法第 3 节替代"证券化公司或重组公司"（自 2016 年 9 月 1 日生效）。

③ 由 2016 年第 44 号法第 3 节替代"证券化公司或重组公司"（自 2016 年 9 月 1 日生效）。

④ 由 2016 年第 44 号法第 3 节替代"证券化公司或重组公司"（自 2016 年 9 月 1 日生效）。

⑤ 由 2016 年第 44 号法第 3 节替代"证券化公司或重组公司"（自 2016 年 9 月 1 日生效）。

人作出支付或交付,视情况而定。

7. [资产重组公司]①以提高收益或资金方式发行证券

(1)不损害《1956年公司法》(1956年第1号法)、《1956年证券合同(管理)法》(1956年第42号法)和《1992年印度证券交易委员会法》(1992年第15号法)中的规定,任何[资产重组公司]②在获得第5节第(1)分节下的任何金融资产后,可以向合格购买人[或包括储备银行会商委员会不时规定的非机构投资者在内的其他种类投资者]③报价担保收据供其按上述法的规定认购。

(2)一[资产重组公司]④可以采取制定获取金融资产方案的方式提高来自[合格购买人]⑤的资金,并应就有关该每个方案对获得[合格购买人]⑥投资的每项金融资产保持和维护分离和清晰的账目,和保证持有该方案的变现和适用于赎回投资、支付按相关方案在该投资上允诺的回报。

｛(2A)(a)为报价第(1)分节下担保收据或提高第(2)分节下资金的目的的方案可以是由该[资产重组公司]⑦管理的信托性质,该[资产重组公司]⑧应当为了持有担保收据或来自提高资金的[合格购买人]⑨的利益以信托方式持有如此获得的资产或为获取该资产如此提高的资金。

(b)《1882年印度信托法》(1882年第2号法)的规定应当适用上述(a)条款中提及的信托,但这些规定与本法规定相冲突的除外。｝⑩

---

① 由2016年第44号法第3节替代"证券化公司或重组公司"(自2016年9月1日生效)。

② 由2016年第44号法第3节替代"证券化公司或重组公司"(自2016年9月1日生效)。

③ 由2016年第44号法第7节替代"(向公众报价以外的方式)"(自2016年9月1日生效)。

④ 由2016年第44号法第3节替代"证券化公司或重组公司"(自2016年9月1日生效)。

⑤ 由2016年第44号法第3节替代"合格机构购买人"(自2016年9月1日生效)。

⑥ 由2016年第44号法第3节替代"合格机构购买人"(自2016年9月1日生效)。

⑦ 由2016年第44号法第3节替代"证券化公司或重组公司"(自2016年9月1日生效)。

⑧ 由2016年第44号法第3节替代"证券化公司或重组公司"(自2016年9月1日生效)。

⑨ 由2016年第44号法第3节替代"诸合格机构购买人"(自2016年9月1日生效)。

⑩ 由2004年第30号法第6节嵌入(自2004年11月11日生效)。

(3)若金融资产出现第(2)分节下的未变现,持有担保收据不低于一[资产重组公司]①[按一方案发行的担保收据]②总价值25%的该公司[合格购买人]③,应当有权召集全体[合格购买人]④会议,该会议上通过的全部决议应当对该公司有约束力。

(4)[诸合格购买人]⑤在按第(3)分节召集的会议上应当遵循尽可能在[资产重组公司]⑥董事会上遵循的相同程序,视情况而定。

8. 豁免担保收据的注册

尽管《1908年注册法》(1908年第16号法)第17节第(1)分节中包含任何规定,

(a)[资产重组公司]⑦视情况按第7节第(1)分节发行的任何担保收据,不得在不动产上设置、宣布、指定、限制或消灭任何权利、物权或利益,但它赋予担保收据持有人对注册文书提供的不可分割利益享有权利除外;或

(b)担保收据的任何转让不应当要求强制注册。

9. 资产重组的措施⑧

(1)不损害其他任何现行有效法律中包含的规定,资产重组公司为了资产重组的目的,可以提供以下一种或多种措施,即:

(a)借款人业务的适当管理,通过改变或接管借款人的业务管理;

(b)出售或出租借款人的部分或全部业务;

(c)重新安排支付借款人应支付的债务;

(d)根据本法的规定执行担保权益;

(e)和解借款人应支付的到期欠款;

(f)根据本法的规定占有担保资产;

---

① 由2016年第44号法第3节替代"证券化公司或重组公司"(自2016年9月1日生效)。

② 由2004年第30号法第6节替代"该公司发行的担保收据"(自2004年11月11日生效)。

③ 由2016年第44号法第3节替代"诸合格机构购买人"(自2016年9月1日生效)。

④ 由2016年第44号法第3节替代"诸合格机构购买人"(自2016年9月1日生效)。

⑤ 由2016年第44号法第3节替代"诸合格机构购买人"(自2016年9月1日生效)。

⑥ 由2016年第44号法第3节替代"证券化公司或重组公司"(自2016年9月1日生效)。

⑦ 由2016年第44号法第3节替代"证券化公司或重组公司"(自2016年9月1日生效)。

⑧ 由2016年第44号法第8节替代第9节(自2016年9月1日生效)。

(g)将任何部分债务转换为借款人公司的股份:

但是,将任何部分债务转换为借款人公司股份应当视为一直有效,如同本条款的规定在所有重要时间是有效的。

(2)为了第(1)分节的目的,储备银行应当决定政策和发布必要的指令,包括规制借款人业务管理和收取费用的指令。

(3)资产重组公司应当根据储备银行按第(2)分节决定的政策和发布的指令采取第(1)分节下的措施。

10. [资产重组公司]①的其他功能

(1)按第3节注册的任何[资产重组公司]②可以——

(a)担任任何银行或金融机构的代理人,目的是在支付当事人相互协议一致的费用或收费上向借款人追偿其到期债务;

(b)对当事人之间相互协议一致的费用,担任第13节第(4)分节(c)条款提及的经理人;

(c)若任何法院或法庭指定,担任接收人:

但是,若[资产重组公司]③担任经理人将产生金钱上的法律责任,其不应当担任经理人。

(2)第(1)分节中另有规定予以保留,已按第3节第(4)分节赋予注册证书的[资产重组公司]④经储备银行事先批准,不应当实施或从事证券化或资产重组业务以外的任何业务:

但是,在本法生效日或之前实施证券化或资产重组业务以外任何业务或第(1)分节规定业务的[资产重组公司]⑤,应当自本法生效日起1年内停止从事此等任何业务。

解释:为本节目的,"[资产重组公司]⑥"或"[诸资产重组公司]⑦"不包

---

① 由2016年第44号法第3节替代"证券化公司或重组公司"(自2016年9月1日生效)。

② 由2016年第44号法第3节替代"证券化公司或重组公司"(自2016年9月1日生效)。

③ 由2016年第44号法第3节替代"证券化公司或重组公司"(自2016年9月1日生效)。

④ 由2016年第44号法第3节替代"证券化公司或重组公司"(自2016年9月1日生效)。

⑤ 由2016年第44号法第3节替代"证券化公司或重组公司"(自2016年9月1日生效)。

⑥ 由2016年第44号法第3节替代"证券化公司或重组公司"(自2016年9月1日生效)。

⑦ 由2016年第44号法第3节替代"重组公司"(自2016年9月1日生效)。

括其附属机构。

11. 争端解决

若在任何当事人之间即银行、金融机构、[资产重组公司]①或[合格购买人]②之间产生有关证券化、重组或不支付包括利息在内的任何欠款的争端，这些争端应当通过《1996 年仲裁和调解法》（1996 年第 26 号法）规定的调解或仲裁予以解决，如同争端当事人已经书面同意由调解或仲裁决定此争端，该法应当据此适用。

12. 储备银行决定政策和发布指令的权力

（1）若储备银行认为，为了公共利益、规制本国金融体系以达其优势或防止任何[资产重组公司]③以损害投资者利益或有害于此[资产重组公司]④的方式从事业务，这样做是必要的和有益的，它可以就涉及收益认可、会计标准的事项决定政策和向全体或任何[资产重组公司]⑤发布指令，对坏债或不良债、以风险权重为基准的资本充足率、与[资产重组公司]⑥发展基金有关的事项制定规范，视情况而定。该公司应当有义务遵守如此决定的政策和如此发布的命令。

（2）不损害第（1）分节下授予的权力的普遍性，储备银行可以一般地向任何[资产重组公司]⑦或某类[资产重组公司]⑧或特别地向任何[资产重组公司]⑨发布有关以下事项的指令：

（a）可以获得的银行或金融机构金融资产的种类，获得和评估此类资产

---

① 由 2016 年第 44 号法第 3 节替代"证券化公司或重组公司"（自 2016 年 9 月 1 日生效）。

② 由 2016 年第 44 号法第 3 节替代"合格机构购买人"（自 2016 年 9 月 1 日生效）。

③ 由 2016 年第 44 号法第 3 节替代"证券化公司或重组公司"（自 2016 年 9 月 1 日生效）。

④ 由 2016 年第 44 号法第 3 节替代"证券化公司或重组公司"（自 2016 年 9 月 1 日生效）。

⑤ 由 2016 年第 44 号法第 3 节替代"证券化公司或重组公司"（自 2016 年 9 月 1 日生效）。

⑥ 由 2016 年第 44 号法第 3 节替代"证券化公司或重组公司"（自 2016 年 9 月 1 日生效）。

⑦ 由 2016 年第 44 号法第 3 节替代"证券化公司或重组公司"（自 2016 年 9 月 1 日生效）。

⑧ 由 2016 年第 44 号法第 3 节替代"证券化公司或重组公司"（自 2016 年 9 月 1 日生效）。

⑨ 由 2016 年第 44 号法第 3 节替代"证券化公司或重组公司"（自 2016 年 9 月 1 日生效）。

的程序；

（b）任何［资产重组公司］①可以获得的金融资产的总价值额；

［（c）因管理任何资产重组公司获得的金融资产所收取的或发生的费用或其他收费；

（d）转让向合格购买人发行的担保收据。］②

12A. 储备银行传召陈述和信息的权力③

储备银行可以在任何时间指令［资产重组公司］④在其规定的时间内提供与该［资产重组公司］⑤有关的业务或事务的、储备银行认为获得为本法目的所必要或有益的陈述和信息，包括该公司涉及的任何业务或事务。

12B. 储备银行实施审计和检查的权力⑥

（1）为本法的目的，储备银行可以不时实施或导致实施审计和检查资产重组公司。

（2）向依第（1）分节实施审计或检查的储备银行提供协助和合作，应当是资产重组公司及其官员的责任。

（3）储备银行在审计或检查或其他情况下认为，资产重组公司的业务正在以损害公共利益或该资产重组公司签发担保契据中投资者利益的方式进行，为了保证资产重组公司的正当管理，储备银行可以采取命令方式，

（a）在该资产重组公司董事会上解除主席、任何董事或任命增补董事；或

（b）任命其任何官员担任监督员监督该公司董事会运行：

但是，不应当作出（a）条款下解除主席或董事的命令，但在给他听证的合理机会后作出者除外。

（4）资产重组公司每位董事、其他官员或雇员的责任应当是，向按第（1）分节从事审计或检查的人员提供他监管和控制下的全部簿册、账目和其他文件，并在其规定时间内向其提供所要求的、有关该资产重组公司事务的说明和信息。

---

① 由 2016 年第 44 号法第 3 节替代"证券化公司或重组公司"（自 2016 年 9 月 1 日生效）。

② 本节由 2016 年第 44 号法第 9 节嵌入（自 2016 年 9 月 1 日生效）。

③ 由 2004 年第 30 号法第 7 节嵌入（自 2004 年 11 月 11 日生效）。

④ 由 2016 年第 44 号法第 3 节替代"证券化公司或重组公司"（自 2016 年 9 月 1 日生效）。

⑤ 由 2016 年第 44 号法第 3 节替代"证券化公司或重组公司"（自 2016 年 9 月 1 日生效）。

⑥ 由 2016 年第 44 号法第 10 节嵌入（自 2016 年 9 月 1 日生效）。

第Ⅲ章　执行担保权益

13. 执行担保权益

(1)尽管《1882年财产转让法》(1882年第4号法)第69或69A节中包含任何规定,为担保债权人利益设置的任何担保权益可以由该担保债权人根据本法的规定强制执行,不受法院或法庭的干预。

(2)按担保协议对担保债权人负有义务的任何借款人在偿还担保债务或其任何分期偿还中作出任何违反,且其账款在此债务方面被担保债权人分类为未履行资产,担保债权人可以书面通知要求借款人自通知之日起60日内向担保债权人履行属于担保债权人按第(4)分节应当有权行使的全部或任何权利的全部债务:

[但是,

(ⅰ)将担保债务分类为本分节下未履行资产的要求不应当适用于通过发行债券已经提高资金的借款人;和

(ⅱ)在不履行的情况下,债券受托人应当根据担保文件的条款和条件、按经必要修改的本节下规定的相同方式执行担保权益。]①

(3)第(2)分节中规定的通知应当载明借款人应支付的具体数额和借款人不支付担保债务时担保债权人意图执行的担保资产。

{(3A)若借款人收到第(2)分节下的通知后作出任何抗议或提出反对意见,担保债权人应当考虑该抗议或反对意见;若担保债权人最终意见是该抗议或反对意见是不可接受的或不可行的,他应当在收到该抗议或反对意见之日起[15日内]②将不接受该抗议或反对意见的理由递交给借款人:

但是,上述递交的理由或担保债权人在递交理由阶段的类似行动不应当赋予借款人向第17节下的债务追偿庭或第17A节下的地区法院法官提出申请的任何权利。}③

(4)若借款人未在第(2)分节规定的期限全部履行其义务,担保债权人可以求助于以下一种或多种措施追偿其担保债务,即:

(a)占有借款人的担保资产,包括以租赁、出让或销售方式转让权利以变现担保资产;

[(b)接管借款人的业务,包括以租赁、出让或销售方式转让权利以变现

---

① 由2016年第44号法第11节嵌入(自2016年9月1日生效)。

② 由2013年第1号法第5节替代"1周内"(自2013年1月15日生效)。

③ 由2004年第30号法第8节嵌入(自2004年11月11日生效)。

担保资产;

但是,以租赁、出让或销售方式转让的权利应当仅在借款人的实质业务作为担保债务被持有时才予以执行:

但是,若全部或部分业务的管理是可分割的,担保债权人应当接管借款人与该担保债务有关的部分的业务;]①

(c)任命任何人(以下简称管理人)管理已被担保债权人接管占有的担保资产;

(d)在任何时间以书面通知方式要求从借款人或欠借款人任何钱款的人员处获得担保资产的任何人向担保债权人支付能充分支付担保债务的金额;

(5)第(4)分节(d)条款中规定的任何人向担保债权人作出的任何支付,应当给予该人有效解除义务,如同其已向借款人作出支付。

[(5A)若对销售不动产规定了保留价格,销售不动产因想要的报价不低于保留价而已经推迟,经担保债权人在这方面授权,担保人的任何官员在后续销售时代表担保债权人报价该不动产,应当是合法的。

(5B)若宣布第(5A)分节规定的担保债权人是任何后续销售中的不动产购买人,购买价款额应当朝担保债权人按第 13 节第(4)分节采取执行拍卖担保权益所主张的数额调整。

(5C)《1949 年银行业管理法》(1949 年第 10 号法)第 9 节的规定在其可以的范围内,应当适用于担保债权人按第(5A)分节获取不动产。]②

(6)担保债权人或代表担保债权人的管理人按第(4)分节占有担保资产或接收管理后,担保资产的任何转让应当授予受托人在该转让的担保资产上或与其有关的全部权利,如同该担保资产的所有权人作出的转让。

(7)若已经按第(4)分节对借款人采取了任何行动,按担保债权人观点,由其已正当发生的全部成本、费用、支出和任何附属费用应当向借款人追偿;担保债权人接收的款项在无任何相反协议的情况下,应当由其以信托方式持有,并首先用于支付此等成本、费用和支出,其次用于履行担保债权人的到期债务,该接收款项的余额应当向根据其权利和利益对该款项享有权利的人支付。

[(8)若担保债权人的到期债款连同他发生的全部成本、费用和支出的数额在发布公开拍卖或邀请报价通告之前任何时间偿还给担保债权人,或以租

---

① 由 2004 年第 30 号法替代(b)条款(自 2004 年 11 月 11 日生效)。
② 由 2013 年第 1 号法第 5 节嵌入(自 2013 年 1 月 15 日生效)。

赁、转让或销售担保资产方式从公私协议的转让中偿还，

（ⅰ）担保债权人不应当以租赁转让方式或销售方式转让担保资产；和

（ⅱ）若担保债权人在偿还本分节下数额之前已经采取步骤以租赁、转让或销售担保资产方式转让，该担保债权人不应当采取进一步措施以租赁、转让或销售担保资产方式转让。]①

（9）在多个担保债权人融资或共同融资金融资产的情况下，任何担保债权人应当无权行使按第（4）分节授权给他的任何或全部权利，除非代表截止记录日所欠价值额[60%]②的担保债权人协议同意行使该权利，此行为应当约束全体担保债权人：

但是，在公司清算情况下，出售担保资产变现的金额应当根据《1956 年公司法》（1956 年第 1 号法）第 529A 节规定进行分配；

但是，在本法生效日或之后解散公司的情况下，该公司的担保债权人按《1956 年公司法》第 529A 节第（1）分节但书条款选择变现其证券替代放弃其证券和证明其债，他可以根据该法第 529 节向清算人交存欠员工款额后，保留其担保资产的出售收益；

但是，上述第二项但书中提及的清算人应当根据《1956 年公司法》（1956 年第 1 号法）第 529A 节规定，将欠员工的款项通报给担保债权人；若不能确定欠员工的数额，清算人应当按该节将欠员工款项的估算额通报给担保债权人；在此情形下，担保债权人在向清算人交存估算额后可以保留担保资产的出售收益；

但是，若担保债权人交存欠员工款项的估算额，该担保债权人应当有义务支付欠员工款项的余额和有权收取其向清算人交存的超额部分；

但是，担保债权人应当向清算人提供支付欠员工款项余额（若有）的承诺。

解释：为了本分节的目的——

（a）"记录日"，系指代表在该日所欠价值额[60%]③的担保债权人协议同意的日期；

（b）"所欠数额"，应当包括在担保资产方面按担保债权人每个账户由借款人向担保债权人应支付的主债、利息和其他欠款。

（10）若担保资产出售收益不能完全满足担保债权人的到期欠债，担保债权人可以按规定形式和方式向有管辖权的债务追偿庭或任何主管法院（视情

---

① 由 2016 年第 44 号法第 11 节替代第（8）分节（自 2016 年 9 月 1 日生效）。

② 由 2013 年第 1 号法第 5 节替代"四分之三（3/4）"（自 2013 年 1 月 15 日生效）。

③ 由 2013 年第 1 号法第 5 节替代"四分之三（3/4）"（自 2013 年 1 月 15 日生效）。

况而定)提出申请,向借款人追偿余额。

(11)不损害由或按本节赋予担保债权人的权利,担保债权人应当有权对担保人提起诉讼或变卖典押资产;在涉及本法下的担保资产时,不需首先采取第(4)分节(a)至(d)条款中规定的任何措施。

(12)本法下担保债权人的权利可以由他以规定方式授权代表他的一名或数名官员行使。

(13)收到第(2)分节中提及的通知的借款人,未获得债务人事先同意,不应当以出售、租赁或其他方式(他的日常经营过程除外)转让通知中规定的其任何担保资产。

14. 都市司法长官或地区司法官协助担保债权人占有担保资产

(1)若担保债权人按本法规定要求占有、出售或转让任何担保资产,担保债权人为占有或控制任何担保资产的目的,可以书面请求担保资产或相关文件所在地或发现地有管辖权的都市司法长官或地区司法官占有该担保资产。都市司法长官或视情况而定的地区司法官应当根据向其提出的请求,

(a)占有该资产和相关文件;和

(b)将该资产和文件转交给担保债权人:

{但是,担保债权人的任何申请应当随附经担保债权人的授权官正式确认的宣誓书,宣称——

(ⅰ)截至申请日,授予金融资助的总额和银行的主张总额;

(ⅱ)借款人在不同财产上设置的担保权益,银行或金融机构在该资产上正持有的有效和存在的担保权益,银行或金融机构主张的期限;

(ⅲ)借款人已经在不同财产上设置担保权益,给出上述(ⅱ)分条款中提及的资产的具体情况;

(ⅳ)借款人已经违反偿还授权的金融资产,总计规定额;

(ⅴ)该违反偿还金融资助的后果,已经将借款人的金额分类为不履行资产;

(ⅵ)肯定第13节第(2)分节规定要求的60日通知期限,支付未履行资助的要求已经送达给借款人;

(ⅶ)担保债权人在回复收到借款人的通知中已经考虑了反对意见或抗议,和不接受该反对意见或抗议的理由已经送交给借款人;

(ⅷ)尽管有上述通知,但借款人对金融资助未作任何支付,授权官因此按第13节第(4)分节和第14节规定有权占有担保资产;

(ⅸ)已经遵守本法和按本法制定的规则的规定:

但是,地区司法官或都市司法长官(视情况而定)收到授权官的宣誓书后,在确认宣誓的内容后,应当[自申请之日起 30 日期限内]①为占有担保资产的目的颁发合适的命令;}②

[但是,若都市司法长官或地区司法官在上述 30 日期限内因超出其控制的原因未发出命令,他可以为同一事项在书面记录后、在不超过 60 日的宽限期内发布命令。]③

[(1A)地区司法官或都市司法长官可以授权其任何下级官员,——

(ⅰ)占有该资产和相关文件;和

(ⅱ)向担保债权人转交该资产和文件。]④

(2)为了保证遵守第(1)分节规定的目的,都市司法长官或地区司法官可以采取或导致采取其认为必要的步骤使用或导致使用必要的强制力。

(3)都市司法长官、地区司法官或[都市司法长官、地区司法官授权的任何官员]⑤根据本节所作的任何行为,不应当在任何法院或机构提出质疑。

15. 接收管理的方式和效力

(1)}若[资产重组公司]⑥按第 9 节(a)条款或视情况而定担保债权人按第 13 节第(4)分节(b)条款接管借款人业务}⑦,担保债权人通过在借款人总部所在地流通报纸上发布英语和印度语通告,指定其认为适当数量的人员——

(a)若借款人是《1956 年公司》(1956 年第 1 号法)定义的公司,根据该法的规定担任借款人的董事;或

(b)在其他任何情况下,担任借款人的业务管理者。

(2)发布第(1)分节下的通告后,

(a)在借款人是《1956 年公司法》(1956 年第 1 号法)中定义的公司的任何情况下,持有该公司董事职位的全体人员,或在其他任何情况下在发布第(1)分节下通告前即刻拥有具有监管、指示和控制借款人业务的权力的全体

---

① 由 2016 年第 44 号法第 12 节嵌入(自 2016 年 9 月 1 日生效)。

② 由 2013 年第 1 号法第 5 节嵌入(自 2013 年 1 月 15 日生效)。

③ 由 2016 年第 44 号法第 12 节嵌入(自 2016 年 9 月 1 日生效)。

④ 由 2013 年第 1 号法第 6 节嵌入(自 2013 年 1 月 15 日生效)。

⑤ 由 2016 年第 44 号法第 12 节嵌入(自 2016 年 9 月 1 日生效)。

⑥ 由 2016 年第 44 号法第 3 节替代"证券化公司或重组公司"(自 2016 年 9 月 1 日生效)。

⑦ 由 2004 年第 30 号法第 9 节替代"担保债权人接收借款人业务管理时"(自 2004 年 11 月 11 日生效)。

人员,应当视为已经辞去该等职位;

(b)借款人与发布第(1)分节下的通告前即刻拥有上述职位的任何董事或经理之间达成的任何合同,应当视为已经终止;

(c)本节下任命的董事或管理者应当采取必要步骤监管或控制借款人的全部财产、借款人有权或表面上有权的各种效果和可操作的请求权;自该通告之日起,借款人的全部财产和业务应当视为处于该董事或管理者的监管之下,视情况而定;

(d)为了所有目的,按本节任命的董事应当是借款人公司的董事。该董事或视情况按本节任命的管理者,应当单独有权行使那些行使监管、指示和控制借款人业务权力的人员的全部权力,不论此等权力源自借款人的公司备忘录或章程,或源自任何其他渠道。

(3)若担保债权人接管是《1956年公司法》(1956年第1号法)定义的公司的借款人的业务管理,尽管该法或该借款人备忘录或章程中包含任何规定,

(a)该公司股东或其他任何人提名或任命任何人员担保该公司董事,是非法的;

(b)除非经担保债权人同意,不应当赋予该公司股东会上通过的任何决议以效力;

(c)关闭该公司或任命该公司接受人的任何程序不应当提交任何法院,但经担保债权人同意者除外。

(4)若担保债权人已经接管借款人的业务管理,担保债权人在实现其全部债后,应当将借款人的业务管理归还给借款人:

[但是,若任何担保债权人与其他担保债权人、资产重组公司、金融机构或其他任何受让人已共同将其债转换为借款人公司的股份,并因此获得了借款人公司的控制性利益,该担保债权人不应当向该借款人负责归还业务管理。]①

16. 不补偿董事的履职损失

(1)尽管任何协议或其他任何现行有效法律中包含相反规定,常务董事、其他任何董事、经理或负责借款人业务管理的其他任何人,对其职务损失或按本法提前终止其与借款人缔结的管理合同的损失,应当无权获得补偿。

(2)第(1)分节中包含的任何规定不应当影响上述任何常务董事、任何其他董事、经理或负责管理的任何此类人员从借款人业务中追偿上述补偿以外

---

① 由2016年第44号法第13节嵌入(自2016年9月1日生效)。

的其他可追偿的金钱的权利。

17. [针对追偿担保债务措施的申请]①

(1)因担保债权人或其授权官员按本章采取第 13 节第(4)分节中规定的任何措施遭受侵害的任何人(包括借款人),可以自采取该措施之日起 45 日内,向对此事项有管辖权的债务追偿庭[提出申请,并随附规定的费用]②:

[但是,可以对借款人和借款人以外的其他人员提出的申请规定不同的费用。]③

[解释:为消除疑虑,兹宣布,担保债权人在向借款人递送理由阶段向借款人递送的不接受其抗议或反对意见的理由,或类似行动,不应当授权该人(包括借款人)按本分节向债务追偿庭提出申请。]④

[(1A)第(1)分节下的申请应当提交给当地范围内对以下有管辖权的债务追偿庭:

(a)全部或部分产生的诉因;

(b)担保资产的所在地;或

(c)银行或金融机构的分支机构或其他任何办事处正在维持的、被请求债务目前未清偿的账户。]⑤

[(2)债务追偿庭应当审查担保债权人为执行担保而采取的第 13 节第(4)分节中规定的任何措施是否根据本法和按本法所定规则的规定。]⑥

[(3)若债务追偿庭在审查案件事实、情况和双方当事人提供的证据后得出结论,即担保债权人未根据本法和依本法所订规章的规定采取第 13 节第(4)分节规定的任何措施,并要求将担保资产的管理或占有返还给借款人或其他受害人,它可以采取命令——

(a)宣布担保债权人采取的诉诸第(4)分节下的任何一项或多项措施无效;和

(b)经作出第(1)分节下的申请,将担保资产的占有或管理归还给借款人或类似其他受害人,视情况而定;和

(c)涉及担保债权人采取第 13 节第(4)分节下的任何追索措施时,发布

---

① 由 2016 年第 44 号法第 14 节替代"上诉的权利"(自 2016 年 9 月 1 日生效)。

② 由 2004 年第 30 号法第 10 节替代"可以提出上诉"(自 2002 年 6 月 21 日生效)。

③ 由 2004 年第 30 号法第 10 节嵌入(自 2002 年 6 月 21 日生效)。

④ 由 2004 年第 30 号法第 10 节嵌入(自 2004 年 11 月 11 日生效)。

⑤ 由 2016 年第 44 号法第 14 节嵌入(自 2016 年 9 月 1 日生效)。

⑥ 由 2004 年第 30 号法第 10 节替代第(2)和(3)分节(自 2004 年 11 月 11 日生效)。

其认为适当和必要的其他指令。]①

(4)若债务追偿庭宣告担保债权人按第 13 节第(4)分节采取的追索措施是根据本法和按本法所定规则规定,尽管其他任何现行有效法律中包含任何规定,担保债权人应当有权采取第 13 节第(4)分节规定的一种或多种措施,追偿其担保债。

[(4A)若——

(ⅰ)任何人在第(1)分节下的申请中对担保资产主张任何租用权或租赁权,债务追偿庭在审查相关主张的案件事实和当事人提供的证据后,为了执行担保权益的目的,应当对审查租赁或租用是否具有以下情形的管辖权:

(a)已经满期或处于待决状态;或

(b)与《1882 年财产转让法》(1882 年第 4 号法)第 65A 节相抵触;或

(c)与抵押条款相抵触;或

(d)在银行按该法第 13 节第(2)分节发出不履行通知和提出要求之后创设;和

(ⅱ)债务追偿庭认为对担保资产主张的租用权或租赁权属于上述(ⅰ)条款(a)、(b)、(c)或(d)分条款范围,尽管其他任何现行有效法律中的规定与之冲突,它可以根据本法规定发布其认为适当的命令。]②

(5)债务追偿庭应当尽快处理按第(1)分节提出的任何申请,并应当自申请之日起 60 日内处置完毕:

但是,债务追偿庭为了书面记录的原因,可以不时地延长上述期限,但向债务追偿庭申请的总期限自作出第(1)分节下的申请之日起不应当超过 4 个月。

(6)若债务追偿庭未在第(5)分节规定的 4 个月期限内处置该申请,该申请的任何当事人可以按规定形式向上诉庭申请,指令该债务追偿庭快速处置其未决的该项申请。上诉庭可以根据该申请,命令债务追偿庭快速处置该未决申请。

(7)保留本法中的另行规定,债务追偿庭应当根据《1993 年追偿银行和金融机构债务法》(1993 年第 51 号法)和按该法所定规则的规定尽快处置该申请。

---

① 由 2016 年第 44 号法第 14 节替代第(3)分节(自 2016 年 9 月 1 日生效)。
② 由 2016 年第 44 号法第 14 节嵌入(自 2016 年 9 月 1 日生效)。

17A. 某些情形下向地区法院法官提出申请①

若借款人居住在查谟和克什米尔邦,第 17 节下的申请应当向在该邦对借款人有管辖权的地区法院法官提出申请,该法官应当按此申请发布命令。

解释:为消除疑虑,兹宣布,担保债权人在向借款人递送理由阶段向借款人递送的不接受其抗议或反对意见的理由,或类似行动,不应当授权该人(包括借款人)按本分节向地区法院法官提出申请。

18. 向上诉庭上诉

(1)因债务追偿庭[按第 17 节]②作出的任何命令遭受侵害的任何人,自收到债务追偿庭的该命令之日起 30 日内,[可以向上诉庭提出上诉,随附规定的费用:]③

[但是,可以对借款人和借款人以外的其他人员提出的上诉规定不同的费用:]④

[但是,不应当受理任何上诉,除非借款人已经在上诉庭交存了担保债权人主张的或债务追偿庭决定的其所欠到期债务额的 50%,以较低者为准;

但是,上诉庭为了书面记录的理由,可将该数额降低到第二项但书中规定的债务额的 25% 以上。]⑤

(2)保留本法中的另行规定,上诉庭应当根据《1993 年追偿银行和金融机构债务法》(1993 年第 51 号法)和按该法所定规则的规定尽快处置该上诉。

18A. 已收费用的有效性⑥

在《2004 年执行担保权益和追偿债务法律(修正)法》实施前对按本法由债务追偿庭或上诉庭上诉所征收的或收取的任何费用,应当视为已经根据法律征收或收取,如同上述法第 10、12 节对本法第 17、18 节作出的修正在所有重要时间是有效的。

18B. 某些情形下向高等法院上诉

居住在查谟和克什米尔邦且遭受地区法院法官按第 17A 节所作任何命

---

① 由 2004 年第 30 号法第 11 节嵌入(自 2004 年 11 月 11 日生效)。

② 由 2014 年第 30 号法第 12 节替代"按第 17 节,可以提出上诉"(自 2002 年 6 月 21 日生效)。

③ 由 2014 年第 30 号法第 12 节替代"按第 17 节,可以提出上诉"(自 2002 年 6 月 21 日生效)。

④ 由 2014 年第 30 号法第 12 节嵌入(自 2002 年 6 月 21 日生效)。

⑤ 由 2014 年第 30 号法第 12 节嵌入(自 2004 年 11 月 11 日生效)。

⑥ 由 2014 年第 30 号法第 13 节嵌入(自 2004 年 11 月 11 日生效)。

令侵害的任何借款人,可以自收到地区法院法官命令之日起 30 日内,向对该法院有管辖权的高等法院提出上诉:

但是,不应当提出任何上诉,除非借款人已经在查谟和克什米尔邦高等法院交存了担保债权人主张的或地区法院法官决定的其所欠到期债务额的 50%,以较低者为准:

但是,高等法院为了书面记录的理由,可以将该数额降低到第一项但书中规定的债务额的 25% 以上。

18C. 提出告诫的权利①

(1)若希望或已经按第 17 节第(1)分节、第 17A 节、第 18 节第(1)分节或第 18B 节提出申请或上诉,担保债权人或主张有权出席法庭、地区法院法官、上诉庭或高等法院的任何人,视情况而定,在听审该申请或上诉时,可以就相关事项提出告诫。

(2)若按第(1)分节已经提出告诫——

(a)已经提出告诫的担保债权人(本节中以下简称"告诫人")应当将确认到期债务的告诫通知以挂号信方式送达给按第(1)节已经或希望提出申请的人;

(b)已经提出告诫的任何人(本节中以下简称"告诫人")应当将确认到期债务的告诫通知以挂号信方式送达给按第(1)分节已经或希望提出申请的人。

(3)若在按第(1)分节已经提出告诫后向法庭、地区法院法官、上诉庭或高等法院提出申请或上诉,视情况而定,该法庭、地区法院法官、上诉庭或高等法院(视情况而定)应当将申请人或上诉人提出的申请或上诉通知送达给告诫人。

(4)若任何告诫通知已经送达给申请人或上诉人,他应当定期向告诫人提供其作出申请或上诉的副本和已经提出或将提出的支持其申请或上诉的任何文件或文书副本。

(5)若已经按第(1)分节提出告诫,该告诫自其被提出之日起届满 90 日后不应当继续有效,除非在上述期限届满前已经提出第(1)分节中规定的申请或上诉。

19. 某些情况下借款人接受补偿和费用的权利②

若债务追偿庭、地区法院法官根据按第 17 或 17A 节提出的申请,或上诉

---

① 本节由 2003 年第 1 号法第 7 节嵌入(自 2013 年 1 月 15 日生效)。
② 由 2004 年第 30 号法第 14 节替代第 19 节(自 2004 年 11 月 11 日生效)。

庭或高等法院根据按第 18 或 18A 节提出的上诉,判定担保债权人占有担保资产没有根据本法和按本法所定规则的规定,并指令担保债权人将该担保资产归还给[按第 17 或 17A 节提出申请或者按第 18 或 18A 节提出上诉的相关借款人或其他受侵害的人,视情况而定,该借款人或其他人][①]应当有权享有第 18B 节规定的法庭、地区法院法官、上诉庭或高等法院决定支付的补偿或费用。

第Ⅳ章　中央注册局

20. 中央注册局

(1)中央政府为了注册本法下金融资产证券化与重组的交易和设置担保权益交易的目的,经公告,可以自公告中规定之日起设立或导致设立名为中央注册局的注册机构,并有其自身的印章。

(2)中央注册局的总部应当位于中央政府规定的地方,且为了便利注册第(1)分节中规定的交易,可以在中央政府认为合适的其他地方设立中央注册局分支机构。

(3)中央政府经公告可以划定中央注册局分支机构履行其职能的地域范围。

(4)本法与中央注册局有关的规定应当补充和不减损《1908 年注册法》(1908 年第 16 号法)、《1956 年公司法》(1956 年第 1 号法)、《1958 年商船航运法》(1958 年第 44 号法)、《1970 年专利法》(1970 年第 39 号法)和《2000 年外观设计法》(2000 年第 16 号法)或要求负责注册的其他任何法律中包含的任何规定,且不应当影响按上述法或法律有关负责或有效性的优先权。

20A. 中央注册局注册系统一体化[②]

(1)为了提供中央数据库目的,中央政府会商邦政府或营运记录财产上权利或在财产上创设、变更或实现担保权益的注册系统的其他当局后,可以将该注册系统的注册记录与按第 20 节建立的中央注册局的记录以规定方式一体化。

解释:为本分节的目的,注册记录包括《2013 年公司法》(2013 年第 18 号法)、《1908 年注册法》(1908 年第 16 号法)、《1958 年商船航运法》(1958 年第 44 号法)、《1988 年机动车辆法》(1988 年第 59 号法)、《1970 年专利法》

---

① 　由 2016 年第 44 号法第 15 节替代"相关借款人,该借款人"(自 2016 年 9 月 1 日生效)。

② 　由 2016 年第 44 号法第 16 节嵌入第 20A、20B 节(自 2016 年 9 月 1 日生效)。

(1970 年第 39 号法)、《2000 年外观设计法》(2000 年第 16 号法)下的注册记录和其他任何现行有效法律下的其他此类记录。

(2)中央政府应当在第(1)分节中规定的各种注册系统与中央注册局一体化后,应当以公告方式宣布各注册系统一体化的日期和应当使用该一体化记录的开始日期;自该日期起,按第(1)分节中提及的任何注册系统注册的财产担保权益,为了本法目的,应当视为在中央注册局注册。

20B. 权力的委派

中央政府可以采取公告方式将其本章下的涉及设立、营运和规制中央注册局的权力和职能委派给储备银行,但受规定的条款和条件约束。

21. 中央注册官

(1)中央政府为了注册与金融资产证券化、重组的交易和在财产上设置担保权益的目的,可以经公告指定一名人员为中央注册官。

(2)中央政府为了履行本法下中央注册官职能目的,经上述提名程序任命其认为合适的其他官员,在中央注册官监管和指挥下,不时授权其履行职能。

22. 证券化、重组和担保权益交易的注册簿

(1)为了本法的目的,应当在中央注册局总部保存被称为中央注册簿的记录以录入有关以下交易的具体事项:

(a)金融资产证券化;

(b)金融资产重组;和

(c)设置担保权益。

(2)尽管第(1)分节中包含任何规定,中央注册官以受规定的安全措施约束的计算机、磁盘、光盘或其他电子方式保存全部或部分记录,应当是合法的。

(3)若按第(2)分节以计算机、磁盘、光盘或其他电子方式维持上述全部或部分记录,本法中对录入中央注册簿的任何规定,应当解释为对以计算机或其他电子形式维持的记录的任何录入的规定。

(4)应当在中央注册官控制和管理下保存注册簿。

23. 提交证券化、重组和担保权益交易

[(1)]①应当以规定方式并支付规定费用②,向中央注册官提交证券化、资产重组或设置担保权益的交易的具体事项:

---

① 由 2016 年第 44 号法第 17 节将第 23 节重编记序号为第(1)分节(自 2016 年 9 月 1 日生效)。

② 由 2016 年第 44 号法第 17 节删除某些文字(自 2016 年 9 月 1 日生效)。

［＊＊＊］①

［＊＊＊］［②但是,中央政府可以经公告要求,在中央注册局按第20节第(7)分节设立日之前的证券化、资产重组或设置担保权益的全部交易,在规定期限内并支付规定费用后予以注册。］③

［(2)中央政府可以采取公告方式,要求涉及不同种类财产设置不同种类担保权益的交易注册在中央注册局进行。

(3)中央政府可以采取规则方式,规定本节下不同种类担保权益的注册形式和对此注册的收费。］④

24. 变更本法下注册的担保权益

按本章注册的任何担保权益的条款条件、范围或操作及其变更详情,由［资产重组公司］⑤或担保债权人(视情况而定)送交中央注册官,本章关于注册担保权益的规定应当适用于此变更,它应当是该［资产重组公司］⑥或该担保债权人的义务。

25. ［资产重组公司］⑦或担保债权人报告担保权益的实现

(1)［资产重组公司］⑧或担保债权人(视情况而定)应当自支付或实现之日起30日内,向中央注册官通报已经全部支付或实现与［资产重组公司］⑨或担保债权人有关的担保权益和本章下要求的注册。

［(1A)中央注册官收到第(1)分节下的通报后,应当将实现的备忘录录入中央注册簿。］⑩

---

① 由2016年第44号法第17节删除(自2016年9月1日生效)。

② 由2016年第44号法第17节删除"进一步"文字(自2016年9月1日生效)。

③ 由2013年第1号法第8节嵌入(2013年5月15日生效)。

④ 由2016年第44号法第17节嵌入(自2016年9月1日生效)。

⑤ 由2016年第44号法第3节替代"证券化公司或重组公司"(自2016年9月1日生效)。

⑥ 由2016年第44号法第3节替代"证券化公司或重组公司"(自2016年9月1日生效)。

⑦ 由2016年第44号法第3节替代"证券化公司或重组公司"(自2016年9月1日生效)。

⑧ 由2016年第44号法第3节替代"证券化公司或重组公司"(自2016年9月1日生效)。

⑨ 由2016年第44号法第3节替代"证券化公司或重组公司"(自2016年9月1日生效)。

⑩ 由2004年第30号法第15节嵌入(自2016年9月1日生效)。

(2)〔若相关借款人对未录入第(1)分节下的支付或实现向中央政府提交通报,中央注册官收到该通报后〕①应当向〔资产重组公司〕②或担保债权人发送通知,要求其在通知规定的14日内向中央注册官通报未录入支付或实现的理由。

(3)若未出示理由,中央注册官应当将实现备忘录录入中央注册簿。

(4)若出示理由,中央注册官应当将该效果的记录录入中央注册簿,且应当通报给已这样做的借款人。

26. 查阅证券化、重组和担保权益交易详情的权利

(1)录入按第22节保存的中央注册簿的证券化、重组或担保权益的详细情况,应当在营业时间开放,供支付规定费用的任何人查阅。

(2)第(1)分节提及的以电子形式维持的中央注册簿也应当在营业日开放,供支付规定费用的任何人通过电子媒体查阅。

26A. 中央政府更正注册、变更和实现等事项③

(1)中央政府认为具有以下情形:

(a)遗漏提交给注册官的任何证券化、资产重组或担保权益的交易详情或此等交易的变更或实现,或遗漏或错误陈述与此等交易或其实现有关的任何详情或变更或依据第23、24或25节所作的其他录入,是意外的或因疏忽或其他充分理由造成的,或其不具有损害债权人地位的性质;或

(b)基于其他理由,赋予救济措施是公正和公平的,

可以根据担保债权人、〔资产重组公司〕④或其他任何利害关系人的申请,基于对中央政府合理和有益的条款条件指令,应当延长提交注册、变更或实现交易的详情的期限,或者视情况要求,应当更正遗漏或错误陈述。

(2)若中央政府延长担保权益、证券化或资产重组的交易注册、或其变更或实现的注册,上述命令不应当损害在交易实际注册前获得相关财产或金融资产的任何权利。

---

① 由2004年第30号法第15节替代"中央注册官收到该通报后应当"(自2004年11月11日生效)。

② 由2016年第44号法第3节替代"证券化公司或重组公司"(自2016年9月1日生效)。

③ 本节由2013年第1号法第9节嵌入(自2013年1月15日生效)。

④ 由2016年第44号法第3节替代"证券化公司或重组公司"(自2016年9月1日生效)。

第ⅣA 章　担保债权人和其他债权人注册①

26B. 担保债权人和其他债权人的注册

(1)为了保证偿还债权人给予借款人金融资助的欠款的目的,以在借款人任何财产上创设、变更或实现任何担保权益,中央政府经公告可以将涉及中央注册局的第Ⅳ章规定扩展至第 2 节第(1)分节(zd)条款中定义的担保债权人以外的所有债权人。

(2)自第(1)分节下的公告日起,包括担保债权人在内的任何债权人,可以以规定形式和方式将设定、变更或实现任何担保权益的交易详情提交给中央注册局。

(4)中央政府、邦政府或地方当局的每个机构或官员,受托行使追偿税款或政府其他到期债务职能和对负责支付税款或政府欠款的人发布命令扣押财产,应当自中央政府公告之日起,按规定形式和方式,将该扣押令和资产被评估人的详情、税款或欠政府款的详情提交给中央注册局。

(5)若对借款人有请求权的人从法院或授权发布扣押令的其他机构获得财产扣押令,此人可以以支付规定费用的形式和方式将该扣押令的详情提交给中央注册局。

26C. 交易等注册的效力

(1)不损害其他任何现行有效法律中的任何规定,担保债权人或其他债权人进行的创设、变更或实现担保权益的交易注册,或提交本章下的扣押令,应当视为自向中央注册局提交此交易详情之日和之时起构成对设立、变更或实现该担保权益,或扣押令的公共信息公告,视情况而定。

(2)若为了第Ⅳ章和本章规定下注册目的,提交了支持担保债权人或其他债权人的财产担保权益或扣押令,持有扣押令的担保债权人或其他债权人的请求权应当优先于在该财产上创设的任何后续担保权益,在该注册之后以销售、租赁、转让或许可该财产的方式进行的转让或扣押令应当服从于该请求权:

但是,本分节中包含的任何规定不应当适用于借款人在日常经营过程中从事的交易。

26D. 强制执行担保的权力

尽管其他任何现行有效法律中有任何规定,自本章规定生效之日起,任何担保债权人不应当享有行使第Ⅲ章下强制执行担保权益的权利,除非借款人

---

① 本章由 2016 年第 44 号法第 18 节嵌入(自 2016 年 9 月 1 日生效)。

创设对其有利的担保权益已经在中央注册局注册。

26E. 担保债权人的优先权

尽管其他任何现行有效法律中有任何规定,在担保权益注册后,欠任何担保债权人的债务应当优先于其他所有债务和所有税收、税款、地方税和其他应支付给中央政府、邦政府或地方当局的费用的支付。

[解释]为本节目的,兹澄清,在或自《2016年倒闭和破产法典》(2016年第31号法)生效日,若涉及借款人担保资产的倒闭或破产程序待决定,支付债务中的担保债权人优先权应当服从于该法典的规定。

第 V 章　违法行为和处罚

27. 处罚

若在以下方面作出不履行行为,

(a)按第23节提交每项证券化、资产重组或[资产重组公司]①或担保债权人设置的担保权益的详细情况;或

(b)按第24节发送该节规定的变更详细情况;或

(c)按第25节提交通报,

每家公司和其每位官员,或担保债权人或其不履行的每位官员,应当处以不履行行为持续期间最高每日5000卢比的罚款:

[但是,本节的规定应当视为已自本章和经《2016年执行担保权益与追偿债务法律和杂项条款(修正)法》(2016年第31号法)修正的第23节规定的生效日被删除。]②

28. 不遵守储备银行的指令

由《2016年执行担保权益与追偿债务法律和杂项条款(修正)法》(2016年第44号法)第20节删除(自2016年9月1日生效)。

29. 违法行为

若任何人违反、试图违反或教唆违反本法或按本法所订任何规则的规定,他应当被处以最高1年监禁,或罚金,或两者并处。

30. 违法行为的审理③

(1)任何法院不应当审理本法下不遵守有关本法第23、24或25节规定

---

①　由2016年第44号法第3节替代"证券化公司或重组公司"(自2016年9月1日生效)。

②　由2016年第44号法第19节嵌入(自2016年9月1日生效)。

③　由2013年第1号法第10节替代第30节(自2013年1月15日生效)。

的,或第 28、29 节下的或本法其他任何规定的、应受处罚的违法行为,但是经中央注册官或视情况而定的中央储备银行在此方面一般或特别书面授权的中央注册局官员或储备银行官员的书面投诉除外。

(2)第一审级都市司法长官或地区司法官的任何下级法院不应当审理本法下应处罚的任何违法行为。

30A. 裁判机构施加处罚的权力①

(1)若任何资产重组公司或任何个人未遵从储备银行依本法发布的任何指令,裁判机构可以采取命令方式对不履行的该公司或个人处以罚款,数额为最高 1000 万卢比或不履行所涉及的可量化数额的 2 倍,以较高者为准;若不遵从是持续行为,在不遵从行为持续期间的第一阶段后予以进一步罚款,数额为最高每日 10 万卢比。

(2)为了施加第(1)分节下处罚的目的,裁判机构应当向不履行的资产重组公司或个人送达通知,要求该公司或个人出示不应当处罚通知中规定数额的理由,并应当给予该个人听证的合理机会。

(3)按本节施加的任何处罚应当自发出第(2)分节下通知之日起 30 日内支付。

(4)若资产重组公司未在第(3)分节规定期限内支付罚款,裁判机构应当以命令方式注销其注册:

但是,在注销注册之前,应当给予该资产重组公司听证的合理机会。

(5)涉及第(1)分节下的不履行行为,有关已经施加的罚款由储备银行按本节追偿,不应当向任何法院起诉不履行人。

(6)若已经向有管辖权的法院起诉了不履行人,不应当按本节对该人采取施加罚款的程序。

解释:为了本节和第 30B、30C 和 30D 节的目的,

(i)"裁判机构",指由中央储备银行董事会以公告方式不时指定的储备银行官员或官员委员会;

(ii)"不履行人",指已犯有本法下未履行、违反或不履行的资产重组公司或任何个人。对该公司或其他个人负责(视情况而定)的任何个人应当对该公司或其他个人所犯未履行、违反或不履行的被起诉负责,并按第 33 节受处罚。

30B. 对处罚的上诉

因按第 30A 节第(4)分节发布的命令遭受侵害的不履行人,可以自该命

---

① 由 2016 年第 44 号法第 21 节纳入第 30A 节至第 30D 节(自 2016 年 9 月 1 日生效)。

令发布之日起 30 日期限内向上诉机构提起上诉：

但是，若认为有充分理由未在上述 30 日期限内提出上诉，上诉机构可以受理期限届满后的上诉。

30C. 上诉机构

（1）中央储备银行董事会可以指定其认为合适的官员或官员委员会行使上诉机构的权力。

（2）上诉机构在向不履行人提供听证的合理机会后，有权力发布其认为合适的命令。

（3）上诉机构可以采取命令方式停止执行裁判机构按第 30A 节发布的命令，但受其认为合适的条款和条件的约束。

（4）若不履行人无正当理由未服从按（3）分节以命令方式施加的条款和条件，上诉机构可以驳回上诉。

30D. 追偿罚款

（1）按第 30A 节施加的任何罚款应当作为"应缴额"予以收缴，并应当自要求支付应缴额的通知送达不履行人之日起 30 日期限内支付。若该人未在上述期限内支付，储备银行为了追偿目的，可以——

（a）借记入不履行人在储备银行开立的经常账户（若有），或采取清算该人所持证券（若有）方式贷记入储备银行账户；

（b）向欠不履行人任何金额的人发出通知，要求该人从他向不履行人应支付数额中扣减，此数额相当于可收缴总额并向储备银行支付该数额。

（2）第（4）分节中另有规定予以保留，按第（1）分节（b）条款发出的通知应当约束其发给的每位人，若该通知发给邮局、银行或保险公司，尽管有相反的规则、惯例和要求，在作出支付前，应当没有必要提供任何存折、存单、保险单或为了进入或准许目的的其他任何文件。

（3）在按第（1）分节发出通知之后产生的有关任何数额的请求权，针对该通知中包含的要求应当是无效的。

（4）按第（1）分节发给其通知的任何人对该通知提出反对意见，宣誓声明他没有欠不履行人通知所要求的数额或其部分，或他未曾为或代不履行人持有任何金钱，本节中包含的任何规定不应当视为要求此人支付该数额或其部分，视情况而定。

（5）若判定第（4）分节下的人所作声明在实质详情上是不真实的，该人应当在通知日就其对不履行人的义务范围内向储备银行，或在不履行人应向储备银行支付的应缴额范围内承担个人责任，以较少者为准。

（6）储备银行可在任何时间修正或撤回按第（1）分节发出的通知，或依据该通知延长作出支付的时间。

（7）储备银行应当对遵从按本节发出的通知向其已支付的任何金额出具收据，应当在已支付金额范围内解除支付人对不履行人的义务。

（8）在收到本节下的通知后解除对不履行人的义务的任何人，应当向储备银行承担以下个人责任：

（a）在其对不履行人的义务范围内被解除；或

（b）在不履行人向储备银行应支付的应缴额范围内，

以较少者为准。

（9）若按本节向其发出通知的人未根据该通知向储备银行作出支付，他在通知规定的数额方面应当被视为不履行人，为实现该数额，可以按本节规定的方式对该人采取行动或起诉。

（10）储备银行可以通过不履行人注册办公地、总部所在地、主营业地或惯常居所地有管辖权的三要民事法院实施强制追偿应缴额，如同储备银行发出的通知是该法院的判决。

（11）不应当强制实施第（10）分节下的追偿，但经此方面被授权证明不履行人未支付应缴额的储备银行官员向主要民事法院提出申请除外。

第 VI 章　杂项

31. 本法规定不适用于某些情形

本法的规定不应当运用于：

（a）由或按《1872 年印度合同法》（1872 年第 9 号法）、《1930 年货物销售法》（1930 年第 3 号法）或其他任何现行有效法律在任何货物、货币或证券上赋予的优先权；

（b）《1872 年印度合同法》（1872 年第 9 号法）第 172 节含义内的动产典押；

（c）在《1934 年航空器法》（1934 年第 34 号法）第 2 节第（1）条款中定义的任何航空器上设置的任何担保；

（d）在《1958 年商船航运法》（1958 年第 44 号法）第 3 节（55）条款中定义的任何船只上设置的担保权益；

［***］①

（f）《1930 年货物销售法》（1930 年第 3 号法）下未支付销售者的任何权利；

---

① 由 2016 年第 44 号法第 22 节删除（自 2016 年 9 月 1 日生效）。

　　(g)按《1908年民事诉讼法典》(1908年第5号法)第60节第(1)分节第一项但书条款,不应当销售或[扣押的任何财产(本法下对应追偿债务特别设置负担的财产除外)]①;

　　(h)对不超过10万卢比的任何金融资产担保偿付的任何担保权益;

　　(i)在农业土地上设置的任何担保权益;

　　(j)欠款额低于主债额及其利息25%的任何情形。

31A. 豁免一类或几类银行或金融机构的权力②

　　(1)中央政府为了公共利益可以经公告指令本法的任何规定,

　　(a)不应当适用于一类或几类银行或金融机构;或

　　(b)按公告中的具体规定予以修改和调整后,应当适用于具有上述例外的该类或几类银行或金融机构。

　　[(2)提议按第(1)分节发布的每份公告副本,应当以草案呈报议会每院。在会期,总期限为30日。若两院不同意发布公告,或者两院同意对公告内容进行任何变更,不应当发布该公告,或应当仅以两院同意的变更形式发布,视情况而定。]③

　　(3)在计算第(2)分节中规定的30日期限时,不应当考虑第(2)分节中提及的各院休会或延期连续4日以上。

　　(4)按本节发布的每项公告副本应当尽快在其发布后呈报议会两院。]

32. 保护善意采取的行动

　　不应当针对[储备银行、中央注册局、任何担保债权人,或其任何官员]④按本法善意地做了或遗漏做任何事情提出任何诉讼、起诉或其他法律程序。

33. 公司的违法行为

　　(1)若公司已犯本法下的违法行为,在犯违法行为时负责公司经营的任何人和该公司应当被认为犯有该违法行为,并应当对被起诉和据此被惩罚承担责任:

　　但是,若任何人证明他不知晓已犯违法行为或他已尽全部适当谨慎以防止犯该违法行为,本分节中包括的任何规定不应当使此人承担本法规定的任何惩罚责任。

---

　　① 由2004年第30号法第17节替代"不应当扣押的任何财产"(自2004年11月11日生效)。

　　② 本节由2013年第1号法第11节嵌入(自2013年1月15日生效)。

　　③ 由2016年第44号法第23节替代第(2)分节(自2016年9月1日生效)。

　　④ 由2016年第44号法第24节替代"任何担保债权人,或行使担保债权人或借款人任何权利的其他任何官员或经理"(自2016年9月1日生效)。

(2)尽管第(1)分节中有任何规定,若一公司已犯本法下的违法行为且证明所犯违法行为是公司任何董事、经理、秘书或其他官员同意、默许的或因其任何疏忽导致的,该董事、经理、秘书或其他官员也应当被认为犯有此违法行为,并应当对被起诉和据此被惩罚承担责任。

[解释]为本节目的,

(a)"公司",指法人团体和包括自然人的企业或其他团体;和

(b)"董事",与企业有关时,指企业中的合伙人。

34. 无管辖权的民事法院

涉及由本法或按本法授权债务追偿庭或上诉庭决定的任何事项,任何民事法院不应当对受理任何诉讼或程序享有管辖权;涉及依据由或按本法、或按《1993年追偿银行和金融机构债务法》赋予的任何权力采取或将采取的任何行动,任何法院或其他机构不应当发布任何禁止令。

35. 本法的规定优先于其他法律

尽管其他任何现行有效法律中,或依据此等任何法律具有效力的任何文书中包含与本法相反的任何规定,本法的规定应当具有效力。

36. 时效

任何担保债权人不应当有权采取第13节第(4)分节下的全部或任何措施,除非他在《1963年时效法》(1963年第36号法)规定的时限内就金融资产方面提出其主张。

37. 不阻碍其他法律的适用

本法或按本法所定规则的规定应当补充和不减损《1956年公司法》(1956年第1号法)、《1956年证券合同(管理)法》(1956年第42号法)、《1992年印度证券交易委员会法》(1992年第15号法)和《1993年追偿银行和金融机构债务法》(1993年第51号法)的规定。

38. 中央政府制定规则的权力

(1)中央政府可以经公告和《2000年信息技术法》(2000年第21号法)第2节(s)条款定义的《电子公报》方式制定实施本法规定的规则。

(2)特别地和不损害上述权力的普遍性,上述规则可以规定以下全部或任何事项,即:

[(a)第2节(t)条款下相似性质的其他经营或商事权利;]①

---

① 由2016年第44号法第25节嵌入(自2016年9月1日生效)。

[（aa）]①按第 13 节第（10）分节提交申请的形式和方式；

（b）第 13 节第（12）分节下担保债权人一名或多名可以行使担保债权人权利的方式；

[（ba）按第 17 节第（1）分节向债务追偿庭提出申请的费用；

（bb）按第 17 节第（6）分节向上诉庭提出申请的形式；

（bc）按第 18 节向上诉庭提出上诉的费用；]②

[（bca）第 20A 节第（1）分节下不同注册系统记录与中央注册局注册系统记录一体化的方式；

（bcb）中央政府按第 20B 节将权力委派给储备银行的条款条件；]③

（c）按第 22 节第（2）分节约束保存记录的安全措施；

（d）按第 23 节提交每项证券化交易详细情况的方式和该交易录档的费用；

[（da）按第 23 节第（3）分节注册不同种类担保权益的形式和其费用；]④

（e）查阅第 22 节下保存和进入第 26 节第（1）分节中央注册簿的费用；

（f）查阅以第 26 节第（2）分节下电子形式维持的中央注册簿的费用；

[（fa）提交第 26B 节第（2）分节下交易详情的形式和方式；

（fb）按第 26B 节第（4）分节向中央注册局提交扣押令的形式、方式和日期；

（fc）按第 26B 节第（5）分节提交扣押令详情的形式、方式和费用；]⑤

（g）与规则将或可以规定的条款有关的、要求或可以规定的其他任何事项。

（3）按本法制定的每项规则应当在其制定后尽快呈报议会各院。在会期，总期限为 30 日，包括一次或两次或多次后续会议和在本次会期届满前立即召开下次会议或后续会议。若两院均同意对该规则作出任何修改，或两院均同意不应当制定该规则，该规则应当仅以上述修改的形式具有效力，或不具有效力，视情况而定。但是，该任何修改或无效不应当损害按该规则先前所作任何事情的有效性。

39. 设立或导致设立中央注册局后适用本法的某些规定

在中央注册局按第 20 节设立或导致设立之后，第 20 节第（2）、（3）、（4）

---

① 由 2016 年第 44 号法第 25 节将（a）条款重编序号为（aa）条款（自 2016 年 9 月 1 日生效）。

② 由 2004 年第 30 号法第 18 节嵌入（自 2004 年 11 月 11 日生效）。

③ 由 2016 年第 44 号法第 25 节嵌入（自 2016 年 9 月 1 日生效）。

④ 由 2016 年第 44 号法第 25 节嵌入（自 2016 年 9 月 1 日生效）。

⑤ 由 2016 年第 44 号法第 25 节嵌入（自 2016 年 9 月 1 日生效）。

分节和第 21、22、23、24、25、26 和 27 节的规定应当适用。

40. 清除障碍的权刀

（1）若在赋予本法规定以效力中出现任何障碍，中央政府可以采取在《官方公报》中发布命令的方式，制定与本法规定不冲突的为清除该障碍所必要的规定：

但是，自本法实施起届满 2 年后，不应当发布本节下的任何命令。

（2）本节下发布的每项命令立当在其发布后尽快呈报议会各院。

41. 修正某些制定法

附表中规定的制定法应当以规定方式修正。

42. 废止和保留

（1）兹废止《2002 年金融资产证券化和执行担保权益（第二）条例》（2002 年第 3 号条例）

（2）尽管有上述废止，按上述条例已做的任何事情或采取的任何行动应当视为已经按本法的相应规定做了或采取了。

附　表

（见第41节）年	法号	短标题	修正
1956	1	1956年公司法	在第4A节第（1）分节（ⅵ）条款之后，嵌入以下内容： "（ⅶ）按第（4）分节或《2002年金融资产证券化与重组和执行担保权益法》第3节已经获得注册证书的[资产重组公司]①;"
1956	42	1956年证券合同（管理）法	在第2节第（h）条款（ib）分条款之后，嵌入以下内容： "（ic）《2002年金融资产证券化与重组和执行担保权益法》第2节（zg）条款中界定的担保收据;"
1986	1	1985年弱势行业公司（特别条款）法	在第15节第（1）分节但书条款之后，嵌入以下内容： "但是，在《2002年金融资产证券化与重组和执行担保权益法》实施后不应当向行业与金融重组委员会作出任何指引，若任何[资产重组]②已经按该法第5节第（1）分节获得了金融资产： 但是，在《2002年金融资产证券化与重组和执行担保权益法》实施日或之后，若行业与金融重组委员会对指引未作出决定，若代表针对支付给担保债权人的借款人的金融资产所欠价值额3/4（四分之三）的担保债权人已按该法第13节第（4）分节采取了追偿其担保债的任何措施，该指引应当失效。"

（邓瑞平译）

---

　　① 由2016年第44号法第3节替代"证券化公司或重组公司"（自2016年9月1日生效）。

　　② 由2016年第44号法第3节替代"证券化公司或重组公司"（自2016年9月1日生效）。

附 3
1993 年追偿银行和金融机构债务法*

1993 年第 51 号

（1993 年 8 月 27 日，截至经 2016 年第 44 号法①修正）

目　录

＊　本法英文文本可从 http://lawmin. nic. in/ld/P-ACT/1993/The% 20Recovery% 20of% 20Debts% 20Due% 20to% 20Banks% 20and% 20Financial% 20Institutions% 20Act, % 201993.pdf 获得。

①　2016 年第 44 号法，即 The Enforcement of Security Interest and Recovery of Debts Laws and Miscellaneous Provisions(Amendment) Act, 2016(No.44 of 2016)。

为对设立有益于裁判和追偿欠银行、金融机构债务的法庭进行规定,并对与其相关事项或附属事项进行规定,制定一项法律。

议会于印度共和国第 54 年颁布本法,内容如下:

第 I 章　序言

1. 短标题、适用范围和生效

（1）本法可称为《1993 年追偿银行和金融机构债务法》。

（2）它扩展至整个印度,但查谟和克什米尔邦除外。

（3）它应当视为已于 1993 年 6 月 24 日生效。

（4）若欠任何银行、金融机构,或诸银行或金融机构之财团的债务低于 1 亿卢比或中央政府经公告规定的低于 1000 万卢比的其他数额,本法的规定不应当适用。

2. 定义

除非上下文另有要求,本法中,

（a）"上诉庭",指按第 8 节第（1）分节设立的一上诉庭。

（b）"申请",指按第 19 节向一法庭作出的申请。

（c）"指定日",涉及一法庭或一上诉庭,指按第 3 节第（1）分节或第 8 节第（1）分节设立该法庭或上诉庭之日。

（d）"银行",指——

（i）一银行业公司;

（ii）一关联新银行;

（iii）印度国家银行;

（iv）一附属银行;或

（v）区域农村银行;

[（vi）多邦合作银行。]①

（e）"银行业公司",应当具有《1949 年银行业管理法》（1949 年第 10 号法）第 5 节（e）条款中对其指定的含义。

[（ea）"主席",指按第 9 节任命的一上诉庭的主席。]②

（f）"关联新银行",应当具有《1949 年银行业管理法》（1949 年第 10 号法）第 5 节（da）条款中对其指定的含义。

[（g）"债务",指一银行或金融机构,或诸银行或诸金融机构的一财团主张在其按任何现行有效法律从事经营活动中任何人以现金或其他方式所欠的

---

① 由 2013 年第 1 号法第 12 节嵌入（自 2013 年 1 月 15 日生效）。

② 由 2000 年第 1 号法第 3 节嵌入（自 2000 年 1 月 17 日生效）。

任何负债(含利息),无论担保或转让与否,任何民事法院的判决或命令、或仲裁裁决下或其他下、或抵押下的并在申请日存在的应付款项和合法应收账款,[并包括债券受托人或为债务证券持有人利益创设对其有利的担保权益的其他任何机构向借款人送达 90 日通知后仍未全部或部分支付的对债务证券的任何负债。]①¦②

[(ga)"债务证券",指根据由印度证券交易委员会按《1992 年印度证券交易委员会法》(1992 年第 15 号法)制定的规章列明的债务证券。]③

(h)"金融机构",指——

(ⅰ)《1956 年公司法》(1956 年第 1 号法)第 4A 节含义内的一公共金融机构;

[(ia)已经取得《2002 年金融资产证券化与重组和执行担保权益法》(2002 年第 54 号法)下注册证书的证券化公司或重组公司;]④

[(ib)在委员会注册、为担保债务证券指定的一债券受托人;]⑤

(ⅱ)中央政府考虑其在印度的经营活动和运营地区后以公告方式规定的其他机构。

[(ha)"金融租赁",指以下的一种租赁:按任何有形资产租赁协议、或可转让票据或可转让文件以外的其他协议,出租人在一定时期内将其权利转让给承租人,承租人以定期支付协商一致的金额为对价并在租赁期限届满时或支付协商一致的剩余金额时(视情况而定)成为该资产的所有权人。]⑥

(i)"公告",指在《官方公报》中发布的公告。

(j)"规定的",指按本法制定的规则规定的。

[(ja)"首席官",指按第 4 节第(1)分节指定的债务追偿庭的首席官。]⑦

[(jb)"财产",指——

(a)不动产;

(b)动产;

(c)接受金钱支付的任何债务或任何权利,不论担保与否;

---

① 由 2016 年第 44 号法第 26 节嵌入(自 2016 年 9 月 1 日生效)。
② 由 2000 年第 1 号法第 3 节替代(g)条款(自 2000 年 1 月 17 日生效)。
③ 由 2016 年第 44 号法第 26 节嵌入(自 2016 年 9 月 1 日生效)。
④ 由 2004 年第 30 号法第 19 节嵌入(自 2004 年 11 月 11 日生效)。
⑤ 由 2016 年第 44 号法第 26 节嵌入(自 2016 年 9 月 1 日生效)。
⑥ 由 2016 年第 44 号法第 26 节嵌入(自 2016 年 9 月 1 日生效)。
⑦ 由 2000 年第 1 号法第 3 节嵌入(自 2000 年 1 月 17 日生效)。

(d)应收账款,不论现在或未来;

(e)无形资产、专有技术、专利、版权、商标、许可证、特许经营或中央政府会商储备银行后规定的其他任何类似性质的经营或商事权利。]①

(k)"追偿官",指中央政府为第 7 节第(1)分节下每一法庭指定的一追偿官。

(l)"区域农村银行",指按《1976 年区域农村银行法》(1976 年第 21 号法)第 3 节设立的一区域农村银行。

[(la)"担保债权人",应当具有《2002 年金融资产证券化与重组和执行担保权益法》(2002 年第 54 号法)第 2 节第(1)分节(zd)条款中对其指定的含义。

(lb)"担保权益",指有利于任何银行或金融机构、在任何财产上创设的抵押、负担、质押、转让或其他任何种类权利、物权和利益,且包括——

(a)由作为财产所有权人的银行或金融机构保留的有形资产上的此权利、物权或利益,其在租用、融资租赁、有条件销售上给予的、担保支付财产购买价款未支付部分的负债或能使借款人获取有形资产所发生的负债或提供的贷款;

(b)任何无形资产中的此权利、物权或利益,或任何无形资产的许可,其担保支付该无形资产购买价款未支付部分的负债,或扩大到能使借款人获取该无形资产或无形资产许可所发生的负债或提供的贷款。]②

(m)"印度国家银行",指按《1955 年印度国家银行法》(1955 年第 23 号法)第 3 节组建的印度国家银行。

(n)"附属银行",应当具有《1959 年印度国家银行(附属银行)法》第 2 节(k)条款中对其指定的含义。

(o)"法庭",指按第 3 节第(1)分节设立的法庭。

第Ⅱ章　设立法庭和上诉庭

3. 法庭的设立

(1)中央政府应当经公告设立一个或数个被称为债务追偿庭的法庭,履行由本法或按本法赋予该法庭的管辖权、权力和授权。

(2)中央政府还应当在第(1)分节提及的公告中规定该法庭对受理和决定向其提交申请行使管辖权的地区。

---

① 由 2016 年第 44 号法第 26 节载入(自 2016 年 9 月 1 日生效)。
② 由 2016 年第 44 号法第 26 节载入(自 2016 年 9 月 1 日生效)。

4. 法庭的组成

（1）一法庭应当仅由中央政府以公告方式任命的一人组成（以下简称"首席官"）。

［（2）尽管第（1）分节中有任何规定，中央政府可以——

（a）授权按其他任何现行有效法律设立的法庭的首席官履行本法下债务追偿庭首席官的职能，并担任该庭首席官；或

（b）授权按其他任何现行有效法律设立的其他任何法庭的任职司法成员，履行本法下债务追偿庭首席官职能，并担任该庭司法成员。］①

5. 指任首席官的任职资格

除非一人是、已是或有资格担任一名地区法官，否则他不应当有资格任命为一法庭首席官。

6. 首席官的任期②

一法庭的首席官应当任职期限 5 年，自其进入任职之日起算，并应当有资格连任：

但是，已经年满 65 岁的任何人不应当担任一法庭的首席官。

7. 法庭的职员

（1）中央政府应当向法庭提供③［一名或多名追偿官］和其认为合适的其他官员、雇员。

（2）一法庭的［追偿官］④、其他官员和雇员应当在首席官总监控下履行其职能。

（3）一法庭的［追偿官］⑤、其他官员和雇员的薪酬、津贴和其他任职条款应当按规定。

8. 上诉庭的设立

（1）中央政府应当经公告设立一个或多个被称为债务追偿上诉庭的上诉法庭，履行由本法或按本法赋予该法庭的管辖权、权力和授权：

［但是，中央政府可以授权按其他任何现行有效法律设立的其他任何上诉庭的主席履行本法下债务追偿上诉庭主席的职能，并由其担任该上诉庭

---

① 由 2016 年第 44 号法第 27 节替代第（2）分节（自 2016 年 9 月 1 日生效）。

② 由 2016 年第 44 号法第 28 节替代第 6 节（自 2016 年 9 月 1 日生效）。

③ 由 2000 年第 1 号法第 4 节替代"一名追偿官"（自 2000 年 1 月 17 日生效）。

④ 由 2000 年第 1 号法第 4 节替代"该追偿官"（自 2000 年 1 月 17 日生效）。

⑤ 由 2000 年第 1 号法第 4 节替代"追偿官"（自 2000 年 1 月 17 日生效）。

主席。]①

(2)中央政府还应当在第(1)分节提及的公告中规定有关该上诉庭可以行使管辖权的法庭。

[(3)尽管第(1)和(2)分节中含有任何规定,中央政府可以授权一上诉庭的主席也履行其他上诉庭主席的职能。]②

9. 上诉庭的组成

一上诉庭应当仅由中央政府经公告任命的一人(以下简称[上诉庭主席]③)组成。

10. 指任[上诉庭主席]④的任职资格

一个人除非具备以下条件,应当无资格被任命为[一上诉庭的主席]⑤:

(1)他是、已是或有资格担任一高等法院的法官;或

(2)他已是印度法律服务委员会成员并拥有该服务一级职位至少 3 年;或

(c)他已担任一法庭的首席官至少 3 年。

11. 上诉庭主席的任期⑥

一上诉庭的主席应当任期 5 年,自其进入职位之日起算,并应当有资格连任:

但是,年满 70 岁的任何人不应当担任一上诉庭的主席。

12. 上诉庭的职员

若第 7 节的规定(与追偿官有关的规定除外)适用于一法庭,其应当在可以范围内适用于一上诉庭,据此该节中对"法庭"的提及应当解释为对"上诉庭"的提及和对"追偿官"的提及应当视为已经删除。

13. 首席官的薪酬、津贴和其他服务条款条件

应支付给[一法庭的首席官或一上诉庭主席]⑦的薪酬、津贴和其服务的

---

① 由 2016 年第 44 号法第 29 节嵌入(自 2016 年 9 月 1 日生效)。

② 由 2000 年第 1 号法第 5 节嵌入(自 2000 年 1 月 17 日生效)。

③ 由 2000 年第 1 号法第 2 节替代"上诉庭的首席官"(自 2000 年 1 月 17 日生效)。

④ 由 2000 年第 1 号法第 5 节嵌入(自 2000 年 1 月 17 日生效)。

⑤ 由 2000 年第 1 号法第 2 节替代"一上诉庭的首席官"(自 2000 年 1 月 17 日生效)。

⑥ 由 2016 年第 44 号法第 30 节替代第 11 节(自 2016 年 9 月 1 日生效)。

⑦ 由 2000 年第 1 号法第 2 节替代"一法庭或一上诉庭的首席官"(自 2000 年 1 月 17 日生效)。

其他条款条件(包括退休金、退职金和其他退休利益)应当按规定:

但是,在任命后[一法庭首席官或一上诉庭主席的薪酬、津贴和其服务的其他条款条件不应当随其]①不利条件而变化。

14. 空缺的填补

若因临时缺席以外的任何原因出现[一法庭的首席官或一上诉庭的主席]②职位空缺,中央政府应当根据本法规定任命其他人填补空缺,从空缺被填补阶段起,该法庭或上诉庭进行的程序可以继续。

15. 辞职与解职

(1)[一法庭的首席官或一上诉庭的主席]③可以经其向中央政府递交书面通知而辞职:

但是,除非中央政府允许[一法庭的首席官或一上诉庭的主席]④尽快离职,他应当继续履职至自接到该通知日起满3个月或被适当任命为其继任者的人进入任职或他任期届满,以较早者为准。

(2)[一法庭的首席官或一上诉庭的主席]⑤不应当被解职,除非中央政府在以下调查后因被证明行为不当或失职发布命令解职:

(a)在一法庭首席官情形下,由高等法院法官作出;

(b)在[一上诉庭主席情形下,由最高法院法官作出,]⑥

在上述调查中,已经通知[一法庭的首席官或一上诉庭的主席]⑦对其指控并就有关指控给予听证的合理机会:

[但是,在对首席官或主席(视情况而定)调查未有结论的期间,若认为他应当停止履行首席官或主席(视情况而定)职能,中央政府会商为遴选首席官

---

① 由2000年第1号法第6节替代"所述首席官们应当随他们的 .. 而变化"(自2000年1月17日生效)。

② 由2000年第1号法第2节替代"一法庭或一上诉庭的首席官"(自2000年1月17日生效)。

③ 由2000年第1号法第2节替代"一法庭或一上诉庭的首席官"(自2000年1月17日生效)。

④ 由2000年第1号法第7节替代"所述首席官"(自2000年1月17日生效)。

⑤ 由2000年第1号法第2节替代"一法庭或一上诉庭的首席官"(自2000年1月17日生效)。

⑥ 由2000年第1号法第2节替代"一上诉庭的首席官"(自2000年1月17日生效)。

⑦ 由2000年第1号法第7节替代"相关首席官"(自2000年1月17日生效)。

或主席组建的遴选委员会主席后,可以中止其职务。]①

(3)中央政府可以以规则方式规制调查[一法庭的首席官或一上诉庭的主席]②不当或失职行为的程序。

16. 设立法庭或上诉庭的命令是最终的和不使其程序无效

不应当以任何方式质疑中央政府任命任何人为[一法庭首席官或一上诉庭主席]③的命令,不应当仅因一法庭或一上诉庭的组成有任何瑕疵而以任何方式质疑一法庭或上诉庭进行的行为或程序。

第Ⅲ章 法庭的管辖权、权力和授权

17. 法庭的管辖权、权力和授权

(1)法庭应当自指定之日起,对受理和决定银行和金融机构提起的追偿欠其债款的申请行使管辖权、权力和授权。

(2)上诉庭应当自指定之日起,对受理针对法庭按本法作出的或视为已作出的任何命令的上诉行使管辖权、权力和授权。

17A. 上诉庭主席的权力④

(1)上诉庭主席应当依其管辖权行使指挥控制诸法庭的总权力,包括评价诸首席官工作和记录首席官年度信任报告的权力。

[(1A)为了行使第(1)分节下指挥控制诸法庭的总权力,主席可以——

(i)指令诸法庭以规定的形式、间隙期限和时间提供有关本法和《2002 年金融资产证券化与重组和执行扣保权益法》(2002 年第 54 号法)或其他任何现行有效法律下未决案件的信息、已处理的案件数量、登记的新案件数量和该主席认为必要的其他信息;

(ii)定期召集诸法庭首席官会议审查其履职情况。

(1B)在评价每位法庭首席官履职情况时,主席认为要求对不当或失职行为的首席官启动调查,应当向中央政府提交针对第 15 节下该首席官(若有)建议采取行动的报告,和为同一目的书面记载理由。]⑤

---

① 由 2013 年第 1 号法第 13 节嵌入(自 2013 年 1 月 15 日生效)。

② 由 2000 年第 1 号法第 7 节替代"上述首席官"(自 2000 年 1 月 17 日生效)。

③ 由 2000 年第 1 号法第 2 节替代"一法庭或一上诉庭的首席官"(自 2000 年 1 月 17 日生效)。

④ 由 2000 年第 1 号法第 2 节替代"一法庭或一上诉庭的首席官"(自 2000 年 1 月 17 日生效)。

⑤ 由 2013 年第 1 号法第 11 节嵌入(自 2013 年 1 月 15 日生效)。

（2）对诸法庭拥有管辖权的上诉庭的主席，经任何一方当事人申请或给双方当事人通知和听审后按自己的动议，可以将任何案件从一法庭移交给另一任何法庭处理。

18. 管辖权的阻止

自指定之日起，有关第 17 节中规定的事项，任何法院或其他机构不应当拥有或有权行使任何管辖权、权力或授权（但宪法第 226、227 节下行使管辖权的最高法院或高等法院除外）：

［但是，在《2012 年执行担保权益和追偿债务法律（修正）法》（2013 年第 1 号法）生效日前《2002 年多邦合作社法》（2002 年第 39 号法）下待决的涉及追偿欠多邦合作银行债务的任何程序，应当继续；自上述生效日后，本节中包含的任何规定不应当适用该程序。］①

第Ⅳ章　法庭程序

19. 向法庭申请②

（1）若银行或金融机构不得不向任何人追偿任何债务，它可以向以下地点区域内有管辖权的法庭提出申请：

［（a）该银行或金融机构的分支机构或其他任何办事机构正在维持的、目前未偿还被请求债务的账户；或］③

［（aa）④在提出申请时，被告或有多处地址的诸被告中的每位被告实际和自愿居住、从事经营或私人工作以获收入；或］

（b）在提出申请时，有多处地址的诸被告中的任何被告实际和自愿居住、从事经营或私人工作以获收入；或

（c）产生全部或部分诉因：

［但是，为了按《2002 年金融资产证券化与重组和执行担保权益法》（2002 年第 54 号法）采取行动，若按该法未较早采取此行动，银行或金融机构经债务追偿庭准许、提出申请，可以撤回申请，不论在《2004 年执行担保权益和追偿债务法律（修正）法》（2004 年第 30 号法）之前或之后：

但是，按第一项但书条款提出请求债务追偿庭准许撤回按第（1）分节作

---

① 由 2000 年第 1 号法第 9 节替代第 19 节（自 2000 年 1 月 17 日生效）。

② 由 2016 年第 44 号法第 32 节嵌入（自 2016 年 9 月 1 日生效）。

③ 由 2016 年第 44 号法第 32 将（a）条款重新编号为（aa）条款（自 2016 年 9 月 1 日生效）。

④ 由 2004 年第 30 号法第 20 节嵌入（自 2004 年 11 月 11 日生效）。

出申请的申请,应当由其尽快处理并自申请之日起 30 日内处置完毕。

但是,若债务追偿庭拒绝准许撤回按本分节提交的申请,它应当在记载拒绝理由后发布此类命令。]①

[(1A)第(2)分节(d)条款(ⅳ)分条款提及的每家多邦合作银行,依其选择,可以选择启动《2002 年多邦合作社法》(2002 年第 39 号法)下的程序向任何人追偿债务而不是按本章提出申请,该债务不论在《2012 年执行担保权益和追偿债务法律(修正)法》(2013 年第 1 号)生效日之前或之后。

(1B)若第 2 节(d)条款(ⅳ)分条款提及的多邦合作银行已按本章提交了申请,并在以后为了启动《2002 年多邦合作社法》(2002 年第 39 号法)下的程序以追偿债务而选择了撤回,它经法庭准许后可以这样做;请求法庭允许撤回按第(1A)分节所提申请的每项申请,应当尽快处理,并自申请之日起 30 日内处置完毕:

但是,若法庭拒绝准许撤回按本分节提交的申请,它可以在记载拒绝原因后发此类命令。]②

(2)若不得不向任何人追偿债务的银行或金融机构已经向第(1)分节下的法庭提交了申请,其他银行或金融机构针对同一人也有权请求追偿债务,后者银行或金融机构可以在发布最终命令之前的任何程序阶段,与原告银行或金融机构共同向该法庭提出申请。

[(3)第(1)或(2)分节下的每项申请应当是规定的形式,应当随附据此支持该请求的全部文件真实副本和规定的费用:]③

但是,费用的规定要考虑追偿债务的数额:

但是,本分节中包含涉及费用的任何规定,不应当适用于按第 31 节第(1)分节移交给该法庭的案件。

[解释:为了本节目的,文件包括账户和按《1891 年银行账簿法》(1891 年第 18 号法)正确证明的任何准入银行账簿文件。]④

[(3A)按第(1)或(2)分节提交追偿债务申请的每位原告,应当——

(a)陈述在属于任何被告财产上担保权益所担保的债务的具体情况和此诸担保的估计价值;

(b)若估计价值不足以清偿所请求的债务,陈述被告(若有)拥有的其他

---

① 由 2000 年第 1 号法第 8 节嵌入(自 2000 年 1 月 17 日生效)。
② 由 2013 年第 1 号法第 15 节嵌入(自 2013 年 1 月 15 日生效)。
③ 由 2016 年第 44 号法第 32 节替代第(3)分节(自 2016 年 9 月 1 日生效)。
④ 由 2016 年第 44 号法第 32 节嵌入(自 2016 年 9 月 1 日生效)。

任何财产或资产的具体情况;和

(c)若上述其他资产的估计价值不足以清偿债务,寻求命令指令被告向法庭披露被告拥有的其他财产或资产。]①

{[(3B)]②若向法庭提交追偿债务的申请在该法庭听审开始前或在发布最终命令之前的任何程序阶段被解决,可以按规定比例向原告返还他已支付的费用。}③

[(4)法庭收到第(1)或(2)分节下的申请后,应当向被告发出有以下指令的传票:

(ⅰ)在传票送达30日内显示不应当赋予所请求的救济措施的理由;

(ⅱ)指令被告披露申请人按第(3A)节(a)和(b)条款列明的财产或资产以外的财产或资产详细情况;

(ⅲ)限制被告处理或处置第(3A)分节下披露的等待听审和处理扣押财产申请的财产或资产。]④

[(4A)尽管《1882年财产转让法》(1882年第4号法)第65A节中有任何规定,传票送达的被告未经法庭事先批准,不应当以销售、出租或其他方式转移,但在其日常经营过程中创设了担保权益的资产和按第(3A)节披露或列明的财产或资产除外:

但是,法庭未通知申请人银行或金融机构显示不应当批准请求的理由,不应当给予批准;

但是,被告应当负责以销售日常经营过程中的担保资产方式实现销售收入数额,并负责将销售收入存入在该资产上持有担保权益的银行或金融机构正在维持的账户。]⑤

[(5)(ⅰ)被告应当自送达传票之日起30日期限内提交其书面答辩状,包括第(6)分节下的抵销请求或第(8)分节下的反诉(若有),此书状应当随附被告在答辩中依赖的原始文件或其留存法庭的真实副本:

但是,若被告未在上述30日期限内提交书面声明,首席官可以在书面记录的例外情形或特殊情况下,以延长期限的方式扩展上述期限不超过15日以

---

① 由2016年第44号法第32节嵌入(自2016年9月1日生效)。

② 由2016年第44号法第32节将第(3A)分节重新编号为第(3B)分节(自2016年9月1日生效)。

③ 由2013年第1号法第15节嵌入(自2013年5月15日生效)。

④ 由2016年第44号法第32节替代第(4)分节(自2016年9月1日生效)。

⑤ 由2016年第44号法第32节嵌入(自2016年9月1日生效)。

提交答辩书面声明。

(ⅱ)若被告依据法庭发布的命令披露任何财产或资产,第(4A)分节的规定应当适用于此财产或资产。

(ⅲ)若未遵从按第(4)分节(ⅱ)条款发布的命令,首席官可以采取命令方式,责令扣押该不履行人或官员在民事监狱不超过 3 个月期限,除非首席官指令释放:

但是,首席官未给予该人或官员被听审的合理机会,不应当发布本条款下的命令。

解释:为了本节的目的,"不履行官员"一词指《2013 年公司法》(2013 年第 18 号法)第 2 节第(60)条款所界定的官员。]①

[(5A)在收到被告书面声明时或在法庭赋予提交书面声明届满日,法庭应当确定听审准许或否定双方当事人提交的文件的日期和听审继续或停止按第(4)分节发布的临时令的日期。

(5B)若被告承诺支付银行或金融机构债务的全部或部分数额,法庭应当命令该被告自该命令日起 30 日内在承认的范围内支付该数额。若未遵从该命令,法庭可以根据第(22)分节的规定,在被告已经承认所欠债务额范围签发证书。]②

(6)若被告针对原告的要求,主张抵销其从原告应合法收回的确定金额,被告可以在首次听审申请时(但不得延后,除非经法庭准许)提交包含该债务具体情况的书面声明[寻求抵销,随附针对原告的、与任何确定数额有关的、依此支持抵销主张的原始文件和其他证据。]③

(7)书面声明应当具有交叉诉讼中起诉状相同的效力,以能使法庭就原始请求和抵销请求发布最终命令。

(8)申请中的被告除了其按第(6)分节请求抵销的权利外,还可以采取针对原告请求提出反诉的方式,在提交申请之前或之后但被告提交答辩之前或在提交答辩的期限届满前,就对被告发生的针对原告的诉因建立任何权利或请求,无论该请求是否是损害赔偿请求性质。

(9)第(8)分节下的反诉应当具有交叉诉讼相同的效力,以能使法庭就原始请求和反请求的相同申请发布最终命令。

---

① 由 2016 年第 44 号法第 32 节替代第(5)分节(自 2016 年 9 月 1 日生效)。
② 由 2016 年第 44 号法第 32 节替代第(5A)分节(自 2016 年 9 月 1 日生效)。
③ 由 2016 年第 44 号法第 32 节替代"寻求抵销"(自 2016 年 9 月 1 日生效)。

（10）原告在回答被告反诉中在［规定的］①期限内，应当自由提交书面声明。

［（10A）第（3）分节下的每项申请、第（5）分节的被告每项书面声明、第（8）分节下被告每项反诉，或第（10）分节下申请人回复反诉的书面声明，或其他任何诉状，应当由验证所有事实和诉请的原告或被告以宣誓书方式予以支持，声明诉请文件或其他文件证据应当作为申请书、书面声明、抵销或反诉答复状（视情况而定）的附件：

但是，若存在一方当事人提供的任何证人证据，该证人的宣誓书应当由该方当事人与第（10A）节下提交的申请书、书面声明或回复同时提交。

（10B）若申请书或书面声明中的任何事实或诉请未按第（10A）分节规定方式验证，不应当允许程序的一方当事人将该事实或诉请作为证据或作为此处所列任何事项。］②

［（11）若被告在书面声明中提起反诉，和在对该请求的回复中原告认为在此提出的请求不应当以反诉的方式处理而是独立诉讼中的请求，法庭应当对该争议问题与申请人追偿债务请求一起决定。］③

［ ＊＊＊］④

（13）（A）在程序中的任何阶段，［法庭基于申请人作出的申请和随附的扣押财产详细情况及其估计价值，或者其他情况认为］⑤，意图妨碍、拖延或阻挠执行针对其发布的追偿债务命令的被告：

（ⅰ）是关于处置其全部或任何财产；或

（ⅱ）是关于从该法院管辖区域转移其全部或部分财产；或

（ⅲ）可能对该财产造成任何损害或伤害，或因滥用或创设第三方权益影响其价值，

该法庭可以指令被告，在其规定的时间内，提供命令中规定数额的担保交由法庭处置，或经要求时提供上述财产，或相等价值，或其充分满足追偿债务证书的部分；或者出示和显示他不应当提供担保的理由。

（B）若被告在法庭规定的期限内，未显示其不应当提供担保的理由，或未

---

① 由2016年第44号法第32节替代"寻求抵销"（自2016年9月1日生效）。

② 由2016年第44号法第32节嵌入（自2016年9月1日生效）。

③ 由2016年第44号法第32节替代第（11）分节（自2016年9月1日生效）。

④ 由2016年第44号法第32节删除（自2016年9月1日生效）。

⑤ 由2016年第44号法第32节替代"经宣誓书或其他，法庭认为"（自2016年9月1日生效）。

提供要求的担保,法庭可以命令扣押原告请求为其利益设定担保的全部或部分财产,或其他情况下被告所有的、能充分满足债务追偿证书的财产。

[＊＊＊]①

(15)法庭还可以在命令中规定,指令有条件扣押[第(13)分节]②下规定的全部或部分财产。

(16)若作出的扣押令没有遵从第(13)分节的规定,该扣押应当无效。

(17)若未遵守法庭按第(12)、(13)和(18)分节作出的命令或违反作出的命令中的任何条款,该法庭可以命令扣押犯有不遵守或违反行为的人的财产,还可以命令该人在民事监狱拘留不超过 3 个月,除非该法庭与此同时指令释放。

(18)若向法庭显示是公正和方便的,法庭可以采取命令方式,

(a)指定任何财产的接受人,无论在颁发追偿证书之前或之后;

(b)解除任何人对该财产的占有或保管;

(c)指派接受人占有、保管或管理同一财产;

(d)授予接受人所有权力,诸如在各法院起诉和应诉,向本法庭起诉和应诉,为实现、管理、保护、保存和改进财产,收取其租金和利润,申请和处置该租金和利润,按所有权人自己具有的执行文件的权力,或法庭认为合适的其他权力;和

(e)指定专员准备被告财产的详细清单或销售此财产。

[(19)若向《2013 年公司法》(2013 年第 18 号法)下定义的一公司发出追偿证书,且该公司处于清算中,法庭可以采取命令方式指令,该公司担保资产的销售收入按《2013 年公司法》(2013 年第 18 号法)第 326 节或其他任何现行有效法律规定的方式进行分配。]③

[(20)法庭在涉及所有请求、抵销或反诉(若有)和此等请求上的利益时,给予原告、被告听审机会后,自听审结束之日起 30 日内,可以发出其认为合适的临时或最终命令,此命令可以包含命令支付自认定支付所欠数额之日起至支付实现或实际支付之日的利息。]④

[(20A)若证明使法庭认为,原告的请求已经因双方当事人签署的书面合法协议或和解计划而全部或部分调整,或者若被告已经偿付或同意偿付原告的请求,法庭应当发布记载该协议、和解计划或清偿请求的命令。]⑤

---

① 由 2016 年第 44 号法第 32 节删除(自 2016 年 9 月 1 日生效)。

② 由 2016 年第 44 号法第 32 节替代第(14)分节(自 2016 年 9 月 1 日生效)。

③ 由 2016 年第 44 号法第 32 节替代第(19)分节(自 2016 年 9 月 1 日生效)。

④ 由 2016 年第 44 号法第 32 节替代第(20)分节(自 2016 年 9 月 1 日生效)。

⑤ 由 2013 年第 1 号法第 15 节嵌入(自 2013 年 1 月 15 日生效)。

（20AA）法庭在发出第（20）分节下的最终命令时，应当清楚具体规定在其上创设的有利于银行或金融机构的担保权益的借款人资产，指令追偿官按第（20AB）分节中的规定分配该资产的销售收入。

（20AB）尽管任何现行有效法律中有任何相反规定，担保资产的销售收入应当在以下优先权顺序中分配，即：

（ⅰ）应当全额支付为保存和保护担保资产所发生的费用、估价费用、占有和拍卖公告或销售资产的其他支出；

（ⅱ）欠银行或金融机构的债务。

［解释：为本分节的目的，兹澄清，《2016年倒闭和破产法典》（2016年第31号法）生效之日或之后，若涉及借款人担保资产的倒闭和破产程序待决，担保资产销售收入的分配应当服从于该法典中规定的优先权顺序。］①

［（21）（ⅰ）法庭应当向原告和被告送发其最终命令的副本和追偿证书。

（ⅱ）原告和被告在支付规定费用后可以获得法庭发布的任何命令副本。］②

［（22）首席官应当按第（20）分节向追偿官发布其签字的支付债务和利息的追偿证书和最终命令，以追偿该证书中规定的债务额。］③

［（22A）为启动针对按《2013年公司法》（2013年第18号法）注册的一公司，或按《2008年有限责任合伙法》（2008年第9号法）注册的有限责任合伙的清算程序，或针对任何现行有效法律下的任何自然人或合伙企业的倒闭程序的目的，视情况而定，首席官按第（22）分节发出的任何追偿证书应当视为法院的判决和命令。］④

（23）已经发出追偿证书的法庭认为，财产位于所在地2个或多个法庭管辖区域内，它可以向财产所在地的其他法庭发出为了执行的追偿证书副本：

但是，若为了执行向其发送追偿证书的法庭认定，它对遵从追偿证书不具有管辖权，它应当将相同者退还给发出的法庭。

（24）向第（1）或（2）分节下法庭提出的申请应当由该法庭尽快处理，［该法庭应当尽各种努力遵守2-2听审中的程序，并］⑤自收到申请之日起180日内最终处理该申请。

---

① 由2016年第44号法第32节嵌入（自2016年9月1日生效）。
② 由2016年第44号法第32节替代第（21）分节（自2016年9月1日生效）。
③ 由2016年第44号法第32节替代第（22）分节（自2016年9月1日生效）。
④ 由2016年第44号法第32节嵌入（自2016年9月1日生效）。
⑤ 由2016年第44号法第32节替代"其应当作出努力"（自2016年9月1日生效）。

(25)法庭可以作出和发出有益赋予其命令以效力或防止其滥用程序或确保公正目的所必要的命令、指令。

19A. 以电子形式提交追偿申请、文件和书面声明①

(1)尽管本法中包含任何相反规定,不损害《2000 年信息技术法》(2002 年第 21 号法),中央政府可以通过规则规定,通告规定向法庭和上诉庭提交以下事项的起始日期:

(a)申请、书面声明或其他任何诉状和要求提交的随附文件,应当以电子形式并经原告、被告或任何其他请愿人以规定形式和方式数字签名认证后提交;

(b)按本法要求送达或递交的任何传票、通知、通讯或通告,可以以电子形式并经规定方式认证、采取传递诉状和文件的手段予以送达或递交。

(2)法庭或上诉庭发出的、在其网站上显示的任何临时或最终命令,应当视为该命令的公告。以电子邮件将该命令传递给程序双方当事人的登记地址,应当视为送达给了该当事人。

(3)中央政府可以采取规则方式规定,为了本节中规定的目的,电子形式对此方面的物理形式是排他性的、选择性的或补充的。

(4)为了采用电子提交的目的,按第(1)分节进行通告的法庭或上诉庭,应当维护其自身网站,或与其他法庭和上诉庭的共同网站,或其他此种电子信息统一访问数据库,并确保该法庭或上诉庭发布的全部命令或指令以规定方式显示在该法庭或上诉庭的网站上。

[解释:为了本节的目的,

(a)"电子签名",指《2000 年信息技术法》(2000 年第 21 号法)第 2 节(p)条款下定义的电子签名;

(b)"电子形式",指《2000 年信息技术法》(2000 年第 21 号法)第 2 节(r)条款下定义的电子形式。]

20. 向上诉庭上诉

(1)保留第(2)分节的规定,因作出的或宣称已作出的命令遭受侵害的任何人可以向对此事项有管辖权的上诉庭提起上诉。

(2)不应当对经双方当事人同意由法庭发出的命令向上诉庭提出上诉。

(3)第(1)分节下的每项上诉应当自他收到法庭作出或视为已作出的命令副本之日起[30 日]②期限内提出,并应当是规定的形式和随附规定的费用:

---

① 本节由 2016 年第 44 号法第 33 节嵌入(自 2016 年 9 月 1 日生效)。

② 由 2016 年第 44 号法第 34 节替代"45 日"(自 2016 年 9 月 1 日生效)。

但是,若上诉庭认为有充分理由未在上述 30 日内提出上诉,上诉庭可以受理上述[30 日]①期限届满后的上诉。

(4)上诉庭收到第(1)分节下的上诉、给予上诉双方当事人听审的合理机会后,可以发布其认为适当的命令,肯定、变更或撤销上诉所针对的命令。

(5)上诉庭应当将其作出的命令向上诉的各方当事人和相关法庭各发出副本。

(6)向第(1)分节下的上诉庭提起的上诉应当由该上诉庭尽快迅速处理,其应当努力在自收到上诉之日起 6 个月内处置完毕。

21. 上诉时提交欠债额的保证金

若欠银行或金融机构、或诸银行或诸金融机构的财团债务额的任何人提起上诉,上诉庭不应当受理该上诉,除非该人已在上诉庭交存了第 19 节下的法庭已判定其欠债额的[50%]②:

但是,上诉庭为了书面记录的原因,可以按本节[减少交存额,数额不应当低于所欠债务额的 25%。]③

22. 法庭和上诉庭的程序和权力

(1)法庭和上诉庭不应当受《1908 年民事诉讼法典》(1908 年第 5 号法)规定程序的约束,但应当受自然正义原则的指引、受本法其他规定和任何规则的约束,应当有权力规制其自身程序,包括应当开庭的地点。

(2)法庭和上诉庭为了履行其本法下的职能,在审理案件时,就以下事项,应当具有《1908 年民事诉讼法典》下赋予民事法院相同的权力,即:

(a)传唤和强制任何人到庭和检查其宣誓;

(b)要求出示和提供文件;

(c)接受宣誓书中的证据;

(d)发出委任以检查证人或文件;

(e)复审其决定;

(f)驳回缺席申请或基于单方决定的申请;

(g)撤销驳回缺席申请的命令或基于单方发出的命令;

(h)规定的其他任何事项。

(3)为了《1860 年印度刑法典》(1860 年第 45 号法)第 196 节的目的,法庭或上诉庭进行的任何程序应当视为该法典第 193 和 228 节含义内的司法程

---

① 由 2016 年第 44 号法第 34 节替代"45 日"(自 2016 年 9 月 1 日生效)。
② 由 2016 年第 44 号法第 35 节替代"75%"(自 2016 年 9 月 1 日生效)。
③ 由 2016 年第 44 号法第 35 节替代"放弃或减少"(自 2016 年 9 月 1 日生效)。

序;为了《1974年刑事诉讼法典》(1974年第2号法)第195节和第ⅩⅩⅥ章的所有目的,该法庭或上诉庭应当视为民事法院。

[(4)为了证明任何进入"银行账簿"目的,《1891年银行账簿证据法》(1891年第18号法)的规定应当适用于法庭或上诉庭进行的全部程序。]①

22A. 对程序行为统一程序②

为本法目的,中央政府可以采取规则方式,制定与本法规定相符的统一程序以引导诸法庭或诸上诉庭进行的程序。

23. 法律代表和出庭官员的权利

(1)向法庭提出申请或向上诉庭提出上诉的银行或金融机构,可以授权一名或多名法律执业者,或其任何官员担任出庭官员,其授权的每位人可以向法庭或上诉庭陈述其案件。

(2)被告可以亲自,或授权一名或多名法律执业者,或授权其官员向法庭或上诉庭陈述其案件。

24. 时效

《1963年时效法》(1963年第36号法)的规定在其可以的范围内应当适用于向法庭提交的申请。

第Ⅴ章 追偿法庭确定的债务

25. 追偿债务的模式

追偿官收到第29节第(7)分节下的证书副本后,通过以下一种或多种模式进行追偿证书中规定的债务额,即:

(a)扣押和出售被告的动产或不动产;

[(aa)占有被告创设担保权益的财产或其他任何财产,并为该财产指定接受人和出售同一财产;]③

(b)逮捕被告并将其在监狱拘留;

(c)指定接受人管理被告的动产或不动产;

[(d)中央政府规定的其他任何模式]④。

26. 证书的有效性及其修正

(1)不应当向被告开放追偿官面前的纠正证书中规定数额的争端,追偿

---

① 由2016年第44号法第36节嵌入(自2016年9月1日生效)。

② 本节由2016年第44号法第37节嵌入(自2016年9月1日生效)。

③ 由2016年第44号法第38节嵌入(自2016年9月1日生效)。

④ 由2016年第44号法第38节嵌入(自2016年9月1日生效)。

官也不应当受理基于其他任何理由对证书的异议。

（2）尽管向追偿官发出了证书，首席官应当有权力以向追偿官发送通报方式撤回该证书或矫正该证书中任何职员性或计算性的错误。

（3）首席官应当将其按第（2）分节撤销或废除证书的任何命令或其作出的任何更正通报给追偿官。

27. 证书和其修正下的暂停程序或撤销

［（1）尽管追偿官为追偿任何金额的目的已经发出了证书，首席官可以采取命令方式，对支付该金额规定时间，要求被告首付不低于追偿证书规定金额的25%、在持有追偿证书的原告银行或金融机构可接受的合理期限内无条件承诺支付余额。

（1A）追偿官收到第（1）分节下发布的命令后，应当停止进程直至给予的期限届满。

（1B）若被告同意支付追偿证书规定的金额，且追偿官停止了进程，被告应当丧失针对该法庭命令提起上诉的权利。

（1C）若被告在支付第（1）分节下金额中犯有任何不履行行为，追偿官应当撤回停止追偿进程，应当采取步骤追偿所欠和应付的余额。］①

（2）若已经发出追偿金额的证书，首席官应当保持通知追偿官支付任何金额或赋予支付的时间，随后向追偿官发出该证书。

（3）若提高要求追偿债务额的命令在上诉中被变更，结果要求的数额被减少，首席官应当停止追偿证书额中属于上诉期间仍待决的减少额的那部分金额。

（4）追偿官已收到债务追偿证书，但作为上诉结果，未偿付数额被减少［或提高］②，若是上诉事项的命令已成为最终和结论性的，首席官应当修正或撤销该证书，视情况而定。

28. 其他追偿模式

（1）若证书已向第19节第（7）分节下的追偿官发出，追偿官在不损害第25节中规定追偿模式的前提下，可以采取本节下的一种或数种模式追偿债务额。

（2）若任何人欠被告债务，追偿官可以要求此人从被告所欠本法下金额中扣减所述金额，此人应当遵守此要求，并应当支付扣减后追偿官确定的数额：

---

① 由2016年第44号法第39节替代第（1）分节（自2016年9月1日生效）。

② 由2000年第1号法第10节嵌入（自2000年1月17日生效）。

但是,本分节中的任何规定不应当适用于在执行《1908 年民事诉讼法典》第 60 节下民事法院判决中免于扣押的任何部分金额。

(3)(ⅰ)追偿官可以在任何时间或不时以书面通知,要求已欠或可能变成欠被告,或为或代被告持有或可能后来持有金钱的任何人,向追偿官立即支付变成欠款或持有的金钱,或在通知中规定的时间内支付(不是在变成欠款或持有金钱之前)足以充分支付被告所欠金额或等于或少于该金额的全部金钱。

(ⅱ)本分节下的通知可以向为或代被告与其他任何人共同持有或后来持有金钱的人发出,为本分节目的,在此金额中共同持有人的份额应当被推定是相等的,直至情况被证明相反。

(ⅲ)通知的副本应当在追偿官知道的被告最后地址送达给被告,在共同账户的情况下在追偿官知道全部共同持有人最后地址送达给他们。

(ⅳ)本分节中另有规定予以保留,按本分节向其发出通知的每位人应当受约束地遵守该通知;特别是,若此类通知向邮局、银行、金融机构或保险人发出,尽管有任何相反的规则、惯例或要求,为了进入、准许或在作出支付前进行类似行为的目的,没有必要提交银行存折、存款单、保险单或其他任何文件。

(ⅴ)与按本分节已经发出的通知有关的、涉及任何财产的、产生于通知日之后的任何请求,应当对通知中包含的任何要求是无效的。

(ⅵ)若向其发送本分节下的通知的人以宣誓声明反对该通知,主张没有欠被告所要求的数额或其一部分,或者他没有为或代被告持有任何金钱或账户,本分节中包含的任何规定不应当视为要求该人支付该数额或其一部分,视情况而定。但是,若发现该声明在实质详情上是不真实的,该人应当在其自身于通知日对被告的债务范围内向追偿官负责,或在被告欠本法下任何款项的范围内负责,以较少者为准。

(ⅶ)追偿官可以在任何时间或不时修正或撤回本分节下的通知,或为履行该通知延长支付的时间。

(ⅷ)追偿官应当对遵从本分节下发出的通知所支付的金额出具收据,依此支付的人应当在该支付金额范围内解除其对被告的债款责任。

(ⅸ)收到本分节下的通知后解除对被告债务的人,应当在解除其对被告的自身债款范围内或在被告对本法下所欠债务的债款范围内,以较少者为准,对追偿官承担个人负责。

(ⅹ)若向其递送本分节下通知的人未据此向追偿官作出支付,就通知中规定的金额,他应当视为不履行被告,应当以第 25、26、27 节规定方式对其采

取进一步程序,以实现该金额,如同其欠债;该通知应当具有追偿官在行使其第 25 节下的权力中扣押债款相同的效力。

(4)追偿官可以向保管属于被告金钱的法院申请向其支付该金钱的全部金额,或若超过欠债金额,支付充分解除所欠债务的金额。

[(4A)追偿官可以在执行追偿证书的任何阶段,以命令方式,要求追偿证书针对的或向其发出的任何人和公司的任何官员,以宣誓书方式声明其资产的详细情形。]①

(5)追偿官可以按《1961 年所得税法》(1961 年第 43 号法)第 3 表中规定的方式通过扣押和出售被告动产,向被告追偿任何欠债额。

29.《所得税法》某些规定的适用

《1961 年所得税法》(1961 年第 43 号法)第 2、3 表的规定和不时修订有效的《1962 年所得税(证书程序)规则》,在可能范围内经必要变更后应当适用,如同上述规定和规则提及本法下的欠债金额而不是所得税额:

但是,上述规定和规则对"资产被评估人"的提及应当解释为对本法下的被告的提及。

30. 对追偿官命令的上诉②

(1)尽管第 29 节中包含任何规定,因追偿官按本法作出的命令遭受侵害的任何人,自向其发出命令副本之日起 30 日内,可以向法庭提起上诉。

(2)法庭收到第(1)分节下的上诉后,在给予上诉人听审合理机会和进行其认为合适的调查后,可以维持、变更或撤销追偿官在行使其第 25 至 28 节(包含两者)下的权力中作出的命令。

30A. 对追偿官命令提起上诉的债务保证金③

若欠银行或金融机构,或诸银行或诸金融机构的财团债务金额的任何人,按第 30 节针对追偿官的任何命令提起上诉,法庭不应当受理该上诉,除非该人向该法庭已经交存了其决定的欠债额 50% 的保证金。

第Ⅵ章 杂项

31. 待决案件的移交

(1)按本法设立法庭之日前任何法院中待决的每个诉讼或其他程序,是以本应为其诉因、在法庭设立后产生的属于该法庭管辖范围内的诉讼或程序,

---

① 由 2000 年第 1 号法第 11 节嵌入(自 2000 年 1 月 17 日生效)。
② 由 2000 年第 1 号法第 12 节替代第 30 节(自 2000 年 1 月 17 日生效)。
③ 本节由 2016 年第 44 号法第 40 节嵌入(自 2016 年 9 月 1 日生效)。

应当在该日移交给该法庭：

但是，本分节中的任何规定不应当适用于上述法院中未决的上诉；

[但是，涉及追偿《2012 年执行担保权益和追偿债务法律（修正）法》（2013 年第 1 号法）生效日之前、《2002 年多邦合作社法》（2002 年第 39 号法）下的多邦合作银行债务的待决追偿程序，应当继续，本节中包含的任何规定不应当适用于此类程序。]①

（2）若诉讼或其他程序处于由法院移交至第（1）分节下的法庭，

（a）该法院应当尽快在此移交后将该诉讼或其他程序的记录（档案）移交给该法庭；和

（b）法庭接收记录（档案）后，可以在其可能范围内以第 19 节下提出申请的情形下的相同方式，从该移交前已进入的阶段或从该法庭认为适当的[＊＊＊]②较早阶段，处理该诉讼或其他程序。

31A. 法庭在判决或命令下发出追偿证书的权力③

（1）若在《2000 年追偿银行和金融机构债务（修正）法》（2000 年第 1 号法）生效前任何法院发布的判决或命令还没有执行，判决持有人可以向法庭申请发布追偿债务金额的命令。

（2）法庭收到第（1）分节下的申请后，可以向追偿官发出追偿证书。

（3）追偿官收到第（2）分节下的证书后，应当进行追偿该数额，如同它是本法下应追偿债务的证书。

31B. 担保债权人的优先权④

尽管其他任何现行有效法律中有任何规定，担保债权人通过出售创设担保权益的资产以实现对其所欠和应支付的担保债务的权利，应当具有优先性，且其支付应当优先于其他全部债务和欠政府的到期款项，政府到期款项包括欠中央政府、邦政府或地方当局的税务、税收、地方税或费用。

解释：为本节目的，兹澄清，在《2016 年倒闭和破产法典》（2016 年第 31 号法）生效日或之后，若涉及借款人担保资产的倒闭或破产程序待决，对担保债权人支付债务的优先权应当服从该法典的规定。

---

① 由 2013 年第 1 号法第 16 节嵌入（自 2013 年 1 月 15 日生效）。
② 由 2000 年第 1 号法第 13 节删除"从头"文字（自 2000 年 1 月 17 日生效）。
③ 本节由 2000 年第 1 号法第 14 节嵌入（2000 年 1 月 17 日生效）。
④ 本节由 2016 年第 44 号法第 41 节嵌入（自 2016 年 9 月 1 日生效）。

32. 上诉庭和法庭的主席、首席官和职员为公职人员①

上诉庭的主席、法庭的首席官,上诉庭和法庭的追偿官、其他官员和雇员,应当视为《1860 年印度刑法典》(1860 年第 45 号法)第 21 节含义内的公职人员。

33. 保护善意采取的行动

不应当对中央政府,或[法庭的首席官或上诉庭的主席]②或追偿官根据本法或据此制定的任何规则或发布的命令善意做的或声称已做的任何事,提出诉讼、起诉或其他法律程序。

34. 本法具有覆盖效力

(1)第(2)分节下的规定予以保留,尽管存在与其他任何现行有效法律中的相关规定或依据本法以外的其他任何法律具有效力的文件中的相关规定不一致,本法的规定应当具有效力。

(2)本法或按本法制定的规则的规定,应当补充但不减损《1948 年工业金融企业法》(1948 年第 15 号法)、《1951 年国家金融企业法》(1951 年第 63 号法)、《1963 年印度单位信托法》(1963 年第 52 号法)、《1984 年印度工业复兴银行法》(1984 年第 62 号法)、[《1985 年弱势行业公司(特别条款)法》(1986 年第 1 号法)]和《1989 年印度小型工业开发银行法》(1989 年第 39 号法)。]③

35. 清除障碍的权力

(1)若在赋予本法规定的效力中产生任何障碍,中央政府可以采取在《官方公报》中发布命令的方式,制定与本法规定不抵触的、对清除该障碍有必要或有益的规定:

但是,自本法生效日后届满 3 年,不应当发布任何此种命令。

(2)按本节作出的任何命令应当在其作出后尽快呈递议会每院。

36. 制定规则的权力

(1)中央政府经公告可以制定实施本法规定的规则。

(2)不损害上述权力的普遍性,此规则可以对以下全部或任何事项进行规定,即:

---

① 由 2000 年第 1 号法第 15 节替代第 32 节(2000 年 1 月 17 日生效)。

② 由 2000 年第 1 号法第 4 节替代"一法庭或一上诉庭的首席官"(自 2000 年 1 月 17 日生效)。

③ 由 2000 年第 1 号法第 16 节替代"和《1985 年弱势行业公司(特别条款)法》"(自 2000 年 1 月 17 日生效)。

[(a)第 2 节(jb)条款下类似性质的其他经营或商事权利];①

[(aa)]②第 7、12 和 13 节下法庭、上诉庭的[首席官、主席]③、追偿官、其他官员和雇员的薪酬、津贴和任职的其他条款条件;

(b)按第 15 节第(3)分节,调查[上诉庭主席、法庭首席官]④不当或失职行为的程序;

(c)按第 19 节提出申请的形式,此申请应当随附的文件、其他证据和涉及提交申请应支付的费用;

[(ca)第 19 节下申请的形式和提交申请的费用];⑤

{(cc)按第 19 节第[(3B)]⑥分节向原告返还费用的比例;}⑦

[(cca)第 19 节第(10)分节下提交书面声明的期限;

(ccb)第 19 节第(21)分节下获得法庭命令副本的费用;

(ccc)第 19A 节第(1)分节(a)条款下认证数字签名的形式和方式,和第 19A 节第(1)分节(b)条款下认证诉状和文件送达或递交的方式;

(ccd)第 19 节第(1)分节下以电子形式提交申请和其他文件的形式和方式,和第 19 节第(4)分节下显示法庭和上诉庭命令的方式。]⑧

(d)第 20 节下向上诉庭提起上诉的形式和有关此上诉应支付的费用;

[(da)第 22A 节下引导法庭和上诉庭程序行为的统一程序规则;

(db)第 25 节(d)条款下其他追偿模式;]⑨

(e)要求的或规定的其他任何事项。

[(3)按第 1 节第(4)分节、第 3 节和第 8 节发出的公告,和中央政府按本法制定的每项规则,在其作出后立当尽快呈报议会每院。在会期,总期限为 30 日,由一次会议或后续两次或多次会议和本次会期届满前立即进行下次会议或上述后续会议构成。若两院同意对公告或规则作出变更,或两院同意不

---

① 由 2016 年第 44 号法第 42 节载入(自 2016 年 9 月 1 日生效)。

② 由 2016 年第 44 号法第 42 节将(a)条款重新编号为(aa)条款(自 2016 年 9 月 1 日生效)。

③ 由 2000 年第 1 号法第 17 节替代"首席官们"(自 2000 年 1 月 17 日生效)。

④ 由 2000 年第 1 号法第 17 节替代"诸法庭和诸上诉庭的首席官们"(自 2000 年 1 月 17 日生效)。

⑤ 由 2016 年第 44 号法第 42 节嵌入(自 2016 年 9 月 1 日生效)。

⑥ 由 2016 年第 44 号法第 42 节替代"3A"(自 2016 年 9 月 1 日生效)。

⑦ 由 2013 年第 1 号法第 17 节嵌入(自 2000 年 1 月 17 日生效)。

⑧ 由 2016 年第 44 号法第 42 节嵌入(自 2016 年 9 月 1 日生效)。

⑨ 由 2016 年第 44 号法第 42 节嵌入(自 2016 年 9 月 1 日生效)。

应当发出该公告或规则,该公告或规则仅以上述变更的形式有效,或不具有效力,视情况而定;但是,任何变更或无效不应当损害以前按该公告或规则所作任何事情的有效性。]①

37. 废止和保留

(1)兹废止《1993年追偿银行和金融机构债务条例》(1993年第25号条例)。

(2)尽管有上述废止,按上述《条例》所做的任何事或采取的任何行动,应当视为已按本法相应规定做了或采取了。

(邓瑞平译)

---

① 由2000年第1号法第17节替代第(3)分节(自2000年1月17日生效)。

✳ 刘彦佑*

印度《2015 年黑钱(未披露国外收入和资产) 与课税法》简介

　　印度税收法律制度在发展中国家颇具代表性。1757 年以后印度逐渐沦为英国的殖民地,英国统治长达两个世纪之久,印度税收法律制度的建立与发展深受英国税法的影响。1886 年,英国殖民统治者直接引入了英国所得税,使印度成为最早实施所得税的殖民地也是当今最早采取所得税的发展中国家。① 摆脱英国殖民主义统治而独立之后,随着经济的发展和经济结构的健全,完备的税制体系在印度建立起来。1953 年,印度政府开征了遗产税,②1958 年开征了富裕税和赠与税,③1962 年修改了所得税制,④1964 年开征了超额利润税⑤。20 世纪 80 年代中后期至现在,印度顺应了世界税制改革的浪潮,对其税制进行了大幅度的改革。1986 年在制造环节实施了一种修改过的

　　* 刘彦佑,1992 年生,女,四川仁寿人,西南政法大学国际法学院国际法学专业 2015 级硕士研究生。

　　① 个人所得税 1986 年就已开征所得税,现行税法系 1961 年修订后于 1962 年 4 月 1 日实施。

　　② 遗产税税率是从应税遗产额的 10 万卢比的 5% 一直到应税遗产额超过 200 万卢比的 85% 的超额累进税率

　　③ 净资产累计超过 150 万卢比的所有公司需缴纳 1% 的财富税。

　　④ 在直接税方面,印度的所得税过分偏重再分配功能,个人所得税率设有 11 个级次,边际税率最高达到 93.5%,导致逃税行为的大量发生。

　　⑤ 超额利润税亦称"超额利得税",是一些国家对企业或个人的超额利润征收的一种税,计税依据有两种标准:一种标准是以某一时期的利润额超过前几年的平均利润额部分作为计税依据。

增值税制度。① 到目前为止,印度税制已经形成了一个完备的体系。

印度税制是以《宪法》的规定为基础建立起来的。根据印度《宪法》规定,没有议会的授权,行政上不能课税。② 印度实行联邦、邦和地方三级课税制度,税收立法权和征收权主要集中在联邦。③ 印度税制有以下特点:(1)税收收入占国内生产总值的比重低,税收收入占财政收入的比重不大。税收收入与非税收入合计为 GDP 的 20.6%,税收收入占财政收入的比重为 50% 左右。④ 这是由印度经济不发达、收入规模小等原因造成的。(2)以间接税为主体的税制结构。印度以消费税为主体税种,关税、销售税为辅助税种,近年来所得税有所发展,所占比重不断提高。⑤ (3)联邦和各邦有明确的税种划分。联邦、邦和地方政府均有各自明确的课税权,但地方税名目繁多,税源不大。⑥

印度税制存在的问题:(1)以间接税为主的税制结构的弊端使社会目标失败。印度政府原本想通过税收手段缓解收入上严重的两极分化现象,使国民收入再分配有利于贫困者,但由于其税制结构以间接税为主,所得税与财产税等直接税的税额很小,对约 300 万个人所得税纳税人征收的所得税收入,只占全国税收总额的很小一部分,很难对收入分配起调节作用。(2)现行的分税制体制以及有关做法,造成中央控制财力过多,地方财力虚弱,使中央(联邦)与地方(各邦)的财政关系日趋紧张。

---

① 印度实行两种增值税:一是联邦增值税;二是邦级增值税。联邦增值税对制造业征收,适用全国范围;邦级增值税适用于商业批发和零售业。

② 印度《宪法》第 199 节。

③ 宪法规定专由联邦政府课征的税种有:个人所得税、公司所得税、财富税、遗产和赠与税、销售税、消费税、增值税、社会保障税、节省外汇税、注册税、土地和建筑物价值税、支出税、印花税及关税等。各邦征收的税种主要有:交通工具税、土地价值税、农业所得税、职业税等。地方政府征收的税种主要有:土地捐、土地与建筑物税(对租金征收)、土地增值税、广告税、财产转让税(印花税的补充)等。

④ 据印度财长公布,印度税收占 GDP 的比重应位于 20%—30% 区间。

⑤ 印度的所得税按纳税人区分为个人、印度教联合家庭、合伙企业、公司和其他五类。其中,企业所得税细分为居民企业和非居民企业,居民企业是指在印度注册的企业,或者控制权在印度的企业。印度纳税年度从 4 月 1 日起至次年 3 月 31 日,居民企业就其全球范围内的所得纳税,非居民企业就其源于印度的所得纳税。

⑥ 1935 年始,印度将各税种划分为中央税(联邦税)、地方税(各邦税)、共享税三类。共享税属中央税,是由议会规定按一定的比率划分给各邦。

一、本法的制定

近年来,黑钱一直是印度国内的热门话题。印度总理莫迪在 2014 年竞选期间承诺将追回印度在海外的所有黑钱,并将黑钱分给印度民众。按照这一设想,每个民众可分得 150 万卢比(约合 15 万人民币)。[①] 据统计,印度的黑钱规模非常可观。《印度教徒报》曾夸张地称,黑钱占到了印度国内生产总值的 75%,印度商业和工业联合会甚至宣称,印度的黑钱规模占到了两万亿美元。[②] 据印度媒体报道,过去 10 年间,通过虚假贸易报价方式流出印度的资金高达 1200 多亿美元,占同期全部非法转出资金的 90% 以上。"黑钱"外流,不但使原本属于印度的财富流向海外,同时一些"黑钱"还通过非法渠道流回本国的地下经济体系,导致国民经济受到损害,政府税收大量流失。[③] 这使印度成为全球第五大黑钱流出国。[④] 对黑钱进行专门立法,将有效地控制印度黑钱的流出,并对印度国内的经济发展和社会发展会有效促进,对印度国内的贫困者的生活、生产方面会有较大提高。

2015 年 3 月 20 日,印度政府将《未披露的国外收入和资产法》草案提交印度人民院审议,以打击印度公民的海外黑钱。印度国内媒体将这一法案称为"黑钱法"。[⑤] 该草案于 2015 年 5 月 26 日被议会通过,是为《黑钱(未披露的国外收入和资产)与课税法》(以下简称"本法"),并自 2015 年 10 月 22 日正式实施。本法是印度第一部专门反黑钱(未披露的国外收入和国外资产)和对黑钱进行课税的独立的国内法律。[⑥]

二、本法的主要内容和特色

(一) 结构和主要内容

本法由 7 章 88 节组成,其结构为:目标和定义;征税基准;税收管理、税务

---

① 吕鹏飞:《印度"黑钱法"命运难料》,载《人民日报》2015 年 3 月 22 日第 3 版。
② 吕鹏飞:《印度"黑钱法"命运难料》,载《人民日报》2015 年 3 月 22 日第 3 版。
③ 胡唯敏:《印将采取法律手段追讨海外"黑钱"》,载《工人日报》2012 年 2 月 16 日第 007 版。
④ 吕鹏飞:《印度"黑钱法"命运难料》,载《人民日报》2015 年 3 月 22 日第 3 版。
⑤ 吕鹏飞:《印度"黑钱法"命运难料》,载《人民日报》2015 年 3 月 22 日第 3 版。
⑥ 胡唯敏:《印将采取法律手段追讨海外"黑钱"》,载《工人日报》2012 年 2 月 16 日第 007 版。

机构及其权力、上诉的权利和期限;处罚(罚款);违法行为和起诉、监禁期限和罚金;未披露国外收入和资产的依法纳税、资产申报;一般规定(包括中央政府与其他国家或区域政府签订协定、协定可规定的内容、代替被评估人出庭的授权代表和具有资格或不具有资格授权代表的规定)。

本法主要内容如下:

1. 序文。主要对一些专业术语和名词的定义作了具体的解释,以及对本法的范围和生效作了规定。

2. 征税基准。主要对未披露国外收入和资产总额的范围及其计算方式作了规定。

3. 税收管理。明确规定了税务机构的种类及其对应的权力和应履行的责任。

4. 处罚制度。具体规定了纳税人在逃税或没有纳税的情况下可能面临的各种处罚,如面临起诉、罚款和监禁等。

5. 未披露的国外收入和资产的依法纳税。明确规定要求纳税人在符合条件的情况下如实申报,以及对未披露的海外收入和资产的征税税率和逃税的罚金比率进行了规定。

(二) 本法的特色

本法与印度之前税法相比,具有以下独特性:

1. 黑钱税是一种直接税

印度税制是以间接税为主的税制结构,直接税所占比例小。印度的直接税主要包括所得税、公司税、财产税、利息税、土地收入税、印花税等,所以本法规定的黑钱税也属于一种直接税。与发达国家实行以所得税为主的税制结构相反,作为低收入的发展中国家,印度实行的是以间接税为主的税制结构。以间接税为主,很难调节收入的分配。印度于1991年启动了系统的税制改革,以这次税改为契机,通过税种和税制要素的调整,使得直接税收入显著增长,进一步优化了以间接税为主的税制结构。黑钱税是一种财产税,因此也是一种直接税。直接税税率可以采用累进结构,根据私人所得和财产的多少决定其负担水平;同时,累进税率的采用,使税收收入较有弹性,在一定程度上可自动抑制国民经济的剧烈波动。并且,对于社会财富的再分配和社会保障的满足具有特殊的调节功能。

2. 对纳税人违法行为的惩罚力度强

本法明确规定了被评估者在不履行本法情况下应当承担的相应罚款责任。例如,在进行税收评估时,每位违反本法的纳税人或者认为违反本法的纳税人,以及该纳税人继续持续违反,应当支付与税收欠款相同额的罚款;①在违法行为被起诉中,持有来源于印度境外未披露的收入和资产,且不提供该收入所得税申报书,该人应当被处以 6 个月至 7 年的监禁和相应的罚金。② 更严重的是,如果纳税人试图故意以任何方式逃避或规避本法规定的应支付或应征收的税款、罚款或利息,该人应当被处以 3 年至 10 年的监禁和相应的罚金。③ 按本法规定,如果一个人以任何方式教唆或引诱他人制作或提交应付税收的账簿、报表或申报书,应当被处以 6 个月至 7 年的监禁和相应的罚金。④ 由此可见,本法加大了对纳税人违法的惩罚力度。

3. 税务机构的权力与责任并存

本法明确规定了税务机构的管辖权和具体权力。调查和检查;强制任何人出席,包括金融公司的任何官员以及通过宣誓检查他;强制提交账簿和其他文件;发布委任状等都是税务机构所拥有的权力。⑤ 在对税务机构的权力进行明确的同时,对其应履行的职责作出相应规定。在从财政年度结束逾期两年之后,应当对没有评估、再评估发布指令;在财政年度中,根据第 10 节第(1)款的规定,通知由评估官发布。⑥ 对税务机构权力和职责的双重规定,既肯定了税务机构的地位,又没有忽视其职能问题。

4. 征税的税率

本法不仅对税务机构和纳税人作出了具体的规定,而且对征税的税率作出相应的规定。本法第 60 节规定,尽管在《所得税法》或任何财政法中包含的任何事项,位于印度以外未披露资产和在规定时间内申报的资产应当在本法实施的日期以该未披露资产的价值的百分之 30% 比率征税。⑦ 根据该节,对未如实

---

① Section 44, sub-section(1), The Black Money(Undisclosed Foreign Income and Assets)and Imposition of Tax Act, India, 2015.

② Section 49, The Black Money(Undisclosed Foreign Income and Assets)and Imposition of Tax Act, India, 2015.

③ Section 51, The Black Money(Undisclosed Foreign Income and Assets)and Imposition of Tax Act, India, 2015.

④ Section 53, The Black Money(Undisclosed Foreign Income and Assets)and Imposition of Tax Act, India, 2015.

⑤ Section 8, The Black Money(Undisclosed Foreign Income and Assets)and Imposition of Tax Act, India, 2015.

⑥ Section 10, The Black Money(Undisclosed Foreign Income and Assets)and Imposition of Tax Act, India, 2015.

⑦ Section 60, The Black Money(Undisclosed Foreign Income and Assets)and Imposition of Tax Act, India, 2015.

申报的海外黑钱的试图逃税者征收的税率为 30%,相较于其他税种的税率,对黑钱征收的税率较高,凸显了印度对未如实申报的试图逃税者的打击力度。

三、对本法的简评

(一)本法的优势

1. 对黑钱(未披露国外收入和资产)课税的独立立法

在制定本法之前,虽然有一些法律对黑钱做出了相应的规定,但这些法律对黑钱的规定都是零碎、不全面的,因此,在黑钱的课税方面难以继续,造成印度黑钱不断外流。自 2000 年以来,印度每年非法外流资金约为 130 亿美元。印度媒体认为,造成印度黑钱不断外流的原因,一方面是由于政府财政监管体系落后,另一方面是政府在打击黑钱问题上没有采取坚决的态度,而这两方面原因的最根本之处就在于没有一个系统的立法。本法是印度第一次对黑钱的专门立法。本法详细地规定了税收收费的原理、税收管理制度、处罚制度以及违法行为和起诉,对黑钱的违法行为给予了最严厉的处罚,有效促进了印度的国内经济以外,还对印度的立法体系进行了进一步的完善。

2. 对洗黑钱行为的处罚具体详细

根据本法,对于隐瞒海外收入和资产以试图逃税者,最高可判入狱 10 年,还将被处以应纳税款 300% 的罚款;[1]申报海外资产收入信息不准确者,最高可判入狱 7 年。[2] 本法还将隐匿海外收入和海外资产作为反洗钱法的“上游违法行为”,相关部门可据此没收海外黑钱并发起诉讼。[3] 在本法颁布后,印度政府将设定一个窗口期,以方便印度公民申报海外账户或资产。这对印度公民和印度政府,都是一件具有积极意义的措施。对黑钱行为加大处罚力度的制度设计,以及通过立法来预防和惩处印度居民的黑钱行为,不仅是印度国家立法体系的一种完善,更是对印度国内经济的一种刺激与调控。

3. 本法的规定更具有强制性

在印度反黑钱发展历史上,对黑钱的防范与控制采取了很多措施。例如,

---

[1] Section 51, The Black Money(Undisclosed Foreign Income and Assets) and Imposition of Tax Act, India, 2015.

[2] Section 50, The Black Money(Undisclosed Foreign Income and Assets) and Imposition of Tax Act, India, 2015.

[3] Section 71, The Black Money(Undisclosed Foreign Income and Assets) and Imposition of Tax Act, India, 2015.

最近的"宽大处理"政策,宣布停止某种大票面额纸币在市场上的流通,对"黑钱"嫌疑者进行突击搜查,颁发特种持票人公债等,甚至出台"钞票新政",市面上流通的500面值(约合50.6元人民币)和1000面值(约合101.2元人民币)印度卢比,从当日午夜起不再是印度法定通用货币,全国全面禁止其流通,同时公布了相应过渡措施。这一紧急实施的"钞票新政"猛烈冲击印度经济活动,至少在短时间内给印度民众生活带来剧烈影响。而相较于上述的各种措施,这次颁布的反黑钱法更具有强制性,规定更具体、更详细。不仅对个人逃税作出规定,对公司、企业、甚至家族的未如实申报的逃税作出相应的规定。

4. 对逃税者的处罚种类较多

按本法规定,应纳税而没有纳税的人面临的处罚不仅是征税,还有罚款、被起诉和入狱、罚金。对逃税者的罚款至少5万卢比、最高20万卢比的金额。[1]被评估人除应当支付税款,还支付等于计算出的税款的3倍罚款。[2] 受益所有人或其他人持有任何位于印度以外资产(包括任何实体的金融利益)或者该资产的受益人或拥有来源于印度以外的收入,以及不能在适当期限提供规定的收入所得税申报表,应当被处以最低6个月、最高7年的监禁和相应罚金。[3]

(二) 本法存在的主要问题

1. 处罚规定与其他相关法重复

虽然本法对处罚措施进行了详细规定,但是在印度现行的个人所得税法中规定,印度居民应将其在印度或全球其他地方的收入如实申报,个人所得税法中规定的惩罚措施与该法中规定的处罚措施几乎无异。但自所得税法实施以来,没有人因逃税而被判以最高处罚,但印度黑钱猖獗更说明此法作用不大。所以即使本法对处罚措施作出了详细规定,但不一定会被适用。

2. 对纳税人权利缺乏规定

虽然本法内容清晰而详细,并建立了本领域的税收管理制度,但对税收管理制度冗长的规定(占本法全部条文三分之一),而对纳税人(被评估人)的权利规定极少甚至没有。本法虽规定了纳税人应当纳税的义务、应当被罚款的

---

① Section 45, The Black Money(Undisclosed Foreign Income and Assets) and Imposition of Tax Act, India, 2015.

② Section 41, The Black Money(Undisclosed Foreign Income and Assets) and Imposition of Tax Act, India, 2015.

③ Section 49, The Black Money(Undisclosed Foreign Income and Assets) and Imposition of Tax Act, India, 2015.

义务,而对其权利的规定几乎没有,而在税收管理制度中,不仅详细规定了税务机构的权力,并且对上诉的权力做出相应的规定。一方面由于税务机构的自由裁量权过大,导致一些违法者得到庇护的现象时有发生;另一方面由于纳税人与政府关系上的不对称,居民有纳税义务,同时有监督政府如何使用这些钱的权利,但在本法中居民很少能行使此等权利。因此,印度的本部反黑钱法应当完善对纳税人权利方面的规定,真正落实在对纳税人规定其义务时赋予其相应的权利。

3. 征税人的职能规定较少

虽然本法对税务机构的相关权力和职能作了规定,但是其大部分是对其权力的具体规定,对其所应履行的具体职能只是简单概括。如,"税务机构不应当制定任何修正案"的规定具有增加未披露国外收入和资产或减少偿还额或因此增加被评估人的义务的作用,否则有关当局已经给予被评估人机会进行听证。[①] 在听证会上,要给予听证人相应的权利。[②] 虽然本法对征税人的相关职能作了简要概述,但缺乏具体规定,其很难有力保护纳税人的正当权利。

---

① Section 12, The Black Money(Undisclosed Foreign Income and Assets) and Imposition of Tax Act, India, 2015.

② Section 16, The Black Money(Undisclosed Foreign Income and Assets) and Imposition of Tax Act, India, 2015.

2015 年黑钱(未披露国外收入和资产)与课税法 *

法律和司法部

(立法部门)

2015 年 5 月 27 日,新德里

议会以下法于 2015 年 5 月 26 日经总统批准,兹公布基本信息:

2015 年黑钱(未披露国外收入和资产)与课税法

2015 年第 22 号

[2015 年 5 月 26 日]

为对处理未披露国外收入、资产的黑钱问题和处理收入、资产的程序进行规定,对拥有印度境外任何未披露国外收入、资产课税进行规定,和对有关或附带事项进行规定,制定一项法律。

议会于印度共和国第 66 年制定本法,内容如下:

目 录

---

* 译自《印度公报》2015 年 5 月 27 日第 26 号特别号第 II 部分第 1 节本法英文本。目录系译者和本卷编辑所加。

8. 揭示和出示证据的权力

9. 税务机构进行的程序是司法程序

10. 评估

11. 完成评估和再评估的时限

12. 纠正错误

13. 强令通知

14. 不禁止直接评估或追偿

15. 向专员(上诉)上诉

16. 上诉中遵循的程序

17. 专员(上诉)的权力

18. 向上诉庭上诉

19. 向高等法院上诉

20. 至少两名法官审理高等法院案件

21. 向最高法院上诉

22. 最高法院的审理

23. 修正损害税收的命令

24. 修正其他命令

25. 待决上诉的税款支付

26. 最高法院裁决费用的执行令

27. 基于上诉修正评估

28. 排除获取副本所需的时间

29. 税务机构提起上诉

30. 评估官追偿欠税款

31. 税收追偿官追缴税收欠款

32. 追缴税收欠款的模式

33. 追偿官追缴税收欠款的有效性

34. 公司清算情形下追缴税收欠款

35. 公司经理的责任

36. 参与者的连带和分别责任

37. 通过邦政府追偿

38. 依据与外国或特定领土的协定追缴税收欠款

39. 不影响以诉讼或按其他法律的追偿

40. 未提供所得税申报书和支付或推迟预提税的利息

第 IV 章　处罚

41. 未披露国外收入和资产的处罚

42. 未提供国外收入和资产所得税申报书的处罚

43. 未提供收入所得税申报书、信息等的处罚

44. 未支付税收欠款的处罚

45. 其他不履行行为的处罚

46. 程序

47. 施加处罚的限制条件

第 V 章　违法行为和起诉

48. 本章不减损任何其他法律或本法任何其他规定

49. 未提供国外收入和资产所得税申报书的惩罚

50. 未提供收入所得税申报书、印度境外资产信息的惩罚

51. 故意企图逃税的惩罚

52. 查证中虚假陈述的惩罚

53. 教唆的惩罚

54. 有罪心理状态的推定

55. 主要首席专员、主要专员、首席专员或专员级别的起诉

56. 公司违法行为

57. 记录或文件中的记载证据

58. 第二次及其后续违法行为的惩罚

第 VI 章　未披露国外收入和资产的依法纳税

59. 未披露国外资产的申报

60. 征税

61. 罚款

62. 申报方式

63. 支付税款的时间

64. 申报的未披露国外资产不包括在总收入中

65. 申报的未披露国外资产不影响已评估的最终性

66. 自愿披露资产的税款不应退还

67. 申报不应采信为针对申报人的证据

68. 虚假陈述事实的申报无效

69. 申报中列明的资产免征财富税

70. 《所得税法》某些条款和《财富税法》第 V 章的可适用性

第 I 章　序文

1. 短标题、适用范围和生效

(1)本法可以称为《2015 年黑钱(未披露国外收入和资产)与课税法》。

(2)本法适用于整个印度。

(3)本法中另有规定予以保留,本法自 2016 年 4 月 1 日起生效。

2. 定义

除非上下文另有要求,在本法中——

(1)"上诉庭",系指按《1961 年所得税法》(1961 年第 43 号法)第 252 节设立的上诉庭。

(2)"被评估人",系指《1961 年所得税法》(1961 年第 43 号法)第 6 节第 (6)分节含义内的在印度是居民而非常住居民的人,其依据本法就未披露国外收入和资产或者任何其他金钱的总额支付税费,包括依据本法被视为不履行被评估人的任何人。

（3）"评估"，包括重估。

（4）"评估年度"，系指从每年4月1日开始的12月期间。

（5）"局"，系指按《1963年中央税务局法》（1963年第54号）设立的中央直接税局。

（6）《所得税法》"，系指《1961年所得税法》（1961年第43号法）。

（7）"参与者"，系指——

（a）与企业有关的合伙人，或

（b）与个人社团或自然人团体有关的成员。

（8）"规定的"，系指依据本法制定的规则规定的。

（9）"上年度"，系指——

（a）始于营业开始日、终于营业结束日或终于营业开始日之后的3月31日的期间，以较早者为准；

（b）始于收入新来源出现日、终于营业结束日或终于此收入新来源出现之后的3月31日的期间，以较早者为准；

（c）始于财政年度的第1日、终于（b）条款中规定的营业以外的营业结束日或终于非法人团体的解散或公司的清算的期间，视情况而定；或

（d）在其他任何情况下，从相关年份的4月1日开始的12个月期间，并且其先于评估年度。

（10）"居民"，系指《所得税法》第6节含义内的居住在印度的人。

（11）"位于印度境外未披露资产"，系指被评估人以自己名义或者就他是受益所有人持有的、他不能解释该资产的投资来源或者他的解释按评估官意见是不满意的、位于印度境外的资产（包括在任何实体中的金融利益）。

（12）"未披露国外收入和资产"，系指第4节规定的和以第5节中规定方式计算的、被评估人来源于印度境外的未披露收入和位于印度境外的未披露资产的价值的总和。

（13）"非法人团体"，系指——

（a）商行；

（b）个人社团；或

（c）自然人团体。

（14）"未披露资产的价值"，应当具有第3节第（2）分节中对其指定的含义。

（15）本法中使用但未定义、在《所得税法》中已定义的其他所有词汇和词

组,应当分别具有该法中对其指定的含义。

第 II 章　征税基准

3. 征税

(1)受本法的约束,自 2016 年 4 月 1 日起,应当对每位被评估人每个评估年未披露的全部国外收入和资产征收 30% 的税:

但是,对位于印度境外的未披露资产,应当按评估官注意到的该资产上年度的价值征税。

(2)为了本节的目的,"未披露资产的价值",指以规定方式确定的资产(包括任何实体中的金融利益)公平市场价值。

4. 全部未披露国外收入和资产的范围

(1)受本法规定的约束,被评估人任何上年度的全部未披露国外收入和资产应当是:

(a)来源于印度境外的收入,其在《所得税法》第 139 节第(1)分节解释 2 中规定的时间内或按该节第(4)分节或第(5)分节,在提供收入税收申报书中未曾披露;

(b)来源于印度境外的收入,其按《所得税法》第 139 节要求提供所得税申报书但未在该节第(1)分节规定的时间内或按该节第(4)分节或第(5)分节提供所得税申报书;和

(c)位于印度境外的未披露资产的价值。

(2)尽管第(1)分节包含任何规定,根据《所得税法》第 29 节至第 43C 节,或第 57 节至第 59 节或第 92C 节,按该法在对被评估人任何上年度全部收入的评估或重估中,对源自印度境外的收入中作出的任何变动,不应当包含在全部未披露国外收入中。

(3)包含在本法下全部未披露国外收入和资产中的收入,不应当构成《所得税法》下总收入的一部分。

5. 全部未披露国外收入和资产的计算

(1)在计算被评估人任何上年度的全部未披露国外收入和资产中,

(i)不应当准许被评估人扣除任何支出、减免或抵销任何损失,不论其根据《所得税法》是否被允许;

(ii)任何收入,

(a)在本法适用的评估年以前按《所得税法》为任何评估年进行了税收评估;或者

（b）按本法为任何评估年进行了或应进行税收评估，

若被评估人提供证据使评估官认为该资产已经从已进行税收评估或应进行税收评估（视情况而定）的收入中获得，应当从位于印度境外的未披露资产价值中扣除。

（2）在不动产情况下，第（1）分节第（ⅱ）条款中规定的扣减额应当是，评估官注意到的财政年第一日该资产价值所承担的数额，应评估或已评估国外收入的比例与该资产总成本承担的比例相同。

例　证

被评估人在前一年度 2009—2010 年度以 500 万卢比获得印度境外一处房产。除投资 500 万卢比外，在 2009—2010 年度和以前年度的总收入中，税收评估为 200 万卢比。评估官在 2017—2018 年度注意到了该未披露资产。2017—2018 年该资产价值是 1000 万卢比，应税额应当是 A−B＝C，其中：

A ＝ 1000 万卢比，B ＝（1000　200/500）万卢比 ＝ 400 万卢比，C ＝（1000−400）万卢比 ＝ 600 万卢比。

第Ⅲ章　税收管理

6. 税务机构

（1）《所得税法》第 116 节中规定的所得税机构应当是为本法目的的税务机构。

（2）每个税务机构应当对其管辖范围内的任何人员行使本法下的税务机构权力和履行其职能。

（3）受第（4）分节规定的约束，依据按《所得税法》第 120 节或其他任何条款发布的命令或指令（包括分配共同管辖权的命令或指令），本法下税务机构的管辖权应当与其按该法拥有的管辖权相同。

（4）对《所得税法》下无税收评估收入的被评估人拥有管辖权的税务机构，应当是对该被评估人居住地或从事营业的地区拥有管辖权的税务机构。

（5）《所得税法》第 118 节和据此发布的任何公告，应当适用于控制税务机构，如同其适用于控制相应所得税机构，但是在中央直接税局对任何税务机构以《官方公报》中公告方式另行指令的范围内除外。

7. 现任者的变化

（1）因管辖权或任何其他原因的改变，继任另一税务机构的税务机构应当自其前任遗留阶段继续从事各程序。

（2）经被评估人书面请求，在对其案件发布任何命令前，可以给予其听证

的机会。

8. 揭示和出示证据的权力

(1)规定的税务机构在审理涉及以下事项的案件时,为了本法的目的,应当具有《1908 年民事诉讼法典》(1908 年第 5 号法)下赋予法院的相同权力,即:

(a)揭示和调查;

(b)强制包括银行业公司任何官员在内的任何人到案,并以宣誓方式对其检验;

(c)强制出示账簿和其他文件;和

(d)发出委任状。

(2)为了进行任何调查的目的,应当赋予规定的税务机构第(1)分节提及的权力,不论在其面前的任何程序是否未决。

(3)为第(1)或(2)分节目的规定的任何税务机构,受此方面的规则的约束,可以扣留向其出示的任何账簿或其他文件,并由其保管其认为合适的期限。

(4)专员级别以下的任何税务机构不应当——

(a)未记录其如此行事的原因,扣留任何账簿或者其他文件;或者

(b)未经主要首席专员、首席专员、主要专员或专员的事先批准,其保管该任何账簿或其他文件超过 30 日。

9. 税务机构进行的程序是司法程序

(1)本法下税务机构进行的任何程序应当被视为《1860 年刑法典》(1860 年第 45 号法)第 193 节和第 228 节含义内的司法程序,且为了该法典第 196 节的目的。

(2)为了《1973 年刑事诉讼法典》(1974 年第 2 号法)第 195 节的目的但不是为了该法典第 XXVI 章的目的,各税务机构应当被视为民事法院。

10. 评估

(1)为了按本法进行评估或重估的目的,评估官收到来自《所得税法》下所得税机构或任何现行有效法律下任何其他机构的信息、或基于其已注意的任何信息,可以向任何人送达通知,要求该人在规定日期出示或导致出示评估官为本法目的要求的账目、文件或证据,并不时送达进一步通知,要求该人出示评估官可以要求的其他账目、文件或证据。

(2)评估官为了获得任何人相关财政年未披露国外收入和资产的全部信息的目的,可进行其认为必要的调查。

（3）评估官审查其按第（1）分节获得的账目、文件或证据，考虑其按第（2）分节已收集的任何相关材料和被评估人出示的其他任何证据后，应当采取书面命令，评估未披露国外收入和资产，确定被评估人应付金额。

（4）若任何人未遵守第（1）分节下通知的所有条款，评估官在考虑其已收集的全部相关材料和给予被评估人听证机会后，应当根据其最好的判断评估未披露国外收入和资产，确定被评估人应付金额。

11. 完成评估和再评估的时限

（1）自评估官发出第10节第（1）分节下通知的财政年结束时起届满两年，不应当按第10节发布评估或再评估的任何命令。

（2）尽管第（1）分节中包含任何规定，在主要专员或专员收到第18节下命令的财政年结束时起届满两年之前的任何时间，可以根据第18节下发布的撤销或取消评估的命令，发布新评估的命令。

（3）第（1）分节的规定不应当适用于因包含在本法第15节、第18节、第19或第22节下命令中的，或本法下上诉方式以外程序的任何法院命令中的任何裁决或指令的结果或赋予此等裁决或指令效力所进行的评估或再评估，此等评估或再评估受第（2）分节规定的约束，可以在主要专员或专员收到上述命令的财政年结束时起届满两年之前的任何时间完成。

［解释1］为本节目的，在计算时限中，

（ⅰ）重新开始程序的全部或任何部分所需要的时间；或

（ⅱ）通过任何法院的指令或禁令使评估程序停止的期间；或

（ⅲ）自按《所得税法》第90或第90A节规定的协议或本法第73节由主管机构提交或首次提交交换信息之日起至主要专员或专员最后收到要求的信息之日止的期间，或一年期间，以较短者为准，

应当排除：

但是，若排除上述时间或期间后，第（1）、（2）和（3）分节规定的使评估官作出评估或再评估命令（视情况而定）的可利用时限少于60日，此剩余期限应当延长至60日，且上述时限应当视为据此被延长。

［解释2］若以第（3）分节中规定的命令方式，任何未披露国外收入和资产被排除于被评估人评估年未披露国外收入和资产总额，则为了第10节和本节的目的，此未披露国外收入和资产的其他评估年的评估，应当视为因包含在上述命令中的任何裁决或指令的结果，或赋予此等裁决或指令以效力所作的一次评估。

12. 纠正错误

（1）税务机构可以修正其按本法发布的任何命令，以纠正记录中的明显

错误。

（2）自寻求修正的命令发布财政年结束时起四年以后，不应当发布本节下的任何命令。

（3）若增加未披露国外收入和资产、减少被评估人退款或其他情况下提高被评估人责任已经具有效力，税务机构不应当作出任何修正，除非相关机构已经给予被评估人听证机会。

（4）相关税务机构可以按本节基于以下情形作出修正：

（a）其自身动议，或

（b）被评估人或视情况而定的评估官向其提出申请。通过被评估人或根据具体情况而定的评估官，制作一份申请书。

（5）对税务机关收到的修正命令申请，应当自其收到该申请之月结束时起6个月内作出决定。

（6）若在上诉或修订中发出该命令，税务机构修正该命令的权力应当限于上诉或修订中事项以外的事项。

13. 强令通知

税务机构应当以规定形式和方式向被评估人送达强令通知，要求其支付按本法作出任何命令之结果的应付税额。

14. 不禁止直接评估或追偿

本章中的任何规定不应当阻止代表个人直接评估该个人，或为了该个人利益直接评估该个人应收到的源自印度境外的未披露收入或其持有的位于印度境外未披露资产，或者向该个人追偿涉及该收入和资产的税款或其他任何应付金额。

15. 向专员（上诉）上诉

（1）具有以下情形的任何人可以向专员（上诉）提出上诉：

（a）反对评估官对其评估的未披露国外收入和资产的税额；或

（b）否认其本法下的被评估义务；或

（c）反对评估官施加的任何处罚；或

（d）反对增加评估或减少返还税款的具有效力的更正命令；或

（e）反对被评估人请求允许按第12节予以更正的拒绝令。

（2）每项上诉应当按规定形式提出并按规定方式验证、缴付规定的费用。

（3）上诉应当自以下之日起30日期限内提出：

（a）与评估或处罚有关的强令通知送达之日；或

（b）其他任何情况下，针对送达的寻求上诉的命令的通报之日。

（4）专员（上诉）可以准许第（3）分节规定期限届满后的上诉，

（a）若他认为有充分理由未在上述期限内提出上诉；和

（b）延期提出上诉没有超过一年的期限。

（5）专员（上诉）应当听审和决定该上诉，并受本法规定的约束，发布其认为合适的诸命令，且该诸命令可以包括增加评估或处罚的命令：

但是，除非已给予被评估人听证的合理机会，不应当作出增加评估或处罚的命令。

16. 上诉中遵循的程序

（1）专员（上诉）应当确定听审上诉的日期和地点，应当将同一通知递送给上诉人和针对其命令提出上诉的评估官。

（2）以下人员在听审中应当有权被听审，即：

（a）上诉人，无论其亲自出席或由其授权代表出席；

（b）评估官，无论其亲自出席或由其代表出席。

（3）专员（上诉）在任何时间认为必要或有益，可以推迟上诉听审。

（4）专员（上诉）在处置任何上诉之前，可以进行其认为合适的进一步调查。

（5）专员（上诉）在其进行的程序期间可以指令评估官作出调查，并向其报告产生于任何法律或事实问题的观点。

（6）若专员（上诉）认为遗漏不是故意的或不合理的，专员（上诉）可以在上诉听审中准许上诉人提出上诉理由中未规定的任何上诉理由。

（7）专员（上诉）处理上诉的任何命令应当是书面的，并应当载明决定的要点、由此的决定及其理由。

（8）按第15节提出的每项上诉应当由专员（上诉）尽快审理和处置，并应当尽力在自提出上诉的财政年度结束时起1年内完成处置该项上诉。

（9）专员（上诉）在处置上诉时，应当将其发布的命令递送给被评估人、主要首席专员、首席专员、主要专员或专员。

17. 专员（上诉）的权力

（1）专员（上诉）在处置上诉中应当具有以下权力，即：

（a）在针对评估命令的上诉中，他可以确认、减少、增加或取消评估；

（b）在针对施加处罚命令的上诉中，他可以确认或取消该命令；

（c）在其他任何情况下，他可以决定上诉中出现的问题并就此发布其认为合适的命令。

（2）专员（上诉）可以考量和决定评估官未考量的任何事项。

（3）除非已给予上诉人被听审的机会，专员（上诉）不应当扩大评估或处罚。

（4）专员（上诉）在处置上诉中，可以考量和决定因针对已发布的命令提出上诉的程序所引起的任何问题，尽管上诉人未向其提出此问题。

18. 向上诉庭上诉

（1）因专员（上诉）按第15节发布的命令，或主要专员或专员按本法任何规定发布的命令遭受侵害的被评估人，可以针对该命令向上诉庭上诉。

（2）若主要专员或专员反对专员（上诉）按本法任何规定发布的任何命令，他可以指令评估官针对该命令向上诉庭上诉。

（3）第（1）分节或第（2）分节下的每项上诉，应当自寻求上诉针对的命令传递给被评估人、主要专员或专员（视情况而定）之日起60日期限内提出。

（4）评估官或被评估人（视情况而定）接到通知称，另一方当事人已按第（1）或（2）分节提出了针对专员（上诉）命令的上诉，尽管他在接到该通知30日内未针对该命令或其任何部分提出上诉，他可以针对专员（上诉）命令的任何部分提出以规定方式验证的交叉反对备忘录；该备忘录应当由上诉庭处理，如同其是在第（3）分节规定时间内提出的上诉。

（5）若具有以下情形，上诉庭可以准许第（3）分节或第（4）分节规定期限届满后的上诉或提交交叉反对备忘录：

（a）上诉庭认为存在未在该期限内提出的充分理由；和

（b）提出上诉的延期未超过一年期限。

（6）向上诉庭提出的上诉应当以规定形式提交、经规定方式验证并随附规定的费用，但第（2）分节提及的上诉或第（4）分节提及的交叉反对备忘录的情形除外。

（7）受本法规定的约束，上诉庭在按本节听审和对上诉作出命令中，应当行使的权力和遵循的程序与其按《所得税法》在听审和对上诉作出命令中行使的权力、遵循的程序相同。

19. 向高等法院上诉

（1）若使高等法院认为案件涉及法律的实质问题，应当就上诉庭在上诉中发布的每项命令，向高等法院提出上诉。

（2）主要首席专员、首席专员、主要专员、专员或被评估人可以对因上诉庭发布任何命令遭受的侵害，向高等法院提出上诉，且该上诉应当——

（a）自主要首席专员、首席专员、主要专员、专员或被评估人收到上诉针对的命令之日起120日期间内提出；

(b)是准确陈述涉及法律实质问题的上诉备忘录形式。

(3)若高等法院认为未在第(2)分节规定的120日期限内提起上诉有充分理由,它可以准许在该期限届满后的上诉。

(4)若高等法院认为在任何情况下涉及法律实质问题,它应当明确阐释该问题。

(5)应当仅就阐释问题听审上诉,在听审上诉中应当准许被告发表本案不涉及该问题的意见。

(6)尽管第(4)分节和第(5)分节中有任何规定,若高等法院认为本案涉及其未阐释的其他任何实质法律问题,它可以行使其权力听审对该法律问题的上诉。

(7)高等法院应当决定已阐释的法律问题,发出包含作出该决定的理由的判决,并裁决其认为合适的费用。

(8)高等法院可以决定以下任何问题:

(a)上诉庭未曾决定的;或

(b)因决定第(1)分节中提及的法律问题,上诉庭作出错误决定。

(9)涉及向高等法院上诉,《1908年民事诉讼法典》(1908年第5号法)的规定在其可以的范围内应当适用于本节下的上诉案件。

(10)若高等法院对按第(7)分节向其提出的上诉发布判决,应当对评估官基于该判决验证副本就该上诉发布的命令赋予效力。

20. 至少两名法官审理高等法院案件

(1)向高等法院提起的上诉应当由高等法院至少两名法官组成的法庭听审,并根据此等法官的意见作出决定,或者法庭由多于两名法官组成,由法官的多数作出决定。

(2)若没有上述的多数,法官们应当陈述他们分歧的法律观点,随后本案应当按高等法院其他一名或多名法官的观点审理,该观点应当依据包括首次听审本案法官在内的已经听审本案的多数法官意见作出决定。

21. 向最高法院上诉

对高等法院按第19节作出的、该高等法院证明是向最高法院上诉的合适案件的任何判决的上诉,应当向最高法院提出。

22. 最高法院的审理

(1)涉及向最高法院上诉,《1908年民事诉讼法典》(1908年第5号法)的规定在可以的范围内应当适用于第21节下的上诉案件,与其适用于对高等法院判决的上诉案件相同。

（2）上诉费用应当由最高法院酌情决定。

（3）若该上诉中高等法院的判决被改判或撤销,应当以第 19 节第（10）分节规定的方式赋予最高法院命令以效力。

23. 修正损害税收的命令

（1）主要专员或专员为了修正在隶属他的任何税务机构面前按本法任何程序发布的任何命令的目的,可以传召和检查与此相关的全部可用记录。

（2）主要专员或专员若认为寻求被修正的命令在其有害于税收利益范围内是错误的,可以在给予被评估人被听证的机会后,发布案件情况证明是正当的命令（以下简称"修正令"）。

（3）主要专员或专员可以进行或导致进行其认为对发布第（2）分节下命令的目的所必要的调查。

（4）主要专员或专员按第（2）分节发布的修正令,可以具有增加或变更评估的效力,但不应当是取消评估和指令重新评估的命令。

（5）第（2）分节下主要专员或专员修正一项命令的权力应当延伸至任何上诉中未曾被考虑和决定的事项。

（6）自寻求被修正的命令发布的财政年结束时起届满 2 年,不应当作出第（2）分节下的任何命令。

（7）尽管第（6）分节中有任何规定,关于因上诉庭、高等法院或最高法院命令中包含任何裁决或指令原因,或赋予此等裁决或指令以效力而已经发出的命令,可以及时发布本节下的修正令。

（8）在计算第（6）分节下的时限中,不应当包括以下时间,即:

（a）按第（7）分节给予被评估人再审机会所用的时间;或

（b）因任何法院命令或禁令被停止任何程序的任何期间。

（9）不损害前述各条款的普遍性,若按主要专员或专员观点,具有以下情形的,税务机构发布的命令在其有害于税收利益范围内应当视为是错误的:

（a）本应作出调查或查证但没有进行而发布该命令;或

（b）未根据中央直接税局发出的任何命令、指令或指示作出该命令;或

（c）未根据有管辖权的高等法院或最高法院在本法或《所得税法》下被评估人或其他任何人的案件中作出的、不利于被评估人的决定发布该命令。

（10）本节中,"记录"应当包括与本法下任何程序有关的、在主要专员或专员检查时可利用的全部记录。

24. 修正其他命令

（1）主要专员或专员经自身动议或被评估人提出申请,为了修正隶属于

他的税务机构发布的任何命令（不是第 23 节适用的命令）的目的，可以传召和检查与此相关的全部可用记录。

（2）主要专员或专员可以发布其认为必要的、没有不利于被评估人的命令。

（3）第（2）分节下的主要专员或专员修正令的权力不应当扩展至以下命令：

（a）针对未提出但向专员（上诉）提出的期限未届满的上诉的命令；

（b）针对专员（上诉）面前未决的上诉的命令；或

（c）在任何上诉中已被考量和决定的命令。

（4）被评估人应当自寻求被修正的命令传递给他之日起或自其他情况下他知道该命令之日起 1 年期限内，以较早者为准，应当申请修正第（1）分节中提及的任何命令。

（5）主要专员或专员若认为被评估人因充分理由阻止其在一年期限内提出申请，可以准许被评估人在 1 年期限届满之后但在自第（4）分节中提及的日期起 2 年届满之前提出的申请。

（6）被评估人按本节提出的每项改判申请应当随附规定的费用。

（7）在以下期限届满以后，不应当作出第（2）分节下的任何命令：

（a）自被评估人按第（4）分节作出申请的财政年结束时起 1 年；或

（b）若专员按其自身动议修正该命令，自寻求被修正的命令之日起 1 年。

（8）在计算第（7）分节的时限中，不应当包括以下时间，即：

（a）给予被评估人第 7 节下再审机会所需的时间；或

（b）任何法院的命令或禁令停止本节下任何程序的任何期间。

（9）为了本节的目的，主要专员或专员拒绝干预的命令应当视为不是有害于被评估人的命令。

25. 待决上诉的税款支付

尽管向高等法院或最高法院提出任何上诉，应当根据本法下作出的评估支付税款。

26. 最高法院裁决费用的执行令

有关最高法院裁决的费用，高等法院根据提出的执行令请求，可以将该执行令传递给其任何下级法院。

27. 基于上诉修正评估

若作为第 15 节或第 18 节下上诉的结果，对自然人团体或个人社团的评估作出任何变化，或者作出重新评估自然人团体或个人社团的命令，专员（上诉）或上诉庭（视情况而定）应当发布命令，授权评估官修正已作出的评估或

对该团体或社团的任何成员进行重新评估。

28. 排除获取副本所需的时间

在计算本法上诉规定的时限中,向被评估人送达命令通知而未送达命令副本的日期、获取上述命令副本所需的时间,应当排除。为了计算基于本法规定的上诉的限制期限,指示的通知已送交给被评估人但没有送交指示副本的日期,应当排除获得该指示副本所需的时间。

29. 税务机构提起上诉

(1)为了规范本章下任何税务机构提起上诉的目的,中央直接税局可以不时向其他税务机构发布命令、指示或指令,确定其认为合适的货币限制。

(2)若根据第(1)分节发布的命令、指示或指令,税务机构对被评估人任何财政年案件中的任何问题未提起上诉,在以下情况中,不应当阻止该税务机构对以下人就相同问题提出上诉:

(a)任何其他财政年的同一被评估人;或

(b)同一或其他任何财政年的其他任何被评估人。

(3)尽管税务机构未依据第(1)分节发布的命令、指示或指令提出任何上诉,主张该税务机构以任何案件中不提起上诉方式已经默许对该争端事项的判决,对是任何上诉中的一方当事人的被评估人,应当是不合法的。

(4)审理该上诉的上诉庭应当注意第(1)分节下发布的命令、指示或指令和有关任何案件提起或未提起上诉的各种情况。

(5)中央直接税局对提起上诉确定货币限制已经发布的每项命令、指示或指令,应当视为已经按第(1)分节发布,第(2)、(3)和(4)分节的规定据此应当适用。

30. 评估官追偿欠税款

(1)第13节下强令通知中规定的任何应付款额,应当自该通知送达起30日期限内以规定方式支付至中央政府财政。

(2)若评估官有任何理由相信允许第(1)分节规定的30日期限将有害于税收利益,他可以经联合专员事先批准,减少至其认为合适的期限。

(3)在30日期限或第(2)分节下减少后的期限届满前,或在专员(上诉)的上诉期间,经被评估人申请,评估官可以延长支付时间,或允许分期支付,但受他根据案件情况施加的其认为合适的条件的约束。

(4)若税收欠款未在第(1)分节下允许的时间、第(2)分节下减少的期限或第(3)分节延长的期限内(视情况而定)支付,被评估人视为不履行被评估人。

(5)若被评估人在第(3)分节规定的时间内未履行支付分期付款中的任何一期,他对全部欠款额应当被视为不履行被评估人。

(6)若追偿官未按第31节拟定任何证书,评估官可以采取第32节规定的一种或多种模式,对不履行被评估人或视为不履行被评估人追缴该金额。

(7)应当授予税收追偿官按第31节拟定的税收欠款声明追缴税收欠款的权力。

31. 税收追偿官追缴税收欠款

(1)税收追偿官可以按规定形式拟定其签名的第30节第(4)分节或第(5)分节中提及的被评估人税收欠款声明(以下将该声明简称为"证书")。

(2)第(1)分节下的证书应当因本法下任何程序结果不时被修正,税收追偿官应当追偿被变更的款额。

(3)税收追偿官应当改正记录中的任何明显错误。

(4)税收追偿官应当有权力延长支付的时间或准许分期支付,但受其依案件情况施加的认为适当的条件的约束。

(5)税收追偿官应当采取第32节或《所得税法》第2表中规定的一种或多种模式,向被评估人追偿证书中规定的金额。

(6)对税收追偿官无论以何种理由拟定任何证书的正确性的争议,不应当向被评估人开放,但是税收追偿官若因任何理由认为必要而撤销证书,应当是合法的。

32. 追缴税收欠款的模式

(1)评估官或税收追偿官可以要求被评估人的雇主扣除向被评估人所支付的任何款项,数额为足以实现被评估人的税收欠款额。

(2)经第(1)分节下的要求,雇主应当遵守该要求,并应当以规定方式将该被扣除额支付至中央政府财政。

(3)免除执行《1908年民事诉讼法典》(1908第5号法)第60节下民事法院判决中的扣押,薪酬的任何部分应当从第(1)分节下任何要求中扣除。

(4)评估官或税收追偿官可以采取书面通知要求被评估人的任何债务人支付不超过债务额但足以支付被评估人税收欠款额的金额。

(5)债务人收到第(4)分节下的通知后,应当遵守该要求,并应当以通知规定方式和在通知规定的时间内将该款额支付至中央政府财政。

(6)第(4)分节下的通知副本应当在评估官或税收追偿官知晓的被评估人最后地址递交给被评估人;在共同账户情况下,在评估官或税收追偿官知晓的共同持有人最后地址递交给全部共同持有人。

（7）若第（4）分节下的通知向邮政局、银行业公司、保险公司或其他任何人发出，尽管存在相反的任何规则、惯例或要求，为了在作出支付前进行任何进入、准许或类似行为的目的，应当不必要出示任何银行存折、存款单、保险单或任何其他文件。

（8）在通知日之后提出的、涉及已经发出第（4）分节下的通知的、有关任何财产的任何索偿主张，针对该通知中包含的任何强制要求，应当是无效的。

（9）若向其已经发出第（4）分节下通知的人以宣誓声明方式反对该通知，宣称他未欠被评估人强制要求的金额或其部分，或他未持有被评估人的任何金钱或账户，不应当要求该人支付通知中规定的税收欠款或其部分。

（10）若发现第（9）分节提及的人所作的声明在任何方面是不真实的，该人应当在通知日其对被评估人的自身责任范围内，或在本法下欠被评估人任何金额的责任范围内，以较少者为准，对评估官或税收追偿官（视情况而定）承担个人责任。

（11）评估官或税收追偿官可以修正或撤销按第（4）分节发出的任何通知，或者延长根据该通知进行任何支付的时间。

（12）评估官或税收追偿官应当对遵从第（4）分节下发布的通知所支付的任何金额出具收据，作出上述支付的人应当在该支付金额范围内解除其对被评估人的义务。

（13）收到第（4）分节下通知之后解除对被评估人任何义务的任何人，应当在其已经解除对被评估人义务的范围内，或在本法下欠被评估人任何金额的义务范围内，以较少者为准，对评估官或税收追偿官承担个人责任。

（14）若向其发出第（4）分节下通知的债务人未作出支付，且可以对他以本节或《所得税法》第2表中规定方式就实现该款额启动进一步程序，该人应当视为不履行被评估人。若没有付款、更多程序会因以本节或《所得税法》第二编规定的方式阻止他完成支付总额而开始，该债务人应当被认为是无效的被评估人。

（15）评估官或税收追偿官可以向法院申请，将他监管下属于被评估人的金钱，向他支付全部金额，或者若该金额多于税收欠款额，向其支付足以实现税收欠款的数额。

（16）评估官或税收追偿官经主要首席专员、首席专员、主要专员或专员以一般或特别命令方式授权，应当以《所得税法》第2表下查封、扣押或变卖任何动产的相同方式赋予追偿任何税收欠款以效力。

（17）在本节中，

（a）"债务人"，与被评估人有关时，系指——

（ⅰ）欠或可能变成欠被评估人任何金钱的任何人；或

（ⅱ）持有或可能以后持有被评估人任何金钱或账户的任何人；或

（ⅲ）与其他任何人共同持有或可能后来共同持有被评估人任何金钱或账户的任何人。

（b）应当推定账户共同持有人的份额相等，直到被证明相反。

33. 追偿官追缴税收欠款的有效性

（1）有权限采取第 31 节下行动的税收追偿官应当是具有以下管辖权的税收追偿官：

（a）以下地域管辖权——

（ⅰ）被评估人从事营业地；

（ⅱ）被评估人主要营业所在地；

（ⅲ）被评估人住所地；或

（ⅳ）被评估人任何动产或不动产所在地；或

（b）按第 6 节已经被指定管辖权。

（2）若第（1）分节提及的税收追偿官具有以下情形，可以以规定方式向被评估人居住地或财产地有管辖权的另一税收追偿官发出载明追偿税收欠款的证书：

（a）在其管辖区域内不能以变卖财产、动产或不动产方式追偿全部金额；或

（b）认为为了加快或确保追缴本章下的全部或部分金额的目的，有必要发出该证书。

（3）另一税收追偿官收到该证书后接管追偿证书规定的税收欠款额的管辖权，并根据本章的规定进行追偿该金额。

34. 公司清算情形下追缴税收欠款

（1）清算人应当在他或为清算人 30 日期限内将他的任命通报给对评估本公司未披露国外收入和资产有管辖权的评估官。

（2）评估官自其收到上述通报信息之日起 3 个月期限内，应当将其认为该公司按本法充分支付任何收税欠款的数额，或此后可能成为该公司按本法应付的任何数额，通报给该清算人。

（3）清算人——

（a）不应当放弃其监管中的公司任何资产或财产，直至评估官按第（2）分节已经通报他；和

(b)经前述通报后,应当留出等于通报数额的金额。

(4)收到第(2)分节下评估官的通报后,尽管其他任何现行有效法律中有任何规定,应当在支付以下欠款后剩余的公司资产上首先支付通报的金额,即:

(a)工人的应付款;和

(b)欠担保债权人的债款,在《2013年公司法》(2013年第18号法)第325节第(1)分节但书条款之(ⅲ)条款下该债款与上述应付款具有平等权利的范围内。

(5)若清算人具有以下情形,应当对公司应付金额的支付承担个人责任:

(a)未根据第(1)分节进行通报;或

(b)未留出第(3)分节要求的金额。

(6)依附于本节下清算人的义务和责任,在多于一名清算人的情况下,应当共同和分别依附于全部清算人。

(7)本节的规定应当优先于其他任何现行有效法律中包含的任何相反规定。

(8)在本节中,

(a)"清算人",涉及即将解散的公司,无论是按法院的命令还是其他,应当包括公司资产的接受人;

(b)"工人的应付款",应当具有《2013年公司法》(2013年第18号法)第325节中对其指定的含义。

35. 公司经理的责任

(1)若不能从公司追偿任何欠税额,在该财政年度任何时间担任经理的每位人员,应当对支付公司在该财政年本法下所欠的上述税额承担连带或分别责任。

(2)若经理证明没有追偿不能归因于其参与公司事务的任何忽视、过失或失职,第(1)分节的规定不应当适用。

(3)本节的规定应当优先于《2013年公司法》(2013年第18号法)中包含的任何相反规定。

(4)在本节中,"经理"应包括常务董事,且两者应当具有《2013年公司法》(2013年第18号法)第2节第(53)和第(54)条款分别对其指定的含义。

36. 参与者的连带和分别责任

(1)在财政年中的任何时间是非法人团体的参与者的每位人,或者代表死亡参与者的被评估人,应当与非法人团体一起,对本法下非法人团体任何应支付的金额承担连带和分别责任,本法的所有规定应当据此适用。

(2)在有限责任合伙的情形下,若合伙人证明没有追偿不能归因于其参与合伙事务的任何忽视、过失或失职,第(1)分节的规定不应当适用。

(3)本节的规定应当优先《2008年有限责任合伙法》(2009年第6号法)中包含的任何相反规定。

37. 通过邦政府追偿

若任何地区内的税收追偿已经委托给《宪法》第258节第(1)条款下的一邦政府,该政府可以就该地区或其任何部分发布指令,由同一人员以追偿自治市税或地方税的方式按照或提高至自治市税或地方税率,追偿委托的税收。

38. 依据与外国或特定领土的协定追缴税收欠款

(1)若被评估人在印度境外的国家或特定领土有财产,中央政府或印度任何特定社团与《所得税法》第90节或第90A节,或本法第73节第(1)、(2)或(4)分节(视情况而定)下的该国或特定领土缔结协定,为了追偿税收的目的,税收追偿官可以向中央直接税局发出追偿被评估人欠税的证书。

(2)中央直接税局收到来自税收追偿官第(1)分节下的证书后,考虑与该国或特定领土的协定条款,可以采取其认为适合的行动。

39. 不影响以诉讼或按其他法律的追偿

(1)本章具体规定的几种追偿模式不应以任何方式影响——

(a)与追偿欠政府债有关的其他任何现行有效法律;或

(b)政府提起诉讼追偿被评估人税收欠款的权利。

(2)尽管采取本章规定的任何模式追偿被评估人的税收欠款,追偿官或政府求助任何法律或诉讼,应当是合法的。

40. 未提供所得税申报书和支付或推迟预提税的利息

(1)若被评估人有来源于印度境外的、在按《所得税法》第139节第(1)分节提交的所得税申报书中未披露,或未曾按该分节提供收入所得税申报书的任何收入,应当根据《所得税法》第234A节规定收取利息。

(2)若被评估人有来源于印度境外的任何未披露收入,且根据《所得税法》第ⅩⅦ章C部分未支付该收入的预提税,应当根据《所得税法》第234B节和第234C节规定收取利息。

第Ⅳ章 处罚

41. 未披露国外收入和资产的处罚

评估官可以指令,在按第10节已计算未披露国外收入和资产的税款中,

被评估人应当以罚款方式支付其应支付的增加税款,数额等于按该节计算的税款的 3 倍。

42. 未提供国外收入和资产所得税申报书的处罚

若任何人是《所得税法》第 6 节第(6)分节含义内的不是印度境内常住居民的居民,其被要求提供《所得税法》第 139 节第(1)分节下要求的或该分节但书条款要求的任何上年度的收入所得税申报书,且其在该上年度任何时间——

(i)作为受益所有人或其他情形,持有位于印度境外任何资产(包括任何实体中的金融利益);或

(ii)是位于印度境外任何资产(包括任何实体中的金融利益)的受益人;或

(iii)有来源于印度境外的任何收入,

且在相关评估年度结束前未提交该所得税申报书,评估官可以指令该人应当以罚款方式支付 100 万卢比:

但是,有关资产是具有该上年度任何时间资产总余额不超过 50 万卢比相等价值的一个或多个银行账户,本节不应当适用。

[解释]为了决定以外币维持的账户中相当于卢比价值的余额,以卢比计算价值的汇率应当是《1955 年印度国家银行法》(1955 年第 23 号法)下设立的印度国家银行采纳的将决定价值之日的该货币电汇买入汇率。

43. 未提供收入所得税申报书、信息等的处罚

若任何人是《所得税法》第 6 节第(6)分节含义内的不是印度境内常住居民的居民,其已经提交该法第 139 节第(1)、(4)或(5)分节下任何上年度收入所得税申报书,但在涉及其该上年度任何时间作为受益所有人或其他情形持有印度境外任何资产(包括任何实体中的金融利益)或有关他是受益人,或涉及源自印度境外任何收入的上述申报书中未提供任何信息,或提供不准确详情,评估官可以指令该人应当以罚款方式支付金额 100 万卢比:

但是,有关资产是具有该上年度任何时间资产总余额不超过 50 万卢比相等价值的一个或多个银行账户,本节不应当适用。

解释:相当于卢比的价值应当以第 42 节解释中规定的方式决定。

44. 未支付税收欠款的处罚

(1)在支付税款中或在其持续不履行情况下的每位不履行被评估人或视为不履行被评估人(视情况而定),应当被处以罚款,数额等于欠税额。

(2)不应当仅以被评估人在征收罚款前已经支付了税款的事实为由停止

处以第(1)分节下的任何处罚。

45. 其他不履行行为的处罚

(1)若任何人无正当理由未履行以下事项,应当被给予处罚:

(a)回复税务机构在行使其本法下权力中向其提出的任何问题;

(b)签署本法下任何程序过程中税务机构可以合法要求其签署的任何声明;

(c)若要求其在第8节下发出传票的回执中规定的地点和时间出席、提供证据,或出示账簿或其他文件,在该规定的地点和时间出席,或出示账簿或文件。

(2)第(1)分节中提及的处罚应当是最低5万卢比、最高2000万卢比的金额。

46. 程序

(1)税务机构为施加本章下任何处罚的目的,应当向被评估人发出通知,要求其出示不应当对其施加处罚的理由。

(2)第(1)分节中提及的通知应当在以下时间发出:

(a)有关第41节中提及的处罚,在本法下对相关上年度的任何程序待决期间内;

(b)有关第45节中提及的处罚,自犯下不履行行为的财政年结束时起3年的期限内。

(3)除非已经给予被评估人听证机会,不应当作出本章下施加处罚的任何命令。

(4)在以下情形下,经联合专员批准,应当作出施加本章下处罚的命令:

(a)罚款金额超过10万卢比且征收罚款的税务机构为所得税官级别;或

(b)罚款金额超过50万卢比且征收罚款的税务机构为助理专员或副专员级别。

(5)按本章发出的每项处罚命令应当随附实施罚款金额的强令通知,该强令通知应当视为第13节下的通知。

47. 施加处罚的限制条件

(1)自按第46节发出实施处罚通知的财政年结束时起届满1年后,不应当发布本章下的任何实施处罚命令。

(2)实施或停止实施本章下处罚的程序的命令,可以以赋予专员(上诉)、上诉庭、高等法院或最高法院命令效力,或者第23节或第24节下修正令之后被修订的未披露国外收入和资产评估为基准,予以修正或恢复,视情况而定。

(3) 自主要首席专员、首席专员、主要专员或专员收到专员(上诉)、上诉庭、高等法院或最高法院命令,或发布第 23 节或第 24 节下的修正令之月结束时起届满 6 个月后,不应当发布第(2)分节下的修正或恢复处罚的命令。

(4) 为本节的目的,在计算时限中,以下时间或期间不应当包括在内:

(a) 给予被评估人第 7 节下再审机会所需的时间;和

(b) 因任何法院的命令或禁令停止征收罚款的本章下任何程序的期间。

第 V 章　违法行为和起诉

48. 本章不减损任何其他法律或本法任何其他规定

(1) 本章的规定应当补充且不减损起诉违法行为的其他任何法律的规定。

(2) 本章的规定应当独立于对任何人可能作出或未曾作出本章下的任何命令,且不应当对因计算时限或其他任何原因未曾发布命令提出任何抗辩。

49. 未提供国外收入和资产所得税申报书的惩罚

若任何人是《所得税法》第 6 节第(6)分节含义内的不是印度境内常住居民的居民,其在上年度任何时间作为受益所有人或其他情形持有印度境外任何资产(包括任何实体中的金融利益),或其是该资产的受益人,或其有源自印度境外的收入,且其在规定时间内故意不提供该法第 139 节第(1)分节要求其提供的收入所得税申报书,应当被处以最低 6 个月、最高 7 年的严厉监禁和罚金:

但是,若任何人在评估年度届满之前已经提供了所得税申报书,不应当就未在规定时间内提供《所得税法》第 139 节第(1)分节下的收入所得税申报书对该人起诉。

50. 未提供收入所得税申报书、印度境外资产信息的惩罚

若任何人是《所得税法》第 6 节第(6)分节含义内的不是印度境内常住居民的居民,其提供了该法第 139 节第(1)、(4)或(5)分节下任何上年度的收入所得税申报书,但故意在该申报书中不提供其在该上年度任何时间作为受益所有人,或其他情况是受益人持有印度境外任何资产(包括在任何实体中的金融利益)的任何信息,或者故意不披露源自印度境外的任何收入,应当被处以最低 6 个月、最高 7 年的严厉监禁和罚金。

51. 故意企图逃税的惩罚

(1) 若任何人是《所得税法》第 6 节第(6)分节含义内的不是印度境内常住居民的居民,故意以任何方式企图逃避本法下的任何税收、处罚、应收或应

施加的利息,应当被处以最低 3 年、最高 10 年的监禁和罚金。

(2)若任何人故意以任何方式企图逃避支付本法下的任何税款、罚款或利息,在不损害本法下对其可以施加任何处罚的情况下,应当被处以最低 3 个月、最高 3 年的严厉监禁,还应当依法院自由裁量权处以罚金。

(3)为了本节的目的,逃避本节下应征收或施加的任何税收、罚款或利息,或其支付的故意企图,应当包括任何人的以下情形:

(ⅰ)占有或控制包含错误记载或陈述的任何账簿或其他文件(是与本法下有关程序的账簿或其他文件);或

(ⅱ)在该账簿或其他文件口做出或导致做出任何虚假记载或陈述;或

(ⅲ)在该账簿或其他文件中任意删除或导致删除任何相关记录或陈述;或

(ⅳ)导致存在能使该人有效逃避本法下任何税收、罚款或应征收或施加的利息或其支付的其他任何情形。

52. 查证中虚假陈述的惩罚

若任何人在本法下或依本法所定规则下的任何查证中作出虚假陈述,或递交虚假账簿或声明,且其知道或相信是虚假的或其不相信是真实的,应当被处以最低 6 个月、最高 7 年的严厉监禁和罚金。

53. 教唆的惩罚

若任何人以任何方式教唆或引诱他人制作或提交与本法下应付税款有关的虚假账簿、陈述或声明且其知道它是虚假的或不相信它是真实的,或者犯有第 51 节第(1)分节下的违法行为,他应当被处以最低 6 个月、最高 7 年的严厉监禁和罚金。

54. 有罪心理状态的推定

(1)在按本法对任何违法行为的任何起诉中要求被告存在有罪心理状态,法院应当推定存在该心理状态,但是被告证明他对起诉中被指控为违法行为没有该心理状态的事实应当是一种抗辩。

解释:在本分节中,"有罪心理状态"包括意图、动机、知晓事实,或相信或有理由相信一项事实。

(2)为本节的目的,仅在法院相信排除合理怀疑后存在一项事实且非纯粹由可能性占优势确立其存在,才能证明该事实的存在。

55. 主要首席专员、主要专员、首席专员或专员级别的起诉

(1)不应当起诉第 49 节至 53 节(包括两者)下的违法行为人,但由主要专员、专员或专员(上诉)(视情况而定)制裁除外。

(2)主要首席专员或主要专员可以向第(1)分节提及的税务机构发布其认为建立本节下程序合适的指示、指令。

(3)中央直接税局发布本法下命令、指示或指令的权力,应当包括为适当启动起诉本节下违法行为程序(含授权由一名或多名税务检察官提起和继续控告)向其他税务机构发布命令、指示或指令(含获得其事先批准的指示或指令)的权力。

56. 公司违法行为

(1)若公司犯有本法下的违法行为,在犯违法行为时主管或负责公司业务活动的每位个人和该公司应当视为犯下该违法行为,并应当对被起诉和据此被惩罚承担责任。

(2)若公司的上述任何人员证明他不知晓犯下该违法行为、或他已经采取全部审慎措施阻止犯下该违法行为,第(1)分节中的任何规定不应当使该人员承担任何惩罚。

(3)尽管第(1)分节中有任何规定,若公司已经犯有本法中的违法行为且证明所犯违法行为是经公司任何董事、经理、秘书或其他官员同意、默许的或归责于他的任何疏忽,该董事、经理、秘书或其他官员也应当视为犯有该违法行为,并应当对被起诉和据此被惩罚负责。

(4)若是公司的人犯有本法下的违法行为,对该违法行为的惩罚是监禁和罚金,在不损害第(1)或(3)分节的前提下,该公司应当处以罚金;第(1)分节中提及的每位人员,或第(3)分节中提及的公司董事、经理、秘书或其他官员,应当对根据本法规定被起诉和据此被惩罚负责。

(5)在本节中,

(a)"公司",系指法人团体,且包括——

(ⅰ)非法人团体;

(ⅱ)完整印度家族;

(b)"董事",涉及——

(ⅰ)一非法人团体,指该团体中的参与者;

(ⅱ)一完整印度家族,指该家族中的成年成员;和

(ⅲ)一公司,指全职董事,或者若无此董事,负责该公司事务的任何其他董事、经理或官员。

57. 记录或文件中的记载证据

(1)税务机构监管下的记录或其他文件中的记载应当在对本章下因违法行为起诉任何人的任何程序中被允许作为证据。

(2)第(1)分节中提及的记载可以通过出示以下文件予以证明:

(a)税务机构监管下的记录或其他文件(包含该记载);或

(b)该机构署名证明是其监管下的包含在记录或其他文件中的原始记载的真实复本的记载复本。

58. 第二次及其后续违法行为的惩罚

若被宣判犯有第49节至第53节(包括两者)下违法行为的任何人,再次被宣判犯有前述任何条款下的违法行为,应当对其第二次和以后每次违法行为处以最低3年、最高10年监禁和最低50万、最高1000万卢比的罚金。

第Ⅵ章 未披露国外收入和资产的依法纳税

59. 未披露国外资产的申报

受本章规定的约束,任何人可以在本法实施日或之后但在中央政府于《官方公报》中公告之日或之前,就2016年4日1日开始评估年以前的任何评估年中《所得税法》下应征税款的印度境外任何未披露资产和获得的收入,对以下事项,作出申报:

(a)他未曾提供《所得税法》第139节下的所得税申报书;

(b)他在本法生效日之前按《所得税法》提供的收入所得税申报中未曾披露的;

(c)因遗漏逃避了评估,或对该人的一部分未按《所得税法》提交所得税申报书或未充分、真实披露为评估或其他目的所必要的全部实质性事实。

60. 征税

尽管《所得税法》或任何财政法中包含任何规定,位于印度境外的、在规定时间内按第59节申报的未披露资产,应当按本法生效日该未披露资产价值的30%税率征税。

61. 罚款

尽管《所得税法》或任何财政法中包含任何规定,对位于印度境外未披露资产进行了申报的人,除按第60节征收税款外,还应当处以该税款100%比率的罚款。

62. 申报方式

(1)第59节下的申报应当司主要专员或专员作出,且应当是规定的形式、应当按规定方式查证。

(2)申报应当以以下方式签字:

（ⅰ）若申报人是一位个体自然人，由他自己签字；若该个人不在印度，由该相关个人或他在此方面正式授权的人员签字；若该个人在精神上丧失能力无法处理其事务，由其监护人或有资格代表他的其他人签字；

（ⅱ）若申报人是一个完整的印度家族，由族长（karta）签字；若族长不在印度或精神上无能力处理其事务，由该家族中的其他任何成年成员签字；

（ⅲ）若申报人是一家公司，由其常务董事签字，或者若因任何不可避免的原因该常务董事不能签署该申报或无常务董事，由该公司任何董事签字；

（ⅳ）若申报人是一家企业，由该企业执行合伙人签字，或者若因任何不可避免的原因该执行合伙人不能签署该申报或者无执行合伙人，由该企业的任何成年合伙人签字；

（ⅴ）若申报人是任何其他社团，由该社团的任何成员或主要官员签字；和

（ⅵ）若申报人是其他任何人员，由该人或有资格代表他的其他人签字。

（3）已经就其资产或作为代表的被评估人就其他任何人的资产作出第（1）分节下申报的任何人，不应当有权就其资产或该他人的资产按该分节作出其他申报，且若作出此种任何其他申报，应当视为无效。

63. 支付税款的时间

（1）印度境外未披露资产的第60节下应付税款和第61节下应付罚款，应当在中央政府于《官方公报》公告之日或之前支付。

（2）申报人应当在第（1）分节下公告的日期或之前，向接受第59节下申报的主要专员或专员提交支付税款和罚款的证据。

（3）若申报人未就第59节下作出的申报在第（1）分节下公告的日期或之前支付税款，他提交的申报应当视为从未按本章作出。

64. 申报的未披露国外资产不包括在总收入中

若申报人截至第63节第（1）分节下公告的日期支付了第60节中提及的税款和第61节中提及的罚款，根据第59节申报的印度境外资产中未披露的投资额，不应当包括在《所得税法》下任何评估年的申报人总收入中。

65. 申报的未披露国外资产不影响已评估的最终性

申报人就申报的印度境外未披露资产或由此支付的任何税款，应当无权继续进行《所得税法》或《1957年财富税法》（1957年第27号法）下已作的评估或再评估，或无权主张在任何上诉中抵销或救济、援引或其他与该评估或再评估有关的程序。

66. 自愿披露资产的税款不应退还

依据第59节下作出的申报，已经支付第60节下的任何税款或第61节下

的罚款,应当是不可退还的。

67. 申报不应采信为针对申报人的证据

尽管其他任何现行有效法律中包含任何规定,为了涉及第61节下非征收罚款的实施处罚的任何程序的目的,或为了《所得税法》、《1957年财富税法》(1957年第27号法)《1999年外汇管理法》(1999年第42号法)、《2013年公司法》(2013年第18号法)或《1962年海关法》(1962年第52号法)下起诉的目的,按第59节作出的申报中所包含的任何内容不应当采信为针对申报人的证据。

68. 虚假陈述事实的申报无效

尽管本章中包含任何规定,若以虚假陈述事实或压制事实方式作出了申报,该申报应当无效,且应当视为从未按本章作出。

69. 申报中列明的资产免征财富税

(1)若位于印度境外的资产以现金(包括银行存款)、金银或第59节下所作申报中列明的其他任何资产表示——

(a)对此,申报人未在2015年4月1日或之前开始的评估年度按《1957年财富税法》(1957年第27号法)第14节提供所得税申报书;或

(b)对此,申报人在上述评估年或诸年提供的净财富所得税申报书中未列出;或

(c)对此,申报人在上述评估年或评估年度提供的净财富所得税申报书中低估了其价值,

尽管《1957年财富税法》(1957年第27号法)或据此制定的任何规则中包含任何规定,

(I)就(a)或(b)条款中提及的资产,申报人不应当支付财富税,且该资产不应当包括在上述评估年或诸年他的净财富中;

(II)(c)条款中提及的资产价值在上述评估年或诸年的净财富所得税申报书中被低估的数额,在该数额不超过为获取该资产所使用的自愿披露收入的范围内,在计算上述评估年或诸年申报人净财富时,不应当考虑。

解释:若企业作出第59节下的申报,在计算该企业任何合伙人的净财富中或(视情况而定)在确定该企业中任何合伙人的利益价值中,(I)条款中提及的资产或(视情况而定)(II)条款中提及的数额不应当考虑。

(2)除非申报人达到第63节第(1)和(2)分节中规定的条件,上述第(1)分节的规定不应当适用。

70.《所得税法》某些条款和《财富税法》第V章的可适用性

《所得税法》第XV章有关特殊案件中责任的规定和《所得税法》第189节有

关特殊案件中评估责任的规定,在其可以的范围内,应当适用于本章下的有关程序,与其适用于《所得税法》或(视情况而定)《财富税法》下的有关程序相同。

71. 本章不适用于某些人

本章的规定不应当适用于——

(a)按《1974 年外汇保护和预防走私活动法》(1974 年第 52 号法)已作出的拘留令所涉及的任何人:

但是,

(i)是上述法第 9 节或第 12A 节规定不适用的命令的该拘留令,根据该法第 8 节下咨询委员会的报告或在收到咨询委员会报告之前,未被撤销;或

(ii)是上述法第 9 节规定适用的命令的该拘留令,在该法第 9 节第(3)分节下复审期限届满前或基于该分节下的复审,或者以该法第 8 节和第 9 节第(2)分节下咨询委员会报告为基准,未被撤销;或

(iii)是上述法第 12A 节规定适用的命令的该拘留令,在该法第 9 节第(3)分节下首次复审期限届满前或基于该首次复审,或者以上述法第 8 节和第 12A 节第(6)分节下咨询委员会报告为基准,未被撤销;或

(iv)该拘留令已由有管辖权的法院撤销;

(b)有关按《1860 年印度刑法》《1860 年第 45 号法》第Ⅸ章或第ⅩⅦ章、《1985 年麻醉药品和精神药品法》(1985 年第 61 号法)、《1967 年非法活动(预防)法》(1967 年第 37 号法)、《1988 年反腐败法》(1988 年第 49 号法)对应惩罚之任何违法行为的起诉;

(c)《1992 年特别法院(审理证券交易违法行为)法》(1992 年第 27 号法)第 3 节下被通知的任何人;

(d)在以下情况下,有关印度境外任何未披露资产,其在 2016 年 4 月 1 日开始的评估年之前、与一评估年有关的任何上年度以《所得税法》下应征税的收入获取:

(i)已就上述评估年发出了《所得税法》第 142 节、第 143 节第(2)分节、第 148 节、第 153A 节或第 153C 节下的通知,且该程序在评估官面前未决;或

(ii)对上年度已进行《所得税法》第 132 节下的调查、已作出该法第 132A 节下的要求,或已实施该法第 133A 节下的查证,该法第 143 节第(2)分节下对该上年度评估年的通知,或该法第 153A 或 153C 节下对该上年度之前任何上年度评估年的通知,没有发出,且该通知发出的期限未届满;或

(iii)就该未披露资产,主管机构已经收到中央政府根据《所得税法》第

90 节或第 90A 节缔结的协定项下的任何信息。

解释:为了本分条款的目的,资产应当包括无论是否有余额的银行账户。

72. 消除疑问

为了消除疑问,兹宣布——

(a)保留第 69 节第(1)分节解释中另有明确的规定,本章中包含的任何规定不应当解释为对按本章作出申报的人以外的任何人授予任何利益、特权或豁免;

(b)若已经作出第 59 节下的申报但未在第 60 节和第 61 节规定期限内支付任何税款和罚款,应当按本法对该资产价值在该申报作出的上年度征税;

(c)若在本法实施前已经获得或产生任何资产但未就该资产按本章作出申报,该资产应当视为在评估官发出第 10 节下通知的年度已经获得或产生,本法的规定应当据此适用。

第Ⅶ章 一般规定

73. 与外国或特定领土的协定

(1)中央政府可以与其他任何国家的政府缔结以下事项的协定:

(a)为防止逃避或规避按本法或该国相应有效法律应征税的未披露收入的征税,交换信息;或调查此类逃避或规避案件;

(b)追偿本法或该国相应有效法律下的税收。

(2)为了第(1)分节中规定的目的,中央政府可以与印度境外的任何特定领土的政府缔结协定。

(3)中央政府可以采取公告方式制定为实施第(1)和(2)分节中提及的协定所必要的条款。

(4)为了第(1)分节的目的,印度境内的任何特定社团可以与印度境外特定领土内的任何特定社团缔结协定,中央政府可以采取公告方式制定采纳和执行该协定的条款。

(5)本法中或者第(1)、(2)或(4)分节提及的协定中使用但未界定的任何术语,除非上下文另有要求或不与本法或协定的规定相抵触,应当具有中央政府发布的公告中对其指定的含义,该含义应当视为自上述协定生效之日起具有效力。

74. 通知送达通则

(1)任何通知、传票、申请书、命令或本法下的其他任何通讯(本节中以下简称"通讯")的送达,可以采取以下交付或传递其副本方式向指定名称的人作出送达:

（a）通过邮政或中央直接税局批准的快递服务；

（b）为送达传票的目的，以《1908 年民事诉讼法典》（1908 年第 5 号法）规定的方式；

（c）以《2000 年信息技术法》（2000 年第 21 号法）第Ⅳ章规定的任何电子记录形式；或

（d）通过传送文件的其他方式，包括规定的传真信息或电子邮件信息。

（2）中央直接税局可以制定规则规定诸地址，包括第（1）分节中提及可以向指定名称的人交付或传递通讯的电子邮件或电子邮件信息的地址。

（3）本节中，"电子邮件"和"电子邮件信息"词组应当具有《2000 年信息技术法》（2000 年第 21 号法）第 66A 节解释中对它们指定的相同含义。

75. 通知和其他文件的认证

（1）要求由任何税务机构为了本法的目的发出、送达或给予的通知或其他任何文件应当由该机构进行认证。

（2）若指定税务机构的名称和办公室是印刷、盖印或其他方式书写的，任何税务机构为本法目的发出、送达或给予的每项通知或其他文件应当被视为已经认证。

（3）本节中，指定税务机构应当指中央直接税局授权的在以第（2）分节规定方式认证后发出、送达或给予上述通知或其他文件的任何税务机构。

76. 某些情况下视为有效的通知

（1）若任何人在任何程序中出现或在有关评估的任何调查中已经合作，为本法下评估的目的，要求向该人送达的通知应当根据本法规定视为已经正当送达给该人。

（2）应当排除第（1）分节中提到的个人在本法下任何程序或调查中提出的以下任何反对意见，该通知——

（a）没有送达给他；

（b）没有及时送达给他；

（c）以不适当方式送达给他。

（3）若该个人在评估完成前提出反对意见，本节的规定不应当适用。

77. 批准估价师出席某些事项

（1）涉及与任何资产估价有关的任何事项，有权或被要求出席任何税务机构或上诉庭的任何被评估人，可以通过经主要专员或专员根据规定的规则批准的估价师出席。

（2）第（1）分节的规定不应当适用于要求被评估人亲自出席按第 8 节检

验宣誓或证词的案件。

78. 授权代表出席

(1)涉及本法下的任何程序,有权利或被要求出席任何税务机构或上诉庭的任何被评估人可以通过授权代表出席。

(2)第(1)分节的规定不应当适用于要求被评估人亲自出席按第 8 节检验宣誓或证词的案件。

(3)本节中,"授权代表"指被评估人书面授权代表他出席的以下人员:

(a)以任何方式涉及被评估人的人,或被评估人定期雇用的人;

(b)被评估人在其维持现行账户或与其有定期交易的列表银行的任何官员;

(c)有权在印度任何民事法院从业的任何法律职业者;

(d)会计师;

(e)已经通过中央直接税局在此方面承认的任何会计考试的任何人;

(f)已经获得规定的教育资格的任何人。

(4)以下人员不应当有资格代表第(1)分节下的被评估人,即:

(a)已被从政府部门解雇或开除的人;

(b)被有权启动纪律程序的任何机构裁决其职业资格中犯有不端行为的法律执业者或会计师;

(c)规定的机构在任何税务程序中裁决犯有不端行为的、不是法律执业者或会计师的人。

(5)主要首席专员或首席专员考虑不端行为的性质后可以采取书面命令方式规定,第(4)分节下的无资格应当持续的期限,且该无资格不应当超过以下期限:

(ⅰ)第(4)分节(a)和(c)条款的情形下,10 年期限;

(ⅱ)第(4)分节(b)条款的情形下,法律执业者或会计师无权从业的期限。

(6)若任何人犯有任何欺诈或虚假陈述事实导致税收损失且该人被主要首席专员或首席专员的命令宣布为此种人,不应当准许该人作为授权代表出席。

解释:本节中,"会计师"指《1949 年特许会计师法》(1949 年第 38 号法)第 2 节第(1)分节(a)条款中定义的、持有该法第 6 节第(1)分节下有效从业证书的特许会计师。

79. 收入、资产价值和税款的合入

(1)根据本法计算的未披露国外收入和资产的数额应当舍入至 100 卢比

的最接近倍数。

（2）本法下被评估人应支付或应收取的数额应当舍入至10卢比的最接近倍数。

（3）第（1）或第（2）分节下的舍入方法应当按规定。

80. 违法行为的审理

级别低于都市司法长官或第一审级司法官的任何法院不应当审理本法下的任何违法行为。

81. 评估等不因某些理由无效

根据本法任何规定作出、发出、采取或声称已经作出、发出、采取的任何评估、通知、传票或其他程序，不应当仅因该评估、通知、传票或其他程序中存在任何错误、瑕疵、遗漏而无效或视为无效，若该评估、通知、传票或其他程序在遵从或根据本法的意图和目的中是实质性的和有效的。

82. 阻止在民事法院诉讼

（1）不应当向任何民事法院提起诉讼以撤销或变更按本法已经采取的任何程序或作出的任何命令。

（2）不应当针对按本法善意地做或意图做任何事情的政府或政府任何官员进行起诉、诉讼或其他程序。

83. 所得税文件可用于本法目的

尽管《所得税法》中包含任何规定，为了本法的目的，可以使用包含在按该法规定作出或提供的，或为该法目的获得或收集的任何陈述或申报表中《所得税法》的任何信息。

84.《所得税法》条款的适用

《所得税法》第90节第（1）分节（c）和（d）条款、第90A节第（1）分节（c）和（d）条款、第119节、第133节、第134节、第135节、第138节、第XV章、第237节、第240节、第245节、第280节、第280A节、第280B节、第280D节、第281节、第281B节和第284节的规定，应当适用，并经必要变更，如同上述规定提及的是未披露国外收入和资产而不是所得税。

85. 制定规则的权力

（1）中央直接税局经中央政府批准，可以采取《官方公报》中公告方式制定实施本法规定的规则。

（2）特别是且不损害前述权力的普遍性，上述规则可以规定以下全部或任何事项，即：

（a）确定第3节第（2）分节中提及的未披露国外资产价值的方式；

（b）为本法任何目的规定税务机构；

(c)第133节下强令通知送达的形式和方式;

(d)按本法可以提出任何上诉、修正或交叉反对的形式,可以查证它们的方式和应付的相关费用;

(e)税收追偿官可以拟定第31节第(1)分节下税收欠款声明的形式;

(f)按第32节第(2)分节或第(5)分节向中央政府财政支付金额的方式;

(g)税收追偿官应当发送第33节第(2)分节中涉及的证书的方式;

(h)作出第62节第(1)分节中提及的申报书的形式和其被查证的方式;

(i)第74节第(1)分节(d)条款下文件传达的手段;

(j)第77节下主要专员或专员批准评价师的程序;

(k)第78节第(3)分节(f)条款下要求授权代表的教育资格;

(l)第78节第(4)分节(c)条款下的税务机构;

(m)第79节第(1)或(2)分节中提及的数额舍入的方法;

(n)由本法将、可以或规定的其他任何事项。

(3)本节授予制定规则的权力应当包括给予规则或其任何部分自不早于本法生效日之日期的溯及效力的权力,但不应当赋予对被评估人利益有不利影响的任何规则以溯及力。

(4)中央政府应当将本法下判定的每项规则在其作出后尽快呈递议会每院。在会期,总期限为30日,包括一次或两次或多次后续会议和本次会期届满前立即进行的下次会议或后续会议。若两院均同意在该规则中作任何变更,或两院均同意不应当制定该规则,该规则因此应当按上述变更的形式有效,或不具有任何效力,视情况而定。但是,上述任何变更或无效不应当损害以前按该规则所做任何事情的有效性。

86. 清除障碍的权力

(1)若在赋予本法规定具有效力中产生任何障碍,中央政府可以采取不与本法规定冲突的命令,清除该障碍:

但是,自本法规定生效之日起届满2年后,不应当作出上述任何命令。

(2)按本节作出的命令,应当呈递议会每院。

87. 修正1963年第54号法第2节

在《1963年中央财政局法》第2节(c)条款(1)分条款中,

(a)在(vii)项中,应当删除末尾出现的文字"和";和

(b)在被修正的(ix)项之后,应当插入以下项,即:

"(X)《2015年黑钱(未披露国外收入与资产)和课税法》;和"

88. 修正2003年第15号法

在《2002年洗钱预防法》附表中C部分记载"(3)有关《1860年印度刑法

典》(1860 年第 45 号法) 第 X Ⅶ 章下对财产的违法行为"文字之后,应当嵌入以下记载文字,即:

　　"(4) 故意企图逃避《2015 年黑钱(未披露国外收入和资产) 和课税法》第 51 节中提及的任何税收、罚款或利息的违法行为。"

印度政府秘书

DR. SANJAY SINGH,

(邓瑞平、刘彦佑译,邓瑞平校)

❊宋小萍*

印度《2014年街道小贩(保护营生和管理街道贩卖)法》简介

　　印度作为发展中的人口大国,城市中原本就生活着大量无固定职业的人员。近年来,随着城镇化的快速发展,大量农村人口开始被时代裹挟着来到城市。他们没有受过良好教育,劳动技能低下,很难在城镇找到较固定的工作,逐渐沦为边缘化群体。有些人无奈之中只能走街串巷、靠微薄的收益维持计生。

　　近年来,虽然街头小贩的管理是印度的一大难题,小商贩的生存状态一定程度上反映了这个城市管理者的水平与心胸,对待街头小贩的态度,体现着城市的宽容与人文精神。印度《2014年街道小贩(保护营生和管理街道贩卖)法》(以下简称"本法")的制定与颁布,使政府与街头街道小贩的利益得到平衡。本法中所指的街头街道小贩,是没有固定店铺,通过临时摆摊甚至流动来兜售各种简易商品如食品、水果、报刊、衣物,同时包括随时可为居民提供修理、搬运等服务的人员。在印度的闹市区、居民区,随处可见各式各样的小商贩在推销着鲜花、简易食品、劣质元具、衣物、报刊等,成为街头一景。据统计,目前印度有1000万名街头小贩,其中最大城市孟买有25万人,首都新德里至少有20万人。[①]

一、本法的制定过程

　　2010年,英联邦运动会在印度首都新德里举办。当时,有人认为,众多的

---

　　* 宋小萍,1992年生,女,贵州遵义人,西南政法大学国际法学院法律硕士专业涉外经贸法律实务方向2015级硕士研究生。
　　① 贺永红:《印度为街头小贩立法》,载《中国人大》2013年第23期。

小商贩经营不雅观,会使这一国际性的体育盛会蒙羞。为了营造一个整洁的市容,新德里市政委员会在一些区域驱离了街头小贩,结果引起商贩们的强烈抗议,并将此事告到印度最高法院。同年10月,最高法院作出裁决,认为"街头贩卖是宪法保障的权利,小贩城市经营的自由和尊严不可剥夺"。① 要求联邦政府以现行的相关国家政策为基础,尽快制定保护街道小贩权利的相关法案。

印度街道小贩的维权之路漫长而艰辛。自1972年开始,印度街道小贩就开始以团体联盟形式表达诉求,集体维权。2004年,在妇女自我雇佣协会(PZWX)等社会团体的不断努力下,印度政府终于制定了"街边小贩政策",开始为街道小贩权利提供保护。2009年,印度住房和城市扶贫部门起草了"保障营生及管理街边售卖议案",要求印度各地出台保护街道小贩的相关政策。但这些仅仅是政策规定,没有相应的法律强制效力。

2012年,在印度最高法院的压力下,《街头贩卖(保护营生和街道小贩管理)条例草案》在各方人士努力下进入人们的视野。2014年3月5日,会议通过本法,印度街道小贩的权益从此终于在中央立法上获得了确认。

二、本法的结构和主要内容

本法旨在保护街头小贩的生存权利和人身安全,规范全国城镇街头小贩的经营活动,确保印度各邦和中央直辖区有关街头经营法律的一致性。

(一)结构

本法由10章39条和2个附件组成,主要结构为:名称与定义、街道贩卖的管理、街道贩卖的权利与义务、街道贩卖的迁移与驱逐程序、纠纷解决机制、政府制定街头经营计划、城镇经营委员会的设立和城镇基层自治机构的职责、防止骚扰街头小贩、小商贩违法处罚和杂项。

(二)主要内容

1. 明确街头小贩权利与责任

街头小贩有权在营业执照规定的地点从事经营活动。如果规定小贩或小区是分时段经营,小贩每天应在规定时间外挪走货物,不得影响他人经营或妨

---

① 马晶:《印度最高法院:政府驱逐街头小贩违宪》,载《新京报》2010年10月24日。

碍市容交通;①小贩要保持经营区内卫生整洁,爱护公共设施,不得损坏公物,依照城镇基层自治机构规定按时交纳公共设施维修费用;②若小贩无照、不在指定地点或时间段内经营、经营与批准的物品不符、在非经营区经营,或有其他违反本法的行为,每次将处以最高不超过2000卢比的罚款③。

2. 设立城镇贩卖委员会

本法颁布生效后,印度全国各地城镇将成立城镇贩卖委员会。委员会主席由城市基层自治机构负责人担任,成员来自地方计划、交通和治安部门、街头小贩协会、居民福利协会、商会、市场协会、银行等各相关部门,将由邦或中央直辖区政府任命。④ 委员会主要职责是对街头商贩进行日常管理,包括公布街头小贩注册时间;经营执照发放和更新时间;了解掌握本区域内街头小贩的人数、摊位和经营商品种类等情况;并依法审计小贩的经营活动。⑤ 本法还规定,根据实际管理需求,城镇贩卖委员会以下可设区贩卖委员会或街道贩卖委员会;街头小贩须持证上岗;所有街头小贩必须到城镇贩卖委员会注册,持照经营。⑥ 年满14岁或达到各邦或中央直辖区政府规定年龄者,有资格向城镇贩卖委员会申请注册,委员会不得无故拒绝。⑦ 委员会审批后向街头小贩发放营业执照和营业身份证件。⑧ 营业执照明确经营时间、地点、经营商品种类。该法特别提出,该法生效前已颁发的营业执照继续有效。⑨

---

① Section 14, The Street Vendors(Protection of Livelihood and Regulation of Street Vending)Act, 2014, India.

② Sections 15, 17, The Street Vendors(Protection of Livelihood and Regulation of Street Vending)Act, 2014, India.

③ Section 18(5), The Street Vendors(Protection of Livelihood and Regulation of Street Vending)Act, 2014, India.

④ Section 22(2), The Street Vendors(Protection of Livelihood and Regulation of Street Vending)Act, 2014, India.

⑤ Section 26, The Street Vendors(Protection of Livelihood and Regulation of Street Vending)Act, 2014, India.

⑥ Section 26(1), The Street Vendors(Protection of Livelihood and Regulation of Street Vending)Act, 2014, India.

⑦ Section 4(1), The Street Vendors(Protection of Livelihood and Regulation of Street Vending)Act, 2014, India.

⑧ Section 6, The Street Vendors(Protection of Livelihood and Regulation of Street Vending)Act, 2014, India.

⑨ Section 18, The Street Vendors(Protection of Livelihood and Regulation of Street Vending)Act, 2014, India.

3. 注意照顾社会弱势群体

城镇贩卖委员会成员中,街头小贩要占到 40%,其中女性小贩比例应占三分之一。① 委员会成员中列表种姓、列表部落、其他落后阶层、少数宗教信仰者、残疾人等各类弱势群体应占合理的比例。② 营业执照优先向弱势群体发放。政府要采取措施,为街头小贩提供信贷、保险和社会福利,培训街头小贩了解自身权利与义务,增强依法自我保护意识,确保其合法有尊严地经营。③

4. 规范相关部门执法程序

警察或其他行政部门执法者,不得随意驱离持照、持证合法经营的街头小贩。④ 只有出现小贩长期不履行义务和职责的情况时,才可将其驱离。⑤ 执法部门需对经营区作出调整,需提前 7 天通知小贩迁往新经营区,逾期未迁者可由城市基层自治机构强制执行,并处以每天最高不超过 500 卢比的罚金。⑥

5. 调解解决纠纷

城镇基层自治机构将组建一个永久性委员会,专门处理与街头小贩相关的纠纷和申诉。⑦ 委员会主席由经验丰富的退休司法官员担任。当街头小贩遇到纠纷或不满时,可以向该委员会提出书面申诉,寻求解决途径。委员会收到申诉后,要依法调查取证,然后作出正确处理。⑧ 若一方对委员会的处理不满,可向城市基层自治机构提出上诉,自治机构在当面听取上诉人申诉后才能依法作出处理。⑨

---

① Section 22(d), The Street Vendors(Protection of Livelihood and Regulation of Street Vending) Act, 2014, India.

② Section 7, The Street Vendors(Protection of Livelihood and Regulation of Street Vending) Act, 2014, India.

③ Section 31, The Street Vendors(Protection of Livelihood and Regulation of Street Vending) Act, 2014, India.

④ 贺永红:《印度为街头小贩立法》,载《中国人大》2013 年第 23 期。

⑤ 贺永红:《印度为街头小贩立法》,载《中国人大》2013 年第 23 期。

⑥ 贺永红:《印度为街头小贩立法》,载《中国人大》2013 年第 23 期。

⑦ Section 20(1), The Street Vendors(Protection of Livelihood and Regulation of Street Vending) Act, 2014, India.

⑧ Chapter V(1), The Street Vendors(Protection of Livelihood and Regulation of Street Vending) Act, 2014, India.

⑨ Chapter Ⅱ(11), The Street Vendors(Protection of Livelihood and Regulation of Street Vending) Act, 2014, India.

6. 定期规划街头经营活动

城镇基层自治机构在与计划部门沟通后,每5年重新规划一次街头经营活动。① 制定规划时,要以商品流通、居民方便、合理利用公共设施、与旧集市相结合为原则,划出经营区与非经营区,并确保街头小贩的经营活动不会影响居民日常出行和社会秩序。② 在制定城镇发展规划时,也要考虑到将来经营区域内街头小贩的容纳量。③

7. 明确相关政府职责

本法生效后,联邦政府、邦政府和中央直辖市政府将就以下事项制定落实条款:街头小贩的年龄与类别;注册的形式与格式;纠纷解决的时效、方式、步骤;上诉时间与方式;城镇贩卖委员会的任期、组成方法、成员津贴、开会时间、地点、程序、功能;区和街道贩卖委员会的组成方式、目的、人数;街头小贩的档案保存和更新方式。④ 在落实本法时,城镇基层自治机构有权就以下事项作出规定:有关经营区、分时段经营区和非经营区内经营的规定和方式,每月收取经营区内公共设施维护的费用,街头小贩违反规定后的处罚,经营区内收费和纳税的规定,经营区内的交通规则,经营区内商品和服务质量标准,保持公共卫生清洁安全的标准,经营区内市政服务等。⑤

三、简要评价

由于印度在本法之前未制定相关法律来规范、保护街头经营活动,小商贩们在经营时会时常受到警察或其他执法人员驱离,生存条件堪忧。多年来,印度街头小贩不断向政府提出诉求,争取他们在街头的合法经营权利。2010年10月20日,对于印度全国城市街头上千万艰苦谋生的街道小贩而言,是一个具有历史意义的日子。这一天,印度最高法院正式做出裁决,禁止政府基于各种行政决策,剥夺街头小贩诚实经营的权利。本法的制定关系到印度众多街

---

① Section 3(1), The Street Vendors(Protection of Livelihood and Regulation of Street Vending)Act, 2014, India.

② Chapter Ⅱ, The Street Vendors(Protection of Livelihood and Regulation of Street Vending)Act, 2014, India.

③ Section 4(2), The Street Vendors(Protection of Livelihood and Regulation of Street Vending)Act, 2014, India.

④ 贺永红:《印度为街头小贩立法》,载《中国人大》2013年第23期。

⑤ 贺永红:《印度为街头小贩立法》,载《中国人大》2013年第23期。

头小贩的生存和城镇管理质量。

印度政府表示,本法生效后将允许 2.5% 的城镇人口从事街头经营。① 虽然印度街头小贩全国协会的一些人士认为,本法给城镇基层自治机构的权力过多,仍不尽如人意。作为非正规的就业形式之一,街道小贩的非固定性、简易性、廉价性等使人们对街道小贩形成了某种共识:无证经营、卫生状况差、污染环境等。但无论如何,这是印度政府为改善城镇贫困人口生存、维护市场有序、社会安定方面寻求平衡所采取的实质性步骤。对拥有众多城镇贫困人口的印度,颇有重要现实意义。

印度政府认为,街头小贩为居民生活提供了便捷,受到民众的欢迎,也为印度嘈杂的街头再添一景。同时,他们合法经营是在自谋生路,这不仅减轻了城镇就业压力、减少了社会不安定因素,还为城镇居民提供了廉价商品和便捷服务,成为城镇经济发展中不可或缺的力量,且有利于政府的减贫工作。政府应更多地立足于人文精神和公共伦理,关注城镇的弱势群体的生存。与其被动管理,不如主动为他们营造一个良好的经营环境,既让街头小贩有尊严地自食其力,又能统一管理,保持城镇井然有序,市民生活便捷,对各方都有利。

街头小贩在发展中国家普遍存在,在城镇化发展过程中难以避免。如何管理引导,不仅关系到街头小贩的营生,也影响到市容市貌、政府形象及社会和谐与稳定。我国同为发展中大国,中国街道小贩们群体经营分散,缺失必要的凝聚力,当面对侵害时,往往只能依靠社交媒体的曝光来引起社会的关注,失去这些,他们的力量就变得无比微弱。街头街道小贩问题也广泛存在,如何规范这一行为,印度本法的制定对我国今后相关立法有很大借鉴意义。我国政府有必要向印度学习,采取有效措施,制定法律,切实有效保护街道小贩的尊严。

---

① Section 3(2), The Street Vendors (Protection of Livelihood and Regulation of Street Vending) Act, 2014, India.

2014 年街道小贩(保护营生和管理街道贩卖)法[*]

法律与司法部

(立法部门)

2014 年 3 月 5 日,新德里

已收到总统 2014 年 3 月 4 日批准的以下议会法,兹公布基本信息:

2014 年街道小贩(保护营生和管理街道贩卖)法

2014 年第 7 号

2014 年 3 月 4 日

目　录

---

[*]　译自《印度公报》特别号第 II 部分第 1 节 2014 年 3 月 5 日第 8 号本法英文本。

16. 良好维护贩卖区市政设施

17. 支付维护费

第Ⅳ章　街道小贩的迁移和驱离

18. 街道小贩的迁移或驱离

19. 物品的扣押和取回

第Ⅴ章　争端处理机制

20. 街道小贩投诉的处理或争端的解决

第Ⅵ章　街道贩卖规划

21. 街道贩卖规划

第Ⅶ章　城镇贩卖委员会

22. 城镇贩卖委员会

23. 城镇贩卖委员会会议

24. 在城镇贩卖委员会设立特殊目的的临时协会

25. 城镇贩卖委员会的办公场地和其他职员

26. 公布街道小贩章程、数据库和实施社会审计

第Ⅷ章　防止骚扰街道小贩

27. 防止警察和其他当局骚扰

第Ⅸ章　处罚条款

28. 对违法行为的处罚

第Ⅹ章　杂项

29. 本法的规定不应解释为赋予所有权等

30. 反馈

31. 促进措施

32. 研究、培训和认知

33. 本法具有优先效力

34. 委派权力

35. 修正附表的权力

36. 制定规则的权力

37. 制定细则的权力

38. 街道小贩的方案

39. 清除障碍的权力

附表 1　（见第 21 节）

街道贩卖规划

附表2 （见第38节）

为保护城市街道小贩的权利和管理街道贩卖活动,规定与之有关或附属事项,制定一项法律。

议会于印度共和国第65年制定本法,内容如下:

第I章 序文

1. 短标题、适用范围、生效和有关条款

(1)本法可称为《2014年街道小贩(保护营生和管理街道贩卖)法》。

(2)本法扩展至整个印度,但查谟和克什米尔邦除外。

(3)本法应当自中央政府以公告方式在《官方公报》中指定的日期生效;可以对不同邦指定不同的生效日期;任何条款中对本法生效的规定在涉及任何邦时应当视为在该邦对该条款生效的规定。

(4)本法的规定不应当适用于铁路按《1989年铁路法》(1989年第24号法)拥有或控制的土地、房产和火车。

2. 定义

(1)除非上下文另有要求,在本法中,

(a)"主管政府"指涉及以下地区的政府:

(ⅰ)无立法机构的联盟领土,中央政府;

(ⅱ)有立法机构的联盟领土,国家首都新德里领土的政府,或视情况而定,本地治理联盟领土的政府;

(ⅲ)一邦,邦政府。

(b)"容纳能力"指在任何贩卖区域可以容纳街道小贩的最大数量和地方当局根据城镇街道贩卖委员会建议已经确定的最大数量。

(c)"地方当局"指都市自治体、都市委员会、乡村行政委员会(不论其称呼为何),或兵站委员会,或视情况而定的按《2006年兵站法》(2006年第41号法)第47节任命的民事区域委员会,或在任何城镇有权履行地方当局职能以提供民事服务和规范街道贩卖的类似其他机构,包括在该城镇管理土地使用的"规划当局"。

(d)"流动小贩"指以从一地点移动至另一地点的方式在指定区域从事贩卖活动贩卖其商品和服务的街道小贩。

(e)"自然市场"指销售者和购买者已经传统地聚集在一起销售和购买产品或服务并由地方当局根据城镇贩卖委员会建议确定的市场。

（f）"公告"指在《官方公报》中发布的公告，应据此解释动词"公告"。

（g）"规划当局"指城市发展当局或主管政府指定的在任何城镇负责以以下方式管理土地使用的任何其他当局：在按可适用的《城镇和乡村规划法》或《城市发展法》或《自治城市法》（视情况而定）可合法执行的、为任何特殊活动划定准确地域范围。

（h）"规定的"指主管政府按本法制定的规则规定的。

（i）"附表"指附属于本法的附表。

（j）"方案"指主管政府按第38节制订的方案。

（k）"固定小贩"指在特定地点定期从事贩卖活动的街道小贩。

（l）"街道小贩"指在街道、小巷、人行道、小径、铺石路、公园或者其他任何公共场所或者私人区域从事在临时建筑物或从一地到另一地向普通公众贩卖物品、商品、货物、食物或日用商品或提供服务的人，包括沿街叫卖小贩、沿门兜售小贩、蹲摊小贩和具有当地或地区特性的其他全部同义术语；应当据此解释"街道小贩"一词所具有的语法变体和同源词汇。

（m）"城镇贩卖委员会"指由主管政府按第22节组建的机构。

（n）"贩卖区域"指由地方当局经城镇贩卖委员会建议指定的供街道小贩用于街道贩卖的区域或地方或位置，且包括小径、人行道、铺石路、堤坝、街道的一部分、公共等候区，或被认为适合向普通大众从事贩卖活动和提供服务的任何类似地方。

（2）本法中对任何制定法或其任何条款的任何提及，涉及此等制定法或条款无效力的地域时，应当被解释为对在该地域有效力的相应法律（若有）的提及。

第Ⅱ章 街道贩卖的管理

3. 调查街道小贩和保护不受驱离或迁移

（1）城镇贩卖委员会应当在方案规定的时间内以方案规定的方式，对在其管辖范围内所有现存街道小贩进行调查，以后的调查应当至少每五年一次。

（2）城镇贩卖委员会应确保调查中确认身份的所有现存街道小贩在贩卖区域内，该区域受根据街道贩卖规划和贩卖区域容纳能力遵守该区、地区、城镇或城市（视情况而定）人口2.5%的规范的约束。

（3）在第（1）分节下的调查完成或向全体街道小贩颁发贩卖证书之前，不应当驱离或（视情况而定）迁移任何街道小贩。

4. 颁发街道贩卖证书

（1）城镇贩卖委员会应当向年满14岁或主管政府规定年龄的、按第3节

第(1)分节实施调查被确认身份的每位街道小贩颁发贩卖证书,但受包括街道贩卖规划中规定限制在内的方案所规定的条款条件和期限的约束:

但是,在本法实施前已经向其颁发贩卖证书的人,不论其是否包括在第 3 节下实施调查之内,也不论该证书被称为许可证或其他准许形式(不论是作为固定小贩或流动小贩或其他任何种类的小贩),应当视为是该贩卖证书期限内的该种类街道小贩。

(2)若在前后两次调查期间任何人寻求贩卖,城镇贩卖委员会可以赋予该人贩卖证书,但受街道贩卖方案、规划和该贩卖区域容纳能力的约束。

(3)若在第(1)分节下身份确认的街道小贩数量,或第(2)分节下寻求贩卖的人的数量,超出了该区域容纳能力和超出了该区域容纳量,城镇贩卖委员会应当实施该贩卖区域颁发贩卖证书的人数方案,剩余人员应当由毗邻贩卖区域容纳,以避免迁移。

5. 颁发贩卖证书的条件

(1)每位街道小贩在颁发第 4 节下贩卖证书前,应当向城镇贩卖委员会承诺:

(a)他应当亲自或通过其任何家庭成员从事街道贩卖活动;

(b)他已无其他谋生手段;

(c)他不应当以任何方式将贩卖证书或其规定摊点转让给其他任何人,包括出租。

(2)若向其颁发贩卖证书的街道小贩死亡或遭受永久性残疾或疾病,按优先次序,其家庭的一位成员可以以其身份出售该证书,直至该证书有效出售给——

(a)该街道小贩的配偶;

(b)该街道小贩的未独立子女。

但是,若对有权以该小贩身份进行出售的人产生争议,该事项由第 20 节下的委员会决定。

6. 贩卖证书的种类和颁发身分卡

(1)应当按以下种类颁发贩卖证书,即:

(a)固定街道小贩;

(b)流动街道小贩;或

(c)方案中规定的其他任何种类。

(2)为第(1)分节中规定种类颁发的贩卖证书,应当是方案中规定的形式和方式,并规定街道小贩应当从事贩卖活动的区域、天数、时间和应当受约束的条件、限制。

(3)应当向其颁发第(1)分节贩卖证书的每位街道小贩以颁发方案中规定形式和方式颁发身份卡。

7. 颁发贩卖证书的标准

城镇贩卖委员会向街道小贩颁发贩卖证书所遵循的标准,应当是方案中规定的标准。该方案除规定其他事项外,还规定列表种姓、列表部落、其他落后阶层、妇女、残疾人、少数民族或该方案可以规定的其他种类的人的优先权。

8. 贩卖的收费

向其颁发贩卖证书的每位街道小贩应当支付方案中规定的贩卖费用。

9. 贩卖证书的有效期和续期

(1)每份贩卖证书应当在方案中规定的期限内有效。

(2)每份贩卖证书应当在方案规定的期限内以其规定的方式、支付其规定的费用后续期。

10. 贩卖证书的注销和中止

若向其颁发本法下贩卖证书的街道小贩,违反为规制本法下街道贩卖的目的所规定的任何条件、其他任何条款条件、任何规则或据此制定的方案,或者若城镇贩卖委员会认为街道小贩保证的该贩卖证书是通过虚假陈述或欺诈方式取得的,城镇贩卖委员会可以在不损害该街道小贩受到本法下任何其他处罚的前提下,注销该贩卖证书、或以方案规定方式中止该贩卖证书其认为合适的期限。

但是,除非给予街道小贩听证机会,城镇贩卖委员会不应当作出上述任何注销或中止。

11. 对城镇贩卖委员会决定的上诉

(1)任何人因城镇贩卖委员会按第6节颁发贩卖证书、或按注销或中止贩卖证书的任何决定遭受侵害,可以按规定形式、在规定期限内、以规定方式向地方当局上诉。

(2)除非给予上诉人听证机会,地方当局不应当处置任何上诉。

第Ⅲ章　街道小贩的权利和义务

12. 街道小贩的权利

(1)每位街道小贩应当有权利根据贩卖证书中规定的条款条件从事街道贩卖活动。

(2)尽管第(1)分节包含任何规定,若任何区域或空间(视情况而定)已经标明为非贩卖区,街道小贩不应当在该区域从事任何贩卖活动。

13. 街道小贩获得迁移新地点或区域的权利

持有贩卖证书的每位街道小贩在其按第 18 节迁移的情况下，为从事其贩卖活动，有权获得地方当局会商城镇贩卖委员会后确定的新地点或区域，视情况而定。若按第 18 节街道小贩需要迁移，每位具有贩卖证书的街道小贩应获得新的位置或区域，视情况而定。

14. 街道小贩的义务

若街道小贩在某时间共享基础上占据空间，他应当每天在规定时间外挪走商品。

15. 维护清洁和公共卫生

每位街道小贩应当维护贩卖区域和相邻区域的清洁和公共卫生。

16. 良好维护贩卖区市政设施

每位街道小贩应当维持贩卖区域内市政设施和公共设施处于良好状态，不损坏、破坏或造成该设施任何损坏或毁坏。

17. 支付维护费

每位街道小贩应当支付贩卖区提供的、地方当局规定的市政设施定期维护费。

第IV章　街道小贩的迁移和驱离

18. 街道小贩的迁移或驱离

(1) 地方当局为了任何公共利益，可以经城镇贩卖委员会建议，宣布某区域或其一部分为非贩卖区，且按方案中规定方式迁移该区域内从事贩卖的街道小贩。

(2) 地方当局应当以方案中规定方式驱离按第 10 节被注销贩卖证书，或没有贩卖证书和无该证书从事贩卖的街道小贩。

(3) 除非已经以方案中规定的方式给予街道小贩 30 日的通知，地方当局不应当迁移或驱离任何街道小贩。

(4) 只有在上述通知中规定的期限届满后街道小贩未迁移或腾空贩卖证书规定的地点，地方当局才应当以方案中规定的方式实际迁移或驱离该街道小贩。

(5) 在上述通知规定的期限届满后，未迁移或腾空贩卖证书规定地点的每位街道小贩，应当对其每天的违反行为，承担地方当局确定的最高 250 卢比、但不超过被扣押财产价值的罚款。

19. 物品的扣押和取回

(1) 若街道小贩在第 18 节第(3)分节下发出的通知中规定的期限届满后

未搬离贩卖证书规定的地点,地方当局除按 18 节驱离该街道小贩外,若其认为必要,可以按方案中规定的方式扣押该街道小贩的物品:

但是,在非易腐物品情况下,地方当局应当在街道小贩提出主张的 2 个工作日内释放该物品,或者在易腐物品情况下,地方当局应当在街道小贩提出主张的同一日释放该物品。

第 V 章　争端处理机制

20. 街道小贩投诉的处理或争端的解决

(1)主管政府为了决定收到的第(2)分节下申请的目的,可以设立由一名已是民事法官或司法长官任主席、另两名具有规定经验的其他职业人士组成的一个或多个专门委员会:

但是,主管政府或地方当局的雇员不应当被任命为该委员会的成员。

(2)有投诉或争端的每位街道小贩可以按规定的形式和方式向按第(1)分节设立的专门委员会提出书面申请。

(3)第(1)分节下的专门委员会收到第(2)分节下的投诉或争端后,在以规定方式进行审核或调查后,应当在规定时间内以规定方式,采取步骤处理该投诉或解决该争端。

(4)受到专门委员会决定侵害的任何人可以以规定形式、在规定期限内、采取规定方式向地方当局提起上诉。

(5)地方当局应当在规定期限内、以规定方式处置收到的第(4)分节下的上诉:

但是,地方当局在处置该上诉之前,应当给予受侵害的人听证机会。

第Ⅵ章　街道贩卖规划

21. 街道贩卖规划

(1)各地方当局会商规划当局、经城镇贩卖委员会建议,应当每 5 年制定规划,以促进涵盖附表 1 中包含事项在内的街道小贩职业。

(2)地方当局制定的街道小贩规划应当呈报主管政府批准。该主管政府在公告该规划前,应当决定适用于街道小贩的规范。

第Ⅶ章　城镇贩卖委员会

22. 城镇贩卖委员会

(1)主管政府可以采取在此方面制定规则的方式,规定在每个地方当局

设立城镇贩卖委员会的条件和方式:

但是,若主管政府认为必要,可以在各地方当局设立多个城镇贩卖委员会、或每个区域或地区设立一个城镇贩卖委员会。

(2)各城镇贩卖委员会应当由以下人员组成:

(a)自治市专员或首席执行官,视情况而定,其应当担任主席;和

(b)规定的其他成员人数,由主管政府提名,其代表地方当局、地方当局医务官、规划当局、交通警察、警察局、街道小贩协会、市场协会、贸易商协会、非政府组织、以社区为基础的组织、居民福利协会、银行或其认为适当的其他利益体;

(c)提名代表非政府组织和以社区为基础的组织的成员人数不应当低于10%;

(d)代表街道小贩的成员人数不应当低于50%,其由街道小贩自己按规定方式选举产生:

但是,代表街道小贩的成员的三分之一应当来自女性街道小贩:

但是,应当在代表街道小贩的成员给予列表种姓、列表部落、其他落后阶层、少数民族和残疾人适当代表。

(3)第(2)分节中提名的主席和成员应当接受主管政府规定的津贴。

23. 城镇贩卖委员会会议

(1)城镇贩卖委员会应当按规定次数、在地方当局管辖范围内的地点召开会议,并应当在会议上遵守与业务交易有关的程序规则,履行规定的职能。

(2)应当公告城镇贩卖委员会的每项决定和作出该决定的理由。

24. 在城镇贩卖委员会设立特殊目的的临时协会

(1)城镇贩卖委员在实施本法任何规定中,可以以规定方式和为规定目的自身与其期望给予帮助或意见的任何人结社。

(2)应当向第(1)分节结社的人支付规定的津贴。

25. 城镇贩卖委员会的办公场地和其他雇员

地方当局应当向城镇贩卖委员会提供适当的办公场地和规定的雇员。

26. 公布街道小贩章程、数据库和实施社会审计

(1)各城镇贩卖委员会应当公布规定向街道小贩颁发贩卖证书的期限、应更新贩卖证书的时间和在规定时限内从事其他活动的街道小贩章程。

(2)各城镇贩卖委员会应按规定方式维护已注册街道小贩和向其已经颁发贩卖证书的更新记录。贩卖证书的内容包括该街道小贩姓名、分配给他的摊位、其经营业务的性质、街道贩卖的种类和与该街道小贩相关的其他具体

事项。

（3）各城镇贩卖委员会应当按方案中规定的形式和方式对其本法、规则或据此所订方案下的活动实施社会审计。

第VIII章　防止骚扰街道小贩

27. 防止警察和其他当局骚扰

尽管其他任何现行有效法律中包含了任何规定，根据其贩卖证书的条款条件从事街道贩卖活动的任何街道小贩，不应当阻止任何人、警察或其他任何当局行使按其他任何现行有效法律行使权力的权利。

第IX章　处罚条款

28. 对违法行为的处罚

（1）若任何街道小贩——

（a）无贩卖证书从事贩卖活动；

（b）违反贩卖证书的条款；或

（c）违反为规范本法、任何规则或据此所订方案下街道贩卖的目的所规定的其他任何条款条件，

应当对其上述每项违法行为处以地方当局可以决定的最高 2000 卢比的罚款。

第X章　杂项

29. 本法的规定不应解释为赋予所有权等

（1）本法中包含的任何规定不应当解释为，授予街道小贩在分配给其贩卖区域从事贩卖活动或者涉及从事该贩卖活动的任何地点任何临时、永久或永恒的权利。

（2）若任何固定小贩根据任何现行有效法律为从事贩卖活动在其从事贩卖活动的指定地点，以租赁契约或其他方式已经赋予他临时租赁权或所有权，第(1)分节中包含的任何规定不应当适用于该固定小贩。

30. 反馈

各城镇贩卖委员会应当不时向主管政府和地方当局提供规定的反馈。

31. 促进措施

主管政府可以会商城镇贩卖委员会、地方当局、规划当局和街道小贩协会或工会，采取促进措施，为街头小贩提供可获得的信贷、保险和社会保障等其他福利项目。

32. 研究、培训和认知

主管政府可以在财政和其他资源可用性范围内，

（a）组织能力建设项目，以能使街道小贩行使本法规定的权利；

（b）开展研究、教育和培训项目，以一般提升普通大众和特别提升街道小贩认识和理解经济中非正规部门的作用，和通过城镇贩卖委员会提高大众的认知水平。

33. 本法具有优先效力

尽管其他任何现行有效法律中，或依据本法以外的任何法律具有效力的任何文书中有相反的规定，本法均规定应当具有效力。

34. 委派权力

主管政府认为有必要，经一般或特别书面命令，可以将其本法下的权力和职能（排除第 38 节下制定方案的权力和第 36 节下制定规则的权力）委派给地方当局、城镇贩卖委员会或其他任何官员，但受该命令中规定的条件（若有）约束。

35. 修正附表的权力

（1）根据主管政府的建议或其他情形，若中央政府认为有必要或有益，可以采取公告方式修正本法各附表。由此附表 1 或附表 2，视情况而定，应当视为据此已经被修正。

（2）第（1）分节下发布的每分公告副本应当在其发布后尽快呈报议会每院。

36. 制定规则的权力

（1）主管政府应当自本法生效之日起 1 年内，以公告方式，制定实施本法规定的规则。

（2）特别是且不损害上述权力的普遍性，上述规则可以规定以下全部或任何事项，即：

(a) 第 4 节第（1）分节下街道小贩的年龄；

(b) 第 11 节第（1）分节下向地方当局提出上诉的方式、期限和形式；

(c) 第 20 节第（1）分节下的人员和该人员具有的经验；

(d) 第 20 节第（2）分节下提出申请的形式和方式；

(e) 第 20 节第（3）分节下，收到投诉或争端后调查和调查的方式，可以采取步骤处理投诉或争端的期限和方式；

(f) 第 20 节第（4）分节下，提出上诉的形式、期限和方式；

(g) 第 20 节第（5）分节下，处置上诉的方式和期限；

(h)第22节第(1)分节下,设立城镇贩卖委员会的条款和方式;

(i)第22节第(2)分节(b)条款下,城镇贩卖委员会其他成员的人数;

(j)第22节第(2)分节(d)条款下,街道小贩中选举的方式;

(k)第22节第(3)分节下,主席和成员的津贴;

(1)第23节下,城镇贩卖委员会会议的时间和地点、会议上业务交易的程序和履行的职能;

(m)第24节第(1)分节下,与个人结社的方式和目的;

(n)第24节第(2)分节下,支付给结社人的津贴;

(o)第25节下,城镇贩卖委员会的其他雇员;

(p)第26节第(2)分节下,维持全体街道小贩最新记录的方式;

(q)第30节下,提供的反馈;

(r)第38节第(2)分节下,公布方案概要的方式。

(3)中央政府按本法制定的每项规则和方案,应当在其制定后尽快呈报议会各院。在会期,总期限为30日,包括一次会议、两次或多次后续会议和该会期届满前立即进行下次会议或后续会议。若两院均同意该规则或方案中作出任何变更,或均同意不应当制定该规则或方案,该规则或方案应当仅以上述变更的方式具有效力,或者无效力,视情况而定。但是,上述任何变更或无效应当不损害以前按该规则或方案所作任何事情的有效性。

(4)邦政府按本法制定的每项规则或方案,若有两院,应当呈报该邦立法机构的两院,若该邦立法机构为一院,应当呈报该院。

37. 制定细则的权力

受本法规定,或据此所订任何规则或方案的约束,地方当局可以对以下全部或任何事项制定细则,即:

(a)在限制自由贩卖区域、限制贩卖区域和指定贩卖区域,贩卖的规制和形式;

(b)第17节下,贩卖区域内市政设施月维持费的决定;

(c)第18节第(5)分节和第28节下,处罚的决定;

(d)贩卖区域内的税费征收;

(e)贩卖区域内的交通管理;

(f)贩卖区域内向公众提供产品、服务的质量管理,维护公共健康、卫生和安全标准;

(g)贩卖区域内市政服务的管理;

(h)贩卖区域内必要的其他事务管理。

38. 街道小贩的方案

(1)为了本法的目的,主管政府应当自本法生效之日起 6 个月内,适当会商地方当局和城镇贩卖委员会后,以公告方式制定可以规定附表 2 中所列的全部或任何事项。

(2)第(1)分节下主管政府公告的方案的概要,应当由地方当局按规定方式在当地至少 2 家新闻报纸上公布。

39. 清除障碍的权力

(1)若在赋予本法规定以效力中产生任何障碍,中央政府可以采取在《官方公报》中发布命令的方式,制定不与本法规定抵触的、显然对清除该障碍是必要或有利的规定:

但是,自本法生效届满 3 年后,不应当作出本节下的任何命令。

(2)按本节作出的每项命令,在其作出后尽快呈报议会各院。

附表 1

(见第 21 节)

街道贩卖规划

(1)街道贩卖规划应当——

(a)受遵守该城区、区域、城镇或城市(视情况而定)人口 2.5% 的规范的约束,确保该贩卖规划容纳调查中被确认的全部现有街道小贩;

(b)确保经常往返者自由移动并无任何障碍使用道路的权利;

(c)确保街道贩卖空间和区域供给是合理的,且与现存自然市场相符;

(d)考虑市政设施适当用于确认为贩卖区域的空间和区域;

(e)促进方便、高效、成本效益的商品分销和提供服务;

(f)在赋予街道贩卖规划效力的方案中可以规定的其他事项。

(2)街道贩卖规划应包含以下全部事项,即:

(a)街道贩卖空间规划规范的确定;

(b)标明街道贩卖的空间或区域;

(c)贩卖区域作为限制自由贩卖区域、限制贩卖区域和非贩卖区域的决定;

(d)通过采取必要规范,制定对城市、城镇中普遍大多数街道小贩和未来增长有益的和充分的空间规划;

(e)现存主规划、开发规划、分区规划、布局规划和在指定贩卖区域容纳街道小贩的其他任何规划中需要的后续变化。

(3)非贩卖区域的宣告应由街道贩卖规划实施,受以下原则的约束,即:

(a)根据调查确认的任何现存市场或自然市场不应当宣布为非贩卖区域;

(b)非贩卖区域的宣告应当以转移街道小贩最小百分比的方式进行;

(c)任何地方的过度拥挤不应当成为宣布任何区域为非贩卖区域的根据,但是可以对该区域中调查未确认为街道小贩的人员设置颁发贩卖证书的限制条件;

(d)卫生关注不应当成为宣布任何区域为非贩卖区域的根据,除非该关注可能仅归因于街道小贩且地方当局通过恰当市政行为不能解决;

(e)在未实施调查和未制定街道贩卖规划前的任何时间,不应当宣布任何区域为非贩卖区域。

附表2

(见第38节)

主管政府制定的街道贩卖方案中规定的事项:

(a)实施调查的方式;

(b)向调查中确认为街道小贩颁发贩卖证书的期间;在一定日期内,贩卖证书应发给在调查中认定的街道小贩;

(c)在两次调查间隙期间可以向街道小贩(包括期望从事街道贩卖的人员)颁发贩卖证书的约束条款和条件;

(d)向街道小贩颁发贩卖证书的形式和方式;

(e)向街道小贩发放身份卡的形式和方式;

(f)向街道小贩颁发贩卖证书的标准;

(g)以街道种类为根据的贩卖收费,可以因不同城市而不同;

(h)通过银行、地方当局和城镇贩卖委员会柜台收取贩卖费的方式,维持注册收费和罚款,使用机动货摊停泊空间和利用市政服务;

(i)贩卖证书的有效期;

(j)贩卖证书可以更新的期限、方式和该更新的费用;

(k)可以中止或注销贩卖证书的方式;

(l)固定或流动小贩以外的街道小贩的种类;

(m)享有颁发贩卖证书优先权的其他类别人员;

(n)可以迁移街道小贩的公共目的和迁移街道小贩的方式;

(o)驱离街道小贩的方式;

(p)向驱离街道小贩发出遁知的方式;

(q)驱离实际未迁移街道小贩的方式;

(r)地方当局扣押物品的方式,包括制作和发出扣押商品清单;

(s)街道小贩取回扣押物品的方式和费用;

(t)城镇贩卖委员会实施社会审计的形式和方式;

(u)指定私人区域为限制自由贩卖区、限制贩卖区和非贩卖区的条件;

(v)街道贩卖的条款和条件,包括为维护公共健康和卫生的规范;

(w)指定各邦中心官统筹该邦级别的、与街道贩卖相关的所有事项;

(x)维持城镇贩卖委员会、地方当局、规划当局和邦中心官恰当记录和其他文件的方式;

(y)实施以分时为基准的贩卖活动的方式;

(z)确定贩卖区域为限制自由贩卖区、限制贩卖区和非贩卖区的原则;

(za)决定贩卖区域容纳能力的原则,进行全面普查、调查的方式;

(zb)受以下约束的迁移原则:

(i)除非对所涉土地有明确和迫切的需要,尽可能避免迁移;

(ii)受影响的街道小贩或其代表应当参与复原项目的规划和实施;

(iii)应当迁移受影响的街道小贩,目的是改善其营生和生活水平,或至少将其恢复到驱离前的实际水平;

(iv)新基础设施开发项目创造的谋生机会应当安置被转移的街道小贩,以使他们能够利用新基础设施创造谋生机会;

(v)应当避免资产损失,若有任何损失,应当补偿;

(vi)土地上任何物权或其化权益的转让不应当影响该土地上街道小贩的权利,因该转让引起的任何迁移应当按本法规定进行;

(vii)国家机构应当采取综合措施,检查和控制强制驱离行为;

(viii)应当宣布街道小贩从事经营超过50年的自然市场为历史遗产市场,不应当迁移该市场的街道小贩;

(zc)为实施本法目的的方案中可以包括的其他任何事项。

印度政府秘书

P.K.马尔荷特哈

(邓瑞平、宋小萍译,邓瑞平校)

✱ 黄燕*

印度《2014 年规划与建筑学院法》简介

　　随着经济全球化步伐加快,各国之间的联系日益密切,竞争不断加剧,国家之间的国际竞争越来越体现在高等教育质量的竞争。重视高等教育,培养高质量人才,成为主要国家立于世界之林的关键。

　　独立前,英国殖民者于 1781 年在印度孟加拉建立了印度历史上的第一所大学即加尔各答学院,此为印度近现代高等教育的开端。在早期阶段,印度高等技术教育发展十分缓慢,高等院校的设立主要是依照政府部门的需求。[①] 随着西方教育不断涌入,对印度高等教育影响深远。独立后,印度政府注重发展高等教育,仅在独立后 40 年,把印度理工学院建成了世界一流大学。[②] 由此观之,印度政府对高等教育的重视程度可见一斑。

一、本法制定背景

　　1945 年,印度成立了全印技术教育委员会,负责全国总体技术教育政策和中学以上的各类专业技术院校。印度政府每五年制定一个五年计划。1957 年,印度启动了第一个五年计划(1957—1962 年),其中高等教育部分为"高等

---

　　* 黄燕,1992 年生,女,四川眉山东坡区人,西南政法大学国际法学院国际法学专业 2015 级硕士研究生。

　　① 吕君:《印度高等技术教育质量改进与研究》,辽宁师范大学硕士学位论文,2012 年,第 11 页。

　　② 安双宏:《当前印度高等教育质量评析》,载《国外高等教育》2012 年 2 月 17 日,第 153 页。

教育发展规划"。到 2012 年,印度已实施完成了第十一个五年计划。2012—2017 年,为印度第十二个五年计划期间。"十二五"规划是对"十一五"规划任务完成的总结和对未来高等教育发展的展望和努力。① 《2014 年规划与建筑学院法》(以下简称"本法")正是"十二五"规划的产物。

在"十一五"规划期间,为了提高高等教育质量,印度政府主要通过了以下保障性法案:《高等教育和科研法案》(*Higher Education and Research Bill*,2011年)、《国家学术仓库法案》(*The National Academic Depository Bill*,2011 年)、《高等教育机构鉴定管理当局法案》(*The National Accreditation Regulatory Authority for Higher Educational Institutes Bill*,2010 年)、《教育法庭法案》(*The Educational Tribunal Bill*,2010 年)、《外国教育机构法案》(*Foreign Educational Institutions Bill*,2010 年)等。② 通过这些法案,印度高等教育在规模、质量方面取得巨大进步。③ 在此期间,印度政府对高等教育资金投入大幅增长,投入达到了 2700 亿卢比,比"十五"期间增加了 1837.8 亿卢比。④ 从此数据可以看出,印度政府对高等教育的重视程度。⑤ 印度大学拨款委员会提出,在此期间的主要目标:扩大教育入学机会、促进高等教育包容性、提高质量与卓越、提高相关性和价值教育。事实证明:"十一五"规划后,无论是大学和学院的数量、在校生规模,还是私立高等教育的蓬勃发展,中央政府重视本国少数民族和低收入家庭子女接受高等教育的机会,高等教育质量方面,都取得了巨大的进步。⑥

尽管取得了巨大成就,但是印度高等教育仍存在以下不足:招生规模的扩张导致生源质量下降;教育的公平性仍然是一块短板;种姓制度极大地阻碍了

---

① 印度政府于 2012 年 9 月正式出台并实施迈向 2017 年的高等教育第十二个五年规划(2012—2017)(Draft 12th Five Year Plan 2012-17 and Draft Annual Plan 2012-2013, Ⅷ EDUCATION,第 31~36 页)。该规划由大学拨款委员会制定,其总体指导原则是提升高等教育质量,提供多元化的高等教育机会,给予高校更多办学自主权。

② 连进军:《从"十一五"规划到"十二五"规划:印度高等教育的问题和未来的发展》,载《中国高等教育评论》第 5 卷,第 153 页。

③ 安双宏:《当前印度高等教育质量评析》,载《国外高等教育》2012 年 2 月 17 日,第153 页。

④ 印度在"一五"规划期间对教育的投入仅为 1.4 亿卢比,"十五"规划期间投入达 862.2亿卢比。planning commission, government of India, India five-years plans, http://www.planning-commission.nic.in/plans/planrel/fiveyr/welcome.html, last visited on 10 Nov.2016.

⑤ Planning Commission, Government of India, India Five-Years Plans, http://www.planningcommission.nic.in/plans/planrel/fiveyr/welcome.html, last visited on 10 Nov.2016.

⑥ 马君:《印度高等教育面临的挑战及应对策略——基于印度"高等教育第十二个五年规划"(2012—2017)的分析》,载《高教探索》2014 年第 3 期。

公平的实现,且地区之间、性别之间、群族之间的教育发展极不均衡。在科研创新方面,科研创新成果不足,对科研投资力度仍待加强。

在"十二五"规划中,对发展高等教育的指导原则有三:强调质量,追求卓越;教育机会多样化;高等教育机构自治。① 与"十一五"规划相比,对高等教育的发展提出了更高的要求,不再单纯追求高等院校的规模、入学率,更加注重学生的质量、就业,教师的任职水平和科研创新能力提升,以及高校之间、高校与其他机构之间的合作与发展。根据印度计划委员会编制的第十二个五年规划,印度提出了经济平均增长率为9%的新目标。要实现经济增长目标,其中基础设施在经济增长中的作用明显而巨大。但随着印度经济的发展,基础设施建设滞后的问题日益突出,表现在大型道路、港口、机场、电力、电信项目等建设落后。② 为了更好发展基础设施,实现基础设施促进经济增长的目标,印度政府从源头出发,着手培育高等人才,以便投入社会实践。本法不仅在发展高等教育上具有重要意义,在支持国家经济发展,为国家培养基础设施建设人才、发展基础设施上同样具有重要意义。

二、本法的主要内容和突出特点

(一)结构和主要内容

本法共6章42条,其基本结构为:序文、几所学院、学院的权力机构、账目和审计、理事会、杂项。

第1章主要规定了在该法中主要用词的特定含义和该法的生效日期;第2章主要规定了设立和合并的学院,学院成立后享有的权力、承担的义务和履行的职能;第3章分别规定了各学院的权力机构,包括董事会、教务委员会和章程授权的其他权力机构;第4章规定了学院基金的种类、账目审计事项;第5章主要规定了理事会的设立、组成和职能;第6章主要对学院已设有关委员会的效力、该法生效后这些委员会的存废作出规定。

本法的目标和宗旨是:为促进包括人类居环境规划在内的建筑学习领域的教育和科学研究;支持规划与建筑学院的设立和发展;使各学院在建筑、规

---

① 连进军:《从"十一五"规划到"十二五"规划:印度高等教育的问题和未来的发展》,《中国高等教育评论》第五卷,第153页。

② 《印度十二·五基础设施发展规划》,第1~4页,https://wenku.baidu.com/view/d8aa929a6294dd88d0d26bef.html,2016年12月20日访问。

划和相关领域提供全球领导。① 根据本法设立的学院,是非营利的独立的法律实体。② 本法系统规定了学院的权力机构设置,即董事会和教务委员会;③ 其他重要的职位,如院长、注册官。④ 本法确立了高校章程的地位、主要内容和效力,即章程由各学院根据实际情况制定,主要为学院的发展目标、发展方向做全面布局,但每所学院的首次章程应当由中央政府制定并经巡督员批准,其相同的副本应当尽快呈报议会每院。⑤ 学院的有关条例由教务委员会制定,主要对学生的入学、课程设置、取得文凭、获得奖学金、参加考试等事项作出具体规范。⑥

本法颁布前,在新德里、博帕尔、维杰亚瓦达已经存在着 3 所规划与建筑学院,在本法颁布后注册成为法人,享有占有、处分、收益其动产和不动产,起诉、被起诉的权利,义务和债务都转移给注册成立后的学院,现存学院的员工的所有权利和义务将转移到注册成立后的学院。⑦ 为了解决纠纷,本法还规定,当学院和员工因合同发生争议时,可以由仲裁来解决。⑧

(二) 突出特点

本法因在国家"十二五"规划期间制定,反映了国家在"十二五"规划期间发展高等教育的重点。其突出特点如下:

1. 学院的权力机构设置

印度是一个联邦制国家,在学院权力机构的设置上,体现了其浓厚的国家特色。印度实行的是国家、邦、院校合作的自上而下的高等教育管理体制,各级管理机构中由不同的职能部门、专家学者、领域精英成员组成的委员会,明确分工、互相配合。

印度总统是每所学院的巡督员,巡督员可以委派一人或多人检查各学院的工作和进度、主持调查其事务,并以巡督员指定方式报告有关情况。⑨ 学院

---

① Section 5, The School of Planning and Architecture Act, India, 2014.

② Section 10, The School of Planning and Architecture Act, India, 2014.

③ Section 12 , The School of Planning and Architecture Act, India, 2014.

④ Sections 19, 20, The School of Planning and Architecture Act, India, 2014.

⑤ Section 29, The School of Planning and Architecture Act, India, 2014.

⑥ Section 30,31, The School of Planning and Architecture Act, India, 2014.

⑦ Sections 4,6 , The School of Planning and Architecture Act, India, 2014.

⑧ Section 32, The School of Planning and Architecture Act, India, 2014.

⑨ Section 11, The School of Planning and Architecture Act, India, 2014.

的权力机构由董事会、教务委员会、院长、注册官和其他机构组成。[①] 担任董事会的主席,由巡督员从中央政府推荐的 3 人小组中任命;董事会的秘书,由学院的注册官担任;董事会的其余成员,须从行业精英中挑选;[②]教务委员会的成员须来自规划、建筑领域精英;[③]学院权力机构组成人员由中央政府经巡督员事先批准基于章程规定的任职条款和条件予以任命。[④] 其权力机构人员来源深刻体现了其教育管理体制。由中央政府批准成立的专门委员会在学院成立后,每隔五年对学院审查,对学院的表现进行评估。[⑤] 对于发展学院的资金,主要由政府拨款,其通过大学拨款委员会(University Grants Commission)进行。[⑥] 按印度高等教育管理体制,印度中央政府通过人力资源开发部下设的教育司行使宪法赋予的管理高等教育的权利,教育司通过大学拨款委员会行使这种权利。[⑦] 由此,既可以窥见国家对高等教育的重视程度,又表明高等教育的发展受多方约束——地方政府、中央政府。在高等学校发展上,中央可以统一一致的教育理念和指明一致的教育方向,对其进行教育拨款,但因各高校间的个体差异性,这反而会为学院发展设置障碍。

2. 高校之间、高校与其他社会团体的合作

长期以来,经过高等教育的学生进入社会后,似乎力不从心,教育和实践存在严重脱节。且各高校有各自的教育方针,培养方向不同,可能擅长的领域有所差别,高校之间的互相合作比较缺乏。若能够加强同类高校之间、学院和社会其他机构之间的合作,使学生在学习理论知识的同时,接触到实践,不仅加强学生对理论

---

① Section 12, The School of Planning and Architecture Act, India, 2014.

② Section 13, The School of Planning and Architecture Act, India, 2014.

③ Section 16, The School of Planning and Architecture Act, India, 2014.

④ Section 19, The School of Planning and Architecture Act, India, 2014.

⑤ Section 22, The School of Planning and Architecture Act, India, 2014.

⑥ 印度大学拨款委员会(University Grants Commission,简称 UGC)代表印度中央政府行使宪法赋予其管理高等教育的权力。1964—1966 年教育委员会明确指出高等教育是中央与邦的共同责任。1945 年英政府在印度设立了一个类似英国大学拨款委员会的机构即印度的 UGC,管理当时仅有的三所中央大学。1948—1949 年由于成立了大学教育委员会,该机构便停止了工作。印度共和国成立后,中央政府不想重建 UGC,但是到 1952 年,在各方强烈呼吁下印度政府决定设立 UGC。1953 年末临时性的 UGC 宣告成立,由于各方对 UGC 的具体职责持不同意见,直到 1956 年成立 UGC 的正式法案在各方互相妥协后才在议会获得通过。

⑦ 安双宏:《印度大学拨款委员会及其对我们的借鉴意义》,载《比较教育研究》,2003 年第 12 期(总第 163 期)。

知识的理解,且对将来从事实践工作大有益处。故,该法规定,学院可以聘任任何其他学院、教育机构工作或在任何行业从事重大研究的人员为本院兼职、客座或访问教师,共同提升科研水平。① 在行业中具有丰富专业知识和实践经验的专家,也可以成为学院权力机构的成员,指导学院发展,促进学院提高科研水平。② 由于有行业专家的指导,保证了学生能够接触实践,提高了学生就业的能力。

3. 资金来源多样化

教育是培养国家人才的重要手段,一个国家对教育的重视程度可以通过国家财政对教育的拨款力度窥探一二。据资料显示,印度即使在国家财政对教育投入逐年减少的情形下,对高等教育的投入在逐年上升,高等教育占整个教育投入的比重在上升。③ 本法规定,政府将大力支持学院的科研项目,拨款给学院发展教育,促进科研的发展;学院可以接收来自政府的赠品、赠款、捐款和遗赠人的遗赠物、捐赠者的捐赠物、动产和不动产。④ 虽然在财政总量上,印度政府在高等教育方面的投入比不上欧洲国家,但是财政对高等教育的倾斜力度,连西方人也惊叹:"在教育上,印度人花在大学上的钱相对大慷慨了"。⑤ 有了来自于政府和社会资金的双重支持,资金来源更加多样化,对学院的发展大有裨益。

4. 受教育机会均等化

印度是一个多人口、多种姓、多语言、多宗教的国家。种姓制度是印度社会所特有的,也是引起诸多社会问题的根源所在。由于社会、历史、居住区域的原因,在经济、受教育程度方面与其他阶层存在很大差距。在高等教育方面,不同阶级、种族的人受教育权是不平等的。"十一五"期间,印度政府提出了一系列针对弱势群体的计划和倡议;"十二五"期间,高等教育的重要目标是消除性别、城乡、区域、阶层的人为差别。⑥ 本法确立了平等受教育的原则:每所学院应对每一个人开放,不论性别、种族、信仰、世袭的社会等级或阶级、宗教、残疾、住所、民族、社会或经济背景。⑦

---

① Sections 7(h), The School of Planning and Architecture Act, India, 2014.

② Sections 13, 16, The School of Planning and Architecture Act, India, 2014.

③ 马君:《印度高等教育面临的挑战及应对策略——基于印度"高等教育第十二个五年规划"(2012—2017)的分析》,载《高教探索》2014 年第 3 期,第 65~66 页。

④ Section 7(1), The School of Planning and Architecture Act, India, 2014.

⑤ 钮维敢:《印度现代高等教育发展与知识经济崛起》,上海市教育科学研究院,http://www.cnsaes.org/homepage/html/magazine/gjpg/gjpg_ywdt/2959.html,2016 年 12 月 20 日访问。

⑥ 王丽娜:《印度高等教育管理研究》,西北师范大学教育科学学院硕士学位论文,2001 年 5 月,第 7 页。

⑦ Section 8(1),(2), The School of Planning and Architecture Act, India, 2014.

5. 提高教师福利水平和教育水平

印度政府重视高等教育的发展,还表现在,自独立以后,迅速兴建的高等院校。随着高校数量的增多、规模的扩大,在校生人数逐年上涨,但是教师数量没有随着学生人数增长呈相应递增趋势。据资料显示,2010—2011 学年,印度高校师生比为 26∶1,[①]高校教师不能满足教学要求,[②]且教师的工资待遇和福利水平没有得到显著改善。基于此,本法专门规定,保障此类学院教师的薪金水平、福利待遇。[③]

三、对本法的简要评价

(一) 本法的优势

1. 专项法律促进规划和建筑高等教育

印度议会在 2012—2016 年期间颁布的法律中,有 8 部法律是涉及高等教育。[④] 这些法律与本法共同促进"十二五"规划期间的高等教育发展。[⑤] 且这些法律涉及高等教育的重要方面:科学与工业研究、航空、农业、设计、信息技

[①] 杨晓斐:《卓越、扩张、公平——印度高等教育"十二五"规划"三级"战略评述》,载《比较教育研究》2014 年第 12 期,第 45 页。

[②] 印度高等院校数量从 1950—1951 年度到 1984—1985 年度平均每年增加 120 余所,且持续达 35 年之久,尤其是 1960—1961 年度到 1970—1971 年度这 10 年中高校数量翻了一番;高校学生数从 1950—1951 年度到 1984—1985 年度平均增长率为 9.2%,增长最快的是 1955—1956 年度到 1970—1971 年度,学生数平均增长率高达 13.4%,呈高速增长态势,而同期高等教育较为普及的西方发达国家美国仅为 4.7%,最高的瑞典为 8.5%。

[③] Sections 5(d),26(1),(2),28(f)(h),The School of Planning and Architecture Act, India,2014.

[④] 《科学与创新研究院法》(*The Academy of Scientific and Innovative Research Act*,2012 年)、《拉吉夫·甘地国立青年发展学院法》(*The Rajiv Gandhi National Institute of Youth Development Act*,2012 年)、《拉吉夫·甘地国立航空大学法》(*The Rajiv Gandhi National Aviation University Act*,2013 年)、《詹西女王中央农业大学法》(*The Rani Lakshmi Bai Central Agricultural University Act*,2014 年)、《国家设计学院法案》(*The National Institute of Design Act*,2014 年)、《印度信息技术研究院法》(*The Indian Institutes of Information Technology Act*,2014 年)、《拉金德拉·普拉萨德中央农业大学法》(*The DR. Rajendra Prasad Central Agricultural University Act*,2016 年)、《区域生物技术中心法》(*The Regional Centre for Biotechnology Act*,2016 年)。

[⑤] http://lawmin.nic.in/ld/P-ACT/pact_upd2000-2014.htm, last visited on 10 Nov. 2016.

术、生物技术、规划与建筑等。总体上,上述法律构成了印度"十二五"期间完整的高等教育规划法律保障体系。

综观世界主要国家,在高等教育领域,很少国家像印度针对某一领域颁布专门法律来促进和保障,其高等教育领域的立法模式值得借鉴。

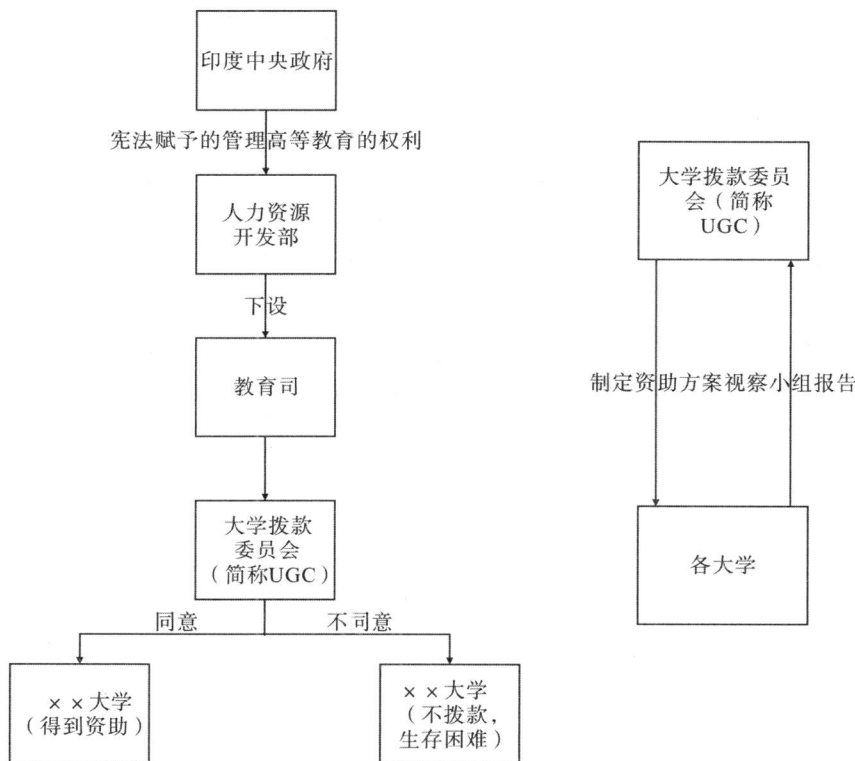

2. 较为完善的财务及资产管理制度

在学院财务、资产管理方面,涉及大学拨款委员会,其工作流程如上图。UGC 的权利来自于教育司,主要负责制定五年规划期间各大学的资助,但在制定方案前,需要收集各大学在比期间的发展规划,派出视察小组前往各大学收集信息,并据此制定适合的资助计划。此外,要成立一所高校,首先需取得UGC 的同意,经 UGC 综合考量后予以答复。若 UGC 同意设立,会顺利获得UGC 的资助;但若擅自建立,即使高校成立后,该高校不会获得 UGC 的资助。失去了 UGC 的资助,这些高校的生存步履维艰,更难发展了。①

---

① 安双宏:《印度大学拨款委员会及其对我们的借鉴意义》,载《比较教育研究》,2003 年第 12 期(总第 163 期)。

高校成立前由 UGC 把关,成立后由印度审计署负责账务审计。本法第Ⅳ章专门规定了学院财务制度,即:每所学院应保持妥善的账目、其他有关记录并编制年度报表,对其中可能出现的会计偏差说明理由;①学院账目由印度审计署负责审计。② 每所学院的账目和审计报告由印度审计署每年送交中央政府,中央政府应当根据其规定的程序,将此等文件呈报议会各院。③

(二)本法存在的主要问题

1. 高校自治机构的设立仍任重道远

印度高等教育实行中央和邦两级管理体制。中央主要管辖对国家具有重要意义的国立直属大学,其余高校由所在地的邦管理,中央仅作宏观的、原则性的指导,但中央政府通过大学拨款委员会,以向大学提供经费的方式加强控制。就各邦而言,常以法令的形式管理高校内部事务。例如,各邦会因地区政策不同而加强对不同阶级或其他弱势群体的入学条件的限制;对教学语言的采用、课程的设置、考试标准等会加以适度管理。此外,有些政党也会干涉高校内部事务。这使得高校成为各种利益集团的必争之地,严重干扰了高校的正常发展和损害了高校的自治权,使得其难以根据自身办学特点,充分发挥自身优势,促进自身发展。

印度政府早有了建立高校自治机构的想法,但本法没有关于设置自治机构的任何规定。实践中,存在着"平庸和非学术的考虑"致使自治机构在发展过程中困难重重,以致自治机构多年以来仍然还是一个构想。但是,随着思想观念的变革,印度政府将会逐渐在有关高等学校法中规定设立自治机构。

2. 弱势群体入学与财政支持力度问题

虽然本法明确规定在入学方面平等对待各种族、宗教、阶层、地区等,但没有明确规定如何保障弱势群体的受教育权,会导致学院在具体操作上平等对待弱势群体的法律缺位,无法真正落实平等受教育权。据韩国教育部统计,2007-2008 年度,印度高等教育的不公平问题依然非常突出:④

---

① Sections 25, The School of Planning and Architecture Act, India, 2014.

② Chapter Ⅳ, The School of Planning and Architecture Act, India, 2014.

③ Cchapter Ⅳ, section 25, sub-section(5), The School of Planning and Architecture Act, India, 2014.

④ 马君:《印度高等教育面临的挑战及应对策略——基于印度"高等教育第十二个五年规划"(2012—2017)的分析》,载《高教探索》2014 年第 3 期。

国家平均毛入学率	其他落后群体毛入学率	穆斯林群体毛入学率
17.2%	14.8%	9.6%

城市地区毛入学率	农村地区毛入学率
30%	11.1%

男性毛入学率	女性毛入学率
19%	15.2%

从以上三组数据可以看到,少数民族和低收入家庭的毛入学率低于国家平均毛入学率;城市地区的毛入学率几乎是农村地区毛入学率的三倍;男性毛入学率高于女性毛入学率。印度高等教育在地区之间、种族之间、性别之间仍然存在较大差距。

印度政府在"十二五"规划中,对弱势群体提出了一系列具体计划和倡议,如:政府将加大财政支持力度用于公共支出,增加奖学金数额、减少学生负担,所有在人力资源与发展部名下的学生财政资助计划整合到"学生财政资助项目"(SFAP)下,在"信用担保信托"(Credit Guarantee Trust)下创建"学生贷款担保集团"①等,但本法中没有涉及学生贷款资助和保障实施和增加奖学金数额。

3. 未明确规定教育工作者和学生的其他相关事项

本法除第 6、27 节涉及教职工的待遇外,②未规定有关教师和其他员工的任职资格、招聘条件、业务考核、教师职责,也未规定学生课余活动、就业等事项。在此方面,可以借鉴中国的《高等教育法》,③为品学兼优的贫困的学生设立助学金,鼓励优秀学生到国家规定地区工作。

---

① 连进军:《从"十一五"规划到"十二五"规划:印度高等教育的问题和未来的发展》,载《中国高等教育评论》第 5 卷。

② Sections 6(d), 27, The School of Planning and Architecture Act, India, 2014.

③ 中国《高等教育法》(2015 年修正)第 55 条规定:国家设立奖学金,并鼓励高等学校、企业事业组织、社会团体以及其他社会组织和个人按照国家有关规定设立各种形式的奖学金,对品学兼优的学生、国家规定的专业的学生以及到国家规定的地区工作的学生给予奖励。国家设立高等学校学生勤工助学基金和贷学金,并鼓励高等学校、企业事业组织、社会团体以及其他社会组织和个人设立各种形式的助学金,对家庭经济困难的学生提供帮助。

（三）对我国高等教育法治建设的启示

1. 重视培养专业人才

进入 21 世纪后，印度高等教育进入了大众化阶段。特别是实施"十一五"规划后，高校数量和入学人数大大增长，高等教育大众化取得了实质性进展。[①] 中国目前处于相同阶段。

印度"十二五"规划期间和在随后的几年里相继出台了针对高校专业化发展的法案，鼓励建设创新与工业研究、航空、农业、设计等领域的专门学院以培养专业人才。中国各高校虽然开设的专业种类繁多，但是大多在于宽而不在精，且到目前为止，尚未有像印度那样，制定专门法律对专业性院校建设予以规范。在未来，中国可以借鉴印度高等教育法治建设的经验，制定专业学院建设发展的中央法规。

2. 扩大校企合作，坚持经费来源多元化

当前在我国发展高等教育的过程中，高校与企业、社会之间的联系不密切。学生在校学习的知识和技能与社会所需求的存在脱节。在我国高等教育发展中，需要与社会实践、市场需求紧密联系，借鉴印度本法的有关规定，采取不同方式和途径的开展合作，使学生能学以致用，提高学生就业质量。

我国高等教育存在地区发展不均衡，导致部分高校教育经费匮乏、办学条件差，单靠政府财政拨款是不够的，需要社会资金的大力支持。这需要国家在法律上和政策上给予促进和保障。

3. 保障受教育机会的平等

我国与印度类似，是多民族的国家，但不同于印度在于无种姓观念，对民族之间接受教育机会的不均等，采取高考加分政策予以弥补。[②]

我国高等教育主要面临的是地区之间的差异，需法律和在政策上多给予不发

---

① 大学和学院的数量分别由 2000—2001 年度的 256 所、12802 所增至 2011—2012 年度的 659 所、33023 所；在校生规模由 2000—2001 年度的 840 万增至 2011—2012 年度的 2590 万，仅次于中国而高于美国，位居世界第二，毛入学率由 1999—2000 年度的 10% 上升至 2011—2012 年度的 17.9%，这意味着印度高等教育实现了跨越式发展，尤其在进入大众化阶段取得了实质性进展。

② 2014 年 12 月 10 日，教育部、国家民族事务委员会、公安部、国家体育总局、中国科学技术协会联合发布《关于进一步减少和规范高考加分项目和分值的意见》规定，根据相关法律行政法规规定，保留"烈士子女""边疆、山区、牧区、少数民族聚居地区少数民族考生""归侨、华侨子女、归侨子女和台湾省籍考生""自主就业退役士兵""在服役期间荣立二等功（含）以上或被大军区（含）以上单位授予荣誉称号的退役军人"加分项目。

达、欠发达地区更多的倾斜、优惠,鼓励、支持、引导办学,促进资源的优化配置,缩小地区之间的差距,让更多的寒门弟子能够走出寒门,有更多的接受教育的机会。

4. 发展教育中介机构

我国同印度一样,高等教育已进入大众化发展阶段,高等教育管理工作会越来越繁重,政府必将付出更多的时间精力管理高等教育。但是这与我国要精简政府机构、裁撤冗员的改革大方向相矛盾,而且由政府直接管理高校、过度干预高等教育的现象仍得不到缓解,严重制约高校发挥自主性。因此,可以借鉴印度本法中的一些做法,设立高等教育中介机构,既能减轻政府的管理负担,又能减少政府对高等教育的随意干涉,充分发挥高校办学、教学自主权。

2014 年规划与建筑学院法*

法律和司法部

(立法部门)

2014 年 12 月 18 日,新德里

会议以下法律经总统 2014 年 12 月 18 日批准,兹公布其基本信息:

2014 年规划与建筑学院法

2014 第 37 号法

2014 年 12 月 18 日

为设立和宣告几所规划与建筑学院为国家重要机构,以促进包括人类居环境规划在内的建筑学习领域的教育和科学研究,制定一项法律。

议会于印度共和国第 65 年颁布本法,内容如下:

目　录

第 I 章　序文

1. 短标题和生效

---

* 根据《印度公报》特别号(2014 年 12 月 18 日第 43 号)第 Ⅲ 部分第 1 节本法英文本译出。目录系译者所加。

2. 宣告几所学院为国家重要机构

3. 定义

第II章 几所学院

4. 设立和组建几所学院

5. 学院的宗旨

6. 组建几所学院的效力

7. 几所学院的权力和职能

8. 各学院向所有种族、信仰和阶级开放

9. 各学院的教学

10. 学院为非营利性法律实体

11. 巡督员

第III章 各学院的权力机构

12. 各学院的权力机构

13. 董事会

14. 董事会成员的任期、空缺和津贴

15. 董事会的权力和职能

16. 教务委员会

17. 教务委员会的职能

18. 董事会主席

19. 院长

20. 注册官

21. 其他机构和官员

22. 审查学院履职

23. 中央政府拨款

第IV章 账目和审计

24. 学院的基金

25. 账目和审计

26. 退休金和公积金

27. 任命

28. 章程

29. 制定章程

30. 条例

31. 制定条例

第 I 章　序文

1. 短标题和生效

(1) 本法可称为《2014 年规划与建筑学院法》。

(2) 本法应当自中央政府在《官方公报》中以公告方式指定的日期生效，且可以对本法中的不同条款指定不同的生效日期。对本法任何此类条款中的任何生效规定应当视为对该条款生效的规定。

2. 宣告几所学院为国家重要机构

鉴于附表中所列各学院的宗旨，兹宣告每所此类学院为国家重要机构。

3. 定义

除非上下文另有要求，在本法中，

(a)"董事会"，涉及任何学院，指其董事会；

(b)"主席"，指董事会的主席；

(c)"相应学院"，涉及附表第(3)栏提及的学院，指根据附表第(5)栏明确规定的针对所述学院的学院；

(d)"理事会"，指根据第 33 节第(1)分节设立的理事会；

(e)"院长"，涉及任何学院，指该学院的院长；

(f)"现存学院"，指附表第(3)栏所述的学院；

(g)"成员"，指委员会的成员，包括主席；

(h)"公告",指在《官方公报》上发布的公告,其语法变体和同类词语"公告"术语应当据此作相应解释;

(i)"规定的",指根据本法制定的规则规定的;

(j)"注册官",涉及任何学院,指该学院的注册官;

(k)"附表",是指本法所附附表;

(l)"学院",指附表第(5)栏中提到的任何学院和根据本法设立的此类其他学院;

(m)"教务委员会",涉及任何学院,指该学院的教务委员会;

(n)"社团",指根据《1860年社团注册法》(1860年第21号法)或按各邦政府的社团予以注册的任何社团和附表第(3)栏中提到的社团;

(o)"章程"和"条例",涉及任何学院,指根据本法制定的该学院的章程和条例。

第Ⅱ章 几所学院

4. 设立和组建几所学院

在本法生效之日和之后,附表第(3)栏中规定的各学院应当是法人团体,永久存续,拥有公章和受本法约束的获得、持有和处置财产(包括动产和不动产)、缔结合约的权力,且应当以附表第(5)栏规定的各自名义起诉或应诉。

5. 学院的宗旨

每所学院应有以下宗旨,即:

(ⅰ)支持规划与建筑学院的设立和发展;

(ⅱ)在建筑、规划和相关领域提供全球领导。

6. 组建几所学院的效力

在本法的生效日和之后,

(a)在任何合约或其他文书中对任何现存学院的提及,应当被视为对相应学院的提及;

(b)是或属于每所现存学院的所有财产,包括动产和不动产,应当归属于附表第(5)栏提及的相应学院;

(c)每所现存学院的所有权利、债务和其他责任应当转移给相应学院且是相应学院的权利和责任;

(d)每所现存学院雇用的每位雇员,应当在相应学院以相同的任期、相同的薪酬、相同的条件和条款任职或服务,享有对退休金、休假、酬金、公积金和本法若未颁布其本应享有的其他事项的相同权利和特权,且应当继续如此行

事,除非和直至终止其雇用或直至此任期、薪酬、条款和条件被章程正式变更;

但是,若此等雇员不接受所作变更,该学院可以根据与该雇员的合约条款终止该雇员的雇用,或若在此方面无任何规定,由该学院向其支付补偿,数额为永久雇员 3 个月薪酬、其他雇员 1 个月薪酬;

但是,任何现行有效法律、任何文书或其他文件中以任何文字形式提及现存学院的院长、注册官或其他官员,应当解释为对相应学院的院长、注册官和其他官员的提及;

(e)本法生效前,在每所现存学院从事学术或研究科目的每位人员,应当被视为自本法生效日已以该人员原学院的相同层级转移至相应学院并在该相应学院注册;

(f)在本法生效前,一现存学院提起或被提起的成立或可能成立的所有诉讼和其他法律程序,在本法生效前应当立即继续由该相应学院提起或被提起。

7. 几所学院的权力与职能

(1)受本法规定的约束,各学院行使和履行以下规定的权力和职责,即:

(a)以学院认为合适的方式,组织和从事建筑、规划、设计和协作活动领域的研究和创新,包括与任何其他学院、教育机构、研究组织、法人团体的合作或联合;

(b)举行考试和授予学位、文凭、证书或其他等级;

(c)设立助学金、奖学金和授予奖项、荣誉学位或其他学术荣誉或头衔;

(d)确定、要求和收取学费和其他费用;

(e)修建、维护和管理学生宿舍;

(f)监督和管理宿舍,规范学生纪律,采取措施促进学生健康、公共福利、文化和共同生活;

(g)经中央政府事先批准,公告学术型和其他职位,并对其予以任命,但院长职位除外;

(h)学院可以将在任何其他学院、教育机构工作或在任何行业从事重大研究的人员聘任为本院兼职、客座或访问教师,聘任条件和聘期由学院决定;

(i)制定、修改、废除章程和条例;

(j)修建和维护必要的基础设施;

(k)以学院认为对实现学院宗旨合适的方式,处理属于或归于本院的任何财产;

(l)视具体情况,管理学院的基金,接受来自政府的赠品、赠款、捐款,接受遗赠人的遗赠物、捐赠者的捐赠物、转让者转让的动产和不动产;

(m)按教务委员会随时规定的条件、以有益于共同宗旨的方式,通过交换师生和学者,与世界各地具有类似本院全部或部分宗旨的教育或其他机构合作;

(n)从事与本院有关的领域或学科的咨询,以促进其一般宗旨的实现;和

(o)从事对实现本院全部或任何宗旨所必要的、偶然的或有益的全部事项。

(2)尽管第(1)分节中包含了任何规定,未经中央政府事先批准,各学院不应当以任何方式处置任何不动产。

8. 各学院向所有种族、信仰和阶级开放

(1)每所学院应当向任何性别、种族、信仰、种姓或阶级、宗教、残疾、居住地、民族、社会或经济背景的人们开放。

(2)理事会认为所涉条件或义务有违本节精神和宗旨,任何学院不应当接受任何财产的遗赠、捐赠或转让。

9. 各学院的教学

每所学院的所有教学应当根据章程和此方面制定的条例,由本学院或以本学院名义实施。

10. 学院为非营利性法律实体

每所学院为非营利性法律实体,就此等学院的收入,在满足本法下有关其运行的全部支出后,若有任何顺差,顺差的任何部分不应当投资于提升和发展本学院或从事相关研究以外的任何目的。

11. 巡督员

(1)印度总统应当是每所学院的巡督员。

(2)巡督员可以委派一人或多人检查任何学院的工作和进度、主持调查其事务,并以巡督员指定方式报告有关情况。

(3)巡督员收到任何此等报告后,可以就该报告中涉及的任何事宜,采取其认为必要的行动和发布其认为必要的指示,该学院应当有义务在合理时间内遵从该等指示。

第Ⅲ章 各学院的权力机构

12. 各学院的权力机构

以下应当是一学院的权力机构,即:

(a)董事会;

(b)教务委员会;

（c）章程宣布其为本学院权力机构的其他机构。

13. 董事会

（1）每所学院的董事会应当是该学院的主要执行机构。

（2）每所学院的董事会应当由以下成员组成，即：

（a）巡督员从中央政府推荐的3人小组中任命的董事会主席，其应当是著名的建筑师或规划师；

（b）学院所在地邦政府或联盟领土的技术教育或高等教育首席秘书或秘书；

（c）印度城镇规划师协会的代表1名，由印度城镇规划师协会主席提名；

（d）建筑理事会的代表1名，由建筑理事会主席提名；

（e）印度全国技术教育理事会的代表，由印度全国技术教育理事会理事长提名；

（f）大学拨款委员会的代表；

（g）建筑或景观建筑或城市设计职业的专家1名，和由规划与建筑学院理事会提名的城市和区域规划专家1名；

（h）联邦院的代表2名；规划部和建筑部各1名，任期两年，按资历顺序轮流出任；

（i）级别不低于印度政府联合秘书的当然代表2名，由中央政府从处理技术教育和金融的人或其候选人中提名；

（j）级别不低于印度政府联合秘书的代表1名，由印度政府城市发展部提名；

（k）学院的院长，当然成员；

（l）学院的注册官应当担任董事会的秘书。

14. 董事会成员的任期、空缺和津贴

本节中另有规定予以保留，

（a）董事会主席或任何其他成员的任期应当自其提名之日起5年；

（b）当然成员的任期依据其为成员他担任职务期间应当继续任职；

（c）按第13节第（h）条款被提名的成员的任期应当自提名之日起2年，以较早者为准；

（d）成员临时空缺应当根据第13节规定予以填补；

（e）被提名填补临时空缺的成员的任期应当为提名其替代成员的剩余期间；和

（f）董事会成员对出席董事会会议或学院召集的会议，应当有权享受章程

规定的学院支付的津贴(若有),但第 13 节第(2)分节(h)、(k)和(l)条款中规定成员以外的成员因此等条款不应当享有任何薪酬。

15. 董事会的权力和职能

(1)受本法规定的约束,每所学院的董事会应当负责本学院事务的总监督、指挥和控制,应当拥有本法、章程和条例未另行规定的本学院全部权力,应当拥有审查教务委员会行为的权力。

(2)在不损害第(1)分节规定的情况下,每所学院的董事会应当拥有以下权力,即:

(a)对涉及学院管理和工作的政策问题作出决定;

(b)在本学院设立部门、系或教学学院和开设学习项目或课程;

(c)制定支配本学院行政、管理和运行的章程;

(d)任命本学院学术和非学术部门的人员;

(e)审议和修改或废止条例;

(f)审议并通过其认为合适的本学院年度报告、经审计的账目和下一个财政年度预算的决议,并将其随同发展计划声明提交理事会;

(g)按照章程制定本学院教学和其他职位的任职资格、标准、程序;

(h)行使和履行本法或章程赋予或施加的其他权力和职责。

(3)董事会应当拥有任命其认为为行使其权力和履行本法规定职责所必需的专门委员会的权力。

(4)董事会应当特别参考院长在实现本学院宗旨情形下的领导才能,对其履职情况进行年度审查。

(5)董事会在行使权力和履行职能中,应当在尽可能的范围内向教务委员会和各部门或院系提供学术事务中的自治权,视具体情况而定。

(6)若院长或主席认为,情况紧急,为本学院利益需立即作出决定,主席根据院长建议,可以发布必要的命令,并记载他认为的理由:

但是,这种命令应当在下次会议提交董事会批准。

16. 教务委员会

(1)每所学院的教务委员会应由以下人员组成,即:

(a)学院院长和教务委员会主席,当然成员;

(b)知名或杰出职业教育家 5 名,其不在本学院任职、由董事会主席提名;

(c)印度城镇规划师协会的被提名人;

(d) 建筑理事会的被提名人；

(e) 印度全国技术教育委员会的被提名人；

(f) 负责本学院学术、研究、学生事务、教师福利和计划发展的教务长；

(g) 所有部门的首长；

(h) 各部门首长以外的全体教授；

(i) 教师成员 4 名，代表本学院副教授、助理教授轮流担任，任期 2 年；

但是，本学院的雇员应当无 (b)、(c)、(d) 和 (e) 条款规定的成员资格。

(2) 当然成员以外的教务委员会成员的任期应当为 2 年。

17. 教务委员会的职能

(1) 受本法、章程和条例规定的约束，各学院的教务委员会应当是本学院的主要学术机构，负责维持本学院的教导、教育和考试的标准，应当拥有和履行章程赋予或施加的其他权力和职责。

(2) 在不损害第 (1) 分节规定的情况下，教务委员会应当拥有以下权力，即：

(a) 具体规定准入本学院提供的学习课程或项目的标准和程序；

(b) 向董事会推荐设立教学和其他学术职位、确定此等职位的数量和工薪待遇的标准，界定教师和其他学术职位的职责和服务条件；

(c) 向董事会推荐开设新的学习项目和课程；

(d) 具体规定学习项目和课程的广泛学术内容，并对其修改；

(e) 具体规定学术日历，批准授予学位、文凭和其他学术资格或头衔；

(f) 行使和履行章程或董事会指派给它的其他权力和职能。

18. 董事会主席

(1) 主席应当通常主持董事会会议和本学院的会议。

(2) 确保董事会通过的决定被执行应当是主席的职责。

(3) 主席应当行使和履行本法或章程指派给他的其他权力和职责。

19. 院长

(1) 学院院长应当由中央政府经巡督员事先批准基于章程规定的任职条款和条件予以任命。

(2) 院长应当是本学院的主要学术和行政官员，应当负责执行董事会、教务委员会的决定和学院的日常管理。

(3) 院长应当行使和履行本法或章程指派的或董事会、教务委员会或条例委派的其他权力和职责。

(4) 院长应当向董事会提交年度报告和经审计的账目。

20. 注册官

（1）每所学院的注册官应当按照章程规定的条款和条件予以任命,应当是本学院档案、公章、资金和董事会托付给他负责的其他财产的保管人。

（2）注册官应当是董事会、教务委员会和章程规定的专门委员会的秘书。

（3）注册官应当对其适当履行职能向院长负责。

（4）注册官应当行使和履行本法、章程或院长指派给他的其他权力和职责。

21. 其他机构和官员

上述规定以外的机构和官员的权力、职责应当由章程决定。

22. 审查学院履职

（1）每所学院自其依本法设立或组建起7年内和此后每满5年,经中央政府事先批准,应当任命一专门委员会对本学院在上述期间内履行实现其宗旨的情况进行评估和审查。

（2）按第（1）分节任命的专门委员会应当由学术界或行业中公认的知名成员组成,此等成员来自于本学院的教学、学习和研究相关的知识领域。

（3）专门委员会应当评估本学院的履职情况,并根据章程规定向董事会提出建议。

23. 中央政府拨款

为使各学院按本法有效履行其职能,经议会依据此方面的法律作出适当拨款后,中央政府在每个财政年度以其认为合适的方式将该拨款额支付给每所学院。

第Ⅳ章　账目和审计

24. 学院的基金

（1）每所学院应当维持将以下各项应贷记入的基金:

（a）中央政府提供的一切款项;

（b）本学院收到的全部学费和其他费用;

（c）本学院以资助、赠品、捐赠、遗赠或转让方式收到的所有款项;

（d）本学院利用知识产权产生于从事研究或提供咨询服务所收到的所有款项;和

（e）本学院以其他方式或从其他来源收到的所有款项。

（2）贷记入各学院基金的所有款项,应当以财经委员会和管理机构批准、本学院决定的方式,存放于银行或进行投资。

（3）任何学院的基金应当用于满足本学院的费用,包括根据本法行使其权力和履行职责所产生的费用。

25. 账目和审计

(1)每所学院应当妥善保持账目和其他有关记录,并按中央政府会商印度审计总长后以公告方式规定的格式和会计标准,编制年度会计报表,包括资产负债表。

(2)若本学院的收支报表和资产负债表不符合会计标准,学院应当在收支报表和资产负债表中披露以下内容,即:

(a)会计标准的偏差;

(b)出现偏差的原因;和

(c)若有,此种偏差产生的任何财务影响。

(3)每所学院的账目应由印度审计总长审计,审计团队发生的与此类审计有关的任何支出,应当由学院向印度审计总长支付。

(4)印度审计总长和由他指定与学院账目审计有关的任何人,在此等审计中,应当拥有印度审计总长在审计政府账目中相同的权利、特权和权威,特别应当拥有要求提供账簿、账目、关联凭证和其他文件和纸质文档及检查该学院办公室的权利。

(5)经印度审计总长或其在此方面指定的其他任何人认可的每所学院的账目,随同其审计报告,应当每年呈交中央政府,中央政府应当根据其规定的程序,将此等文件呈报议会各院。

26. 退休金和公积金

(1)为了雇员利益,每所学院可以按章程规定方式和受章程规定条件约束,设立和提供其认为适当的公积金、退休基金或保险计划。

(2)若此公积金或退休基金已设立,中央政府可以宣布《1925 年公积金法》(1925 年第 19 号法)的规定应当适用于该基金,如同其是政府公积金。

27. 任命

院长任命除外,每所学院全体职员的任命应当根据章程规定程序由以下人员作出:

(a)董事会,若在助理教授职位中对学术职员作出任命,或若在每位干部职位中对非学术职员作出任命,最高薪酬支付规模超出了对"A"组官员的普遍等级薪酬支付规模;

(b)院长,在其他任何情况下。

28. 章程

受本法规定的约束,章程可以规定以下全部或任何事项,即:

（a）授予荣誉学位；

（b）成立教学部门和研究中心；

（c）对在本学院的学习课程和本学院的学位、文凭入学考试收取费用；

（d）设立研究金、奖学金、展览、奖章和奖杯；

（e）本学院官员的任期和任用方式；

（f）本学院教师的任职资格；

（g）本学院教师和其他职员的分类、委任办法和确定任职期限、服务条件；

（h）为本学院官员、教师和其他职员的利益，设立养老、保险和公积金；

（i）本学院权力机构的设置、权力和职责；

（j）建设和维护宿舍；

（k）本学院学生住宿条件、征收住宿费用和其他费用；

（l）支付给董事会主席和成员的津贴；

（m）董事会命令和决议的认证；和

（n）董事会、教务委员会或任何专门委员会的会议，出席此等会议的法定人数、此等会议举行中遵循的程序。

29. 制定章程

（1）每所学院的首次章程应当由中央政府制定并经巡督员批准，其相同的副本应当尽快呈报议会每院。

（2）董事会可以不时制定新的或补充的章程，或以本节规定的方式修改或废除章程。

（3）每项新章程或章程的增补、任何修改或废除章程，应当请求巡督员事先批准，巡督员可以同意或拒绝同意或将其转交给董事会审议。

（4）除非已由巡督员同意，修改或废除现行章程的新章程或章程规约应当不具有任何有效性：

但是，经巡督员事先批准，中央政府可以为本学院制定或修正章程，若为了统一而要求相同章程，该相同章程的副本应当尽快呈报议会每院。

30. 条例

受本法和章程规定的约束，每所学院的条例可以规定以下全部或任何事项，即：

（a）允许学生入学本学院；

（b）对本学院所有学位和文凭设置学习课程；

（c）允许学生入学攻读学位或文凭课程、本学院考试的条件，和学生有资格获得学位或文凭的条件；

(d)助学金、奖学金、展览、奖章和奖杯的授予条件；

(e)考试的条件和模式,考试机构、监考人员和协调员的职责；

(f)考试守则；

(g)维护本学院学生纪律；和

(h)依本法和章程,条例将要或可以规定的任何其他事宜。

31. 制定条例

(1)本节另有规定予以保留,条例应当由教务委员会制定。

(2)教务委员会制定的全部条例应当自教务委员会指令之日起生效,但是依此制定的每项条例应当尽快提交董事会,董事会应当在下次会议审议。

(3)董事会有权力决定修改或撤销此种条例,此种条例应当自作出决定之日起被修改或撤销,视情况而定。

32. 仲裁庭

(1)因学院与其雇员间的合约所发生的任何争端,经相关雇员请求或该学院提议,应当提交仲裁庭裁决。此仲裁庭由该学院指定的1名成员、雇员指定的1名成员和巡督员指定的1名仲裁人组成。

(2)仲裁庭作出的裁决应当是终局的,不应当在任何法院被质疑。

(3)涉及第(1)分节要求提交仲裁庭的任何事项,不应当在任何法院提起任何诉讼或程序。

(4)仲裁庭应当有权力规制其自身程序:

但是,仲裁庭在进行此种程序时应当考虑自然公正原则。

(5)与仲裁有关的其他任何现行有效法律中的任何规定,不应当适用于本节下的仲裁。

第V章 理事会

33. 各学院理事会的设立

(1)应当为附表第(3)栏中规定的全部学院设立一个被称为理事会的中央机构,自中央政府以公告方式在此方面具体规定之日起具有效力。

(2)理事会应当由以下成员组成,即:

(a)负责具有技术教育行政控制的中央政府部门的部长,当然担任主席；

(b)印度议会的2名当然成员(1名由人民院发言人提名,1名由联邦院主席提名)；

(c)负责具有技术教育行政控制的中央政府部门的印度政府秘书,当然担任副主席；

(d)每所学院董事会的主席,为当然成员；

(e)每所学院的院长,为当然成员;

(f)大学拨款委员会主席,为当然成员;

(g)新德里建筑理事会理事长,为当然成员;

(h)印度城镇规划师协会主席,为当然成员;

(i)印度建筑师学会主席,为当然成员;

(j)印度测量师学会主席,为当然成员;

(k)代表中央政府处理城市发展和国防事务的部委的印度政府2名秘书,为当然成员;

(l)印度全国技术教育理事会主席,为当然成员;

(m)巡督员提名的3名人员,其中至少1名是女性,其在建筑或景观建筑或城市设计领域拥有专业知识或实践经验,另一名来自城市与区域规划,为当然成员;

(n)邦政府2名秘书,从负责各学院所在地处理技术教育的邦政府部门产生,为当然成员;和

(o)处理人力资源发展部和中央政府部门的财务顾问,为当然成员和

(p)级别不低于在具有技术教育行政控制权的中央政府部委担任印度政府联合秘书的1名官员,当然担任成员们的秘书。

(3)理事会应当有秘书处和按章程任命的官员。

(4)理事会可以设立规划与建筑学院理事会常务委员会,协助理事会履行其职责和责任。

34. 理事会成员的任期、空缺和津贴

(1)本节另有规定予以保留,理事会当然成员以外的成员的任期自公告之日起3年。

(2)当然成员的任期,只要依其为成员拥有职位,应当持续。

(3)根据第33节第(2)分节(b)条款提名的成员的任期,应当至他在议会任职期限届满。

(4)被提名或选举担任临时空缺职位的成员的任期,应当是任命其担任该空缺成员的剩余期限。

(5)尽管本节中包含任何规定,除非中央政府另有指示,即将离任的理事会成员应当继续任职,直至任命其他人作为成员接任他的职位。

(6)理事会成员应当按规定享有出席理事会会议或者其他委员会会议的差旅费和其他津贴。

35. 理事会的职能

(1)理事会的一般义务应当是协调所有学院的活动。

(2)在不损害第(1)分节的前提下,理事会应当履行以下职能,即:

(a)就课程期间、本学院授予学位或其他学术资格、入学标准和其他学术事务的政策提出建议;

(b)向中央政府提出新设规划和建设学院的建议方案;

(c)慎重考量任何学院向其提出的各学院共同利益事项;

(d)制定涉及干部、招聘方式、雇员服务条件、奖学金和免费制度、收费和其他共同利益事务的政策;

(e)审查每所学院的发展计划,批准其认为必要的发展计划,总体上指出该批准计划的财政含意;

(f)如经要求,就其根据本法履行的任何职能,向巡督员提出建议;和

(g)履行由中央政府赋予的其他职责:

但是,本节的任何规定不应当减损归属于学院董事会、教务委员会或者其他机构的权力和职能。

36. 理事会主席

(1)理事会主席通常应当主持理事会会议:

但是,若主席缺席,应当由理事会副主席主持理事会会议。

(2)理事会主席的职责应当是确保理事会作出的决定被执行。

(3)理事会主席应当行使和履行本法指派给他的其他权力和职责。

(4)理事会应当每年举行一次会议,并在会议中遵守规定的程序。

37. 对事项制定规则的权力

(1)中央政府可以在上次公告后以公告方式制定执行本法宗旨的规则。

(2)特别是且不损害上述权力的普遍性,此等规则可以规定以下全部或任何事宜,即:

(a)第26节第(1)分节下公积金、养老金、保险计划的提供方式和条件;

(b)第34节第(6)分节下出席理事会会议或其专门委员会会议的成员的差旅费和其他津贴;

(c)第36节第(4)分节下理事会会议中遵守的程序。

(3)中央政府依照本法制定的每项规则,应当在制定后尽快呈报议会各院。在会期间,总期限为30日,包括一次或两次或多次后续会议。若在前述会期届满前,两院均同意对该规则作任何修改,或两院同意不应当制定该规

则,该规则应当仅以此种修改形式具有效力或者不具有效力,视情况而定;但是,此等任何修改或无效不应当损害以前依照该规则已作任何事情的有效性。

第VI章　杂项

38. 行为和诉讼程序不因瑕疵等失效

理事会或任何学院、董事会、教务委员会或根据本法或章程成立的任何其他机构,其行为不应当仅因以下原因而无效:

(a)其设立中的任何瑕疵或缺陷;或

(b)选举、提名或任命某人担任其成员中的任何缺陷;或

(c)其程序中不影响事件是非曲直的任何不规范。

39. 向中央政府反馈和报告信息

每所学院应当向中央政府提交中央政府为向议会报告或制定政策而随时要求的涉及学院政策或活动的反馈和信息。

40. 消除障碍的权力

(1)若因赋予本法规定以效力而产生任何障碍,中央政府可以通过在《官方公报》中发布命令的方式,制定显然对消除该障碍是必要的或有益的、与本法规定一致的规定:

但是,自本法经总统批准之日起届满2年期限后,不应当发布此类命令。

(2)根据本节作出的任何命令,应当在其作出后尽快呈报议会每院。

41. 学院是《2005年信息权利法》下的公共机构

《2005年信息权利法》(2005年第22号法)的规定应适用于每所学院,如同其是《2005年信息权利法》第2节(h)条款中定义的公共机构。

42. 过渡条款

尽管本法中包含任何规定,

(a)在本法生效前,每所学院刚履行职能的董事会应当继续履行职能,直至根据本法为该学院组建了新董事会。但在根据本法组建新董事会期间,组建前任职的董事会成员应当终止任职;

(b)在本法生效前,每所学院组建的学术理事会应当视为按照本法组建的教务委员会,直至根据本法为该学院成立了教务委员会。但在依照本法组建新教务委员会期间,组建前任职的学术理事会成员应当停止任职;

(c)在本法生效前,每所学院刚履行职能的董事会、财务委员会、学术理事会、行政理事会、建筑和工程委员会和其他专门委员会,应当继续履行职能,

直至根据本法为该学院组建了新董事会。但在依照本法组建新董事会期间，上述机构成员在组建前任职的，应当终止任职；

(d)为了第 7 节第(1)分节第(c)条款的目的,在 2008—2009 学年或以后加入现存学院课程的任何学生,或在 2011—2012 学年或之后完成课程的任何学生,只有在该学生尚未获得学习某课程的学位或文凭时,才应当被视为已经在位于博帕尔和维杰亚瓦达的现存学院学习相同课程。

附　表

[见第 3 节(k)项和第 4 节]

(1)	(2)	(3)	(4)	(5)
序号	邦的名称	现存学院名称	坐落地	根据本法注册为法人的学院名称
1	德里	规划与建筑学院,根据《1860 年社团注册法》(1860 年第 21 号法)注册成为社团	新德里	新德里规划与建筑学院
2	中央邦	规划与建筑学院,根据《1860 年社团注册法》(1860 年第 21 号法)注册成为社团	博帕尔	博帕尔规划与建筑学院
3	安德拉邦	规划与建筑学院,根据《1860 年社团注册法》(1860 年第 21 号法)注册成为社团	维杰亚瓦达	维杰亚瓦达规划与建筑学院

(邓瑞平、黄燕译,邓瑞平校)

✳ 陈锐锋*

印度《2015年公司(修正)法》简介

一、制定背景

近年来随着经济的发展,世界经济格局不断变化,作为新兴经济体的印度跻身金砖五国之一,成为世界上最受瞩目的经济体之一,备受资本市场的青睐。2014年,世界银行根据10个参数(如开展业务有利环境,合同执行度,解决破产和处理建筑许可证等),发布了"易于营商"的国家排名,印度作为世界经济发展最快的国家之一,在189个国家中排名第142位。① 因此,世界各大企业、财团纷纷投资印度市场,以求得更大投资回报。

自《2013年公司法》(Companies Act,2013)于2013年8月29日公布实施后的短暂期内,印度政府主管部门收到了利益相关方(包括行业协会、专业机构、法律专家和部委官员)要求对其进行改进的反映。相关方指出在遵守该法一些具体条款的要求时遇到了困难,提出了对一些问题的改进建议;认为立即解决这些问题是必要的,需要以修正法的形式进行改进,以便进一步促进企业间轻松做生意;要求在立法上处理行业协会和其他代表机构遇到的某些困难。印度中央政府决定以"修正法"的形式修正《2013年公司法》,2015年4月,印度公司事务部(Ministry of Corporate Affairs,简称MCA)代表中央政府公

---

* 陈锐锋,1987年生,男,广东佛山人,西南政法大学国际法学院2015级法律硕士(法学)涉外经贸法律实务方向研究生。

① Shivam Anand, Vizag Dsnlu, What Are The Major Amendments In The Company Law 2015, https://blog. ipleaders. in/major-amendments-company-law-2015/, last visited on 17 Oct., 2016.

布了《2015 年公司(修正)条例》。同年 5 月印度政府向议会提交《2015 年公司(修正)法案》,5 月 24 日该修正法案获得议会通过成为立法即《2015 年公司(修正)法》[Companies(amendment) Act, 2015, 以下简称"修正法"],25 日总统签署该修正法,26 日在《印度公报》上发布。① 该修正法主要致力于改善印度经商的环境和重视相关利益者的权益。

二、修正法的亮点

综观该修正法,其亮点如下:

(一)取消最低实收资本的要求

修正法取消了设立公司的最低实缴资本要求。无论设立登记封闭公司还是公开公司,不再需要 10 万或 50 万卢比的最低实缴资本限额。②

(二)有权选择是否使用公章

修正法允许公司有权选择是否使用公章,导致的最直接结果是已经改变执行相关文件的授权。③

(三)营业的开始

按修正法之前规定,开始营业前或借款前,拥有公司股份的董事必须向公司注册处递交声明,宣告每一位备忘录上的董事已缴纳了他/她所承诺的出资额,且公司实收股本不低于规定限额。修正法删除了相关规定,按现行规定,持有公司股份的董事在开始营业前无须提交声明。④

(四)违反主法第 73 节和第 76 节的处罚

按修正法规定,公司违反主法第 73、76 节所确定的原则,或者公司没有在约定期限内返还存款,须承担以下责任:除偿还存款的全部或部分和所产生的

---

① Lok Sabha, The Companies (Amendment) Bill, 2015 as passed, http://taxguru. in/company-law/companies-amendment-bill-2015-passed-lok-sabha. html, last visited on 17 Oct., 2016.

② Section 2, The Companies(Amendment) Act, 2015.

③ Sections 3,6 to 7, The Companies(Amendment) Act, 2015.

④ Section 4, The Companies(Amendment) Act, 2015.

利息外,公司还应处以 1000 万卢比以上、1 亿卢比以下的罚款;公司高级管理人员有欺诈行为的,应处以最高 7 年监禁,或 250 万卢比以上、2000 万卢比以下的罚金,或者并罚。①

(五)不得查阅董事会决议

根据修正法,任何人未经授权不得查阅或获取董事会相关决议,即使该董事会决议已按法律规定在公司登记处备案。

(六)分配利润的限制

按修正法,除非结转过去的损失和利润抵消之前的折旧,公司不能宣布分配利润。②

(七)审计报告欺诈行为的义务

根据修正法,董事会的报告应当包括由审计对欺诈行为报告的详情,超过一定金额的欺诈行为应当报告中央政府或审计委员会;公司审计有义务将欺诈行为报告给董事会或审计委员会,不得公开董事会报告中关于欺诈行为的详情。③

(八)强化审计委员会的权力

根据修正法,审计委员会具有广泛的权力,其可以同意相关方的交易,但其权力的行使取决于规定的条件。④

(九)限制贷款担保

修正法规定,公司可为董事或董事的相关利益人的贷款提供保证或抵押,但不适用于:向常务董事或全职董事贷款提供担保作为其履行服务的条件;专门提供贷款或保证或抵押的公司。⑤

(十)关联方交易

修正法删除了需以特别决议方式同意关联方交易的要求。为此,关联方

---

① Section 8, The Companies(Amendment) Act, 2015.
② Section 10, The Companies(Amendment) Act, 2015.
③ Sections 12 and 13, The Companies(Amendment) Act, 2015.
④ Section 14, The Companies(Amendment) Act, 2015.
⑤ Section 15, The Companies(Amendment) Act, 2015.

的具体交易只需以普通决议方式通过。但需特别注意的是,母公司与全资子公司间的关联方交易无须少数股东批准。①

三、修正法对中国的启示

(一)关于立法修正方式

印度独立后历史上第一部公司法是《1956 年公司法》,其被《2013 年公司法》(新法)取代。新法在运行适用过程中出现了很多问题,故 2015 年以立法方式予以修正。

在中国,《公司法》中存在的问题及其解决,除少量条文是以立法形式修正外,主要是最高人民法院的司法解释。到目前为止,最高人民法院的司法解释主要有三项,即《关于适用〈中华人民共和国公司法〉若干问题的规定(一)》《关于适用〈中华人民共和国公司法〉若干问题的规定(二)》《关于适用〈中华人民共和国公司法〉若干问题的规定(三)》。目前,最高法院公布了《关于适用〈中华人民共和国公司法〉若干问题的规定(四)(征求意见稿)》。立法修正与司法解释各有利弊。立法修正程序更严格,耗时较长。司法解释则耗时较短、效率较高,但其仅在法院司法审判中才具有效力,对不经司法审判程序的问题,至多具有参考意义,且在法律效力的位次上不及全国人大及其常务委员会的立法修正或立法解释。从效力的普遍性和位次高的角度,我国对《公司法》中存在的问题及其解决,可借鉴印度立法修正的方式。

(二)关于选择使用公章

印度该修正法赋予公司选择使用公章的权利,在授权文件中可以不加盖公章,可以采用联名签字的方式。该方式更具便捷性和效率性。中国《公司法》中规定签名与盖章具有同等效力,各企业内部也有相应的用章制度,但任何文件的授权都按用章制度规定执行势必缺乏灵活性,不便企业根据市场现实情况做出最有利的选择。

(三)关于具体法律责任

印度该修正法对未履行职责的高管除了罚款外,还处以最高 7 年的监禁。

---

① Section 16, The Companies(Amendment) Act, 2015.

这对未履行法定义务的高管具有非常大的震慑力。中国《公司法》中虽规定了罚款,但没有规定犯罪及其惩罚,只是在刑法中规定某些罪名,如第 169 条第 1 款。① 这种差异性规定与两国的立法体制和法律传统不同有关,但综观印度刑法和其他部门法,两者对犯罪和刑罚均有规定且关联。实际上,在相关部门法中规定具体犯罪和刑罚比在刑法中整体性规定更具合理性。

(四)关于公司审计机构的广泛权力

印度《2013 年公司法》规定了公司必须设立审计委员会,其权力包括:建议公司的聘任和报酬、审查和监督审计的独立性、绩效和审计过程的有效性、审计财务报表和审计报告、审查公司间贷款和投资等。② 此修正法进一步扩大了其权力。而中国《公司法》中虽规定了审计,但其权力受限,可借鉴印度公司法中的做法,以利中国公司提高自身的决策能力、自律能力和纠错能力。

---

① 中国《刑法》第 169 条第 1、2 款规定:

上市公司的董事、监事、高级管理人员违背对公司的忠实义务,利用职务便利,操纵上市公司从事以下行为之一,致使上市公司利益遭受重大损失的,处三年以下有期徒刑或者拘役,并处或者单处罚金;致使上市公司利益遭受特别重大损失的,处三年以上七年以下有期徒刑,并处罚金:

(1)无偿向其他单位或者个人提供资金、商品、服务或者其他资产的;

(2)以明显不公平的条件,提供或者接受资金、商品、服务或者其他资产的;

(3)向明显不具有清偿能力的单位或者个人提供资金、商品、服务或者其他资产的;

(4)为明显不具有清偿能力的单位或者个人提供担保,或者无正当理由为其他单位或者个人提供担保的;

(5)无正当理由放弃债权、承担债务的;

(6)采用其他方式损害上市公司利益的。

上市公司的控股股东或者实际控制人,指使上市公司董事、监事、高级管理人员实施前款行为的,依照前款的规定处罚。

犯前款罪的上市公司的控股股东或者实际控制人是单位的,对单位判处罚金,并对其直接负责的主管人员和其他直接责任人员,依照第 1 款的规定处罚。

② Section 177, The Companies Act, 2013.

2015 年公司(修正)法*

法律与司法部

(立法部门)

2015 年 5 月 26 日,新德里

目　录

---

* 根据《印度公报》特别号第Ⅱ部分第Ⅰ节 2015 年 5 月 26 日第 25 号本法英文本译出。目录系译者所加。

23. 修正第 462 节

议会以下法律经总统 2015 年 5 月 25 日同意,现予以公布:

2015 年公司(修正)法

[2015 年第 21 号]

2015 年 5 月 25 日

一项修正《2013 年公司法》的法律。

议会于印度共和国第 66 年制定本法,内容如下:

1. 短标题和生效

(1)本法可称为《2015 年公司(修正)法》。

(2)本法应当自中央政府在《官方公报》中以公告方式规定的日期起生效。可以对本法中的不同条款规定不同的生效日期。任何条款中对本法实施的任何规定应被解释为对该条款生效的规定。

2. 修正第 2 节

在《2013 年公司法》(2013 年第 18 号法,以下简称"主法")第 2 节中,

(ⅰ)第(68)条款中,应当删除"10 万卢比或以上的实收股份资本"文字。

(ⅱ)第(71)条款第(b)分条款中,应当删除"50 万卢比或以上实收股份资本"文字。

3. 修正第 9 节

主法第 9 节中,应当删除"和公章"文字。

4. 删除第 11 节

应当删除主法第 11 节。

5. 修正第 12 节

应当用以下条款替代主法第 12 节第(3)分节第(b)条款,即:

"(b)应有其印章上雕刻清晰的名称;"

6. 修正第 22 节

主法第 22 节,

(ⅰ)第(2)分节中,

(a)用"若有,盖公章"文字替代"盖公章"文字;

(b)应当嵌入以下但书条款,即:

"但是,若公司没有公章,本分节下的授权应当由两名董事,或一名董事和公司秘书(若公司已经任命一公司秘书)作出。"

（ⅱ）第（3）分节中，删除"和具有如同其盖公章下作出的效力"文字。

7. 修正第 46 节

主法第 46 节第（1）分节中，习"盖公司公章（若有）所签发的、或由两名董事签署的或一名董事和公司秘书（公司已任命一公司秘书）签署的"文字替代"盖公章后签发"。

8. 嵌入第 76A 节

主法第 76 节后应当嵌入以下节：

"76A. 对违反第 73 或 76 节的惩罚

若公司接受、邀请、允许或引起其他任何人代表其以违反主法第 73 节、第 76 节规定或据此所定规则规定的方式或条件接受、邀请任何存款，或者公司未在第 73 节、第 76 节或据此所定规则规定的时间内或法庭按第 73 节可以准许的延期内返还该存款或其部分或该存款任何利息，

（a）该公司除支付全部或部分存款额及其利息外，还应当被处以 1000 万户比以上、1 亿卢比以下的罚金；和

（b）未履行职责的每位官员应当被处以最高 7 年的监禁，或 250 万卢比以上、2000 万卢比以下的罚金，或并两者并处：

但是，若证明未履职的公司官员已经明知违反此种规定或故意试图欺骗公司、公司股东、存款人或税务机构，他应当按第 447 节对行为承担责任。"

9. 修正第 117 节

主法第 117 节第（3）分节中

（ⅰ）（g）条款中，应当删除末尾出现的"和"；

（ⅱ）在（g）条款之后应当嵌入以下但书，即：

"但是，任何人不应当有权按第 399 节查阅或获得此类决议的副本；和"

10. 修正第 123 节

在主法第 123 节第（1）分节中，应当在第三项但书之后嵌入以下但书，即：

"但是，任何公司除非填补了以前的亏损和上年或数年中未计提的折旧冲抵公司当年利润，不应当宣布分红。"

11. 修正第 124 节

主法第 124 节第（6）分节中，

（ⅰ）应当用"连续 7 年或以上未支付或未主张的红利应当是"文字替代"已按第（5）分节转移的未支付或未主张的红利还应当是"文字、括号和数字。

（ⅱ）在但书之后嵌入以下解释，即：

"[解释]为避免疑问,特此澄清,若在上述连续 7 年中任何年支付或主张任何红利,不应当将该股份转移给投资者教育和保护基金。"

12. 修正第 134 节

在主法第 134 节第(3)分节(c)条款后,应当嵌入以下条款,即:

"(ca)有关第 143 节下审计员而非向中央政府报告的人所报告的欺诈详情。"。

13. 修正第 143 节

在本法第 143 节中,应当用以下分节替代第(12)分节,即:

"(12)尽管本节包含了任何规定,若公司审计员在履行职责过程中有理由相信,存在涉及规定金额的欺诈行为或公司官员或雇员在公司中已犯有欺诈行为,该审计员应当在规定时间内以规定方式将此事向中央政府报告:

但是,若欺诈行为涉及小于规定数额,该审计员应当在规定时间内以规定方式将此事向按第 177 节设立的审计委员会或其他情况下的董事会报告:

但是,其审计员已经按本节向审计委员会或董事会但未向中央政府报告欺诈行为的公司,应当在董事会报告中以规定方式披露此类欺诈行为的详情。"

14. 修正第 177 节

在主法第 177 节第(4)分节(ⅳ)条款中,应当嵌入以下但书,即:

"但是,审计委员会可以对公司提议与相关当事人进行的交易作出综合批准,但受规定条件的约束;"

15. 修正第 185 节

在主法第 185 节第(1)分节但书中(b)条款之后,应当嵌入以下条款和但书,即:

"(c)控股公司向其全资附属公司作出的任何贷款,或控股公司就其向全资附属公司作出的任何贷款给予的任何保证或提供的任何担保;或

(d)控股公司就任何银行或金融机构向其附属公司作出的任何贷款给予的任何保证或提供的任何担保:

但是,附属公司可以将(c)和(d)条款下作出的贷款用于其主要业务活动。"

16. 修正第 188 节

主法第 188 节中,

(a)第(1)分节中,

(ⅰ)应当用"决议"文字替代两处出现的"特别决议"文字;

(ⅱ)在第三项但书之后,应当嵌入以下但书,即:

"但是,通过第一项但书下决议的要求不应当适用于控股公司与其账户同该控股公司合并,且在股东在股东大会批准之前设立该账户的全资附属公司之间进行的交易。";

(b)在第(3)分节中,应当用"决议"文字替代"特别决议"文字。

17. 修正第 212 节

在主法第 212 节第(6)分节中,应当用"第 447 节下涵盖的违法行为"文字和数字替代"第 7 节第(5)和(6)分节、第 34 节、第 36 节、第 38 节第(1)分节、第 46 节第(5)分节、第 56 节第(7)分节、第 66 节第(10)分节、第 140 节第(5)分节、第 206 节第(4)分节、第 213 节、第 229 节、第 251 节第(1)分节、第 339 节第(3)分节和第 448 节涵盖违法行为,引起惩处第 477 节规定的欺诈行为"的文字、括号和数字。

18. 修正第 223 节

主法第 223 节第(4)分节第(a)条款中,应当用"若有,盖印章"文字替代"以印章方式"文字。

19. 修正第 248 节

在主法第 248 节第(1)分节中,

(ⅰ)(a)条款中,应当在"注册成立"文字之后嵌入"或";

(ⅱ)应当删除(b)条款。

20. 修正第 419 节

在主法第 419 节第(4)分节中,应当删除"或清算"文字。

21. 修正第 435 节

在主法第 435 节第(1)分节中,

(ⅰ)应当用"审理本法下应惩处 2 年或以上监禁的违法行为"文字替代"审理本法下的违法行为"文字;

(ⅱ)应当嵌入以下但书,即:——

"但是,对审理本法下或任何以前公司法下任何违法行为有管辖权的都市司法长官或第一审级司法官,视情况而定,应当审理其他全部违法行为。"

22. 修正第 436 节

在主法第 436 节第(1)分节第(a)条款中,应当用"第 435 节第(1)分节下规定的全部违法行为"文字、括号和数字替代"本法下的全部违法行为"文字。

23. 修正第 462 节

在主法第 462 节中,应当用以下诸分节替代第(2)分节,即:

"(2)按第(1)分节提议发布的每项公告的副本应当呈递议会两院。若在

会期,总期限为 30 日。若两院均同意不批准发布公告,或者均同意对公告的内容作任何修改,该公告不应当发布,或仅应当以两院同意的修改形式发布,视情况而定。

(3)在计算第(2)分节中的任何 30 日期限时,不应当计算第(2)分节中规定的该院休会或中止会议连续 4 日或以上的任何期间。

(4)按本节发布的每项公告副本,应当在其发布后尽快呈递议会各院。"

印度政府秘书

Sanjay Singh 博士

(邓瑞平、陈锐锋译,邓瑞平审校)

附：

2013 年公司法(中)

目 录

第XI章　董事的任命与资格

149. 公司应有董事会

(1)每家公司应当有由自然人董事组成的董事会,且——

(a)公众公司应当有至少3名董事,私人公司应当有至少2名董事,一人公司应当有至少1名董事;和

(b)最多15名董事;

但是,公司可以通过特别决议任命15名以上董事;

但是,规定的一类或诸类公司应当有至少1名女性董事。

(2)在本法实施之日或之前已经存在的每家公司应当在本法实施后1年内遵从第(1)分节规定的要求。

(3)每家公司应当有至少1名董事在上一日历年中在印度境内停留至少182日。

(4)每家上市公司应当有全体董事至少1/3的董事为独立董事,中央政府可以规定一类或诸类公众公司的独立董事最低人数。

[解释]为了本分节之目的,计算独立董事比例时,1/3数量中的余数应当计算为1。

(5)在本法实施之日或之前已经存在的每家公司,应当自本法实施之日起1年内或者自此方面可适用的规则公告之日起1年内,遵守第(4)分节规定的要求。

(6)涉及公司时,独立董事是指公司常务董事、全职董事或指定董事之外的具备以下条件的董事:

(a)按董事会观点,该人品行端正且拥有相关专业知识和经验;

(b)(ⅰ)该人现在或过去不是本公司或其控股公司、附属公司或者联营公司的发起人;

(ⅱ)该人与本公司及其控股公司、附属公司或者联营公司中的发起人或成员现在或过去不存在相关性;

(c)在前2个财政年度内或者在本财政年度内,该人与本公司及其控股公司、附属公司或联营公司,或此等公司的发起人或董事现在或过去没有金钱关系;

(d)在前2个财政年度内或者在本财政年度内,该人的任何亲属与本公司及其控股公司、附属公司或者联营公司,或此等公司的发起人或董事现在或过去没有金钱关系或其他交易,或者没有交易额达到本公司成交总额或总收

入2%或以上,或者500万卢比,或者规定的更高数额,以较低者为准;

(e)该人自己或者其任何亲属现在或过去没有——

(ⅰ)在提议任命他的财政年度前3个财政年度中任何年度内,在本公司及其控股公司、附属公司或者联营公司拥有关键管理性员工职位或者作为雇员;

(ⅱ)在提交任命他的财政年度前3个财政年度中任何年度内,受雇于或者经营——

(A)本公司及其控股公司、附属公司或者联营公司的审计事务所;或者

(B)与本公司及其控股公司、附属公司或者联营公司存在交易的律师事务所或者咨询公司,或者交易额达到该律师事务所或咨询公司成交总额的10%或以上;

(ⅲ)与其亲属共同拥有本公司总投票权2%或以上;或者

(ⅳ)担任收入25%或以上来自本公司及其发起人、董事、控股公司、附属公司或者联营公司的非营利性组织的首席执行官或者董事,或者担任持有本公司总投票权2%或以上的非营利性组织的首席执行官或者董事,无论何种称谓;或者

(f)该人拥有规定的其他资格条件。

(7)公司独立董事应当在其以董事身份参加的首次董事会会议上和以后每一财政年度的首次董事会会议上或者在出现影响其独立董事地位的情况变化时,作出声明,其符合第(6)分下规定的独立董事资格条件。

[解释]为了本节之目的,"指定董事"指依据任何现行有效法律或任何协议由金融机构提名的董事,或者由任何政府或代表其利益的任何其他人任命的董事。

(8)公司及独立董事应当遵守附表Ⅳ中规定的条款。

(9)尽管本法其他条款中包含任何规定,受第197节和第198节约束,独立董事不应当享有任何股票期权,但可以接受按第197节第(5)分节以费用方式提供的报酬、参加董事会会议或者其他会议的支出补偿和涉及成员批准的专项任务的收益。

(10)受第152节约束,独立董事在董事会的任职期限最多连续5年,但是经公司通过特别决议并在董事会报告中披露,应当有资格连任。

(11)尽管第(10)分节包含任何规定,任何独立董事不应当超过两届连任,但是在停止成为独立董事满3年后,应当有资格获得任命:

但是,独立董事在上述3年期间内不应当直接或间接以其他任何资格在

本公司中被任命或与本公司有关联。

[解释]为了第(10)分节和第(11)分节之目的,本法实施之日独立董事的任何任期不应当计算为这些分节下的任期。

(12)尽管本法中包含任何规定,

(ⅰ)独立董事;

(ⅱ)不是发起人或关键管理性员工的非执行董事,

仅对其知道的、经董事会程序的和经其同意或默许的,或者其未尽勤勉义务的、已经发生的公司不作为或任务行为承担责任。

(13)第152节第(6)分节、第(7)分节有关董事轮流退休的规定不适用于独立董事的任职。

150. 独立董事的选任方式与独立董事数据的维护

(1)受第149节第(5)分节中包含规定的约束,独立董事可以从中央政府公告的具有专业资格创建、维系独立董事数据库、为公司选任独立董事之目的将该数据库发布在其网站上的团体、机构或协会公布的、包含符合独立董事资格要求且愿意担任独立董事的人员的姓名、住址及资格条件的数据库中选取:

但是,公司在从上述数据库中选任独立董事时应当履行适当审慎义务。

(2)独立董事的任命应当经第152节第(2)分节下规定的成员大会批准,和为进行任命而召集的成员大会通知所附解释性声明应当说明选任被提名独立董事的合理理由。

(3)第(1)分节提及的数据库应当创建、维护有意愿按照相关规定担任独立董事职位的个人的数据。

(4)中央政府可以规定独立董事的选任方式和程序。

151. 小股东选举董事的任命

上市公司可以有一名由小股东按照规定方式和任职期限、条件选举的董事。

[解释]为本条之目的,"小股东"指持股份票值不超过20000卢比的股东或者符合其他规定条件的股东。

152. 董事的任命

(1)若公司章程未规定任命首任董事,是自然人的备忘录签署人应当视为公司首任董事,直至适当任命诸董事;若为一人公司,是成员的自然人应当被视为公司首任董事,直至成员依据本节适当任命该董事或诸董事。

(2)本法另有明确规定予以保留,每位董事应当由公司在成员大会上任命。

(3)任何人不应当被任命为董事,除非他已经被配发第 154 节下的董事身份号。

(4)由公司在成员大会上或其他情况下提名为董事的每位人,应当提供其董事身份号和他没有不符合成为本法下董事资格的声明。

(5)被任命为董事的人不应当作为董事行事,除非其同意接受担任董事的职位,且该同意应当按照规定方式在其任命的 30 日内在登记官处登记:

但是,若在成员大会上任命独立董事,作为成员大会通知附件的任命解释性声明应当包含依董事会观点他符合本法规定此种任命的条件。

(6)(a)除非章程规定全体董事在每次年度成员大会上卸任,公众公司不少于董事总数 2/3 的董事应当——

(i)是以轮流卸任董事方式负责决定任期的人员;和

(ii)除非本法另有规定,应当由公司在成员大会上任命。

(b)上述任何公司中的其余董事应当按照公司章程相关规定,也应当由公司在成员大会上任命。

(c)在公众公司依据(a)、(b)条款任命首任董事的成员大会之日后召开的首次成员大会上,和之后每年召开的年度成员大会上,现任 1/3 轮流卸任董事或者非 3 人或 3 倍董事的接近 1/3 数量应当卸任。

(d)每次年度成员大会上轮流卸任的董事应当是自其最近任命以来在任时间最长的董事,但是对相同日成为董事的诸人中谁卸任,应当以默示方式和按他们自己之间的任何协议,采取抽签方式决定。

(e)在按前述规定董事卸任的年度成员大会上,公司应当任命卸任董事或者其他人填补空缺。

[解释]为本分节之目的,"董事总数"不应当包括依据本法或其他任何现行有效法律任命的独立董事。

(7)(a)若卸任董事的空缺未按上述予以填补且该成员大会未明确决定不填补空缺,该成员大会应当延期至下一星期的同一日、同一时间和同一地点举行。若该日是法定节假日,顺延至假日结束后一日的同一时间、同一地点。

(b)延期举行的成员大会上没有填补卸任董事的空缺且该次会议也没有明确决定不再填补空缺,卸任董事应当被视为在该延期成员大会上已经被重新任命,除非——

(i)在本次会议或者之前的会议上,重新任命该董事的决议已被提交大会且被否决;

(ii)该卸任董事以向公司或董事会递交书面通知的方式已经明确表示

其不愿被如此重新任命；

（ⅲ）该卸任董事不符合或丧失了任命资格；

（ⅳ）依据本法任何规定，要求以特别或普通决定任命或重新任命该卸任董事；或者

（ⅴ）第 162 节可适用于此种情况。

[解释]为了本节和第 160 节之目的，"卸任董事"指以轮流方式卸任的董事。

153. 配发董事身份号的申请

有意愿被任命为公司董事的每位自然人应当按照规定形式和方式向中央政府提交配发董事身份号的申请，并缴纳规定的费用。

154. 董事身份号的配发

中央政府应当自收到第 153 节下的申请之日起 1 个月内，向按照规定方式提交申请的申请人配发董事身份号。

155. 禁止获得超过 1 个的董事身份号

已经配发给其第 154 节下董事身份号的自然人不应当申请、获得或拥有其他董事身份号。

156. 董事通报董事身份号

每位现任董事应当自收到来自中央政府的董事身份号之日起 1 个月内将该董事身份号通报给其为董事的本公司和其他全部公司。

157. 公司向登记官通知董事身份号

（1）每家公司应当自收到第 156 节下的通报之日起 15 日内向登记官或中央政府规定的其他官员或机构提交其全部董事的董事身份号，并缴纳规定的费用，或者在第 403 节规定时间内缴纳规定的额外费用。上述每项通报应当按照规定的形式和方式提交。

（2）若公司在第 403 节下规定的期限届满前未提交第（1）分节董事身份号和缴付额外费用，公司应当承担最低 25000 卢比、最高 10 万卢比的罚款，该公司未履行义务的每位官员应当承担最低 25000 卢比、最高 10 万卢比的罚款。

158. 表明董事身份号的义务

每位人员或公司在提交本法下要求提交的任何反馈、信息或详情时，应当在此等涉及董事或包含对任何董事的任何提及的反馈、信息或详情中，提到董事身份号。

159. 对违反的处罚

若公司的任何个人或董事违反第 152 节、第 155 节和第 156 节的任何规

定,该个人或董事应当被处以最高 6 个月的监禁、或最高 50000 卢比的罚金。若违反行为是持续行为,进一步罚金可以提高到违反行为持续期间首次之后的每日 500 卢比。

160. 卸任董事以外的他人担任董事的权利

(1)不是第 152 节术语中卸任董事的人,应当受本法规定约束,有资格在任何成员大会上任命为董事职位,若他或意图提议他为董事的某个成员在该大会前至少 14 日,已经向公司登记办公室递交了他亲笔签名其为董事候选人的书面通知,或视情况而定,提议他为该职位候选人的意图,并交付 10 万卢比或规定更高数额的保证金。若被提议的人获得选举担任董事职位,或获得超过作出决议时举手或票决方式总有效投票数的 25%,应当将该保证金退还给该人或该成员,视情况而定。

(2)公司应当以规定方式将第(1)分节下的董事职位候选人通知其成员。

161. 增补董事、候补董事、指定董事的任命

(1)公司章程可以授予董事会在任何时间任命在成员大会上未获得董事任命的人以外的任何人为增补董事的权力。增补董事任期至下一次成员大会召开之日或者年度成员大会本应召开的最后期限日止,以较早者为准。

(2)公司董事会经公司章程或成员大会通过的公司决议授权,可以为一名公司董事任命一名候补董事,当该董事离开印度不少于 3 个月的期间代其行事,该候补董事不得是公司其他任何董事的候补董事:

但是,除非他有资格被任命为本法下的独立董事,任何人不应当被任命为独立董事的候补董事;

但是,候补董事持有职位的期限不应当长于其替补的可准许被任命职位应当空缺的期间,并在其替补的董事返回印度时归还董事职位:

但是,原始董事的任期在返回印度之前已经确定,无另外任命时自动任命卸任董事的任何规定应当适用于原始董事,不适用于候补董事。

(3)受公司章程约束,董事会可以任命由任何机构依据任何现行有效法律或任何协议规定指定的,或者中央政府或邦政府依据政府公司中其持股所提名的任何人担任董事。

(4)在公众公司情况下,若公司在成员大会上任命的任何董事职位在正常过程中在任期届满前出现空缺,董事会受公司章程任何规范的约束,在董事会上填补该临时出现的空缺:

但是,按上述规定任命的任何人拥有职位及其期限仅限于该被任命董事本应拥有的不空缺职位及其任期。

162. 单个投票董事的任命

(1)在公司成员大会上,不应当提出采取单个决议方式任命2人或多人担任公司董事的动议,除非提出的此种动议在该大会上已经首先同意通过,且对其无任何反对票。

(2)违反第(1)分节规定提出的决议应当无效,无论其提出时有无任何反对。

(3)批准一个人或提名一个人担任董事的动议,视为对其任命的动议。

163. 选择采用比例代表原则任命董事

尽管本法中包含任何规定,公司章程可以根据比例代表原则,规定任命公司董事总人数不低于2/3的董事,不论采取可转移单票制或累积投票制或其他投票制。该种任命应当每3年进行一次,此种董事的临时空缺应当按照第161节第(4)分节的规定填补。

164. 董事任命的不适格

(1)具有以下情形的人,应当无资格被任命为公司董事:

(a)心智不健全且经管辖法院宣告处于此种状态;

(b)是未被解除责任的无力偿债者;

(c)已经申请裁判其为无力偿债者且该申请未决;

(d)法院已经宣判其犯有任何违法行为,不论是否涉及违反公德或其他,并据此判处不低于6个月的监禁,且自该刑罚届满之日起未满5年;

但是,若一个人已被宣判犯有任何违法行为,并据此被判处7年或以上监禁,该人不应当被任命为任何公司的董事;

(e)法院或公司法法庭发布其无资格任命为董事的命令,且该命令有效;

(f)没有支付其所持公司股份的任何催款,不论单独持有还是与他人联合持有,且自催缴支付确定的最后日起已经超过6个月;

(g)在过去5年内,被宣判犯有第188节下涉及关联方交易的违法行为;

(h)未遵守第152节第(3)分节的规定。

(2)具有以下情形的现在或过去的公司董事:

(a)在连续3个财政年度的任何年度,未提交财务报表或年度报告;或者

(b)未偿还其接收的存款或支付该存款利息他或者未按期回购任何债券或支付债券利息或者未支付宣布的红利,且此未支付或未回购持续1年或以上。

自所述公司未履行上述行为之日起5年,应当无资格被再任命为本公司董事,或任命为其他公司的董事。

（3）私人公司可以通过章程规定补充第（1）、2 分节规定内容的任命董事的不适格条件：

但是，第（1）分节（d）、（e）和（g）条款规定的不适格条件在以下情况下不应当生效——

（ⅰ）自宣判或不适格命令之日起 30 日内；

（ⅱ）若在上述 30 日内对导致刑罚或命令的定罪提出上诉或申诉，直至对该上诉或申诉作出决定之日起满 7 日；或者

（ⅲ）若在上述 7 日内对该命令或刑罚提出进一步上诉或申诉，直至对上诉或申诉作出决定之日。

165. 董事职位的数量

（1）自本法生效之后，任何人不应当在 20 家以上公司同时担任董事，包括候补董事：

但是，若一个人可以被任命为公众公司的董事，此种公司的最大数量不应当超过 10 家。

[解释]为计算一个人可以被任命为其董事的公众公司限额，应当包括在是公众公司的控股公司或者附属公司的私人公司中的董事职位。

（2）受第（1）分节规定的约束，公司成员可以经特别决议规定本公司一名董事担任其他公司董事的任何更低数量。

（3）在本法生效前在多家公司拥有董事职位超出了第（1）分节规定限额的任何人，应当在本法生效后 1 年内：

（a）在其担任董事的多家公司中选择出不超过限额的公司作为其希望继续担任董事的公司；

（b）辞去其他未选择公司的董事职位；和

（c）将其（a）条款下作出的选择通知在本法生效前其担任董事的每家公司，并通知每家此等公司拥有管辖权的登记官。

（4）依据第（3）分节（b）条款作出的任何辞职，应当在向相关公司送出辞职之时起立即生效。

（5）任何人在以下时间不应当在超过规定数量的公司中担任董事——

（a）在依据第（3）分节（b）条款发出辞去其董事或非执行董事职位之后；或者

（b）自本法生效起届满 1 年后，

以较早者为准。

（6）若一个人违反第（1）分节接受任命为董事，他应当被处以最低 5000

卢比的罚款,但可以提高至首次罚款后违反行为持续期间每日 25000 卢比。

166. 董事的职责

(1)受本法规定的约束,公司董事应当按照公司章程行事。

(2)公司董事应当诚信、善意行事,以促进公司的目标,实现其成员整体利益和本公司及其雇员、股东、社区的最佳利益,保护环境。

(3)公司董事应当以适当和合理的注意、专业技能和勤勉履行其职责,并应当行使独立判断。

(4)公司董事不应当卷入自身具有的与公司利益冲突或可能冲突的直接或间接利益的情形。

(5)公司董事不应当为他自身或其亲属、合伙人或关联人取得或尝试取得任何不适当的收益或优势;若董事被认定犯有获取任何不适当收益,应当承担向公司支付等于其所获收益额的责任。

(6)公司董事不应当转让其职位,任何此种转让应当无效。

(7)若公司董事违反本节规定,该董事应当被处以最低 10 万卢比、最高 50 万卢比的罚款。

167. 董事职位的空缺

(1)具有以下情形,董事职位应当变成空缺:

(a)董事出现第 164 节规定的不适格;

(b)董事在 12 个月内寻求或未寻求缺席董事会会议许可,缺席所有董事会会议;

(c)董事违反第 184 节有关缔结其直接或间接有利益的合同或协议;

(d)董事违反第 184 节规定,未披露其直接或间接享有利益的合同或协议中的利益;

(e)董事因法院或法庭命令变成丧失资格;

(f)董事被法院认定有罪,无论涉及公德或其他,且在此方面被判处最低 6 个月的监禁:

但是,若该董事对上述法院的命令提起上诉,该董事的职位仍应当空出;

(g)董事按本法规定被免职;

(h)若依据其在控股公司、附属公司或联营公司中拥有任何职位或其他工作已被任命为董事的董事,停止拥有上述公司的职位或工作。

(2)若一个人甚至在其明知因第(1)分节规定的不合格出现其持有的董事职位变成空缺而仍履行董事职能,他应当被判以最高 1 年监禁,或者最低 10 万卢比、最高 50 万卢比的罚金,或者两者并处。

(3)若公司全体董事按第(1)分节规定的任何不合格而空缺其职位,公司的发起人或者无发起人时的中央政府,应当任命符合要求人数的董事拥有职位,直至该公司在成员大会任命董事。

(4)私人公司可以经其章程规定董事空缺的其他任何理由,以补充第(1)分节的规定。

168. 董事的辞职

(1)董事可以采取向公司提交书面通知辞去其职务,董事会应当于接到该通知时具实记录,公司应当以规定方式、在规定期限内、按照规定形式通知登记官,并应当将辞职的具体情况记载于呈交给公司随后立即召开的成员大会的董事会报告:

但是,董事还应当以规定方式在辞职后 30 日内将其辞职副本连同辞职具体原因提交登记官登记。

(2)董事的辞职应当自公司收到辞职通知之日或者(若有)自董事在辞职通知中载明的日期起生效,以较晚者为准:

但是,已经辞职的董事在辞职后仍应当对其任期内发生的违法行为负责。

(3)若公司全体董事辞去其职位,或按第 167 节空出其职位,公司发起人或无发起人时的中央政府,应当任命要求的人数担任董事,直至公司在成员大会上任命诸董事。

169. 董事的免职

(1)公司可以在董事任期届满前并给予其听证的合理机会后,经普通决议,对不是公司法法庭按第 242 节任命的董事予以免职:

但是,若公司自身已经使用了第 163 节下给予自己选择权,根据比例代表原则任命董事总数不低于 2/3 的董事,本分节中包含的任何规定不应当适用。

(2)对在成员大会上按本节予以免职的董事或者任命其他人替代免职董事的任何决议,应当要求作出特别通知。

(3)公司接到按本节解除董事职位的决议通知后,应当立即向该相关董事送达通知副本,该董事无论是否是公司成员,均应当有权在成员大会上就该决议进行听证。

(4)若已经按本节发出解除董事职位决定的通知,和相关董事就此方面向公司作出书面陈述且要求将此通知给公司成员,若时间允许,该公司应当:

(a)在给公司成员的任何决议通知中,载明所作陈述中的事实;和

(b)向收到(不论在公司接收陈述之前或之后收到)成员大会通知的公司每位成员发送一份陈述副本,

并且,若陈述副本因时间不充足或公司失误未能按上述适当送达,该董事可以在不损害其听证权利的前提下口头要求在成员大会上阅读该陈述:

但是,经公司或主张其受到侵害的其他人的申请,若法庭认为本分节赋予的权利正被滥用,以保证不必公开诽谤事项,无须发出陈述副本和无须在成员大会上阅读,法庭可以命令该董事负担该公司申请所支付的全部或部分费用,无论该董事是否是申请的当事方。

(5)若被免职董事由公司在成员大会上任命或由董事会任命,按本节解除董事职位所产生的空缺可以在解除其职位的大会上以任命其他人替代其职位的方式进行填补,但需提前按第(2)分节发出意图任命的特别通知。

(6)按上述规定任命的董事应当拥有职位至其继任者拥有该职位之日,若该董事未被解职。

(7)若未按第(5)分节填补空缺,该空缺可以根据本法规定作为临时空缺予以填补:

但是,董事会不应当将被免职董事重新任命为董事。

(8)本节中的任何规定不应当视为——

(a)剥夺本节下被免职的人就其终止担任董事方面依据合同或者董事任职任何条款或者终止董事的其他任何条款所具有的向其支付的任何补偿或损失;或者

(b)减损依据本法其他条款解除董事职位的任何权力。

170. 董事、关键管理性员工及其持股的登记簿

(1)每家公司应当在其注册办公室保存包含公司董事、关键管理性员工的规定详情的登记簿,其应当包括上述每位人在公司及其控股公司、附属公司、控股公司的附属公司或关联公司中持有股票的详细情况。

(2)包含董事和关键管理性员工的规定详情和文件的反馈报告,应当自每位董事和关键管理性员工任命之日起30日内、和发生任何变化的30日内提交给登记官,视情况而定。

171. 股东的检查权

(1)第170节第(1)分节下保存的登记簿——

(a)应当在营业期间开放查阅,成员应当有权利摘录并取得副本;应成员要求,应当在30日内免费提供给成员;和

(b)还应当在公司每次年度会员大会上开放检查,和应当使出席大会的每位人员可以获取。

(2)若拒绝第(1)分节(a)条款规定的任何检查,或者依据该条款要求获

取的任何副本未在接到请求之日起30日内寄出,登记官应当根据申请命令立即检查和提供要求的副本。

172. 处罚

若公司违反本章任何规定,且对此未作出具体处罚规定,该公司和该公司每位失职官员应当承担最低5万卢比、最高50万卢比的罚款。

(周卉、邓瑞平译,邓瑞平审校)

✱ 孙志煜* 李蕤**

印度《2015年商事法院、高等法院商事庭和商事上诉庭法》简介

　　印度议会于2015年10月23日通过《2015年商事法院、高等法院商事庭和商事上诉庭法》(以下简称本法),总统于12月31日同意,并于同日公布。本法吸取了英国、美国等国家的成功经验,经过2003年的模式初探和2009年的试点实践,于2015年设立了新的特定价值商事争端诉讼程序,其中规定了简易程序、电子证据以及诉讼费用等相关规则,为快速、高效处理印度的商事争端,优化外国投资者投资环境提供了保障与支撑,也反映了近年来印度商事诉讼制度规范化、技术化的改革方向。

一、本法的制定背景

1. 本法的发展历程

　　本法是印度促进现行民事诉讼法改革的创新性举措,目的在于简化特定价值商事争端诉讼程序,规范诉讼程序的同时提升诉讼质量。印度基于当时国情、其他国家的成功经验,在2003年法律委员会第188号报告中初次提出了设立商事法院的必要性。该报告强调要加快商事法庭处理商事争端的规范化、技术化步伐,以应对多样化、私有化的大额商事诉讼。2009年印度进一步提出建设高等法院商事庭的具体方案,由Rajya Sabha专业委员会详细审查该计划的可行性。2015年印度法律委员会通过第253号报告,该报告以2015

---

　　* 孙志煜,1977年生,男,江西万安人,法学博士,贵州大学法学院教授,研究方向为国际经济法。

　　** 李蕤,1994年生,女,宁夏银川人,贵州大学2016级法律硕士(法学)研究生。

年立法为重点,立足 2009 年法案的缺陷,针对高等法院缺乏刑事司法管辖权的问题、不同区域法院金钱限额差异、案件大量积压和相关案件移送困难的现状,设立专门的商事法院、相关商事争端司法体系,以解决特定价值额的商事争端。

2. 本法的公布

本法是根据印度法律委员会第 253 号报告,在印度共和国第 66 年由议会制定,自 2015 年 10 月 23 日起生效。本法修订了《1908 年民事诉讼法典》的相关规定,是一部有关商事法院、高等法院商事庭及其商事上诉庭的组织法,其诉讼标的不小于 1000 万卢比。本法由正文和 3 个附件组成,正文由序文、7 章 23 节主文及例证等构成。

二、本法的亮点

本法亮点较多,主要体现如下:

1. 本法为特别法,规定了特殊的适用范围

本法从时间、空间、标的三个方面规定了适用范围,着重强调了"商事争端"的含义,明确了本法调整的法律关系,具体包括合资协议、股东协议、与服务业相关的认购和投资协议等交易过程中产生的相关商事争端;包括服务外包、金融服务、合伙协议、技术开发协议、特许经营协议、分销和许可协议、管理和咨询协议、与贸易或商事专用的不动产有关的协议、出售货物或提供服务协议、建筑和基础设施合同;包括投标、运输货物、商品或服务、商事银行、银行家、金融家和贸易商的普通交易,如有关商事文件的交易,包括执行和解释这些文件等。[1]

2. 依据特定价值,明确商事法院的管辖权

本法界定了商事法院管辖的商事争端的特定价值,确定了特定价值的法定程序,意图将商事法院的管辖权限制在特定价值的商事争端上(价值不低于 1000 万卢比的商事争端),并加快其处理过程。

本法依据标的物属性之不同来确定商品价值。在涉及动产、不动产和无形权利的商事争端时,计算特定价值需考虑到提起诉讼之日时相应财产或权利的市场价值;在提出反诉的商事争端中,提出反诉之时的主体价值将计入特

---

[1] Section 2, sub-section(1), The Commercial Courts, Commercial Division and Commercial Appellate Division of High Courts Act, 2015, India.

定价值;在商事仲裁过程中,特定价值的确定应考虑索赔或反诉声明中规定的总价值①。

3. 赋予政府、高等法院相关权限,构建商事争端解决司法体系

为确保迅速有效地处理特定价值商事争端以及对民事司法制度进行相应改革,印度通过努力颁布了本法,通过赋予政府、高等法院相关权限,构建高效的商事争端解决司法体系。

（1）赋予政府相关权限,构建商事司法体系

具体表现有三:一是决定商事法院的数量。② 二是与高等法院协商后,确定商事法院管辖范围的地区限制,并可以增加或减少该限制③。三是政府具有赋予任命商事法院法官的权力。该法规定,商事法院法官的选任,应在处理商事争端方面具有经验,且从国家的有关高级司法机关干部当中选拔。④

（2）赋予高等法院设立商事法庭的权限

具体表现有二:一是经高等法院首席法官同意,可在高等法院设立行使普通民事管辖权的商事法庭。⑤ 二是经高等法院首席法官同意,可在高等法院设立商事上诉庭。

4. 明确商事争端解决机构的相关权限

本法构建了商事法院、高等法院商事庭和商事上诉庭"三位一体"的商事争端解决司法体系,上述三机构有不同的权限范围。

商事法院受理的商事争端类型有三:一是审理与其领土管辖范围内产生的与特定价值商事争端有关的一切事宜⑥。二是在已经受理的商事争端中提出的反诉是有关特定价值的商事争端,后移交给商事法院或高等法院商事法庭。三是涉及国内商事仲裁,在普通民事管辖法院审理之前,而商事法院对其有管辖权时,此类案件应由商事法院受理。

---

① Ibid, Section 12, sub-section(1).

② Section 3, sub-section(1), The Commercial Courts, Commercial Division and Commercial Appellate Division of High Courts Act, 2015, India.

③ Section 3, sub-section(2), The Commercial Courts, Commercial Division and Commercial Appellate Division of High Courts Act, 2015, India.

④ Section 3, sub-section(3), The Commercial Courts, Commercial Division and Commercial Appellate Division of High Courts Act, 2015, India.

⑤ Section 5, sub-section(4), The Commercial Courts, Commercial Division and Commercial Appellate Division of High Courts Act, 2015, India.

⑥ Section 6, The Commercial Courts, Commercial Division and Commercial Appellate Division of High Courts Act, 2015, India.

高等法院商事庭是在高等法院设立行使普通初审民事管辖权的审判部门,是处理涉及商事争端的诉讼和申请的机构。[①] 其受理的商事争端类型有四:一是在普通民事管辖的高等法院提交的未超过特定价值的商事争端;二是在普通民事管辖的高等法院提交的超过特定价值的商事争端;三是在已经受理的商事争端中提出的反诉是属于特定价值的商事争端,此类案件应移交给商事法院或高等法院商事法庭;四是向高等法院提交的涉及高于特定价值的商事争端的仲裁事项的申请或上诉。

商事上诉庭受理的案件是商事法院或高等法院商事庭作出的判决或裁定。[②]

5. 通过移送管辖,启动错误立案的纠错程序

本法规定了移送管辖的对象、程序以及适用限制,从而将案件移送至有管辖权的相关机构。

(1)对移送情形进行具体规定

涉及在高等法院待决的,与特定价值有关的商事争端,应移送到高等法院商事法庭。[③] 涉及任何区域或地区的任何民事法院待决的,与特定价值有关的商事争端案件,应移送到商事法院。[④]

(2)移送管辖的例外

例外情形有:第一,在商事庭或商事法院设立之前,法院已经保留最终判决的诉讼或申请,不得移送;第二,凡涉及特定价值商事争端的诉讼或申请,包括根据《1996 年仲裁和调解法》提出的申请,应移送到商事庭或商事法院,本法的规定适用于在移送时尚未完成的程序[⑤]。

6. 创设"简易判决"程序,提升司法效率

本法提供了一个单独的"简易判决"程序,当事人可以在诉讼传票送达被告之后的任何时候,且在问题被解决之前,申请这种判决。

---

① Section 7, The Commercial Courts, Commercial Division and Commercial Appellate Division of High Courts Act, 2015, India.

② Section 13, sub-section(1), The Commercial Courts, Commercial Division and Commercial Appellate Division of High Courts Act, 2015, India.

③ Section 15, sub-section(1), The Commercial Courts, Commercial Division and Commercial Appellate Division of High Courts Act, 2015, India.

④ Section 15, sub-section(2), The Commercial Courts, Commercial Division and Commercial Appellate Division of High Courts Act, 2015, India.

⑤ Section 15, sub-section(1), The Commercial Courts, Commercial Division and Commercial Appellate Division of High Courts Act, 2015, India.

本法列出了简易判决申请的细节①,以及对方提出申请的答复,同时本法也列出了以这种方式尝试诉讼后法院可以通过的各种命令②。

7. 细化商事争端诉讼费用的相关规范

本法规定了法院对商事争端中诉讼费用及相关事项所享有的自由裁量权。

本法对败诉方承担诉讼费用的一般规则进行了细化规定。本法规定,在商事争端中,法院有权酌情决定与费用有关的事宜,例如谁有义务支付这些费用,何时支付③。

本法还对"费用"进行了具体界定,费用是指为包括与诉讼费用有关的所有法律费用和合理费用。

本法还规定了法院在作出有关诉讼费用的裁判之前应考虑的一些因素,如:当事人的行为;一方当事人是否已部分胜诉,即使该当事人没有完全胜诉;当事人是否轻率提出反诉,导致案件审理延误;一方当事人是否提出合理的争端解决建议,而遭另一方不合理地拒绝;当事人是否提出轻率的索赔要求,并提起无理的程序,导致法院资源浪费等。

8. 原被告披露文件的详细程序及责任

高等法院商事庭或商事法院的诉讼文件披露和审查过程的相关规定已在本法作了相应修改,以提高当事方披露文件的透明度和效率。本法规定了原告和被告披露文件的详细程序和责任④,未经法院许可,不得披露相关文件。

9. 被告提交书面声明的规范化

依据《民事诉讼法典》第Ⅴ、Ⅷ号令规定,传票送达后30天内未提交的书面声明,可依法向法院寻求口头命令和书面命令。但是,提交申请的时间不得超过提起诉讼之日起120天(以前为90天)。若在上述期限届满后提出书面声明,被告将被视为丧失提交书面声明的权利。

---

① Rule 4, Order ⅩⅢ, The Commercial Courts, Commercial Division and Commercial Appellate Division of High Courts Act, 2015, India.

② Rule 2, Order ⅩⅢ, The Commercial Courts, Commercial Division and Commercial Appellate Division of High Courts Act, 2015, India.

③ Section 2, The Commercial Courts, Commercial Division and Commercial Appellate Division of High Courts Act, 2015, India.

④ Rule 1, Order ⅩⅠ, The Commercial Courts, Commercial Division and Commercial Appellate Division of High Courts Act, 2015, India.

10. 证据形式与内容的双重规范化运用①

一方面,本法规定了违反证据形式的后果。涉及商事争端的证据应以有关高等法院的规定或实践指引所规定的形式提交,不符合规定格式和方式的不能作为证据依据。

另一方面,本法规范了庭审过程中的证据运用,要求口头证据与书面证据应于法律规定期限内提交。书面证据必须清楚地表明法律规定,并附上所依据的判决副本。法院有权控制、规范证据的使用,且通过记录来源来排除和拒绝证据。

11. 案件管理听审会的制度创新

本法规定法院应举行案件管理听审会,以确保在规定的时限内有效和适当地进行审判。其包括法院有权确定聆讯日期、制定时限,并决定要审判的问题和证人的归纳。若在案件管理聆讯中不遵守法院的命令,授权法院可就实体问题与程序问题进行裁决,以确保案件审理过程的顺利进行。

12. 要求数据及时更新,以提升司法公信力

本法要求商事法院、高等法院商事庭和商事上诉庭必须每月更新与诉讼相关信息。例如案件的数量以及有关诉状或上诉申请中的相关资料,且这些资料还应在高等法院的网站上进行公示。此规定旨在系统地收集和发布数据,从而提高法院运作的透明度,恢复公众对司法制度的信念。

三、对本法的简要评价

本法由印度议会制定,是对《1908 年民事诉讼法典》和《1996 仲裁和调解法》的修正与完善,也是印度为了建立稳定有效的商事争端解决机制,优化投资环境的一个具有重要意义的举措,总体上反映了近年来印度商事诉讼中的司法实践和民事司法制度的改革方向,特别是商事法院、高等法院商事庭和商事上诉庭的设置、权限划分以及大额商事争端诉讼标的的确定,体现了印度在商事诉讼中进行制度创新的巨大努力。

本法是当代印度政府考虑特殊国情、商事法律关系和境内外投资实际情况的综合产物,从印度民事诉讼法的历史沿革和其商事诉讼的发展趋势来看,本法有一定的创新性,但也存在不足。

---

① Rule 2, The Commercial Courts, Commercial Division and Commercial Appellate Division of High Courts Act, 2015 India.

本法的创新性主要体现在程序、制度及条款上。(1)程序的创新性。本法增设了"简易判决"程序,对相关机构的审理程序、期限及诉讼文书的提交方式有较为细化的具体规定,便利当事人的同时提升了司法效率。(2)制度的创新性。例如,建立了案件管理听证会制度,确保法院能在规定的时限内有效和适当地进行审判;要求法院系统地收集、发布数据,及时更新数据,从而提高法院运作的透明度,恢复公众对司法制度的信念。(3)条文的创新性。例如,在证据方面,对证据文件的形式进行了详细规定,尤其对电子证据的提交期限、内容与适用情形进行了具体规定;在标的额方面,确定了商事争端中的特定价值,并规定可依据标的物的不同和介入因素的不同进行考量裁判;在商事争端解决机构的设置方面,设立了商事法院、高等法院商事庭和商事上诉庭"三位一体"的司法管辖体系;在诉讼费用方面,基于商事争端的巨大标的额,本法细化了商事争端中诉讼费用及相关合理费用的数目、期限、内容、承担方和减免事由。

本法的不足主要体现在:(1)商事法庭的独立性有所欠缺。一方面是商事法院本身不独立,政府可以决定商事法院的数量、管辖范围和区域限制;另一方面,商事法庭的法官也不具有独立性,其由政府主导,政府具有任命商事法院法官的权力。(2)在条文体例方面,本法条文顺序与传统逻辑思维有一定冲突,其既不是以民事诉讼程序的相关顺序展开,也不是以诉讼主体展开,在程序与主体之间互有渗透,从而造成理解上的困难。(3)在条文内容方面尚需完善。第一,未对商事争端进行界定,只列举了商事争端的具体表现形式;未对与商事争端相关的诉讼代表人制度、第三人、普通或必要共同诉讼进行具体化规定。第二,本法只对争端解决机构及移送管辖进行了简单规定,对法院裁定移送的程序、期限以及当事人不服后的救济方式没有作出相应规定。第三,本法对商事争端中的简易程序进行了创设性规定,但是对简易程序和其他程序的衔接问题、转换问题以及转换后审理期限的计算等问题缺乏相应规定。

2015 年商事法院、高等法院商事庭和商事上诉庭法 *

法律与司法部

（立法部门）

2016 年 1 月 1 日，新德里

已收到总统于 2015 年 12 月 31 日批准的议会以下法，兹公布基本信息：

2015 年商事法院、高等法院商事庭和商事上诉庭法

2016 年第 4 号

2015 年 12 月 31 日

为规定设立裁判特定价值商事争端的商事法院、高等法院商事庭和商事上诉庭及其相关或附属事项，制定一项法律。

议会于印度共和国第 66 年制定本法，内容如下：

目　录

---

* 译自《印度公报》2016 年 1 月 1 日特别号第 II 部分第 1 节（第 4 号）本法英文本。

第Ⅳ章 上诉

13. 对商事法院和商事庭决定的上诉

14. 上诉的快速审理

第Ⅴ章 待决案件的移送

15. 待决案件的移送

第Ⅵ章 修正《1908年民事诉讼法典》的规定

16. 修正《1908年民事诉讼法典》适用商事争端的规定

第Ⅶ章 杂项

17. 商事法院、商事庭和商事上诉庭的数据收集与披露

18. 高等法院发出指令的权力

19. 基础设施

20. 培训与继续教育

21. 本法具有优先效力

22. 消除障碍的权力

23. 废止与保留

附表(见第16节)

1. 修正第26节

2. 用新节替代第35节

3. 修正第35A节

4. 修正附表1

5. 嵌入新的第ⅩⅢ-A号令

6. 删除第ⅩⅤ号令

7. 嵌入第ⅩⅤ-A号令

8. 修正第ⅩⅧ号令

9. 修正第ⅩⅧ号令

10. 修正第ⅩⅨ号令

11. 修正第ⅩⅩ号令

第Ⅰ章 序言

1. 短标题、适用范围和生效

(1)本法可称为《2015年商事法院、高等法院商事庭和商事上诉庭法》。

(2)本法适用印度全境,但查谟和克什米尔邦除外。

(3)本法应当视为已于2015年10月23日生效。

2. 定义

（1）除非上下文另有规定,在本法中,

（a）"商事上诉庭",指依据第 5 节第（1）分节组建的高等法院商事上诉庭。

（b）"商事法院",指依据第 3 节第（1）分节组建的商事法院;

（c）"商事争端",指由以下产生的争端:

（ⅰ）商人、银行家、金融家和贸易商的普通交易,诸如与商事文件有关的普通交易,包括上述文件的执行和解释;

（ⅱ）商品或服务的出口或进口;

（ⅲ）与海事法和海商法有关的事项;

（ⅳ）与飞机、飞机发动机、飞机设备和直升机有关的交易,包括上述标的的销售、租赁和融资;

（ⅴ）货物运输;

（ⅵ）建筑和基础设施合同,包括招投标;

（ⅶ）在贸易或商事活动中排他性使用不动产的协议;

（ⅷ）特许协议;

（ⅸ）分销和许可协议;

（ⅹ）管理和咨询协议;

（ⅺ）合营协议;

（ⅻ）股东协议;

（ⅹⅲ）关于服务业的认购协议和投资协议,包括外包服务和金融服务;

（ⅹⅳ）商事代理机构和商事习惯;

（ⅹⅴ）合伙协议;

（ⅹⅵ）技术开发协议;

（ⅹⅶ）与注册和未注册商标、版权、专利、设计、域名、地理标志和半导体集成电路有关的知识产权;

（ⅹⅷ）货物销售或提供服务的协议;

（ⅹⅸ）石油和天然气储藏的开采,包括电磁波谱在内的其他自然资源;

（ⅹⅹ）保险和再保险;

（ⅹⅺ）与上述任何一项有关的代理合同;和

（ⅹⅻ）可以由中央政府公告的其他商事争端。

[解释]一项商事争端不应当仅因以下情况丧失商事争端的性质:

（a）它还涉及不动产的追偿行为,或不动产担保所产生的货币实现行为,或涉及属于不动产的其他任何救济行为;

（b）缔约一方是国家或其任何机构或部门，或执行公共职能的私人机构；

（d）"商事庭"，指依据第 4 节第（1）分节组建的高等法院商事庭；

（e）"地区法官"，应具有《印度宪法》第 236 节第（a）条款对其指定的相同含义；

（f）"文件"，指以任何通过字母、数字、符号、电子方式，或以一种以上方式表示或描述在任何物质上的任何事实，上述方式的使用旨在记载或可能用于记载上述事实；

（g）"公告"，指在《官方公报》上发布的公告，"公告"一词及其同义词和语法变体应据此解释；

（h）"附表"，指附于本法后的附表；和

（i）"特定价值"，涉及商事争端时，应当指根据本法第 12 节确定的诉讼标的的价值，该价值不应当少于 1000 万卢比或中央政府公告的更高价值。

（2）在本法中使用并未定义而在《1908 年民事诉讼法典》（1908 年第 5 号法）和《1872 印度证据法》（1872 年第 1 号法）已有界定的词汇或词组，应当具有与上述法分别赋予其的相同含义。

第 II 章　商事法院、高等法院商事庭和商事上诉庭的设立

3. 商事法院的设立

（1）邦政府可以在会商有关高等法院后，在地区级设立其认为为行使按本法授予给法院的管辖权和权力的目的必要数量的商事法院：

但是，不应当在高等法院具有普通初审民事管辖权的区域设立商事法院。

（2）邦政府应当在会商有关高等法院后，以公告方式规定商事法院应当扩展其管辖权的地区限制，且可以不时增加、减少或变更上述限制。

（3）邦政府应当经高等法院首席法官同意，从本邦高等司法服务机构干部中任命一名或多名具有处理商事争端经验的人员担任商事法院的法官。

4. 高等法院商事庭的设立

（1）在具有普通民事管辖权的所有高等法院中，高等法院首席法官可以采取命令方式，设立由独任法官组成的具有一个或多个审判庭的商事庭，以行使按本法授予它的管辖权与权力。

（2）高等法院首席法官应当提名在处理商事争端方面具有经验的本高等法院法官担任商事庭法官。

5. 商事上诉庭的设立

（1）在发布第 3 节第（1）分节下的公告或第 4 节第（1）分节下的命令后，

有关高等法院的首席法官应当以命令方式，设立由一个或多个分审判庭组成的商事上诉庭，以行使本法赋予它的管辖权和权力的目的。

（2）高等法院首席法官应当提名具有处理商事争端经验的本高等法院法官担任商事上诉庭的法官。

6. 商事法院的管辖权

商事法院应当具有审理涉及特定价值的、产生于被授予地域管辖权的本邦全境的全部商事争端诉讼和申请的管辖权。

[解释]为了本节之目的，商事争端应当视为产生于已经授予商事法院管辖权的本邦全境，若与上述商事争端有关的诉讼或申请符合《1908 年民事诉讼法典》（1908 年第 5 号法）第 16 至 20 节的每项规定。

7. 高等法院商事庭的管辖权

向具有普通初审民事管辖权的高等法院提起的、涉及特定价值的商事争端的全部诉讼和申请，应由该高等法院听审和处置：

但是，涉及商事争端的、按某法律规定提交不低于地区法院的法院且已经提交该高等法院或在该高等法院待决的全部诉讼和申请，应当由该高等法院商事庭听审和处置：

但是，依据《2000 年外观设计法》（2000 年第 16 号法）第 22 节第（4）分节或《1970 年专利法》（1970 年第 39 号法）第 104 节移交给高等法院的所有诉讼和申请，在该高等法院行使普通初审民事管辖权的全境，应当由该高等法院的商事庭听审和处置。

8. 禁止受理针对中间命令的改判申请或诉状

尽管其他任何现行有效法律中包含任何规定，不应当受理针对商事法院任何中间命令的民事改判申请或诉状，包括关于管辖权问题的命令和任何类似质疑，但受本法第 13 节规定的约束，应当仅在上诉中针对该商事法院的判决提出改判申请或诉状。

9. 移送特定价值商事争端中反诉的案件

（1）尽管《1908 年民事诉讼法典》（1908 年第 5 号法）中有任何规定，若向民事法院提起的反诉涉及特定价值的商事争端，此类诉讼应当由该民事法院移送至具有地域管辖权的商事庭或商事法院，视具体情况而定。

（2）若上述的诉讼案件未按第（1）分节规定方式移送，对有问题的民事法院行使监督管辖权的高等法院商事上诉庭可以经诉讼的任何一方当事人申请，撤销该民事法院未决的此类诉讼案件，并将该诉讼的审理或处置移交给对该诉讼拥有地域管辖权的商事法院或商事庭，视情况而定，且上述移交命令是

最终的和有约束力的。

10. 与仲裁事项有关的管辖权

若一项仲裁的主题事项是特定价值的商事争端,和——

(1)若该项仲裁是国际商事仲裁,产生于《1996 年仲裁与调解法》(1996 年第 26 号法)规定下该仲裁的、已经向一高等法院提起的全部申请或上诉,应当由在该高等法院已经设立的商事庭听审和处置。

(2)若该项仲裁不是国际商事仲裁,产生于《1996 年仲裁与调解法》(1996 年第 26 号法)规定下该项仲裁的、基于初审管辖权已向高等法院提起的所有申请或上诉,应当由已经在该高等法院设立的商事庭听审和处置。

(3)若该项仲裁是国际商事仲裁以外的仲裁,产生于《1996 年仲裁与调解法》(1996 年第 26 号法)规定下该项仲裁的、通常会提交在一地区具有初审民事管辖权的任何主要民事法院(不是一高等法院)的所有诉讼或上诉,应当向已经设立的、对该仲裁行使地域管辖权的商事法院提起、并由该商事法院听审和处置。

11. 商事法院和商事庭管辖权的限制

尽管本法中有任何规定,涉及按其他任何现行有效法律明示或默示禁止民事法院管辖权,商事法院或商事庭不应当受理或决定与任何商事争端有关的任何诉讼、请求或程序。

第Ⅲ章　特定价值

12. 特定价值的确定

(1)在诉讼、上诉或申请中,商事争端主题的特定价值应当由以下方式确定:

(a)若诉讼或申请中寻求的救济措施是金钱补偿,在诉讼或申请中寻求的包括利息(若有,计算至提起诉讼或申请之日,视情况而定)的该项金钱,应当考虑作为确定该特定价值;

(b)若诉讼、上诉或申请中寻求的救济措施涉及动产或其相关权利,提起诉讼、上诉或申请(视情况而定)之日的该动产市场价值,应当考虑作为确定该特定价值;

(c)若诉讼、上诉或申请中寻求的救济措施涉及不动产或其相关权利,提起诉讼、上诉或申请(视情况而定)之日的不动产市场价值,应当考虑作为确定该特定价值;

(d)若诉讼、上诉或申请中寻求的救济措施涉及其他无形权利,原告评估的上述权利市场价值,应当考虑作为确定该特定价值;和

（e）若在诉讼、上诉或申请中提起反诉,在提起反诉之日该反诉中的商事争端事项的价值应予以考虑。

（2）若在一项商事争端仲裁中,请求和反请求陈述中有任何列明,该请求和反请求中的总价值应当是确定该项仲裁是否受商事庭、商事上诉庭或商事法院（视情况而定）管辖的基准。

（3）《1908 年民事诉讼法典》（1908 年第 5 号法）第 115 节下的任何上诉或民事改判申请（视情况而定）,不应当针对商事庭或商事法院裁定其按本法对商事争端有听审管辖权的命令提出。

第Ⅳ章　上诉

13. 对商事法院和商事庭决定的上诉

（1）因商事法院或高等法院商事庭的决定遭受侵害的任何人,可以自决定或命令（视情况而定）之日起 60 日内向该高等法院商事上诉庭提出上诉:

但是,对商事庭或商事法院发布的、经本法和《1996 年仲裁与调解法》（1996 年第 26 号法）第 37 节修正的《1908 年民事诉讼法典》第ⅩⅬⅢ号令下具体列明的命令,应当提出上诉。

（2）尽管其他任何现行有效法律或《高等法院专利证书》中包含任何规定,不应当根据本法规定以外的其他规定对商事庭或商事法院的任何命令或判令提出任何上诉。

14. 上诉的快速审理

商事上诉庭应当尽力自提出上诉之日起 6 个月内审结向其提起的上诉。

第Ⅴ章　待决案件的移送

15. 待决案件的移送

（1）在已经设立商事庭的高等法院的待决的、涉及特定价值的商事争端的所有诉讼和申请,包括按《1996 年仲裁与调解法》（1996 年第 26 号法）提出的申请,应当移送至该商事庭。

（2）在已经设立商事法院的任何相关地区或区域的任何民事法院的待决的、涉及特定价值的商事争端的所有诉讼、申请,包括按《1996 年仲裁与调解法》（1996 年第 26 号法）提出的申请,应移送至该商事法院:

但是,若该法院最终判决在商事庭或商事法院设立前业已保留,不应当按第（1）分节或第（2）分节移送任何诉讼或申请。

（3）若涉及特定价值的商事争端的任何诉讼或申请,包括按《1996 年仲裁

与调解法》(1996年第26号法)提出的申请,应当处于按第(1)分节或第(2)分节向商事庭或商事法院移交状态,本法的规定应适用于移送时未完成的程序。

(4)商事庭或商事法院(视情况而定)可以就上述已移送的诉讼或申请举行案件管理听审,目的是根据《1908年民事诉讼法典》(1908年第5号法)第ⅩⅣ-A号令,为快速、有效处置上述诉讼或申请规定必要的新时间表或发布进一步指令:

但是,《1908年民事诉讼法典》(1908年第5号法)第Ⅴ号令第1规则第(1)分规则的但书条款不应当适应于上述诉讼或申请,法院可以酌情规定应当提交书面陈述的新期限。

(5)若上述诉讼或申请未按第(1)、(2)或(3)分节规定方式移送,高等法院商事上诉庭可以经诉讼当事人任何一方申请、在该诉讼未决之前,撤销在该法院的上述诉讼或申请,并将该诉讼或申请移交给对该诉讼或申请拥有地域管辖权的商事庭或商事法院(视情况而定)审理或处置,上述移交命令是最终的并具有约束力。

第Ⅵ章　修正《1908年民事诉讼法典》的规定

16. 修正《1908年民事诉讼法典》适用商事争端的规定

(1)《1908年民事诉讼法典》(1908年第5号法)的规定应当在其适用于有关特定价值商事争端的任何诉讼方面,以附表中规定的方式予以修正。

(2)商事庭和商事法院在审理涉及特定价值商事争端的诉讼中,应当遵从经本法修正后的《1908年民事诉讼法典》(1908年第5号法)的规定。

(3)若具有管辖权的高等法院的任何规则的任何规定、对《1908年民事诉讼法典》的任何修正或邦政府的任何规定,与经本法修正的《1908年民事诉讼法典》(1908年第5号法)的规定相冲突,应当以经本法修正的《1908年民事诉讼法典》(1908年第5号法)的规定为准。

第Ⅶ章　杂项

17. 商事法院、商事庭和商事上诉庭的数据收集与披露

每一商事法院、商事庭和商事上诉庭应当维持并每月更新有关提交给商事法院、商事庭或商事上诉庭(视情况而定)的诉讼、申请、上诉或令状请求、此类案件未审结、各案件审理情况和已经处置案件的数量的统计数据,并应当将其发布在相关高等法院的网站上。

18. 高等法院发出指令的权力

高等法院可以经公告发出操作指令,以补充本法第2章或《1908年民事诉讼法典》(1908年第5号法)的规定,但需在此等规定适用于审理特定价值商事争端的听审范围内。

19. 基础设施

邦政府应提供必要的基础设施,以促进商事法院或高等法院商事庭的工作。

20. 培训与继续教育

邦政府可会商高等法院后,建立必要的设施,以便培训可能被任命为商事法院、高等法院商事庭或商事上诉庭的法官。

21. 本法具有优先效力

另有规定予以保留。尽管其他任何现行有效法律中或依据本法以外任何现行有效法律具有效力的任何文书中包含与本法相冲突的任何规定,本法规定应具有效力。

22. 清除障碍的权力

(1)若在赋予本法规定以效力中出现任何障碍,中央政府可以采取在《官方公报》中发布命令的方式,制定与本法不冲突的、对清除障碍明显必要或有益的规定:

但是,自本法生效之日起届满2年后,不应当按本节作出上述任何命令。

(2)按本节作出的每项命令,应当在其作出后尽快呈递议会各院。

23. 废止与保留

(1)兹废止《2015年商事法院、高等法院商事庭和商事上诉庭条例》(2015年第8号条例)。

(2)尽管有上述废止,但按上述条例已作出的任何事情或采取的任何行动,应当视为按本法的相应规定作出或采取了。

附　表

(见第16节)

1. 修正第26节

在《1908年民事诉讼法典》(1908年第5号法,以下简称"法典")第26节第(2)分节中,应当嵌入以下但书条款,即:

"但是,该宣誓书应当是第15A规则第Ⅵ号令下规定的格式和方式。"

2. 用新节替代第35节

应当用以下节替代法典第35节,即:

"35. 诉讼费用

(1)涉及任何商事争端,尽管其他任何现行有效法律或规则中包含任何规定,法院有决定以下事项的自由裁量权:

(a)是否由一方向另一方支付诉讼费用;

(b)上述诉讼费用的数额;和

(c)上述诉讼费用的支付时间。

[解释]为了(a)条款的目的,'诉讼费用'应当指与以下有关的合理费用:

(i)已产生的证人诸费用和支出;

(ii)已产生的法律费用和支出;

(iii)已产生的与诉讼进程有关的其他任何费用。

(2)若法院决定作出支付诉讼费用的命令,基本规则是,应当命令败诉方向胜诉方支付诉讼费用:

但是,法院可以为书面记录的原因作出与基本规则不一致的命令。

例　证

原告在其诉讼中寻求因对方违约造成损失的金钱赔偿判决。法院认为原告有权要求与金钱有关的判决。但是,法院最终认定原告的损害赔偿请求是轻率和微小的。

在上述情况下,尽管原告是胜诉方,法院可以对原告提出的轻率赔偿请求施加诉讼费用。

(3)法院在作出支付诉讼费用的命令时,应考虑以下情形,包括——

(a)双方当事人的行为;

(b)一方当事人是否已经部分胜诉,即使该当事人没有完全胜诉;

(c)该方当事人是否轻率地提出反诉,导致案件审理延误;

(d)一方当事人是否提出合理的争端解决建议,和另一方当事人不合理地拒绝;和

(e)该方当事人是否提出轻率的请求且构成浪费法院时间的无理程序。

(4)法院可以依据本规定作出包含一方当事人必须支付以下费用在内的命令——

(a)另一方当事人诉讼费用的比例;

(b)有关另一方当事人诉讼费用的规定数额;

(c)从某日开始或截至某日止的费用;

(d)诉讼程序开始前发生的费用;

(e)与诉讼程序中采取特殊步骤有关的费用;

(f)与诉讼程序不同部分有关的费用,和

(g)从某日起或截至某日止的费用之利息。"

3. 修正第 35A 节

在法典第 35A 节中,应当删除第(2)分节。

4. 修正附表 1

在法典附表 1 中,

(A)在第 V 号令第 1 规则第(1)分规则中,应当用以下但书条款替代第二项但书条款,即:

"但是,若被告未在上述 30 日期限内提交书面陈述,法院为了书面记录的原因和缴付法院认为适当的费用后,应当准许其在法院指定的其他日期提交书面陈述,但不应当迟于自传票送达之日起 120 日。自传票送达之日起届满 120 日,被告应当丧失提交书面陈述的权利,法院不应当准许将该书面陈述记录在案。"

(B)在第 VI 号令中,

(i)在第 3 规则之后,应当嵌入以下规则,即:

"3A. 商事法院中诉状的形式

在商事争端中,若为了该商事争端的目的,按高等法院规则或所订操作指令已经规定了诉状的形式,诉状应当是上述规定的形式。"

(ii)在第 15 规则后,应当嵌入以下规则,即:

"15A. 商事争端中诉状的证实

(1)尽管第 15 规则中包含任何规定,商事争端中的每份诉状应以本附表附件规定的方式和形式的宣誓书予以证实。

(2)上述第(1)分规则下宣誓书应由诉讼的该当事人或双方当事人的一方签字,或由代表该方当事人或者当事人的、经证明法院认为知晓本案事实且经该方或诸方当事人正式授权的其他任何人签字。

(3)若诉状被修改,除非法院另有规定,该诉状的修改应当以第(1)分规则提及的格式和方式予以证实。

(4)若诉状未按照第(1)分规则规定的方式进行核实,当事人不应当以上述宣誓书作为证据或依赖宣誓书中的相关事实。

(5)法院可以排除未经《真实声明》验证的诉状,即,本附表附件中规定的宣誓书。"

(C)在第 VII 号令第 2 规则后,应当嵌入以下规则,即:

"2A. 诉讼中寻求利息

(1)若原告寻求利息,原告应当出具随第(2)和(3)分规则下列明细节的

陈述。

（2）若原告寻求利息，原告应当陈述其是否寻求与《1908 年民事诉讼法典》（1908 年第 5 号法）第 34 节含义内的商事交易有关的利息。且进一步，若原告根据合同条款或某法（在此情况下，诉状中具体指明该法）或以其他基准如此要求，应当说明该基准。

（3）诉状还应当阐明——

（a）索赔利息的利率；

（b）索赔的起算日期；

（c）索赔的截止计算日期；

（d）所主张的截止计算日的利息总额；和

（e）该日期后自然产生的利息之日利率。"

（D）在第Ⅷ号令中，

（i）在第 1 规则中，应当用以下但书条款替代原但书条款，即：

"但是，若被告未在上述 30 日期限内提交书面陈述，法院为了书面记录的原因和缴付法院认为适当的费用后，应当准许他在法院指定的其他日期提交书面陈述，但是不应当迟于自传票送达之日起 120 日。自传票送达之日起届满 120 日，被告应当丧失提交书面陈述的权利，法院不应当准许将该书面陈述记录在案。"

（ii）在第 3 规则之后，应当嵌入以下规则，即：

"3A. 被告在高等法院商事庭或商事法院诉讼中的否认

（1）否认应当是本规则第（2）、（3）、（4）和（5）分规则中规定的方式。

（2）被告在其书面陈述中，应当说明他否认的诉状详情中的具体主张，他不能承认或不能否认但要求原告予以证明的具体主张，和他承认的具体主张。

（3）若被告否认诉状中的事实主张，他必须说明这样做的理由；若其意图提出不同于原告提交的事件版本，他必须对自己的版本予以说明。

（4）若被告对法院的管辖权提出异议，他必须说明提出该异议的理由。若他能，他应当提出自己的陈述，指出应当有管辖权的具体法院。

（5）若被告质疑原告对诉讼的估价，他必须说明这样做的理由。若他能，他应当提出自己对诉讼价值的陈述。"

（iii）在第 5 规则第（1）分规则第一项但书条款之后，应当嵌入以下但书条款，即：

"但是，未以本令第 3A 规则下规定的方式予以否认的每项事实主张，应当采纳予以认可，但是针对丧失能力者除外。"

（iv）在第 10 规则中的第一项但书条款之后，应当嵌入以下但书条

款,即:

"但是,任何法院不应当对提交书面陈述发布延长本令第 1 规则下规定期限的命令。"

(E)应当用以下令替代法典第XI号令,即:

"第XI号令
高等法院商事庭或商事法院审理案件中的文件披露、公开和审查

1. 文件的披露与公开

(1)原告应当随诉状提交属于本诉讼的在其权力、占有、控制或保管中的所有文件的清单和所有文件的影印件,包括:

(a)原告在诉状中提出和依赖的文件;

(b)涉及诉讼中任何争议事项的、截至提交诉状之日的、在原告权力、占有、控制或保管中的文件,不论上述文件是否支持或反对原告的诉讼请求;

(c)本规则中的任何规定不应当适用于原告提交的且仅与以下有关的文件:

(ⅰ)为交叉询问被告证人,或

(ⅱ)在回答被告提出的随后提交诉状的任何案件中,或

(ⅲ)交给证人仅为了恢复其记忆。

(2)随诉状提交的文件清单应当具体说明处于原告权力、占有、控制或保管中的文件是否是原件、正式副本或影印件。该清单还应当简要列出每份文件的当事人的具体情况,每份文件的执行模式、发出或接收、保管流程。

(3)诉状中应当包含原告宣誓的声明,声明处于原告权力、占有、控制或保管中的、属于其启动程序的事实和情况的全部文件已经披露,其复制件已附在诉状中,和原告没有其他任何文件处在其权力、占有、控制或保管中。

[解释]本分规则下宣誓声明应包含在附件所列的《事实声明》中。

(4)在紧急提交的情况下,原告可以寻求许可提交其所依赖的补充文件,作为上述宣誓声明的一部分并受赋予该许可的约束。原告应当自提起诉讼的 30 日内向法院提交上述补充文件,并随附宣誓声明。该宣誓声明载明,原告已经提交了在其权力、占有、控制或保管下的属于原告启动程序的事实和情况,原告没有其权力、占有、控制或保管下的其他任何文件。

(5)不应当允许原告提交处于其权力、占有、控制或保管下的和未随同诉状,或在上述展期内披露的文件,但法院许可的予以保留或除外。上述许可应当仅赋予证明未随同诉状披露有正当理由的原告。

（6）诉状应当列出原告确信处于被告权力、占有、控制或保管下和原告希望依赖并寻求许可该被告提交的文件的详情。

（7）被告应当随同其书面陈述或反诉（若有）提交处于其权力、占有、控制或保管下的属于本诉讼的全部文件清单和全部文件的影印件，包括：

（a）被告在书面陈述中提及和依据的文件；

（b）在诉讼程序中涉及任何争议事项的、处于被告权力、占有、控制和保管下的文件，不论此等文件是否支持或反对被告的抗辩；

（c）本规则中的任何规定不应当适用于被告提交的且仅与以下有关的文件：

（ⅰ）为交叉询问原告证人，或

（ⅱ）在回答原告提起的随后提交诉状的任何情况，或

（ⅲ）交给证人仅恢复其记忆。

（8）被告随同书面陈述或反诉提交的文件清单，应当具体说明处于被告权力、占有、控制或保管下的文件是否原件、正式副本或影印件。该文件清单还应当简要说明被告的每份文件相关当事人的具体情况，每份文件的执行模式、发出或接收和保管程序。

（9）书面陈述或反诉应当包含被告作出的宣誓形式的声明。该宣誓声明应当载明，处于被告权力、占有、控制和保管下的属于原告启动诉讼程序的或在反诉中的事实和情况的所有文件［第7分规则（c）（ⅲ）中列明的文件予以保留和除外］已经披露，并复制附随于书面陈述或反诉，被告没有处于其权力、占有、控制或保管下的其他任何文件。

（10）第（7）分规则（c）（ⅲ）予以保留和除外，不应当允许被告依赖处于其权力、占有、控制或保管下的文件和不应当随同书面陈述或反诉披露，但法院许可的予以保留和除外。上述许可应当仅赋予证明未随同书面陈述或反诉披露有正当理由的被告。

（11）书面陈述或反诉应当列出处于原告权力、占有、控制和保管下的、被告希望依赖的且未随诉状披露的文件的详情，并要求原告出示该等文件。

（12）已经向另一方通知的文件披露义务应当持续至本诉讼处置完毕。

2. 以质询方式披露

（1）在任何诉讼中，原告或被告可以经法院许可提出书面质询书，以询问诸对方当事人或其任何一方或多方当事人。此质询书在递交时应当在脚注中注明要求上述每位当事人回答其中的具体质询：

但是，任何当事人未经为此目的的命令，不应当向同一当事人提交超过一

组的质询；

但是，与本诉讼中任何争议事项无关的质询应当视为不具相关性，尽管其可能在口头交叉询问证人时是可接受的。

（2）在许可质询的申请中，提出递交的特别质询应当呈递给法院，法院应当自提交上述申请之日起 7 日内对该申请作出决定。法院在对该申请进行决定的过程中，应当考虑以下任何提议：被寻求质询的当事人作出的递交质询、或作出认可，或提交与争议事项有关的文件或其中任何文件。许可应当仅授予给已递交的、法院认为对公平交置本诉讼或节省费用所必要的质询。

（3）在调整诉讼费用中，应当站在任何一方当事人的立场，对出示上述质询的正当性作出调查。不论是否申请调查，若税收官员或法院认为，上述质询以不合理、无理或不合理时长提交，上述质询及其回答所引起的费用，在任何情况下，应当由过失方支付。

（4）质询应当是《1908 年民事诉讼法典》（1908 年第 5 号法）附件 C 表格 2 中规定的格式，并根据情况需要作出变更。

（5）若诉讼的任何当事方是法人或个人团体，不论是否已成立，依法有权以其自身名义或其他人的任何官员名义起诉或被诉，任何对方当事人可以申请允许他向该法人或团体的任何成员或官员递交质询书，并据此可以作出命令。

（6）因以下理由，可以在回答的宣誓书中拒绝回答任何质询：该质询是无理的、不相关的或为本诉讼目的未真实提交，或询问的事项在该阶段不是充分的实质性事项，或基于特权或其化任何理由。

（7）可以撤销因不合理或无理提出的任何质询，或删除因冗长、苛严、不必要或无耻的质询。为了本目的，可以在该质询送达后 7 日内提出申请。

（8）对质询书的回答应当在 10 日内或法院准许的其他时间内以宣誓书方式提交。

（9）回答质询中的任何宣誓书应当是《1908 年民事诉讼法典》（1908 年第 5 号法）附件 C 表格 3 规定的格式，并根据情况需要作出变更。

（10）不应当对回答中的任何宣誓书作出任何例外处理，但是法院应当确定异议不充分的任何宣誓书的充分性或其他事项。

（11）若被质询的任何人未回答或回答不充分，提出质询的当事人可以向法院申请要求其回答或作进一步回答的命令，视情况而定。法院可以作出命令，要求其按法院指示的宣誓书或口头验证方式予以回答或进一步回答。

3. 审查

（1）所有当事人应当自提交书面陈述或反诉书面陈述之日起 30 日内完

成全部披露文件的审查,以较迟者为准。法院可以经申请、依其酌情权延长该时限,但在任何情况下不应当超过 30 日。

(2)诉讼程序的任何一方当事人可以在诉讼程序的任何阶段向法院寻求指令,要求审查另一方当事人提交的其已拒绝审查的文件,或要求该另一方当事人在发出提交通知后未提交的文件。

(3)上述申请中的命令应当在提交该申请的 30 日内处置完毕,包括提交答辩、法院准许的反驳和听审。

(4)若准许上述申请,审查书及其副本应当在上述命令的 5 日内提供给申请方。

(5)不应当准许任何一方当事人依赖未披露或未审查的文件,但是经法院许可者予以保留和除外。

(6)若不履行方故意或过失地未披露处于其权力、占有、控制或保管下的属于本诉讼的或对作出决定是至关重要的全部文件,或若法院认定已经错误地或不合理地阻止或拒绝审查或复制任何文件,法院可以对该不履行方施加惩罚性费用。

4. 文件的承认与拒绝

(1)任何一方当事人应当在完成审查的 15 日内或在法院规定的任何较晚日期,提交承认或拒绝已披露和已审查全部文件的声明。

(2)承认和拒绝声明应当明确列出该当事人是否承认或拒绝以下事项:

(a)文件内容的正确性;

(b)文件的存在;

(c)文件的执行;

(d)文件的发出和接收;

(e)文件的保管。

[解释]依据第(2)分规则(b)项作出的承认或拒绝文件存在的声明,应当包括承认或拒绝文件的内容。

(3)任何一方当事人应当按上述任何理由列出拒绝承认文件的理由,简单和无理由的拒绝不应当视为对文件的拒绝,法院可以按酌情权免除上述文件的证明责任。

(4)任何一方当事人可以对第三方的文件提交简单的拒绝,若作出拒绝的该方当事人不知晓该文件且以任何方式都不是该文件的当事人。

(5)应当提交支持承认和拒绝声明的宣誓书,以确认声明内容的正确性。

(6)若法院认定任何一方当事人不正当拒绝承认上述任何标准下的文

件,法院可以对该方当事人施加因决定承认文件所产生的费用(包括惩罚性费用)。

(7)法院可以就已承认的文件(包括放弃进一步证明或拒绝任何文件)发布命令。

5. 文件的提交

(1)在诉讼未决期间的任何时间,诉讼程序的任何一方当事人可以寻求或法院可以命令,任何当事人或人员提交涉及本诉讼中任何争端事项的、处于该当事人或人员占有或权力下的文件。

(2)提交上述文件的通知应当以《1908 年民事诉讼法典》(1908 年第 5 号法)附件 C 表 7 规定的格式发出。

(3)应当给予向其发出提交通知的任何当事人或人员最低 7 日、最多 15 日的时间提交上述文件或回复其不能提交上述文件。

(4)法院可以对发出提交通知后拒绝提交文件或者未给出不提供文件的充分理由的当事人,作出不利推定,并命令其支付费用。

6. 电子记录

(1)在披露和审查电子记录[《2000 年信息技术法》(2000 年第 21 号法)界定的]的情况下,提供打印文本应当是充分遵守了前述规定。

(2)按各方当事人自由处置权或经要求(若各方当事人希望依赖音响或影像内容),可以提供电子格式的电子记录副本,以打印文本作补充或替代。

(3)若电子记录形式是所披露文件的一部分,一方当事人提交的宣誓声明应当具体规定:

(a)该电子记录的各方当事人;

(b)该电子记录的制作方式和制作者;

(c)该每份电子记录编制、储存、发出、接收的日期和时间;

(d)该电子记录的来源和打印电子记录的日期和时间;

(e)若使用电子邮件地址,该电子邮件地址的所有权、保管和访问的详细信息;

(f)若文件储存在计算机或计算机资源里(包括外部服务器或云),该计算机或计算机资源里数据的所有权、保管和访问日期的详细信息;

(g)宣誓证人知晓内容和内容的正确性;

(h)用于编辑、接收、储存上送文件或数据的计算机或计算机资源在正常工作,或发生故障时该故障不影响储存文件的内容;

(i) 提供的打印文本或副本来自原始计算机或计算机资源。

(4) 不应当要求依赖任何电子记录打印文本或电子形式副本的当事人审查电子记录,若该当事人作出声明,已经提交的上述每项副本来自原始电子记录。

(5) 法院可以在诉讼程序的任何阶段,发出承认电子记录的指令。

(6) 任何当事人可以向法院寻求指令,法院可以主动发出指令,要求在承认电子记录之前提交任何电子记录的进一步证据,包括元数据或日志。

7.《1908 年民事诉讼法典》某些条款的不适用

为避免疑问,兹澄清,《1908 年民事诉讼法典》(1908 年第 5 号法)第 XIII 号令第 1 规则、第 VII 号令第 14 规则和第 VIII 号令第 1A 规则,不应当适用于高等法院商事庭或商事法院的诉讼或申请。"

5. 嵌入新的第 XIII-A 号令

在法典第 XIII 号令之后,应当嵌入以下令,即:

"第 XIII-A 号令
简 易 判 决

1. 本令适用的诉讼范围与种类

(1) 本令规定法院可以在无记录口头证据时决定属于任何商事争端的请求所适用的诉讼程序。

(2) 为了本令的目的,"诉讼请求"应当包括:

(a) 诉讼请求的一部分;

(b) 该项诉讼请求(不论是全部或部分)所依赖的任何特殊问题;或

(c) 反诉,视具体情况而定。

(3) 尽管有任何相反规定,在有关最初作为第 XXXVII 号令下简易诉讼所提起的任何商事争端的诉讼中,不应当提出本令下的简易判决申请。

2. 申请简易判决的步骤

申请人可以在传票送达被告后的任何时间,申请简易判决:

但是,在法院已经就该诉讼制定了争议事项后,上述申请人不应当提出简易判决申请。

3. 简易判决的理由

法院考虑以下情形后,可以就诉讼请求针对原告或被告作出简易判决:

(a) 原告对诉讼请求没有成功的真实前景,或被告没有成功抗辩该诉讼

请求的真实前景,视情况而定;和

(b)没有在记录口头证据前不应当处理诉讼请求的令人信服的其他理由。

4. 程序

(1)向法院提出简易判决的申请,除申请人认为相关的其他任何事项外,还包括以下(a)至(f)分规则所列的事项:

(a)申请必须包括它是按本令作出的简易判决申请的声明;

(b)若有,申请必须准确披露所有重要事实,并指明法律要点;

(c)若申请人寻求依赖任何文件证据,申请人必须:

(i)在其申请中包括该文件证据;和

(ii)明确申请人依赖的文件证据的相关内容;

(d)申请必须说明诉讼请求没有成功的真实前景的原因或为诉讼请求抗辩的原因,视具体情况而定;

(e)申请必须说明申请人寻求的具体救济措施,并简要陈述寻求此种救济措施的理由。

(2)若规定了听审简易判决,应当给予被告至少 30 日的以下通知:

(a)听审的确定日期;和

(b)提出由法院在该听审中作出决定的请求。

(3)被告在收到简易判决申请的通知或听审的通知(以较早者为准)30日内,可以对以下提及的(a)至(三)条款中列明的事项,作出答复并补充被告认为有关的其他任何事项:

(a)答复必须准确:

(i)披露所有重要事实;

(ii)列明法律要点(若有);和

(iii)阐明不应当授予申请人寻求的救济措施的理由;

(b)若被告在其答复中寻求依赖任何文件证据,其必须——

(i)在其答复中包括该文件证据;和

(ii)确定被告依据的上述文件证据的相关内容;

(c)答复必须说明诉讼请求成功的真实前景的原因或成功抗辩诉讼请求的原因,视情况而定;

(d)答复必须简要说明形成提交审理的争端事项;

(e)答复必须说明应当提交审理中记录的、在简要判决阶段可能未提交记录的进一步证据;和

(f)答复必须说明依据记录的证据或材料法院不应当进行简易判决程序的理由。

5. 简易判决听审的证据

(1)尽管本令中有任何规定,若简易判决申请中的被告希望在听审期间依赖补充的文件证据,该被告必须:

(a)提交该文件证据;和

(b)在听审日之前至少 15 日内,向申请的其他各方当事人送达上述文件证据的副本。

(2)尽管本令中有任何规定,若简易判决申请人希望依赖文件证据答复被告的文件证据,申请人必须:

(a)提交答复中的上述文件证据;和

(b)在听审日之前至少 5 日内,向被告送达该文件证据的副本。

(3)尽管有任何相反规定,第(1)、(2)分规则不应当要求文件证据:

(a)提交,若上述文件证据已提交;或

(b)送达给已经被送达的一方当事人。

6. 法院可作出的命令

(1)依据按本令作出的申请,法院可以酌情作出其认为适当的命令,包括以下各项:

(a)对诉讼请求的判决;

(b)依据下文第 7 规则作出附条件的命令;

(c)驳回该项申请;

(d)驳回部分诉讼请求和对未驳回的部分进行判决;

(e)删除诉状(不论全部或部分);或者

(f)按第 **XV-A** 号令对案件进行管理的进一步指令。

(2)若法院作出第(1)分规则(a)至(f)项规定的任何指令,法院应记录作出该指令的理由。

7. 附条件的命令

(1)若法院认为诉讼请求或抗辩可能成功但不可能应当如此行事,法院可以作出第 6 规则第(1)分规则(b)项中规定的附条件命令。

(2)若法院作出附条件的命令,法院可以:

(a)使当事人受以下所有或任何条件的约束:

(ⅰ)要求一方当事人在法院缴存一笔金钱;

(ⅱ)要求一方当事人就其诉讼请求或抗辩(视情况而定)采取规定的

步骤；

（ⅲ）要求一方当事人（视情况而定）对法院认为适合和恰当的诉讼费用返还提供担保或担保人；

（ⅳ）施加其他条件，包括任何一方当事人在案件待决期间可能遭受的损失提供法院依其酌情权认为合适的担保；和

（b）明确规定不遵守附条件命令的后果，包括对不遵守附条件命令的当事人作出判决。

8. 施加诉讼费用的权力

法院可以根据法典第 35、35A 节的规定，对简易判决申请中的诉讼费用支付作出命令。"

6. 删除第 XV 号令

应当删除法典第 XV 号令。

7. 嵌入第 XV-A 号令

在法典第 XV 号令之后，应当嵌入以下令，即：

"第 XV-A 号令
案件管理听审

1. 第一次案件管理听审

法院应自本案诉讼全部当事人提交承认或拒绝文件的宣誓书之日起 4 个星期内举行第一次案件管理听审。

2. 案件管理听审中发布命令

法院在案件管理听审中，在听审各方当事人后发现需要审理的事实和法律问题，可以发布命令——

（a）根据《1908 年民事诉讼法典》（1908 年第 5 号法）第 XIV 号令，在审查诉状、文件和向其提交的文件后，制定各方当事人之间的争端事项，和若经请求，由法院按第 X 号令第 2 规则进行审查；

（b）列出由各方当事人进行盘查的证人名单；

（c）确定各方当事人提交证据宣誓书的日期；

（d）确定各方当事人提交记录证人证据的日期；

（e）确定各方当事人向法院提交书面辩论意见的日期；

（f）确定法院听审的口头辩论日期；和

（g）为各方当事人及其辩护人设定口头辩论的时限。

3. 审结的时限

法院在为本令第2规则的目的确定日期或设定时限时,应当保证自第一次案件管理听审之日起6个月内完成辩论。

4. 以每日为基准记录口头证据

法院应当尽可能确保证据记录应当以每日为基准进行,直到所有证人完成交叉询问。

5. 审理中的案件管理听审

若必要,法院还可以在审判期间随时举行案件管理听审,并发出适当命令,以确保各方当事人遵守第2规则下规定的日期,并促使案件快速处理。

6. 法院在案件管理听审中的权力

（1）法院在按本令举行的任何案件管理听审中,应当有权力:

（a）在制定争端事项之前,听审和决定各方当事人按 XIII-A 号令提交的待决申请;

（b）指令各方当事人提交相关的和对制定争端事项必要的文件或诉状的合集;

（c）若法院认定有充分理由,可延长或缩短遵守任何惯例、指令或法院命令的时间;

（d）若法院认定有充分理由,可推迟或提前听审;

（e）为第 X 号令第2规则下的检查目的,指令一方当事人出席法院;

（f）合并诉讼程序;

（g）删除其认为对制定争端事项无关的任何证人或证据的名称;

（h）指令分别审查任何争端事项;

（i）决定审理争端事项的次序;

（j）排除考虑之外的争端事项;

（k）在对初步争端事项作出决定后,对诉讼请求予以驳回或作出判决;

（l）必要时根据第 XXVI 号令,指令一委员会记录证据;

（m）拒绝各方当事人提交的包含无关、不可接受或有争议的材料的证据宣誓书;

（n）删除各方当事人提交的包含无关、不可接受或有争议的材料的证据宣誓书任何部分;

（o）将证据记录委派给法院为此目的指定的机构；

（p）发布与监管由委员会或其他任何机构记录证据有关的任何命令；

（q）命令任何一方当事人提交和交换费用预算；

（r）为管理案件的目的和进一步确保案件有效处理的优先目标，可以发布指令或颁发任何命令。

（2）若法院在按本令行使其权力中发布命令，可以：

（a）发布受条件约束的命令，包括向法院支付金钱为条件的命令；和

（b）具体指明不遵守本命令或某条件的后果。

（3）法院在确定案件管理听审日期期间内，若认为存在当事人之间和解的可能性，可以指令各方当事人还出席上述案件管理听审。

7. 案件管理听审的延迟

（1）法院不应当仅因代表某方当事人出庭的辩护人未出庭而延迟听审：

但是，若一方当事人提前申请寻求延迟听审，法院可以在提出此申请的当事人支付法院认为合理的费用后，将听审延迟至另一日期。

（2）尽管本规则中包含任何规定，若法院认为辩护人未出庭有正当理由，法院可以基于其认为适当的条款和条件，将听审延至另一日期。

8. 不遵守命令的后果

若任何当事人未遵守法院在案件管理听审中发布的命令，法院应当有权力：

（a）向法院支付费用后，宽恕此不遵守；

（b）取消不遵守命令的当事人提交宣誓书、进行交叉询问证人、提交书面意见、发表口头辩论意见或在审理中提出进一步意见的权利，视情况而定；或

（c）若上述不遵守命令是任性的、重复的和所收费用不足以确保遵守，驳回其诉状或准许受理其案件。"

8. 修正第 XVIII 号令

在法典第 XVIII 号令第 2 规则中，应当用以下诸分规则替代第（3A）、（3B）、（3C）、（3D）、（3E）和（3F）分规则，即：

"（3A）一方当事人应当在开始口头辩论之前 4 周内，提交简明且标题醒目的书面辩论意见，以支持其案件，上述书面辩论意见应当构成记录的一部分。

（3B）书面辩论意见应当清楚指明所援引的支持其意见的法律条款和所

援引的该方当事人依赖的判决,且包括该方当事人依赖的上述判决副本。

(3C)上述书面辩论意见副本应当同时提供给对方当事人。

(3D)法院若认为适当,可以在法庭辩论结束后,准许各当事人自辩论结束之日起1周内提交修改的书面辩论意见。

(3E)除非法院为了书面记录的原因认为给予延期是必要的,不应当赋予为了提交书面辩论意见的目的的延期。

(3F)应当准许法院根据该事项的性质和复杂程度,限制提出口头辩论意见的时间。"

9. 修正第XVIII号令

在法典第XVIII号令第4规则第(1)分规则之后,应当嵌入以下诸分规则,即:

"(1A)由一方当事人主导提出的全部证人证据的证据宣誓书,应当由该方当事人在第一次案件管理听审中指定的时间由该方当事人同时提交。

(1B)任何一方当事人不应当以任何证人(包括已提交宣誓书的任何证人)宣誓书的方式提出补充证据,除非为该目的和一项命令的申请中已提出充分理由,允许法院同意上述补充宣誓书。

(1C)一方当事人有权利在开始交叉询问该证人之前撤回任何时间提交的宣誓书,且根据该撤回行为不会作出任何反向推断:

但是,其他任何当事人应当有权利将该撤回的宣誓书中所作的任何承认作为证据,并依赖于该承认。"

10. 修正第XIX号令

在法典第XIX号令第3规则之后,应当嵌入以下规则,即:

"4. 法院可以控制证据

(1)法院可以采取指令方式,规定作为证据问题要求提交的证据,和可以向法院提交该证据的方式。

(2)法院可以按其酌情权和为了书面记录的原因,排除各方当事人其他情况下会提交的证据。

5. 证据的修正与拒绝

法院可以依其酌情权、为了书面记录的原因,

(i)修正或命令修正该宣誓书中首要审查的、按其观点不构成证据的部分;或者

（ⅱ）归还或拒绝首要审查的不构成证据的宣誓书。

6. 证据宣誓书的格式与指南

宣誓书必须遵从以下所列的格式和要求：

（a）该宣誓书应当限于并遵循日期和事件的时间后果排列顺序，该日期和事件与证明所处理的任何事实或其他事项有关。

（b）若法院认为宣誓书只是复述诉状，或包含任何一方当事人案件的法律根据，法院可以以命令方式删除其认为适当和合适的该宣誓书的全部或部分。

（c）宣誓书的每一段应当尽可能限于该主题的不同部分。

（d）宣誓书应当述明——

（ⅰ）宣誓书中的陈述是源自宣誓人自己知晓而作出的，且该陈述是信息的或相信的事项；和

（ⅱ）任何信息的或相信的事项的来源。

（e）一项宣誓书应当——

（ⅰ）具有作为单独文件（或包含在一个文档中的数个文件之一）的连续编号的页数；

（ⅱ）分成有编号的段落；

（ⅲ）有以图表表达的全部数字，包括日期；和

（ⅳ）若宣誓书正文中提到的任何文件是宣誓书或任何其他诉状中附件，标出所依赖的上述文件的附件数和页数。"

11. 修正第XX号令

在法典第XX号令中，应用以下规则替代第1规则，即：

"（1）商事法院、商事庭和商事上诉庭，视情况而定，应当在辩论结束90日内以电子邮件或其他方式向所有争端当事人作出宣判并发出判决书副本。"

印度政府秘书

G. Narayaba Raju 博士

（孙志煜、邓端平、李燕、蒋代萍译，孙志煜、邓瑞平审校）

✳ 邓瑞平 ✳

印度《2015年仲裁和调解（修正）法》简介

印度议会于2015年12月通过了《2015年仲裁和调解（修正）法》（以下简称《2015年修正法》），经总统签署予以公布。该修正法在印度仲裁立法史上具有重要意义。以下简要介绍印度仲裁法的起源与发展、2015年修正法的制定背景和主要内容，指出其特色并作简要评述。

一、印度仲裁法发展简况

印度的仲裁起源悠久，最早可追溯到古印度乡村长老的民间调解和仲裁①。该民间仲裁一直沿袭至整个印度被英国殖民统治之前。随着英国殖民主义不断扩张，伴随英国法逐渐扩展适用于印度殖民地和殖民统治者加强印

---

* 邓瑞平，1963年生，男，四川蓬安人，西南大学法学院教授、博士生导师，西南大学——西南政法大学金砖国家法律研究院院长，主要从事国际经济法、海商法、国际商事仲裁法的教学、科研和实务工作。

① 在英国人殖民印度前，印度已经在使用Panchayat（"潘查亚特"，村委会）的制度，由村庄中受尊重的长者，协助解决社区的纠纷，且运用于商人间纠纷。迄今，印度村庄仍使用这一传统方式。参见Anil Xavier、吴俊、杨瑶瑶：《印度的调解：起源与发展》，载《北京仲裁》2011年第3期。

度殖民地单独立法①，印度在整个殖民统治时期的仲裁活动、仲裁制度和仲裁法不断受英国仲裁法和民事诉讼法影响，其中先后受英国《1697 年仲裁法案》、《1889 年仲裁法》、《1934 年仲裁法》影响最深。② 印度关于仲裁的首个直接立法是《1899 年印度仲裁法》(the Indian Arbitration Act, 1899)，但其仅适用于加尔各答、孟买和马德拉斯的主要城镇，其后的《1908 年民事诉讼法典》第 2 表也专门适用于仲裁。③ 20 世纪 20—30 年代，英国分别加入 1923 年《仲裁条款日内瓦议定书》和 1927 年《执行外国仲裁裁决日内瓦公约》，但按英国立法传统，国际条约在英国适用，必须通过国内立法进行转化，即国际条约国内立法化。针对两个条约，英国殖民者通过印度立法会于 1937 年制定了《仲裁（议定书和公约）法》(1937 年第 6 号法)。④ 为适应印度殖民地商事仲裁的需要，英国殖民统治者以英国《1934 年仲裁法》为基础，于 1940 年制定了适用于印度殖民地（含现今的巴基斯坦、孟加拉和缅甸）的《仲裁法》(1940 年第 10 号法，以下简称《1940 年法》)。⑤ 此法为印度历史上首个合并了支配整个国家仲裁行为的主要立法，取代了《1899 年印度仲裁法》和替代了《1908 年民事诉讼法典》的相关条款（包括第 2 表)，但它仅处理国内仲裁，不处理执行外国裁决。⑥

自印度于 1947 年 8 月独立、1950 年 1 月成立共和国后，议会和政府对印度殖民地时期的法律、条例进行全面、系统清理，修改性地保留了适合印度独

---

① 作为英国殖民地的印度能单独立法始于 1833 年。1833 年英国议会颁布《1933 年特许法》(the Charter Act, 1833)，又称《1833 年印度政府法》(Government of India Act, 1833)，第一次将立法权赋予单独的殖民地当局即议会总督（Governor-General in Council）。依据此次授权和按《1861 年印度议会法》(the Indian Councils Act, 1861)第 22 节对总督的授权，议会总督从 1834 年至 1920 年为印度殖民制定法律。《1919 年印度政府法》(the Government of India Act, 1919)实施后，立法权由按此法设立的印度立法会行使。See Government of India, Ministry of Law and Justice, Legislative Department, Articulating the Policies and Programmes of the Government, 2015, p. 1, http://www. gktoday. in/charter-act-1833_11/# End_of_East_India_Company_as_a_Commercial_Body, last visited on 4 May 2017.

② 参见陈忠谦:《仲裁的起源、发展及展望》，载《仲裁研究》2006 年第 3 期；王小莉:《英国仲裁制度研究（上）——兼论我国仲裁制度的发展完善》，载《仲裁研究》2007 年第 4 期。

③ Law Commission of India, Report No. 246 - Amendments to the Arbitration and Conciliation Act 1996, 5 August 2014, Chapter 1, para. 2.

④ 参见印度《1996 年仲裁和调解法》第 85 节第（1）分节。

⑤ 印度《1940 年仲裁法》于 1940 年 3 月 11 日发布，自 1940 年 7 月 1 日生效。同时可参见巴基斯坦《1940 年仲裁法》。

⑥ Law Commission of India, Report No. 246, 5 August 2014, Chapter I, para. 3.

立国家的英国法和殖民地法,①其中《1940 年仲裁法》经印度议会《法律废止与修正法》的修改后得以保留,直至被《1996 年仲裁和调解法》废止。印度还加强制定自身独立后的仲裁立法,如:加入 1958 年《承认和执行外国仲裁裁决公约》(简称 1958 年纽约公约)后,为保证该公约下的仲裁在印度执行,议会制定了《1961 年外国裁决(承认与执行)法》(1961 年第 45 号法);②为适应国际商事仲裁和调解法律和规则的发展,政府制定了《1996 年仲裁和调解(第3)条例》(1996 年第 27 号条例)③,该条例由议会制定成为《1996 年仲裁和调解法》(1996 年第 26 号法,以下简称《1996 年法》)。

《1940 年法》的目的是对有关仲裁法律进行合并和修正,由 7 章 49 条和 4个附表构成,主要内容包括:适用地域范围、生效、定义,法院不参与的仲裁及其法院干预的具体事项、法院干预未决案件,一般规定,上诉,附则。④ 此法后经《1945 年法律废止与修正法》修正。⑤ 为贯彻落实此法,印度于 1965 年成立了全国性仲裁机构——印度仲裁理事会(the Indian Council of Arbitration),其职能是促进使用仲裁方式迅速、友好地解决工商业争议,其成员包括印度政府、印度工商会联合会和其他商会或行业协会、出口促进会、公共部门的企业、公司等,⑥此后其进行机构调整,制定和不时修订仲裁规则。

随《1940 年法》在印度(含殖民时期)不断实施,其缺陷不断显现,其作用远不能满足时代需要:当时的仲裁制度在很大程度上以不信任仲裁程序为前提,法院对仲裁制度作出更多相反评述。⑦ 为适应时代需要,印度通过《法律废止与修正法》和专门修正法⑧进行多次修正。进入 20 世纪 70—80 年代,联

---

① 印度独立后适用英国制定法的详细情况,参见印度法律委员会第 5 号报告(1957年)《关于可适用于印度的英国制定法的报告》(Law Commission of India, Fifth Report on British Statutes Applicable to India, 1957);经改造适用一定时期后被废止的英国制定法,参见印度法律委员会第 148 号报告(1993 年)《关于废止 1947 年前某些中央法的报告》第 3章(Chapter 3, One Hundred Forty-Eighth Report on Repeal of Pre-1947 Central Acts,1993)。

② 参见印度《1996 年仲裁和调解法》第 85 节第 1 分节。

③ 参见印度《1996 年仲裁和调解法》第 86 条第 1 分节。

④ 参见印度《1940 年仲裁法》。

⑤ 参见印度《1940 年仲裁法》第 49 节、附第 3 表、附第 4 表。

⑥ "印度仲裁协会",http://www.lawtime.cn/info/guojizhongcai/guojizhongcaiweiyuanhui/20100419136.html,2016 年 12 月 5 日访问。

⑦ Law Commission of India, Report No.246, 5 August 2014, Chapter 1, para.3.

⑧ 印度专门修订 1940 年《仲裁法》的具体情况,可参见印度法律委员会第 76 号报告(1978 年)《关于 1940 年仲裁法的报告》(Law Commission of India, Seventy-Sixth Report on Arbitration, 1940, Dated in November 1978)第 13 章"建议概要"(Summary of Recommendations)。

合国国际贸易法委员会(以下简称 UNCITRAL)开展了卓有成效的商事仲裁与调解法律和规则的统一化工作,如 1976 年制定的《仲裁规则》和《根据〈仲裁规则〉在仲裁方面帮助仲裁机构和其他有关机构的建议》(1976 年),1980 年制定了《调解规则》(以下简称 UNCITRAL 调解规则),1985 年制订了联合国决议建议各国国内仲裁立法采纳的《国际商事仲裁示范法》(以下简称"《UN-CITRAL 示范法》")。①

20 世纪 80 年代中后期至 90 年代初中期,世界掀起了制定或修订仲裁法的浪潮,许多国家(无论是发达国家还是发展中国家)根据《UNCITRAL 示范法》和《UNCITRAL 仲裁规则》制定或修订了本国仲裁法。② 即使仲裁法发达但以司法解决商事争端为中心、对仲裁过多司法干预的英国,也开始与国际接轨,根据上述示范法,开展新《仲裁法》的起草工作,并于 1996 年由议会通过。该法直接影响到其他英联邦国家制定仲裁法的走向。加之,印度在此期间的经济社会发生了很大变化,同时保留着解决民间争端的本土传统方式(如调解)。

上述情形导致印度《1940 年仲裁法》严重不适应自身经济社会发展、国际经济形势变化和国际商事仲裁法律、规则的发展变化。故,印度政府认为有必要扬弃《1940 年法》,重新合并有关仲裁立法,制定适合本国国情、又与国际接轨的新仲裁法,遂于 1990 年代初启动了仲裁立法重新起草工作,几经努力,政府立法部门于 1995 年完成《仲裁和调解法案》(Arbitration and Conciliation Bill,1995),议会于 1996 年 8 月通过,名为《1996 年仲裁和调解法》,经总统批准后发布,于当月生效。③

二、《2015 年修正法》的制定背景和过程

制定《1996 年法》的目的是,合并和修正与国内仲裁、国际商事仲裁和执行外国仲裁裁决有关的法律,界定与调解有关的法律,规定与仲裁和调解相关

---

① UNCITRAL 在 20 世纪 70—80 年代制定仲裁、调解规则和示范法的具体情况,可从 http://www.uncitral.org/uncitral/zh/uncitral_texts/arbitration.html 获得。

② 当时根据《UNCITRAL 示范法》制定本国仲裁法的国家和地区情况,见印度法律委员会第 176 号报告(2001 年)《2001 年仲裁和调解(修正)法案》[The Arbitration and Conciliation(Amendment) Bill,2001],2001 年 9 月 12 日,第 1 章第 2 节第 4 段和第 6 节第 9 段,第 6、10、11 页。

③ 该法于 1996 年 8 月 16 日公布,自 1996 年 8 月 22 日生效,视为已于 1996 年 1 月 25 日生效。关于后一生效日期,印度法律委员会 2001 年第 176 号报告,第 1 章第 1 节,第 1 段,第 5 页。

或附属事项。其在制定中所考虑的重要因素有:联合国大会推荐所有国家适当考量《UNCITRAL 示范法》以期统一仲裁程序法和满足国际商事仲裁实践的特殊需要,联合国大会推荐在争端产生于国际商事关系且双方当事人通过寻求调解以友好解决其争端时使用《UNCITRAL 调解规则》,此等示范法和规则为公正有效解决国际商事关系中产生的争端建立统一法律框架作出重大贡献,制定仲裁和调解法律需要考虑此等示范法和规则。①

上述目的和因素成为《1996 年法》的主要优势,在其结构和内容上均有体现。在结构上,将仲裁、执行外国裁决、调解、补充条款分别作为单独部分予以规定。其中,在仲裁部分又分为一般条款、仲裁协议、仲裁庭的组成、仲裁庭管辖权、仲裁程序守则、裁决的作出与程序终止、对仲裁裁决的救助、上诉、杂项共 10 章。在内容上,例如:承认常设机构不管理的仲裁(即临时仲裁);国际商事仲裁、仲裁协议的含义与要求,仲裁员的任命、回避和替换,仲裁庭自决其管辖权、仲裁程序的进行及其基本要求,和解及其要求,裁决的形式与内容和作出的时间、地点,裁决的撤销与无效,裁决的终局性,上诉的范围限制,等,与示范法规定大体一致;调解的基本规则与《UNCITRAL 调解规则》基本一致。

该法还有符合印度法律传统的独特之处。例如:第 Ⅰ、Ⅲ、Ⅳ 部分仅在涉及国际商事仲裁或国际商事调解时才扩展适用于查谟和克什米尔邦;②当事人未指定仲裁员时,仲裁庭由独任仲裁员组成;③经当事人明示授权,仲裁庭可以按公平、公理原则处理实体争端;④在执行外国仲裁裁决部分,对执行纽约公约裁决和日内瓦公约裁决,分别规定;⑤以 3 个附件形式,分别列出 1958 年《承认和执行外国仲裁裁决公约》、1923 年《仲裁条款日内瓦议定》、1927 年《执行外国仲裁裁决公约》的文本,将国际仲裁条约转化为国内立法;⑥原则规定了仲裁费用保证金的支付、较详细规定了调解费用的承担;⑦赋予高等法院依该法制定法院诉讼程序规则和中央政府制定该法实施规则的权力。⑧

---

① See the preamble, The Arbitration and Conciliation Act, 1996, India.

② Section 1(2), The Arbitration and Conciliation Act, 1996, India.

③ Section 10(1), The Arbitration and Conciliation Act, 1996, India.

④ Section 28(2), The Arbitration and Conciliation Act, 1996, India.

⑤ Part Ⅱ, Chapters I, 2, The Arbitration and Conciliation Act, 1996, India.

⑥ The first schedule, second schedule and third schedule, The Arbitration and Conciliation Act, 1996, India.

⑦ Sections 38, 39, 78, 79, The Arbitration and Conciliation Act, 1996, India.

⑧ Sections 82, 84, The Arbitration and Conciliation Act, 1996, India.

　　尽管《1996 年法》有明显优势和重要作用,但其在实际运行过程中暴露出一些重要缺陷。印度法律委员会(Law Commission of India,以下简称 LCI)认为存在的主要问题有:(1)作为该法基础的《UNCITRAL 示范法》,其主要意图是能使不同国家对"国际商事仲裁"有一个共同模式,但该法将《示范法》的许多规定还适用于印度国民间的纯国内仲裁案件,导致该法在实施中出现一些困难;(2)最高法院①和一些高等法院在涉及该法某些规定时出现了冲突性判决;(3)该法存在其他方面的困境。② 印度法律实务者特别是律师认为,该法存在以下问题:(1)因某些司法判例导致在印度的仲裁受到过度司法干预,与其他因素结合,使仲裁延期、费时、高成本;③(2)印度的仲裁程序与诉讼一样面临着低效率的问题,以至于称其制度生命力已被"昂贵"和"拖延"所感染,由此导致外国当事人尽量回避在印度进行仲裁;④(3)仲裁程序因缺乏正式规则而在很大程度上依赖个体仲裁员;(4)多数仲裁以临时仲裁为基准而非由仲裁机构进行;(5)各种扩大异议范围的司法裁判和仲裁程序中的司法干预,导致仲裁存在不确定性,这种不确定性导致延长产生于仲裁的法院程序,并进一步模糊最终裁决可能被执行的意义。这些缺陷妨碍了仲裁作为争端解决的有效手段。⑤

---

　　① 主要有三个案例。Bharat Aluminum Co v. Kaiser Aluminum Technical Services, Supreme Court(2012)9 SCC 552。在此案中,印度最高法院认为《1996 年法》第 I 部分(包括向印度法院寻求临时救济的规定)不适用于外国仲裁地的仲裁。Sundaram Finance v. M/s. NEPC India Ltd. , AIR 1999 SC 565, and M. D. Army Welfare Housing Organisation v. Sumangal Services Pvt. Ltd. , AIR 2004 SC 1344。在此两案中,印度最高法院认为,尽管《1996 年法》第 17 节赋予了仲裁庭发布临时命令的权力,但不能作为法院的命令得到相同的强制执行。See Argus Partners, In a nutshell: Arbitration and Conciliation Act, 1996 Amended, http://www. legallyindia. com/blogs/in-a-nutshell-arbitration-and-conciliation-act-1996-a-mended, last visited on 2017-04-14.

　　② Law Commission of India, One Hundred and Seventy Sixth Report on the Arbitration and Conciliation(Amendment)Bill, 2001, 12th September 2001, p.2.

　　③ Zia Mody, India-The Arbitration And Conciliation (Amendment) Ordinance, 2015, published on 27 December, 2015, http://www. conventuslaw. com/report/india-the-arbitration-and-conciliation-amendment/, last visited on 2017-04-14;Argus Partners, In a nutshell: Arbitration and Conciliation Act, 1996 Amended, http://www.legallyindia.com/blogs/in-a-nutshell-arbitration-and-conciliation-act-1996-amended, last visited on 2017-04-14.

　　④ 上海国际仲裁中心:印度仲裁法律制度的最新发展,载《上海律师》2016 年第 2 期。

　　⑤ Raj R. Panchmatia, Peshwan Jehangir and Anindya Basarkod, Impact of Arbitration and Conciliation (Amendment) Act on foreign-seated arbitrations, published on March 17, 2016, http://www. internationallawoffice. com/Newsletters/Arbitration-ADR/India/Khaitan-Co/Impact-of-Arbitration-and-Conciliation-Amendment-Act-on-foreign-seated-arbitrations, last visited on 2017-04-14.

为了使印度商事仲裁的司法干预最小化、以利于仲裁程序,①使仲裁对解决商事争端更加有益、公正、低廉、高效、友好,②成为解决商事争端的优先选择模式,将印度建设成为国际商事仲裁中心、③在印度从事经营业务更容易、使印度成为外国投资者更有吸引力的目的地,④印度政府决定启动修订《1996 年法》的工作。

修订《1996 年法》的呼声自其颁布时就已出现,但为使其在实施过程中逐渐暴露出更多问题,立法部门暂未启动修改工作。至 2000 年,CLI 才最初起草了一份《协商文件》,通过网站公布以获得广泛公众意见,分别于 2001 年 1 月、3 月在孟买、德里举办由退休法官、律师代表参加的研讨会。许多杰出人士参加了研讨会并提出书面建议。CLI 经过深入研究有关仲裁法、调查外国司法管辖区域的法律现状后提出了修改该法的许多建议,于 2001 年 9 月 12 日正式提出第 176 号报告。该报告包括了 CLI 提出的《2001 年仲裁和调解(修正)法案》[The Arbitration and Conciliation(Amendment) Bill, 2001]。⑤ 印度政府审议该报告后,决定接受该报告的绝大多数建议,于 2003 年 12 月 23 日将《2003 年仲裁和调解(修正)法案》提交议会联邦院。但作为沙里夫司法委员会(the Justice Saraf Committee)报告的结果,该法案被提交人事常务委员会、公众申诉部、法律与司法部作进一步研究。人事常务委员会的最终意见是,该法案的许多条款是不充分的、有争议的,应当撤回,应在考虑其建议后重

---

① Zia Mody,India-The Arbitration and conciliation (Amendenment) ordinance, 2015, published on 17 December 2015.

② Shanmugham Kundan, The Arbitration and Conciliation (Amendment) Act, 2015, http://www. linkedin. com/pulse/arbitration-conciliation-amendment-act-2015-shanmugham-kundan, last visited on 2017-04-14; Argus Partners, In a nut shell: Arbitration and conciliation Act 1996 Amended; Kishor Dere, Amendments to the Arbitration and Conciliation Bill, 2015, published on 26 Aug. 2015, http://www. pmindia. gov. in/en/news _ updates/amendments-to-the-arbitration-and-conciliation-bill-2015/, last visited on 2017-04-14.

③ Argus Partners, Kishor Dere, Amendments to the Arbitration and Conciliation Bill,2015; Vikas Goel, India: Highlights Of Amendment To The Arbitration And Conciliation Act 1996 Via Arbitration Ordinance 2015, Last Updated on 2 December 2015, http://www.mondaq.com/india/x/448666/Arbitration% 20Dispute% 20Resolution/Highlights% 20Of% 20Amendment% 20To% 20The% 20Arbitration% 20And% 20Conciliation% 20Act% 201996% 20Via% 20Arbitration% 20Ordinance% 202015, last visited on 2017-04-14;.

④ Raj R. Panchmatia, Peshwan Jehangir and Anindya Basarkod, Impecet of Arbitration and Conciliation (Amendment) Act on foreign-Seated Arbitration, pulished on 17 March 2016.

⑤ Law Commission of India, One Hundred and Seventy Sixth Report on the Arbitration and Conciliation(Amendment) Bill, 2001, 12th September 2001, pp. 2-3.

新提交。据此,该法案从联邦院撤回。①

为了重新研究《1996 年法》的规定,法律与司法部于 2010 年 4 月 8 日发布一份协商文件,邀请杰出律师、法官、行业成员、机构和其他各种利益相关者对此提出意见。该部收到大量意见后,于当年 7-8 月举办了几次覆盖整个国家的全国大会,最大限度地邀请律师、法官、行业、仲裁机构和公众提出意见。该部根据全国大会上收到的意见和建议,向内阁起草了提案草案和注解草案。随后,该部请求 CLI 研究《提交内阁注解草案》中的《1996 年法》修正提案。CLI 成立了由几位法律界著名人士组成的专家委员会②研究该修正提案并提出意见,还收到了诸如 FICCI、CII 和 ASSOCHAM 等众多机构的书面回复。CLI 经广泛审议和研究,于 2014 年 8 月提出了《修正 1996 年仲裁和调解法的第 246 号报告》,③后于 2015 年 1 月 6 日提出了第 246 号报告的补充④(即"公共政策"),以阐明第 246 号报告后的发展。

莫迪领导的联合内阁审议 CLI 建议后于 2015 年 8 月 16 日批准《2015 年仲裁和调解修正法案》,印度政府决定修正《1996 年法》并将《2015 年修正法案》提交议会。⑤ 印度总统于 2015 年 10 月 23 日批准并公布修订《1996 年法》的《2015 年仲裁和调解(修正)条例》,⑥该条例自公布之日生效。⑦ 根据印度立法体制和机制,该条例自印度议会冬季会议开始之日起持续有效 6 周;若该条例未得到会议批准,可以以印度政府立场重新公布,直至被议会批准。⑧

议会于 2015 年 12 月 17 日通过《2015 年仲裁和调解(修正)法》,并经总

---

① Law Commission of India, Report No.246 – Amendments to the Arbitration and Conciliation Act 1996, 5 August 2014, p.iv.

② 主席为前德里高等法院首席法官 A.P.Shah 先生。See Zia Mody, India-The Arbitrevtion and Conciliation (Amendment) Ordinance, 2015, published on 17 Dec. 2015.

③ Law Commission of India, Report No.246, 2014, pp.iv-v.

④ Law Commission of India, Supplementary to No.246 on Amendments to Arbitration and Conciliation Act, 1996, February 2015.

⑤ Kishor Dere, Amendments to the Arbitration and Conciliation Bill, 2015; Vikas Goel, India: Highligts of Amendment to the Arbitration and Conciliation Act 1996 Via Arbitration orclinance 2015, 2 Dec. 2015.

⑥ Argus Partners, In anutshell: Arbitration and Conciliation Act 1996 Amended.

⑦ Zia Mody, India-The Arbitrevtion and Conciliation (Amendment) Ordinance, 2015, published on 17 Dec. 2015.

⑧ Ibid, Zia Mody.

统 2015 年 12 月 31 日批准,于 2016 年 1 月 1 日发布于《官方公报》,追溯自 2015 年 10 月 23 日起生效。① 除生效日期外,议会全部接受了《2015 年仲裁和调解(修正)条例》的内容。

三、《2015 年修正法》的主要内容与特色

(一)主要内容

《2015 年修正法》对《1996 年法》的修改和补充主要限于仲裁及其执行,共有 27 个方面,涉及定义、仲裁员委任、仲裁员回避、仲裁程序、仲裁期间、仲裁费用、裁决撤销与执行等,基本修正内容如下:

1. 对有关定义的修正

"法院"指两种情形:(1)在纯国内仲裁中,在一地区具有最初管辖权的主要民事法院,包括对仲裁争端事项拥受相同最初民事诉讼管辖权的高等法院,不包括此主要民事法院的下一级任何民事法院或任何轻微诉因法院;(2)在国际商事仲裁中,对仲裁争端事项拥有相同最初民事管辖权或上诉管辖权的高等法院。②

删除"国际商事仲裁"定义中的"公司或",③使公司的判断标准发生变化,废除了"印度境外中央管理和控制公司",采用通常的公司"所有地"标准。

第 I 部分的一些特定条款适用于仲裁地在印度境外、在印度承认和执行的仲裁裁决。④

2. 对仲裁协议有关事项的修正

除非法院认定不存在真实有效的仲裁协议,向法院提起诉讼时,经仲裁协议一方当事人在规定时限内申请,法院应当责令提交仲裁。若申请仲裁的当事人因对方当事人保留仲裁协议正本或副本导致其不能提供时,可以请求法院责令对方向法院提交。⑤

3. 对临时措施有关事项的修正

法院在启动仲裁程序前发布临时保护措施命令的,仲裁程序应自该命令

---

① Shanmugham Kundan, The Arbitrevtion and Conciliation(Amendment)Act, 2015.

② Section 2(I)(A), The Arbitration and Conciliation(Amendment)Act, 2015.

③ Section 2(I)(B), The Arbitration and Conciliation(Amendment)Act, 2015.

④ Section 2(Ⅱ), The Arbitration and Conciliation(Amendment)Act, 2015.

⑤ Section 4, The Arbitration and Conciliation(Amendment)Act, 2015.

之日起90日内或法院决定更长期限内开始。仲裁庭组建后,法院不得保留临时措施申请。①

在仲裁程序期间或裁决作出后执行前,经当事人申请,仲裁庭可以指定监护人或在5个方面发布临时保护措施命令,其效力等同于法院命令。②

4. 对仲裁庭组成有关事项的修正

将首席法官或其指定者任命仲裁员,变更由最高法院或高等法院或其指定者任命,该任命是最终的,不得上诉。此等法院或其指定者任命仲裁员时,当事人有权要求事先披露拟任仲裁员。此等法院应当尽快处理当事人的任命申请,并在申请送达对方当事人之日起60日内处理完毕。在国内仲裁中,高等法院可以根据第4表规定的比率制定仲裁庭费用及其支付方式的规则。③

仲裁员在任命前应当书面披露附表5规定可能对其独立、公正产生合理怀疑的所有情况,包括在12个月内完成整个仲裁的能力。④ 仲裁员与双方当事人或其顾问或争端事项的关系为第7表中规定的关系,不应当被任命为本案仲裁员。⑤ 第5表列出了需要披露的34项事项,第7表列出无资格担任仲裁的19项事项。⑥

5. 对仲裁程序进程有关事项的修正

被申请人可以提出反请求或请求抵消,仲裁庭在仲裁协议范围内裁判。⑦ 仲裁庭应尽量以逐日为基准对证据开示或口头辩论进行听审,无充分理由不得延期,对无理申请延期的当事人可以施加惩罚性费用。⑧

仲裁庭对被申请人逾期提交答辩状的权利按已丧失对待享有自由处置权。⑨

当事人可以在仲裁庭组成之前或之时协议其争端解决适用于快轨程序,并同意选择独任仲裁员组成仲裁庭。在快轨程序中,仲裁庭可以书面审理、要

---

① Section 5, The Arbitration and Conciliation (Amendment) Act, 2015.
② Section 10, The Arbitration and Conciliation (Amendment) Act, 2015.
③ Section 6(14), The Arbitration and Conciliation (Amendment) Act, 2015.
④ Section 8(ⅰ), The Arbitration and Conciliation (Amendment) Act, 2015.
⑤ Section 8(ⅱ), The Arbitration and Conciliation (Amendment) Act, 2015.
⑥ The Fifth Schedule, Seventh Schedule, The Arbitration and Conciliation (Amendment) Act, 2015.
⑦ Section 11, The Arbitration and Conciliation (Amendment) Act, 2015.
⑧ Section 12, The Arbitration and Conciliation (Amendment) Act, 2015.
⑨ Section 13, The Arbitration and Conciliation (Amendment) Act, 2015.

求当事人提供进一步信息和文件、仅在当事人要求或仲裁庭认为必要时才听审,在听审中可以采取对加速处理案件适当的程序。①

6. 对仲裁裁决有关事项的修正

(1)作出裁决的时限

在普通程序中,仲裁庭应自进入仲裁裁判之日起 12 个月内作出裁决,进入裁判之日为 1 名或所有仲裁员收到任命通知之日,但当事人可以协议延长最多 6 个月。对 6 个月期限内作出裁决的,双方当事人可以给予额外费用;未在法定期限或当事人延长期限内作出裁决的,除非法院予以延期,终止仲裁员的任命,法院可以命令减少仲裁员费用。当事人可以基于充分理由并按法院附加的条件申请延期,法院应在向对方当事人送达通知日起 60 日内处理完毕。②

在快轨程序中,仲裁庭应自进入裁判之日起 6 个月内作出裁决。③

(2)实质争端的裁决规则

仲裁庭在所有案件中作出决定和裁决时,应当考虑合同条款和可适用于交易的贸易惯例。④

(3)仲裁费用的裁决

仲裁庭对一方当事人向另一方当事人是否支付与仲裁有关的费用、支付的数额及时间拥有自由处置权,但仲裁庭决定作出支付费用时应遵循的基本规则是败诉方向胜诉方支付或根据原因作出区别,还应当考虑当事人的仲裁行为、获胜情况、无理反请求导致仲裁延迟等因素,费用包括一方当事人的分摊额、固定额、特殊阶段费用、利息等。⑤ 第 4 表具体规定了仲裁费用示范标准,采取分段固定额加递减比率额,最低 45000 卢比、最高 3000000 卢比。⑥

(4)撤销仲裁裁决的事由及时限

裁决与印度公共政策抵触的情形为:裁决的作出因欺诈或腐败引起或受其影响,或违反保密性或违反证据在其他程序中的不可接受性;或裁决的作出违反印度法律的基本政策;或裁决的作出与道德、公正的最基本观念抵触。⑦

---

① Section 15(29B), The Arbitration and Conciliation (Amendment) Act, 2015.
② Section 15(29A), The Arbitration and Conciliation (Amendment) Act, 2015.
③ Section 15(29B), The Arbitration and Conciliation (Amendment) Act, 2015.
④ Section 14, The Arbitration and Conciliation (Amendment) Act, 2015.
⑤ Section 14, The Arbitration and Conciliation (Amendment) Act, 2015.
⑥ The forth schedule, The Arbitration and Conciliation (Amendment) Act, 2015.
⑦ Section 18(I), The Arbitration and Conciliation (Amendment) Act, 2015.

国内仲裁裁决表面上因专利非法性而失效,法院可撤销该裁决。① 撤销裁决的申请自申请通知送达另一方当事人之日起 1 年内处置完毕。②

7. 对执行仲裁裁决有关事项的修正

法定期限内的撤销仲裁裁决申请本身不应当使该裁决成为不可执行,但法院依据规定命令停止该裁决除外。超过法定期限申请撤销仲裁裁决的,该裁决应当予以执行。③

违反印度公共政策的外国仲裁裁决不予以执行,对违反公共政策的解释与前述撤销仲裁裁决相同。④

(二)特色

综观《2015 年修正法》,其特色如下:

1. 划清适用于国内和国际商事仲裁的重要程序

该修正法进一步划清了适用于国内和国际商事仲裁的重要程序,并提高了国际商事仲裁的司法审查或协助的初审法院级别。如:高等法院是受理与国际商事仲裁程序相关诉请的初审法院,诉请包括管辖权异议、指定仲裁员、对仲裁员提出回避、申请中止仲裁程序、寻求临时措施救济、证据开示以及撤销仲裁裁决等。此修订的目的在于确保法院作出的裁判更多地出自具有丰富商事审判经验的法官。⑤ 又如:法院作出临时保护措施、收集证据中的法院协助、对法院准许或拒绝作出临时保护措施的上诉、不得对上诉程序中法院命令提出上诉,适用于包括仲裁地位于印度境外的国际商事仲裁。

2. 明晰重要术语

该修正法进一步明晰了一些重要术语,主要体现在:删除了"国际商事仲裁"中一方当事人是"在印度境外任何国家行使中央管理或控制的公司",扩大了国际商事仲裁的范围;增加了"包括以电子方式的通讯",扩大了"仲裁协议"书面形式的范围;以附表方式列出了构成对"仲裁员独立性或公正性合理怀疑"的 34 种情形和"无资格担任仲裁员"的 19 种情形;以解释方式,阐明了

---

① Section 18(Ⅱ), The Arbitration and Conciliation (Amendment) Act, 2015.

② Section 18(Ⅲ), The Arbitration and Conciliation (Amendment) Act, 2015.

③ Section 19, The Arbitration and Conciliation (Amendment) Act, 2015.

④ Sections 22, 24, both as in explanation 1, The Arbitration and Conciliation (Amendment) Act, 2015.

⑤ 樊桂东:《2015 年印度仲裁和调解法修正案》亮点内容介绍,http://blog.sina.com.cn/s/blog_14a804d190102xe4w.html,2017 年 5 月 9 日访问。

不同情况下"法院"的含义,界定了"仲裁庭进入裁判"的时间点、"现行利率"的含义,详细规定了"仲裁费用"的范围、"与印度公共政策抵触"的具体情形。

3. 提升当事人意思自治

该修正法进一步提升和落实商事仲裁中的当事人意思自治原则,主要体现于当事人可以经协议或协商处理以下事项:法院作出临时保护措施、收集证据中的法院协助、对法院准许或拒绝作出临时保护措施的上诉、不得对上诉程序中法院命令提出上诉等的规定,不适用于国际商事仲裁;担任仲裁员的资格,依法放弃适用第 7 表;仲裁费用的承担;适当延长仲裁庭作出裁决的期限;适用快轨程序、任命独任仲裁员组成仲裁庭,与仲裁员协商确定仲裁员费用及其支付;经修正的《1996 年法》可以适用于《2015 年修正法》生效前已经开始的仲裁程序。

4. 提高仲裁效率

该修正法的基本目标是提高仲裁的效率,主要体现在:若在启动仲裁程序前法院发布临时保护措施命令,仲裁程序自该命令之日起 90 日内开始;法院应当尽快处理仲裁员的任命申请,并尽力在通知送达对方当事人之日起 60 日内完成处置;仲裁庭应自仲裁员收到任命通知之日起 12 个月内作出裁决,双方当事人协议延长作出裁决的期限不超过 6 个月;法院对一方当事人申请延长裁决的申请应当尽快加速处理,并尽力在向对方当事人送达通知之日起 60 日内完成处置;新增快轨程序,在此程序中,仲裁庭以书面审理为原则、听审为例外,作出裁决的期限为自其进入裁判之日起 6 个月;仲裁庭应当尽可能在连续几日内安排举证、辩论等开庭审理程序;法院应当加速处理撤销仲裁裁决申请,并自该撤销申请通知送达对方当事人之日起 1 年内完成处置。

从整个修正法中可归结为两类提高仲裁效率的措施:鼓励性,即以奖励措施鼓励仲裁庭尽快作出裁决;惩罚性,即通过处罚仲裁庭或仲裁员来防止仲裁程序过分拖延。

5. 扩大仲裁庭的权限

该修正法进一步扩大和明确了仲裁庭的权限,主要表现在:仲裁庭组成后,法院不得保留当事人申请临时保护措施命令的申请,除非法院认定存在不得提交仲裁庭救济的情形;可以为仲裁程序目的,为未成年人或有精神问题的人指定监护人;就临时保护措施,拥有与法院发布命令的相同权力,发布的命令视为法院发布的命令,并按法律规定以法院命令方式强制执行;可以对无充分理由请求延期的当事人处以惩罚性费用;对被申请人在答辩期限届满后提交答辩的权利拥有自由处置权;在快轨程序中,仲裁庭举行口头听审后可以免除技术性手续并可采取其认为对加速处理本案是适当的程序;享有按本法仲裁费用制度决定与仲裁有关的费用的自由处置权。

6. 加强仲裁庭或仲裁员的责任

该修正法在扩大仲裁庭权限的同时加重仲裁庭或仲裁员的责任,主要体现在:拟任命的仲裁员应当书面披露第 5 表规定的怀疑其独立性或公正性的所有事项①和可能影响其将充足时间用于仲裁案件的能力(特别是 12 个月内完成整个仲裁的能力);无资格担任仲裁员的情形②;终止任命具有不能或不可能行为情形的仲裁员,并由另一仲裁员接替;仲裁庭应当审理被申请人提出的属于仲裁协议范围内的反请求或抵消;仲裁庭在作出实体争端的裁决时应当考虑合同条款和可适用于交易的贸易惯例;仲裁庭未在法定或约定的期限内作出裁决,应当终止仲裁员的任命;因仲裁庭的原因导致仲裁程序延迟的,法院可以命令减少仲裁员费用。

7. 明确仲裁费用的范围和基准

该修正法以法定方式详细规定了仲裁费用的范围、基准和适用范围。其中,仲裁费用的范围为以下合理费用:仲裁员、法院或证人的开支、法律费用、监管仲裁的机构的管理费用、已发生的与仲裁或法院程序和仲裁裁决有关的其他支出;费用基准的确定办法是争议额分段之固定额加某段递减比例额,并实行最低和最高限额。

8. 平衡仲裁庭与法院的权力、当事人间的权益

此特点主要体现在避免仲裁庭与法院的权力冲突。例如:本修正法规定了当事人向法院或仲裁庭申请临时措施的时间界限,在一些方面削减法院的司法干预以扩大仲裁庭的权限,在另一些方面加强司法干预(如,在临时措施方面赋予仲裁庭发布命令的权力,又赋予当事人可对此等命令可以向有管辖权的法院上诉的权利);在保护仲裁胜诉方利益的同时强调对败诉方权利的救济,为败诉方提供了较为便捷的救济渠道。③

四、对《2015 年修正法》的简要评价

印度《2015 年修正法》总体积极意义在于:它在许多重要方面反映了现代国际主流社会的商事仲裁实践,许多举措旨在提高仲裁效率、平衡仲裁和诉讼的法律关系,④其颁布实施推进了印度仲裁法律制度的革新和发展,是使仲裁

---

① 有人认为第 5 表规定的情形源自于国际律师协会《国际仲裁利益冲突指引》。樊桂东:《2015 年印度仲裁和调解法修正案》亮点内容介绍,http://blog.sina.com.cn/。

② 此规定将改变印度以前的司法惯例,即允许政府雇员在政府部门作为当事人的仲裁案件中担任仲裁员。参见前注,樊桂东。

③ 杨剑壕:《印度仲裁制度的发展与困境》,载《人民法院报》2016 年 7 月 29 日,第 8 版。

④ 樊桂东:《2015 年印度仲裁和调解法修正案》亮点内容介绍,http://blog.sina.com.cn/。

成为快速、有效和低成本救济措施的积极步骤,①使印度仲裁法律体系进入到了有重要意义的发展时期②。

就国际商事仲裁而论,它对仲裁地位于印度境外的当事人是一部受欢迎的仲裁法,外国当事人享有向印度法院寻求救济的优势,可直接依本法向高等法院寻求临时保护措施③;它对仲裁地位于印度境内的当事人是一部较完善的、各方权力或利益基本平衡的仲裁法,既平衡了仲裁庭和法院的权力以减少法院在仲裁程序中的干预,又不时赋予一些司法干预以监管或协助仲裁,既坚持了维持有充分理由当事人的权益,又尽量协调当事人之间的仲裁与司法权利义务,既借鉴了国际规则确保仲裁员的独立性、公正性,又以惩罚性规定确保仲裁员自律和控制。

该修正法仍存在不足,总体上是:一些旧问题未解决,一些新规定不仅产生新的问题且其实施效果尚待实践检验。一些旧问题未解决主要体现在:第 I 部分仲裁是否适用于仲裁地位于外国的仲裁的模糊性在很大程度上未彻底解决;④立法者的本意是减少法院干预,但该修正法不仅未减少干预且有所增加,如法院对仲裁费用的确定、对延长仲裁期间的批准、对仲裁员的制裁等。新规定产生的新问题有如:一些规定较模糊,会产生法院滥权或过度干预的风险,例如,"印度公共政策"解释中"道德或公正最基本观念"所具有的不确定性有造成法院滥用自由裁量权的风险;一些新规定过度僵化,例如,对普通程序中作出裁决的期限要求、对延期裁决的仲裁员或仲裁庭处以减少薪酬和终止委任或更换等,实质上是在片面追求仲裁裁决的时间效率,忽略仲裁的自治性、灵活性以及部分案件(特别是国际商事纠纷案件)的跨地域性、跨法律性和法律关系复杂性,可能导致此类案件的裁决质量不高、被撤销或不执行的风险增加;一些新规定确立的仲裁方式有导致仲裁裁决更延期、更耗时长甚至错裁的风险,例如,替换被处以终止任命的仲裁员而重组的仲裁庭及其新仲裁员需花一定时间充分了解原仲裁庭审理情况后才能继续仲裁,否则不仅有延期更长的风险且存在错裁的风险。一些新规定的某些方式如何发挥作用或其实施效果,尚不清楚,例如:仲裁裁决的作出期限

① Vikas Goel, India:Highlights of Amendment to the Arbitration And and Conciliation Act 1996 Via Arbitration Ordinance 2015, 2 Dec. 2015.

② Zia Mody, India-The Arbitrevtion and Conciliation (Amendment) Ordinance, 2015, published on 17 Dec. 2015.

③ Raj R. Panchmatia, Peshwan Jehangir and Anindya Basarkod, Impact of Arbitration and Conciliation (Amendment) Act on foreign-Seated Arbitration, publisded on 17 March 2016.

④ Raj R. Panchma, Peshwan Jehangir and Anindya Basarkod, Impact of Aribitration and Conciliation (Amendment) Act on foreign-Seated Arbitration, published on 17 March 2016.

对已启动的仲裁有何影响,减少和增加法院干预的各种新规定能否真正实现,一些新规定中体现的立法机构目标和本意能否在仲裁和司法实务中得到体现和尊重,均有待实践验证。

2015 年仲裁和调解(修正)法[*]

法律与司法部
(立法部门)
2016 年 1 月 1 日,新德里

已收到总统于 2015 年 12 月 31 日批准的议会以下法,兹公布基本信息:

2015 年仲裁和调解(修正)法
2016 年第 3 号
2015 年 12 月 31 日

一项修正《1996 年仲裁和调解法》的法律。

议会于印度共和国第 66 年颁布本法,内容如下:

目 录

---

[*] 译自《印度公报》2016 年 1 月 1 日专号第 3 号第 II 部分第 1 节本法英文本,目录系译者所加。

11. 修正第 23 节

12. 修正第 24 节

13. 修正第 25 节

14. 修正第 28 节

15. 嵌入新节第 29A、29B 节

16. 修正第 31 节

17. 嵌入新节第 31A 节

18. 修正第 34 节

19. 用新节替代第 36 节

20. 修正第 37 节

21. 修正第 47 节

22. 修正第 48 节

23. 修正第 56 节

24. 修正第 57 节

25. 嵌入新表第 4 表、第 5 表、第 6 表、第 7 表

26. 本法不适用于待决仲裁程序

27. 废止与保留

1. 短标题与生效

(1)本法可称为《2015 年仲裁和调解(修正)法》。

(2)本法应当被视为于 2015 年 10 月 23 日生效。

2. 修正第 2 节

在《1996 年仲裁和调解法》(1996 年第 26 号法,以下简称"主法")第 2 节中,

(Ⅰ)第(1)分节中,

(A)用以下条款替代(e)条款,即:

"(e)'法院',指——

(ⅰ)在国际商事仲裁以外的仲裁中,在一地区具有最初管辖权的主要民事法院,包括在行使其最初普通民事管辖权中对决定构成仲裁主题的问题拥有管辖权的高等法院,若同一事项为诉讼主题,但不包括级别低于上述主要民事法院的任何民事法院或任何轻微诉因法院;

(ⅱ)在国际商事仲裁中,在行使其最初普通民事管辖权中对决定构成仲裁主题的问题拥有管辖权的高等法院,若同一事项为诉讼主题;在其他情形

下,对此高等法院下级法院判令的上诉拥有听审管辖权的高等法院;"

(B)应当删除第(f)条款(ⅲ)分条款中的"公司或"文字。

(Ⅱ)在第2分节中,应当嵌入以下但书条款,即:——

"但是,受相反协议的约束,第9节、第27节、第37节第(1)分节第(a)条款和第(3)分节的规定,还应当适用于国际商事仲裁,即使仲裁地在印度境外,在此地作出的或将作出的仲裁裁决是可执行的并按本法第Ⅱ部分的规定予以承认。"

3. 修正第7节

在主法第7节第(4)分节第(b)条款"或其他电信方式"文字之后,应当嵌入"包括通过电子方式的通讯"文字。

4. 修正第8节

在主法第8节中,

(ⅰ)应当用以下分节替代第(1)分节,即:

"(1)将是仲裁协议主题的事项向司法机构提起诉讼,若仲裁协议的一方当事人或主张通过或按该司法机构的任何人在不迟于其首次提交争端实体声明之日也申请,尽管有最高法院或任何法院的任何判决、决定或命令,该司法机构应当要求双方当事人提交仲裁,除非该司法机构认定不存在真实有效的仲裁协议。"

(ⅱ)在第(2)分节中,应当嵌入以下但书条款,即:

"但是,若按第(1)分节申请提交仲裁的当事人不能提供仲裁协议正本或经验证的仲裁协议副本,该等仲裁协议或副本由此仲裁协议的另一方当事人保留,申请仲裁的当事人应当提交附有仲裁协议副本的申请和恳求法院责令该另一方当事人向该法院提供仲裁协议正本或经正式证明的副本的请求书。"

5. 修正第9节

应当对主法第9节内容重编序号为第(1)分节,在该第(1)分节之后嵌入以下分节,即:

"(2)在启动仲裁程序前,若法院按第(1)分节颁发了任何临时保护措施的命令,仲裁程序应当自该命令之日起90日内或法院决定的更长期限内开始。

(3)一旦组建仲裁庭,法院不应当保留第(1)分节下的申请,除非法院认定存在不得提交第17节规定的救济是有效的情形。"

6. 修正第11节

主法第11节中,

（ⅰ）在第（4）、（5）、（6）分节中,若出现"首席法官或其指定的任何人或机构",应当用"最高法院或视情况而定的高等法院或此等法院指定的任何人或机构"文字予以替代。

（ⅱ）在第（6）分节后,应当嵌入以下分节,即:

"（6A）最高法院或视情况而定的高等法院,在考量第（4）、（5）或（6）分节下的任何申请时,尽管有任何法院的任何判决、裁决或命令,应当限于审查仲裁协议的存在。

（6B）为本节目的,最高法院或视情况而定的高等法院对任何人或机构的指定,不应当视为该最高法院或高等法院的司法权力的授权。"

（ⅲ）在第（7）分节中,应当用"最高法院或视情况而定的高等法院或此等法院指定的人或机构,是最终的,不应当对此类决定进行包括专利证书上诉在内的上诉"文字,替代"首席法官或其指定的人或机构是最终的"文字。

（ⅳ）应当用以下分节替代第（8）分节,即:

"（8）最高法院或视情况而定的高等法院或此等法院指定的人或机构,在任命仲裁员之前,应当根据第 12 节请求书面披露拟任仲裁员,并恰当考虑——

（a）双方当事人仲裁协议对仲裁员的任何资格要求;和

（b）披露的内容和可能确保任命独立、公正仲裁员的其他因素。"

（ⅴ）在第（9）分节中,应当用"最高法院或其指定的人或机构"文字,替代"印度首席大法官或其指定的人或机构"文字。

（ⅵ）应当用以下分节替代第（10）分节,即:

"（10）最高法院或视情况而定的高等法院可以制定其认为对处理第（4）、（5）或（6）分节交托给它的事项是适当的方案。"

（ⅶ）在第（11）分节中,应当用"不同高等法院或其指定的人,该高等法院或要求其首先作出指定的人"文字,替代"不同高等法院的首席法官或其指定的人,该高等法院或要求其首先作出指定的人"文字。

（ⅷ）应当用以下分节,替代第（12）分节,即:

"（12）（a）在国际商事仲裁中出现第（4）、（5）、（6）、（7）、（8）和（11）分节中规定的事项,这些分节中对'最高法院或视情况而定的高等法院'的提及,应当视为对'最高法院'的提及;和

（b）在其他任何仲裁中出现第（4）、（5）、（6）、（7）、（8）和（11）分节中规定的事项,这些分节中对'最高法院或视情况而定的高等法院'的提及,应当视为对如下'高等法院'的提及,即:第 2 节第（1）分节（e）条款中规定的主要

民事法院所在地范围内的,和高等法院本身是该条款中提及的法院。"

（ⅸ）在第（12）分节后,应当嵌入以下分节,即:

"（13）按本节作出的任命一名或数名仲裁员的申请,应当由最高法院或视情况而定的高等法院或此等法院指定的人或机构尽快处置,并应当尽力在自通知送达对方当事人之日起 60 日期限内处置此事项。

（14）为确定仲裁庭费用和同仲裁庭支付方式的目的,高等法院在考虑《第 4 表》中规定的比率后,可以刳定必要的规则。

［解释］为消除疑问,兹澄清,本分节不应当适用于国际商事仲裁和双方当事人已经就费用的确定作为仲裁规则达成协议的仲裁（非国际商事仲裁）。"

7. 嵌入新节第 11A 节

在第 11 节之后,应当嵌入以下新节,即:

"11A. 中央政府修正第 4 表的权力

（1）若中央政府认为有必要或有益,可以采取《官方公报》中公告方式修正第 4 表,第 4 表应当被视为已经据此修正。

（2）按第（1）分节提出发布的每项公告的副本应当以草案形式呈递议会各院。若在会期,总期限为 30 日,包括本会期的一次或两次或多次后续会议,和本次会期届满前接着进行下一次或连续会议。若两院一致同意不批准发布此公告,或一致同意对公告的内容进行任何修改,不应当发布此公告,或者视情况而定,应当仅以两院一致同意的修改形式发布此公告。"

8. 修正第 12 节

在主法第 12 节中,

（ⅰ）应当用以下分节替代第（1）分节,即:

"（1）若可能被任命为仲裁员的人临近任命,他应当书面披露以下所有情况:

（a）与任何一方当事人或争端主题直接或间接存在的过去或现在的关系或利益,无论是财政、商业、职业或其他种类,其可能对他的独立性或公正性产生合理怀疑;和

（b）可能影响其将充足时间用于本仲裁的能力,和特别是其在 12 个月期限内完成整个仲裁的能力。

［解释1］《第 5 表》中规定的事由应当指导确定是否存在对仲裁员独立性或公正性产生合理怀疑的情形。

［解释2］披露应当由该人以《第 6 表》中规定的形式作出。"

（ⅱ）在第（4）分节之后,应当嵌入以下分节,即:

"(5)尽管有相反的先前协议,其与双方当事人或顾问或争端主题的关系属于《第7表》中规定的任何种类的任何人,应当无资格被任命为仲裁员:

但是,后来在其之间产生争端的双方当事人,可以通过书面明示协议放弃本分节的可适用性。"

9. 修正第14节

在第14节第(1)分节的开头部分,应当用"具有以下情形的,仲裁员的任命应当终止,并由另一位仲裁员接替"文字,替代"具有以下情形的,仲裁员的任命应当终止"文字。

10. 用新节替代第17节

应当用以下节替代第17节,即:

"17. 仲裁庭命令临时措施

(1)在仲裁程序期间,或在仲裁裁决作出后、按第36节被执行前的任何时间,一方当事人可以向仲裁庭申请——

(ⅰ)为仲裁程序的目的,为未成年人或有精神问题的人指定监护人;或

(ⅱ)就以下事项之一,临时保护措施,即:

(a)是仲裁协议主题的任何货物的保存、临时扣押或出售;

(b)获得仲裁中的争议金额;

(c)对以下任何财产或物项的扣留、保存和检查:是仲裁中争端主题的,或因其产生任何问题和为前述目的允许任何人在一方当事人占有期间进入任何土地或建筑物,或允许提取任何样品或作出任何检测或进行实验,这些对为获得全部信息或证据的目的是必要的或有益的;

(d)临时禁令或任命接受人;

(e)可以提交仲裁庭的正当、方便的其他临时保护措施,

且仲裁庭应当拥有与法院为任何诉讼目的或涉及任何诉讼具有的相同的发布命令的权力。

(2)受依第37节上诉中发布的任何命令的约束,仲裁庭按本节发布的任何命令应当视为法院为所有目的发布的命令,且应当按《1908年民事诉讼法典》(1908年第5号法)以如同法院命令的方式予以强制执行。"

11. 修正第23节

在主法第23节第(2)分节之后,应当嵌入以下分节,即:

"(2A)被申请人为支持案件,也可以提交反请求或恳请抵消,若此反请求或抵消属于仲裁协议的范围,其应当由仲裁庭裁判。"

12. 修正第24节

在主法第24节第(1)分节但书条款之后,应当嵌入以下但书条款,即:

"但是,仲裁庭应当尽可能以逐日为基础对证据出示或口头辩论举行口头听审,无充分理由不应当给予任何延期,可以对无任何充分理由而请求延期的一方当事人施加包括惩罚性费用在内的费用。"

13. 修正第 25 节

在主法第 25 节第(b)条款的末尾"申请人的指控"文字后,应当嵌入"和应当对被申请人在已经丧失答辩时提交答辩声明的权利享有自由处置权"文字。

14. 修正第 28 节

在第 28 节中,应当用以下分节替代第(3)分节,即:

"(3)仲裁庭在所有案件中在决定和作出裁决时,应当考虑合同条款和可适用于交易的贸易惯例。"

15. 嵌入新节第 29A、29B 节

在主法第 29 节后,应当嵌入以下新节,即:

"29A. 仲裁裁决的时限

(1)裁决应当自仲裁庭进入裁判之日起 12 个月期限内作出。

[解释]为本分节的目的,自仲裁员或所有仲裁员(视情况而定)已经收到其任命的书面通知之日起,应当视为仲裁庭已经进入裁判。

(2)若自仲裁庭进入裁判之日起 6 个月期限内作出裁决,仲裁庭应当有权利接受双方当事人可以同意的额外费用。

(3)双方当事人经协商一致,可以对第(1)分节中规定的作出裁决期限延长至不超过 6 个月的延长期。

(4)若裁决未在第(1)分节规定的期限内或按第(3)分节规定的延长期内作出,除非法院在此规定的期限届满之前或之后延长该期限,应当终止仲裁员(们)的任命:

但是,若法院在根据本节延长期限时认定程序的延迟是仲裁庭的原因造成的,它可以命令减少仲裁员(们)的费用,额度为不超过延迟期间每月 5%。

(5)经任何一方当事人申请,可以延长第(4)分节中规定的期限,延期仅授予给充分理由者并依据法院施加的条款和条件。

(6)在延长第(4)分节规定期限时,应当向法院公开替换一名或全部仲裁员。若一名或全部仲裁员被替换,仲裁程序应当自已经完成的阶段继续并以已记录在案的证据和材料为基础。根据本节被任命的仲裁员(们)应当被视为已经接收上述证据和材料。

(7)在根据本节任命仲裁员(们)的情况下,重组的仲裁庭应当被视为先

前任命的仲裁庭的继续。

（8）应当向法院公开按本节施加给任何一方当事人的实际或惩罚性费用。

（9）按第（5）分节提交的申请应当由法院尽快加速处理，并应当尽力在自向对方当事人送达通知之日起 60 日期限内处理完该事项。

29B. 快轨程序

（1）尽管本法中包含有任何规定，仲裁协议的双方当事人在任命仲裁庭之前或之时的任何阶段，可以书面同意将其争端由第（3）分节规定的快轨程序解决。

（2）同意将争端由快轨程序解决的仲裁协议双方当事人，可以同意仲裁庭应当由双方选择的独任仲裁员组成。

（3）仲裁庭按第（1）分节进行仲裁进程时，应当遵循以下程序：

（a）无任何口头听审时，仲裁庭应当基于双方当事人提交的书面请求、文件和意见决定争端；

（b）仲裁庭应当有权力要求双方当事人对其提交的请求和文件提供任何进一步的信息或澄清；

（c）仅在所有当事人提出请求或仲裁庭认为有必要举行口头听审以澄清某些问题时，才可以举行口头听审；

（d）若口头听审已举行，仲裁庭可以免除任何技术性手续，并可以采取认为对加速处理本案是适当的程序。

（4）本节下的裁决应当在仲裁庭进入裁判之日起 6 个月期限内作出。

（5）若未在第（4）分节规定的期限内作出裁决，第 29A 节第（3）至（9）分节的规定应当适用于本案程序。

（6）支付给仲裁员的费用和费用支付方式应当按仲裁员与双方当事人达成的协议进行。"

16. 修正第 31 节

在主法第 31 节中，

（ⅰ）第（7）分节中，应当用以下条款替代第（b）条款，即：

"（b）除非仲裁裁决另有指令，仲裁裁决中指令支付的总额应当执行从裁决日至支付日的高于裁决日通常现行利率 2% 的利息。

[解释] '现行利率'一词应当具有《1978 年利息法》（1978 年第 14 号法）第 2 节第（b）条款下对其指定的相同含义。"

（ⅱ）用以下分节替代第（8）分节，即：

"（8）仲裁费用应当由仲裁庭根据第 31A 节予以确定。"

17. 嵌入新节第 31A 节

在主法第 31 节后，嵌入以下新节，即：

"31A. 费用制度

（1）就任何仲裁程序或按本法属于仲裁的任何规定所进行的程序，尽管《1908 年民事诉讼法典》中包含任何规定，法院或仲裁庭应当有决定以下事项的自由处置权：

（a）一方当事人是否向另一方当事人支付费用；

（b）上述费用的数额；和

（c）此费用的支付时间。

[解释]为本分节的目的，'费用'一词指涉及以下事项的合理费用，

（ⅰ）仲裁员、法院或证人的花费和支出；

（ⅱ）法律费用；

（ⅲ）监督仲裁的机构的任何管理费用；和

（ⅳ）已发生的与仲裁或法院程序和仲裁裁决有关的任何其他支出。

（2）若法院或仲裁庭决定就费用的支付作出命令，

（a）基本规则是，应当命令败诉当事人向胜诉当事人支付费用；或

（b）法院或仲裁庭可以就已书面记录在案的原因作出有区别的命令。

（3）法院或仲裁庭在确定费用时应当已经考虑了所有情形，包括：

（a）全部当事人的行为；

（b）一方当事人是否在本案中部分获胜；

（c）当事人是否已经提出无理反请求导致延期处置仲裁程序；和

（d）一方当事人是否作出解决争端的合理提议，和另一方是否拒绝。

（4）法院或仲裁庭可以根据本节作出任何命令，包括一方当事人应当支付以下费用的命令：

（a）另一方当事人费用的分摊额；

（b）有关另一方当事人费用的固定数额；

（c）仅从或到某日的费用；

（d）程序已开始前已产生的费用；

（e）程序中与采取特殊阶段有关的费用；

（f）仅与程序中特殊部分有关的费用；和

（g）费用从或到某日的利息。

（5）具有一方当事人在任何情况下将支付仲裁全部或部分费用的效力的

一项协议,仅应当在争端已经产生后达成才有效。"

18. 修正第 34 节

主法第 34 节中,

(i)第(2)分节第(b)条款中,应当用以下 2 项解释替代 1 项解释,即:

"[解释 1]为避免任何疑虑,需澄清的是,裁决仅具有以下情形,才与印度公共政策相抵触:

(i)裁决的作出因欺诈或腐败引起,或受欺诈或腐败影响,或违反第 75 节或第 81 节;或

(ii)裁决的作出违反印度法律基本政策;或

(iii)裁决的作出与道德或正义的最基本观念相抵触。

[解释 2]为避免疑虑,是否存在违反印度法律基本政策的检测标准不应当必需审查该争端的实体依据。"

(ii)在第(2)分节后,应当嵌入以下分节,即:

"(2A)产生于国际商事仲裁以外的仲裁裁决还可以被法院撤销,若法院认定该裁决表面上因专利非法性而失效:

但是,裁决不应当仅因适用法律错误或重新评价证据而被撤销。"

(iii)在第(4)分节后,应当嵌入以下分节,即:

"(5)本节下的申请应当由一方当事人仅在向另一方当事人发出通知后提交,且该申请应当随附申请人同意遵守所述要求的宣誓书。

(6)本节下的申请应当加速处置,且在任何情况下,自第(5)分节提及的通知送达另一方当事人之日起 1 年期限内处置。"

19. 用新节替代第 36 节

应当用以下节替代主法第 36 节,即:

"36. 执行

(1)若作出申请撤销第 34 节下仲裁裁决的时间已经届满,受第(2)分节规定的约束,此裁决应当根据《1908 年民事诉讼法典》(1908 年第 5 号法)以如同其为法院的决定的相同方式予以强制执行。

(2)若撤销仲裁裁决的申请已按第 34 节提交法院,该申请的提交本身不应当使该裁决成为不可强制执行,除非法院基于为此目的所作单独申请、根据第(3)分节规定发布命令停止操作该仲裁裁决。

(3)一旦根据第(2)分节提交停止操作仲裁裁决的申请,法院受其认为合适的条件的约束,可以因书面记录在案的理由准许停止操作该裁决。

但是,法院在考量申请准许停止该案仲裁裁决的金钱支付时,要适当注意

《1908 年民事诉讼法典》(1908 年第 5 号法)下准许停止金钱判令的规定。"

20. 修正第 37 节

应当用以下条款替代主法第 37 节第(1)分节(a)和(b)条款,即:

"(a)拒绝双方当事人提交至第 8 节下的仲裁;

(b)准许或拒绝赋予第 9 节下的任何措施;

(c)撤销或拒绝撤销第 34 节下的仲裁裁决。"

21. 修正第 47 节

应当用以下解释替代主法第 47 节中的解释,即:

"[解释]在本节和本章后续各节中,'法院'指对决定构成仲裁裁决主题的事项拥有最初管辖权的高等法院,若同一事项为其最初民事管辖权上和其他情形下的诉讼主题,和对其下属法院判令拥有上诉听审管辖权的高等法院。"

22. 修正第 48 节

应当用以下解释替代主法第 48 节第(2)分节中的解释,即:

"[解释 1]为避免任何疑虑,需澄清的是,裁决仅具有以下情形,才与印度公共政策相抵触:

(ⅰ)裁决的作出因欺诈或腐败引起,或受欺诈或腐败影响,或违反第 75 节或第 81 节;或

(ⅱ)裁决的作出违反印度法律基本政策;或

(ⅲ)裁决的作出与道德或正义的最基本观念相抵触。

[解释 2]为避免疑虑,是否存在违反印度法律基本政策的检测标准不应当必需审查该争端的实体依据。"

23. 修正第 56 节

应当用以下解释替代第 56 节中的解释,即:

"[解释]在本节和本章后续各节中,'法院'指对决定构成仲裁裁决主题的问题拥有最初管辖权的高等法院,若同一事项为其最初民事管辖权上和其他情形下的诉讼主题,和对其下属法院判令拥有上诉听审管辖权的高等法院。"

24. 修正第 57 节

在主法第 57 节中,应当用以下解释替代第(1)分节中的解释,即:

"[解释 1]为避免任何疑虑,需澄清的是,裁决仅具有以下情形,才与印度公共政策相抵触:

(ⅰ)裁决的作出因欺诈或腐败引起,或受欺诈或腐败影响,或违反第 75 节或第 81 节;或

(ⅱ)裁决的作出违反印度法律基本政策;或

（ⅲ）裁决的作出与道德或正义的最基本观念相抵触。

[解释2]为避免疑虑,是否存在违反印度法律基本政策的检测标准不应当必需审查该争端的实体依据。"

25. 嵌入新表第4表、第5表、第6表、第7表

在主法《第3表》后,应当嵌入以下诸新表,即:

"第4表

[见第11节第14分节]

争议额	示范费用
500000 卢比以下	45000 卢比
500000~2000000 卢比以下	45000 卢比+等于和超过 500000 卢比之主张金额的 3.5%
2000000~10000000 卢比以下	97500 卢比+等于和超过 2000000 卢比之主张金额的 3%
10000000~100000000 卢比以下	337500 卢比+等于和超过 10000000 卢比之主张金额的 1%
100000000~200000000 卢比以下	1237500 卢比+等于和超过 100000000 卢比之主张金额的 0.75%
等于或超过 200000000 卢比	1987500+等于和超过 200000000 卢比之主张金额的 0.5%,但最高额为 3000000

注:仲裁庭为独任仲裁员的,该仲裁员应当有权获得额外费用,数额为上表规定的每项表格支付费用的25%。

第5表

[见第12节第(1)分节(b)条款]

以下事由构成对仲裁员独立性或公正性的合理怀疑:

仲裁员与双方当事人或顾问的关系

1. 仲裁员是一方当事人的雇员、顾问、咨询者,或与一方当事人有任何其他过去或现在的业务关系。

2. 仲裁员目前代表一方当事人或其附属机构或向它们提供建议。

3. 仲裁员代表以一方当事人顾问行事的律师或律师事务所。

4. 仲裁员是正在代表一方当事人的同一律师事务所的律师。

5. 仲裁员是一方当事人附属机构的经理、董事或管理的一部分或具有类似控制性影响，若该附属机构直接涉及本仲裁中的争端事项。

6. 仲裁员的律师事务所以前曾介入但终止介入本案，仲裁员本人未介入。

7. 仲裁员的律师事务所目前与一方当事人或其附属机构有重大商事关系。

8. 仲裁员经常向任命其为仲裁员的当事人或其附属机构提供建议，即使该仲裁员或其律师事务所未因此获取重大财经收入。

9. 仲裁员与一方当事人具有紧密家庭关系，和在公司情况下与管理或控制该公司的人有紧密家庭关系。

10. 仲裁员的紧密家庭成员在一方当事人或其附属机构有重大财经利益。

11. 仲裁员是仲裁中一方当事人的实体的法定代表人。

12. 仲裁员是一方当事人的经理、董事或管理的一部分或对该当事人有类似控制性影响。

13. 仲裁员对一方当事人或本案结果有重大财经利益。

14. 仲裁员经常向任命其为仲裁员的当事人或其附属机构提供建议，和该仲裁员的律师事务所因此获取重大财经收入。

仲裁员与本争端的关系

15. 仲裁员已经就本争端向一方当事人或其附属机构给出了法律建议或提供了专家意见。

16. 仲裁员以前介入本案。

仲裁员在本争端中的直接或间接利益

17. 仲裁员直接或间接持有一方当事人或其被私人控制的附属机构的股份。

18. 仲裁员紧密家庭成员对争端结果有重大财经利益。

19. 仲裁员或其紧密家庭成员与第三方当事人有密切关系，该第三方当事人可能负责追索本争端中败诉当事人。

为一方当事人先前服务或介入本案的其他情形

20. 仲裁员在过去 3 年内担任一方当事人或其附属机构顾问，或者曾就不相关事项中仲裁员任命向该当事人或其附属机构提出建议或接受过咨询但

该仲裁员与该当事人或其附属机构没有进一步关系。

21. 仲裁员在过去 3 年内在不相关事项中针对一方当事人或其附属机构担任过顾问。

22. 仲裁员在过去 3 年内由一方当事人或其附属机构在两次或多次场合任命为仲裁员。

23. 仲裁员的律师事务所在过去 3 年内在不相关的事务中代理一方当事人或其附属机构,但没有涉及该仲裁员。

24. 仲裁员目前或过去 3 年内在涉及一方当事人或其附属机构事项的另一仲裁中担任仲裁员。

仲裁员与其他仲裁员或律师的关系

25. 仲裁员和其他仲裁员为同一律师事务所的律师。

26. 仲裁员在过去 3 年内在同一仲裁中曾是其他仲裁员或任何顾问的合作者或其他情况下附属于他们。

27. 仲裁员律师事务所中的律师是涉及相同一方或双方当事人或其附属机构的其他仲裁中的仲裁员。

28. 仲裁员的紧密家庭成员是代表一方当事人的律师事务所的合伙人或雇员,但未协助该争端。

29. 仲裁员在过去 3 年内已经接受同一顾问或同一律师事务所 3 次以上的任命。

仲裁员与当事人间的关系和涉及本仲裁的其他事项

30. 仲裁员的律师事务所目前正在代理一方当事人或其附属机构的对立方。

31. 仲裁员在过去 3 年内在职业资格方面曾与一方当事人或其附属机构联合,例如前任雇员或合伙人。

其他情形

32. 仲裁员直接或间接持有股份,该股份因数量或面额在公开上市的一方当事人或其附属机构中构成实质性持有。

33. 仲裁员在仲裁机构中具有指定授权解决争端的职位。

34. 仲裁员在一方当事人的附属机构中是经理、董事或管理的一部分或具有类似控制性影响,若该附属机构未直接卷入本仲裁中的争端事项。

[解释 1] "紧密家庭成员" 术语,是指配偶、兄弟姐妹、子女、父母,或终身

伴侣。

[解释 2]"附属机构"术语,包括父母公司在内的一集团公司中的全部公司。

[解释 3]为消除疑问,需澄清的是,在将仲裁员区别于小型专业化仲裁员群体的某些特殊种类仲裁中,如海事或商品仲裁,它可以是习惯。若在这些领域,要求双方当事人经常在不同案件中任命相同仲裁员是惯例和习惯,在适用上述列明的规则时,这是被考虑的有重大关系的事实。

第 6 表

[见第 12 节第(1)分节(b)]

姓名:

联系详情:

以前经验(包括仲裁方面的经验):

进行仲裁的数量:

披露与任何一方当事人过去或现在的任何关系或利益或与争端主题有关的情形,无论是财经、商业、职业或其他种类的,这些情形可能导致对你的独立性或公正性产生合理怀疑(列出):

可能影响你将充分时间用于仲裁的能力和特别是影响你在 12 个月内完成整个仲裁的能力的情形(列出):

第 7 表

[见第 12 节第(5)分节]

仲裁员与双方当事人或顾问的关系

1. 仲裁员是一方当事人的雇员、顾问、咨询者,或具有与一方当事人其他过去或现在的商业关系。

2. 仲裁员目前代表或咨询任何一方当事人或其附属机构。

3. 仲裁员目前代表律师或律师事务所担任一方当事人的顾问。

4. 仲裁员是正在代表一方当事人的同一律师事务所的律师。

5. 仲裁员在一方当事人附属机构中是经理、董事或管理的一部分,或者拥有类似控制性影响,若该附属机构直接卷入了本仲裁中的争端事项。

6. 仲裁员的律师事务所曾卷入但已终止本案,仲裁员本身未被卷入。

7. 仲裁员的律师事务所现在与一方当事人或其附属机构有重大商事关系。

8. 仲裁员经常向任命仲裁员的当事人或其附属机构提供咨询,即使该仲裁员或其事务所未因此获取重大财经收入。

9. 仲裁员与一方当事人具有紧密家庭成员关系,在公司情形下,与管理和控制公司的人员具有紧密家庭成员关系。

10. 仲裁员的紧密家庭成员在一方当事人或其附属机构中具有重大财经利益。

11. 仲裁员是在本仲裁中为一方当事人的实体的法定代表人。

12. 仲裁员在一方当事人中是经理、董事或管理的一部分,或具有类似控制性影响。

13. 仲裁员在一方当事人或其附属机构或本案结果中拥有重大财经利益。

14. 仲裁员经常向任命仲裁员的一方当事人或其附属机构提供咨询,该仲裁员或其事务所因此获得了重大财经收入。

与本争端仲裁员的关系

15. 仲裁员对本争端向一方当事人或其附属机构已经给出法律意见或提供了专家意见。

16. 仲裁员先前介入本案。

仲裁员在本争端中的直接或间接利益

17. 仲裁员在被私人控制的一方当事人或其附属机构中直接或间接持有股份。

18. 仲裁员的紧密家庭成员在本争端的结果中有重大财经利益。

19. 仲裁员或其紧密家庭成员在本争端中与可能负责追偿败诉方的第三方有密切关系。

[解释1]"紧密家庭成员"术语,是指配偶、兄弟姐妹、子女、父母、或终身伴侣。

[解释2]"附属机构"术语,包括父母公司在内的一集团公司中的全部公司。

[解释3]为消除疑问,需要澄清的是,在将仲裁员区别于小型专业化仲

员群体的某些特殊种类仲裁中，如海事或商品仲裁，它可以是习惯。若在这些领域，要求双方当事人经常在不同案件中任命相同仲裁员是惯例和习惯，在适用上述列明的规则时，这是一个被考虑的有重大关系的事实。"

26. 本法不适用于待决仲裁程序

根据主法第 21 节规定，除非双方当事人另有协议，本法中的任何规定不应当适用于已开始的本法生效前的仲裁程序，但本法应当适用于本法生效日或之后的有关仲裁程序。

27. 废止与保留

（1）兹废止《2015 年仲裁和调解（修正）条例》（2015 年第 9 号条例）。

（2）尽管有上述废止，按主法（经上述条例修正）所作的任何事情和采取的任何行动，应当被视为已经按主法（经本法修正）的相应规定作了或采取了。

———————————

印度政府秘书

G. Narayana Raju 博士

（邓瑞平、戴沁妤译，邓瑞平、孙志煜审校）

附：

1996 年仲裁和调解法 *

（1996 年第 26 号）

1996 年 8 月 16 日发布

目　录

---

* 译自《印度公报》1996 年 8 月 22 日专号第 II 部分第（3）i 节本法英文本。本法于 1996 年 8 月 22 日生效。

为合并和修正与国内仲裁、国际商事仲裁和执行外国仲裁裁决有关的法律，界定与调解有关的法律，规定与此相关或附属事项，制定一项法律。

序　言

鉴于联合国国际贸易法委员会（UNCITRAL）已于 1985 年正式通过《UN-CITRAL 国际商事仲裁示范法》；

和鉴于联合国大会已经推荐所有国家适当考虑上述《示范法》，以期统一伯裁程序法和满足国际商事仲裁实践的特殊需要；

和鉴于 UNCITRAL 已于 1980 年正式通过《UNCITRAL 调解规则》；

和鉴于联合国大会已经推荐在争端产生于国际商事关系背景且双方当事人通过求助调解友好解决其争端时使用上述规则；

和鉴于上述示范法和规则为公正有效解决国际商事关系中产生的争端建立统一法律框架做出重大贡献;

和鉴于制定尊重仲裁和调解的法律并考虑上述示范法和规则是有益的;

议会于印度共和国第47年颁布本法,内容如下:

序　文

1. 短标题、适用范围和生效

(1)本法可称为《1996年仲裁和调解法》。

(2)本法扩展至印度全境:

但是,第Ⅰ、Ⅲ、Ⅳ部分应当仅在其与国际商事仲裁或与国际商事调解有关的范围内适用于查谟和克什米尔邦,视情况而定。

[解释]在本分节中,"国际商事调解"一词应当具有与第2节第(1)分节(f)条款中国际商事仲裁一词相同的含义,但受如下修改的约束:应当用"调解"文字替代相关处出现的"仲裁"文字。

(3)本法应当自中央政府在《官方公报》中以公告方式指定的日期生效。

第Ⅰ部分　仲裁

第Ⅰ章　一般规定

2. 定义

(1)除非上下文另有要求,在本部分中,

(a)仲裁,指无论是否由常设仲裁机构管理的任何仲裁;

(b)仲裁协议,指第7节中规定的协议;

(c)仲裁裁决,包括临时裁决;

(d)仲裁庭,指独任仲裁员或仲裁员小组;

(e)法院,指在一地区拥有最初管辖权的主要民事法院,包括在行使其最初普通民事管辖权中对决定构成仲裁主题的事项拥有管辖权的高等法院,若同一事项是诉讼主题,但不包括级别低于上述主要民事法院的任何民事法院和任何轻微诉因法院。

(f)国际商事仲裁,指与产生于按印度有效法律被认为是商事(无论是否合同性的)法律关系的争端有关的仲裁,且至少一方当事人是:

(ⅰ)国籍或习惯居住地为印度以外的任何国家的自然人;或

(ⅱ)在印度以外任何国家设立的法人团体;或

（ⅲ）在印度境外任何国家行使中央管理或控制的公司、社团或自然人组织；或

（ⅳ）外国的政府。

（g）法定代表人，指在法律上代表死者遗产的人，包括管理死者遗产的任何人，若一方当事人以代表身份行事，将该方当事人的死者遗产移交给他的人如此行事。

（h）当事人，指仲裁协议的一方当事人。

（2）本部分适用于仲裁地位于印度的情形。

（3）本部分不应当影响按其规定不得将某些争端提交仲裁的任何现行有效法律。

（4）第 40 节第（1）分节、第 41 节和第 43 节除外，本部分应当适用于任何其他有效制定法下的每项仲裁，如同该仲裁是根据仲裁协议的和该其他制定法是仲裁协议，但是本部分的规定与该其他制定法或据此制定的任何规则不一致者除外。

（5）受第（4）分节约束，并在任何现行有效法律或印度与其他任何或多个国家之间的协定中另有规定的范围内予以保留，本部分应当适用于所有仲裁和与此相关的所有程序。

（6）第 28 节除外，若本部分让双方当事人自由决定某个问题，该自由应当包括双方当事人委托包含机构在内的任何人决定该问题的权利。

（7）根据本部分作出的仲裁裁决应当被认为是国内裁决。

（8）若本部分：

（a）提到双方当事人已经或将达成协议的事实，或

（b）以其他方式提到双方当事人的一项协议，

该协议应当包括在该协议中提到的仲裁规则。

（9）第 25 节（a）条款或第 32 节第（2）分节（a）条款除外，若本部分提到一项请求，它还应当适用于一项反请求，且若它提到一项答辩，它还应当适用于对该反请求的答辩。

3. 接收书面通信

（1）除非双方当事人另有协议，

（a）若书面通讯交付至私人地址或其营业地点或习惯住址或邮政地址，视为该书面通讯已经收到，和

（b）经合理询问后，（a）条款中提到的地址仍不能找到，若书面通讯以挂号信或提供试图交付记录的其他电讯方式送达到最后知晓的营业地点、习惯

居住地或邮政地址的地址,视为该书面通讯已经收到。

(2)通讯于当日交付的,视为该通讯已经于当日收到。

(3)本部分不适用于与任何司法机构程序有关的书面通讯。

4. 放弃反对权

一方当事人知道——

(a)双方当事人可以减损本部分的任何规定,或

(b)仲裁协议下的任何要求,

未被遵从,且无不适当延迟,未对此不遵从提出反对意见,仍然参加仲裁程序,若对提出反对意见规定了时限,在该期限内,应当视为该方当事人已经放弃提出反对意见的权利。

5. 司法干预的范围

尽管其他任何现行有效法律中有任何规定,在受本部分支配的事项中,任何司法机构不应当干预,但本部分另有规定除外。

6. 行政协助

为便利仲裁程序行为,双方当事人或经双方当事人同意的仲裁庭,可以安排适合的机构或个人提供行政协助。

第 II 章　仲裁协议

7. 仲裁协议

(1)在本部分,"仲裁协议"指双方当事人的、在他们之间就某种确定法律关系(不论是否是合同性)方面已经或将产生的全部或部分争端提交仲裁的安排。

(2)仲裁协议可以是合同中的仲裁条款形式或独立协议的形式。

(3)仲裁协议应当是书面的。

(4)若仲裁协议包含在以下情形,该仲裁协议是书面的:

(a)双方当事人签署的文件;

(b)交换信函、电传、电报或提供记录该协议的其他电讯方式;或

(c)交换请求和答辩声明,一方当事人宣称其中存在该协议、另一方当事人不否认。

(5)在合同中对包含仲裁条款的某文件的提及构成仲裁协议,若该合同是书面的且该提及将使仲裁条款成为该合同的一部分。

8. 有仲裁协议时要求双方当事人提交仲裁的权力

(1)若一方当事人将是仲裁协议主题的事项向司法机构提起诉讼,在不

迟于其提交争端的首次实体声明提出申请,司法机构应当要求双方当事人提交仲裁。

(2)第(1)分节中提到的申请不应当考虑,除非其随附仲裁协议正本或经验证的仲裁协议副本。

(3)尽管已按第(1)分节提出申请,且该事项在司法机构待决,可以启动或继续仲裁,或作出仲裁裁决。

9. 法院的临时措施等

在仲裁程序之前或期间,或在仲裁裁决作出后、根据第36节执行裁决前的任何时间,一方当事人可以向法院申请——

(i)为仲裁程序目的,为未成年人或有精神问题的人指定监护人;或

(ii)与以下任何事项有关的临时措施或保护,即:

(a)是仲裁协议主题的任何货物的保存、扣留或出售;

(b)获得仲裁中的争议金额;

(c)对以下任何财产或物项的扣留、保存和检查:是仲裁中争端主题的,或因其产生任何问题和为上述目的允许任何人在一方当事人占有期间进入任何土地或建筑物,或允许提取任何样品或作出任何检测或进行实验,这些对为获得全部信息或证据的目的是必要的或有用的;

(d)临时禁令或任命接受人;

(e)可以提交法院的正当、方便的其他临时保护措施,

且法院应当拥有与其为任何诉讼目的和与任何诉讼有关的相同的发布命令的权力。

第Ⅲ章　仲裁庭的组成

10. 仲裁员的人数

(1)双方当事人自由确定仲裁员的人数,但是该人数不应当是偶数。

(2)未作出第(1)分节规定的确定,仲裁庭应当由独任仲裁员组成。

11. 仲裁员的任命

(1)任何国籍的自然人可以担任仲裁员,除非双方当事人另有协议。

(2)受第(6)分节约束,双方当事人自由协议任命一名或数名仲裁员的程序。

(3)第(2)分节规定的协议未达成的,在三名仲裁员的仲裁中,各方当事人应当任命一名仲裁员,被任命的两名仲裁员应当任命第三名仲裁员并应由其担任首席仲裁员。

（4）若第（3）分节规定的任命程序适用，且——

（a）一方当事人自收到另一方当事人任命仲裁员的请求之日起30日内未任命仲裁员，

（b）被任命的两名仲裁员自其被任命之日起30日内未就任命第三名仲裁员达成一致，

应当经一方当事人请求由首席法官或其指定的任何人或机构予以任命。

（5）未达成第（2）分节中规定的协议，在独任仲裁员的仲裁中，若双方当事人自另一方当事人收到一方当事人请求同意协议任命之日起30日内未达成一致，经一方当事人请求，应当由首席法官或其指定的任何人或机构作出任命。

（6）按双方当事人协商一致的任命程序，若：

（a）一方当事人未按该程序行事；或

（b）双方当事人或被任命的两名仲裁员未达成依该程序所期望的协议；或

（c）个人、机构未履行依该程序委托给他或它的任何功能，

一方当事人可以请求首席法官或其指定的人或机构采取必要措施，除非任命程序的协议为保证此任命规定了其他方法。

（7）第（4）、（5）或（6）分节委托给首席法官或其指定的人或机构就某事项的决定是最终的。

（8）首席法官或其指定的人或机构在任命仲裁员中应当适当考虑——

（a）双方当事人的协议对仲裁员的资格要求；和

（b）可能保障任命独立、公正仲裁员的其他因素。

（9）在国际商事仲裁中任命独任或第三名仲裁员情况下，若双方当事人属于不同国籍，印度首席法官或其指定的人或机构可以任命双方当事人国籍以外国籍的仲裁员。

（10）首席法官可以制定他认为对处理第（4）或（5）或（6）分节托付给他的事项的适当方案。

（11）若按第（4）、（5）或（6）分节已向不同高等法院首席法官或其指定的人提出多于一项请求，依相关分节向其首先提出请求的首席法官或其指定的人应当单独有资格决定该请求。

（12）（a）若第（4）、（5）、（6）、（7）、（8）和（10）分节中提到的事项产生于国际商事仲裁，在此等分节中对首席法官的提及应当视为对印度首席法官的提及。

（b）若第（4）、（5）、（6）、（7）、（8）和（10）分节中提到的事项产生于其他任何仲裁，在这些分节中对首席法官的提及应当视为对以下首席法官的提及：第（2）分节第（e）条款中提及的主要民事法院所在地范围内的高等法院首席法官；若高等法院本身是该条款中提及的法院，该高等法院的首席法官。

12. 回避的事由

（1）若一个人被请求可能被任命为仲裁员，他应当书面披露可能对其独立性、公正性引起合理怀疑的任何情形。

（2）仲裁员自其被任命之时起至整个仲裁过程，应当不迟延地向双方当事人书面披露第（1）分节规定的任何情形，除非他已经告知双方当事人。

（3）仅具有以下情形，才可以对仲裁员提出回避：

（a）存在对他的独立性或公正性引起合理怀疑的情形；或

（b）他不具有双方当事人协议的资格。

（4）一方当事人可以仅因他在作出任命后才意识到回避的理由对所任命或已参与任命的仲裁员提出回避。

13. 回避的程序

（1）受第（4）分节约束，当事人自由协议仲裁员回避的程序。

（2）未达成第（1）分节提及的协议，意图仲裁员回避的一方当事人应当自其意识到仲裁庭组成或意识到第 12 节第（3）分节提到的任何情形后 15 日内，向仲裁庭发出回避理由的书面声明。

（3）除非依第（2）分节被回避的仲裁员撤回其任命或另一方当事人同意此回避，仲裁庭应当对此回避作出决定。

（4）若按双方当事人协议程序或第（2）分节下的程序提出的回避未成功，仲裁庭应当继续程序并作出仲裁裁决。

（5）若按第（4）分节作出仲裁裁决，对仲裁员提出回避的当事人可以根据第 34 节申请撤销该仲裁裁决。

（6）若基于依第（5）分节提出的申请撤销仲裁裁决，法院可以决定被回避的仲裁员是否有权获得费用。

14. 未能或不可能行事

（1）同时具备以下情形的，应当终止仲裁员的任命：

（a）他在法律上或事实上不能履行其职能或因其他事由不能无不当延迟地行事；和

（b）他撤回了对他的任命，或双方当事人同意终止对他的任命。

（2）若涉及第（1）分节（a）条款中提及的任何理由仍存在争议，除非双方

当事人另有协议,一方当事人可以向法院申请决定终止任命。

(3)若按本节或第 13 节第(3)分节,仲裁员撤回了对其任命,或一方当事人同意终止仲裁员的任命,不应当暗含接受了本节或第 12 节第(3)分节规定的任何理由的正确性。

15. 仲裁员的任命终止与替换

(1)除了第 13 节或第 14 节规定的情形,仲裁员的任命还应当因以下情形终止:

(a)他因任何理由撤回了对其任命;或

(b)被或根据双方当事人的协议。

(2)若仲裁员的任命被终止,应当根据可适用于更换仲裁员的规则任命替代仲裁员。

(3)除非双方当事人另有协议,若按第(2)分节仲裁员被替换,按仲裁庭的自由决定权,可以重复以前进行的听审。

(4)除非双方当事人另有协议,在按本节替换仲裁员之前已经作出的仲裁庭命令或决定不应当仅因仲裁庭组成已经变化而无效。

第Ⅳ章　仲裁庭的管辖权

16. 仲裁庭决定其管辖权的能力

(1)仲裁庭可以决定其自身管辖权,包括决定与仲裁协议存在或有效性有关的任何异议,为此目的,

(a)构成合同一部分的仲裁条款应当按其独立于合同其他条款的协议对待;和

(b)仲裁庭对合同无效的决定不应当在法律本身上导致仲裁条款无效。

(2)对仲裁庭无管辖权的恳求应当在不迟于提交答辩声明时提出。

(3)对仲裁庭超越其权限范围的恳求,应当在被指超越其权限范围的事项于仲裁程序期限内被提出时提出。

(4)无论在第(2)分节或第(3)分节规定的情形下,仲裁庭若认为迟延是正当的,可以准许延迟的恳求。

(5)仲裁庭应当决定第(2)或(3)分节中规定的恳求。若仲裁庭决定驳回恳求,应当继续仲裁程序并作出仲裁裁决。

(6)对仲裁裁决不服的当事人可以根据第 34 节申请撤销该仲裁裁决。

17. 仲裁庭命令临时措施

(1)除非双方当事人另有协议,经一方当事人请求,仲裁庭可以命令一方

当事人采取仲裁庭认为对争端主题是必要的任何临时保护措施。

（2）仲裁庭可以要求一方当事人对涉及依第（1）分节命令的措施提供适当担保。

第 V 章　仲裁程序守则

18. 平等对待双方当事人

双方当事人应当受到平等对待,应当给予每方当事人对其案件提出意见的充分机会。

19. 决定程序规则

（1）仲裁庭不应当受《1908 年民事诉讼法典》（1908 年第 5 号法）或《1872 年印度证据法》（1872 年第 1 号法）的约束。

（2）受本部分约束,双方当事人自由协议仲裁庭在处理仲裁进程中遵循的程序。

（3）第（2）分节中规定的协议未达成的,仲裁庭受本部分约束,可以以其认为适当的方式实施仲裁进程。

（4）仲裁庭第（3）分节下的权力包括决定任何证据的可承认性、关联性、实质性和重要性的权力。

20. 仲裁地

（1）双方当事人自由协议仲裁地。

（2）未达成第（1）分节中提及的协议的,应当由仲裁庭考虑案件情况包括双方当事人的方便后作出决定。

（3）尽管有第（1）或（2）分节的规定,除非双方当事人另有协议,仲裁庭可以在其认为适当的任何地点汇聚以在其成员间磋商,听审证人、专家或双方当事人,或检验文件、货物或其他财产。

21. 仲裁程序的开始

除非双方当事人另有协议,就特定的争端,仲裁程序自被申请人收到将争端提交仲裁的请求之日开始。

22. 语言

（1）双方当事人自由协议仲裁程序中使用的一种或数种语言。

（2）未达成第（1）分节提及的协议的,仲裁庭应当决定仲裁程序中使用的一种或数种语言。

（3）除非另有特别规定,上述协议或决定应当适用于一方当事人提交的任何声明,任何听审和仲裁裁决、决定或仲裁庭进行的其他通讯。

(4)仲裁庭可以命令,任何文书证据应当附有双方当事人协议的或仲裁庭决定的语言的译本。

23. 请求和答辩陈述

(1)在双方当事人协议的或仲裁庭决定的时限内,申请人应当陈述支持其主张的事实、争议点、请求的救济或补救措施,被申请人应当就这些特定事项陈述其答辩,除非双方当事人就这些陈述的要求因素已另有协议。

(2)双方当事人可以提交随附其认为相关的全部文件的声明,或可以补充提及其将提交的文件或其他证据。

(3)除非双方当事人另有协议,每方当事人可以在仲裁程序过程期间修正其请求或答辩,除非仲裁庭考虑到修正或补充会导致延迟后认为允许修正或补充是不适当的。

24. 听审和书面程序

(1)除非双方当事人另有协议,仲裁庭应当决定是否举行证据举示的口头听审或口头辩论,或程序是否应当以文件和其他资料为基础进行。

但是,经一方当事人要求,仲裁庭应当在程序的适当阶段举行听审,除非双方当事人已经协议不举行口头听审。

(2)应当将仲裁庭的任何听审和为检验文件、货物或其他财产目的的任何会议,充分提前通知给双方当事人。

(3)一方当事人提供给仲裁庭的全部声明、文件或其他信息,或向仲裁庭作出的申请,应当寄交给另一方当事人;仲裁庭可能依据其作出决定的任何专家报告或证据性文件,应当寄交给双方当事人。

25. 一方当事人缺席

除非双方当事人另有协议,若没有呈现充分理由,

(a)申请人未根据第23节第(1)分节寄交其请求陈述,仲裁庭应当终止程序。

(b)被申请人未根据第23节第(1)分节寄交其答辩陈述,仲裁庭应当继续程序,不得将此未寄交本身视为被申请人承认申请人的指控。

(c)一方当事人未出席口头听审或未提交文件证据,仲裁庭可以继续程序并根据其面前的证据作出仲裁裁决。

26. 仲裁庭任命专家

(1)除非双方当事人另有协议,仲裁庭可以——

(a)任命一名或多名专家就仲裁庭决定的特殊问题向其报告,和

(b)要求一方当事人向专家提供任何相关信息,或提交或提供进入任何

相关文件、货物或其他财产以供专家检验。

(2)除非双方当事人另有协议,若一方当事人请求或仲裁庭认为必要,专家在递交其书面或口头报告后应当参与口头听审;听审中,双方当事人有机会向其提问和提出专家证人以检验争议点。

(3)除非双方当事人另有协议,经一方当事人请求,专家应当使该方当事人获得为检验提供给专家准备报告的、由专家占有的所有文件、货物或其他财产。

27. 收集证据中的法院协助

(1)仲裁庭或经仲裁庭批准的一方当事人,可以申请法院协助收集证据。

(2)申请应当详细说明——

(a)双方当事人和仲裁员的名称、地址;

(b)请求的总体性质和请求的救济;

(c)要获取的证据,特别是——

(i)作为证人或专家证人被审理的任何人的名称和地址,和要求证明的主题的声明;

(ii)对将提交的文件或将检验的财产的描述。

(3)法院在其权限范围内并根据其收集证据规则,可以执行请求或命令将证据直接提供给仲裁庭。

(4)法院在按第(3)分节执行或命令时,可以向证人签发与其在审理诉讼中可以签发的相同的传票。

(5)未根据上述传票出庭、犯有其他过失、拒绝给出其证据、或在仲裁程序进行期间犯藐视仲裁庭罪的人,应当承担法院命令的关于仲裁庭表现的不利、处罚和惩罚,如同在法院审判的诉讼中对类似违法行为作出的惩处。

(6)在本节中,"传票"一词包括对检验证人的传票和命令,以及提交文件的传票。

第VI章 仲裁裁决的作出和程序的终止

28. 可适用于实体争端的规则

(1)若仲裁地位于印度,

(a)在国际商事仲裁以外的仲裁中,仲裁庭应当根据在印度有效的实体法律决定提交仲裁的争端。

(b)在国际商事仲裁中,

(i)仲裁庭应当根据双方当事人指定的可适用于实体争端的法律规则

决定该争端;

（ⅱ）双方当事人对一定国家的法律或法律制度的任何指定,应当被解释为直接指定该国实体法律而不是其法律冲突规则,除非双方当事人另有明示约定;

（ⅲ）双方当事人未指定(a)条款下的法律的,仲裁庭应当在考虑围绕该争端的所有情形后适用其认为适当的法律规则。

（2）只有双方当事人已经明示授权仲裁庭按公平、公理原则作出决定或担任调解人,仲裁庭才应当这样做。

（3）在所有情况下,仲裁庭应当根据合同条款作出决定,并应当考虑可适用于该交易的贸易惯例。

29. 仲裁员小组作出决定

（1）除非双方当事人另有协议,在超过一名仲裁员的仲裁中,仲裁庭的任何决定应当由其全体成员的多数作出。

（2）尽管有第(1)分节,若经双方当事人或仲裁庭的全体成员授权,程序问题可以由首席仲裁员决定。

30. 和解

（1）用仲裁协议要求仲裁庭促进双方当事人和解,是不矛盾的;凭双方当事人的协议,仲裁庭在仲裁进程中随时可以使用调停、调解或其他程序和解。

（2）若在仲裁进程期间双方当事人和解争端,仲裁庭应当终止程序;若双方当事人请求且仲裁庭不反对,仲裁庭应当基于协议条款以仲裁裁决的形式记录和解。

（3）应当根据第31节作出基于协议条款的仲裁裁决,该裁决应当规定它是仲裁裁决。

（4）基于协议条款的仲裁裁决应当具有与对实体争端的任何其他仲裁裁决相同的地位和效力。

31. 仲裁裁决的形式和内容

（1）仲裁裁决应当以书面形式作出,并应当由仲裁庭成员签字。

（2）为第(1)分节目的,在多于一名仲裁员的仲裁程序中,只要陈述任何未签字的理由,仲裁庭所有成员的多数签字应当是充分的。

（3）仲裁裁决应当陈述其基于的理由,除非——

（a）双方当事人已经同意将不给出理由;或

（b）该裁决是第30节下的基于协议条款的仲裁裁决。

（4）仲裁裁决应当记载其日期和根据第20节决定的仲裁地,且该裁决应当视为已经在该地作出。

（5）仲裁裁决作出后,应当向每方当事人交付经签字的副本。

（6）仲裁庭可以在仲裁进程期间随时对有关的其可以作出最终裁决的任何事项作出临时裁决。

（7）(a)除非双方当事人另有协议,若仲裁裁决是支付金钱,仲裁庭可以包括作出裁决的总额的全部或部分利息,利率为仲裁庭认为合理的利率,利息期为产生诉因之日至裁决作出之日。

（b）除非裁决另有指令,仲裁裁决指令支付的总额应当计算利息,利率为每年 18% ,利息期为裁决之日至支付之日

（8）除非双方当事人另有协议,

（a）仲裁庭应当确定仲裁费用;

（b）仲裁庭应当具体规定——

（ⅰ）有权享有费用的当事人,

（ⅱ）应当支付费用的当事人,

（ⅲ）费用的数额和决定该数额的方法,和

（ⅳ）应当支付费用的方式。

[解释]为了(a)条款的目的,费用是指与以下有关的合理费用:

（ⅰ）仲裁员和证人的费用和支出;

（ⅱ）法律费用;

（ⅲ）监管仲裁的机构的任何行政费用;和

（ⅳ）已产生的与仲裁程序和仲裁裁决有关的其他任何支出。

32. 程序的终止

（1）仲裁程序应当被最终仲裁裁决终止或仲裁庭按第(2)分节发布的命令终止。

（2）具有以下情形的,仲裁庭应当发布命令终止仲裁程序:

（a）申请人撤回其仲裁请求,除非被申请人反对该命令且仲裁庭确认了在获得争端最终解决中的他的部分的合法利益;

（b）双方当事人同意终止仲裁程序;或

（c）仲裁庭认定,为其他原因继续程序已经变得不必要或不可能。

（3）受第 33 节和第 34 节第(4)分节约束,仲裁庭的命令随仲裁程序的终止而终止。

33. 裁决的矫正和解释,补充裁决

（1）除非双方当事人已经另外协议时限,自收到仲裁裁决之日起 30 日内,

（a）一方当事人经通知另一方当事人,可以请求仲裁庭矫正任何计算错

误、电子或手打错误,或裁决中出现的类似性质的其他任何错误;

(b)若双方当事人已协议如此,一方当事人经通知另一方当事人,可以请求仲裁庭对裁决的某具体点或部分作出解释。

(2)若仲裁庭认为按第(1)分节作出的请求是正当的,它应当自收到该请求之日起30日内予以矫正或作出解释,该解释应当构成裁决的一部分。

(3)仲裁庭可以在裁决之日起30日内主动矫正第(1)分节(a)条款中提及的打印错误。

(4)除非双方当事人另有协议,一方当事人经通知另一方当事人,可以在收到仲裁裁决之日起30日内,请求仲裁庭对仲裁程序中提出的但仲裁裁决遗漏的请求,作出补充仲裁裁决。

(5)若仲裁庭认为按第(4)分节提出的请求是合理的,应当在收到该请求之日起60日内作出补充仲裁裁决。

(6)若必要,仲裁庭可以延期其应当作出第(2)分节或第(5)分节下的矫正、解释或补充仲裁裁决。

(7)第31节应当适用于按本节作出的仲裁裁决矫正、解释或补充仲裁裁决。

第Ⅶ章　针对仲裁裁决的求助

34. 申请撤销仲裁裁决

(1)针对仲裁裁决向法院求助,可以仅根据第(2)和(3)分节以申请撤销此仲裁裁决的方式提出。

(2)仅在以下情况下,仲裁裁决才可以被法院撤销:

(a)提出申请的一方当事人提供以下证据——

(ⅰ)一方当事人缺乏某种资格;或

(ⅱ)按双方当事人已经服从的法律,仲裁协议无效;或按现行有效法律,未就此作出任何指示;或

(ⅲ)未就任命仲裁员或仲裁程序向提出申请的一方当事人给予适当通知,或在其他情况下未能对其案件提出意见;或

(ⅳ)仲裁庭处理的争端不是提请仲裁的条款规定的或不属于此条款的范围内,或仲裁裁决包括了对超出提请仲裁范围的事项的决定:

但是,若对提请仲裁事项的决定能够从没有提请仲裁事项的决定中分离,只有包括对未提请仲裁事项的决定的那部分仲裁裁决才可以被撤销;或

(ⅴ)仲裁庭的组成或仲裁程序没有根据双方当事人的协议进行,除非此协议与当事人不得减损的本部分的规定相抵触,或未达成此协议,仲裁庭组成

或仲裁程序不是按本部分进行的；或

（b）法院判定——

（ⅰ）按现行有效法律，争端主题不能通过仲裁解决；或

（ⅱ）仲裁裁决与印度公共政策相抵触。

[解释]不损害第（ⅱ）分条款的一般性，兹宣布，为避免任何疑问，若裁决的作出是受欺诈或腐败影响导致的，或违反第 75 节或第 81 节，该裁决与印度公共政策相抵触。

（3）自提出申请的一方当事人已经收到仲裁裁决之日起，或曾按第 33 节提出请求，自该请求已被仲裁庭处理之日起，满 3 个月后，不得提出撤销申请：

但是，若法院认为因充分理由阻止申请人在上述 3 个月期限内提出申请，它可以在 30 日的宽限期内考虑该申请，但不得再延长期限。

（4）法院收到第（1）分节下的申请后，若适当并经一方当事人请求，可以在其确定的时限内延长进程，目的是给仲裁庭再继续仲裁程序或采取仲裁庭认为将消除撤销仲裁裁决理由的其他行动的机会。

第Ⅷ章　仲裁裁决的终局性和强制执行

35. 仲裁裁决的终局性

受本部分约束，仲裁裁决应当是最终的，并分别约束双方当事人和在他们之下提出请求的人。

36. 强制执行

若按第 34 节提出申请撤销仲裁裁决的时间已经届满，或者已提出的申请被驳回，此裁决应当按《1908 年民事诉讼法典》（1908 年第 5 号法）以法院判决的相同方式予以执行。

第Ⅸ章　上诉

37. 可上诉的命令

（1）应当对源自以下命令（且非其他命令）向法律授权听审针对发布命令法院最初决定的上诉的法院提出上诉，即：

（a）准许或拒绝准许第 9 节下的任何措施；

（b）撤销或拒绝撤销第 34 节下的仲裁裁决。

（2）还应当对源自仲裁庭的以下命令向法院提出上诉：

（a）接受第 16 条第（2）或（3）分节中规定的恳求；或

（b）准许或拒绝第 17 节下的临时措施。

（3）不应当针对按本节在上诉中发布的命令提出上诉，但本节中的规定不应当影响或剥夺向最高法院上诉的任何权利。

第 X 章 杂项

38. 保证金

（1）仲裁庭视情况可以确定保证金或补充保证金的数额，作为预付第 31 节第（8）分节中提及的费用，仲裁庭认为此等费用在涉及向其提出请求时会发生：

但是，除请求外，若向仲裁庭提交反请求，仲裁庭可以对请求和反请求分别确定数额。

（2）第（1）分节规定的保证金应当由双方当事人以相等份额支付：

但是，若一方当事人未支付其份额的保证金，另一方当事人可以支付该份额：

但是，若另一方当事人对其请求或反请求未支付前述份额，仲裁庭可以暂停或终止与此请求或反请求有关的仲裁程序，视情况而定。

（3）一旦终止仲裁程序，仲裁庭应当将收到保证金的账户提供给双方当事人，并应当将未支出的余额返还给该方当事人或双方当事人，视情况而定。

39. 对费用的仲裁裁决优先权和保证金

（1）受第（2）分节规定和仲裁协议中任何相反规定的约束，仲裁庭应当对任何未支付的仲裁费用，在仲裁裁决上有优先权。

（2）若在任何情况下，仲裁庭要求支付费用除外，仲裁庭拒绝交付其裁决，经申请人申请，法院可以命令仲裁庭应当在申请人将被要求的费用支付给法院时将仲裁裁决交付给申请人，并以其认为适合方式调查后进一步命令，已经支付给法院的钱款应当以费用方式按法院认为合理的数额支付给仲裁庭，该钱款的余额（若有）应当返还给申请人。

（3）除非双方当事人与仲裁庭之间的书面协议已经确定了要求支付的费用，第（2）分节下的申请可由任何一方当事人提出，仲裁庭应当有权出席并听审此类任何申请。

（4）若仲裁费用方面产生任何问题，且仲裁裁决对此方面包含不充分规定，法院可以就此类费用发布其认为合适的命令。

40. 当事人死亡不解除仲裁协议

（1）仲裁协议不应当因一方当事人死亡而解除，不论是死亡一方当事人还是另一方当事人,但在此情况下应当由或针对死者的法定代表人强制执行。

(2)仲裁员的任命不应当因任命其的任何一方当事人死亡而终止。

(3)本节中的任何规定不应当影响依其消灭死亡者任何诉讼权利的法律的实施。

41. 对破产的规定

(1)若一方当事人为破产者的合同条款规定,因破产或与破产有关而产生的任何争端应当提交仲裁,接受者采纳了该合同,所述条款在其涉及此类争端的范围内应当由或针对他可以强制执行。

(2)若一人已被判定为破产者,其在破产程序开始前已为仲裁协议的一方当事人,要求判定该协议适用的任何事项涉及破产程序或为破产程序目的,且若此案不是第(1)分节适用的案件,另一方当事人或接受者可以向对破产程序有管辖权的司法机构申请命令,指令应当根据仲裁协议将争端事项提交仲裁;若司法机构在考虑全部案件情况后的意见是该事项应当由仲裁决定,可以据此发布命令。

(3)本节中"接受者"一词包括法定受让人。

42. 管辖权

尽管本部分其他地方或其他现行有效法律中有任何规定,若在涉及仲裁协议时已经向法院依本部分提出了任何申请,该法院应当对仲裁程序和产生于该协议的全部后续申请独自拥有管辖权,仲裁的诉讼程序应当在该法院而非其他法院进行。

43. 时效

(1)《1963 年时效法》(1963 年第 36 号法)应当适用于仲裁,如同其适用于法院中的程序。

(2)为本节和《1963 年时效法》(1963 年第 36 号法)的目的,仲裁应当被视为自第 21 节规定的日期已经开始。

(3)若将未来争端提交仲裁的仲裁协议规定,除非在该协议规定的时间内采取启动仲裁程序的某些步骤,仲裁协议所适用的任何请求应当被禁止;若争端产生于该协议所适用的事项,法院认为在本案情形下会另外产生不应有的困难,尽管规定的时间已届满,如同该案法官可以要求的,可以基于此类条款将时效延长至其认为适当的期限。

(4)若法院命令撤销仲裁裁决,就涉及提交的争端,对程序(包括仲裁)的启动,自该仲裁开始至法院命令之日的期间应当排除于《1963 年时效法》(1963 年第 36 号法)规定的时间计算。

第Ⅱ部分　某些外国仲裁裁决的执行

第Ⅰ章　纽约公约裁决

44. 定义

除非上下文另有要求,本章中"外国裁决"是指对人们之间产生于1960年10月11日或之后按印度有效法律被认为是商事的法律关系的纷争的以下裁决,无论是否合同性质的:

(a)按照第1表规定的公约所适用的提交仲裁的书面协议;和

(b)位于中央政府认为符合已经作出的互惠条款后在《官方公报》以公告方式宣布所述公约适用于一国领土之内。

45. 司法机构要求当事人提交仲裁的权力

尽管本部分或《1908年民事诉讼法典》(1908年第5号法)中有任何规定,司法机构在受理涉及当事人已经达成第44节规定协议的事项的诉讼时,经一方当事人或通过其或按其提出主张的任何人的请求,应当要求双方当事人提交仲裁,除非法院认定所述协议无效、无操作性或不能执行。

46. 有约束力的外国裁决

为了对双方当事人作出裁决的所有目的,按本章可执行的任何外国裁决应当按有约束力对待,并可据此由任何一方当事人以抗辩方式予以信赖、撤销或在印度境内进行其他任何法律程序。本章中对执行外国裁决的任何规定应当解释为包括对依赖裁决的规定。

47. 证据

(1)申请执行外国裁决的当事人应当在申请时向法院提交:

(a)按裁决作出地国法律要求的方式进行正式认证的裁决正本或其副本;和

(b)仲裁协议的正本或其经正式证明的副本;

(c)证明裁决是外国裁决所必要的证据。

(2)若按第(1)分节提交的裁决或协议是外国语,请求执行裁决的当事人应当提交经该当事人所属国的外交或领事官员证明正确,或根据印度有效法律是充分的其他方式证明正确的英译本。

[解释]在本节和本章后续各节中,"法院"是指在一地区拥有最初管辖权的主要民事法院,包括在行使其最初普通民事管辖权中对裁决主题拥有管辖权的高等法院,若同一事项是诉讼主题,但不包括级别低于此主要民事法院的

任何民事法院或任何轻微诉因法院。

48. 执行外国裁决的条件

（1）经针对其进行的一方当事人请求，且在该当事人向法院提供以下证据时，可以拒绝执行外国裁决：

（a）第 44 节规定协议的双方当事人按可适用于他们的法律已是无资格，或按双方当事人已经遵从的法律该协议无效，或者按裁决作出地国法律未就此作出任何指示；或

（b）未适当通知该裁决针对的当事人任命仲裁员或仲裁程序，或该当事人其他情况下未能出席其案件；

（c）裁决处理的纷争不是或不属于提交仲裁的规定范围，或它包含了决定的事项超出提交仲裁的范围：

但是，若提交仲裁事项的裁决可以从未提交事项的裁决中分离，包含决定提交仲裁事项的那部分裁决可以被执行；或

（d）仲裁庭的组成或仲裁程序未依照双方当事人的协议，或者无此协议，未依照仲裁举行地国的法律；或

（e）裁决对双方当事人没有发生约束力，或者被裁决作出地国家的主管机构或按该国法律撤销或中止裁决。

（2）若法院认定裁决具有以下情形，可以拒绝执行仲裁裁决：

（a）依据印度法律，纷争的主题不能通过仲裁解决；

（b）执行裁决会与印度公共政策相抵触。

［解释］不损害（b）条款的一般性，兹声明，为避免任何疑问，若裁决的作出是受欺诈或腐败导致或影响的，该裁决与印度公共政策相抵触。

（3）若已向第（1）分节（e）条款规定的主管机构作出撤销裁决的申请，法院认为恰当，可以延期决定执行裁决；经申请执行裁决的当事人请求，还可以命令另一方当事人提供适当担保。

49. 执行外国裁决

若法院认为外国裁决依本章是可以执行的，该裁决应当被视为该法院的判决。

50. 可上诉的命令

（1）源自于拒绝以下事项的命令的上诉，应当向法律授权听审针对此命令上诉的法院提出：

（a）按第 45 节要求双方当事人提交仲裁；

（b）按第 48 节执行外国裁决。

（2）不应当针对按本节在上诉中发布的命令提出上诉,但本节中的任何规定不应当影响或剥夺向最高法院上诉的任何权利。

51. 保留

本章中的任何规定应当不损害任何人本已拥有的在印度执行裁决,或使自己在印度利用任何裁决,或使自己利用本章未规定的任何裁决的权利。

52. 不适用第Ⅱ章

本部分第Ⅱ章不应当适用于本章所适用的外国裁决。

第Ⅱ章　日内瓦公约裁决

53. 解释

在本章中,"外国裁决"是指对按印度有效法律认为是商事事务纷争的、1924 年 7 月 28 日以后作出的以下仲裁裁决:

（a）按照第 2 表中规定的议定书所适用的仲裁协议;和

（b）在双方当事人之间,其中一方当事人受中央政府的此种权威之一管辖,即中央政府认为符合已订互惠条款后在《官方公报》以公告方式宣布为第 3 表中规定公约的当事人,其中另一方当事人受上述其他权威管辖;和

（c）位于中央政府认为符合已订互惠条款后以相同公告方式宣布是所述公约适用的领土之内。为本章目的,以对抗裁决有效性为目的的任何程序在裁决作出地国是待定的,不应当将该裁决视为是最终的。

54. 司法机构要求双方当事人提交仲裁的权力

尽管第Ⅰ部分或《1908 年民事诉讼法典》(1908 年第 5 号法) 中包含任何规定,司法机构在处理涉及第 53 节适用的当事人间订有合同(包括仲裁协议,无论是否规定现在或未来的纷争,按该节是有效的且能有效执行) 的争端时,应当要求双方当事人依一方当事人或主张通过他或依他的任何人的申请提交仲裁员决定,此要求不应当损害司法机构在该协议或仲裁不能进行或变得不可操作时的管辖权。

55. 有约束力的外国裁决

为了所有目的,按本章可执行的任何外国裁决应当按它对其作出的双方当事人有约束力对待,并可据此由任何一方当事人以抗辩方式予以依赖、撤销或在印度境内进行其他任何法律程序。本章中对执行外国裁决的任何规定应当解释为包括对依赖裁决的规定。

56. 证据

（1）申请执行外国裁决的当事人在申请时应当向法院提交——

（a）经以裁决作出地国法律要求方式正式认证的裁决正本或其副本；

（b）证明裁决已经成为最终的证据；和

（c）证明符合第57条第（1）分节（a）和（c）条款中规定条件的必要证据。

（2）若按第（1）分节要求提交的任何文件是外国语，请求执行裁决的当事人应当提交经该当事人所属国的外交或领事官员证明正确，或根据印度有效法律是充分的其他方式证明正确的英译本。

［解释］在本节和本章后续各节中，"法院"是指在一地区拥有最初管辖权的主要民事法院，包括在行使其最初普通管辖权中对决定裁决主题拥有管辖权的高等法院，若同一事项是诉讼主题，但不包括级别低于此主要民事法院的任何民事法院或任何轻微诉因法院。

57. 执行外国裁决的条件

（1）为了外国裁决按本章可以被执行，以下应当是必要的：

（a）根据提交的按可适用法律是有效的仲裁，已经作出裁决；

（b）按印度法律裁决的主题能够通过仲裁解决；

（c）仲裁庭对提交的仲裁已经作出裁决，或以双方当事人协议的方式达成，且符合支配仲裁程序的法律；

（d）裁决在作出地国成为最终的；若裁决向反对或上诉开放，或证明以对抗该裁决有效性为目的的任何程序是待定的，不得认为该裁决是终局的；

（e）执行该裁决不与印度的公共政策或法律相抵触。

［解释］不损害第（e）条款的一般性，兹宣布，为避免任何疑问，若裁决的作出是受欺诈或腐败导致或影响的，该裁决与印度公共政策相抵触。

（2）即使第（1）分节中规定的条件被满足，若法院认为裁决存在以下情形，应当拒绝执行该裁决：

（a）在裁决作出地国，该裁决已经无效；

（b）没有在充足时间内将仲裁程序通知给请求使用该裁决所针对的当事人以使其能出席其案件；或该当事人处于无法律能力，他未被适当地代表出席；

（c）裁决未处理仲裁请求设定的或属于仲裁请求范围内的纷争，或裁决包含了决定的事项超出提交仲裁的范围：

但是，若裁决没有包含提交仲裁庭的全部纷争，法院认为适当，可以中止执行或准许提供法院决定的担保。若事项的裁决可以从未如此提交的裁决中分离，包含决定提交仲裁事项的那部分裁决可以被执行。

（3）针对其已经作出裁决的当事人证明，根据支配仲裁程序的法律，存在

使其有权对抗该裁决有效性的理由,但不是第(1)分节第(a)、(c)条款和第(2)分节第(b)、(c)中规定的理由,法院认为适当,可以拒绝执行该裁决或中止考虑该裁决,给予该当事人合理时间使仲裁庭宣告该裁决无效。

58. 执行外国裁决

若法院认为按本章外国裁决是可执行的,该裁决应当视为该法院的判决。

59. 可上诉的命令

(1)上诉应当依赖于拒绝以下事项的命令:

(a)按第54节要求双方当事人提交仲裁;和

(b)按第57节执行外国裁决。

(2)不应当针对按本节在上诉中发布的命令提出上诉,但本节中的任何规定不应当影响或剥夺向最高法院上诉的任何权利。

60. 保留

本章中的任何规定应当不损害任何人本已拥有的在印度执行裁决、或使自己在印度利用任何裁决,或使自己利用本章未规定的任何裁决的权利。

第Ⅲ部分 调解

61. 适用和范围

(1)保留任何现行有效法律的另外规定,且除非双方当事人另有协议,本部分应当适用调解产生于法律关系(无论是否合同性质)的争端和与此相关的所有程序。

(2)本部分不应当适用于根据任何现行有效法律某些争端不得提交调解的情形。

62. 调解程序的开始

(1)启动调解的当事人应当按本部分向另一方当事人发出调解的书面邀请,并简要说明争端的主题。

(2)调解程序应当自另一方当事人收到调解的书面邀请时起开始。

(3)若另一方拒绝邀请,不存在任何调解程序。

(4)若启动调解的当事人自其发出邀请之日起30日内或邀请中特别规定的其他期限内没有收到回复,可以选择按拒绝调解邀请对待,和若其如此选择,他应当据此书面通知另一方当事人。

63. 调解员的人数

(1)除非双方当事人协议应当有2名或3名调解员,应当为1名调解员。

（2）存在多于 1 名调解员时，作为普遍规则，他们应当共同参与。

64. 调解员的任命

（1）受第（2）分节约束，

（a）在 1 名调解员的调解程序中，双方当事人可以协议独任调解员的姓名；

（b）在 2 名调解员的调解程序中，每一方当事人可以指定 1 名调解员；

（b）在 3 名调解员的调解程序中，每一方当事人可以指定 1 名调解员，且双方当事人可以协商确定应当担任首席调解员的第 3 名调解员姓名。

（2）双方当事人可以获得合适的机构或个人在调解员任命方面的协助，特别是：

（a）一方当事人可以请求该机构或个人推荐担任调解员的合适自然人的姓名；或

（b）双方当事人可以协议由该机构或个人直接任命 1 名或多名调解员；

但是，在推荐或任命自然人担任调解员中，机构或个人应当关注诸如可能保障任命独立、公正调解员之类的考量因素，涉及独任或 3 名调解员时，应当考虑任命双方当事人国籍以外国籍的调解员的适当性。

65. 向调解员提交声明

（1）一经任命的调解员可以要求每方当事人向其提交该当事人状况的简要声明和支持声明的事实、理由、任何文件的补充和该方当事人认为适当的其他证据。该方当事人应当将此声明、文件和其他证据的副本送交给另一方当事人。

（2）调解员可以要求每方当事人向其提供该当事人状况的进一步书面声明和支持该声明的事实、理由、文件补充和该当事人认为适当的其他证据。该当事人应当将此声明、文件和其他证据的副本送交给另一方当事人。

（3）在调解进程的阶段，调解员可以要求一方当事人向其提供调解员认为适当的补充信息。

［解释］在本部分和本部分所有后续各节中，"调解员"术语适用于独任调解员、3 名调解员，视情况而定。

66. 某些制定法不约束调解员

调解员不受《1908 年民事诉讼法典》（1908 年第 5 号法）或《1872 年印度证据法》（1872 年第 1 号法）的约束。

67. 调解员的角色

（1）调解员应当以独立、公正方式按其努力尝试，帮助双方当事人达到友好解决其争端。

（2）调解员应当受客观性、公平和公正原则指引,在其他事项中,考虑双方当事人的权利义务、相关贸易惯例、围绕争端的各种情况,包括双方当事人之间的任何先前商业惯例。

（3）调解员可以按其认为适当的方式实施调解程序,考虑案情、双方当事人表达的愿望,包括一方当事人请求调解员听取口头陈述,和快速解决争端的需要。

（4）调解员可以在调解进程的任何阶段对解决争端提出建议方案。此建议方案无须是书面的,也无须随附陈述理由。

68. 管理协助

为促进实施调解程序,双方当事人或经双方当事人同意的调解员可以安排合适的机构或人员提供管理协助。

69. 调解员与双方当事人间的通信

（1）调解员可以邀请双方当事人与其会见,或可以与他们口头或书面通讯。他可以共同或单独会见双方当事人,或共同或单独与他们进行通讯。

（2）除非双方当事人对调解员举行会议的地点已另有约定,该地点应当由调解员经协商双方当事人并已考虑调解程序情形后决定。

70. 信息披露

调解员收到来自一方当事人的与争端有关的事实信息后,应当将该信息的实质内容披露给另一方当事人以使该另一方当事人有机会提交其认为合适的解释:

但是,若一方当事人向调解员提交的信息受保密条件的约束,调解员不应当将该信息披露给另一方当事人。

71. 双方当事人与调解员的合作

双方当事人应当诚信地与调解员合作,特别是应当尽努力遵从调解员的要求提交书面材料、提供证据和出席会议。

72. 双方当事人对解决争端的建议

每方当事人可以主动或经调解员邀请向调解员提交解决争端的建议。

73. 和解协议

（1）若向调解员显示存在双方当事人可能接受的和解因素,调解员应当草拟可能和解的条款并提交给双方当事人审阅。调解员在收到双方当事人的审阅后,可以根据审阅意见再草拟可能和解的条款。

（2）若双方当事人对争端和解达成协议,他们可以起草和签署书面和解协议。经双方当事人要求,调解员可以起草或协助双方当事人起草和解协议。

（3）若双方当事人签署和解协议,该和解协议是最终的且对双方当事人和分别根据当事人提出请求的人有约束力。

（4）调解员应当认证和解协议，并向每方当事人提供该协议副本。

74. 和解协议的地位和效力

和解协议应当具有的地位和效力如同其是对按第 30 节提交仲裁庭之实体争端协议条款的仲裁裁决。

75. 保密

尽管其他任何现行有效法律中包含了任何规定，调解员和双方当事人应当对与调解程序有关的所有事项保守秘密。保密还应当扩展到和解协议，除非为履行或执行目的，其披露是必要的。

76. 调解程序的终止

调解程序应当因以下情形终止：

（a）双方当事人签署和解协议，在协议之日；或

（b）调解员经协商双方当事人后书面宣告调解的进一步努力不再有合理性，在该宣告之日；或

（c）双方当事人向调解员书面宣告终止调解程序，在该宣告之日；或

（d）一方当事人向另一方当事人和调解员（若被任命）宣告终止调解程序，在该宣告之日。

77. 求助仲裁或司法程序

（1）双方当事人不应当在调解程序期间就构成调解程序主题的争端，启动仲裁或司法程序，但是一方当事人认为仲裁或司法程序为保护其权利所必需而启动此类程序除外。

78. 费用

（1）调解程序一旦终止，调解员应当确定调解费用并向双方当事人发出书面通知。

（2）为第（1）分节的目的，"费用"是指与以下有关的合理费用：

（a）调解员和经调解员要求、双方当事人同意的证人的费用和支出；

（b）调解员要求并经双方当事人同意的任何专家意见；

（c）根据第 64 节第（2）分节（b）条款和第 68 节提供的任何协助；

（d）已发生的与调解程序、和解协议有关的其他任何支出。

（3）费用应当由双方当事人平等承担，除非和解协议规定了不同分配比例。一方当事人遭受的其他全部费用应当由该方当事人承担。

79. 保证金

（1）调解员可以指定一方当事人交存平等数额作为预付其认为将发生的

第78节第(2)分节规定的费用。

(2)在调解程序进程期间,调解员可以要求每方当事人补充交存平等数额。

(3)若第(1)和(2)分节下被要求的交存未被双方当事人在30日内全部付清,调解员可以中止程序或向双方当事人作出终止程序的书面宣告,自宣告之日生效。

(4)一旦终止调解程序,调解员应当将已收交存款项的账户提供给双方当事人,并应当将未支出的任何余额返还给双方当事人。

80. 调解员在其他程序中的角色

除非双方当事人另有协议,

(a)涉及争端是调解程序的主题时,调解员在任何仲裁或司法程序中不应当担任仲裁员或一方当事人的代表或顾问;

(b)在任何仲裁或司法程序中,双方当事人不应当要求调解员作为证人出庭。

81. 证据在其他程序中的可接受性

在仲裁或司法程序中,双方当事人不应当依赖或引入以下为证据,无论此程序是否与调解程序主题有关:

(a)就争端的可能解决,另一方当事人发表的观点或作出的提议;

(b)在调解程序进程中,另一方当事人作出的同意;

(c)调解员作出的提议;

(d)另一方当事人已经表明其愿意接受调解员提议的事实。

第Ⅳ部分　补充条款

82. 高等法院制定规则的权力

高等法院可以对本法下法院的全部程序制定与本法相符的规则。

83. 消除障碍

(1)若任何障碍产生于赋予本法规定的效力,中央政府可以通过在《官方公报》中发布命令,制定不与本法规定相抵触的、对消除障碍是必要或有益的规定:

但是,自本法生效日起届满2年后,不应当发布此类命令。

(2)按本节作出的每项命令,在其作出后,尽快呈递议会各院。

84. 制定规则的权力

(1)中央政府可以以《官方公报》中公告方式制定实施本法规定的规则。

(2)中央政府按本法制定的每项规则应当在其制定后尽快呈递给议会两院。在会期间,总期限为 30 日,其由一次或两次或多次后续会议、会议届满前立即进行下次或多次后续会议构成。若两院均同意对该规则作出修改,或两院均同意不应当制定该规则,此规则应当仅以修改的形式有效,或无效,视情况而定。但是,任何此和修改或无效不应当损害先前按该规则已做任何事情的有效性。

85. 废止和保留

(1)兹废止《1937 年仲裁(议定书和公约)法》(1937 年第 6 号法)、《1940 年仲裁法》(1940 年第 10 号法)和《1961 年外国裁决(承认与执行)法》(1961 年第 45 号法)。

(2)尽管有上述废止,

(a)涉及本法生效前开始的仲裁程序,上述制定法的规定应当适用,除非双方当事人另有协议,但本法应当适用于本法生效日或之后开始的仲裁程序。

(b)按上述制定法制定的所有规则和发布的公告,应当在其不与本法抵触的范围内,分别被视为已经按本法制定或发布。

86. 废止 1996 年第 27 号条例和保留

(1)兹废止《1996 年仲裁和调解(第三)条例》(1996 年第 27 号条例)。

(2)尽管有上述废止,根据上述条例作出的任何命令、规则、公告或计划,或作出的任何事或采取的任何行动,应当被视为已经按本法相应规定作出或采取了。

第 1 表

(见第 44 节)
承认和执行外国仲裁裁决公约[①]

第 1 条

1. 本公约应当适用于在一国领土内作出、在另一国请求承认和执行的、产生于无论是自然人还是法人之间的纷争的仲裁裁决。本公约还应当适用于在请求承认和执行地国家不认为是内国裁决的仲裁裁决。

2. "仲裁裁决"术语应当不仅包括每一案件任命的仲裁员作出的裁决,还包括双方当事人已提交的常设仲裁机构作出的裁决。

---

① 本译本系参考联合国国际贸易法委员会《承认及执行外国公断裁决公约》(1958 年纽约)中文版和其他有关译本的重译本。

3. 任何缔约国在签署、批准或加入本公约,或根据第 10 条通知扩展本公约时,可以在互惠的基准上声明,本国将本公约适用于承认和执行仅在另一缔约国领土内作出的仲裁裁决。它还可以声明,本国将本公约仅适用于按本国法被认为是商事(无论是否合同性质)的法律关系引起的纷争。

第 2 条

1. 各缔约国应当承认双方当事人承诺将他们之间已产生于或将产生于涉及能以仲裁方式解决的主题的特定法律关系(无论是否合同性质)的全部或任何纷争提交仲裁的书面协议。

2. "书面协议"术语,应当包括双方当事人签署的合同中或互换信函、电报中包含的仲裁条款或仲裁协议。

3. 缔约国法院在受理涉及双方当事人在本条含义内已达成协议的事项的诉讼时,除非该法院认定此协议无效、失效或不可能实施,应当经一方当事人请求,令双方当事人提交仲裁。

第 3 条

各缔约国应当按以下各条规定的条件承认仲裁裁决具有约束力,并根据裁决执行地领土的程序规则执行裁决。承认或执行本公约适用的裁决时,不应当比承认或执行内国裁决实质地施加更苛刻的条件或征收更高的费用。

第 4 条

1. 为获得前条提及的承认和执行,申请承认和执行的当事人应当在申请时提供:

(1)经正式认证的裁决正本或经正式证明的裁决副本;

(2)第 2 条中提及的协议正本或经正式证明的副本。

2. 若上述裁决或协议不是用裁决承认和执行地国家官方语言作成,申请承认和执行裁决的当事人应当提交这些文件的该语言译本。译本应当由官员或宣誓译员,或外交或领事官员证明。

第 5 条

1. 经承认和执行裁决所针对的当事人请求,仅在该当事人向请求承认和执行地的主管机构提供以下证据时,才可以拒绝承认和执行裁决:

(a)第 2 条所述协议的双方当事人,按对他们适用的法律,处于某种无能力状态;或按双方当事人已选定的法律,或对此无任何指定,按裁决作出地国家的法律,此协议无效;或

(b)没有就指定仲裁员或进行仲裁程序给予裁决针对的当事人适当通知,或在其他情况下他未能出席其案件;或

（c）裁决处理的纷争不是提交仲裁的条款规定的或不在提交仲裁的条款内，或裁决包含了对超出提交仲裁的事项的决定。但是，若对提交仲裁事项的决定能够从没有提交仲裁事项的决定中分离，可以承认和执行包含提交仲裁事项的决定的那部分裁决；或

（d）仲裁庭的组成或仲裁程序与双方当事人间的协议不符，或无此协议，与仲裁地国家的法律不符；或

（e）裁决对双方当事人尚无约束力，或裁决已在裁决作出地国家或依据其法律被主管机构撤销或中止。

2. 若申请承认和执行地国家的主管机构认定具有以下情形，也可以拒绝承认和执行裁决：

（a）按该国法律，纷争的主题不能以仲裁方式解决；或

（b）承认或执行该裁决会违反该国公共秩序。

第 6 条

若已向第 5 条第 1 款（e）提及的主管机构提出撤销或中止仲裁裁决申请，被请求承认和执行该裁决的机构认为适当，可以延期决定执行裁决，也可以经请求执行裁决的当事人申请，命令对方当事人提供适当担保。

第 7 条

1. 本公约的规定不影响缔约国缔结的有关承认和执行仲裁裁决的多边或双边协定的效力，也不剥夺任何利害关系人以请求承认和执行地国家法律或条约准许的方式和范围可以使自己利用仲裁裁决的任何权利。

2. 1923 年《仲裁条款日内瓦议定书》和 1927 年《执行外国仲裁裁决日内瓦公约》，应当自受本公约约束起和在受本公约约束的范围内，在缔约国之间不再有效力。

第 8 条

1. 本公约应当自 1958 年 12 月 31 日开放，供联合国任何成员国、现在或以后为联合国专门机构成员的、或现在或以后为《国际法院规约》成员方的、或经联合国大会邀请的其他任何国家签署。

2. 本公约应当经批准，批准书应当交存联合国秘书长。

第 9 条

1. 本公约应当向第 8 条规定的所有国家开放加入。

2. 加入应当以向联合国秘书长交存加入书生效。

第 10 条

1. 任何国家在签署、批准或加入时可以声明，本公约应当扩展至本国负责国

际关系的全部或任何领土。此声明应当自本公约对该关系国生效时发生效力。

2. 以后任何此种扩展应当以向联合国秘书长递交通知方式作出，并自联合国秘书长收到该通知之日后 90 日起或自本公约对该关系国生效之日起发生效力，以较晚者为准。

3. 对在签署、批准或加入时未将本公约扩展适用的领土，各关系国应当考虑采取必要步骤的可能性以使本公约扩展适用于这些领土。但是，若因宪法理由所必要，应当征得此领土的政府同意。

第 11 条

对联邦制或非单一制国家，以下规定应当适用：

(a) 关于本公约中属于联邦机构立法管辖权范围内的条款，在此范围内，联邦政府的义务应当与非联邦国家的缔约国义务相同。

(b) 关于本公约中属于联邦成员或省立法管辖权范围内的条款，该联邦成员或省根据联邦宪法制度无采取立法行动的义务，联邦政府应当尽早将这些条款并随附有利建议，提请各联邦成员或省的主管机构注意。

(c) 本公约的联邦国家缔约国，经联合国秘书长转达的其他任何缔约国请求，应当提供其联邦及其组成单位涉及本公约任何特别条款的法律和惯例的声明，显示以立法或其他行动已赋予该条款效力的范围。

第 12 条

1. 本公约应自交存第三份批准书或加入书之日后的第 90 日起生效。

2. 对在第三份批准书或加入书交存后批准或加入本公约的任何缔约国，本公约应当自该国家交存批准书或加入书后第 90 日起生效。

第 13 条

1. 任何缔约国可以采取书面通知联合国秘书长的方式退出本公约。退出应当自秘书长收到该通知之日后 1 年生效。

2. 已按第 10 条作出声明或通知的任何国家，可以在此后随时采取通知联合国秘书长的方式，声明自秘书长收到此通知之日后 1 年，本公约应当停止扩展到相关领土。

3. 对退出生效前已进行承认或执行程序的仲裁裁决，本公约应当继续适用。

第 14 条

缔约国不应当有权使自身利用本公约针对其他缔约国，但在其本身有义务适用本公约的范围内除外。

第 15 条

联合国秘书长应当将以下事项通知第 8 条规定的国家：

（a）根据第 8 条的签署和批准；

（b）根据第 9 条的加入；

（c）第 1、10 和 11 条下的声明和通知；

（d）根据第 12 条，本公约的生效日期；

（e）根据第 13 条的退出和通知。

第 16 条

1. 本公约中文、英文、法文、俄文和西班牙文文本应当同等有效，应当保存于联合国档案馆。

2. 联合国秘书长应当将本公约正式副本分送第 8 条规定的国家。

第 2 表

（见第 53 节）

仲裁条款议定书

经正式授权的以下签署者宣布，以其代表的国家名义，接受以下规定：

1. 各缔约国承认分别受不同缔约国管辖权约束的双方当事人间现存或未来纷争的协议的有效性；依此协议，合同双方当事人同意将可能产生的与此合同有关的、涉及商事事项或能以仲裁解决的其他任何事项的全部或任何纷争提交仲裁，不论仲裁是否在双方均不受约束的国家举行。

各缔约国保留将上述提及的义务限于依其国内法被认为是商事合同的权利。使自身利用此项权利的任何缔约国将通知国际联盟秘书长，以使其他缔约国可以获得此通知。

2. 仲裁程序，包括仲裁庭的组成，应当受当事人的意愿和仲裁举行地领土的国家的法律支配。

缔约国同意，根据其支配适用于现存纷争的仲裁程序的法律规定，简化自己领土内要求采取的所有步骤。

3. 各缔约国承诺确保由其当局和根据仲裁裁决作出地国内法规定、依程序性条款在其领土内执行。

4. 缔约国法庭在受理涉及第 1 条对其适用的双方当事人所订立合同包括无论是否提及现存或未来纷争的、依照上述条款有效的并能有效实施的仲裁协议的争端时，经任何一方当事人申请，应当令双方当事人将该争端提交仲裁员决定。

上述规定不应当损害司法法庭在该协议或仲裁不能进行或变得不可操作时的权限。

5. 本议定书应当被批准，应当向所有国家开放供其签署。批准书应当尽

快交存国际联盟秘书长,秘书长应当将此交存通知所有签署国。

6. 本议定书将尽快在已交存二份批准书日生效。此后对每一缔约国,本议定书自秘书长通知其交存批准书后 1 个月生效。

7. 任何缔约国可以在发出通知 1 年退出本议定书。退出应当以向国际联盟秘书长发出通知的方式发生效力。秘书长应当立即将该通知副本转递给其他所有签署国并告知他们收到退出通知的日期。退出应当自通知给秘书长之日后 1 年生效,且应当仅对该通知国发生效力。

8. 缔约国可以声明,其对本议定书的接受不包括以下提及的全部或任何领土,即:其殖民地、海外属地或领地、被保护地或其行使托管权的地区。

上述国家可以随后分别附上所代表的被排除的任何领土。应当尽快将此附件通知给国际联盟秘书长,秘书长应当将此附件通知给全体签署国。此附件将于秘书长通知全体签署国后 1 个月生效。

缔约国还可以分别代表上述提到的任何领土退出本议定书。第 7 条适用于此退出。

第 3 表

(见第 53 节)

执行外国仲裁裁决公约

第 1 条

(1)在本公约适用的任何缔约方领土内,依据不论是否涉及 1923 年 9 月 24 日在日内瓦开放的《仲裁条款议定书》包含的现存或未来纷争的协议(以下简称"提交仲裁")作出的仲裁裁决,应当被承认具有约束力,且应当根据请求执行该裁决的领土内的程序规则予以执行。但是,上述裁决已在本公约适用的一缔约方领土内且在受一缔约方管辖权约束的双方当事人之间作出。

(2)为获得上述承认或执行,以下要求应当有进一步的必要:

(a)依据对其适用的法律其是有效的提交仲裁,已经作出裁决;

(b)按请求承认或执行裁决地国家法律,裁决的主题是能够以仲裁解决的;

(c)提交仲裁中将纷争提交给了仲裁庭、仲裁庭以双方当事人一致同意的方式组成且符合支配仲裁程序的法律,此仲裁庭已经作出裁决;

(d)裁决在仲裁作出地国家已经是最终的,在此意义上,该裁决将不被视同其向反对、上诉或撤销原判(在存在此种程序形式的国家)开放或不被视同经证明为对抗该裁决有效性目的的任何程序待决;

(e)承认或执行该裁决不违反裁决申请地国的公共政策或法律原则。

第 2 条

若法院认为存在以下情形,即使符合第 1 条规定的条件,应当拒绝承认和执行该裁决:

(a)裁决在其作出地国被宣告无效;

(b)没有将仲裁程序在充足时间内通知给申请利用裁决所针对的当事人以能出席其案件,或该当事人处于法律上无能力状态,其没有适当地陈述其案件;

(c)裁决没有处理提交仲裁的条款所规定的纷争,或裁决不属于提交仲裁的条款范围,或它包含的决定事项超出了提交仲裁的范围。

若裁决未包含提交仲裁的所有事项,申请承认或执行该裁决的国家主管机构认为合适,可以中止承认或执行,或准许提供该机构决定的担保。

第 3 条

已作出裁决所针对的当事人证明,按支配仲裁程序的法律,存在第 1 条(a)和(c)、第 2 条(b)和(c)规定理由以外的理由,有权在法院对抗该裁决的有效性,该法院认为适当,可以拒绝承认或执行该裁决,或中止审理,给予此当事人合理时间使主管法庭宣告该裁决无效。

第 4 条

依赖裁决或请求执行裁决的当事人必须特别提供以下文件:

(a)根据裁决作出地国家法律要求,裁决正本或经正式认证的副本;

(b)在第 1 条(d)界定的意义上,证明裁决在裁决作出地国家成为最终的文件或其他证据;

(c)必要时,证明已经满足第 1 条第(1)款和第(2)款(a)、(c)项规定条件的文件或其他证据。

可以要求提供本条规定的裁决或其他文件翻译为裁决承认或执行地国官方语言的译本。此译本必须由申请承认或执行裁决的当事人所属国的外交或领事官员,或申请承认或执行裁决地国家的宣誓译员正确证明。

第 5 条

上述各条的规定不应当剥夺任何利害关系方使自己以申请承认或执行裁决国家法律准许的方式和范围利用该裁决的任何权利。

第 6 条

本公约仅适用于 1923 年 9 月 24 日在日内瓦开放的《仲裁条款议定书》生效后作出的仲裁裁决。

第 7 条

本公约将向 1923 年《仲裁条款议定书》全体签署者开放签署,应当被

批准。

本公约可仅由国际联盟成员批准,应当由 1923 年议定书的非联盟成员国批准。

批准书应当尽快交存国际联盟秘书长,他将此交存通知给全体签署国。

第 8 条

本公约应当自 2 个缔约国批准后 3 个月生效。此后在每一缔约方情形下,本公约应当在其向国际联盟秘书长交存批准书后 3 个月发生效力。

第 9 条

国际联盟任何成员或非成员国可以退出本公约。退出应当书面通知国际联盟秘书长,他立即将经证明与退出通知一致的通知副本送达其他全体缔约方,同时将他收到退出通知的日期告知他们。

退出应当仅在该缔约方已通知且在此通知到达国际联盟秘书长后 1 年生效。

退出《仲裁条款议定书》应当事实上导致退出本公约。

第 10 条

本公约不适用于任何缔约方宗主权或托管下的殖民地、保护地或领地,除非它们被特别提及。

本公约对 1923 年 9 月 24 日在日内瓦开放的《仲裁条款议定书》适用于殖民地、保护地或领地的一个或多个适用,可以随时由一缔约方以向国际联盟秘书长作出声明的方式发生效力。此声明应当自其交存后 3 个月生效。

缔约方可以随时对上述所有或任何殖民地、保护地或领地退出本公约。第 9 条据此适用于此退出。

第 11 条

本公约经验证的副本应当由国际联盟秘书长转递给国际联盟各成员和签署本公约的各非联盟成员国。

印度政府秘书

K. L. Mohanpuria

(邓瑞平、戴沁妤译,孙志煜、邓瑞平审校)

✻ 杨彦偲 *

南非《2015年投资保护法》简介

　　南非作为非洲经济最发达的发展中国家,吸引着大量的外国投资者。与非洲大陆其他国家相比,南非是一个政治相对稳定的经济体,拥有比较完善的金融、法律体系,通讯、交通、能源等基础设施良好,管理水平先进,股票证券市场繁荣,科技水平在某些领域处于国际领先地位。[①] 资料显示,在2007年至2012年间,南非的外国直接投资增长了22.4%。[②] 南非作为跨国公司进入非洲大陆、联通世界的桥梁,已经成为非洲最受欢迎的投资国度。

　　许多公司和私人投资者抓紧机会在南非市场进行投资,这其中不乏一些顶尖的企业,如英国的巴克莱银行、劳斯莱斯、沃达丰移动通讯公司等。在这些投资中增长最显著的行业是银行业和房地产业。这一趋势预示着南非正在从主要依赖对矿产等自然资源的开采向发展新兴产业转变,从传统的资源经济向服务经济转变。故南非曾被英国贸易投资总署称为"高增长市场(high growth market)",国外投资者纷纷将目光投向这块宝地,挖掘潜在的、可以带来高收益的投资。

　　但近年来,南非的经济地位受到了一定的动摇,在全球183个经济体中位

---

　　* 杨彦偲,1993年生,女,云南昆明人,西南政法大学国际法学院国际法学专业国际经济法方向2015级法学硕士生。

　　① 肖海英、陆仁茂:《南非投资法律的历史和特点探析》,载《文史博览(理论)》2011年第3期。

　　② Supragya, Investor Protection in South Africa, Roll No. 875, B.B.A., LL.B(Hons.), Semester Ⅵ, p.3.

列第 43。① 主要原因有二：(1)受 2008 年金融危机的影响，许多外国投资者特别是欧美投资者减少了直接投资；(2)世界上其他经济体的增速加快，对南非形成了强有力的竞争。为了促进南非经济的增长，南非政府进一步完善与投资相关的法律、政策、制度，为投资创造良好有序的法律环境，保护投资者及其投资成为其中的重要组成部分。

一、本法的制定背景

1994 年后，南非废除了种族隔离政策向民主政府过渡。这一期间为了吸引外资，重返国际社会，南非政府同许多国家签订了大量的双边投资条约（BITs）。但因欠缺长远考虑，第一代 BITs 更注重对投资者权利的保护，无形中削弱了东道国的既得利益。② 2007 年，南非政府决定对之前签订的 BITs 进行审查，并于 2009 年 6 月发布了《双边投资条约政策框架审查政府意见书》。③ 该意见书认为签署 BITs 与外资增长没有明显关系，随后经议会决定终止了第一代 BITs。

2013 年 11 月，南非贸易工业部公布了《投资促进与保护法案（草案）》④，力图取代第一代 BITs 对投资进行规制。该草案对"投资"的概念进行了界定，对投资待遇、征收及补偿、纠纷解决等方面进行了规制，并于 2015 年 7 月公布了《投资促进与保护法案（草案）》⑤。然而该草案的公布使一些国家特别是欧盟国家对南非的投资环境产生了担忧，其中最受争议的是有关征收的规定和有关投资纠纷解决的规定。之前的 BITs 中一般都采用了"及时、充分、有效"（Prompt, Adequate and Effective）的补偿标准，即按照被征收财产的"市场

---

① Supragya, Investor Protection in South Africa, Roll No. 875, B.B.A., LL.B(Hons.), Semester Ⅵ, p.4.

② 朱伟东：《南非〈投资促进与保护法案〉评析》，载《西亚非洲》2014 年第 2 期。

③ Department of Trade and Industry, Republic of South Africa, *Bilateral Investment Treaty Policy Framework Reviw Government Position Paper*, June 2009. http://www.pmg.org.za/files/docs/090626trade-bi-lateralpolicy.pdf, last visited on 2016-05-11.

④ Department of Trade and Industry, Republic of South Africa, *Promotion and protection of investment Bill: Draft*, http://www.thedti.gov.za/news2013/Protection Investment-Bill2013.pdf, last visited on 2016-05-12.

⑤ Department of Trade and Industry, Republic of South Africa, *Promotion and protection of investment Bill*, http://www.gov.za/documents/promotion-and-protection-investment-bill-28-jul-2015-0000, last visited on 2016-05-12.

价值"进行补偿,该草案采用了"公正、合理"(Just and Equitable)的补偿标准,就意味着投资者可能会获得低于被征收财产的正常市场价值的补偿。关于纠纷解决的规定,该草案不允许投资者将有关的投资争议提交国际仲裁,只能通过国内程序解决。

为了给投资者及其投资提供保护,实现所有投资者之间的权利与义务的平衡,南非贸易工业部于 2015 年 11 月公布了专门针对投资保护的法案——《投资保护法案》。① 该法案力图给国内外的投资者提供充足的、平等的保护,确保作为东道国的南非有权利对涉及公共利益的事项进行规制。

2015 年 12 月 15 日,南非议会通过、经总统签署颁布《投资保护法》(以下简称"本法")。② 本法依据南非共和国宪法对投资者及其投资进行保护,希望创造一个开放、透明的法律投资环境以促进投资,创造新的就业机会、促进经济增长,重申政府有权依据法律对涉及公共利益的事项进行规制。

二、本法的主要内容和特色

(一) 结构和主要内容

本法与《投资保护法案》相比,内容结构基本相同,仅在部分措辞上有稍许变化。

本法由 16 条组成,主要内容为:定义,包括本法中所提及的"宪法"、"部门"、"纠纷"等概念;专门针对"投资"概念的定义,以及对企业所拥有资产类型的肯定列举;法律解释,提出了对本法进行解释的依据;立法目的;法律适用,包括适用的范围和主体;公平的行政待遇,包括对政府行政行为的限制、投资者获得公平行政待遇的权利;投资的设立;国民待遇,针对外国投资与国内投资在相同情况下必须同等对待中的"相同情况"进行了解释;财产的实际安全;投资的法律保护;资金的转移;管制权,包括政府及国家机关可采取的措施、采取措施的情况;纠纷解决,包括调停者的任命、调停者的资格、外国投资

---

① Department of Trade and Industry, Republic of South Africa, *protection of investment Bill*, http://www. gov. za/documents/protection-investment-bill-b18b-2015-3-nov-2015-0000, last visited on 2016-05-12.

② Department of Trade and Industry, Republic of South Africa, *protection of investment act*, http://www. gov. za/documents/protection-investment-act-22-2015-15-dec-2015-0000, last visited on 2016-03-01.

者需提交的材料清单;管理规章,规定了部长可制定管理规章的范围;过渡安排;简称及生效日期。

(二)特色

本法与之前相关的法案相比增加了有特色且符合南非现状的内容和条款。主要特色如下:

1. 对"投资"的界定

对"投资"概念的界定在国际投资法律制度中显然很重要,它通常决定了仲裁庭的管辖权、所适用的法律。① 在南非与其他国家之间签订的 BITs 中虽有关于"投资"的界定,但仅对投资财产的类型进行了列举。本法结合 BITs 的内容,对"投资"作了更为全面、详尽的定义。

本法对"投资"进行了一个概括性的规定,列出了被定义为"投资"的三种形式;②还对"投资"定义进行了列举式规定,认为投资包括投资者在共和国内拥有的财产,包括股票、公司债券、有价证券、抵押权、留置权、利润、股息、投资收益、专利、商标、商号、版权、商誉等。③ 本法采取的抽象加具体的列举方式,增强了法律的适用性,同时有利于投资者和争端解决机构尽快确定有关争议是否是"投资"争议,是否可通过条约或法律规定的纠纷解决程序处理。④

2. 投资待遇仅涉及"国民待遇"

外国投资者在东道国享有的投资待遇一般包括公平公正待遇、国民待遇、最惠国待遇等,在南非与其他国家签订的 BITs 中基本上规定了以上几种投资待遇。南非政府签订的第一代 BITs 中通常给予外国投资者高于本国投资者的地位和待遇,但本法中仅规定了国民待遇。这与本法的立法目的有很大关系,原因在于,本法是为了"确保外国投资者和国内投资者依法得到同等待遇",将外资和内资纳入统一框架进行管理,以更好地保护东道国的利益。

根据本法规定,在相同情况下,外国投资者及其投资不能被给予低于南非投资者的待遇。⑤ 对"相同情况",本法进行了相应的解释说明,并就外国投资者不能享受特权的事项进行了例外规定。⑥

---

① 朱伟东:《南非〈投资促进与保护法案〉评析》,载《西亚非洲》2014 年第 2 期。
② Subsection(1), section 2, Protection of Investment, Act, South Africa, 2015.
③ Subsection(2), section 2, Protection of Investment, Act, South Africa, 2015.
④ 朱伟东:《南非〈投资促进与保护法案〉评析》,载《西亚非洲》2014 年第 2 期。
⑤ Subsection(1), section 8, Protection of Investment, Act, South Africa, 2015.
⑥ Subsection(2), section 8, Protection of Investment, Act, South Africa, 2015.

3. 以促进经济的可持续发展为目标

制定本法目的是，南非意识到投资在创造新的就业机会、加快经济增长、促进经济可持续发展、提升国民幸福指数等方面的重要作用。① 根据南非国家发展规划，到 2030 年要实现在经济性基础设施上的可持续投资；加快创造就业机会，特别是年轻人的就业机会；鼓励商业的扩张和新企业的发展；为采矿业和其他重点行业的长期投资提供稳定的政策支持。② 因此本法作为实现国家发展规划的重要法律支持，通过保护国内外投资者及其投资来促进经济的可持续发展。

三、对本法的简评

（一）本法的优势

1. 提倡以调解的方式解决与投资相关的纠纷

本法较详细规定了任命调停者的程序、担任调停者的资格、以及投资者需提交的资料。③ 调解作为解决纠纷的一种重要途径更有利于维护东道国和投资者的长远利益和友好关系，在双方自愿的情况下快速、经济的解决纠纷。以双方合意为基础的调解，使当事人的处分权得到了充分的发挥，调解结果更易为当事人所接受，避免了执行当中的困难。与此同时，由于投资保护法的不健全以及现实情况的复杂性，当事人可以通过调解过程中的相互协商和妥协，探索出双赢的解决办法，弥补法律的空缺。

2. 以用尽当地救济为前提，政府可参与国际仲裁

本法在纠纷解决条款中规定了纠纷解决的国内途径，明确规定在用尽当地救济之后，政府可同意就本法所提及的投资进行国际仲裁，仲裁将在共和国和投资者的母国之间进行。④ 此规定既维护了南非的主权，使国内投资者和外国投资者处于平等地位，又较好地保护了外国投资者的利益，以达到吸引更多外国投资的目的。

---

① Preamble, Protection of Investment, Act, South Africa, 2015.

② Supragya, *Investor Protection in South Africa*, Roll No. 875, B.B.A.0, LL.B(Hons.), Semester Ⅵ, p. 4.

③ Subsections(1),(2),(3), section 3, Protection of Investment Act, South Africa, 2015.

④ Subsection(5), section 3, Protection of Investment Act, South Africa, 2015.

3. 保护东道国的国家利益

南非之所以废止了第一代 BITs,是因为这些 BITs 中更多地强调投资者的权利而忽略了投资者对东道国的义务,忽略了对东道国自身权利的保护。本法中的南非政府管制权①和管理规章②,都是维护国家主权的体现,重申了政府有权依据法律对有关公共利益的投资事项进行规制,并认识到政府按照国际法的规定对涉及人权、基本自由以及人们对资源的保护方面的承诺应得到充分的保障。

(二) 本法存在的主要问题

将本法纳入全球视野,与国际投资国内法、双边或区域投资协定中的投资保护条款相比,本法存在以下问题:

1. 未涉及征收及补偿事项

征收是国际投资法领域一个极具争议的问题,一直被东道国和外国投资者极大关注。原因在于,征收是对外国投资者的财产进行最严重的干涉形式,③如未获得相应赔偿,对于外国投资者意味着巨大的损失。《投资促进与保护法案》虽然专门对此问题进行了规定,但不全面。而本法未涉及征收及补偿事项,对在何种情况下可以征收、如何补贴、补偿的依据与标准、征收程序等方面未做出规定,在实践中难免会出现无法可依的情况。

2. 条款过于粗略

本法许多条款过于粗略、简洁,缺乏可操作性,需进一步完善与补充,以更好地保护投资。例如:第 10 节关于投资的法律保护的条款,仅概括性地规定了法律保护的宪法依据,而没有具体条款;第 11 节关于资金转移的条款,仅规定了外国投资者可以汇回资金,未涉及资金转移的其他方式。

3. 对适用调解的限制

根据本法规定,外国投资者可将有关争议提交南非相关部门进行调解,但是这一规定存在很大瑕疵,即政府实际上有权否决对该纠纷进行调解。原因在于,南非政府仅在认为本国政府违反了本法提供的保护时,才能进行调解,即在外国投资者与南非政府皆同意将争议诉诸调解时,调解程序才能启动。

---

① Section 12, Protection of Investment Act, South Africa, 2015.
② Section 14, Protection of Investment Act, South Africa, 2015.
③ 朱伟东:《南非〈投资促进与保护法案〉评析》,载《西亚非洲》2014 年第 2 期。

2015 年投资保护法 *

总统令 No. 1236

2015 年 12 月 15 日

兹通知总统已批准下列法律,兹公布基本信息:

2015 年第 22 号:《2015 年投资保护法》

(总统已签署英文文本)

(2015 年 12 月 13 日批准)

为规定保护投资者及其投资,为实现适用于所有投资者的权利义务平衡,规定与此相关的事项,制定一项法律。

序　文

意识到宪法中神圣规定的保护和促进权利的义务;

确认投资在创造就业机会、加快经济增长、促进可持续发展和提升南非人民幸福感方面的重要性;

肯定国家承诺维持投资中的开放、透明环境;

渴望通过创建可以影响投资的便利化程序环境以促进投资;

考虑到政府根据宪法义务,担负起为所有投资包括外国投资提供健全法律框架的责任;

确保投资者权利与义务的平衡以增加共和国境内的投资;

强调有关获得公正行政待遇、正义、信息的权利和《权利法案》中规定其他一切权利;

确认采取措施保护或促进共和国内因歧视而历史地处于不利条件的人们或不同类别的人们的义务;

承认必须根据法律、行政司法和获取信息保护投资;

重申政府根据法律在公共利益中进行规制的权利;

认识到政府在国际法方面保证充分保护人权、基本自由和保护人类资源的承诺,

---

* 译自《南非共和国政府公报》2015 年 12 月 25 日第 606 卷第 39514 号本法英文本。

南非共和国议会兹制定本法,内容如下:

目 录

1. 定义

在本法中,除非上下文另有规定:

"宪法"指 1996 年《南非共和国宪法》;

"部门"指负责贸易和工业的部门;

"争端"指投资者依据本法第 13 节提出的指控政府已违反了本法规定的保护的主张;

"企业"指任何自然人或法人,无论其为公司或非公司;

"政府"指南非共和国政府;

"投资"具有按第 2 节指定的含义;

"投资者"指在共和国内作出投资的企业,不管其国籍;

"措施"指直接影响投资者或其投资的约束性政府行为,并包括法律、规章和行政行为;

"部长"指负责贸易和工业的部长;

"国家机关"指《宪法》第 239 节中定义的任何国家机关；

"规定"指由规章进行规定；

"规章"指依据本法制定的规章；

"共和国"指南非共和国；

"本法"指《2015 年投资保护法》。

2. 投资

（1）为本法的目的，投资是：

（a）由投资者根据共和国法律设立、获取或扩大的承诺在合理期限内投入经济价值资源、期望获得利润的任何合法企业；

（b）持有或获取此类企业的股份、债券或其他所有权凭据；或者

（c）此类企业持有、获取或并购共和国境外其他企业，程度为此种持有、获取或并购共和国外其他企业对（a）、（b）条款规定的共和国境内的投资具有影响。

（2）为"投资"定义的目的，一家企业可以拥有如下资产：

（a）《2008 年公司法》（2008 年第 71 号法）中定义的股份，《2012 年金融市场法》（2012 年第 19 号法）中定义的股票、债券、有价证券，或本企业或其他企业的其他权益工具；

（b）另一企业的债务担保；

（c）对一企业的贷款；

（d）动产、不动产或其他财产性权利如抵押权、留置权或质押权；

（e）依据具有金融价值的合同对金钱或任何履行的请求；

（f）诸如版权、专有技术、商誉或专利、商标、工业产品设计和商号之类的知识产权；

（g）诸如利润、股息、特许权费或投资产生的收入等收益；或者

（h）由法律或依合同授予的权利或特许权，包括种植、提炼或开采自然资源的许可。

3. 本法的解释

本法的解释和适用必须符合：

（a）第 4 节规定的其目的；

（b）《宪法》，包括：

（ⅰ）《宪法》第 39 节中规定的《权利法案》的解释；

（ⅱ）《宪法》第 232 节中规定的国际习惯法；

（ⅲ）《宪法》第 233 节中规定的国际法；

（c）共和国是或成为其缔约方的任何相关公约或国际协定。

4. 本法的目的

本法的目的是:

(a)按照《宪法》规定并受《宪法》约束,以平衡公共利益和投资者权利义务的方式,保护投资;

(b)肯定共和国在公共利益领域规制投资的主权权利;

(c)确定《宪法》中的《权利法案》和适用于共和国境内所有投资者及其投资的法律。

5. 本法的适用

本法适用于按第2节规定条件在共和国境内作出的所有投资。

6. 公平的行政待遇

(1)政府必须保证,对投资者在《宪法》和可适用的立法中规定的其投资方面,行政、立法和司法程序不得以武断或否认行政和程序公正的方式运行。

(2)行政决策程序必须包括给予书面理由和行政审查该决定符合《宪法》第33节和可适用立法的权利。

(3)在投资方面,投资者必须有权以适时方式和符合《宪法》第32节及可适用立法,获取政府掌握的信息。

(4)受第13节第(4)分节的约束,在投资方面,投资者必须有权将能以运用法律解决的任何争端,提交给法院或(若适当)符合《宪法》第34节和可适用立法的其他独立或公正的法庭或法院,以公正、公开听审方式决定。

7. 设立

(1)所有投资必须依照共和国法律设立。

(2)本法不为外国投资者或将来外国投资者在共和国境内设立投资创设权利。

8. 国民待遇

(1)在相同情况下,给予外国投资者及其投资的待遇必须不低于南非投资者的待遇。

(2)为本节的目的,"相同情况"是指经考虑外国投资的所有条件后对该项投资实体内容全面审查的要求,包括:

(a)该外国投资对共和国的影响,和所有投资的积累影响;

(b)外国投资所属的部门;

(c)与外国投资相关的任何措施的目的;

(d)与外国投资者有关的或涉及有关措施的外国投资的因素;

(e)对第三人和当地社区的影响;

（f）对就业的影响；

（g）对环境直接或间接的影响。

（3）第（2）分节中提到的审查不能被限制于或倾向于任何一种因素。

（4）第（1）分节不得以此种方式进行解释，即要求共和国将产生于以下的任何待遇、优惠或特权的利益扩展至外国投资者及其投资：

（a）任何国际协定或安排或共和国任何法律中的税收条款；

（b）政府采购程序；

（c）由政府或任何国家机关提供的补贴或资助；

（d）任何法律或其他措施，其目的是促进实现共和国境内的平等，或企图保护或提升共和国境内基于种族、性别、残疾因不公正的歧视而历史上处于不利条件的人们或不同类别的人们；

（e）任何法律或其他措施，其目的是促进和保护文化遗产和文化活动，土著知识和与之相关的生物资源，或国家遗产；或者

（f）为开发援助或发展中小型企业或新型产业的目的而设立的共和国境内发展金融机构所给予的任何特别优惠。

9. 财产安全

共和国必须根据国际习惯法的最低标准和受可获得的资源、能力的约束，给予外国投资者及其投资的财产实际安全水平，与其通常可能给予国内投资者的相同。

10. 投资的法律保护

投资者依照《宪法》第 25 节对财产享有权利。

11. 资金的转移

受税收和其他可适用的立法的约束，外国投资者在投资方面可以将资金汇回本国。

12. 规制权

（1）尽管本法中有任何相反规定，政府或任何国家机关可以根据《宪法》和可适用的立法采取措施，这些措施可以包括：

（a）矫正历史性、社会性和经济性的不平等和不公正；

（b）维护《宪法》第 195 节支持的价值和原则；

（c）捍卫《宪法》中被保证的权利；

（d）促进和保护文化遗产和文化活动、土著知识和与之相关的生物资源，或国家遗产；

（e）促进经济发展、工业化和选矿；

（f）促进社会经济权利的逐步实现；

（g）保护环境，保留和可持续利用自然资源。

（2）政府或任何国家机关可以采取为履行共和国有关维护、遵从或恢复国际和平与安全的义务，或者保护安全利益（包括共和国金融稳定）所必要的措施。

13. 争端解决

（1）因政府采取行动影响到外国投资者投资而产生争端的投资者，可以在意识到该争端的 6 个月内请求贸易工业部通过任命调解者促成解决此争端。

（2）（a）贸易工业部必须保持有道德品质高的合格调解者名单，这些调解者具有法律、贸易、工业或金融领域的公认能力并依赖于履行独立裁判和愿意且能够担任调解者。

（b）调解者必须由政府和外国投资者（以下简称为双方当事人）从（a）条款提到的名单中协议任命，或无名单时，从任何一方当事人提议的个人中协议任命。

（c）若贸易工业部为争端的当事方，双方当事人可以共同请求高等法院一分支机构的首席法官任命一名调解者。

（d）求助调解必须受规定的规则支配，且争端双方当事人可以经协议调整任何规定的时限。

（3）为便利解决第（1）分节中规定的争端，外国投资者必须提交以下信息和规定的表格：

（a）外国投资者的详细联系方式，包括共和国境内投资者主要居住的实际地址，或者其设立地、电子邮件地址、传真号码和电话号码；

（b）权利主张的概要，包括引起投资争端的政府措施；

（c）投资者指控的对构成违反本法中任何投资保护措施承担责任的具体机关、机构、省或者共和国的其他分支机构；

（d）外国投资者指控已经违反的本法条款；

（e）寻求的救济措施。

（4）受可适用的立法的约束，不阻止投资者在意识到第（1）分节中提到的争端时向共和国境内任何有管辖权的法院、独立法庭或法定机构寻求解决与投资相关的争端。

（5）在本法涵盖的投资方面，受用尽国内救济的约束，政府可以同意国际仲裁。对请求国际仲裁的考量受第 5 节中规定的行政程序的约束。此种仲裁将在共和国和合格投资者母国之间进行。

14. 规章

部长通过《政府公报》中公告方式，可以制定涉及以下方面的规章：

（a）根据本法可以或者必须规定的任何事项；或者

（b）为实现本法目的有必要制定规章的任何其他事项。

15. 过渡安排

（1）根据双边投资条约作出的现存投资将继续受到该条约中规定的期限和条款的保护。

（2）在双边条约终止后、在本法公布前作出的任何投资，将受南非普通法律支配。

16. 短标题和生效

本法称为《2015年投资保护法》，自总统在《公报》中以公告方式决定的日期生效。

（杨彦愠、邓瑞平译，邓瑞平审校）